U0691388

中 国 近 代
思 想 家 文 库

◎

余子侠 郑刚 编

余家菊卷

中国人民大学出版社
·北 京·

总　序

　　对于近代的理解，虽不见得所有人都是一致的，但总的说来，对于近代这个词所涵的基本意义，人们还是有共识的。一个国家、一个民族走入近代，就意味着以工业化为主导的经济取代了以地主经济、领主经济或自然经济为主导的中世纪的经济形态，也还意味着，它不再是孤立的或是封闭与半封闭的，而是以某种形式加入到世界总的发展进程。尤其重要的是，它以某种形式的民主制度取代君主专制或其他不同形式的专制制度。中国是个幅员广大、人口众多、历史悠久的多民族国家，由于长期历史发展是自成一体的，与外界的交往比较有限，其生产方式的代谢迟缓了一些。如果说，世界的近代是从 17 世纪开始的，那么中国的近代则是从 19 世纪中期才开始的。现在国内学界比较一致的认识，是把 1840 年到 1949 年视为中国的近代。

　　中国的近代起始的标志是 1840 年的鸦片战争。原来相对封闭的国门被拥有近代种种优势的英帝国以军舰、大炮再加上种种卑鄙的欺诈打开了。从此，中国不情愿地加入到世界秩序中，沦为半殖民地。原来独立的大一统的中央集权的君主专制国家，如今独立已经极大地被限制，大一统也逐渐残缺不全，中央集权因列强的侵夺也不完全名实相符了。后来因太平天国运动，地方军政势力崛起，形成内轻外重的形势，也使中央集权被弱化。经历第二次鸦片战争、中法战争、甲午战争、八国联军入侵的战争以及辛亥革命后的多次内外战争，直至日本全面侵略中国的战争，致使中国的经济、政治、教育、文化，都无法顺利走上近代发展的轨道。古今之间，新旧之间，中外之间，混杂、矛盾、冲突。总之，鸦片战争后的中国，既未能成为近代国家，更不能维持原有的统治秩序。而外患内忧咄咄逼人，人们都有某种程度"国将不国"的忧虑。

　　"天下兴亡，匹夫有责"，读书明理的士大夫，或今所谓知识分子，尤为敏感，在空前的危机与挑战面前，皆思有所献替。于是发生种种救亡图存的思想与主张。有的从所能见及的西方国家发展的经验中借鉴某些东西，形成自己的改革方案；有的从历史回忆中拾取某些智慧，形成某种民族复兴的设想；有的则力图把西方的和中国所固有的一些东西加以调和或结合，形成某种救亡图强的主张。这些方案、设想、主张，从世界上"最先进的"，到"最落后的"，几乎样样都有。就提出这些方案、设想、主张者的初衷而言，绝大多数都含着几分救国的意愿。其先进与落后，是否可行，能否成功，尽可充分讨论，但可不必过为诛心之论。显而易见，既然救国的问题最为紧迫，人们所心营目注者自然是种种与救国的方案直接相关的思想学说，而作为产生这些学说的更基础性的理论，及其他各种知识、思想，则关注者少。

围绕着救国、强国的大议题，知识精英们参考世界上种种思想学说，加以研究、选择，认为其中比较适用的思想学说，拿来向国人宣传，并赢得一部分人的认可。于是互相推引，互相激励，更加发挥，演而成潮。在近代中国，曾经得到比较广泛的传播的思想学说，或者够得上思潮的，主要有以下几种：

（一）进化论。近代西方思想较早被引介到中国，而又发生绝大影响的，要属进化论。中国人逐渐相信，进化是宇宙之铁则，不进化就必遭淘汰。以此思想警醒国人，颇曾有助于振作民族精神。但随后不久，社会达尔文主义伴随而来，不免发生一些负面的影响。人们对进化的了解，也存在某些片面性，有时把进化理解为一条简单的直线。辩证法思想帮助人们形成内容更丰富和更加符合实际的发展观念，减少或避免片面性的进化观念的某些负面影响。

（二）民族主义。中国古代的民族主义思想，其核心是"非我族类，其心必异"，所以最重"华夷之辨"。鸦片战争前后一段时期，中国人的民族思想，大体仍是如此。后来渐渐认识到"今之夷狄，非古之夷狄"，"西人治国有法度，不得以古旧之夷狄视之"。但当时中国正遭受西方列强的侵略和掠夺，追求民族独立是民族主义之第一义。20世纪初，中国知识精英开始有了"中华民族"的概念。于是，渐渐形成以建立近代民族国家为核心的近代民族主义。结束清朝君主专制，创立中华民国，是这一思想的初步实现。第一次世界大战爆发，中国加入"协约国"，第一次以主动的姿态参与世界事务，接着俄国十月革命爆发，这两件事对近代中国的发展历程造成绝大影响。同时也将中国人的民族主义提升到一个新的层次，即与国际主义（或世界主义）发生紧密联系。也可以说，中国人更加自觉地用世界的眼光来观察中国的问题。新生的中国共产党和改组后的国民党都是如此。民族主义成为中国的知识精英用来应对近代中国所面临的种种危机和种种挑战的一个重要的思想武器。

（三）社会主义。社会主义作为一种模糊的理想是早在古代就有的，而且不论东方和西方都曾有过。但作为近代思潮，它是于19世纪在批判近代资本主义的基础上产生的。起初仍带有空想的性质，直到马克思和恩格斯才创立起科学社会主义。20世纪初期，社会主义开始传入中国。当时的传播者不太了解科学社会主义与以往的社会主义学说的本质区别。有一部分人，明显地受到无政府主义的强烈影响，更远离科学社会主义。直到五四新文化运动兴起之后，中国人始较严格地引介、宣传科学社会主义。但有一段时间，无政府主义仍是一股很大的思想潮流。中国共产党的成立，从思想上说，是战胜无政府主义的结果。中国共产党把在中国实现社会主义乃至共产主义作为自己的奋斗目标。此后，社会主义者，多次同各种非科学社会主义思想的信仰者进行论争并不断克服种种非科学社会主义思想的影响。

（四）自由主义。自由主义也是从清末就被介绍到中国来，只是信从者一直寥寥。直到五四新文化运动兴起，具有欧美教育背景的知识精英的数量渐渐多起来，自由主义始渐渐形成一股思想潮流。自由主义强调个性解放、意志自由和自己承担责任，在政治上反对一切专制主义。在中国的社会条件下，自由主义缺乏社会基础。在政治激烈动荡的时候，自由主义者很难凝聚成一股有组织的力量；在稍稍平和的时候，他们往往更多沉浸在自己的专业中。所以，在中国近代史上，自由主义不曾有，也不可能有大的作为。

（五）激进主义与保守主义。处于转型期的社会，旧的东西尚未完全退出舞台，新的东西也还未能巩固地树立起来，新旧冲突往往要持续很长的时间，有时甚至达到很激烈的程度。凡助推新东西成长的，人们便视为进步的；凡帮助旧东西排斥新东西的，人们便视为保守的。其实，与保守主义对应的，应是进步主义；与顽固主义相对的则应是激进主义。不过在通常话语环境中人们不太严格加以区分。中国历史悠久，特别是君主专制制度持续两千余年，旧东西积累异常丰富，社会转型极其不易。而世界的发展却进步甚速。中国的一部分精英分子往往特别急切地想改造中国社会，总想找出最厉害的手段，选一条最捷近的路，以最快的速度实现全盘改造。这类思想、主张及其采取的行动，皆属激进主义。在中共党史上，它表现为"左"倾或极左的机会主义。从极端的激进主义到极端的顽固主义，中间有着各种程度的进步与保守的流派。社会的稳定，或社会和平改革的成功，都依赖有一个实力雄厚的中间力量。但因种种原因，中国社会的中间力量一直未能成长到足够的程度。进步主义与保守主义，以及激进主义与顽固主义，不断进行斗争，而实际所获进步不大。

（六）革命与和平改革。中国近代史上，革命运动与和平改革运动交替进行，有时又是平行发展。两者的宗旨都是为改变原有的君主专制制度而代之以某种形式的近代民主制度。有很长一个时期，有两种错误的观念，一是把革命理解为仅仅是指以暴力取得政权的行动，二是与此相关联，把暴力革命与和平改革对立起来，认为革命是推动历史进步的，而改革是维护旧有统治秩序的。这两种论调既无理论根据，也不合历史实际。凡是有助于改变君主专制制度的探索，无论暴力的或和平的改革都是应予肯定的。

中国近代揭幕之时，西方列强正在疯狂地侵略与掠夺殖民地和半殖民地，中国是他们互相争夺的最后一块、也是最大的资源地。而这时的中国，沿袭了两千年的君主专制制度已到了奄奄一息的末日，统治当局腐朽无能，对外不足以御侮，对内不足以言治，其统治的合法性和统治的能力均招致怀疑。革命运动与改革的呼声，以及自发的民变接连不断。国家、民族的命运真的到了千钧一发之际，危机极端紧迫。先觉分子救国之心切，每遇稍具新意义的思想学说便急不可待地学习引介。于是西方思想学说纷纷涌进中国，各阶层、各领域，凡能读书读报者，受其影响，各依其家庭、职业、教育之不同背景而选择自以为不错的一种，接受之，信仰之，传播之。于是西方几百年里相继风行的思想学说，在短时期内纷纷涌进中国。在清末最后的十几年里是这样，五四时期在较高的水准上重复出现这种情况。

这种情况直接造成两个重要的历史现象：一个是中国社会的实际代谢过程（亦即社会转型过程）相对迟缓，而思想的代谢过程却来得格外神速。另一个是在西方原是差不多三百年的历史中渐次出现的各种思想学说，集中在几年或十几年的时间里狂泻而来，人们不及深入研究、审慎抉择，便匆忙引介、传播，引介者、传播者、听闻者，都难免有些消化不良。其实，这种情况在清末，在五四时期，都已有人觉察。我们现在指出这些问题并非苛求前人，而是要引为教训。

同时我们也看到，中国近代思想无比的多样性与复杂性呈现出绚丽多彩的姿态，各种思想持续不断地展开论争，这又构成中国近代思想史的一个突出特点。有些论争为我们留下了非常丰富的思想资料。如兴洋务与反洋务之争，变法与反变法之争，革命与改良之争，共和与立宪之争，东西文化之争，文言与白话之争，新旧伦理之争，科学与人生观之争，中国社会性质的论争，社会史的论争，人权与约法之争，全盘西化与本位文化之争，民主与独裁之争，等等。这些争论都不同程度地关联着一直影响甚至困扰着中国人的几个核心问题，即所谓中西问题、古今问题与心物关系问题。

中国近代思想的光谱虽比较齐全，但各种思想的存在状态及其影响力是很不平衡的。有些思想信从者多，言论著作亦多，且略成系统；有些可能只有很少的人做过介绍或略加研究；有的还可能因种种原因，只存在私人载记中，当时未及面世。然这些思想，其中有很多并不因时间久远而失去其价值。因为就总的情况说，我们还没有完成社会的近代转型，所以先贤们对某些问题的思考，在今天对我们仍有参考借鉴的价值。我们编辑这套《中国近代思想家文库》，希望尽可能全面地、系统地整理出近代中国思想家的思想成果，一则借以保存这份珍贵遗产，再则为研究思想史提供方便，三则为有心于中国思想文化建设者提供参考借鉴的便利。

考虑到中国近代思想的上述诸特点，我们编辑本《文库》时，对于思想家不取太严格的界定，凡在某一学科、某一领域，有其独立思考、提出特别见解和主张者，都尽量收入。虽然其中有些主张与表述有时代和个人的局限，但为反映近代思想发展的轨迹，以供今人参考，我们亦保留其原貌。所以本《文库》实为"中国近代思想集成"。

本《文库》入选的思想家，主要是活跃在 1840 年至 1949 年之间的思想人物。但中共领袖人物，因有较为丰富的研究著述，本《文库》则未收入。

编辑如此规模的《文库》，对象范围的确定，材料的搜集，版本的比勘，体例的斟酌，在在皆非易事。限于我们的水平，容有瑕隙，敬请方家指正。

《中国近代思想家文库》编纂委员会

目　录

导　言

　　余家菊（1898—1976），字景陶，又字子渊，湖北黄陂（今武汉市黄陂区）人，中国近现代著名的教育家和社会活动家。

　　他出生于一书香之家，七岁就受家塾教育，诵习旧学经典，十二岁时考取黄陂发启高等小学堂，但留家族"自治"学馆兼习新旧之学，十三岁时考入县立道明高等小学堂，接受新式教育。1912 年（十五岁）入设于武昌的教会学校文华大学预科，是年秋即转入私立中华大学游美预科，攻习法政学说，翌年游美预科并于大学预科，遂为预科一年级学生。1915 年 6 月预科毕业，旋于次年春入该校本科中国哲学门，同学有恽代英等 13 人。大学期间，系统学习国学，尤喜王阳明学说，且阅读英文能力大增。其间曾在汉口民新学校授英文夜课，先后加入过学生团体仁社、互助社等，后者为恽代英所创，并与恽代英共同发起进德会。1918 年 7 月本科毕业后，与恽代英等同为校长留聘，为中华大学中学部学监（恽为主任），是年夏助族兄创立自进高等小学于宗祠内。留校任职期间，领导学生办有刊物《共进》，与朋辈创办刊物《教育改进》。1919 年 7 月，"少年中国学会"成立，旋受北京来鄂的王光祈的动员并介绍加入，与恽代英等为会员。

　　五四运动爆发后，渐生离开中华大学附中之意，适逢北京高等师范创设教育研究科，乃于 1920 年春入京就学于该研究科第一班，认真攻习英美教育名著，并致力于西哲著作的中译，其间先后受知于邓萃英、陈宝泉、胡适之等人。同年夏受左舜生函劝应聘湖南省立第一师范，时校中同事有毛泽东、崔载阳、舒新城、夏丏尊等。1921年春返北京高师，但终无意完成其学业，适河南第一师范极力相召，遂南至开封任该校教员，并为留学欧美预备学校教员兼为省教育厅编辑。是年7月回鄂迎家眷时顺道至武昌应湖北省留学考试，列名第二，8月往北京复试，考列第一，乃于1922年春以教育部公费生身份由上海乘法国邮轮前往英国留学，就读于伦敦大学政治经济学院，研习政治哲学。同年9月承伦敦大学心理学院教授皮尔曼推荐，入伦敦大学研究生院为硕士预备人。读研期间，同时在国王学院、柏德浮女子学院、师范学院及巴特洗多拔学校等校学习心理学及教育哲学等课程。1923年9月，转赴爱丁堡大学研习教育哲学。

1924年3月，接国内武昌高等师范校长张继煦电约，归国就任该校教育哲学系主任。1925年春，武昌高师改组为武昌师范大学，因办学主张与校长石瑛相左，遂辞职离校转应中华书局之聘，赴沪为编辑，并列名发起创办《醒狮周报》。当年6月授教于东南大学暑期学校，随之于8月赴任东大教授，仍为中华书局馆外编辑并兼《醒狮周报》副刊主编。由沪转宁之际，因陈启天等力邀而加入"中国青年党"（西文名"少年中国党"），并与李璜、陈启天等发起"国家教育协会"，作为鼓吹收回教育权之机关。1926年夏秋间，本拟回武昌担任武昌大学师范学院院长，因时局大变，乃留宁组织编辑《中国教育大辞典》，并于暑假期间应聘金陵军校教授，欲效曾国藩、胡林翼。后随军校一路转迁青岛、济南、北京、天津、沈阳等地。1928年春，因军校并入东北讲武堂，转任沈阳兵工厂技师，管理工人教育事宜，旋兼东三省《民报》副刊主编。次年接受冯庸邀请为冯庸大学国学教授。中俄战争起后，于1929年底返北京，遭逮捕，得段祺瑞等人相救。1930年2月，往天津创办健行中学，欲作久居计。1930年9月，应北平师范大学聘，为该校教育系教授兼为北京大学讲师及北平大学农学院讲师。1932年夏，辞北平师大职南下，应聘为《申江日报》编辑兼为中华书局职外编辑。1934年9月，再往北京教书，任中国大学教授兼北京大学讲师。至1935年9月改任中国大学哲教系主任，仍兼北大讲师。同年12月离校归鄂，随之于翌年春就任湖北省府公报编辑主任及湖北通志馆馆长。七七事变后，应河南大学校长刘季洪之聘，任该校教育系主任。是年秋逃难重庆。

1938 年 7 月，"国民参政会"成立于汉口，被选为参政员。自后于抗战期间，以国民参政会参政员身份进行活动，至抗战胜利后，前后共四届，均当选。1945 年时执教于重庆南岸中华大学。1946 年 5 月随国民政府回南京。1947 年 4 月，当选为国民政府委员。1948 年 3 月，第一届国民大会上当选为主席团成员、国大代表，后以国民大会代表身份活动，同年 5 月又任总统府国策顾问。1949 年先后自武汉转迁广州、重庆、成都、海口，并于年底飞往台湾，寓居台北，直至逝世。赴台后，长期为《新中国评论》《议会杂志》等撰稿，其间亦参加过学术活动并作过专题讲演 20 次，1955 年至 1958 年间，因医治眼疾而迁居美国达三年之久，归台后，除因病来往医院外，几乎足不出户，然口授他录，著述不辍。1976 年 5 月 12 日（时年七十九岁）下午二时许病逝于台北荣民总医院，葬于台北八里乡。早年加入中国青年党，曾任历届中央委员、常务委员，迁台后任中青党主席之一；早年为反对基督教之健行者，首倡收回教会教育权，惟至逝世前三月加入天主教并受洗。1998 年值其百龄之年，在子女的操作下，夫妇二人灵骨归葬故乡湖北黄陂大余湾祖茔。

早年求学中华大学时，曾在大学学报上公开发表自己平生第一篇研究文章《梦的心理学》。自是而降的人生近六十年里，甚至晚年居台病目期间，一直研究和著述不辍。平生撰作文字甚丰，累计近千万言，其中有关教育方面的论述计达数百万字之多。这些论著论文颇能结合近代以来中国的社会实际，尤其能针对近现代中国文化教育的现实问题，为维护民族的根本利益及传统文化本位，提出一些颇有独创性的见解。综观这些留世文字包蕴着教育思想或理论主张，其对中国教育进步的贡献和影响，主要表现为下述数点：

一、力争教育主权的收回

虽说余家菊最初接受高等教育的学校文华大学为外国教会所开办，而且在后来中华大学求学期间，与基督教青年会也多有接触，但自幼受到传统文化的熏陶和民族独立思想的浸染，尤其近代以来中华民族救亡图存时代主题的感召，余家菊对近代中国种种主权的丧失深感痛心。其于教育方面，对外国教会借开办学校侵夺中国的教育主权尤为愤懑，

"于中华民族之前途有至大的危险的，当首推教会教育"。

余家菊对教会教育侵夺中国教育主权的危害性之最初认识，应在加入"少年中国学会"之初。该组织成立不久，学会要人如左舜生、李璜等人即对宗教问题进行积极的思考和展开热烈的讨论，发表了一些反教言论。尤其左舜生还在该组织的评议部会务上提出：凡有宗教信仰者，不得介绍为本会会员；已入本会而有宗教信仰者，自请出会。这一建议得到了包括余家菊在内的评议部全体成员的一致通过。有此思想基础，1922年赴英留学途中于巴黎旅次，余家菊就写出了《基督教与感情生活》，指出"基督教所有的感情生活是不合理的，非吾人所应容允"，并认为基督教纠合教徒开会结社而为群众运动式的"播道"，"传教愈烈，世界受祸亦愈烈；传教的人愈多，入迷的人亦愈多"。"是故反对宗教，当反对传教。欲反对传教，当提倡：'宗教业的废除'"。到达伦敦后，他于1923年3月又撰就了《中国教育的统一与独立》，进一步表明自己对教会及其教育事业的态度：一是教会得以施设教育，"是一种由条约得来的权利"，从"同胞主义"的见地讲，这种教会事业已有或将有多少成功，"实属一种疑问"；二是教会的"煽惑办法"与"群众运动式的传教"，"是与中国人之性情不相投的"；三是中国人都相信一点，"教育是应该中立的"。接着，他严正地质问："今日外交界的口头禅，不是声声的'尊重主权，保全领土'吗？好！我们试问教育权是否为主权之一？是否应当保全？司法界高谈'收回治外法权'，教育界曷为而不可主张'收回教育权'？""我劝想同外国合办大学的教育家，还须记着'教育完整'，莫使我中国之子子孙孙百世而不能翻身！"其时，距上海青年学生以"非基督学生同盟"名义发表《非基督学生同盟章程》正好整整一周年，即是说，值国内非基督教运动正处如火如荼之时，而余家菊在英国首都伦敦发出了"收回教育权"的战斗口号。

1923年9月，余家菊又在《少年中国》月刊第4卷第7期上发表了《教会教育问题》，进一步申述了自己的"收回教育权"的主张及提倡这一主张的理由。在他看来，外国教会在中国取得了传教权和教育权，"实为中国历史上之千古痛心事"。他揭露这教会教育的危害即在于：（一）教会教育是侵略的；（二）基督教制造宗教阶级；（三）教会教育妨害中国教育之统一。因此，现时中国对教育权之收回"实为一紧急问题"。关于如何收回这种教育权，他进而提出了五项具体可行的措施：（一）于宪法教育章中明白规定教育于各宗教恪守中立；（二）施行学校注册法，"有违反注册法或迳自不注册者，由该校所在地长官封闭"；（三）施行教师检定法，"凡未经注册之师范及其他之毕业生，不得享受作教师之权利"；（四）严格施行义务教育法规，"凡入未经注册之学校者，不得视为已尽受教育之义务，其父母所应受之惩戒与完全不送子弟入学者同"；（五）未经注册之学校之各级学生或毕业生不得享受各该级学生或毕业生之权利。在提出这些"治标方法"后，他进而提出"治本方法"，"则在使全国国民无论在内在外皆确信宗教与教育之混合，有百弊而无一利，皆愿诚心恪守教育中立之原理"。

余家菊明确揭橥"收回教育权"的主张，实为国内之首倡。此前人们对于教会在中国办理的学校，虽说也提出了一些批评意见或改良建议，如蔡元培等人主张大学不设神学科，学校不得宣传教义和教士不得参与教育等，均是从教育应当独立于宗教的角度出发，但在是否收回教育权这一根本性问题上，其时他们的态度还有些暧昧。比较而言，余家菊的这一主张，不仅抓住了解决教会教育的关键，即"教育主权"的归属问题，而且提出的一些具体措施较为缜密周详，具有一定的可行性。从历史的实际走向来看，他的这一主张的提出，无疑是"非基督教运动"转变为"收回教育权运动"的一个重要演进环节，是这页历史篇章的一个关键词。随之，在 1924 年 6 月 18 日，广州学生联合会发表《广州学生会收回教育权运动委员会宣言》，自是非基督教运动进入了新的发展阶段，转向收回教育权运动了。时为中华教育改进社社员的余家菊，又利用 1924 年 7 月 3 日至 9 日在东南大学召开的中华教育改进社第三届年会，联合同道左舜生等人提出了《请求力谋收回教育权案》，并通过激烈的讨论和争辩，"终以公论所在"使得该议案"通过于大会"，从而推动了收回教育权运动的顺利进展。随后在是年冬，当收回教育权运动呈现高潮之际，时已成为青年党要员的余家菊等人，又组织起"国家教育协会"，利用《醒狮周报》《中华教育界》等重要刊物，再次掀起了一场关于国家主义教育与收回教育权的讨论，从而将收回教育权运动推向深化发展，直至取得最后的胜利——迫使外国教会在华办理的各级学校机构向中国政府立案注册。

回顾近代中国的历史进程，尤其从中外文化教育交流的角度来认识问题，虽说当年余家菊他们在提出"收回教育权"之时，对教会教育的机构及教会教育事业的认识态度或有偏颇，对这种教育的成果所作的分析评说亦存过激，但收回教育权运动毕竟是近代中国取得国家主权完整的一个重要组成部分；正如在此前后收回矿权、路权、租界权等斗争一样，是中华民族抗敌御侮，争取独立的一次胜利。同时，这场运动迫使教会教育最终走向中国化和世俗化，无疑也是中国教育早期现代化的一个重要的历史步骤。由此立论，余家菊率先提出"收回教育权"，其历史贡献可谓"功莫大焉"。

二、着意西洋教育的引介

为了维护国家的教育主权，余家菊猛烈地抨击教会教育对中国教育领地的侵夺，并由此引导非基督教运动转变为收回教育权斗争。这种对待西方势力在华办学的态度，并不等于他对西方自身的教育，包括其学校制度、教育理论、教学内容及教育方法等，采取一概排斥而拒于国门之外的做法。恰恰相反，为了中华民族早日跻身先进的民族之林，中国教育早日走上现代化的道路，他对于其时较中国先进的西洋各国学校制度及其教育实际，向国人进行了积极的导引，对西方教育家的教育主张及其著作，向国内教育界进行了积极的译介。

早在中华大学读书时，余家菊的英文基础就相当好，"每次考试辄列前茅"。这自然成为他广泛阅读西学著述和吸收其中教育知识养分的一个优势条件，是故在北京高师教育研究科攻习期间，他就对当时英美教育名著"尽取而读之"，并且"初学译书"——于1920年春间翻译了罗素的《社会改造原理》及倭铿的《人生之意义与价值》。尤其是前者，经李大钊介绍由北京《晨报》印行，适逢罗素来华讲学于北京，"此书便大销行"；而他本人也由此"声名鹊起"，还被人加上"大翻译家"的头衔。自是而后，余家菊很重视借助翻译一途，将西方各国的教育包括其办学实践、学校制度、行政管理、思想理论等不同层面的内容介绍给国人，借以作中国教育变革的"他山之石"。据现存资料可见，仅在第一部译著之后的12年间，余家菊所翻译和根据外人著述编译的专著达近十部，其中大多为教育名著，诸如密勒的《儿童论》、杜威的《道德学》、芬赖的《教育社会哲学》等，其内容包括儿童教育、道德教育、教育哲学、教育史以及第一次世界大战之后世界新式教育的变革情状等。

在翻译出版西方教育论著的同时，为了使国人尤其青少年学子更为贴近和真切地了解外国的教育理论、制度和发展实况，他还于"千忙万忙"的研究过程中专门著文或借助教育论文的撰写,将其时流行的一些西方教育著作向国人作"短短的介绍",并就各书的内容"略言之",以作求学者之导引。限于篇幅,现仅以他于1922年《中华教育界》第11卷第7期上发表的《教育类及心理类西书介绍》一文为例,借以窥其引导中国学子及爱好教育者如何研读西方教育论作之一斑。据笔者大略统计,在这篇"书报绍述"类文章中,他所介绍的西方教育论著共56部之多,其内容共分12大类:教育原理、教授法、各级(学校)教育、教育社会学、教育测验、教育心理、普通心理学、青年心理、儿童心理、社会心理以及其他教育书籍和其他心理学书籍。仅此可见,余家菊本人在求学过程中对西方教育名作如何做到"尽取而读之"。值得注意的是,在该文的结尾处,余家菊说过这样一段话:"我之所介绍的,除一二种外,完全为美国书籍,而且他们的旨趣多少是很相似的。单独这几本书,恐未足以养成阔大的胸襟、周密的眼光。然而这是由于作者学识浅陋而为莫可如何之事。等我到英国去后,若是见着了于读者能一有所贡献的书籍,当另作报告。"

为了养成国人对世界教育的了解和借鉴有"阔大的胸襟"和"周密的眼光",余家菊自踏上留学旅程起始,就注意将世界各国的教育及其著作向国人作积极的推荐和引介。如出洋船过西贡时,他即撰写有《记西贡穗城学校》,向国人介绍我华侨同胞如何在异域办理学校教育子弟;在归国前夕,他即编译有《意大利教育之改革》,向国人介绍第一次世界大战之后意大利进行的旨在"滋育一种新的进取精神,并使一般民众得有更为健壮的教育良心"的全面而系统的教育改革;在求学英伦期间,他根据自己的平日观察所发的《教育零感》,再结合中国的教育现状介绍他国的诸般样式:论及发展体育,则以英法等国为例强调国人实施"大规模的体育运动"已是"刻不容缓";论及职业教育,则以伦敦市立巴惹特女子职业学校为例告知国人如何养成"各职业界之高等助手";论及中等学校课程的设置,则介绍英国如何重视中学课程的研究和安排;论及增添学科与精选教材,则举伦敦大学和爱丁堡大学两校的"课程分配法"向国内教育界示例;论及贫民享有教育权,则剖析英国相关的教育法令和制度以供国人借鉴……无不说明余家菊处于中国教育变革的时代潮流中,对其时"旁流杂出"的涌现,发挥了极大的推波助澜的积极作用。为了使人们更能看清其时他如何借助译介西洋教育推动中国教育的变革和发展,现以他对英国教育的全面介绍和对美国道尔顿制的推介为例稍加说明。

在留学英国期间，通过实地考察和切身体验，余家菊对于英国的教育事业，有着比国内仅从书本得来的信息完全不能相比的体认。为了使国人获得能对英国教育进行真切认知的一手材料，更为了使中华教育界能从精神实质上借鉴外国教育模式，吸收西方教育思想，他利用留学学习生活的空闲时间，将英国的教育现实写成文字，通过邮路和报刊，逐一向国内作了引介。如在1922年5月，即抵达英伦两个半月之后，他即写就了《英伦之暑期学校》。在文中，他对这种短期培训性质的教育，包括其设学目的、办学方式、课程安排、教学内容等，以"伦敦城之暑期教育学校"为例，进行了简明的介绍，指出这种利用暑假而为"益智之计"的学校教育在现今社会的重要性和必要性："在日日变迁的社会中，欲使自己所作的事业，能适应最近的情形，就必须使自己的学识不为时代的落伍者"，"暑期学校就是应此需要而起"。其时在中国国内，亦颇有人热心创办这种教育，且就学者"踊跃异常"，正如时人杨贤江所指出在我国教育界已"成为一种经常的事业"，然而因种种原因致使求学者多半是"高兴而来扫兴而去"，未能收到较好的成效。因此余家菊适时将英国同类教育的作法导引入国内，无疑如其所望能在国内教育界人士的脑海中激起"微皱之波"而取得良好的"借鉴"。这也是他归国后曾于1925年6月往东南大学暑期学校授教的最初成因。继介绍英国暑期学校之后，在英期间，他还相继对英国的中学教育、大学教育、教育行政以及正在英国小学试行的道尔顿制教学法等，一一向国人进行了描述。归国之后，对照中国的教育现实，他从国人对教育重视的情状、家长在子女教育中的地位、教师在学校教育中的权限、儿童在学校中生活的状况等方面，较为全面地总结了《中英教育之异点》。在指出现时中国教育之种种不足之时，他特别强调地说明自己这样做，不是要求国人"实施教育时就照着英国的去做"，只是"比较两国教育之异点和怎样改造中国教育"，希望通过比较"取人之长，补己之短，兼收并蓄，调和起来，成立我们自己特有的教育"。

除对英国自身的教育进行描述介绍外，余家菊凭借自己对教育事业特有的敏锐观察力，通过有关教育著述的阅读和对英国伦敦市立斯垂三中学的现场参观，迅即捕获到其时正在英国试行的美国教育家柏克赫斯特的"道尔顿制"对于传统教学模式的变革活力，借助连篇累牍的文字及时地向国内教育界引介了这种新型教学法，并由此引发中国教育界迅速形成一股试行道尔顿制的实验热潮。据其在《疑是录》中回忆，事情的实际程序是：抵达伦敦留学不久，在听课之余收集新书，一日得伦敦市立斯垂三女子中学校长杜威女士的新作《道尔顿制》（又作《达尔登研究室制》），"述其（指'道制'）个别教授以发展个性之办法"，"予喜其近似吾国私塾之精神"，于是与该校长约期前往该校参观，并写下《道尔顿制之实际》一文，寄归国内由左舜生主编的《中华教育界》发表，旋即将该书邮寄国内中国公学的友人舒新城，由舒新城实验于吴淞中学，不久亦在南京的东南大学附中进行试验，且《教育杂志》出版"道尔顿制——专号"以供国人参考，由是该制一时在全国"引起不小的波浪"。据《中华教育界》第 15 卷第 5 期报道，及至 1925 年 7 月"道制"的创始人柏克赫斯特女士来华时，在短短的不足三年时间内，全国就约有 100 所中小学试行该制，报刊发表相关论文约 150 篇，出版相关著作、译著、试验报告等 17 册。尽管至 20 世纪 30 年代，我国试行此制的学校日益减少，但作为其时中华教育界宣传和研究的一大热点和教育实验和试行的一股热潮，"道制"在中国教育舞台上的出现，毕竟为其时正在探求教育的科学化和民主化的中国中小学教育，注入了一股新鲜活泼的变革动力。

三、尽心乡村教育的拓荒

余家菊对于乡村教育的注意和重视，始自五四运动前夕。据其在《疑是录》中回忆：1918 年夏大学毕业留校后，领导学生办有刊物《共进》，与朋辈共办刊物《教育改造》（征诸其他资料，应为《教育改进》），还曾在《教育改进》上刊载自己所写的《乡村教育的危机》，此文"为国中言乡村教育之第一文"。1931 年撰写《乡村教育通论》时，他进而说明了论文的具体写作时间："民国八年秋冬之交，予曾撰《乡村教育的危机》一文，根据事实，指陈乡村教育危机之所在。后又续撰多文，以为乡村教育改良之鼓吹。"查余家菊所著的中国近代"言乡村教育之第一文"，首次刊发于 1919 年湖北教育改进社出版的《教育改进》上，随之为《中华教育界》第 10 卷第 1 期全文转录。在转录时有"记者"附言："这篇文章"，"很可以供我们研究乡村教育的参考"。在此文的开篇，余家菊即根据自身的体验严肃地指出，"我时常觉得乡村无教育，教育是都市的出卖品，也是特别阶级的专利物"。由是他向社会向教育界发出诘问："这种教育集中都市的状况，不是社会的一种病象吗？这种集中都市的教育，不是制造特别阶级的教育吗？从事新文化运动的人，嗜爱平民精神的人，不应该把这种情形放在脑筋内打几个转吗？我敢大胆说一句，现在的文化运动是褊枯的、局部的。虽说是过渡时代的必然现象，但是我们不应该以他为满足，不应该延长下去，我们还应该努力乡村的文化运动。乡村教育的运动，就是内面的一种。"在此，他不仅提倡"乡村教育"，而且提出了"乡村教育的运动"。为了唤醒人们对乡村教育的重视，催发人们参与这种教育运动，在文章的结尾处，他大声疾呼："朋友们，乡村的教育要怎样救咧？我们不应该想法子解决吗？"

乡村教育，是中国教育早期现代化进程中最为艰难也是最为重要的一块领地。考查近代意义的乡村教育——非指传统的乡间私塾和学馆，直到 20 世纪之初的教育改革和进步中，才能寻找到零星材料。其中应以张謇在南通州地方上试行的"村落教育"为其发端。这位当时正在家乡南通努力实现自己"父教育"、"母实业"计划的近代著名实业教育家，在《通州师范学校议》中，即希望学子们他日学成后各归乡里，"得多设单级省费之小学校，广教育于穷乡之子弟"。由中可窥近代乡村教育意识之初萌。然而，作为一种教育思想或教育理念，尤其作为一种新式教育的时代潮流，乡村教育在中国真正受到社会的重视，乃在第一次世界大战结束之后。一些关心时局发展和国家命运的知识分子，越来越清楚地认识到中国是一个农业国，要解决中国的问题，首先就得解决农民问题。而这种问题的解决，受其时教育平民化即民主化的影响，一些知识界人物纷纷寄希望于乡村社会的变化和文化的发展，企求用文化教育来改造农民阶级，改造乡村社会，乃至挽救整个中国的命运，故而积极倡行知识青年"到农村里去"与农民"打成一气"（李大钊语）。这种对社会的认识，开启了人们对"乡村教育"的观察和思考，而余家菊即是最早观察和思考乡村教育的人物之一，适值其时撰写的《乡村教育的危机》，无疑成为近代中国社会中发出的"乡村教育"之第一声。

就在余家菊发出"乡村教育"第一声之际，平民教育正在兴起。由于中国社会的平民主要是乡村社会的农民，中国以农立国，100 个人当中有 85 个人住在乡村里。平民教育是到民间去的运动，也就是到乡间去的运动。因此，那些"肯把乡下人的幸福放在心里"的教育者，"尤有远见之明"（陶行知语）。正是这种"远见之明"，"乡村教育"的主张很快蔓延为一种乡村教育思潮，也使得平民教育运动很快转向广大的乡村社会，并随之发展为乡村教育运动。就在这种乡村教育思潮趋向形成和乡村教育运动正待发轫的关键时刻，余家菊又在《少年中国》《中华教育界》等刊物上，连续发表了《乡村教育的实际问题》《乡村教育运动的涵义和方向》等文。

在《乡村教育的实际问题》中，余家菊指出：就乡村教育的意义而言，强调"教育是立国的根本"，就必须做到全体人民都应当受教育，因此大多数国民所在的乡村社会的教育"较城市教育尤为重要"；就乡村教育的形式而言，由于乡村社会与都市有所不同，故乡村教育与都市教育也应有所不同，"我们应当取法半耕半读的办法"，尤其"当注重职业教育"以解决贫民子女读书问题；在乡村教育的对象方面，则应注意"提倡男女同校"和开设"家庭附校"，尤其要注意到女子教育问题。此问题若不解决，"家庭改造和社会改造问题也不能解决"。同时他还指出，办理乡村教育，应该参照西方教育运动"以学校为社会的中枢"的做法，乡村学校应设在几个村子的中心点，乡村教师同时"在社会上应占领袖的地位，负改良社会的责任"。

在《乡村教育运动的涵义和方向》中，余家菊认为，这种教育运动在世界范围内都是"二十世纪教育史上之一件大事"。就中国而言，它的发动和推进，其历史价值包含两层含义：从改造国民整体素质以谋求国民权力平等来看，它"直接是救济乡村的危机，间接就是救济全社会的危机"；从教育的本质及其发展规律来看，它针对现时教育"不过是都市化的教育"，一要"使乡村教育归于乡村化"，二要"以乡村儿童为本位"，所以它是在"改进教育"，"是一种教育革新运动"。要真正发动起这种运动，就必须坚持"三个方向"：必须"向师范学校去运动"，改造师范教育使其面向乡村，使师范生"养成服务乡村的精神"；必须"向乡村学校去运动"，将既往教育界在乡民面前斲丧的"教育信用"建立起来，使乡村学校成为"乡村教育的实施地"；必须"向一般社会去运动"，改变人们对教育的传统看法，明白学校改造社会的价值，从人们的思想观念上"为乡村学校除去障碍"。

由上可见，当乡村教育开始形成一股时代潮流之际，余家菊的乡村教育思想已渐趋成型，故此，左舜生氏结合余家菊对乡村教育的理论阐释，在论定乡村教育的发展趋势时即揭明："中国在五年或十年内，将有一种绝大的运动要起来，便是'乡村运动'。"历史的发展正如余氏所望，亦如左氏所料！在余家菊公开发表上述两文后不过三四年光景，中国的乡村教育已由思想层次的认识转而为实践层面的行动！20 世纪二三十年代的乡村，成为中国各种政治势力关注的焦点，亦成为教育改进或改造的战场，而且这场乡村教育改造运动的演变程序和推进路线，也基本上符合余家菊所述所望。与之同时，他本人也在这种时代变革的潮流中，不断地丰富自己的乡村教育思想体系，并最终撰成《乡村教育通论》，对乡村教育的意义、内容、背景、目的、对象、管理以及各类学校的开办等，进行了全面而系统的论述。概观余家菊对乡村教育及其运动的论述，尤其值得后人们注意的是，他在最初提出"乡村教育的危机"时，即揭明其时乡村教育的危险主要在于两点："一是乡村的教育已经破了产"；"二是乡村的教育事业大家都不愿干"。对照今日乡村的教育现状，难道不值得人们作出深刻的历史反思吗？

四、致力师范教育的发展

余家菊求学期间和踏上从教道路之际，正是中国新式教育处于动荡变革和寻求发展的时期，亦是中国教育早期现代化进程究竟何去何从的择向时期，因而作为教育事业的主体——教师的培养以及培养教师的师范教育，成为其时教育界讨论的一大热点问题。在此教育变革时期，他以一个"穷年兀兀于教育学术之钻研者"的身份，本着发展教育培养人才以救中国的时代使命感，积极投入这一热点的讨论的时代潮流中，提出了诸多能经受历史验证的真知灼见。

考察余家菊对于教师及师范教育的关注并发表自己的见解，应起步于北京高师教育研究科攻读期间。据现今可见的留世文字，他最初讨论师范教育的文章《我对于师范学校的希望》，发表于北京高师主办的《教育丛刊》1920 年 6 月发行的第 1 卷第 3 期上。据文后所注日期，知该文正式完稿于 1920 年 6 月 5 日之夜，显然为他入校之后一个月间经过广泛阅读教育名著和结合中国的教育实际有感而发的思想结晶。在文中，他针对中国现时的师范教育"应该改革"的问题，从内外两个方面剖析了其时中国的师范学校应该如何办理，即强调指出师范学校的内部改革和向外扩张。于其前者，他认为师范学校的目的"是在养成良好的教育人才"而非为"学者"和"著作家"，因此"校内改革"要"注重教育学科"，"注重中学教育"，加强"各学科的联络与普通化"，养成学

生"独立的改进的平等的精神",加强"教育者的修养",并让师范生明
白自身的责任是"为社会服务"。于其后者,他指出师范学校要做好
"扩张",必须做好三个方面的工作:一是要在社会中尽其"教育言论之
责",即把握教育舆论包括制造舆论、纠正舆论、整理舆论和传播舆论
的主动权;二是要当好"教育顾问",即当好"教育者的顾问"、"教育
行政的顾问"和"研究教育的顾问";三是要做好学生的"升学指导"
与"职业指导"。在文章的结论处,他强调了师范教育的重要地位,指
出"置身师范学校的人"不仅"操纵全国教育命脉",而且"决定未来
世界的祸福",因此今日之师范教育者要愤然而起,"好好的将自身洗刷
一番"。

　　继《我对于师范学校的希望》一文后,余家菊又结合其时新学制改
革对于师范教育问题的大讨论,连续在《教育丛刊》《中华教育界》《新
教育》等刊物上发表了《论中学附设师范科》《论师范学制书》《师范教
育行政》《师范生实习问题》等有关师范教育的论见。如其在《论中学
附设师范科》中,针对其时取消师范而用中学去代替的议论,他明确表
示这种"改革""不是我们所敢赞同的"。其道理非常明确,即"办中学
是办教育",而"办师范是办教育的教育",要振兴教育"第一步自然要
造就许多教员",但关键在于"所造就的教员必须是好教员,教育才有
真正振兴之望"。当然,为了应救时需,作为一种变通,对于那些"未
设立师范学校的地方",或"师范学校所缺乏的科目",或某些私立学
校,在中学有了相当的人才和教育经费情况下,可以适当地"附设师范
科"。又如在《论师范学制书》中,他更明确而直接地反对在学制中取
消师范。他认为:"师范学校不但要养成教育者的智能,并且要养成教
育者的兴趣、信仰与品格;不但是要给学生以专门知识的若干分量,而
且要从教育者的立足点去给他以专门知识的若干分量;不但要使学生从
事科学的研究,而且要使学生立于教育者的见地以从事科学的研究。所
以这种职务,不是一般大学所能胜任的,也不是与教育系联络联络就可
以的。"正是基于这种理性认识,他坚定地回击撤销师范、合并高师于
大学的声浪,正色地指出"师范学制之废止,实系国家大事",切不可
草率而为!在《师范教育行政》中,他进一步激愤地指出,"唱为师范
大学不应独立之议,以搅乱社会信仰师范教育之心","如是者,是谓以
学校政策乱国家政策,奸险之尤者也"!至于中学附设师范科,只能
"权作过渡的办法而已"。与此同时,为了中国有好的教员以实现教育的

"真正振兴"，他还提出了师范生选拔条件或标准，即要"身体强健"、"言语清明"、"态度和易"、"意境恬适"、"忍耐力强"、"注意精密"、"存心真挚"和"智力优秀"。

赴英留学后，他从对西方各国尤其对欧陆和英伦教育发展的实地考察和体验中，进一步认识到"真的教育改革当自教师之革新始"，因而对教师的培养和师范教育的重要性有了更加深刻的思虑。应该说，这正是他学成归国走上事业道路的第一站武昌高等师范，任该校教育哲学系主任的主要原因。虽说他在该校任职仅及一年，即在该校改成大学后他就离开了武汉，但他并未就此而停止对师范教育的提倡、研究和尽力推进。其中最值得提及的就是他在既往研究的基础上，撰就了洋洋十万余字的《师范教育》一书，从英、美、法、德诸国师范教育的历史和现状写到中国师范教育的历史和现状，从师范教育的特质写到师范教育之行政规划、组织管理、课程安排以及学生实习，对师范教育为国民教育之母，师范学校为普通学校之策源地，以及这种教育实为一国教育之盛衰与国家理想之兴替的"枢纽"，进行了全面的分析和论证。此书自问世后，曾长期被用作我国师范学校的教材，在师范教育领域产生了积极而深远的影响。

前文已经提及，余家菊起始对师范教育思考并参加这种教育如何创办的讨论，正值五四运动前后中华教育界热议新学制改革之际，其时受美国学制的影响，尤其教育界留美归国人士在教育界话语权上占有的优势，致使 1922 年新学制出台后，中国的师范教育受到了相当程度的轻视：于中等教育阶段，则并入中学为附设之师范科；于高等教育阶段，则原有的高师纷纷改大而仅留北京师范大学一枚孤果。自清末兴起以来的师范教育在我国由是一蹶难振，所带来的负面影响，是各级学校师资的严重不足和国人普遍对于师范教育的轻视。为了改变这种于教育现代化进程颇有妨碍的现状，南京国民政府上台之后，花费不小的精力来改变和挽救这种局面：为了适应乡村教育运动的变革，只得于学制系统中添加"乡村师范"的创办；为了满足各地中小学对师资的亟须，只得大办简师以救燃眉之急。尤其抗战时期，为了保障战时教育的顺利开展，不得不大力创办国立师范。如此等等，后来的历史显示出的实际，无不从反面证明余家菊当年对师范教育作出种种阐述和论证的正确，从而也验证了人们常言的一条至理：真理有时掌握在少数人手中！

五、重视义务教育的实现

"义务教育"，自清末"新政"确立新型学制、推行新式教育以来，直至今日的一百多年时间内，一直是中国新式教育发展历程中一个使用最为频繁的教育概念，也是近代以来历届政府和教育界人士关注最多且致力其实现的一种教育事业。对义务教育深化理性认识并进行真实而全面的论述，是余家菊在中国教育早期现代化进程中的重大理论贡献。

中国对于义务教育的注意，是在19世纪后半期新式学校问世之后。最初提及义务教育的人物，是早期资产阶级改良主义教育家郑观应。他于1892年在《盛世危言·学校篇》中，即赞赏西方国家"无论贵贱男女，自五岁以后皆须入学。不入学者，罪其父母"。甲午战争后，康有为为推行变法，在其上书的《请饬各省改书院淫祠为学堂折》中直接奏请清廷"责令民人子弟，年至六岁者，皆必入小学读书"，否则"罪其父母"。到1902年《钦定学堂章程》制定时，开始以法令的形式规定在小学教育阶段，"无论何色人等皆受此七年教育"。随之出台并令行的《奏定学堂章程》更明确规定初等小学五年为义务教育阶段，并指出"东西各国政令，凡小儿及就学之年而不入小学者，罪其父母，名为强迫教育"。到1906年，清学部还出台了中国历史上强迫义务教育的第一道正式法令——《强迫教育章程》（10条），严令"幼童至七岁须令入学，及岁不入学者，罪其父兄"。自是，"义务教育"或"强迫教育"开始不断地出现在中国历届政府有关教育法令之中，并且无不高唱加强实施这种教育。在教育领域，不少教育界人士更是以努力实现义务教育为职志。平心而论，自清末"义务教育"一词被提倡以降，直到五四运动时期，中国的初等小学教育事业还是进步不少，儿童入学率也在缓慢地增长，新式小学教育机构也在不断地添加，而"义务教育"也逐步深入人们的脑海，成为一个得到教育界普遍认同的概念，但人们在对义务教育的提倡与推行过程中，更多关注的还是学龄儿童入学的比例和初级小学兴办的数量，对于这种教育如何实现以及实现程度如何，也主要是表层的论述：政府制定相关法令予以强迫推行，筹措相应教育经费加快学校发展等，而于这种教育的真实性关注和探讨不多。在这一点上，作为"国家主义教育思潮"的主要理论建构者之一的余家菊，在极力提倡

"国家主义教育"之时，对义务教育作出了见解深刻、剖析真切的阐述。

首先，他指出实施义务教育必须明定权责："义务教育为推行民治之必备条件"，"义务教育之实施而不能普及，不转为独裁专制，便将酿为暴民乱政"。因此，"吾人而真有救护国家、爱护民治之意念者，于初等教育之推进，其加之意焉"。这里提出加意推进"初等教育"，是因为自清末提倡义务教育以来，我国即以初等小学教育为义务教育阶段，故提及义务教育就必然提及初等小学的设置情况。在余家菊看来，"初等教育，应由法律规定为义务教育，人民有受教育的义务，政府有设教育的义务。既经规定为一种义务后，则地方当局不能存忽视之心，父母不能贪子弟工作之微细收入而不送其入学。否则法律的惩戒随之。惩戒之施行具有矫正的功用。因此矫正的作用，初等教育之普及，乃可日益减少其障碍"。在此，余家菊不仅明确了实施义务教育时政府和人民之间的设学与受教的责任和义务，而且认识到为防止地方当政者"忽视"义务教育和身为父母之人因贪子弟工作之微利而抵制义务教育，必须运用法律的惩戒作用以"强迫"实行之。

其次，指出实施义务教育必须真切实际。针对现时义务教育的入学年龄和就学年限，余家菊认为必须明白几个关键的问题：（一）义务教育的强迫年限。"强迫年数在吾国规定为四年，比较欧美各国之规定为八九年者，实相差太远。""惟在草创之际，格于财政的困难，暂定为四年亦属无法之法。假使能诚心努力以实现之，未始不聊胜于无也。"但4年之年数，"惟强迫年龄之最低限制则应提高"。因为从教育的见地观之，人生由十岁至十五六岁时是最需要教育之时期，而一生之成败优劣亦于此时期决定之。而依照《国民学校令》，儿童自满六岁到满十三岁止，凡七年为学龄。强迫年龄必须能将一切学龄儿童完全收容教化之；而且，儿童或有身体发育迟滞，或有疾病缠绵等事实上不能不延缓上学年龄者，所以要"酌留数年以备伸缩"。考虑到经济与成效，最好将强迫教育时段改为满八岁起至满十四岁止。（二）义务教育的离校程度。既然只有如此短的四年，就必须考虑离校时的"程度"："在校已满四年而学力未能达到第四学级的程度者，可强迫继续补受半时制的两年补习教育以完成其学力。"这类情况的补习时间，可依地方情形酌量规定。"在校三年学力已经达到第四学级的程度而年满十岁者"，可免除其义务；其愿继续就学或受补习教育者，听之；但学额已满无地相容时，可拒绝之。这样做好处有三：儿童在校不至坐挨光阴以待四年之满；笨拙儿童不至久占座位空耗经费；四年可得现制六年的教育学力。（三）义务教育的在学日数。我国教育规程，仅规定学期之终始与寒假暑假之时期而无在学日数之规定。由于各地情况各不相同，学期假期之硬性规定，既不便于各地之变通，而学期日数又嫌过长；若以学期日数为儿童必须在学之日数，则严格考核，许多儿童因事假病假旷课诸种原因，必然不能合格。"若规定每年在校的最少日灵敏，则既无此弊，又可借资限制。"对于这一点，余家菊认为，既可参照国外的规定，如丹麦；又可借鉴传统教育模式中的优长，如私塾。（四）义务教育的机构设置。余家菊认为："施行强迫教育，必须有星罗棋布的小学，然后始能进行。故小学之设置，为筹划义务教育之最要事项。"设置小学，先要划分学区；而学区的划分，必须注意三点：1. 当依据山河形势，交通便利，总期学生往来于学校、家庭之间，不致中途发生障碍；2. 区域不可太大，这样方便边远学子，且区域太大，则人们因学校过于疏远而不感兴趣，学校若失去社会的支援，教育则会丧失效率；3. 学区不可过小，过小则学校的设置耗费多而儿童数额少，教育效率亦不大。"适宜的区域，宜在一方英里左右"。

再次，指出实施义务教育必须实现"均等"。"国家欲求强盛，必须人民能各尽其才，亦必须人民能同遵轨物"，"是故教育机会均等尚矣"。但教育机会均等"并非教育机会同等之谓"，"诚以人智不齐，好恶各异，强使智愚同等、趋舍同范，是使两方皆备受戕贼"。故"均等之义，夫亦曰使之能各尽其才而已"。况且"义务教育为学龄儿童而施，但吾国之失学者又不但儿童而已也，成人尤居十之七八，故言教育之普及必须兼营成人教育"，"或为补充其基本知识"，"或为提高其职业知识"。还有，"教育机会均等，美名也。然使国家于贫寒子弟不予以经济的补助，则虽有此机会亦无法利用，直等于一虚名而已"。因此，要做到实施真正的义务教育，"国家宜确定奖学制度使贫寒者能领受国家津贴以维持其生活，并供给以享受教育时之必要的费用。在小学，更宜设免费膳食之例，供给贫家子弟以膳食而不取资。必如此，然后其机会为真的机会"。对于这一点，余家菊认为传统的书院膏火制和族祠之学礼例规等可借鉴，应"善用之"。

除上述所论，其他如实施义务教育于建立国家、强盛民族、安定社会等的意义和价值，实现义务教育必须改变人们的教育观念、端正教师的思想认识等，余家菊都有独到的见解和主张。如在论述国家或政府在实施义务教育上的责任和义务时，他即认为作为各级主政人物，必须认识到居今主世义务教育不发展，"无论政治失其凭依，即就国防言之亦无术健全"，而今已非"千字文"时代，义务教育目标不只是"扫除文盲"，所以政府于此等不应"只为轻描淡写之补助"，而"当到为良心上的一种使命而努力为之"。比较余家菊的义务教育观，虽说今日已实行九年义务教育，但真正实施如何，缺弊如何补救，恐怕人们还应深长思之！

六、用功心理研究的导入

在求学期间，尤其在立定从事教育研究和献身中国教育事业的进步心志之后，余家菊十分留意于教育科学化和对其极有助益的心理学知识的摄取，并且在构建教育理论体系和成型教育思想主张之时，重视心理学科的研究和将心理知识或理论导入自己的教育研究之中，从而使自己的教育研究建立在现代科学的基础之上。

已见前文提示，余家菊平生从事学研的第一篇文字即是《梦的心理学》，该文在中华大学学报上发表后不久即为上海《时事新报》所转载。其时他只是一个年仅二十岁的在校就读的青年学子，可见他对于人的心理问题以及心理学研究的关注甚早，而且在该学科研究领域的初次出手即发出不凡声响。之后，在北京高师研习期间，由于广泛地阅读欧美教育名著，故于心理学知识又有大量的摄取和吸收。于是，他依据心理学的有关原理和对照心理研究所描述的人的行为现象，先后写出了《儿童的道德性》《儿童心灵的发育》《性欲的教育》《游戏教育》以及《自动教育新论》等文。其中后者即以心理学为基础，将 H. E. Hunt 所著的《自动教育与蒙台梭利的方法》一书，"摄其大要，加以己意"而编作新篇。在文中，他明确指出，"合于科学精神的教育学应该以'生命的心理学'为基础"，因此今后要研究教育方面的活动，要从心理学、哲学、生物学等方面去"求个精确周到的了解"，这样"对于教育事业才有一分乐趣，对于教育目的才有一分见地，对于教育方法才有一些归宿"。出国留学前夕，他在向人们介绍如何研读西方教育著作时，在其推介的教育类及心理类书目中，于心理学科方面，其内容包括有普通心理、教育心理、儿童心理、青年心理、社会心理以及其他心理学类共 6 类计 25 部心理学名著。如其在推介"教育心理类"书籍时，他即指出："近今教育心理学上异军特起而为吾人所认为前途很有希望的，就是智力测验。此法可助吾人了解学生的个性与能量，以为改良编制法与教授法的凭借。近来国内努力于此种事业的颇不乏人。惟是大家所努力的，多在个别的测验，而从事于团体的测验的则还寥寥。"正是基于此等情形，他在介绍了詹姆斯、桑戴克等人的教育心理学著作后，同时也介绍了Ferman、Trabue等人的个别测验的心理学研究成果。

留学英伦期间，余家菊的心理学理论知识及其研究方法再次得到"充电"。据其在《疑是录》等回忆文字中所述，他初入英国伦敦大学研习政治哲学期间，于上课之余"按照多学实验科学之原意，搜求名校一览"，于是"快计向伦敦大学学院请求为心理学研究生"，得到心理学教授史皮尔曼的推荐而进入研究生院为硕士预备人。在随后近一年的时间中，他受这位英国教授影响极大。"他精细，他确切，他冷静，他从容……若问我所受到影响的老师，以哪一位最大？单就讲学而不就做人说，我就要说：在我觉识的范围内，最大的影响是受伦敦大学学院心理学教授史皮尔曼……假使我在学术上真有一点点成就，假使我所作的文字真有一点点价值，我的感谢大半要向这位老师表示。"由于研究生每周课程不过四五个小时，于是他"又习实验生理学于本院，习变态心理学于国王学院，习儿童心理学于女子学院，习教育哲学于师范学院"。此外，在英期间，鉴于欧洲各国受第一次世界大战影响，精神病高发，于是他又"纵览此类书籍"，对社会心理等加以观察和研究。至是可见，在他自身知识体系的建构中，心理学学科的理论知识占有很大的比重。

经过留学期间西方心理学科知识养分的进一步充实和滋养，余家菊于教育科学的研究过程中，引入相关心理学理论加以解释种种教育现象和解决诸多教育问题，也就更为得心应手。留英之际，他就依据心理学的原理和方法发表了不少研究成果。其中较为重要的篇章，诸如连载于《中华教育界》的《人格的动力》《感情教育论》，以及连载于《少年中国》的《心理研究备忘录》等长文。其中前两文就引用了著名心理学家詹姆斯、麦独孤、弗洛伊德等人的理论主张，或赞赏其说而作为论证依据，或批评其说而加以辨析申述。至于《心理研究备忘录》，则纯然为自己以备研究之用的心理学心得卡片之汇集，这从他的"例言"即可看出："本备忘录是一种自用的杂记"，"所研究的或为心理学说之比较，或为心底现象之分析，种类不一"，"虽有几分以备将来翻阅的意思，但所着重的是研究二字"。归国之后，他继续这一研究路径，撰就了《中国心理学思想》《国家主义之心理的基础》《荀子心理学》等文，并且完成其教育研究的学术专著《教育原论》等。

在引入心理学加强教育理论研究的同时，余家菊还借助心理学的理论，对当时中国诸多现实教育问题进行了探讨和解析。如在论述学程编制问题时，他在《个性与学程编制》中针对其时初级中学行选科制的主张，运用发生心理学等有关原理，强调指出"初级中学课程要普遍，要多方面，要有关于基本"，同时"学程应该逐步发展"，依据"演进法""由轮廓而及其详节，由大纲而及其细分，由广处而及其深处"，因此，"无论从发生说，从能力之分配上说，个性不足以为主张初级中学行选科制"。又如在讨论训育问题时，他在《训育论》中指出，"训育之成败，即教育之成败"，"故训育的研究，在教育的研究中居于最为重要的地位。而训育之事，论其目标，则非于人生道德之大经大法具有深切的了解者，鲜不以盲导盲同堕陷阱也；论其方法，则必于儿童心理教育原则能为巧妙的运用，始足以遂其所欲而达其所求"。他如在论及儿童道德的养成、论及课程的设置等，均引入心理学的理论来阐释自己的主张。

如众所知，在近代中国教育早期现代化进程中，尤其到了五四运动时期，面临的一个最主要的变革任务，就是教育的民主化和科学化。作为五四运动前后教育变革的一个最重要的成果，就是1922年新学制（壬戌学制）的制定和颁行，以及相应的新课程标准的设计和施行。在实现教育的科学化和新学制及其课程标准的拟订过程中，一个最为重要的变革因素，就是心理学理论尤其心理实验成果的引入，也就是说，正是心理学知识及其相关研究方法进入教育研究领域后，中国的新式教育才开始真正走向了科学化的道路。由此人们不难看出，余家菊他们当年在探讨中国教育问题和构建教育理论之时，对心理学的理论和方法的研究与吸纳的历史作用之所在！

除了上述种种，余家菊在中国教育早期现代化进程中，于中国教育的进步和发展，还有不少的建树和贡献。诸如在培养学生民族精神和爱国主义方面，在建构学制和学校设置方面，在加强师生交际和严格管理方面，在课程设计与教材编写方面，又如对学校军事教育的提倡，对儿童心理及活动的了解，对传统文化在学校教育中的传承和弘扬，等等，他都有自己或独到或透彻的见解。尽管为导言的篇幅所限，为了使读者对余家菊及其教育思想有一个更好的了解，笔者在此特作两点说明：一是他致力于教育哲学的深入探究，其原因正如他在翻译亚丹母斯的《教育哲学史》一书时所说，"是想引导中国教育思想走上深刻的路径"；二是对中国传统文化的研究与弘扬，对此他曾说过，自写成《国家主义的教育》一书后，他即认识到"教人爱国家，必须国家有被爱之处，所以决心研究中国文化"，尤其 1939 年撰就《教育与人生》之后，他在自己生命的后半期，基本上是为着这一目标来从事研究工作。

虽然余家菊的时代与我们渐行渐远，斯人仙逝已逾一世（中国古代称 30 年为一世）之遥，但他在中国教育早期现代化进程中的实践、理论建树以及他对其时中国教育种种问题的认识和解决，直到今日仍在闪耀着智慧的光芒。作为本卷导言的收笔，现借他于 1936 年 5 月发表于《国论》第 1 卷第 11 期的《中国教育之检讨》所揭示的现象，以启读者诸君的开卷之思。"就今日之教育现象为一鸟瞰的观察，其重病有五"：一曰"普通教育漫无归宿"；二曰"职业教育与社会生产情形不相应"；三曰"学术研究与国民生活无关"；四曰"一切教育皆重知而不重行"；五曰"重知识之实质而不重求知之过程"。"总上所言，可见今日之教育政策，不应专着眼于教育之量的发展，实应竭力注意于质的改进"。

附注：此次编选，校改了先前的一些讹误。其中，"□"为难以辨识的字，"[ ]"内为编者改字，"〈 〉"内为编者补字。

蕲阳　余子侠
收笔于己丑年（2009 年）教师节

教科书革命
（1920 年 1 月）

　　达到教育目的，有许多工具，教科书就是一种，而且是其中重要的一种。现时喜欢研究新教育的人，多喜欢高谈抽象的目的和方法，对于具体的问题，倒很少留心研究。虽说在提倡鼓吹的初期，不得不用概括的方法，从根本的处所着手；但是单用如是工夫，做如是事，在教育建设的价值上毕竟总嫌薄弱。有志革新教育的人，应该改变态度，万不可单谈抽象的主义，要朝实行的方面去寻具体的策略！有人说"中国人缺乏实行的能力"，这种单研究主义的态度，可不是这话的一个证明吗！

　　若是稍微留心具体的问题，我们在教授上，首先要觉悟的，一定是教科书的不合用。我们对于教科书问题，应不应该设法解决呢？现在有许多人提倡"实物教授"、"实地教授"，反对书本教育。但是他们只能反对用书本做教育的唯一工具，他们只能反对把教书当做教育的目的，决不能从根本上将书本推翻。书本是传播文明的利器。书本和教育有密切的关系，我敢郑重的说：我们对于教科书问题，不敢放弃。

　　现行的教科书，多半是纯粹商品。编辑和发行，多半是纯粹的商业行为。他们不配负促进文化的担子，不配做教育人类的工具。听说他们的内幕，有许多丑态，我们犯不着一一揭穿。我且用不激不偏的态度，将现行教科书的弱点指出：

（一）在教材方面

1. 不合教育宗旨，取材太无主义。

2. 不合人生需要，太重学术的体制。

3. 不合时代需要，又多废话，又多罣漏。

4. 不合地方需要，多抄袭日本的。

5. 不合科学的新趋势，太陈旧腐败。

6. 不合科学的精神，太支离、太抽象。

（二）在形式方面

1. 文体无生气，板滞的。

2. 前后无结构，破碎的。

3. 不合教授法，注人的。

4. 忽略审美性，像插图的粗糙。

5. 忽略卫生，像字的太小，纸的太光。

上述两项十一条，是他们的罪案。可惜此处不能为具体的说明，希望读者诸君按条思量一番。拙作有《现今通用的教科书》一文，登在《教育旬刊》的"教科书研究"栏内，诸君如有改革教科书的真心，希望取来参观一下。

有良心的教育家，对于这等不值一文的教科书，还应该让他流行吗？不应该打破他的信用，断绝他的生命吗？你们若是还要高谈教育革新，那么，对于这件事总不要轻轻放过，才合道理。

教科书革命的必要，已经明白了。我们眼前的问题，就是怎样进行？我想其中有两件最〈重〉要的事：（一）打破现行教科书的势力，（二）用新教科书来代替。怎样去打破呢？怎样来代替呢？我的意见如下：

一、怎样打破现行教科书的势力？

1. 我们要多做文字，批评各种各科的教科书。要利用机会，向与教育有关系的人指出现行教科书的破绽。

2. 请求各著名的教育杂志和报纸，注意教科书问题。

3. 各学校各种学科会议，应该研究教科书问题。

4. 征集各种学校，各科教员，对于所用教科书的意见。能得着有价值的报告更好。即令了无所得，也能引起他的批评，打破他的迷信——这是我们的真目的。

5. 各师范学校，应该教将近毕业的学生，留心研究教科书。这件事有益于教科书革命的进行，而且有益于师范生的就业。

6. 向教育部请求废除教科书审定制。各学校可以自由编纂讲义，可以自由采用教科书。

二、怎样用新教科书来代替呢？

（一）有思想有经验的教育者，可以自己编辑教本，先行试用。试用有了成效，就可以公布，请求各界批评。若能得着各方面的同情，就可以出版行世。有人想道：这种试编教本的办法，是用学生做试验品，若是编辑人的见解不高尚不周到，学生不免要受些牺牲，好像有几分危险性质。其实不然，编辑人的见解怎样，是个未决的问题，至若现行教科书牺牲了许多学生，已经是铁案无移。即令自由编辑教本，有时牺牲学生，我想牺牲的分量，总不至比现行教科书所牺牲的分量还要多些。再且从社会的幸福上说，因为试验的原故，牺牲了学生，总比牺牲在迷信和盲从中的好得多了。若是照我前面所说的，编辑人是有思想有经验的，那么，他们的成绩，决不至比现行的教科书还坏。

（二）专门以上各校，应该负担编辑中小学教科书的责任（特别应该的，是高等师范）。听说北京大学已经有了编辑中小学教科书的计划，可算是一种"福音"。不过我希望编辑的人，不是单有学识的教授，是要有学识又有经验的教育者。

（三）各种真的学会（除开志在选举的法政学会等），对于新出的教科书，应该多加批评，多加介绍。

（四）各种健全的学会，应该悬赏征集各级学校应用的各种教科书。我想此事的重要，决不少于征集名著——征集名著，是许多学会正在热心做的。

（五）各省教育厅，或者各地教育会，或者各科教员联合会，应该设教材研究会，调查合于本地方需用的特别教材。一方可以供给本地教员临时应付教育上地方化的需要，一方面可以预备全国教育界的采用。

（六）劝告各书局，留意于改进文化的责任。对于编辑教科书的人，加以审慎的选择，不可抱着纯粹营业的见解。

我谈完了教科书革命的进行方法，我对于各方面有无限的希望，我对于现任教育者更有极盛的热情。请对于教育者再讲几句话：

教科书的事业，就是你们的事业。教科书不改良，你们的事业总是"吃力不讨好"。你们想想，你们教授的痛苦、学生听讲的滋味和教授的成绩。你们的总结果，除了"失败"两个字，下余些什么？你们要知道教科书的不良，是失败原因中的一种。你们不想免掉失败吗！你们不应该除掉这个原因吗！我希望大家起来，合力做成教科书革命的事业！

《少年世界》第 1 卷第 1 期（1920 年 1 月）

我对于师范学校的希望
（1920 年 6 月）

有一天和夏宇众先生谈话，涉及师范学校应该改革的处所，夏先生就嘱我约略的写几句，好让大家留神讨论。我觉得（一）我的教育学识太无根柢，（二）我对于师范学校的情形并不十分熟习，说出来的话，不是不关痛痒，就是逞臆妄谈，所以本不敢下笔。但是想起"抛砖引玉"的话头，又觉得不应〈过〉分缄默取巧。所以就大着胆子来写几句，还要请师友们指教。

我的题目上所谓的"师范学校"，不限于北京厂甸的高等师范，亦不限于南京、成都等处的高等师范。我所说的师范学校，是包括全国的初级师范及高等师范的全体说的。自然，文内所说的话，有些是特别为高等师范说的；好在言外之意容易明白，亦用不着一一指出。

本文的大意分为两段：一、师范学校内部的改革；二、师范学校向外的扩张。作者因时间的关系，愧不能详加申说，只约略的提个大纲。好在夏先生所希望的不大，只是要我做个"发端"！

一、师范学校内部的改革

谈到师范学校内部的改革，自然要认徒［从］师范学校的目的是在养成良好的教育人才，不是要养成学者（教育学者除外），不是要养成著作家（教育著作家除外）。所谓的良好的教育人才，是要能说能想的教员，是要能做能干的事务家。现今许多师范生不但无应付事变的干才，而且没有"想得到，说得出"的口才。其所以一至于此的，是因为（一）太注重了专门学科，忽略了教育学科；（二）太注重了读书，忽略了做事。依我的意思，师范生从一年级起到毕业止，应该（一）时时研究教育，（二）应该时时从事教育。现在到了三四年级，才每星期教一二点钟的教育学，实在太少！到了毕业的时候，才到附属学校去实习三四点钟的教授，更不知有什么用处。

据我的意思，师范学校的课程，应该置［注］重教育学科。最好用圆周教法，从一年级起到四年级止，都有教育学。虽然同是一个教育学，程度仅［尽］可有深浅，分科仅［尽］可有精粗。假如第一年采用杜威《我们怎样想》那一类的书，或者采用何恩《教育哲学》那一类的书，使学生从心理学上、社会学上、论理学上、生物学上，得个教育的概念，好拿去供服务的应用，以添些教育的经验。第二年以后，再分讲教育社会学、教育心理学、儿童心理学、青年心理学、各科教授法等等，使学生得些更深的见解。因为这样，才可以（一）养成研究教育、从事教育的兴昧［味］，不至于使兴昧［味］为别种学科所夺；（二）可以使学生多为教育的活动，以养成教育的能力与兴昧［味］。

据我的意思，师范学校的课程，应该少注重些直线的深造，多注重些平面的热［熟］习。因为他们将来所教的学生，用不着他们所学的许多高深学理，而需要他们替他解释他所接触的常见常闻。现在许多教师失了学生的信仰，不是因为不懂高深的学理，乃是因为不能解说学生的日常疑问。我们都知道，教育应该注重学生的经验，为什么师范生不应该预备利用学生经验的能力？

除了课程应该注意在将来事业上所必要的以外，我以为师范生还应多与儿童或中学生接触。对于他们，加以种种的观察，施以种种的研究与试验。一来可以得些亲切的知识，得些确切的经验；二来可以养成爱好儿童或少年的心习。这两者，对于将来的服务上有无容的利益。现今师范生与附属学校的学生，长年不见一面。附属学校除了供每个教生两三钟点的教授实习外，对于师范生不发生任何关系。真算是无聊已极。我以为师范学生与附属学校的界限应该打破。师范生总应该多与附属生接触。能同起居，共饮食，就更好。

我以为师范生除了应该多与附属生接触外，还应该参加附属学校的校务。从附属学校的教师共同经营，一方面得知实际的困难，免得出校后无所措手足；一方面得知实际的问题，好从学理上加以研究。我是极相信教育的研究，是要学理与事业并进的。专读书，不做事，勿论他有怎样的学识，我总不信他可资奉行。且再我又相信，专读书，不经营事业，决不能辨别书本上的真理和书本上有价值的学说。

除此以外，还应努力校内自治和社会服务等，亦是很要注意的。关于此点已为大家所公认，无庸多述。我在此要问一句：在新文化运动的呼声中，师范生的责任与别的学生究竟怎样不同？

上而所说的校内改革，不及心所欲言的十分之一。但是主要的意思，亦略尽于此。现在且郑重的介绍一篇文字。友人恽代英君曾做一篇《敬告全国高等师范教职员暨学生诸君》登在《少年世界》第四期。很多经历语，请大家取来看看。现在且把他的大意录下，以代我的辞说：

（一）注重教育学科

（二）注重中学教育

（三）各学科的联络与普通化

（四）养成独立的改进的平等的精神

（五）教育者的修养

（六）师范生的责务是为社会服务

二、师范学校〈向外〉的扩张

师范学校的直接目的，固在养成善良的师范生。他的究竟目的，是在促进国家的教育。所以国家教育的责务，就是师范学校的责务。况且在现今学校扩张运动的潮流中，师范学校万无闭门不问世事的道理。但是我所谓的扩张，亦不只于办几座平民夜校，开几处通俗讲演所，就算了事。我所希望的甚大，但是我相信并不为奢。

（A）师范学校与教育舆论

要促进一国的教育，靠政府是不当的，靠一二私人亦是不成。最可靠而最有力的，只是舆论。我们不必问国内有无能做教育言论中枢的，只问师范学校应不应放弃这种责任。师范学校是一省或一国教育人材的总汇，得着的凭藉既大，所挟的势力亦复不小。若是师范学校还不能尽教育言论之责，就难怪乎教育言论上之权要操于商买〔贾〕之手。谈到教育舆论又可分为下列各种：

1. 制造舆论　外瞻世界的趋势，内省本国的实情，把教育上应举的事业，审定精当，应取的方针，从详考核。本校内研究之所得，鼓吹成为一种舆论，以期全国共晓，进行容易。现今大家都叹息于国内教育之不发达，试问大多数人民，谁知道教育的重要。大家都痛恨各处教育的腐败，试问多数的教育者，谁知道新教育是什么一回事。这究竟怪谁？

2. 纠正舆论　我国教育舆论，初将萌芽，不健全、不周到的处所很多。大概是一唱百和，不加深察。衍为舆论，害及百年。像提倡职业教育，就提倡金钱万能一类的事，并不为少。但是全国的师范学校，都还是充耳不闻。不知还是不能辨别善恶呢，还是不肯纠正？总而言之，都不是好现象。

3. 整理舆论　五四以来，教育的舆论，零篇断简，一知片解，也还屡见不鲜。但是时而德谟克拉西，时而职业练训，时而自动自治，时而共同生活。究竟凡此等等，有个什么关连，于理应该加以整理。这种整理的责任，究应谁属？

4. 传播舆论　已经有了健全的舆论，还要散播出去，收效才能大而且速。例如注音字母是普及教育的一种最好工具，大概已经切确无疑。但是国内中等的智识阶级有几个知道"注音字母"这个名词的。我想师范学校有如许的学生，一个学生传十个人，两万师范生就能传二十万人。如果有二十万人知道注音字母，注音字母的价值，决不只是现在这样。然而现今的师范生，不但不能传播注音字，而且口头上亦还不几个人时常谈及。这样，又怎样能怪一般国民对于教育事业不能了解！

（B）师范学校与教育顾问

教育舆论是由我去挑动社会。教育顾问，是由我而去适应社会的需要。教育顾问的事务，约有几种如下：

1. 教育者的顾问　从事教育的人，或于训练上发生问题，或于教授上发生困难，而没有解决的方法。如有师范学校为之顾问，既可以增加学校的效率，又可以减少教育者的烦恼。从师范学校说来，亦不能不算一种责务。

2. 教育行政的顾问　大而教育部，小而劝学所，在教育行政上，难免时生困难。譬如某县欲培殖[植]师资以普及教育，但不知宜于创办一种寻常师范学校呢，还是利于招收科学略有根底的学生而专施以教育的训练。在这种时候，师范的顾问部就可替他研究，或者为他搜集参考材料而予以相当的扶助。

3. 研究教育的顾问　热心研究教育的人，或因没有相当的书籍，或因不知入手的方法，而无从研究。在个人为不幸，在社会为自杀。师范学校如有顾问部就可以救济这种痛苦。

（C）师范学校与学生指导

师范学校对于一般学生的升学与择业，亦应尽相当的指导责任。分别说明如下：

1. 升学指导　一个学生，能否升学？升学宜于何种学校？从科学的眼光看来，都非常识所能解答的事。青年中之遇此烦恼的，当不计其数。更加以教育腐败，各校的内容，更难明了。欲升学的人，除非有可资探听的亲友外，多半是听天由命的胡闯。我们要知道，其中就牺牲了无数人材。

2. 职业指导　职业指导在国内报章上，亦时常瞥见。但无人引为师范学校的职务。师范学校养着学生去教学生，不但是要养成许多学生，是要养成许多各尽其能的国民。用科学的方法去指导职业，亦是义不容辞。

结论　置身师范学校的人，试闭目凝思，操纵全国教育命脉的是谁？决定未来世〈界〉的祸福的又是谁？能不奋然而起，好好的将自身洗刷一番，以求具备充实的力量，而发挥出来以为导世的明灯。师范学校之天职在是！师范学校的价值在是！希望大家共努一把力！只愧我说得太为草率！

《教育丛刊》第 1 卷第 3 期（1920 年 6 月）

乡村教育的危机[①]
(1920 年 7 月)

这篇文章，是从湖北教育改进社出版的《教育改进》上转录来的，很可以供我们研究乡村教育的参考。——记者

我时常觉得乡村无教育。教育是都市的出卖品，也是特别阶级的专利物。这种教育集中都市的状况，不是社会的一种病象吗？这种集中都市的教育，不是制造特别阶级的教育吗？从事新文化运动的人，嗜爱平民精神的人，不应该把这种情形放在脑筋内打几个转吗？我敢大胆说一句，现在的文化运动是褊枯的、局部的。虽说是过渡时代的必然现象，但是我们不应该以他为满足，不应该延长下去，我们还应该努力乡村的文化运动。乡村教育的运动，就是内面的一种。

乡村的教育怎样危险呢？因为：（一）乡村的教育已经破了产，（二）乡村的教育事业大家都不愿干。

我看见许多很小的学生从乡间到都市来。他们都没有家属在城市中。他们的父母为着入学的事，就叫他们离〈开〉了家庭。对于他们父母的心理，没有精密的调查，难于细说，但也有可以断定的就是他们不

---

① 据余家菊本人在《乡村教育通论》的"自序"（撰于 1931 年 8 月 18 日）中所言，"民国八年（1919 年）秋冬之交，予曾撰《乡村教育之危机》一文，根据事实，指陈乡村教育危机之所在"，可见此文撰于 1919 年秋冬间，后发表在《教育改进》上。因《教育改进》无法搜集到，现从《中华教育界》转录此文，故于时间排序上安排在此处，特予说明。

信任乡村的教育。我曾经在武昌几个小学内调查从乡村来的学生的数目，很使我惊骇，试写给大家看看。

校名	年级	全级人数	来自乡村数	校名	年级	全级人数	来自乡村数
中华大学附属小学	高小	四三	二五		国一	五三	三
	初小	六	三		国二	七〇	五
高师附小	国一	二五			国三	一一三	三〇
	国二	一七			国四	九三	二六
	国三	三一		模范小学	高一	一一六	四三
	国四	四〇	三		高二	一〇〇	三七
	高一	三三	一二		高三	四〇	九
	高二	三三	九				
	高三	二八	一八				
				合　计	十六班	八四一	二二三

通观上表，学生八四一名，内有二二三名来自乡间。平均不到四名就有一乡村学生，共计十六班，平均每班五十〈二三〉个学生，乡村学生平均起来，每班占十四名。再看模范小学的国民班，国三的乡村学生有三十名的多，甚至国一国二也有离开家庭的小学生，这不是很可注意的现象吗？小小的儿童就离开家庭来就学，可算得教育界很有意味的一个问题。其中的原因，一时也说不尽。但是不信任乡村的教育确是一个重要的真正的原因。据我经验所得，凡是家事小康的人家，都不愿让子弟在乡村读书。到了子弟能够自己料理起居的时候，就叫他出来，或是有人照料，就不管大小，托付人家带出来。我们知道让小孩子出外，是父母不愿意的事。但是竟有了这种现象，我们怎能够不要求乡村的教育当局自己问问自己呢？

这是说乡村的学生不信任乡村的学校，下面再说青年多不愿干乡村教育的事务。

有志的青年，都眼汪汪的望着都市，想大活动，想做伟人。我有几个朋友，他们情愿在都市内住［租］间房子，不情愿受乡村的聘去做教书匠。又有一位县视学对我说，小学的教员要穷要笨。穷了要吃要穿，才肯做这种生活。笨才不会钻营，不贪非分，对于他所干的事，才能干得长久一点。从这种事实看来，大家不愿干乡村教育的事，已是明白。

究竟有多少青年不愿干乡村的教育呢？我很想做个切实的调查。因此，做了一个调查表，送到一个师范学校去，请求五十个人填明给我。

那表如下：

（问题）	（决定理由）
毕业后愿在城市服务乎？	何故？
毕业后愿在乡村服务乎？	何故？
毕业后欲从事教育以外之事业乎？	何故？

我把这表慎重的交给几位朋友，请他们转请同学们填出。我很希望有大价值的报告给我。那晓过了两天，我的朋友来说，他们都不愿填，因为自己的事，不便对他人说。真是从头泼了一盆冷水哟！我想这或者就是大家不欲在劳苦的地方服务的证明，或者就是大家想着不便表示的证明。

大家何以不愿干乡村教育呢？我所发见的原因，有下面的几种：

（一）薪俸太薄

一个师范生或者中学生，费了四五年的光阴，花了上千几百串的钱。家庭希望他们毕了业，就能够一本万利的赚大洋钱，是不必说了。就是他们自己，为着面子的保持，为着家庭的慰藉，谁又不愿多赚几个"圆二哥"呢？那知道辛辛苦苦的做个教师，每月至多不过收入二十串呢？若是再加上家庭仰事俯畜的系累，那末，教师的生涯，就真不是人的生涯了，难怪大家都不愿干！

（二）无高升的希望

青年多有做伟人的雄心，是一种普通的公认的事实。乡村的教员，事情又苦，局面又窄。既不若攀缘几个阔老，好牵着他的衣裳角走，又不能交结几个漂亮朋友，做后来高升的预备。"教育是英雄末路的事"哟！难怪想做伟人的青年不愿干哟！

（三）无志同道合的乐趣

社交是人性的要求，知识和意气的结合更是读书人的慰藉地。在乡村学校中，同事的人太少，况且同事又未必同志。至若在校外求同志，更是难之又难。所以到乡村内去简直是一种流刑！

（四）应付社会的困难

学校卖的是新货（一般人说的新），乡村相信的是古董。在古董行家面前谈新货，自然要扯皮拉筋。趾高气扬的毕业生，怎么肯和他们鬼混呢？

（五）缺少增进知识的机会

都市的学者比乡村多些，都市的书报比乡村足些，增进知识的机会自然多些。乡村的社会，是静的，是和知识界隔绝的。我常说，一个新人物在乡村住上三年，也不怕不成古人。富于知识欲望的青年们，谁肯到这种"死海"来？

这是说青年多不愿干这种事，再看现在干这种事的是那些人呢？我知道的是：

（一）十五年前的师范生，

（二）十五年前的新学家，

（三）"篱巴馆"式的学究，

（四）半路出家的道士派先生，

（五）穷愁潦倒的新学生。

办事的是这等人，怎么能够有好效果呢？怎么能够起人的信用呢？

上面谈的多就学校说。下面再略谈几句私塾的危机。私塾在乡村占大部分的势力，也值得一谈哟！私塾的危机，有许多和学校的危机一样，但是有几种特别的：

（一）私人经济的不足

私塾是一二人设的，现今塾师的束修，差不多以二百串为最低额。私人的力量，太嫌薄弱。聘请良好的教师，总不容易。因陋就简，私塾的情形愈坏，读书界的信用就愈坏了！

（二）有志的青年不喜替私人服务

私塾是私人设的。在私塾服务，好像是为私人服务，替私人做仆役，是青年最不喜欢的。因此私塾中想聘好的教师真是"如登天然"。

乡村教育机关私塾占一大半。学校不好，还可以向私塾内跑。私塾不好，那就无处可走了。严格的说起来，乡村现在已无教育。然而教室读书的事，毕竟还没有灭绝。若长此迁延，不设法救济，恐怕终久连认字的教育也没有了！朋友们！乡村的教育要怎样救咧？我们不应该想法子解决吗？请大家想想！我还有话，下回再谈！

《中华教育界》第 10 卷第 1 期（1920 年 7 月）

儿童的道德性
（1920 年 7 月）

人类开化到了什么时期才有道德意识？我们不知道。社会进步到了什么程度才有道德教育？我们亦不知道。不过我们知道，自有历史以来，没有不以"道德"两字为神圣不可侵犯的；自有教育以来，没有不以"道德教育"为教育急务的。究竟道德观念、道德理想，是怎样进化来的？究竟道德教育要怎样下手？研究儿童道德的性质，对于解答此等问题，不无几分助益。人类学者说，个体发达的程序，是复现民族发达的程序；即是所谓的复现原理（Principle of Recapitulation）。那吗，研究儿童的道德，就很可以窥见人类道德的真际，比空谈人性总好得多。谈道德教育的人而不知道人类的本性，不知道道德的本源，必不能施行正确的道德的教育；既不"知己知彼"，那能"百战百胜"。现今教育儿童的人，因为不能了解儿童，不但坐使教育失败，而且不知戕贼了多少儿童。这种现象，确是有目共睹，讳无可讳。我们不想救济道德教育的失败就罢了，不然，儿童道德性的研究，不能不算是一种急务。本篇只是介绍西洋专门研究的一斑。

一、儿童道德问题

在道德的进化上，居于最重要的位置的，是本能的要素。儿童的行为，大概都是本能的；行为的性质，为遗传的神经组织所预先决定。自然，这样的行为，也许有种种利益；不然，天演的作用，应该早已把他淘汰了。但是我们决不可说这种行为即有道德的性质。婴儿饿了就哭，恐怖就号；他的哭和号，不是道德的，亦不是非道德的，只是自然的。简单的说，本能的反应，对于行为者，完全没有道德的意味。初次漂游于生命之海的人，一切南针，一切目标，都是主观的。在没有经验的时候，在未受教育以前，一切行为的性质都是同的，无所谓善恶的分别。道德的观念，道德的标准，道德的责任心，乃是起于经验与天性的交相反应。

儿童的本能所起的反应，有些是有益的，亦有些是有害的；有些是社会的，亦有些是反社会的；有些是道德的，亦有些是不道德的。我们富有儿童所没有的经验，所以能指出什么是善，什么是恶；但是我们决不可称赞儿童为善，亦不可指责儿童为恶。

儿童既然不知道行为的性质，亦不知道他的行为对于他个人及社会有什么影响，所以不能说他是善亦不能说他是恶。我们主张道德的进化，并不反对人类有一种天性能够了解行为的道德性质。道德的可能性是生成的，道德律、道德理想，则是经验、训练、习惯与意愿的结果。

儿童所倾向的，是生物上的正义，不是习俗上的正义。文明社会所谓的善恶，是以社会的遗传为基本，不是以生物的遗传为转移；因为这样，所以处理儿童的道德〈便〉成为一个特别的问题。

二、道德的社会性

道德的起源与道德的本质，都是社会的。个人的私德与社会的公德，多半都是产生于社会的本能。因袭的道德，都是来自风俗与习惯。因为这个原故，所以道德标准、道德理想、道德习惯等，随年龄而不同，随民族而不同，随时代而不同，随文化的程度而不同，随人类制度的进化而不同。人类早年的行为，在行为者的心目中，简直是个人的问题，并不知道对于别人有什么影响，亦不觉得对于行为的影响要负什么责任。换句话说，在这个期间，支配人类的，是个人本位的本能（individualistic instinct）。既然这样，就没有道德的素质，就无所谓道德了。行为其所以能有道德性的，是因为行为对于别人所发生的影响。最高尚的道德是自我牺牲，是大公无私，是力求团体的幸福。如果脱离了一切社会的关系，所谓的个人的私德还有没有存在的余地？的确是一个问题。内面本能的倾向，多半是朝着社会所赞成的种种反应；这种事实，是道德发展的重要基本，恐怕一般人还没有十分了解呢！如果此等倾向不及一般反社会性那样强大，那吗，恐怕人类就早已灭亡了。所以道德发展的原理与道德训练的原理，可用自然的、本能的行为做基础。

近代研究心理解剖的人，都极力主张儿童的感情与道德有重大的关系。他们以为，对于儿童的品性有陶铸的势力的，不是善的观念，亦不是虔敬的观念，亦不是利害的计较；使他感受极大的影响的，只是他的父母师友所未曾自觉的感情状态。父母间秘密的不和，隐讳的忧虑，勉强抑制着的愤怒等，在儿童的心上，都留着深深的印象，一经遇着同样的刺激，就会发生同样的反应。父母的人格，对于儿童的心理，有极大的势力；儿童的神经愈灵敏，感受性愈大，所受的印象就愈深。即令父母从来没有出诸口的事情，亦播射在儿童的心上。如果我们对于精微的影响有个充分的理会，那吗，青年品性的堕落，道德教育的失败，就可以思过半了。

我们且莫责备不道德的行为，亦莫称赞可喜的行为，只牢记着本能、感情、幼年习惯等对于品性有一种重大的关系。我们的意思是说，在幼年生活上，许多本能的、感情的、习惯的反应，并不是道德的，亦不是不道德的，只是未来生活的道德的基础，亦是未来生活的不道德的基础。所以促进儿童之生理的、精神的、感情的正当发展，即是促进道德的进化。如果觉悟了行为的道德性质，而增加了选择作用；如果良知已经活动了，而有支配本能与习惯的能力；如果社会的理想胜过了个人的欲望而成为主宰的动机；从主观上说来，这样的行为就发生了道德的意味，若是必须的目的没有实现，我们就可加以不道德的责问。

三、道德性发达的阶段

道德意识随年龄而进步，随知识而进步，道德责任的大小亦与年龄的大小、知识的高低而异其度。许多人以为儿童未至青年期以前，不能担负道德的责任，实在是一种谬误。我们的正当要求，只须随着发达阶级的等第而增减其责任的分量。道德的责任，不是一朝一夕所能遽增的，正如筋力的发达，不是短时间内事一样，正如任重致远，不是指〈环〉顾间即可变不能为可能一样。知道生理的发达，有多少阶段，有多少特征，对于道德性的发达就可窥见一般［斑］。以下且随生理发达的阶级，略谈各期间道德性的特征，或者不无几分用处。

（一）幼儿期（Infancy）这个时期，简直是"非道德"的期间。一切行为，无论是自动的，或者是被动的，都是出于本能的作用。儿童此时所谓的善恶，完全是从行为对于自己的影响去断定，全不顾及他的行为对于别人有若何关系。所以在这个时期完全没有所谓道德意识、责务观念等。

（二）第一童年期（Early Childhood）这个期间，可以叫作预备期间。在此时间，习惯、模仿、抑制等的功用最大，后来的道德即于此定其基础。由此期的儿童看来，所谓的道德行为，完全是武断的，外律的；别人所许可的，就是道德；别人所禁止的，就是不道德，没有什么别的理由。

（三）第二童年期（Later Childhood）在此期间，道德的辨别力，日渐增高。有一部分的行为，儿童能觉着所谓责务感情，并且能够按着责务感情去为善避恶。但是对于别一部分的行为，仍旧是非道德的。良心有时极为活动，亦有时完全失了作用。这个时间，可算一个过渡时期。把儿童安置在相当的环境中，使他有时常发生道德反应的机会，自然道德的观念就逐渐成立，逐渐丰富。如果他所遇着的事是他的未成熟的心所不能了解的事，或者是他没有机会以取得经验的事，那吗，他对于此等事的善恶，就仍然没有何等感觉。我们对于这个时期的儿童，时常不能得着正确的了解。这个时期的儿童，时常满口道德，其实并不知道他所说的道德的性质，而且对于他所说的行为亦没有丝毫的感觉。只是记取父母师友的言语，而像鹦鹉般似的人云亦云。我们因此，对于儿童道德能力的判断，不免发生种种误解。所以"口头道德"与"真实道德"的辨别，不可不大加注意。

（四）青年期（Adolescence）这个时期，是道德自我的发生期，亦是品性的确定期。这个时期，是个紧急的、危险的时期，是我们所同知的。种种本能，种种欲望，种种野心，种种理想，都蜂拥而起；不调和，不安定的状态，亦是无可免的。生理上的成熟，使他发生新欲望，新兴味，新本能，新能力，同时亦发生新的道德感觉。本能的势力，与理性的势力，时常发生严重的冲突，此种冲突亦时或继续得很为长久。如果善良习惯早已养成，如果生理、心理得着正当的发展，如果环境没有加他以无谓的烦恼，就能早日养成道德的适应力而终止里面的纷争。

不然，就不但凭空添了无限的痛苦，而且于终身的成败亦有千钧一发的关系。

四、儿童的行为

要研究儿童道德性的发达，可以对于儿童的行为择要研究，结果上，当不无相当的价值。

（一）所有权　儿童因为要满足需要，或者因为要满足幻想，用尽种种方法，去寻求他所欲求的物品，去搜集他所欲求的物品。自儿童看来，搜集物的重要，不若搜集活动的重要，所以儿童热心搜集的物品，每每毫无价值，如蚌壳、香棍之类。所有权的欲望发生得极早，而且极强；不过尊重别人所有权的观念，则发达得极晚极晚。儿童行窃的事，屡见不鲜。据许多儿童学者的意见，儿童的欲求财产，好行盗窃，简直是一种自然的本能。社会上所谓的财产权，意义复杂，在没有经验的儿童，自然不能了解。要使儿童尊重财产权，必须使他完全觉得他自己的所有物，对于他自己的价值。自己简直没有所有物的儿童，对于别人的权利，每每不能尊重。

（二）好奇心　儿童的好奇心，每每引出不道德的行为。何尔博士（Dr. Hall）是美国的一个心理学名家，他曾研究过一二四七个儿童，其中有百分之廿八因为富于好奇心而多行破坏的事。在儿童的破坏行为上，故意破坏与不小心，都不是重要的原因。儿童的破坏是天然的，亦是建设的，应当与以指导，不可加以压制。许多事件，于别人的财产上很有损失。放火焚烧货物与放火焚烧野草，在儿童的动机上，都是由于好奇作用，并非"生成的罪犯"（Born Criminal）。儿童又好行残暴的事，如杀人［鸟］屠猫等，殆平平无足奇，实际上并非真是残暴。如果加以相当的指导，可以成为小规模的科学研究。

（三）偷逃　儿童的逃学与逃家，社会上每每看作一种罪恶。克里来（Kline）对于此，曾加以精密的研究，发现儿童的游荡性（Nomadic Tendency）是本能的，是遗传的。在相当的年龄内，在相当的时期内，每每有一种极强的冲动，要推倒一切的束缚，要实行个人的奋斗，好去观览世界，要逾越一切习俗的藩篱，好去独自游荡（或者结一个秘密的伴侣同行），好去与天然界相接触。达尔文之往事，或者就是一个实例。

如果不是因为怠惰，如果不是受了拐诱，这种天性实是害少而利多。如此要利用此种天性，应当有相当的设备，使儿童的此种本能得所发泄。惩罚与压制不是善良的救济策略。

（四）谎语　儿童的谎语，无关于道德问题。儿童的说谎，有时是因为幻想强盛。在幻想强盛的时候，儿童自身亦受其欺。有时自私与自己保存的本能极为强盛，支配了一切心思，而且又没有相当的经验与训练，所以对于自身的言语，不能预知将来的影响。据何尔说，儿童的精神能力不能说确实的真话，亦不能说确实的谎语。许多德国学者，专心研究儿童在四岁以前能否说真正的谎语。要使儿童诚实，第一要发达诚实的观念，其次必须使他有说真话的责务感情。

（五）反抗性　研究儿童的反抗性，于自制力与自治力的进化上可以得着许多有趣味的见解。儿童顽固的反抗性，每每起于本能上的强烈欲望，对于此等欲望，儿童自身亦无法制止。儿童的反抗，有时是起于生理的原因，如营养不宜，疲劳过度等。极端的反抗，一般人每谓为意志坚决的现象，其实是心意薄弱的表征。遗传的要素与环境的要素，关系复杂，适应不易，全无训练的儿童，处此自难周到。儿童又富于自我性，种种行动多为感情与冲动所支配，不能顾及所谓社会的责务，亦没有取悦别人的欲望。服从权力，遵守法律，都是意志训练的结果。真正的自制，须要用适宜的方法以养成强壮的意志。意志薄弱的人，可以学习服从权力，但是很难学习自制。所以有一种学者主张，最顽强的儿童，是生物上的优秀儿童。表面上最为服从的儿童，是最为怯懦庸弱的儿童；自动的、真心服从的儿童，时常是胆量最大、意志最强的儿童。能够自制自治的儿童，对于适应习俗的道德观念与习俗的道德标准，绝对不感困难。

我们再重申一句，以说明此种德性是进化的，并说明此种德性对于品性发展的关系。没有"自我肯定"，决不能有"自我统制"；权力、才干与能力的意识亦决难实现，如果没有自他意志的竞争，觉得自己的不完全，不充实，不中用，才知道法律是合理的，有益的，必要的。知道一个人不能不依赖社会，才能真心遵守法律。凡此等等，皆须用长时间的工夫去施行统驭本能的训练。

（六）捣乱　儿童每每做些最为可厌的行为，如破坏整齐的布置，如探鸟巢而取其卵，或者毁坏其巢，或者移去其巢。此等行为，我们可以称为"捣乱性"行为。推究起来，这种行为，虽说含有若干思考作用，仍不外一种自然的行为。儿童的活动的、追究的性情，对于感官训练，筋肉训练，皆极重要；从此所发生的行为，自然于有意无意之间，每每蔑视别人（或鸟兽）的权利，蔑视别人的苦乐。好奇心、无知、无节制的冲动，对于此种行为都能加以说明。要救治这种捣乱性，须使他觉得这种行为所引起的身体上、精神上的痛苦，以逐渐发达他的同情；空作无谓的惩罚，绝对无益。

（七）模仿　儿童最富于模仿性，是我们所共知的。模仿是一种本能的行为，亦为人所同晓。我们此时要指明的没有别事，即儿童因家庭的不良，朋友的恶劣，所为的种种不道德的行为，在儿童道德性上不发生问题，我们所要注意的是社会现象。

五、结论

我们且将上面最重要的几点，列出来做个结论：

（一）儿童在起初，不是道德的，亦不是不道德的，只是非道德的。

（二）道德行为与不道德行为都是以本能做基础。

（三）道德的发达，完全依赖儿童对于道德观念与道德标准的理解力与反应力。理解力与反应力是生而有的，只须训练，才能发展。

（四）道德性根本上是社会的，发展道德性亦宜于在社会的环境中。

（五）道德性的发展与训练，要注重儿童身心发达的阶段。

（六）儿童种种不利于别人的行为，都是本能的，都不是不道德的，都有利用的价值。

《中华教育界》第 10 卷第 1 期（1920 年 7 月）

教师和学生间的交际问题
（1920 年 9 月）

　　这个问题实在是不应该成为问题的问题。可是事实如此，又教我不得不把它看作一个问题。我想，心头上起了这个问题的，决不只我一个。学生诸君！教职员诸君！教师和学生间的"冰铁态度机械关系"，你们从来没有想到这是不自然、不正当的生活么？这种生活，应得维持下去？学校生活是社会生活的模范，学校生活且没有上轨道，还谈什么社会生活的改造？"平等"呀，"博爱"呀，"互助"呀，"团体生活"呀，大家都唱得很热闹。但是请问这些好听的名词怎样才能实现？要实现这些名词，须得什么基本的活动？稍治社会学的人，都知道要维持社会使它不至于涣散，须得利用交通（铁道、电报、印刷、演讲、谈话都在内。在英文是 Communication），以造成共通的感情、信仰、志向。实在，这种道理无论在人群关系上的任何方面，都可适用，亦都应该运用。杜威说，"学校就是生活"，又说，"学校应该是好的社会的缩型"，现在我要说一句，"学校的生活就是社会的生活"。中国人没有社会性——至少亦应得说是薄弱、狭小——就在学校生活内反映出来。中国人的"反社会性"，就在学校内加工的制造——教师和学生不发生交际，即制造的一法。

　　我劈头就说"这个问题实在是不应该成为问题的问题"，何以见得如此呢？现在要申说几句。教师和学生的关系，是何等密切，教师与学生的相处，是何等长久，何等专一。用旧观念说起来，"师者，所以传道授业解惑也"。是何等重大的责任。师在旧伦理中，与君父并重，时不时还要上人家的神龛子——天地君亲师位——又是何等的尊严。照情照理，教师与学生，不说是像父之于子，子之于父，亦应得像兄之于弟，弟之于兄。任意来往，不拘形迹。质疑问难，谈叙衷曲，把学校变作一种极乐地。自然大家充满了人生的兴味，显出活泼的、愉快的精神。住在里面，"乐不思蜀"，学生决不至像现在的学生，眼巴巴的望着放假，教师亦决不至像现在的教师，眼巴巴的望着"打下课钟"。但是现在的情形如何？

教员教了半年，还记不清学生的姓名，认不清学生的面孔，比门房和学生的关系还不如。学生混了几个月，还探不清教员的历史，辨不清职员的性情。学生教员间的关系，只是五十分钟的关系。学生职员间，没有大故，更会长年不交一语，甚且长年不见一面。哈！这是什么样的关系？有人说，"学校即是市场"。我觉得这话太刻薄了，但是我又无法驳倒他。教员呢，两块钱一点钟，钟点到了，钱得了，坐上洋车回公馆。学生呢，三十元一年，期满了，卷起行李，回家去。你你我我，两不相管，"萍水相逢，尽是他乡之客"。究竟是所为何来？饭碗……出身……

学校是学生的发祥地，在那儿读书，在那儿生长，在那儿游钓。住处之久，多则五六年，少亦两三年。不特对于这个学校，应该发生感情，即对于学校附近的场园，一木一石，亦应觉得别有趣味。这是我们这些"学生精"都有的经验。但是我们又知道，大多数的学生，对于学校的态度，不是冷淡，就是嫉恶。我曾有个经验，也还值得一说。五年前，我在武昌读大学预科，住到三年，快毕业了。有位同班说，等我毕了业，我要抛个大石到长江内，等它浮起来了，我再回来。到于〔如〕今，他的沉痛的声音还留在我的耳内。恰巧我成了个研究教育的人，他的话就成了我的研究资料。我们想，一个学校使学生对它深恶绝痛，这个学校还有什么效果？一个人对于和他深有关系的学校，尚且深恶绝痛，他的感情还能得个正当的发展么？其所以一至于此的原因，自然复杂，但是我们应得承认师生的隔阂是个最大的原因，据我的意思，简直是一切原因的原因。

我现在且把师生没有交际的弊害，系统的申述一番。请问教育家们，这是不是应得如此？

（一）养成冰冷的国民

中国国民生活是静的，是死的，是毫无生气的。这是大家都承认的，都哓口［音］瘖音［口］以为非改不可的。"动的教育"呀，"创造的教育"呀，闹个不休，正是为此。但是这种死，静，毫无生气的原因，究竟在那里？不探原求本，专喈喈嘎嘎，大家来赶热闹，毕竟没受用。据我的意思，是因为感情的缺乏。感情是活力的根源。没有感情的行为，是薄弱的，因袭的，敷衍的，不是勇健的，进化轨道上的。我国国民因为这样，免不了"女性国民"之羞，除不掉"五分钟热心"之耻。现在谈新教育的，都知道这是不好的现象，应得急急除掉，谁知他自己就在制造这种不好的现象。谁知他用冰冷的态度对付学生，学生习惯了，无事足以动其心，结果就养成冰冷的国民。

中国国民无合群性，无公德心，亦不知受了多少恶口，挨了多少臭骂。"一盘散沙"哟，"无三人以上的团体"哟，真是说得令人难过——或者亦有很多的人以为寻常无足怪。于是教育上，就起了什么"团体生活"呀，"社会服务"呀，一大堆好听的名词。究竟团体生活的成绩，是不是多添了一些嫉妒、倾轧的风气？究竟社会服务的状况，是不是造了一些机会去锻炼有始无终的劣根性？我们须得知道，从外面注射的吗啡，决不能使人有长时间的兴奋。要得大家真肯替别人服务，真肯和别人结合，真肯光明磊落，毫无所私，还须养成大家相问的热情。热情就是吸力，热情就是绳索。现在的教师与学生相视若路人，疾苦不相闻问——还好，教师有庆吊，即学生还送一块钱。在这种环境中生活的学生，还能了解社会生活有什么乐趣？还肯用什么热情去接待人？这种反社会性的活教育，比纸上提倡博爱互助的文竟［章］厉害多了。

（二）养成变态的人生

人是感情的动物，有了感情，自然要得发泄。如果没有正当的发泄路径，就会流入歧途。如果抑制住了，不得发泄，就会成为悲剧。我们知道，我国大多数的人，不外两种，一种是醉生梦死的乐天派，一种是抑郁悲愤的厌世家。我们都知道这种人生是应该痛骂的。其实应得痛骂的，不是这些人，是社会。使他们一至于此的，是社会的制度，是社会的习俗——是社会对他们的态度，使他们的情意不得相当的、正当的发展。我们常听见说，打打扑克，逛逛窑子，逢场作戏而已，消消遣而已。我们应得承认，这句话有一部分的真理。我们常听见说，"举目无亲，谁可与语？"我们要想想，这是何等悲痛。

变态的人生呵！我敢断定，你是情意不得相当的、正当的发展的产物。制造变态的人生的，我不敢说完全是交际上的问题，可是我敢说交际问题于变态的人生有极大的关系。与学生往来的，固然不只教师，可是在学生交际上占重要位置的，总不能不说是教师——尤以年幼的学生为最甚，教师学生间的机械关系，怎么能使情意有适当发表？怎么能不制造变态的人生？

（三）阶级观念的巩固

师在我国，本来异样尊严。《书经》说，"作之君，作之师"，师和皇帝相提并论，你看这还了得！还有，许多人家供奉"天地君亲师"五个大字，初一十五，要向他烧香叩头，师道之尊，可谓盛极千古。呼吸于这种空气中的中国教员，谁不摆摆"老师派"？熏染于这种风尚下的学生，教员若向他谈一句话，亦就"喜形于色"，"荣幸曷极"。这样，哪里还有什么师生交际的问题？可是口口声声德谟克拉西的先生们，亦对于这件事没有什么和教师们不同，真是狠〔很〕有意味！难道和学生往来，恐怕有渎尊严吗？我倒不知他们还是无心中受了阶级观念的支配呢？还是故意要保存这种师生阶级观念？可是这样做去，于保存师生阶级上总有多少功绩，或者千古之后，亦还吃得几块冷猪肉！

（四）事务上的障碍

教师学生，"老死不相往来"，于学校事务的进行，有狠〔很〕大的障碍。这事本浅明，无待多说。可是我有一桩经验，可以写来做个实例。我住某学校时，一位很新鲜的教员，对于学生在他所教的科目上的根底，全不清楚，于是他带一本书上堂，问学生觉得深浅何如？一时大家无言。过了半晌，有一位说道："可以。"于是他就决定采用这书来做教本，大家亦无异议。谁知下课钟一打，教员刚出去，就一个个的叹起气来，觉得那本书太浅。后来日积月累，竟闹出问题来，大家忙着救济不了。请问这种障碍，是不是由于师生没有了解？是不是由于师生没有交际？

（五）个性的抹煞

稍有常识的人，无不知道发展个性是现在教育上的要点。我们要知道，发展个性，首先要了解个性。教师和学生，双方有"咫尺天涯"之感，还讲什么个性不个性！这种教育的结果，只是"教育的浪费"，只是天才的毁灭，只是"削足适履"。这个道理是教育界的常识，用不着多说了。

有这种现象的教育，产出这些效果的教育，还算得教育？从事这种教育的人，享受这种教育的人，还配谈新文化？我有一位朋友说："像这样的教育，我只得骂一句'时日曷丧，予及汝皆亡'！"这话虽说太激，亦还值得摆"老师派"的先生们一反省。我现要追究何以师生间不发生交际？

（一）历史的原因

上面曾一再说及历史上教师的尊严。拥护尊严的是权威，维持权威的是疏远，不与人接近以使人莫测。"天威咫尺"这句话，不但是描写君臣关系的，亦可形容师生间的情形。小学生见了先生就躲，俗话说，"学生见了先生如同老鼠见了猫儿"，这都很可以证明权威疏远师生。现在虽说尊师畏师的偶像打破了，可是大家仍于无意识中受了习惯的支配。至若还在提倡纲常名教的人，不肯与学生交际（恐怕有失身分），学生亦不肯和他交际（恐怕气色难堪），自然更无须多论。

（二）国民性的原因

我国人原无所谓社交。庆吊来往，不是亲戚就是邻里——不是血统的关系，就是部落的遗习。即令说他是交际，亦不过是勉强应酬，不觉得什么趣味，亦不觉得什么重要。乡党自好的人，差不多都有个"闭门谢客"的"隐君子"在心目中。幽独的生活，实是我国国民的特性。以家庭为生活的范围，以"于人无求，与世无与"为生活的极则。这种性质的国民，自然无所谓交际，更无所谓师生的交际。

（三）嫉俗的原因

"人是社会的动物"这句话，输入已经好多年了，再加些"互助"呀，"合群"呀，所以我国人虽说还没感看［着］社交的兴味，毕竟总知道些社交的利益。脑子内本想去交际交际，但是社会上的一般交际又使他看不过，只得"废然而返"。要知道他何以废然而返，且看现在的交际界：

1. 攀缘　"趋炎附势"是人类的弱点，"胁肩谄笑""拜座师""牵衣角"又是中国人的特长。所谓"攀龙"、"附骥"真是教人肉麻。现今师生的阶级初破，学生奔走于教师之门的，亦未必无人打着德摩克拉西的旗子，去做投机事业，去迎合"上峰"意旨的。旁观者看起来，真是欲进不忍。谁肯以洁白的身子去跟着他们鬼混！

2. 利用　我国人的行动，很少是为人的。即令好像是为人的亦不免别有作用。所以一入社会，恍惚左右都是陷阱，稍一不慎，就要"卡踏"一声跌下去了。阅事稍多的人，总离不了这种意想。现在讲究交际的人，固不必真有利用人的；但是疑心疑鬼是阴性国民的特质，这一点又怎么教他不怕呢？所以要免得为人利用，还是闭门不出的好。

3. 对付　在无可攀缘时，在无可利用时，在不是攀缘又不是利用时，彼此交际好像容易纯洁，容易入交际的正轨，其实还有一个交际的大蟊贼——即是北京人所谓的"对付"。本不想送他一块钱，然而要"对付"。来往得好似亲密异常，问起来仍是"对付劲"。这种相与相处，是不是"交相诳"，是不是互相侮蔑？难怪自爱的人都禁口不谈交际！对付，就是无诚心，这一点比任什么还要歹。虚伪的国民，假面具的国民，都于此中见之！一切刀砍斧杀，都是报应！

4. 树党　少数人各为各的利害起见，组织经营，俨成一派。挂起旗子，立起门户。说什么"研究学术"、"联络感情"、"服务社会"，都不过是"敲门砖"，实心实意是要假同道——同盗——的协力，去炫耀一时，去把持一切。声应气求，免得势孤胆小，不敢为所欲为。集思广益，免得心劳日拙，以至图穷而匕首见。树党的利很多，而树党的事亦不少，所以心意皎洁的人，对于"交际"二字好像是"耳可得而闻，口不可得而言也"。

流俗一般的交际，多半出不了这四种的范围——下攀缘，上利用，同等而不相求的就对付，同等而同其利害的就结纳——中国的国民亦就出不了这四种所代表的性质。社交两个字，在别国是何等意味，而在我国则混了些鬼怪离奇，弄得全国无〈论〉男女大小老幼莫肯用真心对人。这真是大乱之源，亡国之机！说亦无从说起！以神圣纯洁的教育界，关系亲密的师生，都还因此而没有交际。那末，他对于别社会的影响又是怎样？倘若师生间而有此四种情形——恐怕多少不免——那更教人难堪。

（四）教师的原因

从来教师和学生的关系是虚伪的。虚伪的就必须是形式的、机械的才好。若是变为自由来往，变为随时攻错，就会有时露出"马脚"，不能维持"纸糊的灯笼"——道德上、学识上的虚伪。教师要免除这种种不便，亦就不敢多谈什么"不拘形迹"；若是喜欢吃酒打牌的先生们，更日无暇晷，谁能接待闲散的学生呢？学生见着这个状况，亦就只希望他老人家少旷几次课！

原因既明，症状已得，我们应得设法救济。设法救济，一方要造成师生交际的机会，一方要养〈成〉师生交际的精神。以下顺次谈个大略。

（一）造成师生交际的机会

1. 教师宜自动的接触学生　教师和学生的接触，好像已有人注意。有几个学校，并规定一定的时间在一定的地方，由某教师接见某某学生等。这种办法，为"席不暇暖"的教师们固然是无法中之法；但是从教育上说来，总不能说是正轨。这种办法，毕竟是机械的，形式的——恐怕仍是虚伪的，不能对于学生有切实的观测，随时的指导。宗〔照〕我的意思，教师应该多从各方面——自习室、寝室游戏场等——活动，随时随地，得些报告，给些暗示。再且往来既多，形迹自然去掉，不提倡师生的交际，自然就有交际。

2. 师生皆宜在校膳宿　我到北京未久，我对于北京教育界有件极为奇讶的事。此地的学校，除极少数的学校外，教师学生都在外面膳宿。教师与学生，学生与学生，只是上课时能会面，一下课皆四面分散各去一方。这样的学校，还讲什么师生交际。此地有句话说"下车上堂，下堂上车"，是说教员先生的，我看，学生先生们，亦是这样。这种教育，真不如无！

我以为学生是应该绝对住校——中学生更甚——教师从〔纵〕不能日日在校，一星期亦应有两三日在校，即不能终日在校，亦应有个六七点钟在校，才能让学生们得于讲堂之外窥见颜色。若是能和学生谈谈话，那就更了不起了！有人说，这么一来，教师和学校，怎样按时计薪呢？这真难说！

3. 师生同乐　无论是教师或是学生，娱乐总是要的。一个学校中，球戏、游艺、音乐，应该尽量设备。固然可供学生之用，教师们亦何必不抽点打牌听戏的闲来和学生斗几局，一来娱乐娱乐，二来与学生接触接触，三来融合感情。一举而三善——还多得很——备〔呗〕，真是何乐而不为？

以上谈怎样创造师生交际的机会。有了机会，怎样才能运用自如不生流弊？须得下面几种精神①：

（1）相信社交即是生活　人是社交的动物。在人的各种生活中，社

---

① 依据文意，此处应断为"（二）养成师生交际的精神"，以与前面标题"（一）造成师生交际的机会"相应。

交是一种。我们从事师生的交际，即是从事生活，没有附带的目的，如利用、攀缘等。

（2）德摩克拉西的精神　我国的师生交际，是德摩克拉西的产物。我们要使这个交际真纯洁有味，仍然须有德摩克拉西的精神。不知有所谓师生，但知是社交上的对手——朋友。

我谈了许多：先谈现在师生间的关系，次谈结果，次谈原因，最后谈救济法。现在可以终止了。

在终止而未止之先，还要说一句，师生的交际问题，是改造国民性的问题，是确定德摩克拉西的问题，是变学校为社会的问题——大家不要轻看了。附带还说一句：内面如果有得罪教师们的，请勿见怪，我亦是当过教师来的，只当是骂从前的我；如果有得罪学生们的，请勿见怪，我现在还是学生，只当是骂现在的我。

《少年中国》第 2 卷第 3 期（1920 年 9 月）

性欲的教育
（1920 年 9 月）

生物学者谓一切生物都有两大欲求：一是食欲，一是性欲。有了食欲，个体才得以保存；有了性欲，种族才得以绵延。保存个体与绵延种族，是生物界种种活动的两大渊源；即就人类文明说来，若无他们两个，哪里还有今日。然则食欲与性欲，正是一切生物的顶高贵顶重要的本能，人类对之，何必羞羞涩涩而不敢正目视之。食欲与性欲，既是生物的顶高贵顶重要的本能，便不用着掩饰遮瞒，应该用适当的态度，去讲求利导之术。我们知道保卫人类的安全与幸福的，有三个东西，即是宗教、法律、道德。我们试看哪个宗教，不戒盗戒淫；哪个法律，不禁盗禁淫；哪个道德，不防盗防淫。我们可以说，盗与淫是一切宗教、法律、道德上的两个根本的实际的问题，而为许多先哲所苦心忧虑的。宗教、法律、道德，都是适应社会的需要而起的，既是没存一个宗教、法律或道德，不萦心于绝盗绝淫，我们就可以知道，没有一个社会，不发生盗与淫。可见盗与淫，是人类自古以来，永远没有铲除的大患。可见食欲与性欲，是一切时代中，一切社会上，永远没有解决的问题。现代劳动问题，震荡全球，面包面包的声浪，已足使忧世者的脑筋不得一刻安宁。食欲问题的圆满解决，固然不能求之于一朝一夕，但是已经成为全世界的问题。而为一切有识所关注，以后对于他的解决将只有多少的问题，方法的问题，决不至于完全无有解决，决不至于丝毫没有长进。

至若对于性欲的问题，虽然好像不如面包问题之紧急，但世人对之亦不复如前此之静默。有思想的人所纷纷争论的家庭问题，婚姻问题，恋爱问题，考其根核，不过是一个性欲问题罢了。百般幼稚的老大中华，家庭问题，婚姻问题，亦已成为一般青年脑海中的惊涛骇浪，而且已有公然讨论恋爱问题与性欲问题的人，可见时势已迫，性欲问题，今而后将继面包问题以起，而在青年的脑筋内割据一方。祖传秘诀的缄默主义，将不能永延天祚了！我于此便不能不怪我国的教育界，何以于性欲问题一字不提？

一般道学先生觉得谈到食色两字便是大逆不道。他们默无一语，原无足怪。惟有许多聪明有识的教育家，日以养成健全的个人与促进社会的进化相号召，既已提倡职业教育与劳工神圣以解决国民的食欲问题了。何以对于性愁〔欲〕的教育仍然完全无所论列？我真不懂。性欲一物，决无何等污秽；如有人觉其污秽，只是自身的罪恶充盈，决不可冤枉性欲。性欲和穿衣吃饭，正是同一道理，我们觉其污秽，只是由于我们的不像人形。我们从前对于性欲的态度，无一是处，以后应该痛加矫正。以扶翼青年改造社会自命的教育家，更不可因仍旧习。一年来讨论家庭问题、婚姻问题、恋爱问题、性欲问题的文字，正是百花争放，令人有应接不暇之势，独是教育界绝无从教育的立足点，而对于许多问题的根骨问题——性欲问题——加以讨论，不可说不是一件缺憾。记者此文，只可算是聊为发轫，如能做到"抛砖引玉"，那就万幸！

什么是性欲的教育？

要谈什么是性欲的教育（Sex-education），且先为解释什么是性欲（Sexual Instinct）。从生物学之所诏示，所谓的性欲，并不含有何等污秽，不过是说：生命的延续，全靠一双异性——男女——的个体。造物为什么使新生命的发生必须出自两个别的生命？这问题本是生物学上的一个谜子。解答的人，各异其说。各说中较为令人满意的，亦只是说：新生命源于两亲，可以使新生命从两个异族去获得遗传性质的新结合。这种说法，以为两性的关系可以增多遗传性质，在实际上，仍不足以说明现代人生的真相。在优美的家庭，男女的结合，不仅足以延续生命，并且可以发生精神上的爱情。有了精神上的爱情，生活上便可以产生许多美丽辉皇〔煌〕。再且在社会上，人类的一般关系，亦多少脱不了性欲的影响。有血族关系的人，格外觉得要一种本能的亲爱，即其明证。这样看来，性欲的影响并不只限于家庭之内。我们可以说，性欲原来是藉着两性的结合以延续生命的，后来就成为男女相爱以及亲子相爱的基础，更后又成为人类间社交的结合以及智识的结合之渊源。我们对于性欲抱如此观解，才能窥见他的全局而不至陷于一偏。

从前言性欲教育的人，多半是以性欲的教育为性欲的卫生教育，谈性的道德的人，亦无不以摄生养生为着眼点。后来进步派，才自个人方面而移到社会方面；就是不仅仅注意在个人的卫生，并且留心到社会的卫生。社会卫生学本是近代的产物，近代的教育本是社会化的教育，所以从事性欲的教育运动者，当然不能将社会方面弃置不顾。但是以性欲卫生（Sex-hygiene）为惟一主眼的教育运动，无论是个人的卫生，还是社会的卫生，毕竟没有了解性欲影响的广大，所以对于性欲所施的教育，多少总是偏而不全。我们必须知道性欲的关系复杂，切不可把他的功能，看作单纯的生殖作用。性欲是一种生理的基础，在这种基础的上面，发生许多重要的精神活动。从这种见解而谈性欲的教育，自然范围大为扩大，试表解如下：

性欲的教育	性的卫生学	个人的 社会的	注意性欲的卫生
	生殖生物学（含生理学）		注意对于性欲的态度以及重要的科学事实
	遗传与淑种学		注意性欲的行为与尚群进种的关系
	性的伦理学与社会学		注意性欲的生为
	性的心理学		注意性欲的卫生与行为
	性的美学		注意对于性欲的态度

上表第一层［左半部分］是表明训练性欲的各学科，下层［右半部分］是表明性欲教育的目的。统观上表，什么是性欲的教育，可以了无疑义了。兹更根据上表将性欲教育的目的，综合成为四项：

一，使人对于一切关于性的问题，保持一种开明的、严正的、科学的、尊重的态度。

二，使人对于与个人健康上及效能上有直接关系的性欲，有适当的卫生知识。

三，使人从社会的利害上，计虑性欲的行为；申说一句：就是要发达个人的责任心，并使他了解个人的性欲在社会上、伦理上、心理上、淑种上，对于现代及后代有如何关系。

四，使人知道性欲的不道德所引起的可怖疾病及其防止的方法。

以上解说性欲教育的目的，以下再将性欲教育的内容分为五项以解释上表的第一层〔左半部分〕。

一，教以能够养成正当态度——尊重性欲问题的态度——的科学的真理。

二，教以个人的性的卫生学，以保护个人的健康。

三，教以性欲的行为如果害及别人，对于别人所应负的伦理的责任。

四，教以伦理学上、卫生学上、心理学上，关于增进身心健康的各种原则，以了解单一婚姻的利益。

五，教以关于改善人种的遗传学的法则及淑种学的法则。

性欲教育的目的及内容，已经明白了，我们对于"什么是性欲的教育"这个问题，就可以回答说：

性欲的教育括一切科学的、伦理学的、社会学的、美学的教训与陶冶，只要此等教训与陶冶可以直接间接的帮助青年去解决性欲的问题。

性欲的教育有什么必要？

西谚说得好，"必要是万事之母"。一种教育运动的发生，必定是由于人生上起了这种需要。我们要谈性欲的教育，自然有解答"性欲的教育有什么必要"的义务。不然，指点不出什么必要，或者原来没有什么必要，那又何苦兴风作浪，多此一举？试分八项述之：

一，个人的性欲卫生

卫生学为便利起见，分为个人卫生学及社会卫生学；我们根据这个办法，将性欲的卫生，亦分为个人的及社会的。关于社会的卫生，下节再谈，本节且说明在个人的卫生上，有性欲教育的必要。

许多男男女女因为不明白性欲卫生的原则，以致身体上大受损伤，甚至于斲丧得不可救药，这种危险的发生，在十岁到十四岁这个期间更为容易。手淫的习惯，于身体上、精神上，都有绝大的害处。而此种罪恶又是少年所通犯的。可惜无法对于此种行为加以统计；如果有法统计，恐怕犯此病的少年的平均数总在百分之九十以上呢！青年女子，昧于月经的性质以及月经的卫生，致使身体上不能免于损害，固不待言，即在精神上所种的恶因，亦殊不少。在青春期间，身心上的变化，最急而且最烈，许多青年由于没有科学的知识做自己的指导，以致精神失常，品格堕落。这种种情形，大概是我们个个人所都知道的。在个人的卫生上，有性欲教育的必要，极为明白，我们可以不必多谈。

二，社会的疾病

花柳症与内浊病极多，传染亦极容易，故有经验的医士，无不把它们当做人类的大敌。它们异常凶猛残酷，而且时常虐杀无辜的人（特别多的，是妻子和儿女），其可怖可恶，亦正和百斯笃不相上下。据医士说，这种病症的原因，是由于肆行"杂交"使病菌得以散播的原故。我们要扑灭这种病症，自然一面要用医学的方法去扑灭病菌，或者阻止病菌的散播；一面还要用教育的方法，使人知道管理"性欲的冲动"，并且知道避掉"传染的机缘"。医学的方法是治标，教育的方法才是治本。许多著名的医学家都以为要绝灭这种社会的疾病（Social disease），必须男男女女都遵守单一婚姻的信条；那么，这件事就更非教育办不到了。自然，想用教育去做到普遍的单一婚姻以铲除这种疾病，那是无可希望的。因为人类不能用科学的知识，去管理自己的行为，是无可讳言的；而且教育的效能，不是绝对的、必然的，亦是昭然若揭。不过从来人类所受的教育的支配，科学知识所给予人类行为的影响，已足以使我们相信，性欲教育的效能，只有分量的问题，决无能否的问题。如果用性欲的教育去（一）使人人知道杂交的危险，（二）使人人知道防御花柳等症的传染，（三）使犯此病者知道迅速医治——即令于病者无益，也可以减少传染——那末，在社会的卫生上，必然有显著的成效。

三，社会的罪恶

性欲教育的必要，又可以从社会的罪恶——卖淫——上看出。妇女堕落的主要原因，一般人都以为由于经济的压迫，精神的薄弱，环境的恶劣，本能的放纵，等等。自然，此等原因是无可反对的，不过于此等原因之外，还有一层深厚的原因——即由于无适当的性的知识。因为无适当的性的知识，上面所说的原因才格外有力；不然，知识与诱因两相竞争，竞争的结果，即令不能扑灭诱因，总可以减去诱因的势力。再从嫖客方面看，他们的罪恶，亦多半是由于无知：有的是由于饮了强烈的酒精，才为第一次的不当行为；有的是在幼年时，即有了变态的性的习惯；有的是由于误信"性的行为在保持健康上确有必要"；有的是由于不知道这种行为于自身的健康与寿命以及妻室儿女的幸福，究竟有何等危险；有的是由于不知道"快乐场中"有种种悲惨有黑幕。总而言之，在男子方面，无知与淫行的关系，也易于看出。

四，私生子

现时各国对于私生子，固然有用法律保护的，各种社会改造论者亦很为私生子代抱不平，但是在现代的社会上一般人对于私生子总有些轻蔑，私生子在社会上所处的地位毕竟是可怜万分。抛弃在山沟水渠内的，其无辜受戮，且不具论。那些逢天之佑，受人保育，而能苟延残喘以底于成人的，身体上能否有健全的发育，教育上能否有均等的机会，恐怕都是难得说呢！再且在社会上，又终身洗不掉"私生子"的罪名，到人面前，总要低头三尺。这究竟是谁的过？我们不能不归咎于女子的无知、男子的无德。女子在未生育以前，大半不知生育为何事。女子的诱惑多在外面，男子的诱惑多在内面。女子的感情，多半为男子所挑唆播动的，堕入陷阱以后，方才明白她所冒的危险。所以必须使女子对于自然的安排有适当的知识，好和自己的感情决斗。至若男子呢，亦要有适当的知识，好唤起道德的情感，以负担自己行为的责任。

五，性的道德

性的关系应该严格的以单一婚姻为限制，如果在婚姻之外而发生性的关系即为不道德。以这种定义去解释性的道德，虽属平常得很，然而是文明民族所共信的，即主张离婚自由的人，对此亦多无闲言。往年主张增进人类之性的道德的人，都是着眼于卫生上，以为"杂交"的结果，于个人的卫生上和社会的卫生上都有莫大的危险，正如上面一二两项所述。此种以道德为手段，卫生为目的的说法，还未足以阐明性的道德之究竟。手段这个东西，是可以牺牲的，改变的，只要无妨于目的的实现。如果仅以道德为卫生的手段，那么，医术发达之后，可用医药的方法去除掉杂交的危险，不就可以不讲性的道德吗？其实性的道德在性的教育中是一个直接的目的，性的教育之所以必要，亦是因为要启发人类的性的道德。

上面说性的道德是单一婚姻，不过是举其根本条件而为一般人所共信的罢了。若就我们的理想说来，性的关系应该合于伦理的、卫生的，以及审美的三种原则。自从姬爱伦倡道"不是两相爱恋的婚姻，不合道德"（"Marriage is immoral without love" said Ellen Key）以来，青年界中富有思想的，几乎莫不赞同。所以性的关系应该是伦理的，可算是一种时代意识了。于此之外，性的关系还要宜于健康的增进与保持，不然，即为不合卫生的。性的关系，又要使两性的心理反动与自然的美、人生的美相谐和；不然，即为不合审美的。这三个条件，在理想的性的关系上，都是不可缺少的。我们可以说，这种标准是性的新道德。要启发这种新道德，就是性的教育的一层重大任务。

六，卑污的态度

人类对于性欲的态度，从来是卑视、轻蔑、鄙弃。乡党［相当］自爱的人，决无敢公然在众人之前，谈到各种关于性的事情的人。即有一两个粗豪放荡的人，说话荒唐，牵涉到此，亦无不耳红面赤。妇女们一经怀妊，就羞涩万分，甚至于不敢见人，天下事的可笑，恐怕止于此了。由这种卑污的态度，酿出可笑的事实倒还事小，造出许多罪恶才是事大。世上只有卑污的心肠，容易使人做卑污的事。几个犯了性的罪恶的人，不是由于他（或他所接近的人）对于性欲的行为先有一种嬉戏侮蔑的态度呢？父母对于儿女，严守其闭口主义，关于性的一切，惟恐秘密得不严，致使儿女在生理上、心理上都遭受无限的损伤，天机活动的孩子们且或因之丧命。人类对于这种态度，还不应痛加改悔吗？要改变这样态度，自然要使他知道性的活动的真际。再且我们要从事性的教育运动，更非先将态度改变不可，要使人来留心性的问题，亦非先使他将态度改变不可；不然，装着一肚皮卑污的心肠，世间那里还有神圣的事？

我们且抛开成见，洗尽积秽，且平心问问，性的活动，究竟有什么卑污？没有性的活动，即没有人类。把人类所从出的性的活动看作卑污，人类更何以自处？既然这样，那就只有遵守古代宗教的教义，断绝性欲，灭绝众生。不然，宇宙间就总离不了这种卑污的东西——人类和别的生物。我们且涤尽尘垢，看看宇宙的生生不息，是何等的奇丽。生命生命！奇妙莫测！我们对于性欲的本能，只有用审美的态度，去鉴赏赞颂，那里还能鄙视它呵！它与生理的、心理的、道德的发达都有密切的关系，是人生的健康、幸福、效能的确实基础。我们对于它，只有爱护珍重，怎么可以鄙视？它的可以鄙视，只在它失了指导而与人生的理想相违背的时候。说到这儿，又只有乞灵于性欲的教育。

七，结婚

一年来国内青年十之八九陷入烦闷时代。其所以烦闷的原因，固有种种，但据我所知，在这种种原因中，家庭问题要占十之七八，在家庭问题中，婚姻问题又要占十之八九。"离婚运动"呀，"解除婚约"呀，"独身主义"呀，"优美愉快的家庭"呀，都是一些子怨悲之声罢了！这些高调的叫唱，都还是男子方面的；再想想女子方面的悲咽乌［呜］泣，比较男子方面的哀怨，恐怕只有过之而无不及！要除掉这个烦闷的空气，解决这个苦恼的问题，只有一面使男女教育平等，一面注意性的教育，好使两性对于结婚有个适当的见解，而且能够互相了解，互相适应，以完成幸福的共同生活。

结婚是人格的揉合（The blending of two personalities），这是何等重大艰难的事！在力行"父母之命，媒妁之言"的我国，固然难得佳偶，就是在婚姻自由的地方，又何尝不有极多的"夫妻反目"呢？填补这个缺恨，就是性欲教育的一大职务。教以生理学和心理学，使青年男女对于自然的安排、身心的状况和差异的性情，都可以得个明切的见解，才能知道结婚对于彼此的意义以及对于未来世〈界〉的关系。再教以艺术，使青年男女有和乐的、缠绵的、真挚的、神妙的情感，才能互相恋爱，互相扶助，互相服劳而融合无间。更于教育制度上加以注意，总要使男女的课程，于异中有同，切莫相去太远，那末，对于人生的问题才能有相同的见解，彼此才能有真实的了解。如果做到了这样，青年的嗟怨声，必然可以消泯。那是［时］我们所听见的，必然是些 Free with（共享自由），再不听见 Free from（还我自由）了！

八，淑种

西方大行淑种运动，想免掉恶劣性质的遗传，以促进民族身心的健全。我们住在这个病夫区域，又苦于纷扰，没有精力注意及此，原是莫可如何。但是我以为积极的改良人种一时虽说做不到，我们民族所特有的两大劣根性，则无论如何，不可不汲汲铲除。我说的两大劣根性，即是早婚与浪生。一个是由于想望"早生儿早得力"。一个是由于迷信"多福多寿多男子"。国民气质之所以柔弱，早婚与浪生的确是一个重要的原因。我们要想自救，必须使国人了然于生殖的究竟、遗传的法则，以及父母对于子女的真责任。要实现这个目的，就有鼓吹性的教育的必要。爱好子女，本是人类的天性，而我国国民顾虑后人，则更为周密。若教以生物学的原理和淑种学的法则，必定能唤醒怜悯的感情和责任的观念，关于节制性的行为上自然要收许多效果。民族的气质上于无形中自然有许多长进。这件事关系远大，我们不可因为它难就忽略了。

上面所述的八项，在一方面可以证明性的教育的必要，在又一方面就可以详细的了解性的教育的目的。我相信八项中的任何项，都有充分的价值，配得上唤起教育者以及社会改良家的注意。我又相信这八个问题都是现今的切要问题，不容疏忽。我要使上面的意义格外明了，特总括的将八项重述一次。性欲的活动，对于身心的健康，有密切的影响，人人——特别的是青年——需要性的卫生知识；此是性欲教育的必要一。由杂交发生危险的传染病，而且杂交的风气一天盛似一天，要根本救济，只有教育；此是性欲教育的必要二。性欲的无节，使商业化的淫浪有加无已，要铲除此种罪恶，根本上只有教育；此是性欲教育的必要三。由于妇女的无知和男子的无德，使统计上私生子的数目日益增高；要使世间没有这种不幸的人，只有教育；这是性欲教育的必要四。性的道德堕落了，个人和社会两受其害，要使人乐于实行性的道德，只有教育；此是性的［欲］教育的必要五。人类对于性欲的卑污态度，使性欲成为卑污，而且酿出各种罪恶；要矫正这种不当的态度，只有教育；此是性的［欲］教育的必要六。对于性的生活一经误解，家庭幸福就牺牲干净；要防止这种危险，只有教育；此是性欲教育的必要七。性欲的行为，为子孙福祸和民族优劣之所关；要唤起人人对于后代的责任心，只有教育；此是性欲教育的必要八。

怎样设施？

既已明白了性欲教育的意义、目的与必要，当然就可以讨论"怎样设施"了。但是怎样设施内面的问题太多，如教师、父母、书籍、教材、年龄等，都有详细讨论的必要，不是短篇的文字所能包括的。且再在大家对于这个问题没有兴味，并且不肯留心以前，就急遽的讨论起来，亦嫌太早。所以我决定将怎样设施的问题，留给大家讨论。我这一篇，就暂时结束了。

《中华教育界》第 10 卷第 3 期（1920 年 9 月）

自动教育新论[①]
(1920 年 12 月)

一日，授课毕，取读 H. E. Hunt 所著的《自动教育与蒙台梭利的方法》一书。味其所言，都别有旨归，颇与一般讨论自动教育的不同。因撮其大要，加以己意，述为兹篇。又虑自动教育这个名词，久为国人所厌闻，才将他叫作《自动教育新论》。原著是用柏格森的哲学为基本，用蒙台梭利的成绩做说明。柏格森的哲学与蒙台梭利的事业我们亦曾知道一个梗概；但是将柏氏哲学运用到教育上的讨论，则还没有见过；将柏氏、蒙氏的见解冶为一炉的，更是没有梦及，这样看来，我将此文名为"新论"，或者亦可以见谅于读者诸君，而不责我"以新骗人"！

一、知识的形式

人类的身体与头脑，不过是生命的表现，合于科学精神的教育学应该以"生命的心理学"为基础，可说是正当要求。教育卫生学、教育人类学、实验心理学，对于教育的贡献已经是车载斗量，但是都还没有涉及"生命的发展"。生命的发展——不但指人类生命的发展，实包含一切生命的发展——是教育上的一个根本问题。近时有人解释心理的现

---

① 一名柏格森哲学与自动教育。

象，一本乎关于生命的知识；这种办法，对于教育上有绝大的价值。

从前的心理学，讨论知识，仅仅注意于由事物来的"意象"（Image of object），以为事物的意象是"意识之流"的最要成分；其实除开事物的意象以外，我们还有所觉。例如桌上有纸，我们看见了这纸，心理就起了纸的意象；不过纸在桌上，我们同时就觉得空间的关系——在上。又如伸纸作书，笔到的处所，黑字就随之而生；我们不但有笔与字的意象，而且觉得笔与字之间有一种因果关系。据我们的意思，求知就是寻求关系。

柏格森分理智活动为两种：一为知觉的机能（Perceptive function），感觉、知觉、观念等都属于它；一为"构成关系"的趋向，就是寻求各物间的关系的机能。从知觉的机能才产生"知识的实质"，从构成关系的趋向才造成"知识的形式"。形式与构成关系的趋向，是在内的，是生而有的；实质、知觉等，则是由学习得来的。初生的婴儿，不知道什么确定的事物，亦不能辨别事物的属性；他的知识活动，只是比较异同，考察因果——考察得确与否，自是另一问题。他的种种知识，就是靠这种活动求得来的。

知识的形式与知识的实质这种区别，使自动教育的原理日益昌明。儿童有构成关系的天性，对于环境上的种种事物，不断地努力去加以结合，以求发现他们的意义。教育上最重要的事情，就是设备适宜的环境，使环境中的事物能接触儿童构成关系的趋向，适合儿童探求意义的要事。蒙台梭利法，能获胜利的原因，即在此处。

蒙台梭利给儿童以许多积木，听其自己玩弄。蒙台梭利的目的是要借这些材料，去训练儿童的视官，儿童的目的则是要借这些材料去满足自己构成关系的要求。在这种玩弄中，可以学习各木的异同，距离的远近，本［木］料的大小等。待他既将这些关系结构成功，就可以教他记忆那些形容此等关系的名字。例如玩弄积木，了解了木料中有的厚，有的薄，就可教以厚薄等名字，名字确是教育上一件重要的事。正确言语的使用，多赖名字的精熟。许多儿童，于厚与大，高与长，不能有正确的分别，时常混用起来，就是由于教名字的时候，没有洞彻他当时心中对于客观事物所结构的关系。再且名字的使用，又能使儿童的心理活动成为普遍化（Generalizing），而不拘泥在一事一物。例如玩弄厚薄不同的木料，他本知这些木料不是一样，不过不能用言语表示"这个木块厚，那个木块薄"。我们乘时教他以厚薄两个名字，他就了解了厚薄的意义。再慢慢的将厚薄两名应用到别种事物上，不久厚薄的观念就同从前所玩的两块木料分离，而成为独立的观念。这是名字有益于观念之普遍化。观念普遍化之后，儿童就添了抽象的材料，去供构造关系时的取用。自此以后，构造关系的天性，就不仅在事物与事物间活动，更进而结合事物与观念，乃至结合此观念与彼观念。到了此时，搜讨的精神，所领的地盘扩大多了，知识活动的成绩，于是时有令人惊骇之处。但是求知的方法，始终只有一个，只是结构各方面的关系。这个结构关系的天性，确是自动教育的基础。

二、知识的实质

心理学早已告诉我们，学习是先用感觉，次用知觉，再次才有概念。感觉使我们知道事物的各个属性，知觉使我们知道事物的全部情形，概念使我们知道事物的各种各类。此种发现很早，无待多述，此处要指明此等层级是生命所显现的"意识发展"，以便于了解生命与心灵的真正意义。

此时试取意识中的意象以及意象间的关系，来与人类以下的动物心理比较看看。从试验的结果，我们不得不承认动物亦有事物的意象，而且在某种程度上，并有事物间的关系意象。例如鱼，是脊椎动物中的最下等的，经过训练之后，能够辨别真食物与伪食物。假如用饭与似饭之物，轮替的投在水中，多过几次后，若所投的不是真饭，它就不再吃了。这是证明鱼亦能从特殊推到一般——构成关系的作用。不过动物的构成的能力，只限于呈现在感官面前的事物，不能想像它从未见过的事物；亦没有言语，不能利用言语去发展那种使意象归于普遍化的能力；更没有自我意识，不能像人类一般，把意象、观念、概念都加以认识辨别。总括的说来，动物只能认识事物的个体，人类就能认识事物的族类。人类的意识到了概念层，动物的意识还只在知觉层。

再看下等的生命，如我们所熟悉的阿米巴。虽然它的构造极简单，它的身材极细小，非在显微镜下从不和我们相周旋。但是它亦有触觉，如有所触，就活动起来。对于光和热和化学的势力，都有感受的能力。不过此等动物只能觉知事物的某某种属性，而不能觉知事物的全部。像这种的意识，名为意识的感觉层。

在意识的感觉层、知觉层、概念层上，好似有一种逐渐增高的一体观念。在感觉层，仅觉知事物的某某种属性，在知觉层就觉知事物的全部，这是一体观念的第一步。到了概念层，能认识事物的全族，这是一体观念的进步。除外这几层，还有一种更大的一体观念，即万有一体。万有一体的观念，不能单靠理智，还要借助直觉。直觉使我们认识宇宙的全体，使我们与宇宙的全体合一，使我们与一切生命发生同情之感。宇宙一体的感觉，不但是预言家和宗教家有这种境界，凡人在直觉活动兴旺时，都是可以达到的。

生命在进化的途中，遇着物质，横阻其前。生命能成今日之状态的，是由于战胜物质。但物质的阻力太大，生命亦不得不自行分解而散为若干种属。生命的意识的活动有两条路线。代表这两条路线的，有两种动物：一是节足动物类，本能的活动至为可惊，其中尤以蜂、蚁为甚；一为脊椎动物的人类，理智的活动能力至为发达。上面所述的直觉，即是沿着本能的路径而发达的。本能所给与我们的知识，范围固然狭小，但是他的功用亦至为可惊。凡是留心观察蜂、蚁的人，对于它们的合群本能、分工本能，没有不叹为奇事的。

柏格森说，人类的意识，大部分是理智的，但是也可以成为——亦应该成为——直觉的。直觉是朝着生命进行的，使人实在的了解生命，而且知道生命力的进程，理智是朝着物质进行的，必待物质已经形成后，才能加以认识。这两种意识的活动应该双方都有圆满的发展，人性才能完成。我们的直觉微弱极了，只是偶一闪显，正如浓雾中偶现微光一样。但是理智所遗留的黑暗，直觉亦曾为我们打破了许多。今后的努力，是要使理智与直觉合为一流。使直觉有本能与理智的功用，而没有本能与理智的缺点。柏格森说："直觉者，脱离利害关系，达到自觉的境界，十分省察其对象，且得自行扩张以至于无限之本能而已。"追求生命的趋向的艺术家，有时自身与作品融合无间，直觉的境界就立时呈现。此时，他与一切生命发生同情之感，他于此才真正的领略着生命的真义。这是意识发展的最高层。

从以上的见地看来，教育事业是要增进那种能使意识发展的理智。人类的理智其所以优于禽兽的，是由于有（一）脑筋、（二）言语、（三）社会生活。脑筋使人能建立无数的机体（Machanism）去适应环境的刺激，言语使人的思想能有几分脱离物质的束缚，社会的生活停藏种种知识使人得所凭藉好去进而又进。但是脑筋、言语与社会，都是里界的生命所表现的各种征候，都诏［昭］示我们以生命所取得的胜利。

脑筋——一个生理的工具——是生命所形成的，所利用的。言语——一个非物质的工具——是由生命所制作以为发表意念与停藏意念之用的。

社会——一个有机体——是由生命所组织以保存人类的成绩的。生命有如许胜利，还不能信赖他自己去教育自己吗？各种教育必须是自动教育。教师的职务只是指导，第一要设置适宜的环境，第二要简捷的接触儿童的心灵，第三要知道全体生命的意义。这样，才能用相当的方法与凭藉，去指导儿童之"生命的冲动"。教师的自身即令不能领略万物一体——直觉——的境界，亦应知道意识上有这么一层境界，而且要知道一切生命都是向着这个鹄的活动的。蒙台梭利称此为教师的"精灵"（Spirit）。他又曾说："我们必须使教师成为自然精神的崇拜者与解释者。"这句话的实现，必须在我们改变对于生命的态度之后，必须在我们领略"生命的一体"之后，必须在我们了解"意识的发展"之后。意识的发展，即是一切生命的意义。

三、教学法

上面指明意识的发展以及知识的形式与知识的内质的区别，以下要将这些原理应用在教学法上。前面曾说过，自动教育的根本原理是"构成关系的趋向"（Tendency to establish relations）。以后再说明构成关系的进程以及指导此种进程的方法。

事物间的关系，种类极多。我们应大加注意的，有时间关系，空间关系，同异关系，特殊与一般的关系，原因与结果的关系。表时间关系的字，有早、晚、迟、慢等。表空间关系的字，有上、下、大、小等。其余表别种关系的字，可以类推，不必列举。

对于关系的知觉，是由各别的经验得来的。例如"傍着"这个词，儿童其所以能够了解的，就是由于有了从客观界取得的经验。我们向他说，"你傍着你的朋友坐着"。他的心，将注意到他的朋友身上，接着又回想到自己的身上；一来一往，轮回数次之后，对于"傍着"这个词所指着的关系就自然了解了。又如我们问他"铅笔有多长"？即刻他心里就起了长短的标准的意象。他的注意将集中在铅笔的长度的意象，随后又转到心意上的尺寸的标准。轮回数次之后，就发出"铅笔六寸长"的答案。其余种种对于关系的知觉，与此是一样［模］一样，都是由各个的经验中得来的。

由所见的事物去发现所不见的关系，在概念意识的发达上，是一种必要的活动。没有它，人类的心理就不过是充满了种种客观事物的印象，而不能脱离事物的拘滞，意识的发展亦就不可能了。再且意识上所有的印象，将始终是一些散碎的个体，而不能发生族类的意识，综合的能力与同情的感觉更一无所有了。所以"关系的构成"非常重要。

"关系的构成"非常重要，不但可从心理上看出，即从生理上亦可看出。心理的发达，必须脑筋的构造复杂。详考各种动物的头脑，心理作用的高低与头脑构造的繁简，无一不成正比例。上面所述的构成关系的活动，能使我们的脑细胞发达，而且结成网状的联合纤维。我们的头脑得以不至于终古单纯，正是由于"构成关系"这种天性的力量。

此心所构成的关系，可以分为三类：（一）客观世界上各事物间的关系，（二）心理上各事物的意象间的关系，（三）客观的事物与主观的意象间的关系。这种区别，极为重要；因为吾人知识的基础，是要凭藉事物，而吾人知识的丰富与发达，则须凭藉心理上的意象，更须凭藉意象的结合。

蒙台梭利的教育法，用直观的教材，去迎合儿童构成关系的天性，使他能发现各种关系，并教他知道各种关系的名称。领略了这个名称，就可以使这个观念普遍化，而运用在别种相同的场合上。这是意识发达的一层阶段，罗曼尼斯（Romanes）名它为外界的普遍化（Outward generalizing）。再从外界的普遍化而进到概念时期就更为重要了。在这个阶段不必要凭藉客观的物件，可利用记忆上的意象，由利用记忆上的意象，就可以逐渐发展想像的能力，对于历史、故事等亦能慢慢的了解。在直观时代，只须设备适当的环境，让他去发现关系；间或与以助力就可以了；到了概念时期，则要引起适当的意象，以供发现关系之资。于是教授的问题就简直是操纵意象的问题了。

操纵意象以构成关系，固然很不容易，须有特别的练习才可见效，但是也未始不无迹象可寻。意象的引起，很可利用观念联合的法则。所谓观念的联合，自然不是由教师所指出相关的观念。教师必须让儿童自己去想像那个事情，去经历他所求的关系；不然，儿童的脑筋与心理将两两归于不能发达。儿童陈述自己的观念，教师宜出以郑重的评判，只要证明儿童有了那个意象就可以了。许多儿童陈述意象，只用一二个字所成的不完全的话，教师应留心这一二个字是否指着我们所求的意象，不可因为言语的缺点而妨害他的心灵活动。

利用联合的观念去引起意象，可用实例来说明。在数学上教分数时，"分为若干平均份"这个观念，可利用儿童心理上已有的"均分食物"的观念。我们可问儿童说："如果你想与你的小朋友同享这个苹果，你将怎么办？"儿童必定答应说："我将分此苹果。"做这个回答时，儿童自然要想像到"分"的事。我们又问他："如果你们分得公平，那末，两块的大小比较起来怎样呢？"此时儿童必在他心中比较两块的大小，而看出两块的相等，并且喜形于色的答应说："一般样。"这个实例，就是指明教员可以利用儿童的"平半分"的观念（联合着的观念），去使他觉知"除"所表的空间关系；又可以利用儿童的"公平"的观念（联合着的观念），去使他知"平均"所表的空间关系。

发问时最要留意的，是要引动儿童去自己想出答案来。不可在发问时就将答案说出来了。譬如说，"泅水的人必定把指甲贴拢，不是的吗？"这种问题，儿童只有随声答应一个"是"，全无思索的余地。这种方法的谬误，是因为在发问时，已经将那个要使儿童去构成的关系，说出来了。因此，我们可以立一条规则说：问题内的材料只可以表明联合着的观念——如"平半分"——而不可表明那个要儿童自己去构成的关系——如"除"。这样，发问才有实益，因为发问是要儿童注意到我们所欲他构成的关系。

根据这种原理的教授，很不容易，因为必须（一）能分解教材，好捉着重要之点，（二）能使教材心理化，好使教材的配置适于心理上同化作用的进程，（三）能预定何种关系是必须构成的，（四）在需要联合的观念时，能知道什么观念是必要的，（五）能发出适宜的问题以引致关系的构成，（六）能深知儿童心理的活动，好从儿童的行动言语上，去了解儿童的心理状态，以作教授进行的方针。一个教师必须有此种种能力，所以说根据"构成关系"这个原理的教授法，很不容易。

但是"构成关系"的趋向，是生而有的，是会自己活动的；做教师的人，正不必多发疑问，亦不必多加干涉，免得妨碍他的活动的进行。只要教材的配置适当，只要环境的设备适宜，于自动教育的进行就可以有极大的助力，而指导的必要亦可以减至最小限度。我们很应知道，"构成关系"的活动愈发达，儿童的自我指导力亦就愈大。

四、结论

总括的看来，人人皆有生命的冲动，由生命的冲动而发为生命的发展，生命的发展又表现为意识的发展，这就是自动教育的根源。意识的发展，经过感觉层、知觉层、概念层，而达到直觉的境界。从知觉一个事物的若干属性，而了解一个事物的全体，而了解一种事物的全族，更进而与觉得万有一体。这就是自动教育的目的。意识的发展，全靠构成关系的天性。构成关系的活动，首先是以感觉界为范围，后来才活动于概念界。教师的责务［任］，在设备适当的环境，在引起相宜的意象，以供儿童的运用。这是自动教育的方法。

吾述此竟，回想到国内教育状况，纷乱如麻，不知从何说起。大家都习见国人有不好学的天性，就看不出儿童有探讨环境以发展我的本能。以为非有利诱威逼不能使他努力于知识的一途。我以为这是由于大家对于生命，根本上有了误解。欲免除这种错觉，要从科学上、哲学上，对于生命问题，下一番根本工夫。柏格森的哲学，于此很可以助益吾人。柏格森说：实在就是运动；所谓生命，所谓物质，皆不过此运动之比较的观察；此运动之原动力，即是生之冲动；生之冲动，即是创造的要求。我们对于人生，若有此种观解，又何至以儿童为全无意义的顽梗东西！

我又常见小学教师不安于职。以为自己的满腹经纶，无处发泄，乃至和一群野物，谈什么"人，天地日月，山水草木"，讲什么"一二三四五，加一个减两个"，无聊极了！他不知道自己的职业在宇宙的全部活动中，在社会的全部事业上，占什么位置？人类意识的发展，有无数段落，此时的獉狂儿童，即是将来以宇宙为一体的儿童；此时冥顽不灵的儿童，即是将来"辅世长民"的儿童。用理智的光明来看，教师之乐，亦正无穷。倘若有点哲学的、美学的修养，能与宇宙一切发生同情之感，而有蒙台梭利所谓的"教师的精灵"，那末，与儿童居，就越发不至于有"与鹿豕游"的感慨了！

我又常见一般学校的教授，在顽固的人硬将种种塞入儿童脑袋，他的错误，不用说了。而所谓的新教育家，说到启发，亦不免漫用问答，全无旨趣；说到自学，也不过是让学生自己读读，做教师的乐得便宜，至若儿童的学习心理若何，构成关系的天性怎样？环境的设置，应该怎样？意象的操纵，有何法则？都是一概茫然。在这样不学无术的社会上，有什么话可谈？

从今后，我们要从哲学上、心理学上、生物学上，对于生之冲动，意识的发展，构成关系的活动，求个精确周到的了解。对于教育事业，才有一分乐趣；对于教育目的，才有一分见地；对于教育方法，才有一些归宿。所以今后的教育者，是科学者亦是哲学家，决非器浅易盈、苟且疏懈的人所能胜任的。

《中华教育界》第 10 卷第 6 期（1920 年 12 月）

游戏教育
（1921 年 3 月）

　　从来我们对于儿童的游戏每每将他看作万恶之源。儿童成群结队地玩耍起来，时不时骂娘打架，再不然就吩咐喧扰，自然是很讨人厌的。老学究们教训童蒙，要他"朝如斯，夕如斯"，恨不得教出一群幼童秀才；儿童耽好游戏，宗［照］他们看来，自然就分了心，读书的进步必定减少，读书时间的空耗更不必说。所以人们喜欢禁止儿童的游戏，强迫他去一举一动都要循循然有规矩。即不然也必将儿童看作冥顽不灵的东西，以为他既好玩，又不能使他不玩，只有听他去玩罢了。

　　其实游戏场就是儿童的学校，游戏而没有正当的教育存乎其中，就等于学校之施行放任教育，结果必定害了儿童。新教育是利用儿童的本能去实行教育的，儿童既有天然的游戏本能，教育者就应该知道怎样利用这种本能去实施教育。老学究们喜欢禁止游戏，必使活泼泼的儿童们见他老人家来了就动也不敢动，这种现象固然是不对；就是以新人物自命的人，拿着书本上讲堂，上完了堂就算尽毕了义务，对于儿童的游戏，就是"你为你，我为我"，一睬也不睬，这种事情，又何尝合于道理呢？我们要是不知道从游戏中去施教，就是不知道利用儿童的本能，就是不知道以儿童为本位，就是不知道注意儿童的现时生活，就是失掉了最好的教育机会！这样的人还配谈什么教育，办什么学校？这是我其［之］所以要同诸位谈游戏教育的原因。有的学者将绘画、游戏、说话，当作儿童的三种范畴活动，我们对于游戏加以相当的注意，总算是应该的呵！

一、游戏是最好的教育机会

教育不是按时教些"人手足刀尺"就算了事的，亦不是按时讲些"在家中孝父母，在学校敬先生"就算了的，教育是要随时随地去利用机会的。在讲堂上教认字是教国文，在街上教学生认招牌，又何尝不是教国文？在讲堂教学生友爱是教修身，在游戏场教学生莫骂人，又何尝不是教修身？再且在游戏场中教修身，在街上教认字，是实际的，是动的，比在讲堂内的教育恐怕要有效得多呢？知道这个道理，就知道教育是要利用机会的；在没有机会时，还要创造机会。板滞的讲堂教育，毕竟是死教育呵！

要利用机会去实施教育，游戏就是最好的机会，何以见得呢？

（一）在游戏时，所运用的，都是发达最早而且使用得最多的能力，所以儿童在游戏中的反动，最为迅速。反动的迅速，于能力的发达和习惯的养成，都极经济。

（二）游戏是容易的，快乐的，少疲劳的，所以在游戏中，活动的分量可以高些，活动的时间可以长些，这亦是于增进教育效率有很大关系的。

（三）在游戏中，注意是专一的，自发的，有兴味的，所以反应的力量强。教育就是要用刺激去引起反应的，能引起最强反应的教育，就是最不枉费气力的教育。

（四）儿童的游戏是发于本能的，自然的；最当旺的本能一改变，游戏的种类和方法亦随着变了，所以游戏是最适于儿童的本来需要的，因此，游戏是最好的刺激，使得儿童有自然的、及时的生长和发育。

（五）在游戏中的反动，最富于变化的可能性，而且游戏亦是最适于运用多种的、反动的，所以游戏能使身心的各各〔个〕方面都可以得着若干的合宜的锻炼，不致于使身心的发达不能谐和。

我们明白这种种原因，就可以赞成柏拉图的话了。柏拉图说，教育的开始，应该是对于儿童的运动加以正当的指导。

二、游戏的价值

关于游戏的价值，即用连篇累牍的文字，也说不完备。看此文上面的一节，就可以知道游戏的一般价值，现在更从身体方面，精神方面，德育方面，社会生活方面，美育方面，概括地略谈一二。

（一）对于身体的价值

游戏能流通血脉，促进消化，裨益呼吸，大概是人人所知道的常识。有这种作用，游戏对于卫生的价值，已经不小，其实还不止于此。儿童有忧郁不乐的事情，如从事游戏就自然忘却了，免得妨害身心的发育。终日从事固定的活动，生活流于机械，生气容易凋残，游戏使人活泼自如，可以免掉这种危险。从事积赘的、单调的生活的人，如果有一种习惯在正当的游戏中去求休息，即可以免于传染病之侵入。凡此都是游戏对于身体有价值的明证。

（二）对于精神的价值

游戏中的种种情况，忽起忽灭，变化无穷，游戏者必须"眼观四面，耳听八方"，极其灵敏活泼，所以游戏很有益于感官训练。假或是争巧比胜，又必须估度敌人的情形，用敏慧的智虑去想像敌人的注意或计划，更从而临机应变下迅速而确定的决断。于游戏又很有益于儿童精神之发育。可知要训练儿童的精神，怎么可以不利用游戏？

（三）对于德育的价值

儿童有些很强的本能，到了一定的时期，必然发生。这些本能，是自然要发泄的，不能遏止；但是听他去自生自灭，又会遗害不浅，即如儿童每每好争斗吵闹，是由于原有纷扰本能（Pungacibous Instinct）。若能教他去竞球，习拳术，或者角力，而又加以相当的监护，那末，他内部所贮存的精力，既有了正当的发泄，就不至于酿出罪恶了。据体育家的报告，嗜好运动的人的行为，比较地要少些不道德的行为。教育者能使儿童的精力耗费无余，这种教育者就算很智慧了，因为儿童有余剩的精力就会恶作剧的；若是能有相当的计划去引导他所余剩的势力到一种积极的目的上去，那就更好了。

近来小学教师，很有人知道多给儿童以功课，可以使儿童免于犯规，其实这种功用，游戏亦有。而且游戏还可以培养种种积极的品性。譬如游戏要遵守游戏的规则，就是守法习惯的根基。守法习惯是共同生活不可少的品性。我们知道生活中所需要的品性，只能在生活中去培养，难道不知道游戏即是生活吗？

国内讲德育的人，素来偏于静的教训，而不知道从儿童的自然活动上去加以陶冶，素来偏重存心养性，而不知道行为与心习的关系。须知静的道德是主知的道德，知识只能做我们的参谋而不能做我们的统帅。

须知专重存心的道德，每每行与愿违，每每明知故犯。读者若稍稍留意于游戏中之德育，或者于训练问题，不无裨益。

（四）对于社会生活的价值

平民教育的提倡，一年多了。平民教育的实施，必须使学生的生活成为社会的。团体游戏，就是最好的社会生活。从游戏中，可以了解别人的动机与理想，欲望与兴趣。在游戏中，要求自己一组的胜利，同组的人就须和衷共济，协力互助。在游戏中，有胜有负，胜了的人要能尊重负了的人，负了的人要能赞扬胜了的人。凡是社会生活中所必须的精神态度和常识，都可在游戏中培植一点初基。我们看，从单村独户出来的儿童，对人的举止动静，每每极欠熟练，极不自然，就是因为他缺乏同伴的儿童，所以没有机会养成接待人们的态度。

（五）对于美育的价值

美本有动的和静的之分别。譬如绘画是静的美，舞蹈是动的美。动的美，和游戏本来很易联络，而且已经有了许多联络，舞蹈游戏、表情游戏等，都是的。这种游戏，可以陶冶儿童的美情。游戏要能加以充分的美术化，洗尽粗犷的习惯，去掉利害的冲突，那末，游戏教育的价值，就更高了。

三、游戏的特质

我们既知道游戏的价值，以后将注意于游戏教育了！但是什么是游戏？假使不弄个明白，又会胡行乱闹。"什么是游戏"这个问题，看起来，像很容易，其实亦很难辨别。同一样的事，有人是做着好玩，有人是如做苦工。同一个人对于同一件事，有时做着简直算是游戏，有时做着又恍惚是罚苦役。儿童性好绘画，当他高兴时，随笔乱涂，为所欲为，这是游戏。若是教师命出题目，定出方案，要他照着法度去制作，这就成了作业；若是他完全不愿意做，或者力不能做，只是因为先生的命令不得不勉强做去，那就是苦工了。所谓的苦工，是过度的、机械的、强迫的操作。奴隶们的劳动并非意愿，只是屈于威权的，就是一个实例。苦工所求的结果，在活动（或事业）以外，他的目的不在这种活动的成功，不过是把活动当作一个手段。例如艺术家作一篇小说，并不是为创作艺术品，乃是为赚钱糊口。作业是自主的、志愿的努力，虽说要有牺牲，有恒心，有忍耐，然而自己知道自己所操作的事务的价值，稍微可以有一点慰藉。在作业中所求的结果，就是活动的完成。例如我今晚读书要读到晚上十二点钟，这本很苦，然而不是因为要赶文官考试，乃是因为我要读完这本书，所以是作业，不是苦工。游戏是活泼的，自发的，快乐的，于活动以外没有目的。然而游戏不是玩时丧日的，亦不是无目的的；它的目的，是活动的完成，正如作业一样，不过因为游戏的进行要自由些，不因为所求的结果而固定进行的路径。唱歌自娱的人，随着自己的意兴去抑扬高下，比较练习歌唱、想于乐歌有所造就的人，拘拘于尺度声调，苦乐自然大不相同。

　　总之，游戏和作业与苦工的不同，并不在所作的事务的不同，乃在作业的态度和意趣的差异。以后教育者的努力，必须使苦工成为作业，作业成为游戏，免得学生在校如坐监狱，上课如罚苦工；那就是说，要使学生操作一切业务，正如他们自己游戏一样。同时还要申明一句：游戏并不是让学生好玩，必须根据儿童所爱做的事务中之有用的，勉励他努力去做，以养成他的忍耐力和注意力。布里顿 Briton 说得好，且引来作结。他说：

　　　　作业内所含有的游戏的分量，就是那种作业的价值的分量，游戏内所含有的作业的分量，就是那种游戏的价值的分量。

四、游戏教育的实施

　　游戏的价值和特质既已明白了，当然要进而讲求实际的设施。讲到实际设施，必须斟酌各地的情形，各校的经济状况，教师的职务繁简等等，才能有精确的方案。现在所能谈的，不过是几个概括的条件，至若具体的事项，当然还要读者自己去计划。

　　（一）游戏场和游戏器具的设置

　　学校必须有游戏场，正如必须有教室一样，必须有游戏器具，正如必须有图书和仪器、标本一样。讲游戏教育而没有游戏场和游戏器具，那就无从讲起，亦就无所谓游戏教育，至多不过是让儿童去自玩自要罢了。游戏场以广大开朗，能引起活泼气象和容纳校内外的全数儿童为必要条件。游戏器具以各种各色都略备一点，能够适合嗜好各异的儿童们的需要为宜。一般学校往往愿意将逼窄的校址多设校舍而不愿意多留若干隙地，往往愿意将全部经费用作添收班次之用而不愿意移一部分去作游戏器具设备费，这都是由于错认了什么是教育。在西方各国，盛行所谓"游戏场运动"，就是将游戏场的设置看作急要的事情，而从事于鼓吹公众去担负开辟的责任。看了这，就可以知道人家怎样重视游戏了。

（二）教师的指导

游戏必须有指导者，正如学课一样，纯然放任，势必弊病百出，指导者必须知道各种游戏的价值，必须知道什么结果是产生于什么游戏；此外，更必须有相当的儿童学知识，才能因应自如而胜任愉快。教师指导，最忌直接的干涉。所谓指导，并不是遇事干涉，干涉最足以妨害儿童的自动，减少儿童的兴趣和活气。指导只是于不知不觉中给与儿童以适宜的暗示去救济当时的情形，或者补助儿童的缺欠。这种指导，的确不是无充分能力的人所能胜任的。所以小学校择聘教师，不但要他能否教书，还要他能否"教玩"。

（三）游戏和正课的联络

游戏能活泼儿童的心灵，鼓励儿童的生气，据有观察力的教师的报告，在游戏场中，兴高采烈的儿童，就是在课室中顶能用功的学生——只要教员能用相当的刺激去促起注意。这样看来，老先生们以为游戏容易使小孩子们"玩野了心"，实在是不合事实。倘若学校的正课，如国语、地理、历史等科都能和游戏联络起来，使得正课即是游戏，游戏即是正课，那就是最完善的教育了。在欧美教国语的，每每教学生去扮演课本上所讲的事项，如同演剧一般；我希望我国的小学教师也将这种精神引入课业中！

（四）校内游戏与校外游戏的联络

校外游戏不良，必定隐隐地在儿童身上种下许多毒菌，学校的教育，因之不能收圆满的结果。儿童在校外没有适当的游戏，势必要干出种种不好的行为。据欧美的统计，开辟了游戏场的城市，儿童犯罪的案件，比较未有游戏〈场〉之先要减少许多。可见儿童在校外亦要有正当的游戏，教师对于儿童的责任，自然不可以校内为限了。若是校内所从事的游戏，有若干种是儿童在校外所可从事的，儿童散学归家后就不至于做出不正当的勾当。这就是校内游戏必须与校外游戏联络的理由。再且教育应该利用儿童的经验，校内游戏采取校外游戏中之无害而有趣的——有益的，自然不应抛却，更不待言——儿童对之，将更饶兴趣，更为热心从事，于教育的效果亦必力小而成功大。如果有人肯就我国儿童社会去观察儿童游戏，并且一一搜集起来以作研究之资料；那末，不但对于游戏教育的实施上有很大的方便，而且对于儿童学的研究，亦必有极大的贡献。因为游戏的种类和方式，是随民族而有差异的。中国儿童的游戏和外国儿童必有大相径庭的地方。

（五）游戏要适于儿童的本能

游戏中的活动本来是出自本能的；各本能的发生有先后不同，儿童所嗜好的游戏亦随年龄而异。游戏的繁简难易乃至于种类，都要按着儿童的年龄去支配，不可本着成人的意思去定夺。成人所视为有价值的游戏，在儿童看来，也许是了无意义。我有一位朋友，在小学生运动会中，教一个学生披戴纸竹制成的蚌形物，一个学生披戴纸竹制成的鹬形物，双方伏在地上，作鹬蚌相持状，更教一个学生来装作渔人。他这一出鹬蚌相持剧的用意，是要象征南北相争，日本人乘机占去山东。这种过于象征的教训，恐怕不是一般儿童所能了解的，游戏中似乎以不有这种色彩为宜。

儿童所从事的游戏，随年龄的大小，本能的发育，而大小相同，上面已经谈过，现在更分析地略加申述。大概在三岁以前的小儿，最显著的游戏只是一些感觉的尝试和运动的试验。从他自己的身体以至于各种物品，只要能引起视听触嗅等感觉的，都是他的玩具。跳跑、玩水、弄舌等活动，都使他觉着愉快。在这个期间的游戏是无形式的，是流动而易于改换的，是纯粹个人的，以自己为本位。从四岁到七岁，儿童的想像力和模仿力异常增进，扮演的游戏格外加多；所谓扮演的游戏，就是用想像的行动去模仿成人的行为，例如儿童盛灰作饭以款待同游的小客。此时儿童创设的能力较为增进，游戏亦较有确定的目的，不过缺少耐久的能力，不能完成困难的目的。他需要友谊之心发生，在游戏中很能使他的言语能力发达，很能除去他的自私心，为他的社会生活定个基础。从八岁到十二岁，是个转变时代，身心的变化很大。渐次即于成熟。儿童以在这个期间最为活泼，他所游戏的，多半是比赛的。在游戏中所用的重要势力，还是身体的动作，用智慧的还少，智慧的势力只是逐渐增大。从此，他的努［势］力渐渐发泄在有意义的方案中，在要用技能的活动中。技能熟练，竞争心旺盛，儿童的自私之性就完全曝露于比赛中。比赛的需要既然增多，就宜于利用这个时会训练他遵守法律，重视友谊，因为守法和友谊是比赛中所必备的。此时的比赛，尚欠密切的组织，个人的比赛多过团体的比赛，真正的协力互助，还是将来的事情。从十三岁到十六岁时，入于青年期，发生了许多成熟的新兴味。党徒和队伍的精神在游戏中占了首要的位置。组织力和协力精神都很易于养成，做领袖的能力和服从领袖的志愿都增进了，在比赛中，不复完全着重在体力的一方面，智慧的要素逐渐入于重要的地位。如果利用得法，于教育上的利益不可计量。

总之，游戏中是儿童发挥天性的最好机会，要施行儿童本位的教育，要施行个性教育，最好是从儿童的游戏去了解儿童。再且，也只有了解了儿童天性发育的程序的人，配教儿童游戏。

五、儿童为什么游戏？

上面讲了（一）游戏是最好的教育机会，（二）游戏的价值，（三）游戏的特质，（四）游戏教育的实施，对于（1）什么是游戏，（2）游戏在教育上占什么位置，（3）怎样去实施游戏教育等理论和实际的问题，总算略略地都加了一个解答，或者可以唤起有心人对于游戏的注意而稍稍试行之。

此外，还有一个很有趣味的问题，即"为什么儿童们都游戏?"关于这个问题有四种学说，现在略述梗概，或者能使读者更觉得游戏是有深厚意味的问题，而改变从来忽视游戏的态度。本文不是志在研究学说，所以将它放在后面以作吾文的结束。

（一）势力剩余说

此说是解释游戏的最早的学说，创始的是德国诗人雪勒，完成的是英国哲学家斯宾塞，所以有人叫他"雪勒斯宾塞的学说"。这说以为人类和高等动物的机体，由于很发达了，而且很分业了的原［缘］故，任何事业只能使用他的全部能力的一部；未经使用的机体储蓄着余剩的势力，既然不能发泄于主要的业务中，自然要从别方面去求发泄的路径——游戏就是一种路径。儿童们在生活上有父母保护，种种事情都由父母代了劳，他的剩余的势力势不得不从游戏中去发泄。一般人论儿童的游戏，每每说"教他不玩，有么事做?"亦就是这个道理。

（二）预备能力说

这说创始的人是美国格鲁斯教授（Prof. Gross）。教授著有《动物的游戏》和《人的游戏》两种很负盛名的著作。他以为游戏是本能的冲动的结果；预先操练本能去养成有益于将来生活的种种习惯，就是游戏的要义。宗［照］他的意思，没有所谓游戏的冲动，不过许多本能，在没有正式的事业去使用他们时，就仅仅为练习的目的而活动，于是成为各种特别的游戏。本能是来自天择的，在生活上是当然有功用的；在游戏中练习本能，就是无意地预备生活上所需要的能力。儿童所游戏的，即是在他将来的生活上所需要的。女孩子爱弄皮团，爱弄木屋，就是预备养子，预备持家。

（三）复演说

此说是由何尔博士（Dr. Hall）创始的。博士是于儿童心理学和青年心理学很有贡献的一个人。他以为儿童在游戏中的生活是将古代民族的生活重新来过活一次，所以叫作"复现说"。生物学上所说的"复现说"，是说"个体发育的程序，是重新复演民族发育的程序"。宗［照］他的说法，儿童捉迷藏时，蹑足潜行，东避西躲，是由于野蛮时代的人有逃避毒蛇猛兽的事情。儿童好攀木为戏捕捉鹊鸟，是复演渔猎时代的生活状况。

（四）休养说

休养说（Relaxation Theory）这个名称，本不甚妥帖，只是没有更好的名称。此说的创始者是巴其克（Patricko），他以人类在生活中必须运用高等的能力，所以生活是紧张的，业务是束缚的，使人困顿疲劳。游戏能使人休息，使人重新得着生气，能救济生活的劳苦。游戏其所以有益于修养，是因在游戏中的活动是在民族的进化上早已有了的，而且这些活动又是最单简的，在活动时所遇的阻力最小，所以从事游戏的活动可以解放生活上的紧张状况。譬如踢球，有抛、打、跑三种活动。这三种活动，在原始人类逃避毒蛇，抛石击鱼，约伴打猎时，就早用惯了。现今再且［自］球戏中来使用他们，自然不吃力了，自然很觉舒服了。

上述四说，各有独到之处，亦各有缺点，都不算一个圆满的学说，不能完全解答"儿童们为什么要游戏"？我们此时无心一一批评，因为我们只是要知道对于我们所忽视的游戏玩耍，也有许多学者在那里挖心控［挖］肝地研究！

《中华教育界》第 10 卷第 9 期（1921 年 3 月）

论中学附设师范科
（1921 年 3 月）

一

  去年在湖南，闻有一二中等学校将于今年设立师范科，预计此文出世时，他们的师范科必已出世了。当时听见这种计划，曾略致赞成之意，因为他们主张设立师范科的理由，是因为师资缺乏，何［若］靠师范学校去造就，大有缓不济急之势。有人说他们的真目的在声张校势扩大地盘，我对于这话固然未敢断定他十分不确，毕竟这样论事总免不了几分苛求。

  后来回湖北时，朋友们见面每每叹息湖北省立师范的腐败，而对于湖北教育前途都存悲观，因之我曾有私立学校得设立师范科的提议，并曾向一二私立学校建议过。当时我亦不曾知道我这种主张有多少理由，只是觉得湖北的师范学校绝无改良的希望。要挽救湖北的教育，非采用斜趋旁出的路径不可。

  有这两件事，于是中学附设师范科就成了我脑海中的一个问题，从实际的情形看来，中学毕业生当教员的多，高小毕业生当教员的更多，而半路出家的道士派先生尤其的多。师资的缺乏，不但是数量的缺乏，而且是质量的缺乏。要振兴教育，第一步自然要造就许多教员。所以中学附设师范科可说是无疑义的。然而所造就的教员，必须是好教员，教育才有真正振兴之望。中学附设师范科，可以多多的养成师资，去代替道士派的先生们，这话可以承认；至若可否养成合用的好先生，则是一个疑问。

二

中学附设师范科这个问题之所由起，是起于师资之缺乏，不是起于师范学制之怀疑。动议中学附设师范科的人，是想于师范学校能力之外，去造就一班教员，并未曾想取师范学校而代之。我们所要研究的：是中学应否附设师范科，不是师范学校可否由中学附设。

中学的目的在养成健全的国民，在预备升学的能力（普通中学），在预备职业的知识和技能（甲种工业等）；师范学校的目的，在养成小学教员和其他教育的职业上所需要的人材。目的不同，一切课程与训练自然应该随着不同。至若现今一般师范学校的课程与训练，是否与一般中学不同，又是另一问题。师范和中学的不同，不在毕业年限之较长一年。不在四五年级之每周内有一二小时的教育课程，它有它的特别的立足点和精神。它所有的某种课程，也许为一般中学所有；它教授某种课程的精神和立足点，就不是一般中学所有的精神和立足点；即如教材的去取，师范和中学即不应相同。我基于此种理由，不认中学可以取师范学校而代之，所以本篇的目的不在讨论师范学校应否由中学附设。月前与友人讨论师范学制的一封信上，有几句话可引来做本段的结束：

> 师范学校不但要养成教育者的智能，而且要养成教育者的兴趣，教育者的信心，教育者的品格；不但是要给学生以专门知识的若干分量，而且是要从教育者的立足点去给他以专门知识的若干分量；不但是要使学生从事科学的研究，而且是要使学生立于教育者的见地以从事科学的研究……

三

取消师范而用中学去代替，不是我们所敢赞同的，固然如此；即就中学附设师范科说，亦不是全无危险而可以绝对赞成的。大凡创兴一种事业，必须先知它的弊害，好早早防范，才不至流毒无穷；况且教育事业，关系重大，更不是可以轻于尝试的吗！这就是我希望热心开办师范科的中等教育家稍稍留心考虑的。

办中学是办教育，办师范是办教育的教育。中学的教育者有许多必备的资格，如对于青年心理和社会情况的知识等；师范学校的教育者于中学教育者所必备的资格外，还有特需的学识和品性，如儿童心理、小学经营法、亲爱儿童的性格等。师范教育者所必备的种种资格，自然有许多是一般中学教育者所具有的，可是不必件件都是一般中学教育者所已有的，亦不必是个个中学教育者所已有的。这是很显明的事，想是虚心的教育者所乐意承认的。既然如此，以中学而附设师范科，是否不至使师范科失掉他的特性，而成为变相的中学，那就不能一概加以否定的答案了。若是名叫师范科，实质是中学，于将来小学教育的前途，必然发生不利益的影响。这是中学附设师范科的一种危险，而为我们所应当考虑的。

社会的组织是逐渐分化的，愈进步就分化得愈为细密，教育上的事情亦是如此。从社会上的需要看，不但中学的内容与师范的内容将相差日远，就是师范的自身亦有继续分化的倾向；例如乡村教育和都市教育就各有各的特别需要，此后师范学校为适应社会的需要计，内部的组织不得不日趋于复杂与分化。这种趋势，凡稍知教育界的实情者，都能道出，我在此处不欲讨论，我只是要使人知道往后去师范的内容将日益复杂，绝非招集三五十名学生，授以中学的普通功课，再于最后一二年内每周加一两小时的教育课程就能了事的。要办成一座较好的师范科，别的且不说，即就经济的担负论，恐怕一般中学于经营中学本部外，再望此财力来经营师范科，在经济的担负上，别的且不论，即就创立小学校、国民学校和幼稚园以作学生的试验和实习机关说，亦就不易做倒［到］。这是就担负上说，恐怕一般中学担负不起，而有流于因陋就简的危险。

中学教育者，若是用办中学的眼光和方法去办师范科，这师范科就大可不办，勉强办去，毕竟是功不补过。中学校若无充分的经费去供给师范科，这师范科亦大可不办，勉强办去，未必免得掉有名无实。简括的说，前一层是人才问题，后一层是钱财问题。我愿凡是想开办师范科的中学校，于此多留一点意。

四

办理师范科之容易，不像平常所想像的那么大。轻于以师范教育为尝试的行为，是我们所反对的；至若中学附设师范科这种办法的本身呢，我们因为师资的缺乏和省立师范的腐败，也愿为有条件的赞成。我们明知这种办法危险甚大，所以乐于赞成的，亦自有故。

师范学校，向例是由学校供给学生的膳宿等费。国家要提倡教育，要支配服务，自然此种政策亦是不得已的办法。学校既有此重大的担负，要扩充班次添招名额，就得和政府辗转周折地往返磋商。以窘迫不堪之政府，又不知教育为何物，对于教育经费，自然是抱着"减一个是一个"的态度，哪里还能望增加呢？若是单靠省立师范去养成教员，不独现在要普及教育有缺乏师资之苦，即在将来亦难有师资足用的希望。今者中学既有附设师范科的计议，假使成功了，在教育上未始不能补救师范学校之不足；而在国家方面亦乐得少添一笔担负，此从国家经济状况上着想，对于中学附设师范科不得不赞成。再且中学师范科，不供给膳宿费（或者还要纳点学费），对于学生可以减去以师范学校做"免费旅馆"的心理，对于学校亦可以洗掉"师范学校是'吃饭'学校"的骂名。这又是从节省经费上，于得到经济的利益外，所得的精神的利益。

社会的需求很大，师范的供给很少，关于师资的数量固然如此，关于师资的种类尤其如此。一般师范学校所造就的人材，概是普通小学所需用的普通科的教员；特种学校，如乙种工业或农业等，所需要的教员，师范学校就不能供给；就是普通学校的特种科目，如农业、园艺等，师范学校的学生，亦每每不能胜任愉快。由特种中学（指甲种农业和甲种工业等）招收学生，一面施以专科教育（如农业或工业），一面施以师范教育，或招收师范毕业生而专施以专科教育，都可以补助师范学校之缺乏。在师范学校不能发展之今日，这种办法颇有必要。

新教育之两大方针，一为适应社会的需要，一为个性的发展。中学附设师范科，可以适应社会的需要固如上述。其实此种办法，亦可以给学生的个性以较多的机会去自由发展。中学学生的性情，有比较地近于教育事业的，或近于教育研究的，得此师范科以为锻炼的地方，他的天才就不至于汨没了。还有许多学生于职业界不能立足，只有在教育界还可以勉竭其能；给他以相当的师范教育，于学生职业问题亦不无助益。最好仿照一般学校所行的第二部办法，于第四学年分一个师范科，和工科商科等并立着。有人嫌此种办法，任学习过一年教育的人去充教员，未免有几分将师范太看容易了，学生就职后亦未免感受修养不充分的困难。这种反对，于道理上，自然要承认。只是从社会的事实上看，中学毕业生全未受过师范教育而做教员的，盖亦多矣！"两害相权取其轻"，一年的师范教育总要聊胜于无。倘能将年限延长一年，改为五年毕业（湖南明德学校和岳云中学都是五年），有两年的预备，那就更妥当了，这是从学生身上着想，觉得中学可以设立师范科。

五

上述三层，（一）师校财力不能多增名额，（二）师校财力不能养成特种教员，（三）中学生有志愿做教师的，或不得不做教师的——是赞成中学附设师范科的理由。但是前面曾说过，我们的赞成是有条件的。除了希望拟设师范科的人自审该校有无那样的材力和财力外，还有三种条件：

1. 未设立师范学校的地方
2. 师范学校所缺乏的科目
3. 私立学校

中学有了相当的人材和教育经费，又上述三种情形的一种，才敢对于他之附设师范科加以赞助。因为在已经设立师范学校的地方，造就师资的责任，自然有师范学校担负，用不着多添一个赘疣（合于第二或第三种条件的，自然不在此例）。至若在未设立师范学校而有中学的地方，就原有中学而添设师范科，轻便易举，原不失为很经济的教育政策。这是我赞成有第一种情形时，中学得附设师范科的理由。目前的师范学校只能养成普通小学校之普通科目的教员，而不能养成特种学校之特别科目的教员，已如第四节所述。为供给社会的需要起见，由特种学校（指甲种农业等）附设师范科以教授师校所缺乏的科目，倒是很必要的。不然，就应由师范学校招收特种学校的毕业生而施以师范的教育。若是以全无师范教育的特种学校毕业生去做教员，无论情势如何，始终总是我们所反对的。因此，我主张有第二种情形时，中学可以附设师范科。省立或县立的学校，或因官厅的关系，教职员不能得人；或因政治的变迁，教职员不能久于其事；或因章程的拘束，学校没有改良活动的余地；所以省县立的学校，每每是最无成绩而且最为守旧的学校。我到湖南，考查湖南的最有荣誉的学校，不过是岳云中学、周南女学、明德学校、楚怡学校等。此等学校无一不是私立的。至若我所任事的省立第

一师范，开办以来，为时亦将及二十年，可是成绩就只有几间瓦破垣颓
的房屋。我不敢说私立学校个个都好，我只是觉得私立学校比较地富于
革新的可能性，久远计划的可能性，以及于卓著成效的可能性。因为这
个道理，我主张私立学校只要有相当的人材和经济，即可以设立师范
科。总而言之，我们一面希望师资的充足，一面还要希望师资的良好；
一面不赞成用开设师范科做扩充地盘的手段，一面又不忍因噎废食而摧
残教育的生机：是则本篇持论所由而斟酌损益的。

《教育丛刊》第 2 卷第 1 集（1921 年 3 月）

儿童心灵的发育
（1921 年 3 月）

　　儿童在教育上占怎样的位置？科学上所谓的童龄是什么意义？他的意义对于上述的问题有什么供［贡］献？什么是心理发育的阶段？在学校儿童的生活上，有哪些紧要的发育阶段？在生长与教育中，要经过种种转变，我们将用何种根本原理去解释这种种转变？每个转变的阶段，有什么显著的特征？每个转变的阶段，有什么需要？在教育上要采用哪些原理，才能完全适应各阶段的需要？

一、儿童在教育上的位置

　　A. 童龄（Infancy）的意义

　　首先从科学上去解说童龄的意义的，是约翰佛司基（John Fiske），他于研究进化论时，他的注意忽为一种有兴味的平行论所摄引。倘若从最低等的动物生活看到最高等的动物生活，我们将要发现童龄是逐渐延长的——自然，所谓的长短是和各该动物的寿命为比例。更奇的是，童龄愈延长，智慧亦愈增高。人类的童龄最长，人类的智慧亦最高。童龄的延长和智慧的增高，平行并进。这种现象，简直是偶然的吗？其间也还有一种必然的关连否？佛司基以为有一种必然的关连，他以为在种族的进化上，童龄的延长是和智识的进化相符应的。童龄期间的可变性

(Plasticity)使高等动物有一种机会可以于父母保护之下，借着自己的经验，去适应环境。偶然得到的智慧，无论怎样微弱，人们总能利用他，而且他也总有几分力量，去使那个运用他的人得以免于淘汰。所以从自然淘汰上看起来，在高等物种的进化上，智慧是天之宠子。佛司基说，社会的进化和伦理的进化亦都与童龄的延长有连带关系。我们狠〔很〕容易看出，人在幼年不能自立，母亲从早到晚，总不能离开他，于是做父亲的人就不得不保护他们，不得不扶养他们。这样，家庭的结合，乃确定了。人类团体的进化，是由家庭的关系，扩充成为血族与部落，又由血族与部落发生类似政府的组织。还有，人类的根本德性，亦是萌芽于家庭之花的内面。父亲的勇敢，母亲的叨劳，就是铁证。儿童的柔弱无依，引起父母的同情与保护。忠诚与义侠，从此才在人类生活上发生真正的价值与意义。即我们所视的爱国心，亦无非是由对于家庭的忠诚，扩充成为对于社会的。

B. 童龄与"教育可能性"（Educability）

佛司基关于童龄的意义的讨论，使许多人觉得童龄的延长是人类得有高等智慧的原因。如果我们将童龄期间的可变性，看作宜于练习智力的条件，上面所述的意想就必定很近于真理。有了童龄期间的可变性，得自遗传的行为方式，才失掉了他的制限力，行为才可以有极广大的变异。于是就能从经验上多所学习，而对于生活的实际情形亦能为更好的适应。在个人的生活上，童龄期间的可变性，即是教育可能性的基础。童龄期间的可变性与教育有两重关系：一为保守的作用，即是说，人类的可变性与童龄的延长，使后代的人能够吸收前代的人在文化上的贡献；二〈为〉进步的作用，即是说，可变性是创造和发明的基础，个人借着反应的变换，借着试验的活动，就可以发现更有利益的方法了。

二、儿童心灵的发育阶段

人类从来有一种成见，以为儿童是"缩型的成人"，比较成人只是具体而微。现代科学的儿童研究，颇有许多重大的供〔贡〕献，而彻底地打破此种见解即其重大供〔贡〕献的一种。儿童研究已经显明地诏示我们，儿童为成人的差异不独是分量的（Quantitative），而且是性质的（Qualitative）。关于此点，我们此时无意于详细讨论，用一种实例就足以使他明了。倘若婴儿成人后，身体各部的大小仍然保持着在婴儿时代的比例，那末，他的头将有平常人的头的两倍大，他的躯干将要比平常人的长，而且有一个大而且凸的肚子，他的腿部将极短极短，致使他的行动显出璊珊［蹒跚］细步的状态而惹人笑话。如有这种模样的人，善于经理马戏者，必定愿意做一回投机事业，去用巨款购来，以为招摇射利之用。这是说，儿童身体各部的大小，与成人不同。此外骨骼和血液的成分，以及内部各机体的大小，亦与成人大相悬殊。至于道德生活与心灵现象，更不是仅仅和成人的微小一些。

儿童与成人根本不同，我们知道了，我们还要牢记着，儿童是慢慢地变为成人的。在转变的进程上，亦没有绝端的罅隙。为了解各种年龄的儿童起见，我们特将儿童的发育时期分为若干阶段，而且用重要的、显然的、生理上的转变和心理上的转变，做划分的标准。各专门学家对于这些阶段所给的名称，人各不同。专门名称既然极为纷淆，而各阶段和教育上通用的时期分划，又大致相同，所以我以为采用教育上的划分法，或者可以替读者诸君免掉许多烦恼。宗这种划分法，心理发育的各阶段是，学龄以前的期间，幼稚园与国民校的期间，高小期间，和中学期间。后面要按次分段讨论，只有中学期间，属于青年心理，姑不具述。

三、儿童心理的根本原理

要研究各发育期的特征，我们必须有几种普遍的原理，用作解释的工具；不然，我们将流于堆积杂乱的有兴味的事实，而不能看出这些事实的要义。要判断儿童生活界的现象与事实有什么意义和价值，最好是牢记着机能原理（Principle of Function），我们搜集事实，解释事实，总要着眼在"个人自主力"的生长与"社会适应力"的进步，因为这就是根本处所。在儿童的心意外散的生活（Psycho-motor Life）上，与这个中心问题有关系的，还有两个特别重要的法则，我们必须知道。一是播散律（Law of diffusion），一是意识的磨托流动律（Law of the motor flow of consciousness）。

（一）播散律

从神经细胞的组织及各细胞间的关系看来，我们可以建设一种理论，主张有机体的各部分因受刺激而发生的神经冲动，可以传播于各处，可以达到全身上一切的腺与筋肉。心理实验的成绩，很维护这个假设。但是完全的播散与平均的播散很少。因为遗传与习惯确立了一些使神经冲动易于发泄的路径，有此等占有优势的路径，神经冲动的播散的流动，就中途断绝。不过在儿童们，天赋的行为倾向很有游移之余地，不像别种动物所受于遗传的行为倾向，那样特殊，那样确定；再且儿童的行为，亦不像成人那样用习惯做基础。在儿童们，原始的播散倾向，极为强大。儿童们屈伏于"多重反应"的倾向，是一件很明显的事。他若被一件光亮的东西或动的东西所摄引，他不但立即跑去取拿这个东西，而且全身都动弹起来。第一次勉强写字的小孩，不但是有双手齐下之势，而且身子也动起来，腿子也摆起来，口也紧张起来，眼也睁扎起来。因此，儿童的一切行为都有很大的差异的可能，很大的偶然性，很大的任意性（Variability randomness, spontancity），不像成人这个样子。

（二）意识的磨托流动律

儿童的一切感觉、知觉、想像，无一不屈伏于磨托流动。心理学家曾试验过，在人类的生活上，一切意识都是磨托的；意识的一切活动，从最低等的感觉界到最高等的思想界，从极微弱的感触到极强烈的情绪，无一不奔流到磨托的沟渠内去。磨托的沟渠，能左右外表的行为和内部的生理活动，如呼吸作用、心脏跳跃、腺的分泌等。但是成人的磨托活动，每每为权衡计较的理智作用所防遏，在公众场中的行为，更其多有这种情形。在小孩子们，各种禁止的能力，防遏的能力，节制的能力，都没有发达，所以他们的意识历程，更完全合于磨托流动律，只要有了刺激，或有了暗示，或有了意象，无论是怎样微弱的，他即刻就会跳起来。慌张起来，手舞足蹈起来。你替他戴帽穿衣，扣纽扣，结鞋索，他总不愿意安静地站着。一有事物惹动了他的眼，或有意念矗进了他的脑，他就立刻活动起来。你正在替他做事，他不待你做完；你正在对他说话，他亦不待你说毕。这种情形，固然恼人，可是不应因此责备他。他是生来如此的。若是他能像成人一样自制，那就成了变态。磨托的和心意的自制，是必须学习的事情。教育者必须了解儿童生长的历程，而且要能够帮助他去学习那种将精神集中在目的上的能力，并帮助他去取得那种主宰磨托的和心意的活动的能力，因为磨托的和心意的活动，都和他们的成功有重大的关系（磨托（Motor）和感觉（Sensory），是对待的。它的意义，是发动者，是由内向外的活动，是司动的神经，难得恰当的译名，暂用音译，是仿磨托车 Motor Car 的前例）。

四、学龄以前的期间

在这个元始期间，儿童的事务，大半在练习身体上重要活动的调节，和感觉上基本活动的控制。事物对于此期的儿童有两种兴味：一是因为事物可以做他的身体活动的中心；一是因为事物可以做他的新感觉的源泉。此期儿童们所有的游戏和玩弄的发动与满足，一大部分在身体活动的快乐与爱好新感觉的天性。

儿童的神经能力，固然有很大的播散倾向；儿童的意识的磨托流动，固然有很大的权威；但是我们不可忽略，无论怎样幼稚的儿童，对于那些在他的本能上有坚实根基的事情，对于那些能给他以较大的满足的事情，都显出几分持久性与集中力，无端去防［妨］碍他们的活动，极足以惹动他的愤怒，正如别人干涉我们的行为一样。

借着各种活动，儿童们渐次地了解环境上各种事物——人亦在内——的意义，而且渐次地知道用有利的方法去应付这些事物。此期儿童的精神生活，实已超出于感觉界以上。凭藉着丰富而圆满的感觉和磨托的经验（Sensori-moter experience），想像的机能，就开始活跃，到了下期中，就很重要了。还有许多在适应社会上用的单纯原理，在入学年龄以前，已经归于他所能够控制的范围以内。适用于家庭以内的原理，他尤其能够控制。

五、幼稚园及国民校的期间

A. 心灵的发育

在此期间心理上最可注意的特征，是想像力发达得异常迅速。这种发达和活动的感觉生活与磨托生活，是相随而并进的，并不是独往独来的一种发展。联合事物和使用事物的能力，都扩大了。对于事物的意义，亦比较地见得明了了。他的心意，对于他所见所闻所接触的种种，能为更进一层的探究。全部的精神生活，就从此丰富了，扩大了。从丰富的经验，产生想像的活动；而想像的活动，又影响经验，又给与经验以光明。在这个时期，儿童的自发的想像，极为旺盛，可以说是一个黄金时代。他所做的各种事情，无一不受想像的左右，他的心意，极力伸张，穷搜各事物间的广泛关系。他的好奇心，更加敏锐，而且好奇心的活动又从感觉域而进于观念域。儿童们遇事就问，即是此种心理状况的反映。他不但好问他所见闻的种种，而且恳切地追问未来的情形，实际的功用，以及别种不关于感觉界的问题。他的模仿活动，从生理的"磨托感觉型"（Physiological and sensori-moter type）而变为"表演式"（dramatic-form）。心中起了意念，立刻就要表演在行动上。环境的活动，给与他以暗示。暗示激动他的意像，意像又以演剧的形式，重行表现出来，游戏亦变了，变成演剧的性质。游戏的行动，现在仍然是极其任意的，不过是发动于活动如流的想像。他们之喜欢身体的活动，到现在还有几分是为喜欢活动而活动，不过一大半分是因为要满足积极的想像。在从前以客观的物体，当作动作的中心，当作新感觉的源泉，现在就不止于此了。到了现在，客观的物体是一种媒介；借着这些媒介，能使意象发表出来，能使意象外转（Objectified），能使意象更为显活，能使意象更有可乐的性质。

B. 个性与人格

此期儿童的生活，很有自由的，任意的，冲动的色彩。内部的思想与情感，都自然地流为行动，绝无一点拘束，他的意志，极不坚定，一起一伏，好像波涛一样。然而在本能的行动上和最有兴味的事情上，亦时有几分集中力与持续力。我们对于这种集中力与持续力，应加以尊重，应加以指导。而利用他做基础去训练作业努力，与意志，控制筋肉活动的能力长进了，他的动作能力，大为增进。更加以意像指导活动的权力亦日渐加高，于是他就觉得自己的权力，而且了解自己是一个主宰者，是一个权力中枢。在此期间，若干侵占性（Agressiveness）的发生，与自我肯定性的发达，是常态的事，是控制自我力与适应社会力将要发达的征候，不足为病。

C. 儿童想像的原理

（一）磨托流动律　儿童有了一个意象就要动，就要表演出来。他的意象是在行进上的，与前面所说的磨托流动律很相符合。

（二）意象与实际不分明　儿童的意象富于磨托性质，由此性质产生种种结果，他之不能分别什么是意象与什么是意象所代表的实际，就是这种种结果中之一种。儿童们有了意象，立即实行，并不问他是否妥适。儿童画图画时，想起屋宇，就画一个屋宇，想起人进屋内去，就画一个人在门前；他不管他所画的人，比门还画得高些，也不管他所画的人，比屋还画得高些。他觉得最有兴味的，是意象，事实只是一个附庸，且有时简直将意象看做事实。

（三）意象与行动不分明　在儿童们，意象与行动都是属于一个接续的一贯的活动。意象是活动的开始，行动是活动的结局。有了意象，立即动作，没有计划，没有步骤。意象与行动的区别，历程与结果的区别，目的与手段的区别，在从事于控制实际上与建设上的复杂事情时，乃因情势的逼迫，而不得不产生，这就是简单的实际作业，在想像的发达中，所有的重大价值的一种。

（四）经验的推广与统一　靠着想像的机能，儿童们求得更宽广的更统一的经验。经验中如有罅隙，如有不相衔接之处，非用事实或幻想去造一条桥将它连接起来，心意将始终不能宁静，始终不能舒服。这种情形，多少可以解说此期的儿童其所以好追问好积极的搜求，好积极的探讨的原因。神话与故事，其所以合于儿童心理的需要，就是因为有这种情形。借着神话与故事，自然界上及人事界上不相调适的素质，可以综合成为一个系统；统一性的冲动，亦得以满足。

（五）儿童经验的统一不是思考的　想像作用，活动异常。思考的素质，没有发动的余地。儿童的经验所有的组织，与其谓为思考的结合，毋宁说是感情的统一。我们想给他以观念时，如果采取完全的科学的形式，那就损伤了他的想像的变幻的、任意的、感情的性质。如果教授得法，自然界与人事界的真实情形，对于儿童本可以有一种亲切的价值与一种神话故事同样强盛的热情。自然研究与英雄故事，可以合神话与故事，兼采并用，同样地可借以满足他的需要。

D. 教育上的要义

这个期间的教育目的，就是要使儿童借着自发的活动（身体的与心灵的），去求得经验的长进与丰富。在这种易变时期之丰富的经验中，必须为一切更进步的学识、技能、趋向、品性、习惯、嗜好与理想，立一个确实根基。所以在幼稚园与国民校内，所有活动的种类与数目，物品的种类与数目，都是愈多愈好。儿童应该熟习泥土、丝绵、竹木、五金等重要物材。应该熟悉刀剪斧凿锯刨以及为挑抬推拉用的种种工具及其使用法。应该熟悉家庭生活与邻人生活的重要情形，应该熟悉家庭的、学校的、运动场的以及于团体的各方面的社会关系。应该熟悉关于权利、责任、无私、仁爱、服务等重要理想。利用他的好奇心、想像力，以及对于故事与画片的爱情，去促进他的心灵的发育，并补足他所熟悉的经验，用各种适于他的年龄的事情，去培植他的道德生活与宗教生活，不必教授什么形式，什么象征以及什么教条。要朝着真善美的方向去陶冶他的自发的感情、倾向、冲动等。使感情、冲动、倾向永远不违背真善美，而且要使他的生活趋势，确定于这种方向中。自己表演的练习——如游戏、演剧、绘画、砌纸、弄画片、谐和的舞蹈、唱歌，以及别种结构的手工——要极多极多。

手工、绘画、音乐、读书、写字等课程，应该注重在自己表演与自然冲动的满足，不应斤斤于成绩品，要使儿童欣悦他所作为的事情，要使儿童实际地生活于学校及学校的活动中。在幼稚园与国民校中，这种事实比较特别的技能和客观的成绩，重大多了。在此期间，还不是注重技术的时候，技术的注重，要到儿童需要技术去做促进他的理解力的工具时，去做促进他对于成绩的鉴赏力时。

于积极的活动以外，故事和故事对于想像力的触动，是教授上的重要利器。故事之道德的、社会的价值，不在用它做说教的根据，亦不在用它做记忆的工具，乃是因为它含有富于精神、富于生气、富于情感之紧要的、活泼的真理与理想。儿童的注意，既然是流动的，儿童的思想，既然无轮回的性质，所以一个道理必须从各方面推阐，才能与儿童的生活发生强固的关连。要使故事有效力，无论是灌输理想的故事，或是讲解自然界与人生上的重要事实，都必须加以精密的安排，使之环绕着一个中心理论；这样，那种印象，才能反复地更新，才能反复地印人。

对于在此期间的儿童的训练，暗示原理，很关重要。他们极其富于反应性，注意容易分散，同时又容易收敛。他自然地轻易信赖别人，而且欢喜别人爱他。教师宜于引起他的信仰，去指导他，鼓舞他，毋须乎用权力去鞭策他。儿童的训练问题，完全是这样的一个问题。布置业务，要能时时引起注意，不可命令他注意，不可要求他注意。

六、高小期间

心意的活动与行为的历程，在前一期间，都是富于变幻性，流动性，与任意性的。到这一期间，则成为很有组织的，很凝结的，很发达的，很受控制的。这是前后两期间很不相同之点。

A. 显著的特征

在此期间，控制精神的能力长进得异常之快。他的想像，不复如从前那样虚幻，那样任意，而成了控制行动的工具。实际思考的能力与范围，都扩大了。在追求他的目的时，亦不复依赖行动式的、偶然式的行为。

在此期间，儿童的社会性，沿着有兴趣的途径而发展。到了此期的末叶，儿童们的拜盟结党，是一件很有意味的事。男孩们都想结合伴侣，去干体育的事务和实际的事业。女孩们好联盟结会拜异姓姊妹。他们的胸襟极窄隘，对于盟外的人，每每排斥。在此期间，儿童所受的道德生活与社会生活的影响，多半来自朋党生活中。父母与师长的势力极小。从教育的见地讲，父母和师长最好加入他们的朋党，去给与他们以适宜的指导。

B. 儿童想像的性质及其解释

在前一期间，儿童的想像是活泼的，流动的，任意的。想像的自发的流动，奔腾得异常迅速，不受什么节制。到了此时，调节想像的能力，已经发达了几分，对于意像以及意像所代表的实际，渐渐能明白分别，能比较意像与实际的异同，并能用此方——如实际——去剪裁彼方——如意像；如果意像不正确，亦能用相当的时间，去加以思索，加以洗炼。这就是说，意像成了一个很好的精神的工具。换句话说，就是意像成了实际界的象征，无论已经存在的实际也好，或是将要成立的实际也好。在从前，意像只是倾向于动作，现在意像就代表或者指示一件事物了。它有它的价值，是因为它有关系于它所代表的事物，不像从前它的价值只在它的自身。意像所有的象征机能，既然长进了，儿童对于目的与手段，历程与终局，原因与结果，就能加以分别。此时意象是可以把捉着的，可以把捉着去加以审查，加以评判，并且将它与别的种种意念联合起来；所以对于行为的进行，能够预先筹划就绪——设置目的，并决定实现目的的方法。

然而我们必须知道，在此期间，想像力的活动，只能在有限的范围中，只能在具体名词所能解说的情形上，或者说只能在儿童所比较地熟悉的情形，以及与儿童兴趣相关的情形上；了解概括论调与抽象原理的能力，还没发达。这不是儿童的事，乃是青年的事，这或者一大半是因为儿童的兴味富于直接性。不过我们并不是说，此期的儿童完全没有抽象思考的能力，只是说，他的这种能力是很有限的，不是多方面的，不是大范围的。

C. 几条应用的话

（一）注意技能

在此期间，可以多注意在业务的技能上。技能来自精巧的行动与成绩品的创造。此时儿童的生理基础与心理基础，都可以担当此任。写字，图书，手工，都可以注意于成绩的优美。对于复杂的、精细的动作，既然逐渐地获得完全调节的能力，所以在生理方面，技能的注重是可能的。想像力已逐渐地归于明确精当，并能联合多数意象去成为一簇，以象征目的与手段间所有的关系，所以在心理方面，注重技能亦是可能的。想像力发达，又使学校课程可以多注重于读法、语法以及历史地理。心意的发达，已经可以觉知在技能上所用的各材料间的关系，所以教授此等教材，不至于流为死板的，而可以成为有机能的。因为这种种原因对于记忆的活动与操练的活动所下的正式训练，宜于留待此时，不应安排在幼稚园及国民学校。

（二）训练思考

辨别手段与目的的能力，既然增进得极快，他的思考的范围也应该随着有相当的发展。在这一方面，学校可以尽什么义务以供给这个时期的需要？又可以用什么方法去尽这种义务？要训练儿童的思考，必须给他以机会使他有意地用方法去适应目的。在某种情形之下，目的（即结果）与产生结果的活动，有十分固定的关系。训练儿童的思考，应该特别地利用这种情形。如果所求的结果，或因繁难而偶然地不能实现，或因复杂而不显明，那就于儿童思考的活动，有极大的妨害。从这一方面看，工艺的训练与业务的活动，都很有价值，因为可以供给适当的问题。例如在地理科可以注意山谷城市是某等动相的结果。山谷城市是动相的确实的、具体的结果。这些结果，十分可靠，而且比较地容易领会。山谷是某种活动——自然的或人为的——的结果，很容易看出。小孩子们随时可以看见某地方的墙院一天天的崩溃了，某地方的泥土一天天的堆积高了，利用现时可见的种种具体的原因与情形，他能想出山谷成为现状的经过。这样，他就能有意地调停手段和目的。他的思考，是在特殊的、具体的事实内面活动；不过思考过的事实一天多似一天，他就慢慢地取得一种习惯，以为事实是可以用原理说明的，所以他不久就会绝对地喜欢原理与律令的自身。在自然研究上，靠多数的单纯情态去联结原因与结果，最为容易。在历史科上，则较为困难，因为要多靠想像力。但是培养一种习惯去思考我们所熟悉的生活上的制度与情态，以追溯这些态度与情态的来源与经过，也的确有许多可以适用上述的道理的。儿童们很乐于在一个特别事实的内面，去考查各部分的关系，不大喜欢研究宽泛的、涵盖的概论。训练儿童的思考，在起首的时候，要使他对于结果以及求得结果的手段，有个精美的具体意识。从这种意识，再使他对于手段与目的的关系所有的知觉，逐渐地归于普遍化。要达到这种目的，与其在"原理"的创立中去求，不如在"律令"的创立中去求。儿童即令不能了解"为什么？"，亦必能了解"怎样？"。了解（Understanding）与知道（Know）不同。所谓的了解"怎样"，最少要能觉知一件特殊事情内面所含的目的与手段的关系。至若知道"怎样"，就有时简直是盲目的活动。从儿童方面看来，完全是武断的。总之，在此期间之合宜的思考训练，只是利用设计法的训练，与利用问题法的训练；而且在问题法的训练上所用的问题，又必须是从设计法上的计策中直接产生的。

（三）自然冲动的变化与发展　此时各样的本能动作，都从任意型（Spontaneons type）变成有节型（Controlled type）。游戏的活动，变成有组织的比赛。好奇心的机能，活动于较高的知识域。创设的动作，变成有目的的、有志向的、社会的行动，不复像从前那样只是一种群居的倾向，在党侣内，忠实的精神，很为发达。搜集的活动，流入有定的方向，如搜集印花、钱币、花邮片、鸟卵、矿石等要使此期的教授，适合生活的需要，必须知道儿童的心理状况已经此〔比〕在幼稚园及国民学校期间的，要高过一等，只是没有发达到系统的科学研究所需要的状况。利用自然的冲动时，须使自然的冲动，能在这种较高的境界上，得着满足。在这种境界上，儿童心意的组织力与扩张力，发达得异常迅速。

（四）儿童的意志　意志的生长，和"控制筋肉力"的发达，和利用意像以控制精神，都是有连带关系的，要使意志的发表有效，这二者都是必需的。不过在这个期间，用意念控制行动，只能及于一个很狭窄的范围，而且要是在有直接利益或关系的场所。努力的竖持，必须在和他有本身关系的事务上，才能长久。意志是实际的。要训练意志，必须在需要意志的实际情形上。理想与理想的发表，必须有坚固的连合。对于意志上的感情素质，必须大加注意。要训练理想，必须使儿童研究实际生活上的具体事务。这样，他就能了解理想，且将吸收感情的素质；使他发出实际活动的，就是感情的素质。

（五）儿童的人格　此时儿童的人格，渐渐地有了固定性，再不像从前那样易于暗示，那样轻于模仿。流动的性情，变成有节制的了。意志的持久力增长了，因为他很了解目的以及实现目的的手段。作业的课程，也由此而更有效力。在此期间的儿童，不是完全社会化的，他的态度不是自私的，乃是不自觉的，乃是以自我为中心的。他承认家庭为他所做的事，他并不十分觉得自己所有的责任，然而这也是应该的。因为他还在自然的依赖期间。重要的事，当然不能自主。自然为他安排了朋党盟会的计划，在这种计划中，他们的社会性渐渐发展。在这种场所，他才第一次学得什么是自愿的忠诚，他才参加社会上的协力互助。

D. 教育上的要义

在此期间的教育，应该继续着增加儿童的经验。用各种方法使他直接去接触，去观察，去参加，并且可以利用创设的想像（Constructive Imagination）去使他把读书所学得的事理，和听话所学得的事理，都明白地集合于心头。现时可以注重记忆、操习、习惯的养成，以及技术的熟练。这都是要精神的能力与动作的能力很精巧，很纯熟，才能成功的。根本学术上所有的符号，要乘时学习着，而且要知道符号的意义。这个期间，是一个很好学习精细的筋肉活动的期间。又加以想像中的象征性已经发达，所以很可以注重绘画的、作业的，以及思想的成绩的完成。教师宜于利用这几年去锻炼实际的思考，锻炼思考，要靠设计法和问题法，不必用有科学组织的材料。这个时间，很好把经验组织成为宽大的系统，但是只宜着眼在各个事物的牵连的关系上。抽象的原理，在起先宜于从具体的事实中去寻求。这个期间是英雄崇拜的期间，对于传记与表功的故事，异常高兴，所以最好利用他去培植理想，去使他的态度归于社会化。手段与目的的区别，既已明白了，于是就知道作业与研究不是游戏。在这个时间，学校应该训练儿童去求学，去研究，使他觉知他所必须求得的目的，并且告诉他以这些目的的价值，以及求得目的的进行方法，使他觉得有趣。规则、律令与课业，都要加以理性化；那就是说，要使这些东西不是武断的，专横的，亦不是仅仅要使他们合于原始的本能，从前所用的外界的威权，现在要开始移去，而使他对于种种关系能有内心的觉悟。学校的训练，应该着眼在儿童的自我——担负行为责任的是自我——又应该使活动的方向对于儿童有重要的和实际的兴味；权力这个东西，不可用了。

（附注）这篇文是节译密鲁氏《生之教育》内面的《儿童论》。他这本书的特色有三点：一、披荆斩棘地条陈要领；二、说明都是根据教育上的事实，倍觉亲切；三、详述原理的应用，与实地教育者以施教方针。我作这一篇的目的，只是要供给一个大概的观念，好使大家对于儿童多几分兴味，减几分"与鹿豕游"的感慨。比较原书《儿童论》，仅及三分之一。能通英文的人，还请参看原书。原书名叫 Education for the needs of life。

《教育丛刊》第 2 卷第 1 集（1921 年 3 月）

乡村教育运动的涵义和方向
（1921 年 4 月）

乡村教育运动，是二十世纪教育史上之一件大事。现世乡村教育之腐败，不独中国如此，世界各国大致都相差不远。乡村教育之被人注意，乡村教育运动之成为一种潮流，即在先进国亦是十数年间的事。以幼稚著名之我国教育界，对于乡村教育，渐次业已有人注意，不可谓非幸事！然而实际的成绩怎样，乡村教育运动之涵义如何？运动时所应持的方针如何？请以我之所见，和大家一相商榷。

一、乡村教育运动的涵义

乡村教育运动所含之意义，细加审查，可得两种解释：

1. 乡村教育运动，乃所以救济社会的危机，直接是救济乡村的危机，间接就是救济全社会的危机。

2. 乡村教育运动，乃所以改进教育。

乡村教育，长此以往，不加促进，势必使乡村人民的知识能力比都市人民知识能力相差日远。乡村既无良好的教育设备，欲使子弟受良好教育的人，自然涌集到都市上；自幼就在都市上受教育的人，又必定不愿过度乡村的生活。这样推演下去，社会上将有分裂成为都市阶级和乡村阶级的危险。我们日日以铲除阶级相号召，谁知无形中竟有一种势力日日从事于破坏我们所理想的平等。权利上的平等，关系还小；智能上的平等，关系实大。万一发生了两个智能悬殊的阶级，社会的安宁必定从此破坏；社会的前途，亦必从此黯淡。所以乡村教育直接是乡村的问题，间接就是社会的问题。这是从社会学的立足点看，不能不促进乡村教育的一种理由。

爱尔乌德在他的《社会学及现代社会问题》上面说：

> 乡村社会中的领袖，全都迁入都市，乡村受了很大的害。留在乡村中的人，虽不必全是没有远志或弱劣的分子，但是迁入到都市中的人，体质最强及志气最高的青年男女为多，乡村中失去了这些健全的分子，所以受害很大。结果是乡间的教会，学校，和一切的机关，全受了损害。

> 这种景象用社会学的眼光看去，对于文化颇有重大的关系。因为现在的都市，还不过是人类的试验场。从前文化中的领袖，和有能力的男女，多半是来自乡间。到了现在，受都市化的人日见增加，乡村就日见穷困。以后的乡村，能否按照从前那样地把领袖人物供给到都市中去，还是现今的一个疑问。

爱尔乌德这一段话，一面指明乡村失了领袖，日见衰败，一面又忧虑人口集中都市，使都市失掉了领袖的来源。都市上的领袖，究竟生于都市的有多少，来自乡村的又有多少？没有统计的研究，难下断定。所可断定的，是乡村往后再不能以领袖供给都市。都市往后是否有领袖饥荒，固不得知；即就乡村没有领袖说，已是社会的一大危机。都市人民是否不及乡村人民的优秀？究竟都市人民在哪几方面比乡村人民好？在哪几方面比乡村人民差？互相抵消之后，都市人民究竟有多少不及乡村人民？以现代的知识，还不能下精密的答案。

大概说来，都市人民的体质衰弱，精神颓丧，道德败坏，总是乡村所不及的。即此一端，已就可见有使乡村人民安于乡居之必要。乡村人民不安于乡村生活之原因，繁杂至极，非本文所能论列。现时所欲指明的，只是邻［乡］村人民的生活理想和生活习惯多受了都市染化，羡慕都市生活的便利，而不能了解乡村生活的乐趣。要救正此种状况，自然必备的条件，如交通的开发，娱乐的设置等，很多很多；我们从教育上论究，则主张改进乡村教育，使乡村人民的生活理想都尊崇乡村生活，更使他有适应乡村生活的知识和技能，要使他有欣赏乡村生活的态度和习惯。

目前所谓的优秀分子，群集于都市，未尝不有一部分原因是因为生活理想已成都市化，而生活习惯多与乡民龃龉。改进乡村教育的结果，直接可为乡村留一部分优秀分子，间接就是为全社会添一般［班］中坚人物。这是从社会学的立足点看，不能不促进乡村教育之又一理由。合前后两项理由而言之，就是：乡村教育运动的第一涵义，直接是救济乡村的危机，间接就是救济全社会的危机。

现代的教育，全是都市教育；乡村所有的教育，不过是都市化的教育。原来师范生之养成是在都市中；教育方案之试验是在都市中；师范生所学习的是都市教育；一般人所见闻的，是都市教育；于是就误认都市教育为教育的全景，以都市教育为乡村教育的模范。从"由浑之划"的公例，往后的乡村教育，与都市教育将大异其趣，几是天然的趋势。我们且看乡村教育与都市教育不得不异趣的理由，就可以明白乡村教育运动的第二涵义在改进教育。

社会化的教育，要利用社会的情况，要供给社会的需要。离开社会的背景，教育就无所根据，亦无所趋向。假若有所趋向，有所根据，亦必不利于社会的生长，不利于个人的发展。乡村的情况和都市既不相同，乡村的需要又非同都市一律，而一般教育者勉强用都市教育的范畴去办理乡村教育，可不是"削足适履"吗？结果于教育信用的丧失，教育功用的损害，已成不可量计。农人操作，辛苦勤劳。农业是社会上最重要的职业，农人亦是社会上最可敬爱的人民。乡村学校对于农人的辛苦，应该有同情的表示，对于农人的艰难，应该有真挚的扶掖。

关于播种培植的新方法，学校宜与农人时时讲究；关于消遣娱乐的会集，学校宜于多多招徕农人。教学生爱国爱人，是合理的；但是教学生了解农人的辛苦，敬爱农人的人格，岂不更为切近吗？教学生做英雄志士，建丰功伟业，是合理的；但是教学生以改进农业自负，以启发乡村自任，岂不是更为多数人所能切实奉行吗？教学生知道海王星离地球有多远，何如教学生知道天气晴雨的征候？教学生知道海兽海藻的形态，何如教学生观察家禽家畜的行动？学校与社会若能打成一片，学校可以促进社会，社会亦就愿意维持学校。学校所教授的课程，就是社会所日用的；社会所缺乏的智能，就是学校所陶冶的。必定这样，才能尽教育的最大职务。所以往后的乡村教育，第一个改进方针，即是使乡村教育归于乡村化。

我们从事儿童研究的人，都知道乡村儿童和都市儿童有许多不同之点。身心发育的情况，知识的内容，生活的习惯，乡村儿童和都市儿童，各有各的特征。乡村儿童所接触的环境，无论是社会环境，或是自然环境，都是形色丰富，变化迁缓，很适宜于儿童的柔嫩心灵，使他和乐，使他笃厚，不像都市儿童之衰惫、浅浮、枯燥。乡村的日光和空气，是卫生的妙品，而乡村的勤劳生活，亦是身体发育的最要条件。乡村儿童居住在此种天然适于生长的地位，故乡村儿童的身体比都市儿童强，乡村儿童的夭殇率，比都市儿童小。仅就儿童身心发育的状况看，乡村教育的出发点，不可与都市强同，已就很显然了。

其次如知识的内容和生活的习惯，据从事比较研究者的报告及吾人观察之所得，乡村儿童不同于都市儿童之点亦很多。儿童由接触环境而起活动，再由活动而取得经验，而构[养]成习惯。教育的出发点，在利用儿童原有的经验与习惯，是我们所公认的。乡村儿童因环境的影响与限制，造成特有的经验与习惯，根据利用儿童原有经验与习惯的原理，乡村教育岂能用都市教育做准则吗？我们既承认教育应该以儿童为中心，以学生为本位（即所谓儿童本位主义），所以乡村教育的第二个改进方针，即是以乡村儿童为本位。

综合言之，乡村教育运动，意味浓厚，所关甚大。乡村人民与都市人民能为相当的适应，不致[至]于酿成乡村社会与都市社会的冲突，全社会才能为和平的进步。乡村生活能有相当的改良，使他有合于理想生活的可能性，再以教育的功用启发人们对于乡村生活的趣味，然后乡村不至于萧条衰落，社会上不至于失掉了优秀分子的产生地。所以从乡村教育的第一涵义看，乡村教育运动，实际上就是一种社会运动。从来教育这个名词，完全是都市教育的代名词。勉强牵[迁]就，削足适履；使得乡村教育违反乡村社会的需要，不合乡村儿童的固有智能。乡村教育的努力，完全成了"教育的浪费"。

乡村教育的改革，不但要人从新设施，而且要人努力研究。所以从乡村教育运动的第二涵义看，乡村教育运动又是一种教育革新运动。志愿从事乡村教育运动者，须知自身所负的使命甚重，莫说它单纯简易哟！

二、乡村教育不振的原因

乡村教育运动，何以发生呢？是必因为乡村教育有改良扩充之必要。不然，岂不是无病呻吟吗？乡村教育运动，须得干些什么呢？必须将乡村教育的实况看看。不然，岂不是冥行暗索吗？医生看了病，才开方案，切了脉，才能断定有无疾病。不将乡村教育的病状写出，单唠唠于医治，岂不是未曾断定有无疾病就说要服药么？不明了于乡村教育的实况，遽然说要如何改造，如何推广，毕竟是隔靴搔痒。所以关于乡村教育的详情，还希望大家亲自去看看。

乡村教育不振的实情，正是我们的根据，由此根据去推求此等现象的原因；原因既得，运动的方向才得正确。我曾细求乡村教育其所以不振的，可得两个总原因：一曰乡人不重视教育；二曰教育者不愿意从事乡村教育。社会之不重视教育，又可分为：

（一）由于国民误认教育的意义；

（二）由于教育界斲丧教育的信用。

学校本是代科举而起的，科举的制度到历史博品〔物〕馆去了，而科举的精神则仍旧盘亘在多数国民的脑筋中。虽说制度的更新，就是一种教育，然而这种教育的势力毕竟是小而又小，至少在一般普通国民总可说丝毫未曾感觉着。在一般国民的意中，学校无非是进身的阶梯。学校毕业后，无非是：上一等的，可以做官发财；下一等的，可以与缙绅先生周旋，乐得个撑持门面。所以由贫穷之家，以至于小康之家，都无意读书，因为功名富贵固然可羡，而饥寒交迫则尤其可怕。他们以为费许多金钱让子弟读书，而希望在数年以至于十数年后，可以连本带利地一并收回，未免太冒险了。至若在一般殷实人家，他们子弟之读书，是要求上进的。求上进有一种捷径，即是先使子弟在家中专学做文章，文章通顺后，迳直入中学或专门或大学。乡村的学校，他也不一定以为什么不好，只是觉得是多事罢了。有时受了县知事的委任，兴办一个学校，不得不勉强劝告别人送子弟来入学，而自己的子弟则依旧留在家中攻读。一般国民是很相信富厚人家的，富厚人家既然如此，他们对于学校自然没有信仰了。在这样的社会上，如何能振兴教育？这是说明乡村教育之不振，由于国民误认教育的意义。

老话说得好，"物必先腐而后虫生"，国民不信仰教育，亦确是因为教育界的自身有可以被人指摘的地方。信仰是自己撑起来的。一般国民是"可与乐成，难与图始"。在新事业进行时，照例一般国民是不信仰的，是反对的。所以国民不信仰教育，无足为忧；所可忧的，是教育界的自杀，是从事教育者示人以劣迹，使人益为不信任。

吾国国民，智能低极，而日常的德行，如不赌博，不懈怠等，则很为一般人所信守。现在的多数教员先生，一由都市而到乡村，即刻就将文明博具——麻雀［将］已旧了，扑克正时髦——办公气习，带去了！有时初冬未到，校门即闭起来，而宣告放了年假。乡村谚语说，"九月菊花黄，先生找学堂"。这般教员先生居然实行起来！有此数端，教育就要宣告死刑，其余如学校与社会不联络，教员恃官摆阔，以至于教材不合需要等，正不必多谈了。

这是说乡村教育之不振，由于教育界斲丧教育的信用；和上述国民误认教育的意义一层，都是乡人其所以不重视教育之由来。乐意兴办一种事业，或维持一种事业，必由于兴办者或维持者已经感觉着一种需要，非兴办或维持不可。乡人既误认教育的意义，于是以受教育为可有可无的事情；教育界既自己斲丧教育的信用，于是他们以为教育不但是可无，简直是不可有了！

事业的成绩如何，全以人材的好坏为转移。乡村的教育者，自然亦有许多品行笃实、智能圆满的人，不过他们居在乡村，多少总有几分不乐意，多少总有几分是由于无处可去。其有志趣顽强的人，每每宁可漂流人世，不愿投身苦海。乡村教育之不振，此亦是一个根本原因。

我于民国八年冬为教育改进社作《乡村教育之危机》一文时，曾分析为五种小原因，今节录如下，而另加一点小说明（原文曾转登《中华教育界》十卷一期，请参看）。

（一）薪俸太薄

……为着面子的保持，为着家庭的慰藉，谁又不愿多赚几个"圆二哥"呢？那知道辛辛苦苦地做个教师，每月至多不过收入二十串呢？若是再加上家庭仰事俯蓄的系累，那末，教师的生涯，就真不是"人的生涯"了！……

教师比别种职业的报酬低，已经是无道理的；小学教师比别种教师的报酬又低，真是更无道理；而乡村小学教师比都市小学教师的报酬又低，低中之低，低而又低，世间事之无道理，于此已极。难怪大家不愿干这种苦勾当哟！小学教师加薪问题，在各国已成一种运动，我们又应怎样呢？

（二）无高升的希望

青年多有做伟人的雄心，是一种普通公认的事实。乡村教育，事情又苦，局面又窄。既不能攀缘几个阔老，好牵着他的衣裳角走；又不能交几个漂亮朋友，做后来高升的预备。"教育事业，是英雄末路"哟！……

用依赖的态度，求地位的高升，其事可笑，其情可悯。要打破此种心理，当从根本处下手。重视个人的成功，是已往教育的根本错误，而世界之不能有健全的进步，多半是导源于此。一切教育，特别是师范教育，应该使学生重视社会的成功和事业的进步。现今奖励个人出风头的教育，怎样能使学生愿意献身乡村？

（三）无志同道合的乐趣

社交是人性的要求。知识和意气的结合，更是读书人的慰藉地。在乡村学校中，同事的人太少，况且同事亦未必同志。至若在校外求同志，更是难之又难。所以到乡村内去简直是一种流刑。

乡村生活，缺少社交的机会，缺少娱乐的机会。在都市上，操作闲了，纵然无人谈心，总还有地消遣。娱乐的机会，虽然不能把人吸收到都市来，却能使人不愿意离开都市。师范学校尽在都市中，青年们习于校内的群体生活，惯于都市的活动生涯，一旦毕业，就要离别故旧，而入寂静的乡村。真令人有"独行踽踽"的感想呵！

（四）应付社会的困难

学校卖的是新货（一般人所谓的新），乡村相信的是古董。在古董行家面前谈新货，自然要扯皮拉筋。趾高气扬的毕业生，怎么肯和他们鬼混？

现今教育的大病，是学校与社会隔离，论究的人很多；而师范生应该研究乡村的情形，留心乡村人的心性，则还没人提示。乡村教师的事务，是多方面的，校内校外，都要兼顾。仅仅有点知识而不懂处世接人的师范生，怎么能因应自如？专从这一点看，师范生即有研究乡村社会学和社会心理学的必要。

（五）缺少增进知识的兴味

都市的学者比乡村多些，都市的书报比乡村足些，增进知识的机会自然多些。乡村的社会，是静的，是和知识界隔绝的。我常说：一个新人物在乡村住上三年，不怕他不成古人。富于知识欲望的青年们，谁肯到这种"死海"来？

在乡村难于增进知识，要以交通不便为其根本原因。书报的流通，学人的往来，都非交通便利不可。服务于偏僻的乡村，简直无异于归隐。再且在此等地方，教育的工具，难于购办，教育者感受的困难格外多些。乡村教育运动，与乡村交通的开发，是有密切关系的。一个学校所在的乡村，最少要设一个妥实的邮局。不然，无论使教员太苦是不宜，即于教育的进行上亦很多不利。

三、乡村教育运动的方向

观上面所述之乡村教育不振的原因，很可以使我们知道这件事情的复杂，欲从事乡村教育运动，不能不为多方面的。查上述的原因，有由于一般国民知识浅薄的，如误解教育的意义；有由于教育界的罪恶的，如不忠心职务等；有由于教育行政的，如薪俸太薄等；有由于师范教育的，如不教青年留心社会状况与应世才能等；有由于青年自身的，如野心太大，太重视个人之成功等；有由于社会状况的，如交通不发达等。由此等复杂原因酿成的结果，若用单调的方法去救济，一定不会见效。从事此种运动的人，眼光不可不四处散到。兹粗略地拟为三个方向：

（一）向师范学校运动

教育的发源地是师范学校，教育的根本是师范教育。纠正师范教育的谬误，补足师范教育的缺点，乃是改进教育的要着。青年不愿服务乡村，必由于师范的训练不健全；乡村学校的措施不合社会的需要，必由于师范的注意不精密。师范教育不改良，乡村教育将无从改进。师范教育若注意于乡村教育的启发，应持的方针很多，应做的事件亦不少，请略谈最〈重〉要的几端。

（1）各科教授应着眼于乡村

师范学校所养成的师范生，非都市所能完全容纳，其大多数的服务地都是乡村。现今各师范学校的各科教授，固然是因袭的，无目的的，当不起"都市化"三字，然而不合乡村的需要，则是确切的。我意理化、博物、历史、地理诸科，都可使之乡村化，即不然，亦须侧重于乡村方面。譬如博物，与其侈谈什么珍禽奇兽，何如多讲点农家的园艺蓄〔畜〕牧？譬如地理，与其教学生强记各国的都市名称，各铁道的长短里数，何如教学生研究各国农民的操作状况和生活情况？总之，师范学校的各科教授必须着眼于乡村教育，然后师范生服务时的措施才有适合乡村需要的希望。

（2）设置乡村教育学科

教育事业发生最早，自来大哲学家大宗教家，无不从事教育事业，以故教育学说的发生，几在各种学说之先。然而教育学之成为独立学科，教育事业之成为专科事业，教育学制之成为独立系统，则是近代的事。因为由统整而分化，是起于人事的需要。审视现今社会的繁杂状况，预料将来教育的情形，有一种为我们所能预言的分化的趋向，即是乡村教育与都市教育的分离。初分化时，于普通教育学之外，将产生一种乡村教育学，专研究乡村教育问题，这种局势在先进诸国已经成熟。分化稍久，研究愈精，了解乡村愈真后，必将于普通师范学校外，另建一种乡村教育科，乃至乡村教育学校，这种局势在先进诸国正在酝酿中。人类的头脑日益细密，对于社会的需要，渐能了解得精确详明，所以乡村教育学科的特设，是不能自禁的。

（3）创立乡村试验学校

师范学校附设试验学校，是要做试验学理的场所，既然有乡村教育学之设置，连带地自然要有乡村试验学校之创立。乡村试验学校，直接是做试验学理的场所，间接就是做乡村教育的模范。现今师范学校的附属学校，完全是都市型，经费比乡村学校充裕得多，困难问题与乡村学校亦绝不相同。师范生习见了这样的附属学校，到乡间去自然是一筹莫展。各地的教育者到这样的模范学校来参观，纵然不觉得无可取法，亦必觉得不能取法。现今师范学校已经附设有乡村学校的，据我所知的，南京高师有江宁县沙州圩农村学校，北京高师有北京朝阳门外乡村小学，这种消息，可算是教育界的福音。北京高师附属中学因环境的关系与学生的需要，种种设施都带几分贵族色彩，近来校中颇有人倡导建设地方中学（此是别于都市中学之一名称）之议，校中亦曾有切实的计划，拟于暑假后实行，我很望他能够安全产生。此等乡村试验学校在教育上所负的责任很大，各地师范学校能相继而起，那就好了。

（4）养成服务乡村的精神

师范生不愿服务乡村，有由于个人的野心太高的，前面曾说过。自前清变法以至于今，忧国的人，常怕青年们不肯留心国事，不能身当大难，所用以教学生的，总是些"范文正公为秀才时即以天下为己任"，"勿做第二等人"等等。时代思想稍进后，亦只是教学生去做留芳百世的发明家、创造家等等。于是而青年的"伟人欲"大炽，无声无臭的乡村事业，谁肯干呢？我们于今知道了真正救国救世的人，不是那些赫赫一世的伟人，乃是那些有识见又有耐力的寻常"工人"。师范学校的训育方针不改，天天教学生做名人志士，而希望他轻看个人的成功去重视社会的福利，真所谓"南辕北辙"了。此种训练方针的流毒，为害非浅，在一切学校都有改正之必要，在师范学校更是刻不容缓。

上述四项，皆是师范学校对于乡村教育所应负的责任，有志乡村教育运动的人，务宜多方鼓吹，促起一般师范学校都起而尽他们应尽的职责。

（二）向乡村学校运动

师范学校是乡村教育的发源地，乡村学校则是乡村教育的实施地，向着实施地去运动乃是当然的事。乡村教师教授课程，检阅课业，应酬家长，终日忙碌不了，无心研究乡村教育应当怎样改进，亦无力计划乡村教育应当怎样发展。从事乡村教育运动的人，于此种身当教育之冲的忙碌教师，不可不加以精神上的援助。或者对他宣传关于乡村教育最新学理，或者报告优良的乡村学校的情形，或申述我们对于乡村教育所应有的信仰，或同他研究乡村教育困难的特点及其解决法。教授应如何改革？教材应如何选采？编制应如何活运？社会教育应如何着手？种种问题，都须吾人的援助。

其次乡村学校在经济上亦很难自给。乡民生活本极艰难，谁能担负学校的费用？即令有几家小康之家，小有资产，亦是乃祖乃父节衣节食辛苦挣扎来的，又有谁愿负担学校的费用？况且学校的成绩不著，教育的价值不明，乡民对于学校本来不感需要，又何怪他们不愿意维持？所以乡村学校的经费，多半是仅仅只够教师的薪金，而且教师的薪金亦薄极不堪闻问。薪金太薄，有路可走的人都走了，干的人亦勉强敷衍，了无兴趣；这样，乡村教育，如何能发达，又如何能有成效？在私产制度未打破以前，在国家未改正对于乡村教师的待遇以前，我们应该组合一种团体，对于办事认真的乡村教师与以金钱上的津贴，使他的生活稍为宽裕，使他的家庭担负稍为减少。直接是帮助乡村教师，间接就是提倡乡村教育。乡村学校不但对于教师的待遇太菲，使人不能安心，而且学校的开支太少，亦使人无可发展。置器械没钱，买图书没钱，甚至于粉笔用多了亦没有钱。从事乡村教育运动的团体，在相当的期间内，在相当的条件下，不可不给乡村学校以经济的援助。理论的实施，必须凭藉相当的设备。所以提倡乡村教育，要从精神和经济两方面去援助他，缺少一项就不成了！

（三）向乡村社会去运动

教育的实行地是学校，拥护学校可以靠官厅的权势，亦可靠私人团体的能力，可是不是根本办法。学校的伟大援助，只有社会能给。现今的社会，不但不援助学校，简直反为学校的障碍。他们不感觉学校的必要，不明白学校的价值，只知道学校的主张反违他们的习惯，学校的教师有许多无赖；自然他们对于学校只有妨碍的倾向，没有维护的心理。若要向乡村社会去提倡教育，我们所悬的第一目标应该是：为乡村学校除去障碍，博得同情。

都市住〔居〕民多半来自乡村，和乡村社会保持很亲密的关系，各种日报，各种讲演，留意促起都市居民对于乡村教育的注意和兴趣，即能间接地开发乡村教育，这是一个运动的方法；中等以上的学生多半是乡村居民的子弟，使这般学生了解乡村教育与社会安危的关系，以及他们所应有的责任，他们回乡去后，必能为乡村教育多所尽力，这亦是一个运动的方法；然而最有效的方法，还是到乡村去开成绩展览会。我说的成绩展览会，不是陈列一点教育作品，让乡人来看一看，乃是说要到乡村去办出几座有实效的学校，以做提倡乡村教育的广告。人类的心灵，任他如何愚昧，他于真正的利益，总看得出来。只要办学校的人，拿出真正的好结果给他看，不愁他不信仰，不愁他不赞成。等他赞成后，信仰后，再要求他维持学校，就没有困难了，要他设立学校，他亦愿意尽力了。提倡乡村教育的人，须有这种见解，才知道实际地创设几座学校，是提倡教育的最简捷而又最确实的方法。关于此层，将来或者另作一文以报告吾家自进学校的过去和未来，以备有志者的参考。

四、乡村教育运动团

吾文至此，已经很长了，读者固然有点不耐看，我亦有几分不愿写了！然而乡村教育运动闹了许久，毕竟于实际不见多大影响的，是什么原故？我们若真要从事乡村教育运动，那末，我们必须做的第一件事是什么？组织乡村教育运动团，就是我的答案。这件事关系复杂，范围广大，不用团体的组织去做分工的活动，万不能收获很大的效果。乡村教育运动团的组织法，此处不能条分缕析地写出，只大略地说明他的事务就算了结了这篇文字。假若真能引起几个"即知即行"的人果然来组织乡村教育运动团，那末，以后事实上的文章就全靠大家来同力合作呵！现在且说明乡村教育运动团干些什么。

（一）研究

事业的进步全靠学术，这句话谁也承认。喜欢从事乡村教育运动又不肯死心研究的人，不是由于不了解这种事业的意义，就是由于没有干这种运动的真心。一年来的时髦社会运动者，多半是不肯读书的。我们认定二十世纪的事业，不是不学无术的人所能胜任的，以故我们团体的第一件事务就是对于乡村教育下深沉的研究。

（二）调查

国内乡村教育的缺点安在？受病的原因安在？不明实际的对象，无从定进行的方针。所以不可不调查国内乡村教育的实况。先进诸国促进乡村教育的方法若何？乡村教育发达的经过怎样？调查起来，即令不能效法，亦可以用作殷鉴。所以宜于调查国外的乡村教育状况。至若调查的方法、程序、注重点等，都须特别研究。

（三）宣传

既有研究与调查，于原理有所发见，于事实多所搜集，就开始活动去向各方面宣传。或利用演讲，或利用印刷品，或促起师范学校的注意，或引起一般国民的同情，都是宣传的事。在宣传之先，必须有研究与调查，才不至成为肤浅的宣传；在宣传之后，再去求人捐款兴学，别人的出款才不是勉强的。

（四）津贴

上面说过，各地学校的经费太少，须得津贴；各校教师的薪金太薄，须得津贴。在宣传稍有成绩之后，可分头向热心乡村教育的人募集若干款项，以作津贴的费用。凡欲享受津贴的学校或教师，必须合于本团所定的标准，借此就可以指示他们以最好的教育路径。久而久之，我们所理想的教育，即可以渐次实现了。在学校得此津贴，不至于因为穷困而消灭；在教师得此津贴，亦可以因有希望而稍为高兴；津贴这种办法，确是所费少而所得多。

（五）创设

靠政府去振兴教育，政府于教育的现状且不能维持；靠地方人士去兴办学校，地方人士对于已有的学校且不甚愿其存在；乡村教育的振兴，只有希望私人团体。吾常有感于各基督教教会的魔力，一个城中，每年总添有几座新教堂，无论如何偏僻的省县，总见着他们的足迹。任凭你怎样不满意于他们，却不能不钦佩他们。我们若真有不甘居人后的决心，何妨本着他们的精神，依照他们的办法，去做我们的教育运动。审度本团的能力，随时委派一人或二人去办理一个学校，而指示他以种种办法，责令他做种种报告，完全像教会派人到各地去做牧师一样。若能用此种宗教的精神往前做去，能力添一分，学校就加一所，将来我们的鸿爪，总有一日如星罗棋布。

《中华教育界》第 10 卷第 10 期（1921 年 4 月）

提倡见习式的留学
（1921 年 4 月）

　　"见习式的留学"这个名词，很奇特，很新鲜，其实讲起来平常极了。留学界是否已有此种办法，我未曾为实际的调查，亦未曾为历史的探究，不敢妄谈。我只知道，各陆军学校的学生，于毕业后，例须派至军营，实地练习，辅助原有的官佐去处理种种事务。名之曰见习期。见习期满，才算完全毕业，才补授实职。此种政策，在军界的成绩若何，无从考察；从理论上推想下去，使囿于学理的书生，为相当期间的实际练习，去养成运用学理的才能，无论如何，不能不说是极有道理的办法。而且学理的研究可在学校去求，学理的运用则不是在学校内所能求的，教刚从学校毕业的学生，骤然去担任实际的任务，每每应付不能自如，而使事务偾败。可见若干时日的见习期，不但是有道理的，简直是必要的。我于军界之此种识力，诚不能不致其钦服之意。本文"见习式"三字之由来，亦即是从这里假借的。读者明白此三字之来源，于本文的用意，当即思过半矣。

　　我国派遣留学生之历史，已经数十年了，留学界于国家社会的贡献，自然很多不可磨灭的；然而将留学界之所成就和国家之所耗费与国人之所希望比较一看，自然不能使人满意。以故留学政策失败，遂为时人所公认。又因留学生远居国外，因无人监察而习于外人的恶习忘却自己之使命的颇多，于是而"非留学"之声浪见于论坛，而青年中的佼佼亦多以"不留学"相号召。留学一事，应否废止，本文不欲讨论。从事实上观察，留学风气，正当大开之时，负笈海外的青年，只有日多一日的，空发为"非留学"与"不留学"的议论，究竟何补于事实？我们查出留学生派遣法之缺点，而唤起当局者加以改正，只要合于轨道，正不必矫枉过正。时人论留学问题的，我以为只有万兆芝先生之《解决留学问题之方法》一文（见《教育丛刊》第四集）最为公允。他说留学政策失败之原因，有由于派遣无意识的，有由于选择无标准的。依他的意思，派遣应注意之点有三，选择应注意之点有四。派遣应注意之三点不备述，且述他主张的四个选择标准：

　　子、须遴选本国大学本科已毕业之学生，使其直入外国大学毕业院专究某种高深课目。

　　丑、须遴选本国高等专门实业学校毕业之学生，使其直进外国工厂，专事某项实习事业。

　　寅、须奖励留学回国学行最优之教育家与事业家为二度之留学。

　　卯、须提倡未经出国年长有经验之教育家与事业家为短期之考察。

万先生这一段话，很可代表一般人的心理，我于万先生兼重学理与实习的意思（合看（子）（丑）两条）尤有同感。原来我国派遣留学生，在最初是出于盲目地欣羡外国的威势，后来一变而成为奉行故事，近来又有"学者留学"的倾向。所谓"学者留学"，即是择学识稍有根柢的人，使他直入外国的大学毕业院以为精深的研究，如万先生（子）条所示，此盖我们理想中最美满的留学。我国学术幼稚，学者稀少，即号称绩学之士的，亦多不能为更进的研究，故于"学者留学"的趋势，认为学术界之一乐观现象，深致赞同。吾人之所忧虑的，乃在偏重"学者留学"而忘却"技能留学"。学者留学的目的在为精深的研究，技能留学之目的在为技艺的练习。学者留学须派大学毕业生，而技能留学则不必限定已有高等学识的修养者。凡对于一种重要的事业略有学识与经验者，即可派遣出国，使他学习新的方法，并略及其学理。吾国人材缺乏，处处皆然。学术界需要人材，事业界亦何尝不百废待兴？照今日的现象，只提倡学者留学而不奖励技能留学，是使大家都趋向于好高骛远，而不肯从事切实浅近的事务。学者回国，戴大头衔，当大教授，包其车而电其话，人人本有欣羡的本能，国家派遣此种留学即令稍加限制，亦不患无人出去。技能留学不过是新学得一种技能，回国后的地位不见得有甚么升高，于个人的成功不见得有多大帮助，似宜采用奖励政策去使人乐意为此。我并未说：我国大学教授已够用了，无须再派人去做候补教授的事业；我亦未说：我国各种学术已一一可观了，不必再派人去为穷极精微的研究；我只是说：不可偏重学者留学，至少技能留学与学者留学应得同样提倡。

考新学说之创立，有的是从新事实中发见，有的于创立后再在事实上试验。学说与事实，从没有绝对分离的。要闻知零简断篇的学说易，要明了实行的方法难。杜威所主张的社会化的教育，尊重个性的教育，动的教育，国人亦熟闻其绪论了，赞同的人亦不少了，然而若要施行在实际上，则仍然不知从何下手。谚语说，"百闻不如一见"，我们与其大家都在此处静听杜威的演讲，何如派遣一二人亲到美国去看看杜威所办的试验学校？试验学校的大概情形，可以从书本上得知。书本上的知识，可以给我们以提示，并且开拓我们的眼界，益处本来不少。惟是要借他去做改革的根据，则嫌疏阔简略，不够事实上的要求。再且试验的张本是理论，试验的成功靠技能，专凭书本的知识和脑筋的想像而不锻炼技能，终久难有成功的希望。我们认定学理和技能是两件事，要事业成功，两项不能缺少一项，然而两项又难兼备于一人之身；要社会进化，两种人材不可缺乏一种；所以我们主张提倡见习式的留学。

我忆教育部所颁布的留学规程，规定专门学校以上的教员服务三年以上确有成绩者得特派留学。部中用意，以为专门以上的教员早具学识上的根柢，再加以充上三年教员，经验既富，研究亦必更进，派遣出去留学，必能大有造就。这种用意，极为精当，无可非议。所可非议的，是必限于专门以上的教员，而不给予中小学的教员以平等的机会。从研究学术上说，派遣专门以上的教员，容或比派遣中小学教员较为有利。如果要改进中小学，要采用外国中小学的特长，那末，派遣中小学教员，似乎亦不无好处。部中必定规定专门以上的教员才有被派遣的资格，实不知是何道理？或者是由于只知学术重要，忘却了技能亦是同样地有关社会的进化。

有人说：你所提倡的，无非是多派人到国外去为实际的练习，莫单单用留学政策去造就学者，去养成教授。用意甚善，只是有几分无病呻吟。历来出国留学的，何尝尽是入大学毕业院的，何尝没有许多进工厂实习的？留学回来的，何尝尽是到大学当教授，何尝没有许多到工厂去做厂长，去做技师的？换言之，即是历来派遣留学，何尝专重养成学者，何尝不并重养成高等专门人材？你即令不知道留学生中有多少在国外工厂实习，亦不知道有多少在国内工厂奉职，你亦当知道法华教育会之大唱其勤工俭学，留法学生之实行其工读主义。即就你引用的万先生的文章说，岂不是（子）条指着学理的研究，而（丑）条则明明指着工厂实习吗？你这段话，最多不过是无病呻吟！

这种责难，我极乐意承受。假若留学界果真没有太重学者留学而轻视技能留学的事，假若果真没有太注重养成学者而忽视造就普通人材的事，则我受无病呻吟之唾骂，亦所甘心。然而依我之所见，则留学界的倾向，实有许多不对。即于派人到国外工厂实习一层，我即觉有两层缺点：（一）受派遣的人必须是高等专门的毕业生，派遣的目的是要养成特别人材；（二）受派遣的人必须是学实业的人，派往的去处必须是工厂。这两种缺点，就是代表两种普通心理。（一）特别人材，才有在国外养成之必要，好像国内所缺乏的，只是特别人材，而具有一技一能的人材，则尚无饥馑的现象。（二）实业人材，才有到国外实习之必要，其余如教育交通等，好像在国内学学就足用了（听说交通部将派大批学生出国或者是有此种觉悟亦未可知。但是尚不知道这些学生是出国学什么的！）。我们知道，事业的进步，非少数特别人材所能奏效的，有了统筹兼顾的特别人材，还须有分掌一职的普通人材。兼事派人留学实业，比单单派人研究学理，两两相较，总算进步多了；我们对他犹有余恨的，只是太注重了特别人材，而不知普通人材是一样重要。我们又知道，国外各种事业，日新月异，我们必须派人练习的，不但是实业的事业，其他如教育事业等，又何尝不应派人前往实习。譬如葛雷学校，编制教授皆极新鲜，极经济，我国研究的人已经很多了，我想，有意仿行的人亦必不少。一旦要仿行，立即束手无策，不是因为不懂他的理论，不是因为不熟他的概况，只是因为专单想像，没有见习，对于进行的步骤，细密的方法，一概盲然。依我所见，派人学习教育，正不必限定大学毕业生，凡中小学教职员都可以；正不必派往哥伦比亚，凡新式学校如葛雷、巴克等校都可以。预先指定几个性质不同而且各有特色的学校，选择于教育上有相当学识与经验的人，前往指定之各校，练习某种特殊事业，或研究其实际情形及其办理方法。一种新式学校，大概只能在若干方面具有特色，不能面面都好，故以指定数个学校为好。如果数校不在一地，可以预定先至某校，学某事，居若干时日，次至某校，学某事，住若干时日。总要拮取他的精华，熟习他的实情，以为回国后实际设施的资助。

有人以为这种办法，是小题大做。要拮取人家的精华，熟习人家的实际情形，很可以派遣有相当经历的人前往考察一考察，参观一参观，即能完成目的而绰有余裕，何必要郑重地说："至某校，学某事，居若干时日？"前面万先生所举的（卯）条，"提倡未经出国年年［长］有经验的教育事业家短期之考察"，用意就是如此。何必小题大做呢？

考察团体前后继起，参观旅行络绎不绝，我既有耳有目，对于此等热闹事情，岂有不知的道理？我常细想考察与旅行的功用究竟有多大？现在一般的考察与旅行，究竟所得的实益安在？溯考察与参观之所由起，要算好奇心的势力最大，而学习心的势力略小。我们常常听说外国的教育良好，社会文明，究竟真相如何，不设法去看看，总觉精神不舒服。参观与考察，可以开拓眼界，可以兴奋精神，可以打破锢习。于提起向上为的心志，不无功效；于学习事业进行的方向，不无功效；于了解事业实施的概况，不无功效。继此而往，若求有细密的切实的了解，若求能以观察所得的而见之实行，则觉观察所及只是皮相的，局部的，未足以谈建设。譬如欲考察教授法而观察人家于一小时间的教授，试问一小时间的教授能做一种教授法的缩影吗？又如欲考察一校的立校方针，而与它的当局为数十分间的谈话并观察其学校的一般情形，试问即此就可以了然于它的真相吗？就可以判断它的方针的价值吗？我以为欲了解一校的精神乃至一种教授法的全景，非为继续的观察，没有很大的好处。我们必须与一校的教职员为长期的同居，与学生为频繁的往来，参加该校的活动，观察学生的生活，探询学生的感触，才能了解一校的真情，估定一校的真价［实］。走马看灯式的参观与考察，不能达此目的，只可任负有教育行政及学校行政的责任的人，出去看看，以提起他的精神，打破他的成见。事务上的执行者而想做改革家，则不宜太重视了此种皮相的、空阔的事业。

总之，见习式的留学，是练习技能的留学，是养成实际事务家的留学，其价值最少亦足以与学者留学的价值相当，其需要最少亦与学者留学是同样迫切。时期不长，比学者留学，所费甚少；所习很专，比考察与参观，所得甚切实。最好由教育部或别种团体，与各国有名的新式学校或别种机关，订就契约，年派若干学生到他那儿去做助手，借着助理事务，就可以练习技能，并了解其实况，回国后担任实际的设计，才不至迷离惝恍。以故今后的留学政策，应该采用鼎足政策，三者不可缺一。那三者呢？曰：学者式的留学，游历式的考察，见习式的留学。

　　此文成后，汪懋祖先生看了，就对我说：从前陈筱庄先生参观哈佛大学职业指导部时，该部主任 Brower 曾向陈先生说，欲办职业指导，最好派人来学习一年，专靠书本的报告，是不成的。汪先生以为此语很可做我的证明材料；实在，这段谈话，很使我对于我的提议益为自信。

作者附识

《教育丛刊》第 2 卷第 2 集（1921 年 4 月）

国语科的几个问题
（1921 年 6 月）

从来学校课程之丰富与简单，虽说时有不同，而占课程之中心的，则无非是写、读、算。课程的组织，随时代而有变迁，在目前最新式的学校，写、读、算，这些名称，几几不再见于课表了，可是在实际上，语言文字究竟是人生必须的工具，终久总占据教育上的中心位置。我们可以说教育存在一日，即一日免不了写读等问题；又可以说，写读的成绩若是不坏，教育上的成功，就确定了一半。以故今天不嫌"以陈腐为神奇"来研究国语科的问题。预先要请大家留意，此文所讨论的，属于小学教育的占大半，而属于中等教育的亦有几处；属于国语范围内的，占最要地位，属于国文范围内的，亦间或搀入。从罗〔逻〕辑上说，颇有规律不严之弊；从事实上说，或者亦不无便利，当为读者所乐许。

一、认字问题

国语科平常分为读法，作法，书法，话法；除话法外，无一不是与认字有关系的。话法的价值另当别论，将话法抛开，我们就可以说，国语科的基本在识字。不识字，即无从读、书、作了。简明地说，即无所谓国语科了。进一层说，要改进国语科的教授，要增进国语科的效率，就得首先从识字问题研究。我对于目前编辑教科书的，老有几个疑问，想要求他们答复。我的疑问就是：

1. 你们的一部教科书，总共有多少生字？不多吗？不少吗？

2. 你们将生字编入教科书时，用什么做去取的标准？

3. 你们将生字编入各册教科书时，有的采入第一册，有的采入第二册，……或先，或后，究竟是用的什么标准？

书坊里面，摆着一些什么"看图识字"哟，"识字方笺"哟，"五彩方字"哟，我对于它们，都怀有上列的疑问。我很怀疑，一个一个的生字，究竟是怎样来的？编辑家随手拈来的么？未必然！因为这是不应该的，因为我们总得有个去取的标准，假使没有标准，一定要发生两种流弊：不是学生要用的字，没有采入；就是学生不用的字，又采入了；甚至两种流弊同时并发，应有的而没有，不必有的倒反有了。应有的而没有，学生于应用上将感受困难；不必有的倒反有了，就是枉费学生气力。使学生于应用上感受困难，与枉费学生的气力，都是教育上不应有的事情。以故选字的标准与采入的字数都为吾人应加研究的问题。其次，于编辑时，某字可以早学，某字必须稍待，若是稍加思索，亦可以发现它亦是值得研究的。即如"喜欢"、"爱"等字，坊间教科书多编入国民校读本一二册。但是心理学家说，儿童之难于了解表示情绪的字，正如抽象名词一样。据此，此类的字，还须大大地移后呵！这不过是千分之一的一个问题，其他的问题多着，正在那儿等待我们去探访它哟！

儿童应该学习许多什么字呢？在西方曾有多人做过精密的研究。Eldridge 曾就四种日报之四三九八九字中，列出不同的六〇二字。Ayres 从二〇〇〇信〔札〕内之二三六二九字中，列出不同的二〇〇一字。Jones 曾就一〇五〇个生徒所作的七五〇〇〇篇论文内之一千五百万字中，列出不同的四五三二字。Cook and O'shea 曾就三十个人的家信内之二〇〇〇〇〇字中，列出不同的五二〇〇字。他们各以为他所列出的字是人人应得学习的。后来史塔齐（Starch）博士不满于他们选择的方法，另从现代四十位文学家的作品中，选出不同的五九〇三字，而制成所谓的史塔齐表，教育界人说他是比较合用的标准。从此看来，要决定这个问题，可以有两个标准：一个是儿童所应学的，换句话，就是求学与处世所必须应用的；一个是儿童所能学的，换句话说，就是儿童所能了解亦能应用的。上面所述的五人中，除 Jones 是用学生所作的论文为根据，恰合我所谓的第二标准外（即儿童所能学的），其余或是取材于日用文中，或是取材于学术文中，统是合于我所谓的第一个标准。此二标准，各有各的利益，就我个人的私意，则颇赞成用学生的言语做根据，而用学术文、日用文补助，可算是第一第二两标准的结合。不顾学生的能力，有时他即不能了解，是忘却了现在；不顾学术的文字，有时他又感认字不足的苦，是忘却了将来。有人以为此种办法，还有一个缺点，即是对于处世常用的文字太轻视了。其实不然。因为文字所代表的日常事务，言语中亦必有代表此等事务的相当言语，我们选字既以言语为根据，就不愁缺了代表此等日常事务的文字。

上言选字的标准及多寡的数量应如何确定，请再言各字排入的先后。关于此层，心理学者曾定出两个客观的标准。或者按照吾们对于此字是否常用而定其先后，最常用的，列入前面，不常用的，就列入后面。或者按照儿童对于此字是否使用而定其先后，儿童使用的字就最先列入，未及使用的字就稍缓。这两个标准，自然是以合并的为好。我意所谓儿童使用与否，并不必以作文时的使用为准则，就是讲话时的使用亦是一样。儿童言语的发达，口语用字的种类，口语用字的数量，皆随年龄的长大而增进。据研究的报告，一岁儿童，口语用字平均只在九个左右，最少三个，最多二十四个；六岁儿童口语用字为三九五〇个。兹录瓦都尔（Waddle）于其《儿童心理绪论》上所引用之表于下：

各岁儿童的字汇

年龄	人数	字数的平均数	极 端	
			最少	最多
一岁	10	8.9	3	24
二岁	20	528	115	1 127
三岁	8	1 407	681	2 282
四岁	6	2 171	1 020	3 915
五岁	1	6 837		
六岁	1	3 950		

统观上表，儿童口语中所用的字数，到三岁即有一千以上，到五岁六岁即有四千乃至七千左右。目前研究所及的范围尚不普遍，此种结果自然没有绝对的价值。绝对的价值，还须待多方研究以后，才能产生。我们现今由此可得的断案，只是儿童的口语字汇并不贫涩，将他用作选字的标准，并不愁字数过少，不能够用。我们所应视为问题的，乃是：求学上必须应用的字，儿童口语中未见已经有了。若单凭口语字汇去编辑教科书，恐怕于求学上不无妨碍。所以前面主张选字标准以儿童口语字汇作主，再用学术字汇补助之。编辑家与教育家们！我们须认定这是

教育上的基本事业，应该多费几分精神与时间下点爬梳的工夫，一洗从来的笼统习气。莫因它太烦难，就抛弃不顾！

于选字排字之外，教字时亦有须研究的。坊间所出"看图识字"、"五彩方字"等，于识字教育上究有多大价值？在国语科教授生字时，究竟如何提示才有效果？我常见一位教师教授"太阳"二字时，先将"阳"字提出而叮咛告诉学生"阳"的意义。这种教法，我们一见，即可以知其不合道理，因为"太阳"本是一个连属的词，教授时必须使二字于学生的脑筋中有强固的联合，然后应用时，二字才能同时发现；不然，将"太阳"误作"太洋"，将"洋人"误写作"阳人"的事，就恐怕免不了呢！桑岱克于其《教授原理》上说："你愿他们同时发现，你就将他们安排在一起。……你不愿他们同时发现，你就将他们隔离开。""太阳"二字，我们不愿它们同时发现么？为什么将它们隔离开而单提"阳"字？关于"看图识字"及"五彩方字"，我以为亦是同样的不合联合原理。"字"所应该联合的，是实物，是事实，不是图。若单使"字"与"图"结合，那么，字就只是代表图，而不能代表实物与事实了。若是"字"与"事物"、"实物"结合之外，再用图加以辅助，危险固然要减少若干，究其实儿童还是要多些无谓的麻烦。说到这层，我又记起教科书上的插图，究竟有多少功用？究竟应该怎样运用？还是很费研究的一个问题。现在且将"图"的问题撇开，专问"五彩方字"等个别的字，即令儿童知其名了，是否就能通其义而且能运用自如？照"训练之会通"（Transference of training）的道理讲起来，儿童实无"闻一知十"的能力。我们看，儿童分解和抽析的能力何等薄弱，他不能为分析的类比推理，自然是应该的事。譬如我们将"太阳"之"阳"字教给儿童后，就向他说："阳光是太阳之光，你们试写阳光二字。"在我们之意，以为他既学过"阳"字而且知道"阳光"就是太阳之光，必定可以触类旁通了，其实这是与年龄有关系的，我们不能对于儿童为笼统的要求呵！以故教授识字，只有应用联合原理，而将应该同时发现的字安排在一起。要使儿童能活用一个字，除了多教他以种种可以应用此字的情形外，没有更好的方法。要他能活用"阳"字，还须先教他以"阳"字之"阳光"、"阳伞"等用法，专教以一个"太阳"而望他会通，是靠不住的。以故五彩方字等教法，希望儿童认识单字以后即能随处了解，随处应用，乃是我们专凭幻想而不审察事实的结果。总括些说，教字的方法，在使字与物结合，字与事结合，字与字结合，应有多少结合就给以多少结合。

以上讲了（一）儿童应该认识多少字，（二）儿童应该认识哪些字，（三）儿童所应认识的字宜于怎样分配到教科书中，以及（四）单字应该怎样教法。此外，与认字问题有连带关系的，为别字与讹字。小学毕业生乃至中学毕业生，作文写信，每每别字连篇，讹字百出。在老学究们看见了，无不叹息于"斯文扫地"；在教员们遇逢着，就疾首蹙额而归咎于学生之不留心，不注意。究竟，当教员的人们，且仔细想一想，自身于此全然没有责任吗？老学究以此责难学校之胡闹，学校可以不认错吗？我意，今后的教师，总以注意矫正为是。要矫正的方法很多，且述三种。第一个方法，是注意各字的笔顺。近观小学教授，间有于教授生字时，由教师按着各该字的笔顺指示学生，学生随着教师之所指的笔画而高唱一、二、三、四、五的。其用意或即在此。此法的效果如何，没有试验，不敢武断。要而言之，用意总算不错。如果此法结果不可靠，我则以为是由于学生在高唱一、二、三……时，并没有注意该字的笔顺，只是随声唱和。所以方法如何是另一问题，而使学生对于笔顺加以注意，则是千该万该的。Pryor 曾就两班学生试验过，一班的教授，特别对于笔顺加以注意；一班的教授，只是用普遍方法；结果特别注意笔顺的一班，平均要强百分之十的左右。第二个方法是注意各字的困难部分。我记得儿时写"傅"每误作"傳"，写"喪"每误作"丧"。不知道受了多少骂，挨了多少打，老师只说这是不对，究竟怎样不对，又不说个明白。我想，这样的事情，于今恐怕还多着呢！这是做教师的人，大值得注意的一件事呵！最好对于学生与一般人所最易写别与写讹的字，先为一个统计的研究，如将"侍"作"待"、"特"作"持"等讹字，又如将"改组"作"改祖"、"提防"作"提妨"等白字，都搜集拢来。知道了他们最易错误的地方，然后于教授时特别加以注意，或仔细讲解此字的写法与意义，或比较两字的异同，总求使他彻底地明白。自然，用比较与对照之法，亦有须费斟酌的。大半在儿童未曾有此错误以前，不宜教他防备错误，因为暗示原理告诉我们不可示儿童以错谬的形式。譬如"喪"字，若儿童并未误作"丧"。我们预先教他莫将"喪"作"丧"，结果必使他的意象淆乱，辨别不明。这是应该临时留心的一件事。还有，两字或两词的比较，总要在第一字或词已经纯熟以后而第二字或词发现于学生之面前的时候。这是根据联合原理的。若是第一字在脑筋的印象不深，遽然两字并陈，结果两字必难于各与其相当之事物结合，每每两字颠倒错乱。譬如教授同音而且形亦相似的两字，如

"祖"与"组"、"防"与"妨"等，联合一起，本可以帮助学生之了解与记忆；所宜注意的，只是要于学生已熟悉"祖"与"防"之后，再遇着"组"与"妨"时，才可加以联合，若是失之于早，就必两相淆混，而成为所谓不当联合而联合了。自然，这不过是一个设例，究竟"祖"与"组"二字中，"防"与"妨"二字中，那一个应该先教，那一个应该后教，还是待研究的问题。这是说使学生注意各字的困难部分是防止误写的第二方法。再讲第三个方法。第三个方法就是书写法，学生既知道字音与字义后，就教他照样书写一次，而由教师订正其错误。我们知道，发表是学习的一大利器。教了字音后既然教学生念，教了字形后自然应该教学生写，想为人人所首肯的。我要请大家注意的，就是"订正错误"。习惯养成律告诉我们"慎始"，平常人亦说"防微杜渐"，所以在学生学习书写时，教员切宜耐点麻烦，个个学生都检查到，不要偷懒。此外，订正错误的责任，各科教员都应分担，不可说这是国文教员的事，我们教数学、英文的，何必管他。习惯的养成律告诉我们"无例外"，如果在国文课内注意，而在别种课内不注意；结果必不能养成学生随处留心的习惯。我记得在小学习数学时，一次演算的答数是几千几百零几，我写零字时，落了最后的一点，而写作"零"。当时教师厉声地说，"零字落尾有一点"。我至今写零字总未落去这最后的一点，就是得力于这一句话，以故各科教员理应互相联络，互相扶助。我想，教师们若于上述的三种方法留意运用，学生们动笔就别字连篇的现象，多少总要好几分！所以希望大家尝试一番。

二、教材问题

各科教授之成功与否，原因极其复杂，如教授法之优与劣，设备之完备与简陋，学生天资之敏与纯，都有关系；其中更重要的，则为教材问题。教材自然是待人运用的，教材良好而无运用的人，难收圆满结果，自不待言。其实从反面说，教授法虽好，而教材不适宜，则难收圆满结果，亦是同样有道理的。再且教材若是果真适合，教授者纵然没有多大的技能，教授的结果亦必进步多了。我们试看，对儿童讲有兴味之故事时，无论讲者怎样不会讲，无论讲者是用注入式或是启发式，儿童听着，总觉津津有味。我们知道，兴味与注意，注意与成功，是互相关连的。教材而果能引起兴味，即可断定生徒之能受益。以故今日教育之无成绩，教育者固不能辞其责，而教科书取材不合则是一致命之因。吾人今后于此，宜亟加讨究。况且今日实际教育人材之缺乏，是无可讳言的。欲求有多数教员，无论教材之良窳而能自由运用，是一件难能的事。出版界若肯于教材之取舍，多加几番斟酌，未必不是一件于教育进步上极为可喜的事。

许多教科书，挂起教科书革新先锋队的招牌，其内容的糟糕，并不曾减少了丝毫。其最大的坏处，可说是"貌似而神非"；换句话说，就是：形式倒不差，而精神就不可问了。拘守板滞的形式，致使教材没有内容，我认为〈是〉国语教科书之一大弱点。然而在编辑者，或以国语的主目的本在形式方面，而实质方面不过是副目的而已，注意形式本是正当的，倘若重视内容，未免轻重倒置。这种话，骤然听着，好像是颠扑不破，究其实不过是一种皮相之谈。言语文字，诚然是一种工具，国语科的目的，诚然是养成运用工具的技能。但是什么是国语科的目的，不成问题，问题是：要如何才能达到目的。从前的人，以为要使学生能运用文字，当使他知道文字组织的方法，所以很重视形式的推究。近来的人知道运用文字是一种技能，技能的养成并无关于深悉其理法与否，乃在熟练与多练。多练，就是使他运用的机会多；熟练，就是使他运用地纯熟。以故空虚的形式的教材，殊无多大的价值。空虚的形式的教科书，每课皆有一定的句数，各句的长短也有一定的分配，各句语法的变换，亦有一定的格式，只是缺少了意义，——说严密些，只是圈套太多，意义太少。试将某国语教科书的第二册第一课录在下面：

"你看，这面国旗，有几样颜色？有五样颜色，红、黄、蓝、白、黑。"

这一课恰恰五句左右——这是几乎定了的数目——每句恰恰四五字，形式上不可说不整齐。可是我们想想，这样的一问一答，有什么滋味？究竟有什么理由，要用这样的体裁？然而编辑者不知为什么竟与这样的句法结不解缘，几乎篇篇都离不了它。试再录一课：

"你家一天吃多少米？三升。两天应该吃多少？六升。三天呢？自然是九升了。"

这一课更妙，居然是满篇的"启发式"，不过我不知道生徒高声朗诵此课时，还是"吃米"呢，还是"嚼腊〔蜡〕"，只有请实际教育家告诉我。

依我的意思，材料的内容愈丰富，学生就愈感兴味而愈为兴奋。学生所怕的，不是多，乃是苦。这样的功课，还少些，他亦是不愿读的哟！若是读物果真好，他只有说多多益善的，决不会要求减少。文体接近言语后，只要生字的配合适当，材料的意义不艰深，多读几句和少读几句，并没有什么难易之分，何苦拘拘于每课只用五六句语呢？更奇的是：编辑家们喜用两三字一句的句子，致使"说之不能成话，读之不能成声"。不知语句只要合于自然，并不在乎短。图们的智慧测量法，对于六岁儿童即试以如下的话：（1）我们将好玩了，笼内已经关着一个小鼠；（2）瓦特在假期内有快乐的时间，天天去钓鱼；（3）我们要出外去散步，请你把我的草帽给我。这几句话所包含的字，是从十六个到十八个不等。比我们国民学校教科书上的句子，平均要长三倍（国民一年级的学生，照章是七岁，故用测量六岁儿童智慧的句子来对比）。可见若将这种整齐的格式打破，将句子的长度加大，儿童决不会说不上来。儿童所说不上来的，乃是那些人为的不自然的言语。儿童用书上的句子，于理应该合于儿童的口吻。我们留心看看，各岁的儿童，都有其特有口吻——或者说，特有的语句构造。教科书的语句，极应按照学级加以变化以求适合儿童言语的自然变化。拿成人式的语句给儿童读，已经就是不合理的；再加以人为的雕凿而美其名曰国语，其给与儿童的阻碍，就更不可问了。

以上是讲教材的选择要紧，而于语句的形式则可不必拘泥，至若选择教材的标准，则还未谈及。自然，这个问题太大，从来讨论的人很多，不是本文所能讨论的，本文亦尽可不必讨论。最后我要提议的，就是：选择教材的各个标准以及各个标准项下的分量，非先有分析的研究，不能编出合理的书。假使我们分析各教材为自然的、人事的两纲领；而于自然的又分为动物的、植物的、天象的等子目，于人事的又分为社会生活、儿童生活、历史事件等子目；那末，我们就必须将两纲领所应占的分量之百分数确定，确定后又将各子目所应占的分量之百分数斟酌轻重分配平均。再进而将合于各子目的材料陈列起来而加以选择，留其所应留，去其所应去。必定这样，然后教材才有旨趣，才合需要，而国语科的困难将减少许多，成绩良好的希望亦必要加增许多！

预备提出的问题——此文与其说是解决问题，不如说是提出问题——本来还有好几个，因故，不能多谈，只好留待将来。

作者附识五〔月〕十五于开封

《中华教育界》第 10 卷第 12 期（1921 年 6 月）

严格训练与管理
（1921 年 11 月）

　　两三年来，教育界久已无人谈训练与管理了，是无须谈呢，还是不敢谈？我诚愚昧，无以为答。还是请读者诸君下一答语来，好不？我也曾留心各校的风潮，有驱校长的，有驱校监的，有驱教员的。考其所借口者，类多该员人品卑污、学识浅陋、手段专横一类的话；考其实际呢，固不无一二确实如此的，然而多数呢，则无非学生诸公恶其"不便于己"罢了！不意以中国唯一希望自负的青年，其行事乃如此如此，吾们只有为中国前途一哭。

　　从前欲厕身教育界者，其卑鄙龌龊之态度，只于接见上司时一为发露；于今则于谄谀上司之外，还须逢迎学生诸君，教育界之人格诚所谓"扫地已尽"了。教职员的事务，除了厚着脸皮以"受训练""受管理"于学生以外，就只有给学生以种种方便（或则为之保证毕业，或则给以人情分数，或则予以三尺的高帽子），而希冀保存其位置。咳！哪里还有什么管理与训练，更说不上"严格的训练与管理了"！

　　在苦闷沉沉的空气中，新文化的元勋胡适之先生，竟在最高学府高倡"严格的训练与管理"了，胡先生真健者，真能说人所不敢说！只知道迎逢青年心理去做投机事业，倡投机言论的人，能不愧死；胡先生且说："五四以后，八校无一降级留级的学生，可为八校羞！"这话真痛快淋漓，无以复加了！我不知各地的教职员及学生诸君，读此语后，心中是何景象？

　　论到训练与管理，我于今日之言论界，亦不能不略致忠告。教育本为社会的事业，言论界予教育界以监督与指导，本是言论界的天职，亦是言论界之固有权利，教育界只有尊重之。不过世间事变既极复杂，而教育又属专门事业，局外人欲加以论列亦非易事。所以我希望各报馆特聘一专门教育家以主持教育言论，不可任凭一位万能的编辑先生随意做几句以备一栏。我又希望当今之教育界，于教育上的措置，一面好自为之，一面又将其实情与理由，尽量地指示言论界，使其立论知所倾向。倘若仍然不悟，盲目的论议仍然放个不休，吾人就只有听之。"你说你的，我做我的。你的能力，只能坏我的名誉，破我的饭碗，却不能变我的主张"，以整顿教育自命的人，不应如此吗？易卜生说："多数总在错的一边。"寄语有志教育诸君，何必管什么学生的攻击，舆论的讥嘲，吾人只求良心上的安慰就有了。非如此，没有"训练与管理"之可谈。俗话中有句话讲无赖的人，说："小很〔狠〕不要脸，大很〔狠〕不要命"；今请改易一字，以赠有志改造教育的诸君，改就如下：小很〔狠〕不要脸（名誉），大很〔狠〕不要饭（饭碗）。我想，诸君总不至以我为有意讥笑罢！

　　论到管理与训练的实际，大家必联想到了"德化主义"，联想到了"以身作则"。"有诸己而后求诸人"，这话谁也承认。今日管理与训练之废弛，又未始不是由于教职员胸中毫无正直之气，以故不敢以正气责之于人，而深恐学生之反唇相讥。这样的情景，那还有什么教育可说，以"学校为饭馆"罢了！然而责难教职员的人，亦多不合道理之处，亦应当指点出来。吾国从来有一种因袭的见解，即以为当先生的人，总要超群绝俗，俨如皎洁之天人，可望而不可及，然后才可以为人师而无愧。是故提倡节俭，就必"囚首丧面"才成；提倡牺牲，就必"摩顶放踵"才成；总而言之，如果不高人一等而为众人所做不到，就没有不受人的揶揄的。责难教师高人一等，是将教师看作"超人"，学生而自期以高人一等，不是想立异名高，就是犯了夸大狂。欲救此弊，只有建设"平民的道德"，将种种庸言庸行加以研究，而厘定一个人人必不可不做到的标准，而使教师学生一齐努力于其下。这样，"以身作则"的功效自然实现，而以"超人"责望教师之谬见亦可扫除。此则今后之一大事业，未可期成于最近期内的。

十〈月〉十八于开封

《中华教育界》第 11 卷第 5 期（1921 年 11 月）

乡村教育的实际问题
（1922 年 1 月）

这是我在开封一师暑校的讲演，经郭亦华君记录成的，理合申明，以志谢意。

——家菊

乡村教育是一个大而且重要的问题，并且也是一个要许多人才能解决的问题。"教育是立国的根本"，这句话是没有人怀疑的，然而怎样的教育才能算为立国的根本呢？这一层却是我们不可不研究的。共和国主权在全体人民，所以全体人民都当受教育，国势才可以蒸蒸日上。都市教育固然要紧，然而中国大多数的人民都在乡村，如果不注重乡村教育，大多数的人民就没有受教育的机会。主权既在全体人民，教育又是立国根本，大多数的人民怎么可以不受教育呢？所以乡村教育是一个重要的问题，并且较城市教育尤为重要。但这件事，也是很大的问题，并且也需要很大的计划，欲使彼成功，各方面的人都要努力，我们不过是其中的一部分。

〈乡村中〉一般人大半不愿意要学校，有的以学校为无足轻重的东西，有的甚至以学校为眼中钉，他们信私塾而不信学校，固然因为旧习惯的势力，然而一方面也因为办学校的人。最使人不信仰学校的，就是教员以教育为官僚性质的事业。其次就是假期太多，如暑假、寒假、星期之类。他们既不信仰学校，对于学校自然不热心赞助，学校的经济因而也就非常困难。但最要紧的是人的问题，只要办学校的人能使人信仰，经济问题也很容易解决。和尚化缘，无论贫富都肯出钱；新年敬神玩灯，他们也肯出钱，一般人既不信仰学校，办学校的人又不募捐，学校的经费怎样能不困难？

欲使一般人信仰学校，教员应检点自己的品格，并且要使学校有实效。高小毕业不但不能作官，也不能作生利的事，却都养成相公派和书生派的习气，由此可见学校缺点正多；所以欲得社会的信仰，必要竭力改良，使人看我们的成绩。教师在品格方面，至少当不吃酒，不打牌，不当讼棍。教员如能改革学校的缺点，检点自己的行为，自然就可以得社会的信仰，所以这两件事，是非常重要的。

乡村教育与都市教育不同，都市学校可大规模地办，可设许多班次，乡村教育不然，只有两三间房子，一两个教员，就是一个学校。乡村学校的教员，年薪至多不过一二百千钱，家庭担负的稍为重些，就必感受极大的痛苦。一方面希望政府对于乡村教员待遇稍厚，一方面希望乡村教员除以教育为正业外，更兼了一种副业以谋生活，半耕半读的办法，是我们应当取法的，不过我们不必一定以耕为业，工商也可作为副业的。

贫民教育是一种很困难的事，纵然实行强迫教育，没有饭吃的贫民，仍然不能使子女求学，父母固然应当使子女受教育，不应当使子女幼年的时代谋生，但他们没有饭吃的人，不使子女求学，也是迫于不得已的。欲解决此种困难，当注重职业教育。教育根本的事固然不可忘记，生活问题也不可忽略。学校的目的，并不是造就圣贤、豪杰和伟人，乃是造就人。因此学校应当把不重要的科目除去，专注重于日常生活有关的科目，小学职业教育注重农工商，但与专门学校不同，农业专校的化学、工业专校的大工厂、商业专校的银行科，在小学职业教育都是不必要的；所要注意的，不过是小工艺、园艺、畜牧而已。

小工艺如打线袜、织毛巾、制造胰皂和牙粉，都是很适宜的，这些事很容易办，并且于读书没有什么妨碍。园艺不但可以生利，且可养成勤劳的精神和俭朴的习惯。学校发生训练的困难，都是因为学生闲暇的时候太多，课程钟点多的学校，和学生有课外作业的学校，这种困难就非常的少。我的家乡有一个学校，设的有园艺科，分为菜蔬、花卉、林木三组，那个学校训练方面就不发生困难。学生吃饭就用自己种的菜蔬，因此伙食就省钱不少。公立学校伙食每人每天二百钱，那个学校每人每天不过用一百二十钱，此事不要大资本和大学问，是很容易办的，至于畜牧，最好的就是养鸡和养蚕。

除职业教育以外，还可请拨官款或提出祠堂的族款，补助贫生。贫家子弟也是国家的国民，所以也不可不受教育。地方多一个无教育的人，那个地方也就多一些危险。欲避免此种危险，更不可不使人人受教育。由此看来，贫民教育是很要紧的事，办乡村学校的教育家不可不特别注意。

女子教育的重要，是人人都知道的。但在乡村提倡女子教育，就不免发生许多困难。一方面中国的女子向来不受教育，一般人对于女子教育视为最不要紧的事；一方面因经费的困难，提倡女子教育也很不容易。但这个问题不能解决，家庭改造和社会问题也不能解决。所以应当设法排除困难，尽力解决这个问题。男女同校较男女分校省费，欲解决这个问题，自然当提倡男女同校。教育部早有小学可以男女同校的部令，也是因为要解决经济的困难的原故。最困难的，就是社会的习惯。欲解决此困难，在未实行之先，当尽力劝导，使一般人知道女子教育的重要，男女分校的困难，和男女同校没有危险。如社会仍不允许，可暂用同校分班的办法，那么，就不至于有人反对了。如用同校分班的办法，钟点就不可固执。如果男女生每日各授课六小时，每教员每天就要授课十二小时，那是非常困难的。想免此种困难，男女生可各授四次一点钟的课，或每日各上六次三、四十分钟的课，或减少科目。关于女子教育，还有一个办法，就是家庭附校，学校的教师每天可抽出一点时间，到别人家庭设的蒙馆，每天教授一两点钟。这虽不是完善的办法，却比不办女子教育好得多。

乡村教育的教员，除学校以外，也当注重社会教育，学校不但应当教育学生，也当教育社会，因此学校就发生许多与学生无关系的新问题。西洋近来有一种"以学校为社会的中枢"的运动，我们也当打破从来的见解。学校的体育场应当开放，校外的人可随意到场运动；学校的课堂也当开放，只要与上课的时间不冲突，尽可借给同乡会或同业会开会；学校的理化器械，社会现在虽不需要，将来社会程度高了，也不妨借给他们用；学校教员也当应社会的需要，化验他们送来的东西；如化学教员，就可化验药店所售的药品，辨别真假，使人们不致买费钱不治病的药。中国因为要提倡通俗教育的原故，各县都派了讲演员，但两三个讲演员办全县的通俗教育，是决办不到的事；而且通俗教育也不只讲演一端，所以这样的责任，学校教师是应当负的。依赖政府，政府未必热心办这件事，就是热心，也没有能力办全国的通俗教育。

有许多很热心的人，因经费的困难，不能办这样的事；那么，就应当以"教育化的营业"为方法，解除经费的困难，如用此种办法，一方面与社会有很大的好处，一方面学校也不致受经济的损失。社会的人们往往以看戏和赌博为娱乐，我们如想禁止这些无价值的娱乐，应当提倡高尚的娱乐。乡村的人们没有见过幻灯，没有听过留声机器，我们可以租来使他们看，使他们听，欲补偿幻灯和留声机的租价，开演时可令他们出一两个铜子买票。这样，学校就没有甚么损失了。

农业示范，也是社会教育的一种，我们也应当开办。中国农法不好，改用新法，收获一定可以增加。现在有两种很危险的现象：（一）有钱的人不肯买地；（二）有力的人不肯耕地。中国以农立国，有"国以民为本，民以食为天"的话。如果不肯买地和不肯耕地的现象继续不已，二十年后恐怕就没有一个耕地的人。那么，中国岂不要亡国么？欲免除这样的祸患，固然应当多设农业专校，但那是缓不救急的方法，我们还要有治标的计划。什么是治标的计划呢？就是使农夫用新法耕田，他们不愿意改用新法，因为他们对于旧法有把握，新法恐怕不免有危险，如果有人将试验所得的好成绩给他们看，他们就必很喜欢改用新法。学校既负社会教育的责任，应当试验新法作为他们的模范。中国棉花不好，不能织细布，不能纺细线，不能卖大价钱，南方许多学校试种西国棉花，成绩很好，乡村学校也可种西棉，到收割的时候，可统计每亩所收的斤数，与旧法每亩所收的斤数相比较，如果新法比旧法每亩得的棉花斤数多，不必劝他们用新法，他们自然也必仿效。学校的学校园种类很多，有美育园、教材园、德育园和示范园等类，前三种为学生而设，第四种为社会而设，学校既负社会教育的责任，就应当设示范园，试验各种农业的新法，作为农人的模范。

农业示范而外，家庭工业也可由学校提倡，将来机器发达，手工业就必无立足之地，应当提倡用各种机器。有些机器，用钱很少，成绩很大。湖北有一种改良纺纱机，一个人同时可纺三十条线，像这样的机器，我们很可以提倡。学校在社会上应占领袖的地位，负改良社会的责任，教育家虽不是万能的，但应当有很丰富的常识，专会读书，没有常识，不配当教员。所以教师不能以"教育家不是万能"为借口，就不负社会教育的责任，至于常识所不能解决的事，也可请专门人才指示。如果没有新式农具，无从改良农业，也可向农业专校借用，在乡村指导农人。

乡村的学校，大多数只有一间教室，并且也只有一个教员，此种学校谓之"单一学校"，是很不经济的办法。如把附近的单一学校联合起来，办一个"联合学校"，就可节省许多经费；经费既减，就可用所余的经费办别的重要的事，以许多单一学校的经费，办一个联合学校，就可请好教员，设备也可以比较完备，分班也必较为容易。为学生的便利起见，这样的学校应设在几个村子的中心点，山多的地方，交通不便，办联合学校不很相宜；平原的地方，是很相宜的。附近的村庄，每日早晨可用牛车将学生送到学校。困难的，就是乡村的人们胸襟狭小。然而只要我们把联合学校的利益说给他们听，他们也必定赞成。此种制度的制定固然是教育行政方面的事，但我们竭力鼓吹，也可以使这种制度早日实现。

总之，乡村教育与各方面都有关系；不只是乡村问题，乃是社会问题。希望诸君热心研究，积极进行，社会的进步，一定是不可限量的。

中国在五年或十年内，将有一种绝大的运动要起来，便是"乡村运动"。

现在我对这件事，有几层希望：（一）希望编给青年阅读的出版物，多向这方面鼓吹，多发表关于这方面的研究；（二）希望在国外留学的朋友，在平日修学或旅行的时候，多作这方面的考察，考察所得，当详细在日报或定期出版物上发表；（三）希望有不出风头专作这种运动的团体发生，结合少数人努力的试干一干。这些都是不可少的预备工夫。

我们既认定《少年中国》的基础在乡村，所以我尤其希望我会内的同志多从这方面注意。

民国十一年一月八日　舜生附志

《少年中国》第 3 卷第 6 期（1922 年 1 月）

评教育联合会之学制改造案
（1922 年 2 月）

▲中学是原案的精粹

▲小学须再加研究

现行学制诸多窒碍，亟待改造，此为教育界之公论。今年全国教育联合会议决学制改造案，正为适应需要代表舆情之举。观其所拟之新制，大体上可称完善，吾人极愿纠合群力以赞助其实行。且此次新案之创制有二点颇值吾人之牢记，而可视为吾国民新精神之觉醒：一为从儿童身心发育阶段以为划分学级之大体标准，此为运用学术于事业之中，亦即科学的精神；一为顾虑各方情形而采富于弹性之方案，而免去一派硬行其主张之险象，此即兼容并蓄之精神，而为国人所最缺乏之素养之一。各省教育联合会，于殚精竭虑的时候，尚能表出此二种特征，不可谓非国民的新精神业已觉醒之一证，故郑重言之以求国人之注意。

吾人于此次之改良案，极表同情，愿拥护之，使其实现，前已言之。但论事不贵阿其所好，故亦略言吾人所不敢苟同之点如下，聊以引起国人之研究。改造案之正系学校，为小学六年，混合两级而一其名称；中学六年而分为前后二期，各三年；大学、高等皆四年左右，无预科。此案之精粹在中等教育，受其影响的，当以中小学为最大，大学校则仅失去一预科而已。大学预科本无意义，去之很对，即令将来各地中等毕业生程度不齐，大学觉着有加以整理之必要，亦可随时酌量情形，设立一类似预科之补习班，此颇易于设法。中学分为前后二期之结果，于学生个性之适应，及时间之经济与精力之经济，都有很多的方便，这是现制所不及的。从前有人主张将中学分为文实两科，我们以其分科太早，一来使文实背道而驰非一国之福，二来文实之常识不兼备，学识终无掘井见泉之一日，所以不敢赞成。从新制，则可无此危险了。去年教部为救济现行制度之缺点，曾通令各校得酌量于中学三四年级开办第二部，以为学生投身职业界之准备，吾人于此种苦心，颇表同情。而从实际上看去，每觉有两层困难：一则从第三年或第四年起，加设若干小时之职业训练，实觉时间太促，训练不充分，不足以应职业界之需要；二则学校为适应学生的个性而引导其投身于相当的职业界计，第二部分组就不可过于单一，而应多分几组，分组过多，学校的经济人材恐两不足以胜任；年来除一二有钱的学校所办的第二部略具规模外，其余大概无足观也，即可为吾言之证。若用新制，前后两期，可以分离，此种困难就又可免除了。此次中学新制，实于学生个性、学校经济、职业准备、升学的基本知识，各方面大概都顾虑到了，所以我说中学制度是新制的精粹。

我所视为可滋疑虑之点而联合会又未曾加以说明的，在小学教育。新制小学教育除掉高小与国民之名而改为六年，只是义务教育仍为四年，四年的小学仍听其独立，此层实属有再加研究的必要，谨提出以求当代教育大家之留意。

小学七年有何障碍？小学原定七年，新制改为六年，改少的理由，未曾加以说明。吾人改革一种制度，当先问此制于事实上有无障碍，吾人诚不欲使别人以保守之名号相加，吾人亦不欲无故于已成的事实而轻加变更，我颇好与实地的小学教育家相接触，曾未闻彼等所述之困难，有一足以使吾人发生必须减少年限之念的。联合会诸公，或于吾言亦觉同然。

小学七年有无减少之必要，兹且退让一步，姑置小学之自身而不问，只从旁方面观察，是否有改小学为六年之必要。我常细思几遍，自愧搜寻不获，有之就是要减少一年，以加入中学期内，此是我所能得之唯一的解答。不知联合会诸公尚有其他之解答可以教我否？不然，我实不觉此种解答有何充分的理由。从新制，中学之前三年仍旧是普通教育，所施仍旧是一般的陶冶，既然如此，使小学得仍七年之旧制，而定中学之前期为两年，于实施一般的陶冶，想不至有何妨碍。小学六年中学三年是九年，小学七年中学二年又何尝不是九年，此九年的普通教育，我真不知何故小学只可担任六年，而中学必须三年。

我于此要说一句不肖的话。联合会为此，想是要成就三三制这个好名词（其说明书有云，中学采用三三制），而合着小学的六年看起来，又恰恰合了美国的六三三制了，这样我们可以美国式的教育自豪了，这种不问本国历史（无障碍的历史），而专事抄袭的教育（无必要的抄袭），某实不敢赞同。至若使制度东将西就，而成为一个好名词，更是无意识的举动。这两层，在联合会诸公，想不至如此，所以我承认是我自己的不肖思想，可是国内像我这样不肖的，实不为少，故一言及之。

我想，必定有人说，小学所以改为六年，是照着儿童身心发育之次序定的，原案所谓儿童年期（六岁至十二岁）为初等教育段，即是此意。此种科学的精神表现于事实上之现象，前面已说过，吾人实不胜其欣幸，惟是此层却算不了缩短小学年限之充分理由，其故有三：

一、身心发育本无绝然的阶段，学者的划分不过是研究的方便，使小学担任教育已入十二岁的儿童，未见得就因身心状态之改变而引起教育上的困难，即令说儿童发育一入此期，对付上不能不改变方策，亦尽可从教育方法上研究，用不着在教育制度上打点。实因将此年的学生迁徙到中学去后，仍然留着一个教育的方法问题，非可用制度的一改了事的。且更进一层说，儿童发育的阶段是否可做学级划分之唯一标准，实一根本的问题。若依我之所见，则两阶级交替之际，实有使学生受指导于旧教师，受教育于旧环境之必要。因为旧教师比较的了解他些，他亦比较的惯于旧环境些，不然，当着身心变化最烈的时候，使他改变学校，他一面感受身心适应之苦，一面感受适应环境的困难，恐怕只是有害无益呢。这是关于学级划分可否依照儿童发育阶段之根本的讨究。我现今只是想指出新制中可再研究之点，诚不愿为详细之讨论，只求读者注意儿童身心发育是逐渐的，并无截然之阶段可分就够了。

二、依照生理检查与心理检查，生理的年龄与心理的年龄不必与历史的年龄相一致，此乃稍涉心理学者所通有之常识。今者联合会诸公既欲以发育阶段为划分年级之标准，所谓的六岁十二岁等就不可指历史的年龄了，因为弃生理的年龄与心理的年龄而不问，而发育阶段这个名词就无意义了。若学生之入小学、中学，必完全根据生理的年龄与心理的年龄，而不许有一个生理的心理的年龄已入十三岁的儿童留滞于小学校中，以理论言，固为吾人所极端赞成，唯问事实上是否可能。

三、即就历史的年龄而言，使小学生的年龄一律在十二岁以下是否可能，亦一疑问，各地小学常有十四岁甚至十六七岁的学生，当为吾人所共见，即令将来教育发达，不至有此极端的现象，然而谁敢保证小学校中不会有十二岁乃至十四岁左右的学生？若有，那末以发育阶段做学级划分之标准的根据就有动摇了。

上面是说不应以迁就儿童身心发育阶段之故而改小学为六年。

我又想，或者有人说，（一）不将小学减少一年，而使中学成为前期二年，后期三年，似乎前期太短，不便实行原案所定中学前期之独立。（二）若使他成为前三后二，则分科太迟，于职业训练似有不充分之虞。（三）使他仍为前三后三，则时期过长，于学生时间以及国民经济恐皆不妥。此三种说法，后二种我们都表同情，而于前一种则不见得可以成为一说。因为果行前二后三，吾人亦不觉两年的中学果因何故而不便独立。且闻日本小学有毕业年限后延长一年，以使学生免入中学校的预科而直接入其本科的，若小学仍为七年，亦未始不可得以酌量情形，延长二年而使之有直接入后期中学之权利。此法于新制原案意旨相合，而又可使各县得以创设容易办理的中学，且于前期中学不便独立的问题也解决了。自然这个问题不成其为问题，我前已说过，后面一层乃连类而及，并非为解决此问题而起。

我之不满于小学减为六年，实另有一层原因在，而上面之所述，乃言无改少之理由，此下再言改少之不可。

案小学教育之旨趣在完成国民生活上必须之知识与技能，今者联合会改少为六年，是否确信六年即可以达此目的而有余，无须多费一第七年，诚不能代为解答，无论吾国文字难学，六年恐不足以达此目的，即不论文字难学这一层，教育于国民之常识常能亦只有尽量提高的，多一年又有何妨？各国义务教育日益延长，就是为此之故。即舍别的不论，而就美国一国的小学年限言，固然有所谓六三三制，六二四制，然而八年的小学与九年的小学，亦属很多。我们何为于七年的小学而定嫌其长，诸公莫说在纸上所列之表上，把一条线划高一点，或划低一点，没有多大的影响啊，实在，假使此制实现，许多儿童受教育的机会，就将随着小学制度短一年命啊！直接受害的，是儿童，间接受害的是社会，因为社会上一般人的智能，就将随着教育年限的短少而低落一层。不要说小学毕业后仍然可以进中学，其实社会上许多人家，于小孩子毕业小学后，多半不肯再加上三年乃至六年的担负而让他再入中学。照现制，使他多受一年小学教育，他们已视为容易担负而毫无吝容，我们又何必引诱他，使他少教儿女上学一年呢？

还有一层，新制于小学分为二期，并言明单办前期者听，而未言及后期是否可以独立。依我的意思，后期实有可以独立的必要。如果单把眼睛放在都市上，或者不觉吾言之有理，试一观察乡村教育，当知后期小学之普遍决不能如前期小学一样。而且有后期小学的学校，亦决不能不容纳别校的前期毕业生，与其使各校于前后两期兼营并顾，而增加教授上、经济上的困难，倒不如使其单办前期，而另立若干独立的后期小学以容纳其毕业生。原案只言明单办前期者听，而未虑及其毕业生可升学何处，是无异制其教育的死命。

总之，我于小学仍主七年，前期四年，后期三年，单办前期者听，而后期亦得独立。至若国民与高小两名称，是否仍旧，我无意见，因我不欲讨论名称的问题。我草此篇，始意不过略揭数言，以唤起国人之研究，诚因吾人于国家大事，不应沉默过甚，不意一执笔，就冗长乃尔，而意犹未尽，今姑止于此，望教育界同人之有以教我。

《中华教育界》第 11 卷第 7 期（1922 年 2 月）①

---

① 此文另载《教育杂志》第 14 卷第 1 号（1922 年）。

中华职业学校之一瞥
（1922 年 5 月）

中华职业学校，是中华职业教育之策源地。他对于中华职业教育之前途，有甚大的关系。往常家居时要想前往一观以探其究竟，顾屡次来沪，终因事不果。今回以出国之故停留沪上，为日较多。乃于三月六日下午单身直往。至该校附近时，因人地生疏，仍不知该校之所在。乃问于巡警。巡警郑重地说，"前面矗立的烟囱，即是职业学校的烟囱"。抬头看时，果然一气象巍巍的烟囱，矗立于百丈之外。当时心意一转，发生一种浓郁的喜意。因为这个烟囱，虽不算很大，可是一个学校有了这样大的一个烟囱，这个学校的气魄与经济，必然纵菲也不菲了。于是一面走，一面想道：此行切不可枉走一遭，于它的编制法、教授法、学生工作情形、毕业生状态等等，总要弄个清楚明白。说时慢，那时快，不一会时，就到了一个所在，这个所在，门口高悬着好几副招牌。如"职工补习学校"哟，"理化实验室"哟！好些名称，一时也想不起来。而令我十分欢喜的，是"中华职业学校"这块招牌也在此处。于是进到门来，四处一望，见有一座小屋，门上嵌着"问事处"三字，心下立即想道，这是与我们探望人有关系的所在。乃进去问了一声："参观是怎么办法？"不料他说："先生们正在开会不能参观。"我闻此语，横身一冷。当下又想，此来颇不容易，这回若是错过，几时更有机会呢？于是又上前去低声对他说道："不要人招呼，我自己去瞧一瞧，可不？"他听了这话，沉吟了一回，说一声："去罢!"于是我就迳自进去。

一进门的左边，就是一排两层楼的西式房子，样子颇好，可是不坚固的很。仔细看时，原来教室就在此地。走廊壁上，贴有种种布告，内中有一个是讲学生自治应有教职员做指导的，上面并写着某村某村是由某先生指导：村名很多，也很有趣，可惜我记不了! 我看到此地，不禁为之首肯，实因各地的学生自治，就是学生自建王国，在学生呢，不愿教职员过问，在教职员呢，也乐得个"你为你，我为我"。像他们这样归真地指导，确实是理所当然的，可惜竟成为例外了!

再往左走，就是营业部，出售学校出品；还有储蓄银行，规模都确是不小。门口悬着一个广告箱，箱内贴着的，尽是钮扣的价目。钮扣的种类很多，我正在仔细看时，忽闻一阵笑声自左边传来。当时好奇心发，就索性向前更走一步，就到了这座房子极左的一间小房门首。隔着玻璃自窗外望去，内面有许多人围坐于一长方形的餐桌，约计其数，大概有二十人以上。正在那里说说笑笑，像是很快活的。眼见着这种光景，很觉奇怪，不知他们干些什么，后来想起刚才那位看门的说"先生们都在开会"，心思抖然地聪明了，想道这必定是他们的校务会议了。能用这种快乐的精神去商量校务，校务哪能不一天发达一天呢? 吾国人大概有两种脾气，不利于合议制度。一种是开会就正正经经地长篇大论地讲起来，一种是到会就正襟危坐默默无言。都没有一种和乐之气，于是开会，就是苦事，各种会议就都成为形式的了! 他们这种说说笑笑的态度，真是好极了! 望着正入神时，忽听得橐橐之声，远远地自后而来，回头看时，一位穿西服的已经大踏步走到我面前了。我想再往下听去，听他们商议一些什么，又怕这位问我一声："你在此地干什么?"就乘着那位的眼光从我的面上轮到我的脚下的时候，我就将身子一侧，就此自己请出了!

出得门来，向左一转，便是寝室。此时大概已经下课，学生进出的很多，在室中吹箫的也有。我从门口过，顺便向室中一望，看见床铺很整齐，地面亦很清洁。才知道问事处贴着的"各村清洁比较表"，不是完全为对付参观人起见的，于鼓励学生实行清洁上，也许有很大的效益。这是利用竞争本能的教育法，很值得注意。许多讲互助的朋友，因为竞争与互助是对立的名词，就想一点竞争也不利用，实嫌过于拘泥呵!

顺着寝室门口的一条石道走去，到该校的左院，有一座新的伟大的建筑物矗立在眼前。走上一步，仔细认一认门上的几个大字，乃知道这就是著名"职工教育馆"。其时正门关了，只有一侧门可入，四下又无一人，我也不问此处是否"禁止闲人"，竟自闯进去了。馆分上下两层，我逛毕了，只有暗地里喜欢道："吾国教育界也有这么伟大的事业！"

我看到此时，所看的还是校门之左的一边，以外还有校门之右的一边。校门之右，都是工场。我今天既不得参观教室内的活动，则此工场内的活动，就成为我参观的主要注目点了！而我希望阅者留心的，亦就在此处。

先看金工场，机器很多，作工的好像不尽是学生，而且好像学生只占很小的一部分。其中也有很小的，就身体的长短估量，有两个好像只十一二岁的光景。看起来，又不像实习的学生，或者是场内的工徒亦未可知。我当时很想问个究竟，这样的小孩，此校到底给了他怎样的教育没有？还是单只让他在这里作点工吃口饭呢？可惜竟无处可问。其时我看他们工作，都很舒服。一人只招呼一个机器，机器的动作，是有一定的秩序的。只须将作物放在机器上的适当部分，让他去磨的磨，压的压。等他的动作已经达到他的周度的极点，就又起头将作物改动一下，或者掉换一个作物。此种工作简是简单的，可惜将人也变作机械了！我出门了好远，想着在场内作工的几位小朋友，再过几年之后，恐怕真个"机械化"了！

右首就是钮扣工场。门首堆着许多蚌壳，初见时，莫名其妙，这是所为何来？进到门去，又见好几个人一手掌着一座小小的机器，一手又从机器旁边的蚌壳堆中拾一个放在机器上轻轻地一压，再将机器提起；这蚌壳上，就起一个团团的小孔。再往机械底下看时，原来底下放着一个篮子，篮内所盛的，都是一个一个的小团片子。这个人在上面多将机器压一下，底下的团片子，就多添一个。你道，这是干吗？这是制造钮扣的初步工作。经过这个工作，再经过一个人用机器将它磨光，又经过一个人用机器将它起一个边，又经过一个人用机器将它钻一个孔，就成了我们身上的钮扣了！那时看着那些磨光的人，起边的人，钻孔的人，一手掌着机器，一手拾起团片，朝机器上一按就成了一个，又一按就又成了一个。心内不禁地想道，这种有用的东西，做起来，原来这样单纯。当时，就着实地将科学的价值赞叹了一番，将发明家的功劳赞叹了一番！

再往右首，就是琅琅工场，制造洗脸盆等，俗语所谓的洋磁器皿，其实不是磁，是铁的，不过面上加上了一层磁色的染料就是的。这个场内，有一部分是制型的，有一部分是上色的。譬如一个洗脸盆，先用洋铁制成一盆状物，再将此盆状物上一番染就成了我们常用的盆了。其制造的动作，又巧妙，又简单，正如珐琅工场一样，我也不用细讲了。

从工场内回转头来，又是一排矮屋。这一排矮屋檐下，随处设着有盛水的缸，各个上面皆写着"洗衣处"三字。看至此处，不由人不佩服他们办事的细密。因为工场内出来的人，身上的衣服，必定很龌龊，现在就在场门首设着洗衣缸，正是适应他们的需要。这样细密，叫人如何不佩服呢？但是再回头看看地面时，遍地尽是水泥，实属狼藉不堪。乃又想道：随处设着洗衣缸，终竟不是办法，顶好是在工场前建一座洗衣室为妙。

进此矮屋去，一望而知其为膳堂，因为有很多的膳棹〔桌〕正摆列着。此屋太矮，墙壁太坏，棹〔桌〕子亦欠佳，似乎太嫌简陋。职业学校素重实用主义，是我们知道的。过重实用，过讲经济，于美育自然就有妨碍了。

越膳堂而过，与膳堂并排着的，就是木工场。木工场设备寥寥，作工者亦无多。惟见有几张新棹〔桌〕子，想必就是本场的出品了。此种学校工场，我本见得多，不觉有甚可纪，然而我所赞成的，也就只有这一个工场。为什么呢？且待我慢慢讲来。

……

近代教育，有一个中心原理，就是：实际的职业的活动很有益于学生身心之发育。所以各级学校，都注重工作，注重职业教育。从这一点看来，此校之钮扣工场，珐琅工场，乃至金工场，皆无甚价值。因为工作太简单，太单调，于学生身心之发育，不但没有帮助，恐怕还有妨害。至若木工场，学生凭手术去做，在做之先有设计，在做之中有努力，在做之后有欣赏。所以说这是极好的教育。若是大家共做一件东西，或共做一套家具，就又有分工互助的教训，又是极好的社会的教育了。所以这一类的工作是值得提倡的，是可以普及的。至若钮扣等工作呢，就只有解决"吃饭问题"的功用，隔着教育的真义很远。此校不以木工场著名而以珐琅等工场出色，不可不说是教育上的一件憾事。然而就此校的本身讲来，或者此校的宗旨原来专在职业的准备而未尝欲为教育上的努力。那末，此校的性质，就完全是一种补习学校。为补偏救弊计，补习学校也是济时的良方。不过旁观的人不可不弄个清楚，如果以此校的办法可以做一切职业教育的模范那就糟了。因为职业补习学校，是注重"职业"的，非注重"教育"的，即令说他是"有职业而无教育"也未尝不可。

谈到此处，且让我们索性将"职业学校"这个名词审核一番。据我的意思，职业学校这个名称，不宜使用。因为职业的种类很多，做钮扣是职业，当写字是职业，做医生又何尝不是职业，乃至做教员又何尝不是职业，如果必要用职业学校这个名称，这些学校，就个个要高挂着职业学校的招牌了！遍国皆是职业学校，又何必多添一个名词呢。若就现今一般人所说的职业学校言之，"职业学校"与"职工学校"实有异名同实的嫌疑。将职工学校当作了职业学校的全体，这个误解，可是了不起呵！

严格言之，职业学校这个名词，实不应有。其理由于上面所述之外，还别有所在。依理说来，个个学校都可注意职业，但不可有一个学校单只注意职业。职业的目的，是在解决吃饭问题，此种教育当然是少不了的。可是人类不是专门吃饭的动物，所以于吃饭教育之外还应再受别种教育。一个学校应该注意教育之全体，不能专只从事于职业的一部分。即就甲种实业学校说，它于职业的智能以外，仍应启发其职业的理想与兴味，这就有待于人文教育了。从事职业的人，若无相当的理想与兴味，那就简直是个机械了。教育岂应以造就机械为目的吗？我想中华职业学校的本旨，是决不会如此的。然而他们的学校，居然叫做职业学校了，那又是什么道理呢？这个理由，我实在不很明白。或者，就是因为这个学校，是为补习职业设的，亦未可知。果然如此，我就愿向该校建议，将校名上加上补习二字，叫做"中华职业补习学校"，那就可以减掉许多误会了。而且仿办的人，也可以知道分别办理，免得将一切小学都办成偏而不全的补习式的职业教育了！

这段意思，是我当时一面参观工场，一面起的感想。后来出了校门走了好远，依然还是这样想着，念念不能放下。好像是说，中华职业学校与吾国职业教育的前途，关系至为密切；而职业教育在吾国将来的教育上又为一种极占势力的必要的趋势。万一因有误会而走入歧途，那不是为害匪浅吗？因此，心中总忘不了我所见的中华职业学校。次日，见了几位留心教育的朋友，谈起来，他们也和我有同样的感想。可是也和我一样，没有机会就正于该校当局。于是我就〈自〉告奋勇，愿将我所见的中华职业学校写将出来。一来呢，好请该校诸公指教；二来呢，好同留心职业教育的人商榷商榷。这就是我写这一短篇的缘起。

三月廿日盉特来蓬舟中，发自香港。

《中华教育界》第 11 卷第 10 期（1922 年 5 月）

达尔登制之实际
（1922 年 8 月）

达尔登制与设计教法
简便的学级组织法
私塾精神之复活
个别的学习

一

好得很！杜威女士在其最近的著作《达尔登研究室制》（Dalton Laboratory Plan）上面说："在理论上讲，达尔登制与设计教法之要点原皆一致，如完全的经验，个别的学习，以及兴味之利用，皆为两法之所重视。至若措之于实际呢？两者皆以儿童之需要为怀，亦无方法上之冲突。能适应特殊的情形与新起的需要，此为二者其所以能成立于今日之因缘。我们所常感受的困难，在教育事业不能离开我们对于学校组织的观念。设计教法之成功，是由于它从学校组织的旧观念，得着一半的解放，就是不复为分班的、孤立的事实之学校。达尔登制之特色，则由于得着其他之一半的解放，就是不复为零碎的学习、摇铃上课、苦读熟背的学校。一个的贡献是用新教材以适应近代的生活，别〔另〕一个的贡献是用新方法以使儿童得以于适当的情形之下去钻研学习。这两种试验，都是以后想建立真正有教育功能之新式学校的人所必须采择的。"

从杜威女士这一段话，可以知道达尔登制与设计教法，皆能为新教育尽一半的功能。合起来，就可以成一个整的新式的学校了。我起初很怀疑，达尔登制之下，是否可以实施设计教法？后来我参观伦敦市立斯垂三中学（London County Secondary School Streatham）时，曾特意问过该校校长以这个问题。我问："你想，在达尔登制之下，可以实行设计教法么？"他说："可以，我想你必定知道巴克赫司脱女士（Parkhurst）正在试验。"我说："我知道，她在纽约儿童大学（Children University School）试验，我很盼望她成功。"我经过此番问答后，这个问题，我简直放它不下。结果，我得了一个假定的答案：在达尔登制之下，设计教法是可以实行的，不过达尔登制下之设计教法与今日流行之设计教法尚有若干不同之处。此话说来很长，今日尚提不到此。我提它，不过表示我对于结合此两种方法之愿望，甚盼国中热心设计教法者做一番"达尔登制下之设计教法研究"。

二

我自己也觉得好笑，我之行文太无层次。还没有讲明达尔登制是什么一回事，就滔滔不绝的谈设计教法与达尔登之结合。读者读之，想亦发闷。好罢，自从此后，我且将设计教法摆在一边，来日再谈，现在单把达尔登制弄个清楚明白。

达尔登制之概观

大家若是见过我作的《伦敦之暑期学校》的报告，一定已于此制之概观知其要略。此制是创始于巴克赫司脱女士。女士初为达尔登市立中学之教员。适其校长有改革学校之意，女士即以其理想进，今之所谓达尔登制，盖从其创始之学校之名也。若就实质言之，则此制名为"研究室制"（The Laboratory School Plan）。女士原先之名此制，就是用此名称。于今亦称"达尔登研究室制"，图简便是人类的通性，故通称为达尔登制。

达尔登制通用于八岁至十八岁之学生。它的目的是给学生以自由，使学校成为各群体可以互相影响之一社会，一切问题都从儿童的立足点去处理解决，使他们对于自己的教育负担责任，感觉兴味。

各级教室变成了各科研究室。研究室各有一教师，一个小小的图书柜，以及种种标本仪器，以为研究各该科之助。

功课交给学生，是用一种纲目（Syllabus）或者划定范围（Assignment），在各科研究室外，悬有一块布告牌，各级功课的预定范围，都在这里揭布，每一个范围都包含一个"学月"（二十日）的功课，并为之细划为四星期。每个学生都在一种表格上签上一个字，约定他要学习他之学级所有的一切功课——此即一般学生所戏称为"预约券"的。一个预约券修习完毕时，可以请求另换一新预约券。有时教师对于他之心得有疑问时，可以加以试验。聪明的学生大概十七日或十八日即可修了一个预约券而改换新的，笨的学生大概须要二十四日才成。本制之最大利益，在时间表之废除——少数科目除外。儿童对于研究室之运用以及日课修习之次序，皆有绝对的自由。

三

看了上面的大概的叙述，一定有两个重要的名词往来于脑际。这两个名词实为本制的关键。知道了怎样实施这个名词之所表示，就知道了怎样去实行此制。我们可以说达尔登制离了它们俩以外，更无别物。以下请分别言之，先述"研究室"，后述"功课范围之指定"。

研究室（Laboratory）

在达尔登制下有何意义呢？讲到它的意义，还是巴克赫司脱女士在她初次试验时所发出之一种说明书上说得最为明白。他说：研究室是知识的工作场，乃所以使男女生徒借着与其生活有关之种种真的经验，以发现其天赋的能力与需要，亦所以使男女生徒于各科之最低度的要义得看〔着〕透彻的知识。我们细玩此言，深觉此研究室即工作场，即生活场。在此所得的知识，不是贩卖的，是本源的，是他运用心思之结果，不是不劳而获的领取别人的结果。在此所作的研究，就是生活的过程，不是预备未来的，现在就是目的，这就是他的生活，他的生活就在知识。其亲切有味，比较旧式的教授制度，真不可同日而语。

要实行自由研究制，多数人所发的疑问，不是（1）学生没有凭藉，岂不至于茫无所措吗；就是（2）学生假若不用功时，岂不是坐视其荒废吗？关于第一疑问，有大纲法或功课之指定以解决之，入后自然明了。关于第二问题，只有靠教师之督促与检查。教师在此制之下，既无呆板的教授之任务，正可多用精神与时间于各学生为个别的指导与个别的督促。故此事甚易，无足多虑。所可虑的，在批评方法之不当。批评学生之勤惰，不可用比较的方法，不可因为有的学生做得很多，就说做得少的学生懒惰。学生既为个别的学习，教师就应为个别的批评。且功课之预约既是按月的，教师之批评亦应以月为单位，若按日而记其好坏，就大错而特错了。在一月之课尚未修了之先，教师之责任，不在批评，而在帮助。当帮助学生成功、进步，最要的是在帮助学生使之自知其进步。人生最快乐的事莫过于自己知道自己的进步。使人生肯努力进取的，亦莫过于成功的自觉。故能于这一方面帮助学生的，即为好教师。为使教师易于知道学生之进步计，有一种表格可用。此种表格，吾人暂名之为"各生日课登记表"。此表各生都有一个。各级的颜色各不相同，以便区别。表分为若干直行，每行代表一种学科。表又分为四横行，每行代表预约券上一星期的功课，那就是说，每一方格代表每一科目之每一星期的功课。此等方格，又各分为五横行，每行代表每一科目之一日的功课。其式附在下面。

姓名　　　地址	年龄　　　学级	第△次功课		始业日期 △ △ 修了日期 △ △	星期数 △ 日 数 △
第四周					
第三周					
第二周					
第一周					
学 科	数 学 (试验成绩)	文 法 (试验成绩)	读 法 (同上)	地 理 (同上)　　历 史 (同上)	作 文 (同上)

例如一个学生在地理室内从事他的一个月的新功课。他先从室外之布告牌上，将本月功课的范围抄在他的表的背面。再将第一周的大纲细加玩索，必求了解而后止。了解后，再决定如何进行。他可以尽兴地读，一连读好几小时。兴尽欲去时，他须看一看他读了多少。假如说，他读了本周范围内之五分之三，他就可以在他的表上之地理栏内作一直线，其长延及第一周内之第三小分（看上表）。进第二个科目研究室时，其程序一如上述。临去时，亦必将已作之功课的分量记明。

非将一月的功课完全修毕者，不得换预约券。以故学生当自作一种时间分配的预算，务使本月的功课都能修毕。其有一二不能修毕者到第二月别人都已改换新券，而自己依然如旧，其奋勉之情有不待刺激而自然兴起者。其有不待一月而早即修毕者，不必待至第二月而可随时改换新券，自己的能力可以尽量发挥。其顾盼自雄手舞足蹈又有不期然而然者。此即使学生能自知其进步之最大利益。盖惰者可以加戒，勤者可以加勉。此外，儿童于此种学校须自己预计其时间之分配，功课之分配，于责任心、自动力之养成，有无穷裨益，亦为不可忽视之处。人生生活，于一己之成败以及一己行事之方法，皆须负当然的责任。负担之能力，须养而成。平常一本教科书，专心静听的学校，那里谈得到此。达尔登制下之学校，学生之生活态度正如他们在校外所必须取的态度一样，自决自制，完全相同。而上述之登记表，则所以使经验短浅的学生于自立之中，得以有所凭藉。他的工作，以具体的形式，表现于他之前，所以他可以日日月月地计算、批评。

为管理各研究室之教师用的，亦有一种登记表，可姑名之为"各级成绩月计表"。此表分为四大行，每行供一星期之用。每星期之内更分为五小行，每小行供一日之用。此表每级一张。一级的学生姓名，皆写在左方。每生于离开研究室时，必须在表上他自己姓名之旁作一横线，以表明他所已作的功课。如果学生不大确知，他所已作的在一周的预定课程占几分之几，他可以向教师问明再写。有了此表，教师欲知道某生于某科之功课已作多少时，可一望而知。于课业相去不远之诸生，亦无待多求即可了然。若欲将此诸生招集拢来，而助之讨论，与以暗示，直可按图索骥，于时间最为经济。合团教学因之甚为易易。若有进行过缓之学生，亦可随时研究其原因而分别加以匡导、督促与说明。教师之精神，因之可以顾及较为劣等的生徒而不至于为优秀份子所专占。总之，此表的功用甚大。教师与学生宜互相帮助以使此表臻于完全与正确。倘若教师于某生之判断力或其诚实不大相信时，可于该生自记其进步于该表之先，略略加以考问，加以审查。但须注意，不可有伤学生对于求学之责任心。本制之教育的利益，多自此种责任心而来。教师对于学生一露其不信任之念，本制之精神就到了危殆之域。从前教育之无效果，原因虽多，而教师使学生觉着求学是教师的事，则为其最要原因之一。因为觉着求学是教师的事，他就不肯努力；因为他不努力，教师就用种种不自然的方法，如考试等，以督促其努力；因为教师用不自然的方法以督促他，他就用种种手段，如考试舞弊，以欺瞒教师；至此，不但求知欲消减，而道德上的真诚亦丧失无余。是故务使学生登记自己的进步，是自动的按着实验的情形而不背于良心之命令。该表式附样于下面。

姓名 ＼ 日期	第一周						第二周					第三周					第四周				
	1	2	3	4	5	6	7	8	9	10	11	12	13	14	15	16	17	18	19	20	21
甲																					
乙																					
丙																					
丁																					
戊																					

于上述两种表格——一为各生日课登记表，一为各级成绩月计表——之外，还有一个第三种。其式样如下：

	几日修完	早几日	迟几日			
20						
19						
18						
17						
16						
15						
14						
13						
12						
11						
10						
9						
8						
7						

续表

	几日修完	早几日	迟几日			
6						
5						
4						
3						
2						
1						

姓名　　　　A　　　　　　　B　　　　　　C　　　　等等…………

　　上表可名为"各科成绩时计表"，是为各研究室用的。其功用在表明平均每个儿童对于某课程需要多少时间才能修完。在本表，各生姓名都写在各直栏之底下，如 A、B、C 之所示。横着有二十条线，代表每个课程预约之二十日的功课。各生每次停止修习该课时，即于表上自己姓名之上作一直线以表名［明］自己的进步。例如某日早晨某生继续修习一科以至于将一星期的预定范围都修习完毕，教师于其心得，亦表满意，他即可以作一直线于他之栏内，线之长，恰延及第五方格。假若他于学月内之前十五日即将功课完全修毕，他之直线就可以当时延及最高峰。在峰顶上，每栏皆划作三分，一分填明修完该课所实需的日数，一分填明余剩的日数，一分填明超过的日数。该生既用十五日修完该课，就于第一分内填个"十五"，于第二分内填个"五"，那就表明了他早修完五日。倘若又有一个学生，他到第二学月之第三日才修完该课，他就应于第一分内填个"廿三"，于第三分内填个"三"，那就表明了他迟交了三日。有了此表，每月之末，教师可一望而明了某生快，某生慢。且可知道本月的功课对于本级的儿童是难或是易，因为快的人过多必是易，慢的人过多必是难。将每月的表比较着看，就可以知道学生计划功课的能力有无进步，运用时间是否经济。将各科的表比较着看，就可以告诉他在某种功课他可以得着剩余的时间以补益他所视为较难的功课。若是一个学生于各科之进行都有很快的速率时，这种学生就应修习额外的功课以尽量发挥其能力；若是一个学生于各科之进行皆迟滞时，这种学生的心性或者本是迟钝的，就应为他删除琐屑的节目，只要他于基本处所有心得就了。这岂不是有适应个别的能力之妙用而无班级教授之流弊吗？

四

　　说到此处，"学生若不用功，岂不是坐视其荒废"的疑虑，可以涣然冰释了。须知在此制之下，学生并不是不能请求教师之帮助，只是不能如平素之不费一伸手投足之劳就想得食知识之果而已。在此制之下，教师并不是不可以讲授给学生听，只是不可如平日之舌敝唇焦以显其多材多艺而已。既了解此点，我们就可以进而解释第二疑问了。其实这个疑问——学生无所凭藉，岂不至于茫无所措吗？——大家听到此处，早已就该没有了。在解释第一问题时，我们常常提到功课预约。功课预约就是给与学生的凭藉，此制的创始人，并未尝有意将头脑幼稚的学生安放在知识之海内，任他去漂浮，任他去摸索。人世最不经济的事，是盲目的探求。人寿几何，等到摸索有得时，岂徒教育年龄已经过去，即吾人之躯壳，恐怕也要入木了。是故决无如此的教育理想。达尔登制之理想，只是指导学生以一定的路程，而让他自己去走，并让他自己去定走法。至若从前的教法呢，是教师代学生走，结果是教师进步了，而学生还在原处。有许多人读了许多书而结果还是一点也不知道时，他就笑说，我的书跟着老师跑了，或者说，我的书被教师读去了。这虽是笑话，却有至理。用达尔登制决无此弊。上面所讲的研究室的活动，就是学生自己去走，以及教师指导走，督促他走的情形。他应该走过哪些路程呢？教师也给他指出来。其方法就是：

功课范围之指定（Assignment）

平常的教法，也有预示功课之范围的。他们之预示，是在每次上课之最后数分间，匆匆忙忙地指定从第几页到第几页，有时也指出几个问题。学生将这个范围承受着，必须一点一点地去读去念，记其琐节，背其年月。至其重要之点，全体的节略以及本课之价值，在预示时既无时间说明，在结束时也多半是听凭学生去。照着近代的心理学讲起来，人心活动的程序，是与此相反的。先有一个概念，往后才分别印证到型〔形〕成这个概念的种种事实。这是心理学的发现。而一般学校所用的教法，则恰是与此相反，而他们还要美其名曰归纳法。达尔登制所用的则为演绎法。每月功课范围之指定，就是与之以概念；而每周功课之范围，则是要学生去博采旁搜那些造成这个中心观念的种种材料。

近代心理学还有一个发现，就是：没有兴味，即没有努力。我们对于琐屑的情节，是没有兴味的；倘若有一个重要的问题，而琐屑的情节在解决此问题中，有相当的功用时，我们对他的态度，就随之而变了。达尔登制，每月的功课范围之提出时，都可以用一种易于引起兴味的形式，学生见着，虽欲不努力而不可得。旧式的教材分类法，既嫌板滞，更觉笼统，与人心之自然，漠不相关。故除了奖励、惩戒、考试、分数以外，别无引起努力之方法。

一个指定的功课范围，内面须包含许多小范围，每个小范围须与中心问题之某一方面有关。无论大小范围之指定，皆忌用空洞的方式，不可单只说明从某书第几页读到第几页，该用一种大纲式而此大纲又出之以有趣的方法。平常所用的大纲，是预备上课时学生跟着教师走用的，而此制之大纲，则是一种方案，学生可以利用着去钻研他的问题的。它先指出一个中心观念，继之以学生所应修习的范围，再继之以应加注意的难点，再继之以问题，而终之以特别的功课，或是写的，或是念的。此种大纲之制定时，教师总须从学生身上设想。此问题学生觉着有趣么？学生能够解决么？学生所得的结果将是怎样呢？若是错了，他可以发现他的错误么？凡此等等，都是教师所应留心的。总括说来，最要紧的有两件事：一为引起学生之好奇心，一为预备种种方法使学生易于解决他所惊奇的问题。欲达到此两重目的，只须一个方法。此法为何，就是"引人致思的疑问"。

听了原则之后总喜欢听实例，这是一般人的嗜好。倘若一个演说家说了许多原理，而终久不来一个实例，听者之怨望之情将油然而生，听演说是如此，读文章亦是如此。既然如此，我为适应读者的要求起见，现在是举实例的时候了。下面所举的实例，是伦敦市立斯垂三中学历史科用的。自然，大纲之制定，原不能个个一样，贵在随时变更，随材变更，此不过示其一例，不可拘泥。

历史科大纲　第四课 一月十日至二月五日 一九二二年

不列颠之扩张

第一周　题目　十七世纪不列颠之领土

　　　　细目（一）作一详表记明十七世纪以前之大不列颠的重要的
　　　　　　　　殖民地、居留地等。并记明其年月及其初领时的情形。

　　　　画一个世界地图，表明不列颠于一七一三年所有之领土。

　　　　试答下列之问题：在十七世纪，英人创设殖民地之动机安在？

第二周　题目　赫司丁（Warren Hasting）去世以前，英人在印度
　　　　　　　之情形

　　　　细目（二）东印度公司如何能立足于印度。

（三）印度之文化及莫卧儿帝国之分裂。

（四）英、法在印度之竞争。

于上列三细目，须作笔记。

第三周　细目（五）克来夫（Clive）之事业，军人之克来夫与行政官之克来夫。

（六）一七七三年，不列颠印度政府之变迁。

（七）赫司丁（注意不列颠领土之扩大，行政之革新，反对他的名义）。

于上列三细目，须作笔记。

试答下列之问题：克来夫所赞成之治印政策为何？（中高两标准）

试述赫司丁对于董事部所感的困难。（高级标准）

华克司（Fox）与布客（Burke）对于赫司丁各有何种批评。（高级标准）

述者按：该校将程度相当之生徒分为若干级，一级共用一个大纲。而此一级之中，又视学生之能力而分为高中下三等，其应作之课各有等差，故上面有某种标准云云。不过此种等级之分别，是柔性的，生徒可以随时上下。

第四周　试就下列之题目，任作一文：

1. 不列颠势力之兴起于印度

2. 法国之登游印度

3. 大不列颠所得力于克来夫及赫司丁之处

仔细校正本月的功课。

必读之书：——

最低标准（人人必须修毕）

Groundwork of British History. Warner & Marten.　Vol.
　　Ⅱ. PP. 403 - 6，466 - 8，468 - 9，476 - 7，512 - 16.

Story of Our Empire，Solmon，Ch. Ⅶ.

Our Empire Overseas. PP. 88 - 119，73 - 6，76 - 80，81 - 4.

Lucas' British Empire，Ch. Ⅱ & Ⅲ，Ch. Ⅵ to P. 213.

Shortstory of India. Hollings，Ch. Ⅰ，Ⅱ，Ⅲ.

Foundainand Growth of British Empire，William Son，
　　PP. 89 - 98，Part Ⅲ，Ch. Ⅱ，Ⅴ.

中等标准（非最低标准已修毕者不得修习）

Documents of English History，Keatinge & Frazer. Nos. 232 - 233.

Macaulay's Essay on Clive.

The Four Georges and William Ⅳ. T. McCarthy.

（按着索隐（Index）去查关于克来夫及赫司丁之处）

高等标准（非将低中两标准都完全修毕者不得修习）

Documents of British History，No. 243 - 249.

Macaulay's Essay on Warren Hastings.

Seeley's Expansion of England.（第二三两讲多看地图再进一步的参考书）

Rulers of India. Clive，Dupleix，Warren Haostings.

British Dominion in India. Lyall.

Lucas' Historical Geography Part Ⅰ. India.

上述的大纲，是殖民史的一部分，学习此课的学生约为十五岁。

五

我们谈了许久，作者有点头昏，阅者有点目眩，然而回头看一看，还只弄清了两个名词，一个是"研究室"，一个是"功课范围之指定"。我们的进行，实嫌过于迟滞。然而前面已经说过，懂得这两个名词，就懂得了达尔登制，知道怎样实施这两个名词，就知道了怎样实施达尔登制。它们的关系，既如此其大，我们多费点时间也未始不是擒贼先擒王的办法。现在王已擒了，可以就此结束而凯旋以归了。然而归去必须实行，我们才不是纸上谈兵，所以我总得劝劝大家去实行。从来劝人实行的，必将所劝之事的价值反反复复陈述出来，冀以动人耳目。我现在也照样做去。

《泰晤士报·教育附刊》六月十日论达尔登制有句话说：

日本政府指派一个委员团，于世界的教育，为三年的调查。调查之结论，以为据他们于三年间，周游全世界之所见，对于教育之进步最有贡献之方法当无过于巴克赫斯脱女士所创之达尔登制。

　　诸君，这一句话，吹得可算十足了，再不必要我加上一句。然而我想一定有许多人要说，我们不管泰晤士怎么说，日本人怎样说，我们只讲真理，你且将此制的教育价值，从学理上一条一条地说来。这种要求，是正当的，而且是可喜的。不过这样讲起来太多，我实无此精力。我非不会写"旧制之流弊一，……二，……三……"；我亦非不会讲"达尔登制之价值一，……二，……三……"。只是这种派头的文章是闲暇的人作的。所以只好告一声得罪。再且上面已将此制的实情说出，它是好是坏，正好根据新教育原理而加以判断，何必待别人作煽惑式的鼓吹然后相信哪是有价值和哪是无价值呢？倘若有人相信这是有价值的，而想研究些实行的方法，那才是我所愿闻的。固然各种制度之实施，须得按着实际情形去斟酌办理，没有可以绝对雷同的办法，即如在达尔登市之达尔登制，就不同于纽约儿童大学之达尔登制，而纽约儿童大学之达尔登制，就不同于伦敦斯垂三校之达尔登制。然而借鉴之资，参考之料，是人类所最切的要。人类智力之发达，就是得力于此。以〔是〕故以下还是谈些实际的办法，以供采择试验之用。

六

　　本制之关键在研究室与功课范围之指定，已如前述，故关于此二者之办法，前面已言之甚详，兹不复赘。请于此外择其次要者而分条论其梗概。

　　（一）适应之范围　本制可适应于小学第四年以上一直到大学预科或高级中学。年龄过幼的儿童不能运用求学的工具，自然不能适用。

　　（二）图书之选择　自由研究图书之关系甚大。研究室之图书非经过严密的选择，不可购置。选择之条件，自以学生能看为第一；而以不至于学生之身心有恶劣影响为第二条件。中等以上的学生阅书能力稍大，选书较易，而于小学儿童，在目前之中国，几乎无书可读，实为此制前途之一大障碍。不识已有人注意各级学生用书之编纂否？我则以为无论欲讲何种方式之自动教育，离了此着总不成功。

　　（三）学生之了解　教育事业是靠教师与学生互相帮助的，而此制更不能离学生之努力而成功。学生在旧制之下，依赖之习惯已深，骤改此制障碍必多。最好于实行之先，用较为宽裕的时日与学生反复讨论，务使他们了解而悦服，然后实行。

（四）时间之分配　在此制下，无时间表，就已有之试验言之，上午大率用作研究室个别学习的时间，下午多用作手工、音乐、体育之用，此等诸课是班级学习的。

（五）工具之运动　学习之工具乃学习之第一关键。工人学工，必首先学着利用工具。我们求学，偏不学习求学的方法，岂非最为难解之事么？在旧式的教育之下，学生为承受的，本无运用工具能力之必要。于今既欲置学生于自由研究制之下，运用工具之训练，自为当务之急。如（1）查字典法，（2）查百科全书法，（3）目录利用法，（4）钩玄提要法等等，都宜先事训练。

（六）临时合团学习　反对个别学习的人，总着眼在合团学习的利益，以为个别学习是不能发育群体精神，养成社会生活之美德的。然而此不足以反对达尔登制。达尔登制于手工、音乐、体育等科是用班级教授的，已如上述。而于此外，更有一种妙用。即由于学生学习之绝对自由，而教师可以随时奖励速度相等的学生去合团学习，有时，有种特殊困难之点，亦可招集学生而为之作一合团的讨论，或向之说明。

（七）外国语问题　试验过此制的人，都觉着外国语教学在此制下遇着困难。虽其原因未必在本制之本身，而非无法克服者。但欲试行此制的人，于此问题，自宜先为研究。盖因外国语之学习，最重口头的练习。在将来学生用书改良之后，也许没有多的问题。而在今日，则还须借助于合班教练。大概学级愈低，则合班教练之时间宜愈多，学级高者反之。

（八）逐渐的更张　教师和学生的旧习惯皆根深蒂固，欲骤然更张，势必障碍横生。而主张者又以事属初创，应付亦未必能处处周到。此皆改革时必经之困难。是故更张之法，莫善于逐渐。先自年级较高之学级试办，试办略有把握，再推及于其他各级。或就史、地、理、数等容易实施之学科试办试办，略有头绪，再推行于其他各科。似此慢慢做去，即遇困难，亦不至旁皇失措。不然，小受挫折，就说本制不可行，本制当然不负责任了！

七

我谈达尔登制之实际，虽说不算应有尽有，而大致总属不差。读者若就此而加以推敲，加以自己的计划，则欲措之实际，想不至为万不可能之事。我现在再舍去实际而放下纸、搁着笔试瞑目一想：达尔登制之精神究竟安在？欲求它的精神，舍了"研究室"，以及"功课范围之指定"以外，便无从着想。"研究室"以及"功课范围之指定"有何用意？也不过是将学生置之于适当的情形之下，使之得以自由学习，不受别人之系累，亦不必待教师之驱策。所谓个别的学习，所谓"自动教育"，所谓"因材施教"，所谓"使自得之"，本制都足以阐扬之而了无余蕴。我们试一游实施此制之学校，任入一教室，则见数十学生错杂坐于其中，既不严肃，亦不整齐，时出时入，断断续续。室之一隅，置书柜一。室之四壁，置照片画片以及其他种种之零碎文件。室之前面，则置文案一，而教师雍容坐镇于其上，案头置书一堆，文案数件，既默不发言，亦别无忙碌，惟时见一二学生挟书而至其前，似有所质疑者，惟喃喃数语，又复舍去。室内惹人注意之事，只是学生之翻书声、谈话声。咳！这是何等的自由！这是何等的景象。我们看着，不禁连想而及于吾国之私塾制度。在私塾中，其教材诚然错谬，其方法则何尝是强行灌入，何尝是教师事事代劳？其学龄稍长的学生，教师对之，除了考成而外，别无干涉。其能力不同之人，更是自由努力，绝无受人牵制之累。其精神，其特点，不是与今日之达尔登制相恍惚吗？是故吾国而欲采用达尔登制，则尽可名之为私塾精神之复活。吾人于广求欧化美化之际，而无意中遇着了与吾国旧物相恍惚的东西。其令人高兴何待乎言！

抑是我之介绍此制，尚有一绝大之原因在。年来讲新教育者亦不乏注意实际方法之人。如所谓设计教法，如所谓学科制度等等，在言论界总算不寂寞，在实际上也有几个学校实行。然而欲行此等办法之学校，至少当具备两个条件：

（一）大规模的组织

（二）经费宽裕

因为必须具备第一个条件，所以打破分立的学校而组织联合学校，就自然成为一个问题。所以在都市上，大家都希望将现有的中学合而为一，在乡村内，大家亦希望实行美国式之联合学校。实因在班级教授之学校内，学级编级乃是教法之根本，一学级内学生能力相去太远，或者升降不自如，教法即不能完美。在大规模的学校，学生既多，教师亦众，编制升降乃可自如。

因为必须具备第二个条件，所以大家都有几分拜金主义的色彩。诚然钱愈多，作事愈易。然而一定要有大宗的款项方可实行的方法，这种方法就只好留给少数学校去装门面去，于多数人是无干的。我真不懂，国立的中小学，还说他们因为经费困难不能如意。须知一个国立的中小学，所有的经费，比较别的中小学校，总是五位、十倍……二十倍以上。你们再说无钱不能办事，他们就只有说是应该奉行故事完事。因此，我总觉得许多方法之提倡是无意义的。

然而实施达尔登制则不然。它不必要大规模的组织，有一百名、五十名……三十名学生的学校都可实行。他不必要多量的金钱，略将学校的经费移一部分到图书、标本、仪器之设备上就有了。它是一般学校都可采用的方法，无大小、贫富之分。而且它之改革亦是可以有伸缩之余地的。将它改到纽约儿童大学那样，于达尔登制之下，实行设计教法是可以的，就是不动课程不改科目，诸事一如原状也可以的。将校舍的布置加以变更，使学生容易自由运用固然好，就是一如原状只须留出几个小小的闲空地方，让学生能够自己集合几个人去彼此帮忙也可以的。总之，在本制下之改革，是有伸缩之余地的，是可以极经济而极简单的，不至于使大众有望洋生叹之感。此种简便的组织法，既可为多数小规模的贫苦学校所可采用，而其改革之初步又可以与原状不相去太远，在既无人材又无钱财之中国，欲求教育上之普遍的革新，此岂非最易行而又最合学理、最有效力之方法么？本制在事实上做得过去，此我之所极端相信，亦为我所以介绍之原因。若夫只可以为少数学校装点门面之事，我决不敢以之责望于大众，不知亦有鉴此苦衷而愿起而为简单之试验者否？

民国十一年六月十五
于伦敦之西南市

民族性的教育与退款兴学问题[①]
（1922 年 9 月）

我记得去年孟禄博士在开封讲演时，曾说到近代教育所注意的事，除了我们所常谈的平民主义、科学、工业三件以外，他还说出一件。这一件就是民族性。我恍忽［惚］记得他又说过，民族性是可以用文化造成的，而造成这种文化，就是教育的责任（他说的话，我记不甚清，读者如欲研究，可参看河南教育厅所出的《教育公报》增刊第一期）。他不但在开封讲过这些话，据他在南京演讲的记录看来，好像也提到这一类的话。他说此话，原无足怪，因为他是教育史专家。在近代史上之第一件大潮流就是民族主义，如意大利之建国，如德意志之兴起乃至后来之大日耳曼主义、大斯拉夫主义等，都是这种潮流之所表现。教育在这种潮流之下，自然要转入旋涡而从事于鼓铸民族的精神、信念等。凡是读过德人斐希底之传记的，当无不知道斐氏在德国教育上所遗留的民族印象是何等有力。用教育以鼓舞民族精神的，不只斐氏一人，即如鲍尔逊氏于其《伦理学系统》中亦一再申言教育有顾及民族性之必要。蔡子民先生抽其书中之第二卷译为《伦理学原理》，鲍氏之此等议论皆载于第三卷中，蔡先生弃之不译，致国人未之能察，窃尝谓为国人之不幸。

---

① 此文又名《民族主义的教育》，只是文字叙述上有些出入，如开篇言"去年孟禄博士在开封"，《民族主义的教育》为"从前孟禄博士在开封"，等等。另外在二、三级标题上，稍有变动，如"（一）思想界之锢蔽"，《民族主义的教育》作"一般思想界的锢蔽"，等等。

不然，注意民族性之言论出世稍久，则国人对于孟禄所提的四件事，何至于别的三样都肯讲究，而独于民族问题毫不经心。说此问题不足经心么，则此大教育家固斤斤以此见告而盼望吾人于此点有相当之成功。我想了又想，我们素来其所以轻视这个问题，乃因我们本不知道这是一个问题；我们于孟禄之所言其所以不发生反想〔响〕的，乃因我们实际上不曾了解他之所言。今者退还庚子赔款之议，法既实行，比亦有望，英正计议，国人也正在忙碌于此款之分配，想把持的想把持，想分尝的想分尝。然而于国家教育之根本大计则不知有人注意否？某不敏，愿就此时机来同国人商量"民族性之教育"。根据"民族性的教育"这一点，应该反对各国之教育侵略策。读者怀疑这句话么？好！我们且慢慢的解释解释。

（一）思想界之锢蔽

国内于民族性的教育，其所以始终无人谈及的，乃因思想界有所锢蔽。锢蔽在一般思想界的有二，锢蔽在教育思想界的亦有二。在一般思想界的为世界主义，为非国粹主义；在教育思想界的为个性主义，为模仿主义。请分别述之。

1. 一般思想界的锢蔽

（1）世界主义

"把天下当作一家，把一国当作一身"，是我们中国的一句成语，虽然不敢说我们果真人人都能如此存心，可是我们的国家界限的观念确实不如别国人那样利害。我国民族的根性，确实是最能容受世界主义的。所以大战以来，非战论、非国界论，格外盛行于我国。此本和平天性，阔大胸襟之所表现，我人虽处积弱之余，于此固未尝不可以自豪。惟是因世界主义之故，遂欲打破民族之樊篱，则窃以为不可，亦且不必。威尔逊非手创国际联盟的人么？国际联盟非世界主义之一种表现么？然而同时提倡民族自决者非即威尔逊么？足见世界主义与民族主义本可并行不悖，固不必入主出奴。若就世界主义与民族主义之关系言之，则世界为扩展线，民族为出发点，世界为集团，民族为份子。份子尽可并立，而不必相扰。集团固为总体，而份子仍有个性。所以世界大同，仍可容忍份子之独立，而份子之独立亦无妨于世界之大同。信世界主义即不欲别人讲民族讲爱国，似乎不免于知其一不知其二之讥。若更就事实言之，则不能自主之民族，实无讲大同主义之余地。勉强讲来，亦只见其为奴性的大同主义、懦性的大同主义罢了！比利时人若讲奴性的大同主义，就尽可以让德国人假道去伐法国，然而比国人宁可受尽痛苦而不愿如此。为什么？为的是民族的人格。英人治印渐遵正义，印人自由，日日有加；印人若讲奴性的大同主义，就很可以不必闹革命讲独立。然而印度人不愿如此。为什么呢？为的是民族的人格。国内每当政潮汹涌时，国人即相率而求庇于租界，只知近利，不顾廉耻，比国人且不说，就是同我们所轻视的印度人一相比较，也要愧死了。此外希望开作租界，希望国际共管的人，尚比比皆是。他们持论，无非是就幸福上着想。即袞袞诸公如梁任公者，在辟国际共管论时，也只是斤斤于利害之剖陈。我于此始知道国人眼中只知道有利害问题，而不知有所谓人格问题。万一国际共管果真有利无弊，或者利多弊少，吾恐国人都要高高地树起顺民旗来，以表示民族之无能无耻而靦颜以作万国的顺民呢？咳！民族的血性安在！民族的羞恶心安在！我劝大家不必顾虑民族主义是否违反世界主义，且努力使自己的民族在世界上站得住，然后自己所说的话，才不至被人家以"无耻之言"视之。

（2）非国粹主义

有甲午一役和庚子一役，国民对于本国武力之信念乃完全打破；有辛亥一役，国人对于本国政治制度之信念乃完全打破；有五四一役，国人对于本国之一切思想学术之信念，皆完全丧失无余。至此国民自顾其身，乃无复丝毫昂藏之气、自尊之概。与外人相遇，只觉自惭形秽，无一是处。劣等民族之名号，不必要外人以之相加，而自己早已自认了。如此自暴自弃的民族，还有立足于天地间之余地么？他之归于自然淘汰，恐怕只是迟早的问题而已。我想，非国粹主义者之本意，不过在扫除顽固思想，以及不合理的风俗制度，初不料流毒所及，竟至如此。吾国之风俗制度，本多应加改革之处，固有的思想，亦多谬妄之点。国粹主义者昧然不察，妄想一律拥护一律保存致为进化前途之障碍，民族复生之难关。于此而施行攻击，谁说不应该？但攻击应该分别好坏，不可一笔抹煞。说吾国民族性有许多弱点，可以相信；说吾国民族性皆是弱点，则未免武断；何以故？因我不信言之者果真已将国民的性质施行过细密的解剖，而确见其无一好处，然后才发此言。我今奉劝非国粹论者，且慎重一点，莫使国民失望太甚，以致于个个人自恨其非黄发碧眼者之子孙。

有人疑惑提倡民族性的教育，就是提倡复古，提倡国粹，就是顽固党、守旧派。是否复古，是否守旧，且不置辩。我们试问，假令我们承认，中国民族之性质、思想、言语、风俗、制度样样都不好，我们要努力学西洋人，要努力同化于西洋人；那么，我们也要问一问，如何才能同化于西洋人？莫说同化之事，只须将自己的种种弃置不问，而努力学习别人的模样，就可以成功。须知一个民族之由来，有数千年乃至数万年之历史，此历史上的势力永远存在于各代国民之身心上，虽欲摆脱而不可能。它时时左右我们的行动，干涉同化的进行。如果同化的性质和固有的性质绝不相投，或者背道而驰，则同化之结果，只能产生精神上之不安宁，以及社会上之紊乱，而决无成功之希望。生物学家说，族系相去太远之种族不可结合，因为两方的性质相差太甚，以相差太甚之两种性质遗传于第二代之身，则第二代之身必常为此两方之纷扰而失其精神上之谐和，与其品性上之坚定。此说在西方很流行，而学者间且多据此而主张黄白人不可结婚，以免人种之堕落。我意人种之结合是如此，文化之结合亦是如此。欲勉强效颦他人，终久只有失败。数年来青年之烦闷，已成为国内之一大问题。论者推究其原因，所执的说法，各不相同，若由我意，则要说是由于所吸收的西方化与固有的性质相去太远之所致。何以见得呢？数年前大家所提倡的不是活动主义吗，社会生活吗，功利主义吗？此数者固于中国的缺点很有补救之力，但是中国人之大道本是一张一弛的。单只注意这面，而忘却了对方的内心生活，如"无人而不自得"、"知其不可为而为之"等等精神，自然就失其调节而感着内心上的悲鸣了。据此，民族性的教育，于同化之进行，非特无碍，而且必要。非国粹论者慎勿以我为新文化前途之障碍。

2. 教育思想界的锢蔽

（1）模仿主义

国内教育界事事模仿外人，已为无可讳言之事，虽说加以"主义"二字之名，未免稍嫌过分，而模仿的倾向则确已由无意的而入于有意的，且在意识界占惟我独尊的地位，则为彰明较著之事。从前只要是日本的就抄，现在只要是美国的就抄，将来或者有一天只要是法国的就抄。幸而抄对了，就是一国之福；不幸而抄错了，于是又从新再抄。抄袭生活之可耻且不必讲，抄袭生活之危险，岂不应防备吗？固然吸取他人之长是进化程序上之一要素，犹之乎吸取新养料是有机体营养作用之必然手段。然而吸取之目的安在？无非是为我而已。为我之生存，为我之发展而已。所以模仿是不应反对的；所应反对的，是无我的模仿，有害自己之生存和发展的模仿。于自己之生存与发展最有害的是什么呢？要无过于自暴自弃的心思。凡崇拜别的民族过了正当的分量者，其自尊心必然消灭无余，其民族之前途亦就不问可知。

国人所用的功夫既倾注在外面，尽力了解别国，模仿别国；于是于自身所处之民族，遂自然忘却。再也想不到，或不相信，本民族还有什么优质、特点。自尊与模仿，本应该并行不悖，而在事实上则是不能两立。我国与外人交通之初，自尊心太甚，对于别人之种种一律蔑视鄙弃；往后稍进，到了"中学为体、西学为用"的时代，自尊心才退让了一面，模仿活动才活动于一方；再往后，到了"一切固有都是荒谬"的时代，自尊心乃化为乌有，模仿活动乃得以盲目的横行。其间消长之迹，甚为显然，今后欲使本国的教育真正为民族性的教育，首先就当致力于自尊心之复活运动，使国人最少也承认西方之民族及其文化不是全善的。有一部分不好，有一部分不必学，同时又知道本国民族与本国文化最少亦不是全恶的。有一部分还不错，有一部分最少也值得保存。必至此时，中国的教育才是"中国的教育"，而中国的教育家才不是为日本或美国实施同化政策。必至此时，国人之模仿才是一点一滴地重新估价后的模仿，而不是为模仿去模仿的挂洋招牌的风头主义。

（2）个性主义

持个性之说以反对民族性的，我尝亲闻之于吾友某君。大意是说：教育是应当发展个性的，世间只有个性而没有民族性，要制造民族性就要戕贼个性。此说是从心理学立论的，吾人且就心理学的见地而来加以剖解。他之主张，实含有两个论点，一为民族性之有无的问题，一为民族性是否戕贼个性之问题。要明白这两个问题，又须先明白（一）何谓个性，（二）何谓民族性这两点。

何谓个性？个性是各个人所有之不同于别人之性质，其不同不在于某某性质之有无，不在于某某性质之强弱，而在于各种性质之谐和与统一（见 Kirpatrick：Fundamentals of Child-study）。

何谓民族性？民族性是一种集团心性（A collective mind），是一民族中各个人间互相影响时所产生之通有的思想、感情、意志，大不同于孤立的个人之思想，亦不是孤立的许多个人之心的活动之总和。他由数千百年中之自然的活动和社会的活动所产生的，对于各个人具有压迫的和敦促的势力。

知道了个性与民族性之意义后，民族性之无碍于个性，就无须多说了。个性不是说这人有此性，那人无此性，不过是说各性质间之谐和与统一之如何，所以不愁因启发民族性之原故而硬将某种性质强迫地灌将进去或压制下去。况且民族性是有历史关系的，人人都因遗传的关系，以及社会上种种风俗习惯的媒介，而不能把一身安放在历史范围以外，民族性之特质也就禀赋在各个人的身上；所以合于民族性的教育，决不会妨及个人。妨及个人的教育，据我看，或是抄袭的教育，因为抄袭的教育，未必能合于本民族中之各个人。

上言民族性的教育无妨于个性之发展，然而我还未证实民族性之果有，闻者恐未能心服，现在就进而证实之。

各人种之生性是一无二，而其所以不同者，皆由于环境之故。主张此说的人本多，如弥尔（Mill）即其中著名之一人。据他们的意思，人性是极易变的，决诸东方则东流，决诸西方则西流，若用相当的制度（例如教育）以提高他、矫正他，他极易感受影响，所以算不了什么要紧的元素。此等见解，皆从洛克之心理学来的。洛克以为人性如一张白纸，没有特别的倾向，只有个人的经验，依着观念联合原理以遗留印象于其上。此说支配人类之思想，为时颇久，然而到现在大家已知道其不对了。大家都知道婴儿的心不是一张白纸，他有种种本能，种种倾向。人性既非白纸，各民族以不同的人种，不同的物质环境，不同的社会制度，不同的历史变迁，其精神之构造，自理论上推之，当无可以信其同一的理由。今日心理学的结果，固然于民族性之问题尚未能为多大的贡献，而粗略地言之，要足以证明我们的结论。头脑之大小，颇有关于精神之发育，不是为人类学家所公认的吗？黄白种人之头脑既大过黑人之头脑，他们的精神状况当无复同一之理。感官之灵钝，于精神之发育颇有关系，不是为心理学家所公认的吗？黄白人与黑人之感觉的禀赋，既已有显然的差别，他们的精神发育，我们也就有推测其为不全相同之可能。凡此皆是精确无误之据，不可推翻之证。今且更进而为较为广泛之疏证。

先让黑种人之特性，可称为听天由命（happy-go-lucky）之性向，无节制的感情暴发，无节制的反应活动。在非洲中部的人是如此，在美洲文明之邦的亦是如此。再次白种人之特性，各族亦有不同。如英、爱两族，爱人即为比较的多血质，易于快乐，易于忧愁，易于热心，易于为诗歌所感动，总言之，感情活泼而变动，不似英人之冷淡与迟钝。又如英、法两族之在智力方面。法国人具有逻辑的演绎的倾向，英国人具有经验的归纳的倾向，至为明显，凡熟悉两国情形的人都能感觉。自然此种倾向之加厉，与历史上的传统是有关系的，然而不得因此就断定不是由于根本性质之差异。又如英、法两种人之在气质方面，英国人富于独立性，故其宗教以新教为盛，其政治以地方分权为则，常有无政府之危险，其家宅以小规模为多。法国人富于胶合性、服从性，故其宗教以旧教为盛，其政治以中央集权为则，常有帝制复活之恐怖，其家宅以大规模为多，能容多人合居。此外如德国人之坚忍，美国人之进取，都是容易感觉的。有此种种引证，民族性之果有这句话，当再无疑义。前提既决，可进而言民族性的教育了。

（二）民族性的教育之旨趣

上面那些话，是说明民族性的教育之思潮其所以不发生于我国之原因，同时又申明我们主张民族性的教育不是主张复古，不是主张拒绝西方文化，不是主张军国主义，不是主张制造整齐划一的国民，而于民族性的教育究为何物，尚未说及。民族性的教育之旨趣，约言之，有积极与消极两方面。

在消极方面，教育要根据固有的民族特性。

在积极方面，教育要养成显著的民族意识。

"教育"一字之意，不是灌入，乃是引〔申〕，此为卢梭以来，教育学上之一大新发现，所谓新教育者，此义实为其一紧要的元素。大家所常谈之自然发展，即为此义之精髓。而现代教育之不同于过去的教育，虽说方面很多，而其开宗明义第一章，要不外乎此义所发生之种种影响，我们主张自动教育而反对被动教育。为什么呢？为的是不可强迫灌入，而要自然发展。我们主张个性教育而反对整齐严肃的办法。为什么呢？为的是不可矫揉造作，而要自然发展。此义既已闻之甚熟，无待多赘；那末，教育要根据固有的民族特性，也就可不烦言而解了！何以故？因为不根据固有的民族特性，就为违反自然发展之义。各个民族各因其天赋的气质，自然环境，社会环境，以及历史的变迁等等之差异，而其特性也就彼此不一。上面已反复证明。民族特性之实有，已无疑义。不违反自然发展之义的教育，决不能置民族特性而不问。因为于个人的特性就顾及，于全民族的特性就抹煞，一样的事，两样处置，世间当无此逻辑。于各个人，知道不可求使此人全像那人，于各民族，又希望使此民族之活动完全类似彼民族，于小处就明白，于大处反糊涂，岂非怪事？此无他，只因不事思考而已。大家若是平心静气一思量，当不骂我为怪僻，为顽固，为守旧，而必能恍然于教育要根据固有的民族特性，本是新教育中——自然发展的教育中——所固有的一义。

个性的发展又于全体社会有极大的贡献。社会全体本极复杂，社会的需要本是多方面的。一个人从一方面去发展，去供给社会的一种需要，大家合起来，社会的各种需要，就完全都满足了。这是个性发展对于社会的一种关系。社会的进步，是靠少数人能够比众人走得上前几步，众人有了他们在前面引导，于是也上前进走，于是社会就进步了。少数人之能够上前，又由于他们的本性得着了充分的发展。凡个性能自由发展的社会，其进步必定快而且是多方面的。凡个性为众人或风俗制度所压服的社会，其生活必定是停滞的、单调的。由此可见个人能发展其个性，社会就能得着进步。这是个性发展对于社会的又一种关系。这两种关系，在讲个性教育的人，都能够讲说。现在我要进一步，说明民族性之在全人类，亦正如个性之在全社会。全人类如果想进步到最善的地位，单靠一个民族的努力是不成的。全世界的文明如果想进步到圆满的境界，单靠一种文明的发达也是无望的。民族的禀赋，正如各个人一样，是各有所偏的，所以各民族的成就亦是各擅一方之长的。合起来，就可以产生更完美的，更良好的；分起来，就止于各所已成的原状而已。所以中华民族如果自认为劣种，为下等民族就罢了；不然，对于自己的优点就应该抉择出来，而加以发皇光大，使全世界都能吸收此种优点以即于较为完美的境界。这正是一个民族对于自身的使命，亦是一个民族对于全人类的责任。若是不明此义，天天只急着怎样使自己同化于别人，怎样使自己完全和别人一模一样，无论此种同化可否成就，即就居心一端言之，已是对于本民族为不孝，而对于全人类为不忠。

民族性的教育并不反对模仿，并不反对吸取别人之所长，前面已言之。现在更进而说明吸取不可不根据固有的民族性。所吸取的资料必定要和民族的本性相谐和，然后资料才是滋养品。譬如人参大补之品，也须与病人之体质相投，才能奏其提补之效。不然，不但不能滋养，而且变为毒剂。国人精神之中毒，已显然可见，如青年精神之烦闷，即其更甚的。俗话说："人信巴豆医好病，人参甘草也会害死人。"可见要吸取一种文化，最要的问题不在该文化的好坏，而在该文化之是否适于我们。文化从何而来？是精神活动的产物。精神之结构不同，产品的色彩就自然不能一样。英、法两国，土壤相接，其历史的关系何等密切，其人民的往来何等频繁，两方的模仿同化，有意与无意间，又该何等有力；然而英、法两民族之不同，仍然显而易见。英国有工艺，法国亦有工艺；然而法国人之工艺终不能与英国争，这不能怪一国之持政者，亦不能怪一国之先觉者，乃因英人之冷静笃实，非拉丁民族之法国人所能及的。法国有艺术，英国亦有艺术；然而英国人之艺术终不敌法国人，这也不能怪一国之教育家，也不能怪一国之先驱者，乃因法人之天机活泼，远非盎格鲁撒克逊民族之所能追步。由此可见性质不投，即勉强效颦，亦只有终于无济。其最足以证明此理者，莫如英人之治印度，和法人之治海地，以及美国之治菲律宾。海地（Hayti）本黑人所居，法人得着统治权后，为他创设种种政治的、社会的、宗教的组织，一如法国本地的模样。当法国大革命时，法人急于内顾，无暇远图，遂许其独立自治。未几，所有的制度尽行崩溃，而入于最野蛮最残忍的状况。英国人在印度，成天汲汲于建设英国式的文化。现在此等努力之不当已渐渐显著。许多人都预测印度之代议制的政府，若完全归印人掌管，不出数年，全国必定大乱。其更进一步的人，且说西方的文化对于印人之智慧与德性根本上是有妨害的。于今对于此说，正不乏赞成的人。美国治菲律宾，起初也是移植美国式的办法，结果使全岛混乱、穷困、怨恨，而不得不改弦更张。英、美、法之政制，由英、美、法人为之就成，由海地、印度、菲岛人为之就不成。此无别故，政体之产生，本由于精神。精神大不相同的民族，自然不能运用同一的政制。麦独孤说得好。他说：社会的环境于民族之陶铸上不能发生若何的势力，倘若此种环境与该民族之种族的倾向是不相接近且不谐和的（We then see how little the social environment can accomplish in the moulding of a people, when it is not congenial to and in harmony with the racial tendencies. 见他所著的《集团心性》（Collective Mind），有人译作《集团心理》，我除于"心理学"这个名词外，根本不愿意用"心理"这个词，遇着这种地方，我主张用"心性"、"心意"或"心思"，在文义上比较地通一点，——本文的材料多根据该书，不仅这一句话，合并声明）。

由这样看来，救中国的教育恐怕不是美国式的教育，亦不是法国式的教育，亦不是英国式的、德国式的……教育，而有待于一种未产生的中国式的教育。兹事体大，要非一日之功。吾人苟欲从事于此，则请记着苏格拉底对于世人之最后赠言。 "知道你自己"（Know thyself!）

在"知道你自己"这句话中之"你"，不必是指着个人，就是一民族，又何尝不应该知道你自己呢！知道你自己，就是真教育之起点，其他都是做幌子的话，离着教育之本义远着呢！

以上是说民族性的教育之消极义，以下再谈民族性的教育之积极义，就是说教育要养成显著的民族意识。所谓的民族意识，细分之又含二义，一指民族的自觉，一指民族的心意。中国以四千年的历史，继续施行相同的政教，民族的融合已极坚牢，民族的意识已具雏形。只因地域的广大和历代的孤立，此种意识稍嫌模糊而不甚显著。乡土的观念太盛，种族的观念反只是偶当国家遭遇外患时骤然一发。种族意识之发现，每每是外族侵凌之反动。常有敌国相处外患相逼的国家，其民族意识格外明了而浓厚。吾国历史上虽不乏与外人接触之时，可是所接触的都是野蛮之族，虽然勇猛獝悍，足为一时之害，不久终为我族所柔服，或则他内部自引溃败。从来既无长久对峙的人，所以自我意识不甚发达。到了清季，屡屡为外国所辱，一时救国救种之论大作，在我国历史上看来，民族意识之明显当无过于此时者。可惜自民国改元以来，外国之对我政策，多变其武力侵略而为经济侵略，一时之局面既改，国民的敌忾心也就随之而消灭。此种一断一续的景象，皆因教育上未曾致力于培养之功，只是听随外界的刺激以为自然的反应。丧地数万里，赔款数十万万，反换不来一个明显的民族意识。足见天助自助者，我人而不努力养成，终久是不可得而有的。民族意识，不但对外有抗衡的功用，而对内亦有融和妙处。一个民族若不自知为一体，或互相漠视，或互相歧视，这个民族之内部必定难得有均齐的进步，甚至失其和谐的关系，甚至互相残杀。吾国之省界观念，本已不浅，南人之视北人，北人之视南人，都含有一种无名的善意。及至民国以来，各省排外之风大作，接着又有联省主义之产生，国民精神全因对内问题而终日在扰攘。今后以政治上之分权作用，联省自治势在必行，联省自治是否就是将一省变作一国，这是要靠立法者之眼光与政治家之手腕的，教育者当此际候，只可从精神上下些无形的功夫，以使各省之政权虽分，而国民之精神仍然如一，且更进而更为胶固，更为融合无间。自教育之方法讲，教材固然有地方化之一义，然而自教育之目的讲，教材又应归于民族化。讲理科，南人容易了解稻，北人容易了解麦，此根据于心理学之言诚为不谬。但饮食为人生大事，南北人不可不互相了解，北人不可不兼知道稻，南人亦不可不兼知道麦。讲历史从心理学上讲，各省本可各将本省的往事乃至伟人多加表扬以资激厉〔励〕；但为民族计，对于全民族之大伟人，如孔、孟，如张骞、班超，如岳飞，如文天祥等，究不可不一一知道。此偶就教材一端说明，融合民族的意识乃是教育的责任。然而教育的责任，当不止此。

教育之最大的责任不在一仅仅民族之自觉，乃在更进而为积极地鼓铸民族的心意。所谓民族的心意，即指民族的感情、信仰、目的而言。此民族的感情、信仰、目的果为何物？是独立于各个人之感情、信仰、目的之外的呢，还即是各个人之感情、信仰、目的之总和呢？此是心理学上的问题，且放下不管。我们只须知道民族的感情、信仰、目的能具有绝大的势力，对于各个人有驱策束缚的能力。常使全民族发泄其感情，实行其信仰，努力其目的，虽走天下顶危险的路亦所不辞。譬如法国人之于自由、平等、博爱，英国人之于独立，美国人之于进取，都是笃信实行，没有一个人敢于自外于此。倘若你向着一个美国人说他是五十年前的人物，或者说他的装饰是五十年前的式样，他必引为奇耻大辱，非同你大争大闹不可。美国全国少年气象，就是由于有此进取的精神。因为他成了一种民族的信仰，全国人皆浸润于其中，全国之所表现皆是此种精神，如不能表现此精神，则常为别人所不齿，而不得不努力改正。进取之于美是如此，自由平等博爱之于法，独立之于英，亦是如此。回顾国中，欲求一民族共有的信仰，实苦于穷思苦索而不可得。彼此既无相同的信仰、目的，彼此的联络协助就都变为手段的、自利的。辛亥以前，大家尚有一公共之目的，就是救国。讲教育的是想救国，讲政治的也是想救国。所以在当时的教育得有蓬蓬勃勃的活气，而在当时的政治活动亦有推诚相与的党会，乃至共生共死的同盟。今日则何如？大家对于救国之一念已丢到脑后了，一似中国不会亡的，无待于救，将全国的奇耻大辱都放在一边，只顾争羶逐臭以分割权利，政客且无论，即就教育界言，也无非早晨划一策以扩张党势，晚上又立一计以巩固地盘，这是其上焉者的。其下焉者的，就无非是天天想方法出奇制胜以鸣高一时。大家久已没有关心民族前途，更说不上共有的民族目的，更说不上制造民族的感情、信仰、目的了。某君说：现时的新式学校，不过是制造几个装门面的人罢了！我想这话很不错，目前的教育家所最关心的几件事，就是吃吃茶点，开开欢迎会，照照纪念像！去着真正的教育远得很呵！要打破教育者的以及一般人的自私自利心，还是要建设一个民族的目的。大家共同努力于此目的之下，而使个人的利害关系受此民族目的的调剂和制裁。这样，国民之精神才有妥协之一日，纷争之浪费才有停止之一日。我尝怪一般讲训育的人，日日劝学生牺牲小己以服务社会，而于社会之为何许物，社会之鹄的安在，又茫然不知有所启示，一句抽象的话如何能激起学生之奋发。倘若变其形式，而告以我们为民族的光荣计，为民族的生存计，不可不如此，那末，其效力将有不期然而然的。实因目的之确定，既为人心所易把住；而自尊心之利用，又合于人心之自然。人人既知道以民族的荣辱为荣辱，则利害上之些许冲突，就都无害于事，而不至于妨及彼此之协同的动作。是故养成民族的目的这一点，在学校内为训育之良法，在社会上为团结的联琐。能够尽其本职的教育，必能完成此使命。

（三）退款兴学之办法

我们承认了（一）教育应根据固有的民族特性，（二）且应养成显著的民族意识，我们于退款兴学这件事，则不宜过于乐观，到底这件事是中国之福抑是中国之害，还须待国人之努力，目前遽然乐观，未免嫌早。何以故？一查各国退款之用心，就知道了。各国肯实行退款，真是有意扶助中国吗？真是自知其要索太苛，不应要此不义之财吗？不错，口头上是如此说的。实际上呢，何尝是由于什么亲善，又何尝是由于什么自觉，不过眼见得美国的教育政策在中国已显见成功，美国的势力行将布满中国的政治界、教育界、工商界，于是大觉大悟，知道欲保持其经济的势力或扩张之，不可单自经济上的侵略着眼，还须先于教育上培植根基。眼见得自国的政策，已落于美人之后，乃不得不急起直追，虽当大战之后，经济疲乏之时，尚不肯搁置不论。岂真出于友爱之念吗？恐怕是外交作用吧！这不是我故为以小人待人。我们不已看见过各国赞助退款甚力的人，不就是工商界的巨子吗？他们所持的理由，不也是明明白白地说是为自国之工商业么？这样看来，各国退款兴学之用意，质言之，就是要为自国造就华经纪而已。以中国人的钱制造剥削中国人的工具，还要美其名曰为中国兴学，为中国造就人材。中国人要不是聋了瞎了，万无受其欺骗之理。在今日退款将次进行兴学正待计议的时候，首先就要防止各国的教育侵略策，莫让他汩没了民族的特性，莫让他破坏了民族的意识。根据此理而言具体的办法。

第一要反对各国建设清华式的学校。

清华教育之失败，国人已多论之者。实则我国之失败就是美国之成功。清华式的人材，就是美国所正欲取为已助的人材。前车之覆，就是后车之鉴，国人既不满意于清华，就须防止第二乃至第三清华之实现。清华之失败，第一由于管理权操在外人手上，——美国的外交官。外交官如何能懂教育，美国人如何能懂中国的教育。将管理权放在他们手上，他们所施的教育自然是按着他们在他国内所受的教育而依样葫芦地做去，是否适于中国的民族性，是否合于中国的需要，他们既想不到这些问题，也顾不到这些问题。结果就养成了清华式的人材！

清华之失败，第二由于开设中学班。小学和中学是注意普通常识和一般修养的时代，与民族性的教育最有关系；为国家之安全与独立计，是万不可由外人办理的。外人办理高等以上的学校而招收本国中学毕业生，是可以相对地允许的。因为中学生既受有较长期的本国教育，则不至有完全同化于外人之虞。反此道而行，势必使学生对于本国文不通，本国历史不懂，更说不上独立自尊的精神、与国人通力合作的修养了。这还是一国施行此种教育之结果，倘若各国都来竞争此种教育，其流弊势必使国人的精神四分五裂，各随其所受的教育而拜倒于各该国之旗帜之下，颠倒于各该国之精神之中。前在海船中，戏向一安南人，问他是安南人否？他说，不是，是法国人。他明是安南人，自己偏不承认，硬说他是法国人。又记某报载日本某人种学家主张日本人同白人是出于一个种族，日本的驻英公使且在英日协会内要求人家考虑此说。日人明是黄种，偏要自附于白人之林。这种不知耻之行为如何发生？在安南，是由于法国教育的结果；在日本，是由于自国历史空虚的原因。各国在中国倘若都能实施中小学教育，我恐数十年之后，国人既有一部分人愿为日人（现在已有），又有一部分人愿为美人，又有一部分愿为法人或英人，乃至德人俄人。扰攘纷争，恐怕还要起一回"归化战争"呢？是故最为危险之事，莫过于由外人来办理清华式的留学预备学校。况且国内高等以上的学校日有起色，毕业生之学力亦尽有优良的，欲派遣留学尽可从各校毕业生中用考试的方法去选拔，用不着特立一个预备学校，不比清华初办之时，国内教育尚在萌芽时代可比。此从事实上讲，无设立预备学校之必要，又可证明。苟执此以与外人相争，外人亦未必不能相谅。

第二要反对滥派留学。

留学政策本是治标的方法，于一国之学术独立、教育独立相去很远。我国派遣留学生已经二十年了，而学术之不能独立、教育之不能独立依然如故。无论不能独立，即求几许进步，亦不可得而见。此中原因，有由于留学生自身之罪过的，有由于教育上之失策的。留学生中有居外国二十年而不作归计的，有在校十年而不能得一毕业文凭的，此类事情，除归咎于留学生之堕落外，殆无别话。惟是国人责望留学生太高，希望留学生回国就可提高学术，振兴百务，又未免是国人之失计。须知一种学术或能力，不是数年间之学生生活所能成就的。外国的学问家，都是毕生继续研究，始终不懈，所以有发明，有创说。留学生以数年的工夫，其上焉者，也不过只是摸着一个门径而已，其下焉者根本还不知学术为何物，要期望他们去提高学术，始终只有成其为一个笑话而已。就是说到学实业的，即令个个都能得到一个工程师的文凭，在外国也实习过一两年，可是要责他回去办理一个工厂而胜任愉快，也就是难上加难。总而言之，留学政策是所费多而收效小的，是一时之计而非永远之法。吾国目前或因需要的关系，或因外交的牵制，虽不能完全停止不派，也是愈少愈好。少而能出以精选，其结果自然就好了！其效用也未必不胜过于多！

欲提高学术，既不可依靠留学政策，然则用什么方法呢？依我的意思，当注全力于国内学术机关之充实。以偌大的一个国家，而没有一个国立图书馆，能搜集世界的一点书报。更说不上美术馆、博物馆、理化实验馆等等了。言之岂不可耻，思之岂不可危！再看各堂堂的国立学校如何？人材之窳败，设备之简陋，直可名为"空壳大学"。照如此的状况做下去，就是大家鼓起气力来弄成些什么中法大学与中德大学，河北大学与河南大学，东北大学与西南大学，都是于国家根本大计，丝毫无所裨益的。为今之计，国内大学，不在添设而在充实。友邦若是真以友意待我，应于建设大学一层，稍稍放松，而助我充实各学术机关。就充实各高等以上之学校言，又当分为设备之添置与外师之添聘。设备之添置之急需，为人所共认且不提。专说外师之添聘。前面说过，要提高学术，靠留学不成，故提高学术，仍须于国内求之。然而国内的教师，又是这么个模样，好一点的，勉勉强强对付得本科学生下去，差一点的，连中国话且说不清，遑论其他。以如此的人材，办理大学本科已经就办不好了，说到研究科，更不知拿什么来教授，然而没有研究科也就真说不上学术了，而讲不到学术之提高和独立，就更无论矣。倘若能多聘几位外国的头二等角色来担任一部份［分］功课，兼做各研究生之指导者，同时从外国回来的少年教授们遇事也还可以请他帮帮忙，再加以有个外国人在旁边比较着，自然也不容易心满意足趾高气扬而不求上进。这样，双方并进，十年之后，国内的学术空气当有几分润泽之气。我认这件事比派遣留学重要十二倍，极望国人注意。倘更能于图书馆、博物馆、理化实验馆等等，择全国适当的中心点若干个，如北京、武昌、南京、广州等，而分别为大规模的设置。则研究之辅助品既不缺乏，而国人之观瞻又可一变，在学术界的前途必可发生绝大的影响，切莫说此乃不急之务。

第三反对款项集中。

国家教育政策，贵在能调剂各方面，使他们能有平均的发展，然后全民族才能和谐，才能互相了解，互表同情。一方既不至以先进骄人，一方又不至以榛鄙〔狉〕自轻。司掌一国之教育的人，若不能完成此事，即为负其天职。可恨吾国教育素无一定政策，各省进行，或缓或快，皆听之于自然的驱使。结果捷足先登的或因缘时会的地方，其人材辈出，其教育发达。其他偏僻省分〔份〕，或居风气之后的地方，事事皆落人后，不足比伍。须知此非一地方或一省分〔份〕之耻，乃为全国之根本问题。国家对于落伍的省分〔份〕，本应格外补助，而事实上占便宜的，反为较为活动的地方。此真一国之绝大事体，未可忽视。所以我于退还款项之分配，主张按照省分〔份〕之大小（就人口言）及其文化之现状而平均分配。希望以经济力之平衡而促进其文化之齐等。经济力相差太远，其教育的发展自然不能并驾齐驱。即如武昌高师之于南北两高师，南高北高各有常年费四十万以上，而武高则不过二十余万。因之，其设备之完全，其教师之敦聘，自然不能同人竞争，所以说武昌高师办得不好，武昌高师无话可讲，可是应当追问一下，这到底是谁的责任。我极希望以后国内的教育经济不至永远有如是之偏枯现象，而于此次款项之分配更极端反对集中于少数地方，或少数人手中。最好是由教育部及各省代表组织一委员会，保管此款，并议定此款用途之标准，如添聘教师及添置设备之类，而监督各省之动用此款皆须按照此标准实力奉行，不合于此标准之用途一律拒绝。至此款之分配，则如上所言，按照省分〔份〕之大小及文化之现状（可依据各省教育统计）以为准衡，为事至简，纷争极少。似此，经济的利益，各省既得均沾而款项之使用，各省又不得滥〔浪〕费，所用的钱既有效，而所用的地域又极普遍，全国的教育或可因此一举而果有若干进步，那就是全国之幸。比由少数人把持垄断，单图一部分事业之发展，总要好得多了。自然，于各省之外，还有尚须分给的，如里昂中国大学，以退款运动之历史的关系，不得不加以援助；又如国立理化实验馆之类，亦为事势所急需，不可不急图建设；凡此，可于分配给各省之先，预提一宗出来，好在皆是于国家精神或国家荣誉有关的事，且比较起来为数亦不甚大，于各省之发展当无碍而且有益。

总之，我于退款兴学之办法，共有三项主张：第一项，反对各国建设清华式的预备学校，意在防止民族性之汩没和民族精神之分裂；第二项，反对滥派留学而主张充实学术机关，意在为民族之独立树立百年大计之基；第三项，反对款项集中而主张各省分享，意在使民族的全体能于文化上并驾齐驱，以免文野不齐、情意隔阂之弊。此三者，皆民族生命之所攸关，故犯众怒以一言之。知我罪我，正〔在〕所不辞。

十一年八月十三于巴黎旅次

《中华教育界》第 12 卷第 2 期（1922 年 9 月）

教育零感^①（节选）
（1922 年 10 月）

睹人政教，日有所怀，断续记之，名曰零感。——作者

（一）体育的好尚

匆匆过伦敦的游客，若苦无暇盘桓，最好是乘日中街车减价之时（伦敦街车自上午十时至下午四时减价），费两个便士买一张票，坐上车，就可以游行半小时。途中所经，最少当遇着一块空旷之场，长宽各数百丈，其中树木参差，车道错出。初游之客，每怪伦敦寸地皆是黄金，为何空置此宽敞之地而不建筑高楼大厦。若问其故？知者必谓此Common，意言公地也。徒闻此"公地"一词，将以此乃公众之地，或公家之地，公共的事无人管，伦敦竟亦如此？若然，则大错而特错矣。必在星期休假之日或每日下午五时以后大家事毕之时，再经此地，眼见男男女女老老少少，或提布椅，或持球拍，或着便装，或携白鞋，群向此公地而来，或则坐卧于其上，或则角逐于其中，才知此公地者，就是

① 此文分四次连载于《中华教育界》第 12 卷第 3 期、第 8 期、第 9 期和第 13 卷第 5 期，计讨论问题 12 个，即"体育的好尚"、"殖民教育"、"国民音乐"、"如何救济法政学校"、"胸襟欣赏态度"、"中等学校之课程"、"理想的职业教育"、"西捷克画法与教育"、"教材之精选与学科之增加"、"朗诵与文学之欣赏"、"穷人有享受教育权否"、"读万国教育会议议决案"。此处仅节选前四项。

市民休息之地，运动之所。都市人烟稠密，得此树木林立之地，以调节空气，卫生上已受益不浅。加以可作游息与锻炼之用，其有关市民的体育更非浅鲜，故以极讲经济之英国人，独不惜留此宽敞之地，以为体育之用。我人试看伦敦公地之多而且大，就可以知英人体格之强壮有由来矣。法人体质较弱，于体育素不注意。巴黎沿街树木之栽培，以及家户庭园之发达，与其谓为由于体育之动机，毋宁说由于是审美的好尚。然自大战以来，英、美军队群集法境，运动之风遂随之而传染殆遍，又加以有识者之觉悟而出以有意的提倡，为时不久，网球之戏即盛行于全国。别地我不知，若就巴黎及其四郊而言，则许多广大的庭园皆改作网球场矣。少年士女，往时只知向咖啡店中求燕悦者——法国吃咖啡之风，一如我国人之上茶馆，于今皆相将而竞技取乐。风气之变，可谓快矣。回顾吾国，提倡体育，最少亦有十年，但至今学校体育方只萌芽，而社会体育竟完全没有。一难一易之间，实令人大费思索。是中国人根本不好运动？还是提倡者不得其法？无论如何，国民体格之锻炼，教育者总不可忘记，尤其是谈社会运动的教育者更不可忘记。我们而欲自居于劣败则已，不然，大规模的体育运动，则诚刻不容缓也。

（二）殖民教育

当国事扰攘之秋，国民之生命财产朝不保夕，国家之主权命脉，危如累卵；此际而谈殖民教育，闻者将莫不以为太不识时务了！意以为殖民教育是发扬国权之事，必俟诸国家富强之后，今当自保且不暇及之时，何能说及发扬？为此言者，是又蔽于普通之所谓殖民教育，而不知我国之殖民教育实大异于他人。他人之殖民教育是侵略的，而我之殖民教育则为自卫。南洋数百万侨胞，知识能力，与西人相遇，皆远有逊色，生活情形日益危急，数十年之后，恐完全为西人所压倒矣。吾人将坐视其如此，抑应加以援助？如应加以援助，则援助中之最有力者，舍教育尚有何法？满、蒙、藏幅员数百万里，在地理上为国家之屏藩，在历史上为先民心血之所换得。今与列强相邻，蚕食鲸吞，贪得无厌。吾人将任凭外人予取予求？抑应勿忘先民之牺牲而思有以保卫之？如应有以保卫之，则保卫之根本之图，莫外于教育。教育之法，一面从事于土人之启发与同化，一面于一般教育上养成移殖之精神，实行移民实边之举。此皆国家百年大计，未可因一时内乱而忘之也。关于殖民教育，吾于国内得两种可资敬佩之事，一为暨南学校，一为蒙藏学校。暨南学校为黄任之所经营。黄先生的教育见地有许多为我们所不能了解，惟有于南洋教育之经营，则不得不敬仰其眼光之远大。蒙藏学校为民国初元国民党人所提倡，民国初元之国民党言大而夸，不少讨厌之处，惟有于实边之计则不得不叹其气象之崇宏。不意世事多变，蒙藏学校已短命于袁世凯之手，而暨南学校亦不能有尽量之发达。瞻念前途，可为寒心。甚愿留心国家教育政策者，勿徒为粒米之争，勿空事纸上之业，而放开眼界盱衡世局以为吾民族奠定根本大计。若论其实际，则侨务局应负海外侨民教育之责，蒙藏院应负蒙藏人民教育之责，教育部应确定殖民教育之旨，分令各省注意进行，如四川云贵之于西藏，闽粤江浙之于南洋，山东直隶之于满州，秦晋以及湖北之于蒙古新疆，皆可因势利导，为事并不难也。今之所患，在教育界衮衮诸公皆无心及此。

（三）国民音乐

音乐之教，为陶情淑性之要道，亦即人格教育之秘诀。吾国教育，自兴学以来，为主知主义与功利主义所笼罩，于教育之根本，未能见及。自蔡孑民先生提倡美育以来，风气稍变，然而所谓美术者，多为图画一部，而于入人最深、感人最力之音乐，则注意之者甚少。吾人居外，每当夕阳西下之时，散走公共场所，辄遇公众机关所组织之乐队，随处演奏，环之以听者每以千百计。或坐或立，始终不倦。每一曲终，掌声雷鸣。未尝不羡其市民之幸福，且叹其教育作用之深远也。盖就消极言，有此可以减少人民低等的娱乐以及不道德之行为；就积极言，有此可以增加人生之兴味而提高生活之活力。其为用非狭义的功利主义者所能解矣。又当一周之末，每尾群众之后，而入戏馆。无论为电影、为舞台，其程序上必穿插以歌唱，或一人独唱，或数人合唱，以时而异。每当所唱为通行之歌曲时，台下观客，辄随口和之，其声嗡嗡然盈室也。一歌既终，观者大悦，例强歌者再歌一次。有时歌者弄巧，彼竟不歌而发令教观者歌，彼仅按拍击节于台上，于时而戏馆遂成群众之歌堂矣。每当此景，未尝不叹其音乐之普及，而羡其群众同乐之风也。回顾国内则何如？舞台剧曲，过于专门；学校新歌，苦于生硬。非为一般人所不能唱，即为一般人所不愿唱。于是而吾国成为无有音乐之国，吾人成为不能音乐之民。与西人兴谈及此，辄为汗颜。闲尝与二三友人戏谓，使吾而有几分权力者，吾必建设一音乐学校。一以养成音乐教师，以改良今日之学校乐歌；一以养成音乐技师，以改良社会上之音乐职业。音乐教师无论矣，音乐技师之养成，不知有人注意之否？音乐技师亦为一种职业，且为社会上所必须的职业，不知今之言职业教育者，亦肯于此加之意否？吾则谓国民音乐之改进，首在音乐技师之训练。

（四）如何救济法政学校？

国人于旧制，一见其无效，即欲推倒，而不愿改良，浮浅的更张多，而耐久的努力少。有识者方引以为殷忧，不图于教育界屡屡见之。阅报知七月间济南教育大会通过"取消法政专门学校"一案，直隶法专与北京法专皆起而为反对运动。运动之是否成功，当视其事实上之势力如何！吾人无容遽下推测。今试以对此事绝无利害关系的人，作无偏无袒的议论。吾国法政学校之无效果，之制造恶因，有眼者类能言之。然而即此即欲取消法专，则毋乃太不追寻因果关系。法政学校诚然成绩不佳，法政学生诚然好捣乱，然而须知此非学校制度之过，乃教育者之责，乃社会之责。盖风气之造成，系于一二领袖人物。在社会如此，在学校亦如此。法政学校的教职员，非官僚，即政客。官僚政客，既不尊德性，又不重学问，敷衍将事，自是不免。学生处于此等环境之中，品性学识既不足以絷其心，而纵横捭阖，使权弄诈，又为日常之所习见，乃不待督策而欣然向风矣。彼且以敦品励学为迂腐，咬文嚼字为能事，何得而求其成绩好？何得而求其不捣乱？教师之所好，学生随之，不独法政学校然，其他学校亦如此。今日之为教职员者——以校长主任为尤甚——谁不以权术相尚，捭阖自雄，教育界固已成为"政客化的教育界"，学生界亦渐具"政客化的学生界"之雏型，此稍知教育界之实情者所引为腹心之疾者。倘长此而不改，一切学校之成绩，恐将无一不等于法政学校；一切学生之好捣乱，恐将无一不等于法政学生。徒责法政学校，又何益哉？是故今日之问题，非学制问题，乃教育者之修养问题。故改良法政学校，推倒旧制无益也，当推倒旧污点。质言之，则是在教育者之人格的改造。

当今教育界使弄权术之风气正浓，好为此言，毋乃早计。今请言治标之法。好捣乱之性，决无治标之法，亦决不有分于法政与不法政。如曰捣乱已为学生界之病，则当谓为通病，不仅限于法政学生。如欲救济，则舍由教存者用人格作榜样外，殆无别法，可暂不论。今只言如何救济其成绩之坏。法政学生成绩之坏，第二由于学生立志已差，第二由于考取太滥，第三由于督促不严。中学毕业生，能力稍强，志向稍大者，决不肯入法政，故入法政者非纨绔，即笨夫，真有所见而学法政者寥寥。故曰由于学生之立志已差。至若法政学校之考取学生，向为"来者不拒"，而其毕业之为"照例毕业"，亦为人所共知，故于第二第三两因，无待多述。综观数因，可知法政学生成绩之坏，皆坏于一"苟且"之心。入学时，既因其易于考取而入之；入学后，又因其易于毕业而安之。本无所为而来，故亦了无所得而去。所以救济之法在去其苟且之心。于入学时严其取录，于毕业时严其考试。如是，则懦者不得入而怠者不能终，学者可观而知所感奋矣。然考试之事，今固有矣，其无济于事者又何也，是则由于教考不分。教者即考者，考者即教者，考试时可以上下其手也。若教考分立各负各责，入学主考者既思有教者鉴别于未来，教者又思有毕业主考者审判于最后，两种顾虑，虽欲敷衍，亦不敢敷衍至于其极也。教考分立之说，并非我创，国内之中小学有实行之者，如李步青厅长之于河南是。国外之大学有行之者，如英国各大学是。尤以伦敦大学为最著。伦敦大学，初非如吾人所习闻之大学，非合数科，乃合数校——数十校——而成者，一校各具若干科也。其中有独立的多科大学之资格者颇不少，而无待于与他校联合。其联合也，直如英吉利、加拿大、澳洲等等之联合而为大英帝国，吾人尝称之为"联校大学"。此联校大学者，初本一考试机关而已，后乃渐次而立有各种教授法规以支配此联合中之各校，然而各校仍具有独立资格焉。窃以为此种组织颇值国中欲于教育机关为大改组者之注意。因为既可以收联合之效又无损害个性之虞。且掠夺者既无从施其掠夺，把持者亦无法把持，然后种种讨论，可以纯为教育而发，而无涉个人利欲之私，此因伦敦大学连类及之，请述其考试法。伦大各校考取新生之权，不在各校，而在联合入学考试部（Joint Matriculation Board），或称大学入学考试部（The University Matriculation Board）。有请求免考者，须向此部请求；有请求插班者，亦须向此部请求。总之，凡关于入学之事，各联校皆无权过问。投考生既得该部考试及格证，或免考及插班证，则各可依其所请求之科目而任入大学属下之某联校，无一不可。至毕业考试时，毕业之权亦不操于各联校，而操于大学——即联合毕业考试部，或称大学毕业考试部。考试及格者，由大学给以文凭，其名义为伦敦大学而不用各联校之名。是故在学期间之教授为一班人，入学及毕业考试皆为另一班人。大学考取的学生，入各校后而程度不足，是主考者之羞；学生毕业而不能及格，是教授者之羞。若一教授所教之学生，考试不能及格，则次年中该教授必于该生等尽力引导与督促，务使其于次年不至又不及格。即此即可以见教考分立之可以引起责任心。然而联合考试之法，于法政学校之利益，则犹不止此。在联合中之各校——譬如北京国立八校——同时同地举行同标准（或同题目）之入学考试，于是而取人无此严彼宽之弊，立志苟且的学生自然无所立足；同时同地举行同标准之毕业考试，于是而程度无此高彼低之弊，法政学校乃不至被人视作学界之低洼地也。总之，联合考试与考教分立之法，一则所以打破学生之苟且心，一则所以激起教员之责任心。倘亦可以作救济法政学校之一治标之法乎？未可知也。窃愿有人一实验之！

（未完，九月三日寄于巴黎）（下略）

《中华教育界》第 12 卷第 3 期（1922 年 10 月）

"道尔顿制"与中国之教育
（1922 年 12 月）

　　吾友新城先生在吴淞中学试验"道尔顿制"，并由《教育杂志》出一"道尔顿制专号"以供国人参考，屡次函嘱为该号作文；只因省费关系①，或与使馆交涉，或与同学商榷，几乎日不暇给，所以久无以报。专号虽改至十一月才出，但是我的文字恐怕仍来不及，因为返往邮期须三个多月。所幸关于"道尔顿制"，我已经作过一篇《道尔顿制之实际》，登在《中华教育界》，想已出版，此外也没有什么可讲。现在就前文所未及的，再述说一下。

　　"道尔顿制"的功用，在教师与学生之解放。从前的教学，无论为注入，为启发，为设计，（一部分）多少总是形式的、整齐的。教师既忙迫于照例的事件，而学生亦无从容活动的余地。所谓思索，都是浮浅的；所谓了解，都是糢〔模〕糊的；所谓兴味，都是机巧的。真正的学问，决非如此得来；如此所得来的，徒足以供道听途说的资料。古人为学，最重涵泳，最重体会，最重深思。现在使教学成为群众的活动，成为定期的活动，无怪乎知识的零碎、思想的浮浅。吾人试就自身一想，我们作学生时，对于功课的心得，何一非课室外学习的结果？较为抽象的知识，何〈一〉非自己冥心思索的产品？"道尔顿制"不用照例的时间表，

---

① "省费"指由省政府拨付留学生之公费。

使教师与学生由是得着解放；而解放的结果，于知识上，即可使学生自己努力而有所会心，不复如从前之专作稗贩功夫。古人云："掘井见泉水，无处无复得。"这真是学者的至乐；然而非解放，虽有此乐，也不能享受。

人人都说：教育是最有兴味的事业、最需创造力的事业；然而实际上，当教师的没有一个不苦其机械，不苦其枯燥。所谓适应学生的个性，所谓常在试验之中，所谓不断的创造，都是欺人之谈。然而这是无足怪的，终日忙碌于口舌的生涯，日暮之际，已是精疲力竭；日求应付，尚虞不足，哪有余力以赴教育的理想？若在"道尔顿制"之下，教师可以从形式的、机械的教学得其解放，而运其心思于计划功课、观察学生及帮助特等生；于是教育才真是一活泼泼地有生气的事业。所以"道尔顿制"的功用，在教师与学生的解放；而解放的结果，于教师方面可以使教育成为日在创造中的事业。

在私塾时代，师生间的感情最浓（指年长的学生而言），这亦是我国历史上的一种遗风。从前孔子既没，门弟子都居丧三年然后返，子贡犹以为未足，复居三年乃去。后世私塾时代固未足以拟此，然而情谊的浓厚，固随处可见。自班级教学发生以来，师生间的往来，多为公众的而少私人的接触，多为片面的而少情意的交通。在同学方面，同窗共砚，自昔视为美谈；往往有心心相印，亲爱逾于兄弟；但如今学校亦罕见此风。诚以师生都忙碌于形式的教学中，没有真正的切磋、自由的谈论。就是偶有课外的集会，亦多是一面的活动，鲜能为情意的沟通。其实情意的沟通乃团体构成的要素；学校是一团体，然而团体中各份子的情意不通，是则不过一死团体而已。以如是的团体，想造出一有力的校风，以为熏陶之资，岂非妄语？以如是的团体，想运用他以与社会反抗，也多见其不知量。古人师生间，有相率而死难的，有不避危险以相救援的，这都是由其相感深，所以相结亦坚。现在各校，人多品杂，想求这种现象，自非易事；然而使学校成一真正的团体，成一可与社会以及政府反抗的团体，非使教师与学生间以及学生与学生间有自由的往来与情意的交换不可。在"道尔顿制"之下，学生与学生都自形式的、机械的教学中解放出来，所以其自由接触的机会多，而能为差近理想的方法。这〈就〉是所谓"道尔顿制"之社会陶冶的价值。

以上三者，都是我感于教育界的颓风而希望用"道尔顿制"救济它的。至"道尔顿制"的原理和它的价值，想必有言之者，不复多赘。现在谨再述我的两种事实上的希望。

一、为希望于乡村小学以及小规模的中学者

有许多新教学法的设施，或则必须有充分的设备，或则必须有较好的编制（如人数少、程度齐是），或则必须减少教师的担负；总之，必须学校经济宽裕、人员较多且好而后可。一种好教学法，必须具备如许条件，才能实施；那么惟有少数学校可以拿来大装门面，于多数学校没有关系。至于"道尔顿制"则不然。各校可以自量其规模与财力自由伸缩，而于精神和功用无稍妨碍，学校规模大的，可以每科设一研究室（Laboratory），甚至两研究室以上，每室设一位专家教员（Specialist 即学科担任制），而图书仪器亦可以尽量构［购］置。至于小规模的学校，虽是一教室的单间学校（One room school），也可以活动运用。近来教材多主综合，如所谓一科制，如所谓中心制，如所谓设计教学法，都反对以学术上的分割作为教材的分野，而主张依人事的本位制就教材的单元。性质相近的学科，可以合一而由一教员担任，只须于制就"功课大纲"（Assignments）兼营并虑，于各方面为适宜的分配就可以了。掘我私意，高小及初级中学的功课，除音乐、图画、手工、体操无大关于"道尔顿制"之本身外，其他各科可约为四科或五科如下：

（一）国文

（二）数学（用混合编制）

（三）自然科学（包生物及理化；或分先后，或主混合皆可。）

（四）社会科学（包史地及公民科。三科的编制我主混合。）

（五）外国语（中学）

就此四科或五科而聘四位或三位专家教员，在学校中设四科或五科研究室（室之大小以学生之数目为准衡），各研究室备有十种以上的应用书，各种各备有十个副本，即可为实施"道尔顿制"的良好设备。若学校情形更不如此，而为上述的单间学校，则更为简单也是无妨。假如有教室一间，教师三人，学生卅人（乡村之高小多如此），则即将此教室划作三四区，习国文者坐某区，习数学者坐某区，习自然科学者坐某区，习社会科学者坐某区，两位教师亦可以各置一案于教室中，分任某种功课的指导与解答。似此，则颇似一变相的私塾；然而"道尔顿制"的精神实不外于此。

是故"道尔顿制"，不论贫富，一切学校都可实施；所以我希望小

规模的学校为尤切。

二、为希望从事于编辑事业者

在研究室中所需用的，除仪器标本外，即为书籍。书籍问题不解决，任何形式的自动教育都无法实施，更无论"道尔顿制"。在国中欲行"道尔顿制"，第一难关即学生用书的枯燥与贫乏。通常学生用书，除教科书外，一无所有；而教科书又病在简要，使学生读时，不感兴味，读后一无所得。编辑界今后当发一大愿心，迅速着手于学生用书的编纂与搜罗，而勿使学生抱残守阙，与一本教科书相终始。这谓之教科书的解放，亦无不可。

今后编纂的方针，当分学生用书为两种：一为材源本（Source book），一为读本。读本当章节分明，脉络条贯，使学者毕卷后有豁然贯通之乐。撰著这种书籍，当注意仪型教材制（Plan of typical material）的精神，从各类重要材料中选择其尤要者而详加剖析与说明；使学者通此一事，即于同类中的材料有触类旁通之乐。从前的弊病在件件材料都有而件件材料都讲习不透澈，所以不能引起学习的兴味，也不能养成研究的精神，更无从训练研究的方法。教材堆积实在是从前教学上的死关。我看近日制定学课的纷然增加学科，每以为不可缺，亦同此弊。我以为教材范围的推广与学科的增加不必有连带的关系。此事他日当为文登《中华教育界》，现以离题太远，不多述。

材源本在国中尚鲜有人注意，实则材源本的编辑一付阙如，则学生的知识不陷于空泛，即陷于偏枯。近顷教学颇注意于"琐节的详陈"，实以人生大事都是琐节联贯而成；舍琐节而不言，则所教者终为概括的、抽象的，而不足以引起学者的想像；最多亦不过等于一架枯骨，不能表示生活的生气。譬如叙中日战争，仅书"我师与日军战于大东沟，我师歼焉"数语，远不如将未战前经过、正战时的情形以及两方人物的生平、两方军力的比较、两方战略的异同等详述一过，使学者读时欲罢不能，读后欲忘不得。这种书籍，有须撰述的，如科学材源本等；有可选编者，为历史材源本是；惟都不必用章节体，各篇可自为起迄〔讫〕。有一科材源不能包含于一类中的，可分为数集；如历史材料可分为：

（一）历史材源（甲纪事篇）（用纪事本末体，可从《通鉴纪事本末》及其他纪事书中选出。）

（二）历史材源（乙传记篇）（从各史传记以及各家私传中选出。）

（三）历史材源（丙风俗篇）（包含一切社会现象的［记］载。"风俗篇"乃暂用的名词，此篇搜集稍难，然《三通》以及《风俗通》皆可取材，故不患全无所出。）

是故各科皆可依教材的性质，而分为若干篇，每篇皆含有该类教材中之一切重要单元，教师在制定"课程大纲"时，可应手而得，无翻检之劳；在学校的设备，亦可少费周章。然而我非谓学校所应有、教师所可以取材的，只限于此种材源本。材源本所收集，终属有限；教师为适应学校的情形以及学生之需要计，仍不可不从他种书籍多所选择，如报章、杂志可资取材者，固亦不少。即如中日交涉"廿一条"条约全文，在近代史上，是极重要的材料；想使学生了然于此次交涉之意义及其关系，当使之一读是。但上述的历史材源本，不能将此等材料尽行搜罗，故他种书籍如《各国条约全书》，如《东方杂志》，都可搜藏以备随时检出之用。总之，用书问题是"道尔顿制"之核心问题之一。若无良好的用书，则"功课范围之指定"以及"研究室"皆无从进行。所以想实施此制之学校，第一当注意这个问题；想提倡此制之人，第一当敦促编辑界着手于用书的编纂。

我之所欲言者尽于此；而我之所以愿言此制者，以其精神上可以医我国教育界的锢疾，而于事实上又易于实行。《教育杂志》既出专号，是则我国教育界之重视此制已可概见；吴淑中学首先试验，尤足供国人参考，则将来于教育上的影响又可预料。查英国实施此制之各校以及赞成此制之个人已组成一"道尔顿制联合会"（Dalton Plan Association），而且此会已备有宣传费（Parkhurst 所著之 Education on Dalton Plan 之版权已捐助该会），这不是吾人所当效法的吗？愿热心此制的诸君更进一筹。

　　此文于今日寄到。其中论吾国教育的弊端及功课指定之材料很透彻，深望吾国教育者读了以后，实际把此制实验一番。余先生并赞成"格里学校制度"与"道尔顿制"合用，来书有云："将 Dalton Plan 同 Gary School System 混合采用，命意甚善，弟于舍间所立之小学亦有施行此二者之倾向。惟因乡村经济关系，拟只将国民科用 Gary School System，而于高小则用 Dalton Plan。"

　　　　　　　　　　　　　　　　新城附识十一月十五日

人格之动力[①]（节选）
（1922 年 12 月—1923 年 1 月）

> 我以为人人之努力，都是在求为空间之主，在扩张他的权力意志，在努力打破一切阻碍。
>
> ——尼采
>
> 权力意志是最初的原动力，一切别的动机，都从它产生。
>
> ——尼采

一、人格与自我之意义

在我们所常谈的名词中，有许多是最容易了解而又是最难于名言的。人格与自我这两个名词，就是一例。我们日日谈某人的人格坚强，某人的人格薄弱；我们更时时讲"我"与"我的"，好似此二名词乃妇孺之所通晓。然而一加思考，就不复如此之简易。欲确定其意义，实颇困难。现代心理学之所成就，尚未足以解答此问题。在诸家学说中，所可抽出之共同点，只是认人格为有机体之全体。其中有谓有机体只是各

---

① 此文选载于《中华教育界》第 12 卷第 5 期、第 6 期、第 7 期、第 8 期上，共分 6 部分，即："人格与自我之意义"、"自我意识之生长"、"自我之统整与分裂"、"析心学与教育"、"全人格与意志"、"人格之堕落"。此处仅节选前四部分。

个机体之总和，其行动可以各个机体之活动解释之者。有谓有机体之为有机体，不可（但）视为各机体之总和，而须重视其心意的组合者。前一说解释人生过于机械。就心意的事实言，人格之综合，自我之动力，实为各个机体之作用以外的一种新作用，非此不足以了解高等的心理过程，如自我意识理性的思考之类。至自我或人格之究竟的解释，则尽可留给哲学。吾人只须知道凡用机体的作用以解释人之行动以及内心生活之现象的，无论其所指之机体为生理学派之自动的体系，或生物学派之本能，或理智学派之海尔巴脱的统觉，或析心学派之情复、形体或机体，都无当于事实。

自我，就客观的意义言，即是个人，即站个人之全体，常与人格互用。例如杰姆士讲自我之轮转时，其总标题用轮转的自我，而讨论时的标题，则用轮转的人格。[1] 就主观的意义言，自我则为个人自己所觉知的我，有时亦名为自我意识，如麦独孤之社会心理学，有一章名为自我意识之生长。[2] 将此两重意义分别清楚，入后就减少许多纠葛了！

二、自我意识之生长

小儿初生，浑浑噩噩，他的意识界，恐无所谓物，亦无所谓我。他的两足，自他看来，好似等于外物。他的头部，他亦不辨为谁所有。他啮足敲头，如玩弄玩具一般。在此等玩弄中，感着许多皮肤的与筋骨的感觉。此等感觉，富有主观的性质，与声色等感觉之来自外界者有别。物我之分别，想必就是由此而起。

在生命之黎明时期，人所自知的我无他，就是意志而已。愿望、希望、要求、抵抗、竞争，皆初期的自我之特征。及后经验日增，外界的阻力使吾人恍然于自己的权界而自我意识乃成为较为客观的。我自知我的筋肉的能力不足以扛重，我的思考的能力不足以决疑，我的欣赏的能力不足以鉴美。人生到此时期，才有自我估量，将自己与同辈比较，将自己与事务比较。虽然有许多人每每自分过高，流于夸大狂，然而正确的自我估量，多随经验以俱进。失败的经验既多，就自然知道舍己从人之必要，而自我伸张的冲动乃不得不稍敛其迹。由此可见自我之正确估

---

[1] 杰姆士：《心理学》，207～208 页。
[2] 麦独孤：《社会心理学》，174 页。

量，乃来自自我伸张与失败的经验相除相消之结果。

自我伸张之冲动强而处境顺者，多不知天高地厚，而目空一世，拿破仑说"字典无难字"，正所以表明他是一个飞扬跋扈的人，亦所以表明他是在百战百胜的时代。自我伸张之冲动弱而处境不顺的人，多觉天地之大而不能容我，从来遭逢不幸的文人，其思想多为悲观遁世，其作品多为怨天尤人。然而即此怨天尤人，亦是自我伸张之一变形。此自我伸张之冲动实为人生根本的原始的动力。自我伸张之冲动在前，而自我意识在后。一切自我情皆从此起。

研究儿童生活的人有人说，儿童之在母胎中，为无条件的独尊时代。他不必饮食，亦不必呼吸，事事皆有人为之服役。既然无所缺乏，欲望之活动亦不必起。可谓最舒服而最无缺憾的时代。一旦出母胎而入此世界，既冷且酷，形势骤变，于是呱呱一声，以表示他不愿离去他的圆满世界，兼以表示他已知自己之弱劣不足以抗拒此真实的世界。人生自卑之感或者要以此为第一次。然而至尊无上的要求，他并不从此放弃。他一入此世，父母之所顾念，无时不是在他，所以全个家庭，都是他一人的天下了。在起初凡有需要即以号哭表示要求，此为幻想的独尊时代。稍进能够运用手足，凡百需要，即以姿势表示要求，此为姿势的独尊时代。再进言语能力渐次发达，凡有需要，即以破碎不完自成一格的言语表示要求，此为思想的与言语的独尊时代。此等方法，皆儿童用以满足其幻想的欲望之工具。失败一次，对于真实世界之认识即正确一分，而自我意识亦明了一分。所以自我意识乃经验之结果，尤其是与社会的经验所关更大。

自我伸张既是人生的本性，人生的原始形式，遂不免有人以为此乃未开化的人类的遗留物，而不利于现代生活。现代生活之所需要在自我牺牲。而服从之德，谦虚之美，尤为教育所重视。须知在某种意义上，牺牲、服从、谦虚，仍然是自我伸张之一种表现。盖借此以表示其具有牺牲、服从、谦虚之修养或能力。是即自己主宰自己的精神，原无背于自我伸张。有背于向我伸张的，乃是强迫的牺牲、服从、谦逊等。此则为害甚大。孟子说：自暴者不可与有为也，自弃者不可〈与〉有言也。而现代的教育者，于自己之宰制本能，则纵其活动，于学生之自我伸张则力事扑灭。及至学生丧失了进取心时，反从而责以上进。须知自尊精神为一切进步之本源，于此而摧残了，还有何创造心责任心之可言，只能养成一般习故蹈常随班逐队之废物而已。"独立自尊"之精神，是教育上之最良方法，亦教育上之最好目的。谈教育者宜三思之。

自我伸张冲动之宜为教育所尊重，若从自我之内容上一加考查，则更为明了。自我之界限，非固定的，乃渐逐扩张的，此所谓"自我之扩张"也。我们所视为我者，起初为吾身，往后乃包含吾衣、吾家、吾友，乃至吾校、吾乡、吾国、吾之主义。凡与我有关者，通常皆称以"我的"。此"我的"一词乃表示我之兴味之所钟，而将他纳于我之范围以内，而视作我之一部份〔分〕，与之同其荣辱而共其休戚。有批评我的衣服者，我对之，等于批评我。有侮辱我的父母者，我对之，等于侮辱我。其他于友、于校、于国、于主义，皆同此理。此等心思，实于训育最有利益。因为由此可以利导个人而使之将个人的直接目的放在第二位，而着重于社会服务以求达团体的目的。且其势至便，只是将自我情操牵引到预定的外物上，而使之觉着我即是物，物即是我，以四海为一身，以天下为一家，皆可做到。而不似持社会与个人平行之二元论者，教人以勉强爱人、爱国、爱社会之无生力。自然，自我与外物之合一，其疏密，其浓淡，随人而异，随对象而异。其关键在对于该对象之兴味如何。换言之，即是在自我浸沉于对象中之程度如何。爱校心本是自我伸张之自然的结果，各校学生皆有几分。而其浓淡之差则关系于各校吸收其学生之兴味究竟能至若何程度。校务修明的，学生爱护之心切；校务颓废的，学生爱护之心淡。学生对于校务有若干表示意见之机会者，其爱护之心切，学生对于校务绝无过问之可能者，其爱护之心淡。教职员能顺应学生爱校——实则爱己——之心而日求校务之发达者，学生爱校之心切；其敷衍从事不足以顺应此心思者，学生爱校之心淡；若教职员过于怠荒，学生或因学校腐败自我伸张之情不得发泄，乃崛起而铲除其障碍，遂致与教职员为难。此等教职员不知利用自我伸张冲动之提高以为训育之一助兼以为学校争光荣之用，反使学生激而出于破坏之一途，实为可惜。此外国家、社会、家庭、团体对于训育，皆有同一的价值，在主事者应付不得其宜时，结果亦无二致。

三、自我之统整与分裂

一个人是一个独立体，他的行为是一贯的，各种性情是相调节的，通常称之为自我之统整。但自我能保持完全的统整者不多见。各种性情每每不相呼应，甚且彼此冲突。在平常的事例中，为人格薄弱。在病态的事例中，为多重人格。两者都是自我失了统整，只是程度上的差异而已。我们统称之为自我之分裂。在我之分裂时，一人的活动，好似局部的自我的行为，而非出自"全我"。原来精神发达的结果，产生种种情绪的复体。一个情复就是以一种情绪为中心的一群相关联的对象或经验。情复之支配行动，有时是凭藉自我的，亦有时离开我而独立活动。在离开自我而独立活动时，就是自我之分裂。在凭藉自我而活动时，自我之统整乃得保持。此等区别，最宜留心。佛洛特派心理学究竟影响教育之理论与实际应至若何程度，皆系乎此种区别之明白的了解。

首先且谈凭藉自我活动的情复。严格言之，自我就是心的组合的主体。为讲述之便利计，亦可将它看作诸情复中之一。惟诸情复之互动不足以正确地解释人的行动，则不可不知。在心之进化上，意识之功用已不可轻视。再加以自我意识，就有了为统整与联结用的因素了，而心意界之全般情境亦随之而大变。这是佛洛特派与极端的行动派所忽视的。不辨意识与潜识有何区别，不承认意识之本身有何机能，是为佛洛特派之根本的谬误。离开统一的、有意识的、生活的有机体，而单言各个动作与思考的机体，佛洛特派本来无可訾议；但是人生是一个整体，是由各机体构造成的一个整体，此乃事实，未可弃置不顾。佛洛特派之难题在此，极端的行动派之难题亦在此。瓦聪反对解释人格与自我而取径于不可分析的核素（Nucleus）或中心因素固然合理；但谓凡在不可用各遗传的反动，各习得的反动以及他们的结合相表示者，皆在摒弃之列，恐亦非科学的态度之所许吧![1]

我们即将自我看作诸情复中之一个，亦须知道自我情复居于一种特别地位。自我情复所包含的本能的性向与原始的情绪，为自我性向与自我情感（分自尊与自卑两种），此自我性向与自我情感，对于一个有机体之全体，实具有支配的能力。自我情复之发达，全赖个人对于别人的关系，可说它是社会影响的产品。社会可以左右自我的行为，如畏舆论、如好名誉是。社会又可以供给自我的内容，自我之所信仰、好恶，无不受社会习尚的影响。在少年时代，对于社会的好尚，尤其是无条件地接收。从事教育者，若能使学校成为一个健全的社会，就不愁青年之自我没有健全的发育了。然而自我之为物又非完全被产生者，其所从来又不仅是单纯的对于别人的关系。自我情复中之自我，是一个心意上的

---

[1]　Watson，Psychology from the standpoint of a behaviorist，P. 396.

单元，人格之核素。

自我之为自我，乃逐渐生长而成的。在起初不过是来自本能与嗜欲之冲动，所以我们于前面常说自我性向与自我情感。后来组成一坚固的有力的系统，而在有机体内行使高尚的威权，此时可以称为自我情复。及至心灵发育而至于观念域，自我观念已经产生，则自我情复即成为自我情操。情操不是一项情感的状态，乃是许多情感（即情绪嗜欲与欲望等）以一个特殊的对象为中心而组成的有若干固定性的一个系统。所以自我情操亦是一种心的构造，与别种有机体的构造同。其所不同的，在于它含有一个有统整作用的因素，就是自我观念。自我观念有统整的作用，乃一极重要之点。杰姆士说意识历程之特征时，曾指出各项经验皆为其经验者"所有"。我所有的经验，我思考过的思想，我作过的事务，都称作"我的"经验、"我的"思想、"我的"行为。在各经验、各思想、各行为中所含有的内容，除去起于自我性向之活动者外，又有别种性格或性向或情复之活动。是故自我情复外各情复之活动，同时皆伴有自我情复之活动。我们的精神生活，很少是一个情复单独活动的，多半是许多情复纷然并起。而以当时的自我为其统制的因素。各个情复在此时的自我之决定及型〔形〕成中所操的势力，自然是各不相同，但其最要的现象，乃在精神生活与行为是一个自觉的自我之活动与行为，而非一个情复的，亦非一群情复的半机械的活动。

由上述之论究，吾人于实际上之应用，乃与佛洛特派不同。各情复之活动，吾人可加以控制、统制，而不引起佛洛特所谓之压制。此乃吾人所持之一种原理。吾人所根据之事实，在"愿望"所发起之行为，若为自我所不承受时，不必就由此制造了一个被压制的情复。如何方可以节制、控制而不压制呢？此为教育上的急迫问题。

第一，须将自我建立在宽阔的基础上，而且须求其坚定。狭隘的生活，有其狭隘的动机与狭隘的眼界，结果当然产生一狭隘的人格。学校的矫揉的生活，利用矫揉的动机，与社会上的实际生活相去太远。凡薰〔熏〕染其中者，其人格势必成为不坚定。因为人格之坚定之由来无他，在使精神生活之各方面能得有最高度的谐和而已。此谐和又如何产生呢？则在使各本能与各欲望都可于不妨害他种本能与欲望之范围以内而得着满足；那就是说，各性向都可于生活之全部方案中占得相当的地位。学校生活之单调，乃青年烦闷之一原因，此本很显然的事，故吾人所述之原理，本来并不费解。今后各校生活活动变化，务使有组织的人格可以建立成功，而为教师者最宜留心，对于学生切勿表示不信任以致动摇其人格。因为此种暗示足以养成其自暴自弃之心。

第二，自我须承认各个本能欲望情复之地位及其对于自我的关系，而将它组织于自我范围之内以成为自我之一部。如此，一方面各个情复都有活动的机会，不至于如佛洛特之所言，被压制者常常蠢然思动，一方面又有自我控制于其上，自我有调节统率的能力，所以各个情复之间不至于互相冲突互相矛盾。

第三，情绪的发动不可过激，过激则有妨控制之执行。人类的精神每经一次发动，即留有多少痕迹而倾向于再为发动。精神发育之法则，有一为各种性向多发动一次，以后别种情形不变，它之发动即较快一分而且较强一分。所以情绪一经过于激动，以后它的活动，就必更为炽烈。父母对于子女，每好疾言厉色的呵叱——确是教育上之危险情形。且情绪发动太激，常成为"情绪的震惊"。情绪的震惊乃人格分裂之根源。精神病之治疗，可用一种方法使得致病的情绪复活于意识域，而使病者觉知该种情绪，且帮助他了解事实之真相，以使他恢复控制的能力，而重新将此种情绪组织于我范围之内。足见精神活动之一贯乃精神健康之特征。而情绪之激动则大有碍于此特征之存在。言家庭教育者不可不知。

若于各情复之活动加以压制，而不如上面所述之控制，被压制的情复从此对于人之行动不能有直接的影响。但又不能灭绝它的势力，不过使得它的活动离开自我而独立。所谓的独立活动，就是活动于自我所觉知之范围以外，就是活动于潜识中，但其程度亦有各种深浅之不同。在两种以上的本能、欲望情复同时活动而又不能并存时，若勉强取其一而不与其他以满足，而不承认其他之地位，简单地说，就是压制其他，其结果极为有害。第一，由于被压制的情复原具有若干精力，此种精力本可利用着以成就有用的目的，如提高即其一例；一旦压制成功，则此精力与人格脱离，不能发泄于新的路径上，至为可惜。第二，一种压制活动之成功，必须费去相当的精力；若无压制之事，则此精力可以运用在积极的、有用的目的上。精神生活不谐和的人，其精力多耗散在压制矛盾的性向，而于处置事务的精力常感薄弱，常现疲劳之状。古代克欲主义之不宜，此亦一因。第三，压制之实施每连带而引起别种残废，或为认识的，或为情绪的。欲压制之有效，必须防止联合作用之引起被压制的性向，所以因压制一种性向而连带的损伤了别种能力乃当然的结果。

能力之残废常使人们怀种种偏见，而对于当前的问题不能有正确的了解与适当的适应。人们对于色性的问题不能有明敏的讨论与正当的处置，乃因压制作用引起情绪之不安甚至嫌恶之感，即其一例。故压制之为害，当以此层为最。

被压制的复体以何种方式而间接地影响行为呢？于此析心学之贡献实不在小，吾人可据之以为有系统的分类。所谓反动形体、妥协形体、自卫形体、补偿形体，文饰的推理，皆是析心家所创的名词，而为普通心理学者不可不感激的。

在反动形体，被压制的性向，常向着相反的方面发泄。其现象为一种太过地无理性地务求其反的倾向。哈脱（Hart）说有一个人，在少年时尝因偷窃小钱而见辱，及至成人乃变为太过的诚实，每每为偿还一种小费而耗费无限的时间与引起无限的烦恼，借债未到归还之期，即已怀有无限的忧郁与自责。由此种现象，一面可以看出由压制而起的现象，一面又可以看出被压制的愿望常常在背景内活动。

与反动形体相反的为妥协形体。在妥协形体，被压制的愿望躲避压制的势力，而别找一条不与对待的性向相冲突的路径去活动。从反动形体到妥协形体，中间有许多阶级，一个反动形体不必是与被压制的愿望绝端相反的。反动形体与妥协形体都为潜伏的现象，但其潜伏之程度亦有很多的等级，有时我们以明锐的反省竟可以观察得出。被压制的情复，不产生反动形体，则必产生妥协形体，或者两项兼产。此种活动乃是"内心潜动历程"之一种。

形体是精神构造之固定的比较复杂的变形的体态，机体之活动则较为临时较为简单。此等机体，可以分为两大类，即自卫机体与补偿机体。但此种分法，不过自其机能之重要方面而言，并非有绝然的界线。俗话所说的"驴子不走怨柚〔轴〕棍"就可表明自卫机体的作用。因为不归咎于柚〔轴〕棍而归咎于驴子，则必是由于驴子太劣或太不驯良，直捷地说驴子的不好，为自炫的感情所不容，故另外寻出一个原因来以使精神上的两方得其谐和。俗话中又有所谓"十个麻子九个俏"，此语可以说明补偿机体之作用。脸上有麻子的人，在社交上自然居于一种不利的地位，于是欲加以挽救，乃不得不从别方讲究漂亮，结果人为的工夫可以补偿天生的缺憾而有多的。此两机体为用至广。其好处在使精神得着宁静，均平谐和，其歹处在自欺，在不上进。言修养者于此等处切宜留心。不上进者常持于自己有利的名言以护自己的短，如所谓"人非圣贤，孰能无过"、"大德不逾闲，小德出入可也"等；天下盖不知有多少青年断送于其中了！

此等机体之活动的历程，可以形容之为"理性化"。所谓理性化者，就是于真正的原因与动机以外，别寻一个理由以为行为的口实。至其所以别寻一个理由者，则因真正的动机为别种情复所不许，故借此口实以避免斥责。临阵脱逃的人，为自尊情绪所不容，不说"徒死何益"，就说"留此身以有待也"。即其最显明的实例。我们的日常生活多半如此，只要诚心反省，随在皆可以取例。理性化既是以虚伪的合理的动机来文饰真实的卑劣的动机，既使人心被其蒙蔽不能见着行为的真正原因，所以无论其为有意识的，或半意识的，或潜意识的，总不免是一种道德的或理智的不真诚。古人所谓的自欺，想即指此。此等作用因求停止精神上的冲突起见，汲汲于证明本身合理，于是将许多不确实或不正当的理由认为确实与正当，故其危险实属万分，不仅上面说的不上进而已。欲免此险，只有不断地努力搜求行为的真正原因，决然从各种立足点去讨究，务须发现其因果的关系，勿徒汲汲于证明其道德上或理性上的正当。古人所谓的"省察功夫"，今后在科学的修养法上，必占相当的地位。

总之，上面所说的两种形体与两种机体，都是压制的结果，都能解决本能间情复间之冲突。惟是此等形体与机体乃是压制失败之结果。如果能够完全压制下去，则被压制的本能，当潜伏于潜识范围之内而不能活动，故以压制去解决冲突，是无益的。比此进一步的，则为易位作用。易位作用，对于相冲突之本能中之一个，不完全压制，只是不许循其固有的形式以活动，而只许其以一种修正的形式与纡回的路径去发泄。上述之两形体与两种机体，若自其活动言，实可纳于此类。如此种修正的发泄比原形的发泄有较高的价值——社会的或道德的——时，则又称为提高作用。人们处理为自我所不许之本能的冲动，多用此易位作用，令提高作用则于教育上颇有价值。

易位作用之较胜于压制作用，实为明甚。凡无益或有害的性向皆可转移之以作有益的活动。古今成名的人，多有由于善利用此作用者。许多艺术的、宗教的乃至科学的贡献，皆来自粗鄙的原始性向，固不仅佛洛特一人之私言，在佛氏以前早已有人道破。提高作用之解决冲突，是使相冲突的性向有充分的调和，比压制作用之只知克制其一而放任其一者不同。所以提高作用之结果，心意势力之全部可以顺畅无碍地进展，不似压制作用使得精神界常起纷扰，以致行为不能前后适应，而丧失其继续追求一种目的之能力。然而提高作用以外之易位作用，其为用又不能如此。色性欲望发泄于宗教的幻想，炫耀性向发泄于过度的修饰边幅，乃生西洋女子之移其爱情而专注于猫与狗，皆不得谓为于社会有益，且或有害。易位而不当，每足以使个人对于社会不能为正当的适应，通常所谓乖癖病，即系指此。是故如何使易位活动成为提高作用，而不让它引起乖癖之病，乃今后教育上以及精神卫生上之一重大问题。今日心理学上所贡献尚不足以语此。惟有一事可以一言。各性向之提高有程度之不同，等级的差别。欲从原形的状态而提高至理想的境界，必须顺着发育的程序循序渐进，不可越级而登。例如竞争性向，个人间的竞争为原形状态，班级间的竞争、学校间的竞争，为进步的状态，民族间的竞争为更进的状态。欲将原形状态提高至更进的状态，必须经过较进的状况，欲提高至其他理想的状态，又必须经过此更进的状态。这就是"登高自卑"。

总之，在今日而言教育，教育者必须切记学生是生长的，故教育亦是生长的，谈教育当彻头彻尾忽忘动力的观念。提高之实施为事至难，其历程多为潜识的或下识的，言语的教训绝无裨益，教育者所能为力的，似乎只是供给相当的机会以使被压制的性向得以发泄于有益的方面，而信赖其可以成功。提高之可能，虽随人而异，究有一定的范围，倘进行太快，倘被提高的范围太广，倘被提高的性向绝对不能在原形的对象中活动，结果此等性向亦易流入于有害的路径。此理甚明，略加思索，便可恍然。因为人性是遵循一定的路径而活动的，无论是易位，或是提高，根本上都与压制相同，那便是说，压制、易位或提高，都是要努力把持性向之原有的出口。而强迫它不动——压制作用——或强迫它改变方向——易位作用——在本人总是要耗去很多的精力，如果太广、太快、太绝对，精力自然易于疲竭，而有流入于所谓"堕落"之危险。古今不少失败的禁欲家，其故可以令人深思。（未完）

《中华教育界》第 12 卷第 5 期（1922 年 12 月）

四、析心学与教育

前节是谈情复之活动有凭藉着自我的，有离开而独立的，那便是说，有在意识内的，有在潜识内的。举凡各压制与易位作用，虽其为自我所不觉之程度各有不同，而受其压制或转移之性向只能间接地给我以影响则同，而彼此都停留于潜识中亦同。是故最近的心理学已不再以意识的研究为其范围而深入于潜识之境了。于潜识之研究揭开一新局面而转移人们的观听的，要算析心学。析心学之所研究的为内心潜动历程，析心学之所发现的法则，皆为教育者所不可忽视。我们的叙论虽常涉及析心学之对象与方法，然而于其本身及其价值则尚未得间一言。现在是时候了！

　　析心学是一种学亦是一种术。它有它的理论，它亦有它的方法。欲于它的理论作一科学的讨究颇不容易。其故有三。第一是各析心学者对于重要的问题，彼此意见相差太远，派别纷歧，难衷一是。如佛洛特派以人生之创造的精力本为色性的精力，各种精神现象皆有一种色性的意义，他们称此力为"力湃多"；荣氏一派则不认精力之原形具有色性的色彩，而只认色性的活力为精力发泄之一重要的途径，他们称此精力为"合米"。其他尚有赞成用柏格森所谓的"生之冲动"以名此力的，烦多不及备述。第二是正宗析心学派——即佛洛特派——之持论类似宗教家的态度而不合于科学精神，他们所持的理论对于他们所根据的事实及其事实的意义，都不甚恰合。第三各析心学者使用名词，各随各意，欲了解各名词所代表之内容颇费工夫。如"潜识"、"下识"、"并识"、"情复"、"情操"等等，彼此之间，每每相去很远。所以析心学的理论尚在幼稚期间，未能确立为一种心理学的理论；但其所发现的事实，则于"学府的心理学"有莫大之裨益。此则不得不归功于佛洛特及其继起者。

　　析心学之目的及其实施又如何呢？实施析心术时所用之方法，其主要部分即实验心理学所用之自由联想法，以求于诸联念中发现被诊察者之被压制的性向、兴味与情复。在实施心意之分析时，被诊察者须任凭观念自由流露，观念一出现，立即告诉诊察者，不可有丝毫控制、留难、批评。在理论上讲，诊察之开始可随意取一观念以为激起联想之刺激物，在实施上多从被诊察者之梦中取出一部分以为开始的刺激，又或先用荣氏联想法，作一初步的诊察，从中取出一有情绪联合之征候之一字以为着手之资。今将第三法略加说明如左：

提示字	a	b	c	d	e	f………
回答字	a′	b′	c′	d′	e′	f′………
间歇时	x	x	3x	x	2x	x………

提示字是诊察者用作刺激的字，回答字是被诊察者闻悉提示字后所作的回答，间歇时是被诊察者从闻悉提示字后到回答出回答字之间所占的时间。各答案所费的时间不一，今假定其单位为一秒（x）。a b d f 所占皆为一秒，独 c e 为三秒（3x）或二秒（2x），是必因 c e 二提示字在被诊察者心中有一种情绪的联合，所以他闻悉此字时情绪为之震动以致回答迟滞。析心家就利用此 c e 二提示字及 $c'e'$ 二回答字再去施行更进一步的试验与分析。在自由联念法中，最困难的，乃在被试验者不能平静，不能让观念自由活动。被试验者每每不能有所答复而自谓没有任何观念活动，那就是证明他矜持太甚，压制作用仍然活跃而不让所联想的观念出现。是故分析术之实施极为困难，而有赖于诊察者之敏锐的智慧与巧捷的手腕。

分析心意之目的，在发现被压制的情复而引导它入于意识域内。有许多精神病者，一经觉知其被压制的情复，即立时痊愈。因为既入于意识之内，自我即控制了。有的仅知道其病源，尚不足以疗愈。但既知道其关节，即可以慢慢地受人的帮助而从新对于作祟的情复加以教育，加以提高。于此我们可以回顾前面所言解决性向之冲突有两种方法，一为压制，一为易位。此两种作用都是于若干程度上于潜识内活动的，被压制或转移的性向（自觉的转移在外）亦是于若干程度脱离自我而独立活动的，都非解决冲动之善法。现时可谈第三个方法了。第三方法即是自觉的控制，那便是说，先经过一番审慎的考虑，辨白各冲突的性向之性质以及它们所可引起的行为之结果，而后继之以决择。自生物学之见地言之，意识之绝大的价值，为其统整作用，人之种种本能欲望都靠意识统率。若使各性向都显活于意识域内，其相冲突相矛盾的，都可以向意识要求优待，结果由意识权衡轻重利弊而各予以相当的地位。此际意识其所以有如此权力的，不是意识之力，乃是人格之主要的性向之力，那就是说，自我之力。所谓意识之统整作用，亦即自我之统整作用。意识是工具，自我是主人。不容许矛盾是自我；可利用之以解除矛盾的，是意识。各矛盾的性向其所以能各守各界的，乃在自我有较高的理想——理想之我——可以使各性向都以服务于此理想之我为其目的。理想的自我，乃我们所视为自我之核心的。杰姆士分经验的自我为：（1）物质的自我；（2）社会的自我；（3）精神的自我。又谓自我所视为自我的，有亲疏之不同，取譬于阶级政治，身体的自我最贱，居最下层，精神之自我最贵，居最上层，其余的物质的自我（如财产之类）及社会的自我居于中间。人们常说，"士可杀不可辱"、"头可断而此志不可夺"，就是杰姆士的这个意思，亦就是我们所说的，理想的自我乃自我之核心。明白了此理，则理想的自我，——自我之主要性向——其所以有很大的势力的，可以思过半了。我们既视理想的自我为亲切，则凡与此相冲突的性向，自我必竭其全力以制裁之。理想的自我过于低下的人，以饱食暖衣醇酒美女为至乐，是因精神发育不完全，其精神自然错杂〔缭〕乱，自我无统驭之力。凡理想的自我愈高者，则其统率之范围亦愈大，而各性向之可以容纳于其内者亦必愈多，其精神之健康亦必愈强。所以古人说："士何事？曰尚志。"志是什么？就是理想的自我。尚志是什么：就是高尚其志。古人以此教人者甚多，兹录《孟子》一章：

> 公都子问曰：钧是人也，或为大人，或为小人，何也？孟子曰：从其大体为大人，从其小体为小人。曰：钧是人也，或从其大体，或从其小体，何也？曰：耳之官不思，而蔽于物，物交物，则引之而已矣。心之官则思，思则得之，不思，则不得也。此天之所与我者。先立乎其大者，则其小者不能夺也。此为大人而已矣。

这一章言人之有贤不肖之来源何等透彻！其所教人的工夫何等切要！陆象山终身以先立乎其大教人，洵不失为探本寻源之图。

理想的自我要高，待至谈堕落时，我们再回头来谈。现在且谈理想的自我要大；因为不大不能将各种性向都纳于它的结构之中，势必有被压制或被移转的，那便是没有做到完全的自觉的控制了。禁欲派的宗教家，其立志何尝不高超，然而不是健全的生活，正因他摈弃了物质的自我的种种性向而单发展其幻想的自我，故不可以为训。坚实的自我之基础乃在中正的人生观，于是理智乃占一个重要的地位了。孟子说"思则得之"，思就是理智活动，就是自觉的控制之由来。自觉的控制，乃是进化的自然倾向，亦是行为进步之要因。进化有两个主要的方向，一为统整，一为分化。此二者都非自觉的控制不能成功。任凭各性向各自为政，则失其统整。任凭某一性向专横跋扈，则不足以肆应裕如。人们若任凭各性向恣意活动而不加以适当的控制，结果势必酿成盲目的行为，前后矛盾的人格。今日国中提倡于理智外为感情生活的，主张不当以理智抑制感情的，正大有人在，我尝觉其危险，而于《基督教与感情生活》一文中曾力辟其谬。盖近代的情意哲学只认生命之源在情意，只谓不当抑制情意。我说的自我要大，要将各种性向都纳于它的结构之中，正是此意。若谓不当以理性来指导情意，我诚不敏，不知其为何家哲学，何〔可〕惜人类没有如蜂如蚁那样固定而完全的本能活动；若有则真可以不要理智了，不要自觉的控制了！即令我们能以如此变动不居的环境，恐怕也不容这样的人类生存呢！摩根说得好，智慧的进化是与可变性的行为的进化相平行的；生活情形既为复杂的，多变化的，则反应的活动不能不有灵敏的改变，以使行为能够适应错综而变动的情境之所需要，所以不可不有可变性。[①] 由此可见人类想摈弃理智乃是自杀政策。

古代苏格拉底谓知识即道德，王阳明主张知行合一，自现代心理学言之，其说益信。现代心理学发现了知识其所以柔弱无力的原因，又明白了人心潜识的历程，所以于两家的学说所遭遇的困难可以打破。我们的知识其所以不足以指导我们的行为的，其原因盖由于知识之不完全。知识之不完全，可分为对外界与对内心两种。人类把住环境之能力本来是有限制的。有许多冲突的性向本来可以两全，只因从外界得来的消息不正确，以致不得不为偏倚的选择。又或潜识的性向暗中活动使得了解环境的能力不健全，以致我们所认识的环境实为我们所希冀的，而非实在的。许多日常中以及科学上的谬误都是起于此种病态的心理。我们要了解外界，要适应外界乃至控制外界，皆当先从了解自我起。苏格拉底教人以"知汝自己"，可谓知本。但人类对于自己的知识，最不发达。我们所持的行为的理由，常为虚伪的而不自知，我们所下的决断每异常突兀，虽经反省而不知其所以然。凡此皆是由于潜识的性向之活动。必须使此等性向入于意识范围之内，使它与全人格之别方面保持适当的互相影响的关系，然后冲突才能有正当的解决。而精神上之大谐和于以产生，"我欲仁斯仁至矣"的境界亦于此产生，故用析心学的方法以观察自我了解自己，实为一至有裨益之事。作教师的，欲了解学学生，当先从了解自我起，——了解自我之深处。古人所谓"反省"、所谓"深自省察"，皆与此合。我们不可因为它古就忽略了。

然而单只将潜识的性向之认识方面引入意识范围之内，仍不足以达到自觉的控制，而必须将与此等性向常相连属的情感从新经历一过。在精神病之治疗中，很多的时候，单只发现病之象征而道破其意义，不足以收痊愈之功。在此等事例中，盖因被压制的性向已经成了"情绪残"了，原来与它相连属的情感已经游离，或流与别的对象相结合（易位作

---

① L. Morgan, Animal Behavior.

用），或仍然深处于被压制的状态中。据医术的经验，此等病态之治疗，当为更深的分析以使病者不但知道而且觉着被压制的性向。那便是说，还要使与此等性向相连属的情感的与意志的成分同时复活。似此，单只知识不足以完成自觉的控制，理智的价值似应大减，而知行合一之说似亦不能成立。然而在常态之中，知识与情感是相连属的、并发的，本无有了知识作用而无情感作用的。王阳明说"如好好色，见好色属知，好好色属行，见色时即是好，非见而后立志去好"，实有至理。那些知恶而不去，知善而不为的人，乃是由于情感已同知识游离，或未游离而势力薄弱不足以抵抗敌方的性向。所以教育之事，当多予学生以发表情意的机会，勿使知识与情感分为两截；又当使向善的性向多多活动以增加其势力，免得为向恶的性向所克服。

上面说自觉的控制依赖理智之活动以认识外界及自我之真正状况。此理智之活动有时是反复徘徊，所谓"慎思明辨"，所谓"而内自讼"皆是；有时其机轴极为微妙，许多极与人格一致的决择简直没有思量参加于其中。第二种情形是日常生活中事；第一种情形，是遇着特别问题时的状况。人类精神现象有一法则，名曰经济的法则。凡无须意识活动之事，意识即不生起，乃此法则之一例。吾人吃饭穿衣等日常事件，实不知有多少行为非出自觉的控制的。所以第二种决择无足奇怪。考此种决择之关键，全在主要的性向，全在自我之中坚的部分。合于此性向的，辄随手引为同调而任其活动，并不必待逻辑的论法之完成。我们曾极力主张立志之重要的，亦是为此。志既立了，还须日日操持，不可一刻忘。苟能如此，则违背此志的性向自然无从活动而不至于有堕入下流之险。程明道说："主一无适，敬以直内，便有浩然之气。"短短数语，大可玩味。

观上所述，析心学对于教育之关系，其重要已可概见。佛洛特之心理学固然不能解释一切的精神现象，但确有许多现象非它不能解释。做教师及父母的人对于此派之学说及其结论，应有大概的了解。至若析心之实施，自是专家的事，教师对于学生未可滥行。教师对于自己若试行心之分析，其为益很大，不但是了解自己之一助，亦是了解析心学之一助。析心学之有助于教育，可分三层说。

第一可以帮助教师了解儿童。教师之责任在教育儿童，教育之起点在儿童入学时所已有之能量、性向及其知识——总言之，就是人格。教师如何才能发现这个起点呢？只有从儿童的行动中！于是教师就须有解释行动现象的能力。析心学说，儿童未到入学年龄以前，其品性与人格早已在家庭中型［形］成端绪。此说纵有太过之处，然而其真实之处究不可忽视。不但儿童的主要的嗜欲、兴味以及情绪的态度，都已为家庭生活的经验所确定，即其对于奖励与惩罚的反应态度，乃至精神的发育中所谓智力的年龄的，都根本上受幼年时代在家庭中所养成的情复之影响。欲了解此种情形，非借助于析心学的学理，更无别法。

第二可以帮助教师对于儿童为个别的处理，以求得最良的教育结果。即就惩戒一端言，儿童对于惩戒的反应是至不一律的。大概的说，惩戒是一种压制的作用，结果易于酿出被压制情复而破坏了儿童精神的健康。学校生活总要扩大提高作用活动的范围，而减少严厉的压制。最适于生物之滋长的为和风时雨，通常称誉好教师每以"如坐春风之下"，此语意味极为深厚。须知教育之事，就是人格间互相影响之历程，一举一动，一言一默，但不要留意意识生活所受的影响，更要经心它们在潜识中所着的痕迹。

第三可以帮助教师处理儿童之特殊动作以及特殊的儿童。此乃学校中所视为最困难的问题的。在这一方面，析心学之帮助更不可少。各种所谓的困难，其发生之原因，差不多都是在潜识中。没有析心学的知识以作指导，教师只有摸索于黑暗中，不根据析心学的学理，将无合理的处理之可能。

最后且一言色性在佛洛特学说中之位置。一提及佛洛特，无人不联想而及色性问题，他们的关系可见一斑。佛洛特说，潜识的内容所包含的皆为被压制的"愿望"，此等愿望之被压制，是因为它们为社会的文明的生活所不许，而对于自我为引起痛苦的，为引起不快之感的。佛洛特又谓此等"愿望"的究竟性质，若仔细分析，几乎无一不是色性的。佛洛特所谓的色性，其意义甚广，他所视为有色性关系的，有许多在别的学者简直不能承认有任何色性的意味。然而色性既在人类生活上占一重要的地位，而社会文明又多方地防闲它、检束它，是故说它在被压制的"愿望"中占最要的地位，本非道理上之不可通者。佛洛特学说之于此点，固纯粹的一种空论也。（未完）

中国教育的统一与独立
（1923 年 3 月）

　　留心中国命运的人，若能不为一时的内乱现象所迷惑，而注意探索中国十年以后、二十年以后的问题，当无不明了外人在中国办教育对于中国前途之危险。去年曾因退款兴学问题作过一篇《民族性的教育与退款兴学问题》，想借以唤起国人之注意。近闻教育部已有"退款兴学委员会"之设置，中华教育改进社亦有类似该种性质之组织，或者深谋远虑早已确定，吾侪局外人不得而知而已。外交关系，本极复杂；国内党派，亦同床异梦。发言而求有效，本是痴想。所以我很想缄默自甘，不喜惹人厌烦。日前罗素托人转告中国学生，说他同几位别的人想同一两位中国内地来的学生（以示与华侨学生之区别）谈谈拳乱赔款问题。于是中国同学稍稍有点计议。然而大家所主张的，我认为不免自居于外交家的地位，处处求迎合英国人的心理。我觉得很闷，回寓后，就写了一封信给罗素，申述我个人的意见。兹撮要述之于天下：

　　（上略）

　　用此款所办之教育事业：（1）须以中国国民之特性为根据；（2）须不妨碍中国民族意识之发达。此是就原则言。

　　就实际说，用此款所作之教育事业，须由中国教育者组织一委员会以处置之，另外由英国有眼光的教育家组织一委员会以辅助之，但绝对不许门外汉及外交官干与其事。

说琐细点，此款所办之教育事业：（一）不得用以扩张教会教育；（二）不得用以建设清华式的特殊学校；（三）不可耗费过多于遣送学生来英；宜用之于（1）扩充并改进已有的中国自立的大学；（2）指派英国有名的教授至中国掌教；（3）在中国各大学设立特种讲座，如英国文化史、英国政治史之例；（4）建设国立图书馆、实验馆、美术馆，以及各种研究所等。

上述数点，只是略陈大意，倘蒙加以考虑，那就不胜欣幸。

这封信我自己本觉得离着事实太远，也太不近乎一般人的心理。不过我觉得我们既非外交官，说不上面子问题，就是说了几句而为人所不睬，也没什么关系。若必处处都要逢迎别人的心理，那就以不发言为妙。所以朋友间虽多不大赞成我这封信的，我卒至大胆发了。而罗素之复信，多少有点出我意料之外。他的来信说：

（上略）

你关于拳乱款项的意见，我完全而绝对同意。此等意见与我自己的，极为相合。如果在三月十五以前，无论哪一天，你能到我家吃茶（约四点一刻左右）且随便谈谈，那我就不胜欣幸。再者你所说的种种意见，我很愿意知道，可否由我在三月十五日私人集会席上，宣布为中国教育者的意见之特点。

不久我就回信约期去谈。谈罢之后，他嘱我回寓后将我所谈的话，写成一个大纲，于三月十五日以前寄给他。兹先将他的话的要点撮要记之，再将我的大纲写出。

他说："这笔款子，恐怕要用在香港大学这一类的事业上，我个人是赞成交给中国人自办的。你所说的两项原则（请参看前面）是重要的，中国教育界于此等地方最宜留心。"

他说至此处，又把我前次的信，拿着一看，接着又说：

"国民意识之发达，恐怕不是英国政府之所希望的，他们就是希望中国人没有国民意识。"

我于此插说："中国人国民意识不发达，于英国国民也只有害而无利。"

他说："不错，但是英国政府见不及此。"

我插问："英国政府是否了解中国人的一般意见。"

他说："哪里的事！他们一点中国情形也不懂，就是朱尔典在那里办。"

此处罗素夫人插着说:"他们以为中国人和南非洲的野蛮人一样,哪里有什么意见。"说罢一笑。

我接着说:"也许中国人果真是野蛮人!"

罗素至此,我还有些什么意见。我所说的大纲如下:

我们已觉悟中国教育问题之困难:

1. 各种宗教,各种文化,澎湃而入,如何使之谐和,如何使之统整,实为一最困难之问题。

2. 在外人设立之学校出身的学生,更无论在外国留学的学生,对于中国历史及国情,大率一概不知,且有许多不能写作通顺的中文的。此等教育,于中国之文化及中国之前途,实属具有无穷危险。

3. 留学生常怀一种偏见,遇事趋向于其留学所在国的办法。此于民族的理想及国民之同心上,实为一大障碍。

4. 中国处处需要高等人才,而中国之高等教育又几乎完全不能进步,此因缺少学术的设备与为学的空气之所致。有此种种问题,所以我希望:

1. 此款所办的教育交由中国人自办,给他一个机会,使他可以设法予其青年以谐和的适当的教育(a balanced and harmonious educa-tion),如果英国政府关切心甚,可以保留一种权力以监察此款之使用是否正当,是否用于教育,但不宜干涉其教育的事业。

2. 此款所办的教育,须在中国内办,使中国得以逐渐建设其高等教育的基础。如果此举成功,英国在中国之历史上将永久保持一至友的地位。

现在再分论(A)教会教育,(B)派遣留学生,(C)香港大学,(D)清华式的学校。

(A)教会教育

(1)教会得以施设教育,是一种由条约得来的权利,条约的权利,我们尊重之。但是从同胞主义之见地言,我可以说,教会事业,已有或将有多少成功,实属一种疑问。

(2)至少可以说,教会的煽惑办法,与群众运动式的传教,是与中国人之性情不相投的。如果宗教的传播,是想它在社会上发生良好影响的,那末,在东方教会事业的根本旨趣,就以重新加以考虑为宜。

(3)大概地说,中国人都相信关于宗教〈这〉一点,教育是应该中立的。如果此款用以补助教会学校，两民族间恐怕要多一层误解。

（B）派遣〈留〉学生

中国人已觉悟其留学政策之失败，迟早总是要改正的。凡被派来者，应该立即从事于高等的研究，不得仍做大学本科学生，因为这种办法是不合逻辑且不经济的。此等学生数目不在多，应用一种较高的标准去选择，而再加以适当的指导。有组织一适当的选派与指导委员会之必要。

（C）香港大学

除了派遣学生较为省费以外，我们寻不出赞成用此款扩充香港大学的理由。因为大学本科生以在本国大学受教育为宜，研究生以来英国所受之利益为多方面的。

（D）建设清华式的学校

我们不赞成此种办法；因为

（1）清华学生大率过于美国化。

（2）……

（3）……

（4）……

（5）清华完全受控制于外交官所组成的董事部，我们不愿意又发生一个这一类的学校。倘若英国政府执意要为中国人而且替中国人做几件事（do something to Chinese and for Chinese），而不愿由中国人或同中国人做（by Chinese or with Chinese），那末，于无可如何之中，我宁愿英国政府在内地建设一个医工大学，但须附以下列的条件：（一）此医工大学之管理权须操之于教育者之手；（二）此大学须收受中国自立的中等学校毕业生，而不宜附设中学部；（三）于一定的年数以后，完全赠予中国。这三点都是与清华不同的。

这是我所谈之大纲。罗素觉得香港大学恐怕是唯一受最大的实惠的。他又觉得，派学生到香港比办清华学校，对于中国，更不利益。他对于此事前途不敢抱乐观。但据他的意见，英政府未必能有迅速的处置，果能造成若干空气，也许不无几分效果。我想，此事之成败，还是系于中国教育界之自身。英政府于远东情形本极隔膜，他们的商人、教徒，香港大学的提倡人，都日夕鼓吹，中国人又缄默而无一言，他怎么能计及中国自身之利害？倘若我们坚决主张交还就认真交还，不能交还其名而自用其实，则美、法之前例并无补助教会学校及其自办的大学之事。英国人于国际政治上素号灵敏，也未必竟拂中国人之所好，最少也当能如我之谈话大纲中最后一节之所云。

我们这种主张，并不是过当的要求，乃是名正言顺的。今日外交界的口头禅，不是声声的"尊重主权，保全领土"吗？好！我们试问教育权是否为主权之一？是否应当保全？司法界高谈"收回治外法权"，教育界曷为而不可主张"收回教育权"？我真不解。

以前的错，已经错了！以后则何如？我劝想同外国合办大学的教育家，还须记着"教育完整"，莫使我中国之子子孙孙百世而不能翻身！

民国十二年三月六日于伦敦

记者按：三月三十日《申报》记者抱一君有《对于英国退还赔款之意见》一文，可代表中国一部分教育家对此问题之意见。又四月五日路透社伦敦电，叙述罗素对此问题之主张，颇与余君所拟大纲无甚出入。最近《密勒评论报》发表一文，亦以各国退款为中国兴学足以破坏中国教育的统一与独立为虑。兹一并录之，并附以记者个人意见，以资参考（下略）。

《中华教育界》第 12 卷第 8 期（1923 年 3 月）

教育杂言①
（1923 年 5 月）

克仁兄：

我们已分手一年多了！日昨接到你的来书，不胜大喜！一来是喜修平之不死；二来是喜我兄之不我忘；三来是喜济波、儒勉之加入教育界；四来是喜你同爽秋之都将赴美；五……

你关于教育的意见，我一一同意。我对于道尔登制是觉得它可上可下，可繁可简，在中国历史上最有根据，在事实或易推行。初不料如来示所云，已有风动全国之势。但事已至此，我们只好持冷静的研究态度，不作狂热的鼓吹，亦不必浇人冷水。

现时教育界之东涂西抹，全由于学术之空疏。学术无所谓新旧，只有精粗。我觉严密的分析乃去掉粗浮之唯一方法。不事分析，终不足以言科学，更何从权衡利害，辨别适否。

欲改进教育，我终希望教育界能产生几个真正的领袖学校以为全国教育树之风声。我看，教育界已热心于有所动作了，只是能力不足，寻不出方法来，平不下浮气来，若一二大有力者挟之以行，也未始不可与之求进。至此，我记起孟子的几句话，"所谓故国者，非谓有乔木之谓

---

① 此文系余家菊在英国留学期间致王克仁（即王鲁达）的一封回信，公开发表在《少年中国》第 4 卷第 3 期（1923 年 5 月）上。现标题系编者所拟。

也，有世臣之谓也"。中国此时之教育界，就是无乔木无世臣之苦。具有乔木世臣之可能性的，东大自为其一。兄校既拟施行道尔登制，我甚望其用严密的态度作细密的试验，俟以时日再将结果冷静静的示人。

你说"只有一种名词上的新而实际上一点不懂得"，我十分首肯。自得的知识（first band knowledge）是起于亲身的研究。不肯致思，哪里有真东西，只合形容以"一犬吠影，百犬吠声"罢了！

关于训育问题；须以学生之年龄为转移，而枢纽则系之于 School tradition。有了好校风，年幼的学生可以熏染其中而不自觉，年长的学生又可以领略 traditikon 之 Spirit 的方面。至校风何以造成呢？则全系人才问题，正如来示所云。

教育是庸言庸行，说不上高大，亦不应说上高大。我近来老学究的习气更深。我相信，"道者不可须臾离者也，可离非道也"，若拿此标准以评批学理，则必是"即学理即实际"之学理，方有一顾之价值。不然，学理与实际成为两截，高谈者尽可高谈，而盲行者亦乐得盲行也。

"究竟要训育什么？"是一切实的问题。"训育的目标不要太大，最好择一件一件重要的来"，这句话若解释得当，我亦完全同意。我是相信朱子之"下学而上达"的。下学是基础，如洒扫进退，不吸烟等习惯，上达是彻悟，如人生根本观念。目标之作用，在提纲挈领以示人以纲要，为施行训育者及理想发达的学生都有必要。兄所反对的，想是不针对实际之目标，此则直觉论家误事，而为吾人之所宜协力遏止的。正当的办法，是要有"一理"而可应用之于"万殊"。无"万殊"则流入空疏，无一理则陷入支离、机械。施训育者必有"放之则弥六合，卷之则退藏于密"之妙，才有左右逢源之乐趣。质之吾兄，以为何如？

"人格之伟大，在有一种特殊的性情见诸行为上"这话一点也不差。我主张"尊重学生的个性"也就是为此。无人格的人就是无生气的人，无主张的人。譬如官僚之敷衍，意在八面讨好，好虽讨了，而人格已丧完了。训育上要紧的是正气，而正气之先必有生气，训育者总要时时以学生之生气为念，而自身只做些潜移默化的功夫。如果天天以疾言厉色施行严厉的教训，则去训育之道远矣。有生气然后才不麻木，不麻木然后才对希望。我们对于学生，似宜守着"大德不逾闲，小德出入可也"的态度。倘若一味求全责备而弄到了学生阳奉阴违，那便是一切堕落之母，他早已心死，更何人格之可言。不过我又想，这只是施行训育者所应取的态度，并不可以此教人，更不可以此律己。以此教人，是使人先存一自恕之心，以此律己，是自辟一逃责之所。结果就养成自欺。所以我的意思，你这段话，是说明你对于训育上之态度的。是否？

对于你所提出的几点，我的意思，大概是如此了！再谈点别的事罢！你同爽秋到美国后，是准备学教育行政否？你们的计划何如？可否见示。我总觉得，行政当分为行政员与行政家，行政员易做，行政家难当。欲当行政家，第一要紧的是胸襟开阔和眼光远大，所以不是区区的功课所能济事的，更不是几本教育制度和学校组织所能济事的。必须有上下古今的气度然后能够所见不差。必须有刚毅中正的骨格〔骼〕然后能够措之实行。此种资格，是生来三分之一，学来三分之一，磨历来三分之一。第一种，我相信两兄都很够，第二种要看两兄今后之计划何如，第三种自非一日之事。我自己不是学教育行政，可是有许多类似学教育行政的地方。我的方法是"步步扎营"，随时可发，随时可收。先求一部分的成就，然后由此一部分而引申到高大的地方去。柏拉图主张哲人政治，在教育政治则大非行哲人政治不可。哲人难能，我们总要防备在不能成功为一个哲人时，还有一技之长可以与世相周旋。以两兄之明，想必以为然也。

我们学社会科学与精神科学的人，到外国来，本是一件无可如何之事。实际研究上极感困难，回国后之运用上更不必说。即如研究青年心理，若想做实际的研究，就苦于对象之不易得，就是得着一个，一到你去研究他时，他早已起了变化而非他的原形。再说到应用，更是层层雾障，硬搬硬运，都是自杀。语云，"知己知彼，百战百胜"，我们一面要做知彼（留学国）的工夫，一面又要做知己（中国）的工夫，此事真不易哟！

一年来的结果发现了我"一无所知"，此外更无别物。若勉强说有一点东西，就只得说是"不易为人所骗"。

下年拟用"游学"的办法，前往满撒斯特和爱丁堡各校，专学中等教育，除以心理为基础外，将更治其历史。我的用意无他，只是要知道它们的来源和变迁并具有相当的鉴别力而已。

你们到美后，拟入何校？我希望你们不要入 Columbia，因为在它那里的人太多，而且它并代表不了美国。在学术上，美国各大学中比 Columbia 强的很多。即如心理学，与其从 Thorndike 学，不如从 Starch 或 Pyle 学。后者虽不如前者动人观听，然而似乎较为中正合理。两兄以为然否？

你写了五页，我也写了四页，比起字数来，我的还多，总算可以对付得你住，然而我喉间的东西还在那里拼命的要出来，我只得着劲地一下将它们吞下去！好！再见了！

南京同人统此！

弟余家菊上三月二十八日

《少年中国》第4卷第3期（1923年5月）

中华民族的教育要养成忠恕集义的理念[①]
（1923 年 6 月）

幼椿兄：

我真怨春假何不早来，假使她来的早，我得你的信不也早了么？对否？我几次说写信，终于没有，到底是你的先来了！

你说教育须得沟通情操，十二分的恰合我怀。我数年来即立志从此处用功，到欧后此志不变，一年来所耗的工夫大半在此，今后仍将多费力量于此。

你的几句话，拨动了我的话匣子，我竟不知从那里说起。现在就让我脑筋中第一出现的东西跑到纸上来罢，恕我不讲系统。

民族一字在西文是 Nation，Race 一字宜译作种族，国民一名我嫌其与政府对待，且国民教育国人又用以指示初等教育，所以我那篇文字名为民族性的教育，实在是无办法中之办法。

共同信念，是民族成立之要素，其重要尤胜过种族问题。教育若是负有社会的使命，养成共同信念乃当然是一个根本目的。欲养成共同信念，于历史的势力，须加以充分的注意。离开历史而欲从新创造，不知道要待至数十百年以后，看有成功之希望否？自教育之意义言之，我总

① 此文系余家菊在英国留学期间致李幼椿（即李璜）的一封回信，公开发表在《少年中国》第 4 卷第 5 期（1923 年 6 月）上。现标题系编者所拟。

觉中国民族精神复苏之日才是真教育施行之时，目前的教育家求其讲究点科学的教育法已属不易，那里说得上这些根本问题。我曾同舜生谈过中国的教育若想上正道，要待至一位中国式的大教育家之产生，我们不过是尽力为他做预备工夫而已。在两个不同的文明之民族相接触的时代，通常是最为危险的期间。在一方揉合是事势上之所不能免，而不谐和的揉合又是自杀之策。"知己知彼"四个大字，功用极大做去又极难。试问今日有几人懂西洋文明，更有几人懂中国文明？以此种状况，而谈中国今日之教育，如何能中肯？

关于中国固有的维系人心的东西，抽象一点，还很多可以适用的。孔子的忠恕，孟子的集义，两方结合起来，我看就很够用。忠在英文为 Loyalty。人对于朋友，对于职业，对于社会，无一不应忠心。今日之狡诈，弄手段，敷衍，何一不是忠的反面。这也怪得孔子不成？恕在西方绝对没有。西方之所有，只是报复。我从电影中，常看见三个大字，Money，Power，Revenge，我觉得以这三个字做西人精神之写真，是再好也没有的。由这种精神所结成的社会，那里还有一点人味之可言。忠恕二字，还有一种妙处，用抽象的名词形容，我要说它是心理主义而非论理主义，形式主义而非实质主义。惟其是心理主义，所以妇孺通晓，人家说中国人有百分之九十九不识字，我们无话讲；倘若说有百分之九十九没有受过教育，则是不真知中国社会真相的话。中国社会之所最厌弃的为"假仁假义"，最流行的为"将心比心"，这就是忠恕二字之注脚。谁说中国人民是无教育的。倘若中国所崇尚的是论理主义，今日之中国又将不知是如何状况呢！惟其是形式主义，所以时代尽可变迁，地域尽可不同，而此理终属不变。世间有无可以相欺立国的？有无可以刻薄相安的？如果没有，则忠恕之理在今日仍属不可移易。西洋所谓爱国，所谓生存竞争，何一不是犯在过于实质，故不能适应自如。我相信，忠以处己，恕以待人，是中国人之真精神，亦是救中国之必要方法。假使我们都能忠于所信，不屈不挠以身赴之，同时又能不念小隙，同心协力以求共济；我不信，中国民族之品格——至少也是信念——不足以自立于廿世纪。

孟子之集义，自然不是于忠恕以外之另一旗帜，不过我觉得他指出一新方法，故欲揭橥之。人人都说中国人缺少刚毅之德，不能打手枪放炸弹。我们姑且承认此法，而讲中国人今后之修养，我觉得孟子这个人很可以启发吾人。他所形容的浩然之气，常令我景仰而悬想；他所指出的路径，又是至为平易，就是天天朝正路上走——集义。中国历史上，也很〈有〉不少轰轰烈烈的人。即就辛亥革命言，在革命以前，戊戌事变，徐锡麟事件，唐才常事件，黄花岗事件，处处都有一种正气澎湃磅礴，故终于有所成。辛亥而后，就成为私心用事时代，以私心用事所以终于无济。在中国今日而言革命，我常谓为不可能——暴动自当别论，——痛心事那里还有过于此者。（下略）

弟家菊三月三十日

《少年中国》第 4 卷第 5 期（1923 年 6 月）

个性与学程编制① （节选）
（1923 年 7 月）

（上略）

五、学程编制的原理

依上述的讨究，可得以下的结论：

（1）从前的个性研究，所发现的多为人与人间之差异，于教学法上、学级编制法上的供［贡］献很多，于学程编制上的关系尚少。

（2）纵令承认天性不可转移，然而个性不必就是天性之所发现，后天的性格亦有影响。此等后天的性格，可以矫正；如于学习上发生妨碍，教育者当矫正之，不可将就。

（3）普遍能力之说渐为实验所证明，长于一种学科的人即无不能从事别种学科的理由。在学生不愿修习某种学科时，当诊察其气质及其后天的原因，不可轻轻的归咎于能力。

（4）既明了了学生的普遍能力，就可以决定他的一般的造就。为充分发展其个性计，当进而发现其特殊能力。我以为选科制之价值就在乎此。今日之危险是在为发展特殊能力而牺牲了普遍能力。

---

① 此文选载于《教育杂志》第 15 卷第 7 号，共分 11 章，此处仅节选 5—11 章。

综合言之，各科所需要的能力不是绝然各异的，人心的禀赋亦不是分别部局如谬误的官能学派之所主张。是故将个性作为主张选科制的理由，其理由实嫌薄弱。然则编制学程的人当注意什么呢？我以为当注意下列几件事：

（1）学程当使学生有生活于国家社会中的知识与能力；

（2）学程当使学生有从事于一种职业的知识与能力；

（3）学程当使学生有愉快的闲暇生活的修养；

（4）学程当使学生有继续受教育（或自己教育）之可能。

依据第一点，学程不可过于狭隘，免得学生不能了解社会，不能生活于社会中，以致使社会不能和谐、不能发展。依据第二点，学程当随学生之升学或终学而稍加变化。依据第三点，文学艺术为学程中所必须有。依据第四点，工具学科，如言语文字以及研究法等皆为学程中所必备。总之，教育之事第一须认得一个学生是一个人，于为人的必要的修养皆须具备；第二须知道一个学生是一个某种人，于这种人的必要修养亦须具备。由是，我对于学程的编制，主张从普遍中求精一。

六、学程范围要广，材料要精

教育的目的既是要养成圆满健全的人，学程之不可褊枯，乃是当然的推论。有许多拟制学程的人将学程的科目尽量加增；揣度其用意之所在，或是希望学生有丰富的常识，或是觉得种种学科各有其价值不忍割弃。用意未尝不是，可是结果就不出于两途：一种是学程多而范围亦广，只是使得学生忙于吸收而不暇消化；一种是学程多而范围窄，结果使得学生知有己而不知有人。旧制之甲种学校，新制之高级中学，其病皆属于后者。旧制之普通中学与新制之初级中学，所病皆属于前者。似此看来，精一与普遍好像不能并立了；实则不然。学程的数目无妨多，范围亦应该广，只是各学程所占的时间不可过久，教授时务须撷其英华，用最少的时间促学生以必备的该科能力。教育的功用就是在节省学生之进化的历程，做教师的人们本应迅速了当地使学生摸着关键。于各科皆只求其大纲而不必要个个人都习其细节，所费的时间自然就少了。一个学程所费的时间既少，余剩的工夫就可用以扩充学程的范围与数目了。似此于学生的担负不必加多，修学的年限不必加长，主要的功课不受妨害，次要的功课亦可以应有尽有，可算再好没有了！

现时我国编制学程之最大牵制，是每个学科不列入功课表则已，一经列入，至少就延续一年，每周之内至少要占两小时。又感着科目须加多以扩张学生的胸襟，于是科目多而各科时间又长，功课表势不得不出于拥挤之一途。试就高级中学之师范科言，普通所拟制的学科目，仅就关于教育学科说，已有如下表之多：

教育学	一年	每周二小时
人生哲学	一年	每周二小时
哲学	一年	每周二小时
社会学	一年	每周二小时
美学	一年	每周二小时
心理学	一年	每周二小时
教育心理	一年	每周二小时
儿童心理	一年	每周二小时
社会心理	一年	每周二小时
变态心理	一年	每周二小时
教育社会学	一年	每周二小时
实际教学法	一年	每周二小时
教学法原理	一年	每周二小时
实验教育	一年	每周二小时
学校行政	一年	每周二小时
论理学	一年	每周二小时
教育统计	一年	每周二小时
学校卫生	一年	每周二小时
教育史	一年	每周二小时

以上系就最少的学科言，各科亦系就最少的时数计，然而总共每周已在三十八小时之多。纵令平均分配于三年间，每年每周也有十二小时以上。要知道中等师范生并不是专门研究教育，他是预备做教师的，要担任学科教授，如数学、理科、国文、史地，总要担任至两门以上。教育学科诚然重要，担任学科至少也有同样的重要。倘若担任两种学科，如国文、史地，或如数学、理科，这两门的准备，也照教育学科的比例，各于每周占十二小时，总共就有三十六小时以上了。就此三十六小时，学生就忙不了，就不合道理，况且还有职业范围以外的功课，如学数理的人总不可一点国文、历史也不念，学文史的人亦总不至于以为自己的数理知识有在初级中学时所学的就够了！不但如此，还有做小学教师的人所必须练习的，如体操、游戏、音乐、图画、手工、园艺等，纵

令不能全学，亦当选习一两项。在英国师范学校，此等科目皆属于必修科，自由取舍的余地很小很小。实因从事小学教育而没有此等能力，永远办不到合理的教育。这样看来，上面所述的课程表过于拥挤，就无待多述了。因此，我主张学程不必以一年为单位，应以半年为单位。每周亦不必定要两小时，一小时也可以的。如社会心理、变态心理、教育社会〈学〉等，如果以为有单设学程之必要，亦只可以教个半年每周一小时了事。为普通师范生计，的确用不着许多时间。我们常常忽略学程可分为两种性质，一种重在透澈的研究，一种重在启发心胸。如教育学之于师范生，应于三年间不断的修习以作透澈的研究；于担任学科亦应如此。至若其他的学科，或是此等学科之补助，或是精神修养的资料，斟酌损益的余地很多。这就是学程编制上所谓的集中原理。试述柏明罕大学师范生一年间所修习的学程如下：

（一）教育原理　两学期授完，每周两小时。包含教育机关之源起与目的，学校之协力生活，学校之管理，学程编制原理等。

（二）教育行政　五个讲演。

（三）近代教育史　一学期半授完，每周一小时。

（四）教育心理与教法　两学期，每周两小时。

（五）儿童生理与学校卫生　一学期，每周一小时。

（六）教授法　全年，每周一小时。包含讲演、示范、参观、公开示教、讨论。

（七）黑板使用法　一学期，每周一小时。

（八）体格训练　一学期，每周一小时。

（九）语言训练　一学期，每周一小时。

（十）中等学校之组织与管理　一学期，每周一小时。

（十一）学校训育　四个讲演。

（十二）青年心理与实验心理　两学期，每周一小时至三小时。

（十三）教育哲学　一学期，每周一小时。

（十四）社会经济　两学期，每周一小时。

（十五）社会与经济史　一学期，每周一小时。

表中所列，并非必须全修，可随其未来的职业而选修若干，如小学教师不必学习（十）（十四），中等教师不必学习（八）（九），幼稚教师不必学习（二）（十），补习教师不必学习（二）（三）而必须学习（十四）（十五）等是。英国情形与中国不同，其师范生无论是预备做小学教师或中等教师的，都以大学专门毕业为原则，有许多地方非我们所得而仿效。例如上表无心理、哲学等课，乃因其学生从前多已习过此类功课之故。我们的师范学校，当然不能如此办理。我其所以引出他们的此种办法，无非是要证明学程无妨多而材料须求其精的意思。

七、学程之演进法

我国配置学程，大率都用直进法。新制的办法尚未实现，我们就旧制言，大概如下表：

学年 科目	第一年	第二年	第三年	第四年
修身	修己之道	对家庭之道	对国家及万有之道	伦理大意
数学	算术代数	代数几何	几何	三角
博物	生理	植物	动物	矿物
理化			物理	化学
历史	本国历史	本国历史	东洋史	西洋史
地理	本国地理	本国地理	世界地理	世界地理

表上只是表明一个大意，不详密不精确的地方自是不免，因手头无书可查，阅者谅之。世间办法之板滞，不合道理恐怕无过于此。近年混合教本之说甚昌，当不至于再生此等现象。不过单只混合，不足以尽其能事，要于混合之中存演进之义。混合而不得当，就成为杂乱而无条贯，失却联合之原意；前后重复而无生气，减少研究之兴味。演进是由简单而复杂，由粗略而细密，由大体而局部。前后一贯而又不重复，此是学程编制上之继续原理。例如博物一科，小学有理科一门，已知道博物科的大意。初级中学第一年可授生物学，将已有的知识加以整理并扩充之，可稍稍偏重于植物或动物。第二年仍授生物学，继续前年所偏重之一方面，植物或动物，而择出几个重要之点，加以透澈的研究。第三年以进化论为经而以动植物及人身之形态与生理穿插其间，兼及地质大意。自然，我这所说的，是要借以表明演进法的意义，至若内容应如何支配，还须与博物专家协议才成。我意我国从前中等教育之弊，在知识浮浅。而知识浮浅之由来，单就学制言，在由于四年间天天都在入门期间；就博物科言，第一年是入生理的门，第二年是入植物的门，第三年是入动物的门，第四年是入矿物的门。有时毕业期到了，学科教不完，

于是连门也入不成。永久在入门之尝试中，哪里能来透澈的知识？总而言之，从前的四年功课，只有材料上性质的差异，一个是动物，一个是植物，一个是生理；而没有分量上程度的深浅。你于第一年教植物，可用这本科教书，你将植物放在第二年教，也还是这个教本。此种办法，自然只能灌入一点肤浅的知识，要从此中养成科学的态度与精神，那岂不是笑话吗？科学的精神，使学生不从事深澈的研究，专教点科学方法论，绝然无益。我看过此间的好几个学校，他们的学生讲植物能实际的试验进化论，讲化学能遍述瓦斯工厂之各种经营法，俨然是一个学者或工程师的派头。考其原因，他们的学程编制，都是于第一年使学生学得生物学或科学的轮廓。第二年于此轮廓中择其一部而为细密的学习。第三年只择几个重要的问题而为深沉的研究，他们名之为研究工夫（Research work），这个名词是他们自己借自大学的，所以表明他们的"中学之大学化"。到了第四年，教师的活动又比较的多，他们是从原理上又将学生引导着去探视学海之汪洋。所以他们的中等毕业生（英国中等学生毕业时为十六岁，较我国旧制中学尚少一年），已经领略过学术的真义意，于研究的方法确已具有几分把握。而我国中学生则始终是在一个入门期。非等到四年完毕，不能知道学术世界有几个门楼。此种笨拙的办法，非从早抛弃，中等教育简直没有希望。

八、学程之分级

用演进法，学程之分级，当然成了问题。所谓学程之分级，就是学程有程度上的差异。我主张中学将六年的功课，分为六个等级（或五个等级），一个等级又按着学期分为上下两程。程级都有一定的次序，不可混乱。用选科制时，只能按级选修。毕业的限制必须修毕若干学分，而且要有若干门须修毕最高等程级，若干门须修毕中间程级（假定不但为第四级下程）。如此，才能使学生的知识不光是前后的分量不同，而其程度亦有深浅。我希望讲学分制的人不要忽略此层。我国而欲提高学术程度非此不可。如果一经采用选科制，就听凭学生自由选修，一年级的学生可以选修三年级的功课，甚至六年级的功课，我不明白各学程将何以互相适应与联络？须知学程间之适应与联络，乃讲中等教育者所不可忽略之一事。中学非大学，大学生至少在理论上讲过各种常识教育，自己于所学的各科可以综合控制，就是学科上不甚适应也无妨。中学生门门都在入学时代，假使一门已经学得很高，而别的补助学科追不上，譬如数学之于高等物理，物理之于生理，生理之于心理，心理之于哲学等是。一到不相适应时，流弊丛生，或使学习不澈底，或使精神不安宁，或使志气沮丧，都是教育的罪过。欲将大学办法硬搬到中学来的先生们，总以小心为好！

即就大学之本身言，选修的自由应有如何的程度，学者间意见很不一致，各国的办法，也不一律。就英国言，大学选修的范围很严，一年级生不得选修二三年级的功课。伦敦大学文科第一年级的学生只能从下列各学程中选择四种：

拉丁文与罗马史	希腊文与希腊史	英文	法文
德文	意大利文	西班牙文	葡萄牙文
荷兰文	挪威文	丹麦文	瑞典文
俄文	波兰文	希伯来文	阿剌伯文
土耳其文	捷克文与斯洛夫文	塞尔白文与司洛芬文	山克理文
马来文	中国文		
古代史	建筑史	地理	历史
论理	伦理	经济	纯正数学
应用数学	物理	化学	地质
植物	动物	军事	

在他所选修的四门中，必须有两种是外国语。在此两种外国语中，必须有一种是拉丁文或希腊文，除非你是个东方人，才可代以别的文字。二三两年级所学习的功课亦只四种，此四种择自下表中：

哲学	心理——原理与实验	教育	神学	人种学

其余的科别与一年级同，但程度不同。

二三年级的四种功课中，必有两种是外国文，在两种外国文中必有一种是拉丁或希腊。他们的选修范围就是如此。阅者至此，必定有个疑问，想着他们大学二三年级的学生只有四门功课，未免太便宜了！实则不然，实际一门又分为好几门的。就心理学说，既已选就心理学的人，在第二年级须学（但随各学院的规定而略有参差）心理原理及动物心理，在第三年级须学实验心理、心理测验、心理统计。平均计算，每周不过三点钟。四门合计，至多也过不了十五小时，较之中国学生自然便宜多了。从他这种配置，我们又可以看出这种选科制是极有秩序的。哪种功课应该先学，哪种功课应该后学；哪几种功课非都学不可，哪几种功课是可以分离的；他都替你安排就序。你学不学那种功课由你，你既学那种功课，就不能不听命于那位白发皤皤的教授。上述的是二三年级的普通生，英文名为 Pass，意思就是"及格"。此外还有一种学生，他们更便宜，只须学一种主课，再兼习一种副课；譬如专学心理的人，只须兼学一种生理就完事，什么拉丁〈文〉、希腊〈文〉、法文、德文，只要你在第一年级混过了，就一概可以不管。他们还有一个好名称，名叫"荣誉学生"（Honour Student）。与普通学生不同之点，就是科目少而研究深澈，普通毕业生要得个荣誉生的头衔，还须再费一年，再过一场考试，由此更可见英国注重一条线上的深入，而不大重视浮面的涉猎。

总之，前后的学习贵有一贯的精神，贵有深浅的差异。所以我主张学程应分为程级，在同程级内可以选修，异级内不得越等，亦不得讨便宜。六年中学，前四年的界限应该极严，后两年的功课也许有几种可以不必分前后。

九、学程之分组

将种种个别的学程归纳成为若干组。或因学科之目的而分为（一）国文，（二）外国语，（三）数学，（四）自然科学，（五）社会科学，（六）职业学科，（七）艺术学科。或因学科所需的心的能力，如前面之所述，而分为科学组、手技组、数学组、语言组。分组之后，有种种利益：

（一）升级留级可以按组办理，于学校行政极有裨益；

（二）各组皆定一最低的标准，未达此标准以前，不得抛弃本组而选修别的功课，所以防止褊枯的教育；

（三）于同组之内，可以有选修之自由。

第一二两项，最易明了，亦不多述，试专谈第三项。从前有人感着学生的担负过重，于是有人主张文、实分科；后来有人以为文、实分科后，势必一科也不通，于是文、实究竟成了大混合。现在呢？功课表实嫌拥挤一点，而且拥挤的结果，就成为知识之肤浅，态度之粗浮。若用分组法，则各组皆须有相当的程度，不至于文、实隔绝；且一组之中，学校可以视学校之经济与人才而从事于一科之深究，学生可以自己的志愿与兴味而大体上有所趋舍，于是实际的研究才有可能，于知识之提高，科学态度之养成，学生个性之发展，皆有无穷裨益。

试问我国之科学教育，于博物则使学生于植物、动物、矿物都须知道一点，于科学则于物理、化学都须知道一点，于史地则古今中外无不通晓；结果呢？外貌是百科全书的教育，实际上就等于制造字纸篓而已。

依我的分组的主张，一个学生于各组皆须学习，可在学习组内之何科则不一律。譬如科学组，自然前一年是应该有一种轮廓的知识，继续着小学的理科之后，于理化博物，通习其大纲要节，至多细分为两个学程，即理化与博物或生物。第二年再偏重一方，理化可以单事化学或物理之一部分，生物可单事植物或动物之一部分。此种偏重的办法，既有种种利益，亦不似文、实分科之有种种流弊。真正的科学知识，并不在种类之多，而在其所从来是否来自自己的研究。换句话说，要是自己得来的知识，才算真知识。据我看，不行分组制，就没有真正的研究之可能，亦就没有产生真知识之余地。然则，分组制不但有关于选科制之推行，简直是知识教育成败之所系哟！

分组而于组中自由，这个办法的第一难关，就是大学入学考试。现行的大学考试，是以百能责望于中等学生，是制造浮浅简陋的总机关。你看，他们于植物、动物、生理卫生、代数、三角、几何、中国史、外国地理，无一不考。难道不种种都通，就无资格从事于最高学科吗？恐不尽然吧！英国是一个考试最多的国家，各大学多举行一种考试，以试验中等学校学生，及格的给以证书，可引以自荣，亦可据以入大学。考试的办法，各处不同，后来教育部制定一种规程，将中等学科分为四组：（1）英国人文学科组，（2）语言科组，（3）数学与自然科学组，（4）技艺、家政以及别的职业学科组。此四组中，除第四组外，其余三组须都能及格，才算受过健全的教育；唯于三组之内，选择受试验之学科时，则颇有若干自由。因有此自由之故，各学校的课程就很有出入。譬如自然科学，在初年级总是一种名为自然研究的，与旅行童子军的活动，学校园的种植相关的。在乡村学校多继续从事于植物、生物之科学的研究。在都市学校，于自然研究科之后，多授物理学，有时物理与化学并进，有时于次年即将物理抛弃而单事化学。学古文的学生大概于十六至十七岁之间即将物理、化学一并搁起。由此可见大学若开出一条路来，中学教育将受无穷之赐！

十、心灵之发育与选科

选科究竟应该从哪一年起，有主张早的，有主张迟的。主张早的人以为：学生个性互有差异，教育如须适应个性，则必不能强全体学生同习一样的课程。按照现在中学校里面实在的情形，每班之中，学生年龄相差约"有四五岁"，智慧相差"超过三十分"，学力相差"竟有五六倍"，并且志愿各各不同，倘使强其学习同样的功课，危害甚大。所以现在的初级中学必须多设科目，使学生有选择之余地（见《教育杂志》十五卷一号朱经农君《初级中学应否采用选科制》）。这种主张之根本错处，在不辨个别的差异有两种：一种是人与人间之差异，这种差异只能用能力、分级法、个别学习如"道尔顿制"等以适应之。又一种是同一个人的各种能力间之差异，这种差异才可作选科制之根据。本文前面所述的，多重在阐明这一点。然而据吾人现在之所已知，此种差异比较的小，用以作主张选科制之论据，其价值极为薄弱。已具述于前，不再多谈。今试就发生之程序上观之。

据发生心理学之所发现，儿童在十二岁以前，没有何种特别能力与趋向的征候之发生。在十四岁时，特殊的倾向逐渐萌芽，此时可以判断儿童具有学习语言或文学或数学或科学的兴味与能力没有。生活上的需要，逐渐为他所了解，他亦能逐渐遵着实际的目的去努力；然而就多数言，其努力尚未达到表现于特殊方向之时机。即就日能趋向于特殊方向的人说，此时亦不能给他以选修的自由。为什么原［缘］故呢？因为未成熟的人，眼光每失之于浅近。实利的科目常受非常的重视。若听他自用其力，恐怕十之八九都愿意学打字，学速记，学会计。此等功课，过于狭隘，没有多大的内在价值，为十六岁以下的人很不相宜，已为一般人所共认。且少年的兴味，转变无常，亦不足以为决定未来的方针，而转变得快与频繁的，尤以普遍能力很大的人为最甚。因为环境上什么东西接触了他，他就发生了兴味，他就要试试，试试的结果，他就成功。决定他的终身的，每为环境上之偶然遇合。此遇合如能长久的给他以刺激，他就始终发泄其精力于此方面。我们试就各人本身志愿的变迁一反观之，当可以证明环境势力之伟大。我就我个人说，十四岁时嗜好英文与数学，因为我的家庭很奖励我学英文，我的朋友很有几位想做工程师——他们的年龄都比我大。后来久而久之，我的学校，渐渐地将数学钟点减少，我的数学老师的魔力远不及英文教师，于是兴味就专注于英文这方面了。到十八岁时，学校的功课有论理和心理，我有个很亲切的朋友长于这两门，而我那位教师也还不错，加之我自己不甘于做个无脑筋的会说洋话的人——因为那时我有许多俏皮的朋友们喜欢称呼此等人为"洋奴"，于是兴味就转到文哲上面去了。恰巧当时武昌只有一个文科大学，而当时国内流行的近于文哲的书报，又只有《教育杂志》与《教育界》，我因为与他们这几位为缘，所以才使我成为现在的我。心理学者说，少年们到十六岁时，其游移不定的兴味才有一永久的倾向。若就我个人说，十六岁还嫌早一点，十八岁恐怕是个正当的时期。然而就自己一个人的历史去下概论，是再荒唐也没有的，况且我之固定较迟，也未必不是由于我之环境感受力太大，所以我还是承认十六岁是兴味固定的时期。

使心理学家的这种主张是对，我们可以有两个结论，正与本文所已述的相合。第一层，初级中学课程要普通，要多方面，要有关于基本。儿童的天性与需要固然不可不适应，但宜于从教材与教法上着想，不可使他于十六岁以前即从事专科，不可对于一科所入过深以致忽略了别的学科。一个人的精力是一种恒定力（Constant energy）流注于一方面的若是加多，流注于别方面的就随之减少。第二层，学程应该逐渐发展，即前面所述的演进法。由轮廓而及其详节，由大纲而及其细分，由广处而及其深处。起初呢，总是以日常生活的事实为主，不必注意形式的分科；往后再渐次入于有系统的、深邃的研究。

十一、总结

总之，无论从发生说，从能力之分配上说，个性不足以为主张初级中学行选科制。初级中学是继续小学行普通教育的。普通教育应该建立于宽阔的基础上。所以学程的范围要广，学程且无妨多，只是时间要短，教材要精。应充分提高其知识并养成其研究能力计，应将学程分为等级，依着演进法去运用之。能力或兴味对于某科不大时，可只修毕其中间程级（宜以第四级为标准），但至少须有若干门（至少两组，一组一门）修毕最高程级。此乃适应学生能力与兴味之一法。学程分组，亦于个性之发展有益。于各组中有选修有［的］自由，一组的内容很多，可选修其性之所近者；各组中皆须选修若干学程，又不至于使个性流于偏激。就个性以言学程编制，私意颇以为非如是不可。

参考书择要：

（1）Starch：Educational Psychology

（2）Burt：The Distributions and Relations of Educational Abilities

（3）Burt：The Mental and Scholastic Tests

（4）Sleight：The Organization and Curriculum of Schools

（5）Inglis：Principle of Secondary Education

（6）Nunn：Education，Its Data and First Principles

于伦敦，四月二十八日

感情教育论
(1923 年 7 月—8 月)

一、感情之本身

人心之三分法　感情在心的历程中占如何的地位呢？解答此问题的，有一个名为心之三分法的。它以为心的现象可以分为三类，即所谓知识、感情与意志。如恶臭当前，我感觉之，是为知识活动；我嫌恶之，是为感情活动；我掩吾鼻，是为意志活动。然而此三者实可分而不可分。何以说不可分呢？心的历程，统统都有知情意之三方面，不可分割。如恶恶臭，感觉时立即嫌恶，亦立即掩鼻（不必限定用手掩），同时并起，不爽厘黍。是故知情意为心的历程之三方面而非三部分。严格言之，实无一方面能脱离其他两方面而活动的。试就感情言，如闻音乐而起快感，快感是情，闻音乐是知，听音乐是意。试就意志言，如寻求失物，寻物是意，希望能够寻获是情，用眼去看，用心去想都是知。此就情意二方面言，至于就知识言，则恶恶臭之例已举述如前，无庸另赘。但有一事，可特为一言。抽象的思考，人多以为系纯粹的知识活动，而无情意掺杂其间，实为大谬不然。何谓思考？略加思索，即可以发现思考中之意志作用。因为思考是本于一定目的之去取（综合与分析）活动，思考之材料可以变更，而意志之控制则始终如一。无此意志之控制，即无思考之可言。故有许多学者说思考是一种态度。此就思考与意志言，再就思考与感情言。思考进行顺利，就有舒适之感（亦称快感）；不顺利，就有不快之感；又若思考中之问题，是有利害关系的，而所预料的结果又为不利时，即将感觉忧虑、抑郁、不安等，反之，即将觉着安泰、希望、快乐等。从来所谓冷静的思考，只可以相对的说法视之，而不可作为绝对的真理。

知情意三者之不可分，既属如此，而平常竟绝然分划之，又为何故？而分划的说法，是否可以使用？于第一问题，我意是系取其方便之故；于第二问题，我意只须知道是不可绝然划分的，则使用之亦无妨。何以言之？人心历程，固有此三方面，而于一刹那间常只有一方面居于显要的地位，故仅仅认识其一方面，而忽略其他，乃人心之自然的趋势。如思考中，知识之活动占主要地位，故我们以思考为知识活动。如憎恶中，感情占重要位置，故我们以憎恶为感情作用。推之意志，亦复如此。此分划的说法其所以成立之一因。又尝思之，意识之流，有两种解释。一为流中诸体，涌转而前，由各体之动相以成此流景。一为流中诸体，随现随灭，前伏后起，两相衔接，由起伏之静体以成此流景。前一种说法，可以取譬于河中流水；后一种说法，可以取譬于活动电影。前一种说法可以取譬于一点之延长以成为一线；后一种说法，可以取譬于诸体之推迁以成一景。

我于二者，赞成后说。杰母士之说法，似亦接近乎此。明乎此，则易于了解吾人对于心的历程之变迁之全景，因各段历程之显要方面随时不同，遂觉其全景之变迁，有时变为纯知识的，有时变为纯感情的，有时变为纯意志的。实则通其全景，无时不有知情意三方面，只是有时此一方面显要，有时彼一方面显要而已。此划分说其所以成立之又一因。

既已明了知情意之不可绝对分析，讲感情教育自然就不至于离开知识教育与意志教育。既已明了知情意于心的历程中各有其显要之时，单讲感情教育乃自有其合理的根据。一则所以明本篇之张本，一则所以明本篇无流弊。

情感 情感亦称情调，有快感及苦感（或称不快之感，又苦感与痛觉有别）二种。快感与苦感皆为单纯的感情，其于行为的关系甚大。学者中有所谓快乐学派者，如边沁其人等，他们以为人类一切活动的动机皆在快之取得与苦之避免。此说之不当，至易辨别。母亲为抚育儿女所受之牺牲与痛苦，至大莫易，然而为母亲的人不因此而舍弃抚育之事，又岂得以快乐说解释么？培恩之企图，究竟是归于失败。然则快与苦于人类的行为，究有如何的关系呢？麦独孤以为快与苦之自身不能成为行为之源泉，纵令可以引起行为，亦只能引起无节制的活动；若论其功用，毋宁说是修正的，快感能维持并延长行为，苦感则停止之或缩短之；本能活动之改变与适应，多赖他们俩者之力。麦独孤不但不承认苦乐是行为的目的，且进一步而否认苦乐之感（行为时或欲求时所觉着的苦感或快感）有激起欲望引起行为之动力。于快乐目的说，与快乐动力说，一概批驳。他以为欲望成功或有成功之可能时，即产生快感，否则苦感随之。欲望强而成功时，则快乐大，失败时痛苦亦大。欲望弱而成功时快乐小，失败时痛苦亦小。总之，不但动意不受感情之转移，感情实随动意而起伏。

麦独孤之说，功在扫除以快乐为人生唯一目的之快乐学说，至其立说过当之处，亦有不能讳言的。人类行为，有以事功为目的的，亦有以快乐为目的的；有受激起于欲望的，亦有受激起于好恶的。即就苦乐之自身言，有起于欲望之成功或失败的，亦有与欲望之成功与失败无关的。乐之与欲望无关的，如尝甜味是，苦之与欲望无关的，如尝辣味是。麦氏只认乐是起于成功而苦是起于失败，实嫌过偏。考麦氏持说有一根本缺点，在将知情意分划太严。主张本能是行为之唯一源泉——虽认习惯是又一种源泉，但是习惯亦是来自本能——而又将快感与苦感之要求摈弃于本能之外。实则前面已说过，知情意只是心的历程之三方面，并非可以绝然分离之三个个体。在各家学说中，有合于此旨趣者，如德理浮是。氏以为本能可分为嗜好类与反应类两种。嗜好类之本能，其动向是被激起于快意或不快意之经验，而其目的反与此快不快有关。反动类之本能，其动向之被激起，乃是对于外物或外境之反动，其目的是与外物或外境有关的，其追逐目的也许与即时的苦乐毫不相干。试将氏之本能分类表录于下方：

本能的动向

嗜好的

$$
\text{普遍}\begin{cases}\text{苦之回避}\\\text{快之寻求}\end{cases}
\qquad
\text{特殊}\begin{cases}\text{饿}\\\text{渴}\\\text{休息}\\\text{练习}\\\text{色性}\\\text{恶心}\end{cases}
$$

反动的

普遍	特殊	单纯情绪的
游戏	捉弄	争斗
尝试	官体之适应	扰乱
摩仿	移动	好奇
同情	发声	自炫
暗示？	其他	自卑
		作亲
		群集
		佃［畋］猎
		贪得
		求偶
		拒却？

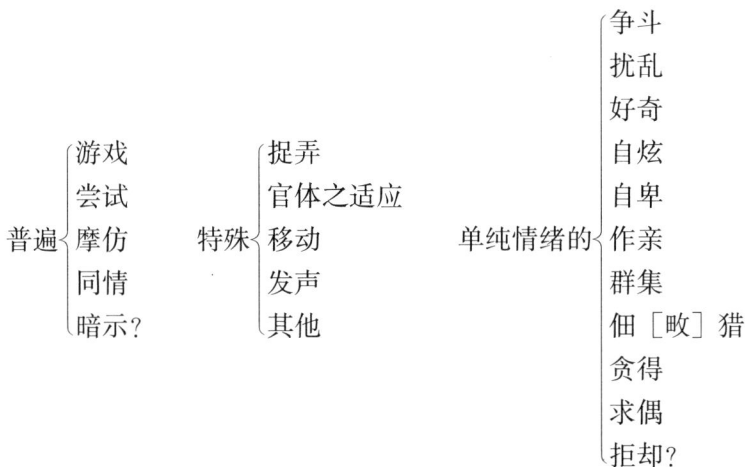

求乐避苦是人的常情，乃一般常识之所承认，依德理浮之说，则常识与科学可以调和。常识中谬误的诚为不少，此处与其说是常识谬误而摈弃之，实不如说是从前科学家之陷于一偏而容纳之。说人生行为之唯一目的在趋乐避苦，诚为谬误，说人生行为绝对无以快乐为目的的，也失之于极端。人类行为之发动力本为本能，然而求乐避苦办为本能的倾向之一种。是故论列快感与苦感之功用，必须分析言之。反动的动向固当别论，而嗜好的动向之发动，则确是起于快或不快之经验，是求得快之满足与不快之避免。如饥渴时起不快之感，就欲求饮食，饮食既至，此不快之感既去，目的就圆满了。若有人说，饥渴之不快是起于饮食之欲求，有此欲求，然后有此不快；又说饮食之目的在维持生命或是增加活力，而不是在饮食之本身亦不是在饮食之足以引起快感而排去不快；就未免太不近于事实了。此就嗜好的动向言，若就反动的动向言，则情感之功用，只是调节的，而不是反动的。那便是说，快感能维持并延长动向，但不能发动，苦感能缩短动向或促进动向之停止，但不是由它停止。然而此调节的功用，是就常态言，在失其常态时，嗜好也可取得主持与发纵的机能。譬如嗜好金钱的人，在起初积蓄金钱也许是由于要预防生活之危险，也许是由于贪得本能，也许是由于自炫本能，到后来钱已很多，生活无所谓危险了，贪得本能也满足了，自炫行动也没有了，他只是反复计算他之所蓄，反复观玩他之所有，而不肯割弃丝毫，而希望增加复增加，此时已完全成为因嗜好金钱而积蓄金钱。此种嗜好名为后天的嗜好，与饮食男女等生有的嗜好相对待［峙］。

嗜好之功用如此，嗜好之价值又何若呢？世间事常有奇妙不可言说的现象。即就苦乐言，事实上世间有行乐主义者，亦有苦行主义者，学说上有快乐学派，亦有禁欲学派。禁欲学派之所谓欲，即我们之所谓嗜好，或称嗜欲亦可，并非指一切意志活动，例如康德一面力言善意之绝对的价值，一面又力言智者当脱离欲望之羁绊。又如孟子，一面力言"尚志"，一面又说"养心莫善于寡欲"。若知道他们所谓的欲与欲望等于我们所谓的嗜好或嗜欲，就不难知其真意之所在了。禁欲学派，确有其存在之理由，求乐确有为害不小的，如烟酒等感官的快乐，赌博等精神的亢奋是；避苦确有为害不小的，如因畏良药之苦而益长其病，因畏严师畏友而避昵〔匿〕不见等是。总之，世间有价值的事业，大多超过苦乐——最少也是即时的苦乐——以上的，真能进取的人，必不安于乐逸，必不怯于困苦。俗话所谓"受得苦中苦，方为人上人"，孟子所谓"天之将降大任于斯人也，必先苦其心志，劳其筋骨，饿其体肤"，皆有至理存于其中。

十九世纪以来，求乐避苦，已成为日用人生哲学之根本信条，不意现代心理学界中，还有助禁欲学派以张目的，即轰动一世之佛洛特其人是。佛氏以为从人的行为中，可以发现两个原理，一是苦乐原理，一是实际原理。受苦乐原理控制的行为是以求乐避苦为目的；受实际原理控制的行为是要适应实际环境之需要而搁置苦乐于不问。自发育之次序言，儿童的行为是以求满足为目的的，稍长始知以适应实际界为主旨。一为进步的境界，一为原始的境界。成年的人，若不能奋斗以解决事实上的困难而一味追求快乐，或舍弃伟大的事业而不顾，或一味追思过去或冥想玄界以自娱，佛氏统名之为"堕落"，意即为退化至于原始境界。堕落为精神之病态，故追求快乐非人生之正轨。佛氏立说，本是超伦理学的，然而推论的结果，与禁欲学派实相接近。

佛氏所分原始的境界与进步的境界，即苦乐原理与实际原理，在教育上颇有价值。大凡儿童教育以迅速满足其欲求为主旨，而无论满足的方法是实际的，抑是想像的。如神仙故事，如象征的游戏，皆想像的满足欲求法。如结论之容易求得，如奖励之宜于迅速，皆实际的满足其欲求时之所宜注意。及至年龄稍大，应付实际之能力既增，其努力的对象已由满足之感而转移至于事务之本身，则可以教之研究困难的重大的问题，虽明知其苦而仍然努力不辍。此种不避困苦、追求不辍的精神，无论是智育方面或德育方面，皆有留意培养之必要。

以情感而不以结果为目的，必使进步停止，——甚至堕落——固为寻常的结果。不过若说一切嗜好必然有害，则又不尽然。一切成功的活动皆能引起快感，而此等快感往后即可成为欲求的对象，这就是所谓的后天的嗜好之由来。譬如读书，有为知识欲而读书的，亦有为读书乐而读书的。为读书乐而读书，也许其结果不如为求知识而读书者之大，然而谓其必定有害，亦毋乃大过。公平地讲，嗜好容易发生危险，须加以防范，倒是真的。在教育上，要避免嗜好的危险，最好是勿以快感与不快之感作为教学的动机，又于可能时，竭力鼓动学生寻求必要的方法以实现他自己所已定的有价值的目的。因为"努力以底于成"的习惯，最能助吾人前进，并能防止堕落。

要防止学生沦胥于快乐之享受而不从事进取，又可以注意养成坚固而广阔的结果。兴味与快感容易混淆（我意宜改名关切）。在教育上，兴味一词之误用，已不知酿出多少牺牲。考兴味之意义，为"对于所追求的目的所感觉的于己身之价值（a feeling of worth, to the self, of an end to be obtained）。细玩此语的人，当能明了兴味之性质是动意的，譬如说一句，"我对于教育事业很有兴味"，闻者一定以为我是喜欢从事或赞助教育，决不至以为我对于教育是旁观的。此种动的，努力的，有目的的成份〔分〕，可惜常为感情的成份〔分〕所掩。而平常所认为兴味中的感情又属相差甚远的快感。例如教学生当使之感着兴味，乃至当不易之理，而平常竟解释为当使学生感着愉快。于是结果就使得学生单要求愉快之享受而对于困难之部份〔分〕不肯忍耐着努力去追求，此乃糖果教育必至之结果。若能明了兴味中之情感是价值的情感，则无此弊。母亲不辞劳瘁，抚育子女，不是由于快感，只是起于一种不能自已之情，好像是说，种种劳瘁都是值得的（所谓值得，所谓价值，须活动的解释之）。私意以为此种心理状态，与其用易滋误会之兴味一名以形容之，实不如改用关切较为恰当。杜威亦说，平常所谓的兴味，有三层意义：（一）积极发展的全般状态，例如说一个人的兴味归于政治，或文学，或美术；（二）所预见而所需要的客观的结果，那便是说，于一个人有影响之点；（三）个人的感情的倾倚，说一个人对于某事有兴味，就是说一个人的态度沉没于该事之中；而教育上所谓的兴味，则是第二种意义，将兴味只看作外物对于个人的利害成败之影响，既不问实际事务之发展如何，于是兴味只是个人的快感或苦感而已。由此足见平常的误会，都是起于单重主观的情感，关切一名，至少可以使人联想到外界的事物，又可以联想到关切者对于所关切的事物决不是袖手旁观坐享其成的，所以我意关切一名总比兴味好。教育上若能弄成坚固的而广阔的关切心，则学生单爱享受快感而不事进取的危险，自然就没有了。此所以于研究情感教育的，必须提及关切心之理由。

情绪 情绪之性质如何，现代心理学尚少存发明。极端的行动派如瓦村者，则以为情绪是遗传的畴型反动，其中含有身体机械之全部的重大变化，而以内藏与腺之变化为尤大。瓦氏是否以为身体机械之变化就是情绪，因为"其中含有"（involving）四字颇有伸缩余地，吾人未能妄测，不过自其学说之全体推断之，似乎是只有这一条结论。可是这也难怪。自从杰姆士〔士〕朗〔的〕学说出世以来，学者间于情绪之性质，已议论纷纭，颇多以生理的现象认为情绪之本质的。杰姆士以为："吾人感触激动时，立即随以身体的变化，吾人对于此变化之感觉，称为情绪。"氏又说："试引起一种极强的情绪，而从此情绪之意识中抽去一切身体的感觉，则所剩余的，了无一物。"二氏学说轰动一时，由此而起的新研究与新发现颇不为少，其功实大。然而其说之要点，在否认有机体的感觉是随着情绪，而主张有机械的感觉，即是情绪。此则为许多心理学者所不肯苟同之处。史韬其尤著者。史氏以为如果情绪与有机的感觉是二而一的，则一切有机的感觉必皆为情绪，至少一切引起大混和的神经骚动之有机感觉必须皆为情绪，然而世间恐无大胆的学者敢于主张清晨的冷水浴可以引起一真正的情绪。再且情绪随着一种知觉或观念而起时——例如见一物而生恐怖之情——首先必发生神经中枢之播动，此神经中枢播动之并起的精神现象，即平常所谓的情绪。中枢之播动又引起有机的播动，此有机的播动一经觉知，又反转来加强原有的情绪且助之得着显明的性质。若从杰姆士之说，原有的神经播动必先引起身体中别种机体之变化，而此种变化更反转来激动神经系统，然后由此激动之结果而产生情绪，实属未免失之于先后倒置。

情绪与本能之关系如何？乃心理学上一有趣的问题。首先论及两者之关系的，当推杰姆士。他说：凡物既引起本能，亦即引起情绪；惟一的分别，只是情绪的反动终止于反动者之本身，本能的反动则进一步而与刺激物发生实际的关系。杰姆士之功绩在使人注意其关系，至从事于说明两者之关系的，则当数麦独孤。宗麦氏之定义：本能是生成的身心的性格，此性格使本人不得不觉知而且注意于某类事物，又在觉知此事物时不得不经历一种特质的情绪激动，而且对于此事物不得不为一种特定的行动，最少也必须经历一种如是行动之冲动。观此，可以知道麦氏之处置本能是依据着心之三分法而谓本能有知情意三种成份［分］的。氏以为：（一）一切本能都具有一特种的情绪，例外极少；（二）所激起的本能为主要本能时，随起的情绪激动即为原始的情绪，原始时情绪是特殊的，只随各该种本能以俱起而不附着于其他。此种原始的情绪有七，列举如下：

情绪	具有该情绪之本能
恐惧	逃避
嫌恶	拒却
惊异	好奇
愤怒	争斗
自慊（或自怯）	自卑（或称自我卑下）
自高（或自炫）	自尊（或称自我伸张）
温藉	作亲

氏以为此七大本能以外虽还有别种本能，然于情绪之产生上所有的作用很小。即令不然，其所产生的情绪，亦是模［模］糊难于摸捉。平常一切知名的情绪，都是——至少也是几乎都是——由此七情及快感与苦感所分别揉合而成。揉合而成的情绪称为复杂的情绪。氏之学说，以本能与情绪为人生行动之本源，举从来之主知学说一举而推翻之，功绩实有不可磨灭者。然而同时与氏在感情心理学上并驾齐驱的，还有香德其人。香德批评上述之七情，以为温藉不是原始情绪，乃是一复杂的种类，其中的变异甚多，如怜惜、感激、虔敬、责难、悔恨、悲愤、热心等，皆由喜欢与悲哀这两种原始情绪搀入其中而成，惟其形式与分量之比例各有不同而已。悲哀与喜欢被视为原始的情绪，亦两家不同之一点。所谓悲哀就是倾向于维持现状并改进之，或追念已往并恢复之，所谓喜欢就是倾向于维持现状而不加改进。香德之反对麦氏学说，此外尚有可以注意之点数处：（一）一种本能之激起不必有一种固定的特殊情绪随之，如造巢行动不见有何种特殊的固定的情绪是；（二）同样的情绪可以附着于多种本能，如恐惧之情可以引起逃避、躲藏、沉静、呼喊等行动；（三）同样的本能可以服役于多种情绪，如逃避本能有时是起于恐惧，有时是起于愤怒，有时是起于练习之欢喜。此等攻击，颇具至理，似乎有根本推翻麦氏学说之危险，实则不然。盖麦氏之失在过于绝对，过于拘墟，吾人若将某情绪看作某本能的行动之特征，而不看作唯

一的、不可分离的成份［分］，则种种困难一概消灭了。

情绪有何作用？是先于本能的冲动而起，抑为本能的冲动所引起？从来解答之者，为说至不一律。情绪之功用所以加强冲动，盖因精神刺激之结果使各方面的精力皆流注于一途；又可以扶持冲动的对象使之存在于注意的中心点，盖因精力既流注于一途，注意范围自然缩小；又可以活动不息务使有一种适当的反动而后已，此则因精力皆是倾向于发泄的，情绪既为亢奋的精神现象，其要求发泄之力亦自大。此等功用皆所以增强冲动而使之易于实现，然而情绪之作用尚不止此。情绪又可以使经历此情绪的本人认识，他自己于经历此情绪时所有的状态与动向，并认识的别人的状态与动向，此等特别的情绪之觉知，于行为之控制上，实为必须。吾人既能认识此种之情绪，因而就能自知本身行动的倾向。例如有人以侮辱相加，本人觉着自身起了愤怒或恐惧，此时就必须努力自持。又因由情绪之性质即能知道自己所将取的行动，我们就可以设法控制或抵消此种行动之倾向。总之，人类行为其所以有进化之可能，其所以能自本能的行为而进化到智慧的行动，情绪之力实不为小。又情绪之起必偕有身体的表出，如失意则垂头丧气，忧虑则愁眉不展，自慊就手足无措，自得就趾高气扬。看一个人身体的表出即可以知道一个人的感情。人与人之间，因此才能彼此互相了解其品格、动机，以及行为之预测。欲了解学生之性情的，当于此留意。

以上言情绪之作用，只是断定情绪能促进冲动又能助益于行为之控制。至若是情绪产生冲动呢，还是冲动产生情绪？自教育上言之，就是行动的教育还是要直接教育性向呢？还是要教育情绪？照常例呢，是由冲动产生情绪，反动的动向最为重要，而情绪是副带的；不过有时情绪亦可以产生冲动。譬如胆怯的人，因有畏惧之心，遇事退缩；愤怒的人，遇事遇人，皆表仇恨的态度。此种事例，多不胜举。考其由来，盖因一种刺激既引起一种情绪的反应，身体各部以及神经系皆发生变化，待至此刺激既已消灭，而此等变化仍保留其余势，而使本人对于不同的刺激而为同样的反应。史韬称之为情绪的神气。若舍生理的说法而用心理的说法，则不外乎记持律之隐力法则。记持律以为各种心的活动皆产生一种使本身再次发生的倾向。隐力法则以为心的历程之兴起与停止皆是徐徐的。迁怒时，怒的对象已经移去，而怒之势力尚未消灭，故一触即发。此处还须注意分别情绪的性格。情绪是实在的意识状态，情绪的神气是情绪之余波而无一定的对象的。情绪的性格是一种恒久的倾向，凡相同的刺激发现时即倾向于起同一的情绪。此可以记持律中之简易法则说明之。即心的历程发生一次，即使其以后之发生较易一分。

情绪教育之方法，当专节详论，兹试依以上之讨论，一问情绪教育之目的当如何？此问题可以老生常谈之"和平中正"答之。情绪之特征为骚动，为亢激。其种种功用皆由此起。情绪浅浮而柔弱的人，趋赴目的之勇力、耐力，都有时嫌小，或不足以鼓起行动，或不足以继续下去，易冷易热的人，忽进忽退的人，都是此类。这是失之于不及的，失之于太过的，亦复不成。情绪激发过当，精力易于疲竭，努力亦不易继续，所谓其进锐者其退速，就是以此。有时且因骚动过度，精神上与生理上的系统皆失其常度而不能恢复，小之就患神经病，大之就丧失生命。恐怖太过，可以致死；抑郁忧伤，可以伤生；愤恚至极，每呕血不止；仰天长笑，每损坏胸腔。凡如此类，皆是常识。古人于喜怒哀乐，必求其发而皆中节，确为至当不易之理。

欲引导学生到中正的轨道上来，首先就要辨别学生的畴型，那便是说，要考查学生的性情各偏于哪一方。论到畴型，又有单一畴型说与多数畴型说的分别。单一畴型说是将一切的人，按着差异的数量以连成一线，要叙述某人时，只叙述他对于此畴型所有的差异的性质与差异的分量，此说桑代克主张之；多数畴型说，是将一切的人分为若干类，叙述某人时只述其属于某一类，谟仪门及一般心理学者主之。学说之正确与否，姑置不论，而事实上之方便，则要算多数畴型说，故吾人沿用之。其他的畴型非本篇范围，试专言气质之畴型。于言气质之畴型之先，又试说明气质之意义。

气质一名之使用，相沿成风，已成惯语，其意义至为暧昧亦至为纷歧。在中西的语源上，都着重在有赖于身体的组织之种种精神的特点。现代心理学仍不弃此本原的意义，不过同时更着重于精神上之情绪的特点，气质畴型之分法，人各不同。麦独孤以为气质之因数有三，因此三因数结合而成为八畴型。试表列如下：

气质畴型	因数及其分量		
	动意强度	维［继］持力	快苦之感受力
1. 坚毅	强	强	弱
2. 浮易	弱	弱	强
3. 转变于自信与沮丧间	强	弱	强
4. 沮丧	强	弱	弱

续表

气质畴型	因数及其分量		
	动意强度	维［继］持力	快苦之感受力
5. 多虑	弱	强	强
6. 富于希望	强	强	强
7. 沉着	弱	强	弱
8. 麻木	弱	弱	弱

附注：快苦之感受力系指动意（即广义的意志）因快感与苦感而起之变化之大小，如名为动意之快苦感受力，则较为妥当。

动意强容易失之于鲁莽，动意弱容易失之于柔懦。继持力强容易失之于固执、拘泥；继持力弱容易失之于中变、畏难。感受力强容易失之于过畏人言、过求人誉；感受力弱，不失之于顽固，就失之于冥顽。从教育之见地言，快苦之感受实为经验裨益吾人之关键。假使人类无此感受性，恐即无教育之可能。此感受性有生而薄弱的，亦有为环境所汩没的。为教师的，总要爱惜学生的廉耻。假使不如此，在感受力弱的学生从此更为麻木以至于无教育之可能，在感受力强的学生将因此神魂颠倒无形中精神日益凋残。这都是由于教师不明人性之过。明人性的教师，必能因学生之气质之不同而为个别的处置，以使他们都能入于中正之道。所谓中正以什么作标准？简言之，只是合于事实，宜于健康而已。使学生留心客观的事实，勿以主观的感情与偏见为主，而静观事实上究竟应否有如是之快感或苦感，是否值得或应该继续追求不已，是否宜于从速进行？对于动意及继持力强的人，务必引导他预为思考，对于反是的人，则鼓励尝试。对于感受力强的人务必使他觉得本来值不得如此，对于反是的人则须使他感着重要。总之，于太过的人则加以挽转，于不及的人，则加以推引。而其关键则在启发其真知，以求能够灼见事实之真相。此所谓合于事实。于合于事实以外尚加以宜于卫生的，则因事实上有时不能给我们以绝对的判断，如居丧而哀，究竟应该哀到什么程度，事实决不能给吾人以答案，此时则只有珍重身体节哀自卫之一途。此实所以救论理之穷的。且感情最易伤人，而无论其为何种感情，故感情的卫生确为卫生中之尤要者，谈教育目的于他亦不能搁置不同。

从来从事于气质之分类者甚多。最古的多血质、胆汁质、神经质、粘液质。此种观念，在现代已不能成立。但化学的观念，在气质之研究中，仍然保有其地位，不过吾人不能论及。此外如鲍尔德文谓气质有感觉型与动作型，感觉型的人倾向于思考反省，动作型的人倾向于活动有为。荣氏谓人类可分为务外与务内两种；务外的人多动作、多伸张；务内的人多反省、多退缩。其他尚有谓人于行为，有的是冲动型的，此种人说做就做，不假思考；有的是犹豫型，此种人徘徊审慎，迟疑不发。又谓有人于企业，有的是轻信型，轻于信仰自己的成功；有的是疑虑型，遇事都过虑失败。凡此种种，都是以助吾人了解学生的性情，以便纳之于和平中正。

情操 我们已经讨论过单纯的情感，即快感与苦感；又讨论过情绪，情绪中分原始的情绪与后起的情绪。原始的情绪是植根于本能的性格中的，是偕本能的特殊动向以俱起的。复杂的情绪，是揉合原始的情绪而成的；有的是起于一种以上的原始情绪活动于情操中的，有的是起于两种以上的原始情绪同时活动的。后者如崇拜情是揉合惊异情与自慊情而成，寅畏情是揉合崇拜情与恐惧情而成，其他属于此类的尚有感恩（温藉与自慊之揉合）、唾弃（嫌恶与愤怒之揉合）、恐怖（恐惧与嫌恶之揉合）、骇异（恐怖与惊异之揉合）、疾恨（愤怒、恐惧与嫌恶之揉合）、仇视（自慊与愤怒之揉合）等等。前者如责难、妒忌、愤慨、报复、羞恶、自愧等是。欲明了此等活动于情操中的情绪，须先明了情操之性质。

情操不是暂时一现的，亦不是延长的情绪；情操中所包含的两种以上的原始情绪不是彼此互相竞争的，乃是受制于一定系统之下，此等情绪不过其系统中之构造成份〔分〕。所以吾人须注意，情操并不是意识的经验，乃是精神的一种构造。首先创立新情操学说的是香德。香德以为情操与其所制宰的感情必不可淆混，一个情绪——或许多情绪与一个对象相联合而成之系统或性格即为情操。此系统中之情绪之兴起，随着外界的情形以为转移，而其对象则仍旧如一。试就嫌恨情操言，假如我恨某甲，当他在我面前，我觉得忧伤；当他离开我时，我觉得喜欢；对于优待他的人，我觉着愤怨；对于损害他的人，我觉着感激；此外，无论何时，一提及他，总觉着不快、难过、嫌恶等感。以上的忧伤、喜欢等情绪虽有变迁，而此等不快之感则处处如一。若是我爱某甲时，则感情之发生完全与嫌恶时相同。此处所当留意的有两点，一为对象（实物或观念），如此处所说的某甲，二以此对象为媒介，种种情绪的性格才能连结起来以成一有作用的系统。麦独孤常用一图表示之，兹师其意而图示之如下：

本图，甲′＝嫌恨情操的对象。乙′＝爱好情操的对象。甲＝嫌恨情操。乙＝爱好情操。
它们俩是各随其对象（甲与乙）而各自兴起的。甲所包含的情绪的性格为子丑寅卯辰，乙所
包含的为丑寅卯辰巳午。子＝嫌恶。丑＝恐惧。寅＝愤怒。卯＝惊异。辰＝自慊。巳＝自高。
午＝温藉。重线所以表示关系密切，轻线反之。（按麦原图系就神经系统言，此处一概翻作心
理学的名词而不用生理的说法，所以求简便而已。）

总之，一种情操是许多情绪的性格以一个对象为中枢而组成的一个
构造的系统，此系统中之种种情绪因外界情形之变迁而其兴起的亦随之
而异，但此系统之本身则颇有几分坚定性，不易毁弃。

上面说复杂的情绪有活动于情操中的，意谓有等情绪，非在吾人已
经为该等情绪之对象得有某种情操时，吾人即无从经历该种情绪。至他
种复杂的情绪则不必待情操之成立而后有。此外还有一等情绪，名为欲
望情。平常最易误会或以为它与原始的情绪同具有激起行动之势力，或
以为它可以受组织于情操之中一如前述的种种情绪，实则大谬不然。欲
望情是一种精神的经历，不是精神的构造，人心之经历此种精神状况，
是当着强烈的冲动或动向不能立即达其目的或不能顺畅进行时。它不是
一种构造，亦无何种特殊的性格作它的根基。它之兴起，常随着一种极
有组织而极坚强的情操，但因此即谓它与情操有不可分离的关系，则又
不然。例如饮食欲可以起自极单纯的饥渴动向，而且此欲若颇强大时，
则一切的欲望情，几乎完全可以随之而产生。欲望情之种类，据香德之
说，有六，即深信、希望、疑虑、沮丧、绝望、悔恨。麦独孤以为此等
情绪之发生，以一种强烈而继续的欲望为必要的条件。六种情绪之发
生，有一定的次序可寻。当欲望目的之达到绝对无困难之预料时，起深
信情；进行既久，略感不易时，起希望情，希望能克服难关；再往前
进，困难愈起愈多，于是疑虑情生，心头纭扰于成败之间；反至事机不
顺，凶多吉少，乃起沮丧情；果然山穷水尽，无法可施，于是绝望情
起；绝望情起，于是萦回以往，不禁悔恨丛生。是此等情绪，乃伴欲望
而起，严格地说，后起的情绪一名，应限于此类，驱迫吾人去行为的，
是此等情绪所伴随的欲望或说是欲望背后的性格亦可。平常都误认为是
此等情绪，实因分析不精的原故。试就希望言，平常多以为希望能增加

活力，心理学家中亦有以为希望能增进欲望的活动，帮助欲望制止灰心之情，所以能够促进其目的之实现。若一仔细思维，就可以知道希望必有所希望，必有一定的目的，希望是伴着此欲望而起的，故我们的动机不是希望，乃是一定的目的，而驱迫吾人去行为的，亦不是此希望，乃是动机或欲望。此动机或欲望，若是已组织于一极强的情操中，或是起于一生成的情绪的性格，则其势力更大。然而无论大小，都无关于欲望情。

　　与情操相近似而实则不同，且在心的活动上占重要地位的，为情复。关于情复之学说，纷争喧呶，尚未大定。有人以为情复就是病态的情操，有人以为情复在心之一发育上，是在知觉域，情操是在观念域，情复由知觉域而进为观念域时，即是情操。总括言之，论情复的人有两种，一种以为情复只是变态精神之所有，一种以为情复亦是一种常态现象。在常态现象中，情复就是附着有一种情绪的一群对象或经验。其起源只是由于感情的波动。起先是对于一种特殊对象而经历一种情绪，此对象自是而后，即染有该种情绪的色彩。此对象何时出现，此情绪即何时发生。倘若此情绪极为强烈，或颇为痛苦时，此情绪可以传染于别的相接近的经验，以致此后对于此类的经验或对象发生情绪的不安定，旧有的情绪平衡因之而动摇，旧有的精力发射的中心点因之而转移。前面讲过情绪的神气，是情绪由此对象而迁移到别的对象，情复之性质也就类似情绪的神气，所不同的是情绪的神气是情绪之延长，其性质是暂时的，情复则是较为固定的，已成为情绪的性格了。如爱屋及乌，敬仰名贤因而宝贵其遗物，皆是情复作用，可见情复乃日常精神现象之一种。但是情复之可以使吾人注意的，平常的情复乃其余事，最重要的是病态的情复。病态的情复，是被压制而且染有情绪色彩的观念系统。其压制之起源是由于一个对象同时激起两种以上的相反的动向与情绪，而此等情绪因为相反之故不能并容，于是互相冲突，结果存留其一而压制其余。被压制的情绪沉入潜意识内，有时到潜意识之深处，简直不能由反省而觉知其存在。然而它于行为上，又不是全无影响，且其影响甚大，不过是间接的，是为吾人所不觉的。惟其是为吾人所不觉的，所以吾人不能加以控制，于是种种危险都因之而起。例如生长于严厉的家庭中的人，他的父母从来责骂他时是不许分辨的，假使有时他并没错，父母本不应责备他，此时一面因为自尊心与抗争心而起愤怒情与自高情，一面又慑于父母之威权而起自慊与恐惧之情，两方冲突之结果于是就屈伏了，或则是隐忍愤慨而不敢言，或则是嗫嚅而不能出诸口。这就是压制情绪的结果。此等被压制的情绪，逐渐增加其对象（依着联合律），亦逐渐坚固其根底（依着记持律），久而久之，遂成为遇人遇事，都有几分畏惧、退缩，而不敢勇往直前或慷慨倾谈，其手足每现一种无措之状，其面貌亦常现一种不自然之容，其持身每过于谨饬，其存心每过于审慎。实不知有多少人材桎梏于其中而不自知。发现此等精神作用的为析心学。因析心学之发明，教育上遂获得许多至可宝贵之方法。往后谈感情教育之方法时将时常提及。

情操的性质，由上所述，可一言以蔽之，就是情意生活之组织。明了此语之意义，即可以明了情操之作用。动物的生活，全靠本能。动物的本能之组织较为固定，所以他的生活之方式简单而和谐。人类不然，于本能之组织方面，人类要算弱者；从另一方面看，人类生活极为复杂，宜于具有多量的柔性，变化可能性，才能适应生活上之需要，所以组织之不固定亦算是人类得以日新之枢纽。弥缝此缺憾的为习惯（广义的），为后天的性格。所谓情操者，说是心的习惯亦可，说是情绪的性格亦可，然而总不可忘记它是有组织的。人类的行为，自发育的程序言之，是由冲动的而变为有节制的，是由散漫的而变为统整的，是由破碎的而变为一贯的，是由矛盾的而变为和谐的。一个人的教育如何，人格如何，就全看他的行为的有节制的、统整的、一贯的、和谐的程度何如？换句话说，就是看他情操之发育如何？就发育之程序言，情操可以分为三等，一为个别的，如爱好自己的儿女，二为团体的，如爱好家庭，三为抽象的，如爱好正义。抽象的爱可以节制团体的爱，团体的爱可以节制个别的爱，个别的爱的情操又可以节制温藉等情绪。理想的人格之情操，可图示如下（图略）。

各个情操不是孤立的，亦不是独立活动的，乃是很有组织的，此观念通常类多忽略。各情操间又不但是互相关联而已，常如一种阶级制度然，上层的可以控制下层，而以最高的一位总裁万几。通常或名此最高总裁为良心、为天君。良心恰当于上表的正义情操。天君可当上表的自我情操。健全的青年，常有一种理想的自我，一面知道现实的我，一面又怀想着我所能成就的我。自我观念，随人而异，有的只是以此形体为我的，有的是以上帝派来的救主为我的。无论其自我观念的内容如何，而此自我情操于其生活中无时不施使权力以指挥它、控制它。最易看见的，是发生疑难与当着危急的时候。我们时常说，"这不是我做的事"，

"这样做了，我怎样见人"！孔子说，"知耻近乎勇"，孟子说，"无羞恶之心非人也"，又说，"不耻不若人，不若人矣"。这些话，都是极有道理的话。所谓耻，所谓羞恶，都是要求自尊，要求自我伸张之表现。所耻者虽千差万别，有耻恶衣恶食的，有耻自己的老婆不文明的，也有耻德不加修学不加益的，然而无论所耻为何，耻之所在，就是自我之发展所倾向的方向。最大的耻，就是自我发展所倾向的主要方向。换句话说，最高的情操——耻是情操之一方面的表现——就是自我发展所倾向的主要方向。只要此主要方向一合于正轨，其他的发泄方向就一概不至于与此相差太远。孔子说："苟志于仁矣，无恶也。"此话虽属未免偏近于动机端，然而志于仁之后实在也就有无恶之可能。孟子说："先立乎其大者，则其小者不能夺也。"这两句话更为深切明白，讲品格教育的人，万不可不知。默察国中教育大受心理学上极端行为派的影响，有流于支离破碎的倾向，又受生物学上一偏的适应环境说的影响，有流于随风转舵的流弊，欲加救济，似乎只有"立乎其大"。我意立乎其大，是绝对无可非难的，朱、陆之争并不在"立乎其大"之本身，乃在一"先"字。苟不提此"先"字，我想，朱子也必没有话说。"立乎其大"之"大"字，就知识方面说，就是一个人的最高的理想，就意志方面说，就是一个人的最高志愿，就感情方面说，就是一个人的最高情操，三者是三位一体的。我们要明白情操与情绪的关系，还是拿孟子的几句话来说，容易明白。他说："夫志，气之帅也；气，体之充也，夫志至焉，气次焉。故曰，持其志，无暴其气。"志可比于情操，上面已说过；气可比于情绪，亦至易明了。气字从气，从米，有种"形体的力"的意味，情绪之原文亦含有"生理的骚动"的意味；气是体之充，情绪亦是赖身体以发表的；两者恰恰是一个东西，我们将它们合起来谈，并不是牵强附会。我们将孟子的话翻作我们的话，就是：情操是情绪的指挥者，情绪是充塞身体而且提起其大力的。情操是首要，情绪是次要。所以应该使情操坚强，不应该滥用情绪。

自我情操是情操中之最高者。它能否完全组合而且控制下等的情绪与情操，要看一个人的自我的高下何如，所包念的内容何如？这就有待于理性之发育。理性的作用假使无偏无倚，而能给各种感情以适当的地位，又能看得出一个很高的目标，能容纳种种感情于其下，那么，除非生来的禀赋有先天的缺憾或所遭的环境有后天的不幸而外，统整的平衡的人格当有成就之可能。然而中正和平实不易得。多数的人多是牺牲自我之一部分而将精力倾注一方且竭全力赴之；品性薄弱的人，多是随波逐浪，无所谓自我；平常的人，多半是有数个多少分裂的自我，此等自我之间，如杰姆士之所云，互相竞争而互相仇视。竞争与仇视之不幸的结果，就是压制其余而留其一，被压制的就成为前面所说的情复。病态心理学上所谓的多重人格乃其最明显之实例。

（未完）

二、感情教育之方法

我们既已明了感情与知识意志是不可分离的，又明白了情感是随着各种意识以俱起的，又明白了情绪是精神的骚动，其活动有的是待情操成立后才兴起的，有的是不必活动于情操之内的，又明白了情操是一种有纵合与统制的作用的性格，那末，我们以后谈感情教育之方法，就有许多不必另提的话。

第一移接法则　移接法则就是：感情之兴起，都有一种原有的刺激物或情境，但是可以用别的简直与原有的刺激物或情境不相同且不相关的刺激物或情境，以引起此种感情，使它们成为此等感情之后天的对象。本法则在教育上很关重大。人类由下等的动物进化而来，本来携带有许多不适时宜的东西，若是没有此移接之可能，人类就只有戴着人类的招牌去做禽兽的行为了。可说移接法就是使人类从低等的境界转移到高等的境界的，所以有人又特称此等移接为提高法。提高法就是使无用的或有害的感情而用到有益于个人或社会的方面。譬知愤争是一种原始情绪，在文明社会中，本来害多利少，但是一经移接于别的对象上，如球战，如舌战，如争求国际荣誉，就不知为世间增进了多少活气。又如享受快乐之要求，是人类的一种原始嗜好，假使无此嗜好，则有许多兴革即无从起，可是此等要求，最易流为目前的、形体的，而使人丧失其高尚的远大的目的，此际就宜于移接到正当的努力上，使他觉着创造之乐，为善之乐。

就发育之程序言，移接法还另有一层意义。自生物学的观念移植到心理学以来，生长原理就随之而入。生长原理便是说，精神是在生长中的，不是一成不变的，亦不是生来怎样便是怎样的。无此生长原理即无发育之可言。谈心的发育的有两种学说，一种名为分期发育说，一种名为并行发育说。分期发育说以为某种精神作用发达得早某种发达得迟，有一定先后的次序，主张之者如柏格来、斯丹来合尔。并引发育说以为精神之发育是逐渐的，继续的，而且多少有几分是并进的，即非从生下就是并进的，至少也当是从入学年龄起就是并进的。主张此说的有杜威、桑代克等。杜威说：在自然的生长中，每一个活动的阶级都无意地而且透彻地为次一个阶级预备下了发育的条件。杜威此话，很可以表明进化的继续原理。继续原理就是说发育是有秩序的、衔接的、因果关系的。一个经验影响别一个经验，一种心的历程继别种心的历程而起，高等精神活动受限制于而且建立于低等精神活动之上，未来的精神活动产生于而且受限制于已有的及现有的精神状况。是故分期发育说与并行发育说，无论是谁对，而一个人的心的前后状态，总是有所不同，不然，就无发育可言了。既然如此，在感情教育上，就当知道一面不可躐等，一面又不可落后。欲不躐等就必预备，欲不落后就必乘时，两者都有待于移接法。譬如欲养儿童的爱国情操，必须待至他的知识经验已足以了解国为何物才成。在他的知识经验尚未到此境界以前，可择一与爱国情操同在一条线上的别的可以养成的情操而养成之。如爱家情操、爱校情操都可。等到相当的年龄时，再把此爱家或爱校情操移接到或联络到爱国上。传云："忠臣出于孝子之门。"忠孝（都作广义解）本是在一条线上的，所以难怪。然而爱国的人固然爱家，但是爱家的人未必爱国，则又何故？那就是因为没有及时将爱家情操改变成爱国情操或容纳于爱国情操中。此就爱家爱校爱国三种情操说明，当利用前者以培植后者，是为移接法之又一种。然而爱校爱家这两种情操，都有终身存立之价值，只是不可做最高情操而已。此外尚有许多感情，只可利用一时，而过后就必须打破的。例如利用公众讲演会使学生多读书，讲演本来合于好几种感情的要求，而自炫乃其尤著者。起先是为讲演而读书，后来久而久之，读书的兴味已成，就可用过河拆桥的办法，离开讲演会而单独促进读书的情操。

不易把捉的东西，要想令学生把促［捉］得住，我们当借重象征。象征是以具体的、简单的、可摸捉的东西，代表复杂、抽象、无定踪的东西。人类的言语文字，处处都是象征，假使无象征，人类的文明恐怕无从产生。应用象征主义于教育上的，是佛禄培尔。佛氏以为对于幼年儿童即应借着象征以施行教育。象征有一种不可名言的传达教训的能力。佛氏所用的儿童游戏都有道德教训的意义。后来颇有人嫌他过于幻想玄秘，矫揉而不合于生长之自然，如杜威即其一人（见《民治与教育》六八页）。我意，象征的功用，是助人摸捉，有许多一时不易了解的道理，一旦把捉着，以后随时玩味，或随时解释，了解的范围因之日宽，联合之观念因之而多。讲各种运动的人，都知道利用简单的标语，如平等自由，如进取，如稳健，如某某主义，在听众固不能即时了解，亦不必求他即时了解，只须使他得此观念把捉住就足够了。社会运动家既知利用此理，教育上何为倒反退后。且即在学生已经了解之后，象征亦有凝结而不使观念消失的功用。有时观念太复杂，不便于人心之把捉，有此象征，或则直接表示其一部份〔分〕，而使其余的可以连类而及，或则简直与原有的无直接的关系，要待人去想像而联结之。其功用于知识上已属不浅。若在感情教育上，其价值更不必言。纵令他所代表的极高极远，不易了解，究竟是无碍于感情之寄托。而且在此等际会，亦非用象征寄托不可。即如爱国情操，于幼小儿童，固不易教以国之观念，但使他崇拜国旗，进而爱护国旗却是可能，就是进一步对他说，我们都是同一国旗下的人，应该互相亲爱，又对他说日本人天天想毁掉我们的国旗，我想，都能引起他的相当的感情。中华民国的国旗究竟代表些什么，小儿固然弄不清；但是假使留心教育，一定可以使他知道一面国旗不仅是红黄蓝黑五样颜色。教他以为国捐躯，他是未必懂的，教他以仇恨侮蔑我们的国旗的，这就容易深入。总之，一面国旗的作用很大，每年双十节向国旗行个三鞠躬，其教育的意味亦极深厚。年来我国教育界已有鄙弃国家主义的空气，我知道有许多学校连一年一度的国庆节，且不行个祭旗式。我真不懂，他们平素的训育所托命的是什么东西？大概名义上是世界主义！而实际上恐怕就是藏在世界主义底下的个人主义吧！

第二刺激法则　刺激法则是：一种感情被激起的次数愈多，以后的激起就愈容易，而其活动亦就愈有势力。譬如父母溺爱的儿女，其性情多偏僻、骄傲、躁急，皆因幼小时代父母对于他遇事随从，以致一不当意，就泼辣吵闹，绝不知道自己节制与顺应别人。性格既已成立，往后无论在家庭或在社会，无论对象为何，而所引起的，皆多半为此等性格所容允的情绪。依此法则，又可以建立一实际法则，可约谓为：奖励善良的冲动而惩罚恶劣的冲动。奖励即是刺激之一法，其目的在激起快乐之感，因此快乐之感而增益其冲动的势力；惩罚亦是一种刺激，其目的在激起不快之感，因此不快之感而减少其冲动的势力。换句话说，好的情绪就宜于常加刺激而且加以奖励，恶的刺激就宜于避免刺激而且加以惩罚。就惩罚与奖励言，有人名为效果律，就常加刺激与避免刺激言，有人名为练习律，如桑代克是。效果律是说：情境与反应之联结如果伴有或随有使人满足的状况，则其联结之势力加强；如果伴有或随有使人烦恼的状况，则其势力加弱。练习律是说：情境与反应之联结，如果常加挑动，其联结之势力愈强，名为使用律；如果搁置不用，其联结之势力减少，名为废置律。此数种律令，考其实际，皆是刺激法则之一方面；而刺激法则之根本又为记持法则。记持法则，已如前面所述，以为各种心的活动皆产生一种使本身再次发生的倾向。应用记持法则于本问题时即为简易法则。简易法则以为心的历程发生一次，即使其以后之发生较易一分，亦如前面之所云。但所谓较易一分之较易二字，至少有三种意义。一种是使该种心的活动强大，二种是使该种心的活动发生迅速，三种是使引起该种心的活动之刺激可以减弱。细玩此等意义，刺激法则之涵义就可以充分地了解了！

实施刺激法则时所有的刺激方法，有的是刺激所引起的反动与刺激同其性质，有的是刺激所引起的反动与刺激异其性质。引起与刺激异其性质之反动的，尚无适当的专名，我勉强称之为狭义的刺激；引起与刺激同其性质之反动的，通常名为暗示。暗示一名之涵义，又时有广狭不同。其在广义时，是与广义的模仿相对待。暗示是就施刺激的人说，模仿是就受刺激的人说。其在狭义时，则是与模仿、同情鼎足而三。此三者之区别，各人的说法不同，其中有的以为暗示是就观念之授受说，模仿是就行为之矜式说，同情是就感情之激起说。既知道此种不同的意义，于辨别各家学说最为有益。我们为讨论上之方便计，将三者统括于暗示一名之下，而就受暗示者言时，则名为模仿。模仿就是取法于别人的行动、感情与思想。模仿之发生是因为吾人生而有此模仿的普通性向。模仿发现于意识活动之各种层级。最下层的为生物的模仿或本能的模仿，如小儿见其母笑时，他也笑，见其母哭时，他也哭。最高层为故意的模仿，为〔如〕临写名家的字画是。然而在人类的行动上，此两者常混合而不可分辨。学生于其教师，有时只是偶然间模仿其语调、姿势，有时进而模仿其服装、字迹，有时更进而吸收同化其种种意见与好恶。一个家庭的家风，一个学校的校风皆由此起。若有人将各校学生的言语或意见作一种统计的研究，必定可以发现各校的特点之所在。教育之所以可能，社会之所以可以成立，都很有赖于此种模仿性。原始教育与幼稚教育，更几乎全赖此模仿性而行。在模仿而影响及于感情时，就为同情。平常所谓的同情，多指怜惜悲哀等柔情，实属谬误。同情正如其字之所表示，是与人表示相同的感情。如同其好恶，同其荣辱，同其仇愤，皆是。一个团体中各份子之好恶荣辱愈相同，其基础就愈坚固。做教师的人，必须留意使全校师生间有相同的感情，然后学校才可以入于健全的状态。最要紧的是，教师当能保持少年气象，能对于少年的兴味与热情表示真正的同情。同时又要能将自己的旗帜放鲜明些，充分的发挥自己的感情使学生受其传染。一个团体内的感情的播散，都是起源于特出的人物，尤其是以情绪强烈而直率的人为最甚。教师在学校中，本居于一种特别地位，天然的具有一种威权，只要善于利用，不愁不能转移学生。但是凡事有利必有弊。富于专断性的教师，又易将学生鼓铸成为教师的奴隶，颠倒于教师之偏见癖性之下，而莫能自拔。如此，离着教育之本旨就远了。教育总是要造就堂堂的人，独立自尊的人，能够自己站得住而不随人的脚后跟。这样的人，必须能够自己控制自己，自己于自己的意见、好恶、行动能本着理性而加以判断与改进。人类的行动，固然不能事事等待理性之成熟，而须借着暗示，使得生命可以延续与生长。如爱国一事，欲使无男女老少，一律都知道爱国的理由，真是"河清难俟，人寿几何"哟！故于小学教育及通俗教育中，教育者必须利用自己的感情以传播于受教育者。但是寻求真理，服从真理，乃世界进化之关键，故鼓励学生仔细地冷静地考较思量，亦为教育上所不可忽略的。就感情教育说，就是应该培植真理情操。

平常所谓的刺激，就是我们所谓的狭义的刺激，其所引起的反应是与刺激异其性质的。譬如看见骄傲的人，就生起嫌恶之感；闻着发散的声音，就生起喜悦之感；皆是极好的例证。但所谓刺激与暗示，在实际使用上，亦不能绝然分离。物器所发出的声音成为音乐，音乐又转而激动人心，发生情感，有时竭泽衰弱，有时粗厉猛暴，有时廉直，有时柔和。此等心绪与原来的刺激物其性质似绝不相同，实则进一步着想，又有其相同之处可以发现。音声固然是由物所发生，而使物发声的还是人。奏演者因其本心之所发而演成音乐，其情绪不同，其发出的声音亦不同，由此不同的声音遂引起听者不同的感情。所以此中亦寓有暗示作用。故吾人统括名之为刺激法则，古人所谓的诗教乐教等陶淑性情的方法，都属之于此法则之下。音乐在学校中，正是感情教育之利器。

谈到诗教乐教，就入于美术范围，与美感发生关系。兹试略加分析，试问美感之性质为何？音乐图画诗歌所引起的感情有几种？都是美感呢？还是只有一种是纯正的美感？略加思量，就可以知道美术所引起的感情甚为复杂。如庄严的音乐，可以引起敬畏之情；弛缓的音乐可以引起欢乐之情；高山流水，可以引起幽远之情；秋风萧萧可以引起愁惨之情；甚至有的音乐令人毛发悚然而引起有机体之骚动。究竟这都是美感么？这些感情都有陶冶之必要么？是否都是美感乃另一问题，就陶冶之必要，则是都有。人类进化，是始于数千万年以前，吾人既挟此等情绪以俱生，势不能有所压制，只能因势利导使它们各得其宜就够了。至若论到美感之性质。有的人说（如斯垂亚、罗斯惠西等）审美时的心态是低降的，是沉默的。使此说而确，则军乐队之嘀嘀哒哒的声音，只能引起几种情绪而不能引起美感，因为它是亢奋的、震动的，与欣赏似不相容。又观西洋之演奏者，身体起伏摆动，无一刻休止，似乎最易引起身体的感觉而不便于真正美感之产生。倒是中国之丝竹，幽雅恬静，倒真能引起欣赏之情。而中国之弹弄琴瑟的，又最讲姿势之平衡正定，似亦为演奏者之适当规范。然而此系就欣赏之心态言，此时心的活动之内容究竟如何，即所谓美感者，究为如何之感？通常每说美感是一种快感。但是刍豢之悦口，与理义之悦心，同是快感，究竟美感与它们有什么分别？有人说美之快感不似刍豢之快感是在身体上有一定的部位的，如口部腹部之类。然而此可以解刍豢的问题而不能解释义理之快感有何差别！有人说美之快感是无我的，欣赏美术时，只有默会，别无占有该种美术品之心。无论此说之未必对，即令是对的，亦应知道这算不了美感之特征。在某种意义上，一切的进求与享受如研究义理时所经历的愉快，又何尝有什么别的自私自利的念头呢？山提阳拉以为美之快感之特质在客观化，那便是说，我们以为自己所觉着的快感是在客观的对象之中，而忘却其或不注意其是在我心。此种说法，既可以解决刍豢悦口之问题，又可以解决义理悦心的问题，因为我们都觉得研究义理时之愉快是研究义理所发生的影响，在我心内，而不在义理身上。但是美感之起，自我即沉没于对象之中，那便是说，与对象合而为一。此是黎普之化情说（化情在英文为 empathy 与 sympathy 相近。sympathy 是 feeling with，译作同情。empathy 是 feeling into，取化身之义，译作化情）。果然，也就用不着客观说了！于事实之解释上，化情说较为圆满。有一略费解释的，是超脱之想。如超尘出世物外潇洒，从来羽化而登仙的思想，都属此类。此种心思，似乎是重在有所摈弃，必遗世然后能超尘。所以山提阳拉说："有两种方法去取得和谐：一种是将一切的份子都统整起来，一种是将不受统整的份子按斥除去。用收容以求统整就产生美；用摈斥、孤立以求统整就产生超脱。两方都是愉快；不过一个是温暖、消极、通透的；另一个则是冷淡、峻急、尖利的。一个使吾人与世界合一，一个使吾人超出于世界之上。"据此看来，似乎化身与超脱两相对立颇欠一贯。实则山氏之心理的分析有欠周到之处。超脱固然有所所摈弃，化身亦何尝无所摈弃，选择作用乃精神上之一普遍现象。我们化身，须化于一定的对象中。化之于图画音乐中，就名化身；化之于天上的真空，或月间的桂宫，则名超脱。在此感情发生之一刹那，无我觉，亦无非我觉，当然说不上有意的分别去取，无意间则两者都有所摈斥。所以不得因此而谓为化身说不能尽解释之能事。化身说若能成立，更有两种利益，一可以扩张审美情的范围，一可以容纳表现论。前面所说的审美的沉默的态度只可以应用于优柔之美，其他崇宏之美、滑稽之美、悲剧之美、丑美等所引起的情绪皆极复杂，快感于其中所占的位置却不甚显著。用化身说，则无论所引起的感情是悲歌抑是欢笑，只要足以使我同它合一的，就都是美。至所谓表现论者，是我对于克柔司之说所假定的一个名词。克氏以为艺术与美是成功的表现，艺术之欣赏是欣赏者复做艺术家制作时的创造的活动。伦恩亦以为艺术之灵魂，正如游戏一样，是愉快的自发活动。穷愁的诗人，将其困苦，播为歌词，即于其纯洁的高尚的自我表现中享有无穷乐趣。他们两人的说法，重在活动，不似从来说者之重在消极；又重在自我之发现，不似从来说者之专重被动的体会。于教育上之应用至少当有两大改变。一为欣赏者当先具有高尚的丰富的情操，然后能充分同化于客观；二为于美术之创制程序当略知梗概，略加练习，然后才能充分了解其涵义而且去复做去欣赏。必如此，欣赏教育方可说是健全的。故于二氏之说，不可等闲视之。将二氏之说与化身说合而观之，又可见想像之重要。化身全靠想像，表现亦多赖想像。没有想像，就是飘飘欲仙的画品，也不过是几条曲线直线的结构物而已；就是至情至性的诗歌，也不过是几个板滞的死沉沉的字而已。所以欣赏中之沉默的态度，并非静止的，乃是充分的富于想像的。谈审美教育而不知道教育想像，单知道色彩与形式之美的教育，离着美育之究竟很远哟！

第三发泄法则　发泄法则是说感情既已激动即宜发散而不可压制。隐恨吞声，无可告语，这是人间最痛苦的事，亦是最危险的事。欲哭便哭，欲笑便笑，既哭既笑之后，精神就略觉平服，这是我们常有的经验。发泄法则之最浅显的意义，就是说明此等经验。简言之，就是：感情发生时，发泄总比抑制好。但是有人说，发泄法则是反违刺激法则的，愈发泄以后便愈须发泄，每经发泄一次，以后它的势力就增加一份。欲用发泄法则去免掉不好的情绪之恶影响，是何异于扬汤止沸。此话看来虽似有理，实则不然。因为发泄并不是放任，并不是散马抛缰，听它去如何放纵，实则于发泄之中仍须寓有控制的办法，不使它过于激动。若是适当的情操业已养成，则各种心思之势力可以互相补助救济，凭着自然的法则，可以与发泄后的势力互相消除而使它完全消灭。在未发泄时，若已有适当的情操，消除亦属可能，不过未发泄时注意常集中到此点上，此点之势力很旺，别种心思不易发生，即令发生亦不易使此种情绪同它互相适应。所以发泄并不是空空的发泄，是要于发泄中或发泄后求得它与相反的心思重相和合，那便是说，使它们互相适应而成为一体。

发泄法则之应用于心理治疗时，名为再历法，一名情绪之复生法。有的精神病，其原因是因为在过去的生活中，有种情绪与别种心情冲突，结果被压制到潜意识中，或者是因为过去的几种情绪，现在还是互相冲突于潜意识中。若要治疗此等疾病时，可以用催眠法将他致病的经验唤醒，使他重新经历一次，经验中的情绪亦随着而复生并发泄一次。此种再历法可以去掉记忆中的负担过重的情绪，而使病者之精神得以轻爽，往后若再引起同类的情绪时，其发泄是很中正的，不似在未再历前之过激，缘各人的情绪都于身心上留有遗痕。据近来精神治疗术之所发现，早到二岁时的情绪亦可长存于记忆中。有许多精神病皆起因于幼年的情绪遗痕。日常现象如错字、滑舌、举止不自然、容貌之蹙感，都与幼年历史有关。欲真正了解儿童的人，当留意观察此等征候，并发现此等征候之由来。又梦之研究与分析，亦能发现情绪之紧张。从事心理治疗之人，多从分析病人之梦入手，现在研究儿童的人，亦将梦看作一种重要的对象。梦之理论及析梦之方法说来甚长，此处不能谈及。我们总括一句话，一种情绪，如果在一方面不能发泄时，它必另寻一种发泄的路径。佛柔依特以为情绪的力（力必多）好像电流一样。电流可以播散到物体的全体，亦可以从此部迁移到别部。情绪的力在记忆中亦然，或则从身体的状态上得着发泄，或则因为压制之故而变为挂虑。自教育的见地说，环境的压制太严太密，于感情之发育最为危险，必须多利用移接法使它发泄。于青年教育，在青年的自制力与自省力已发达时，可以教他利用再历法以除掉不健康的情绪。欲教青年利用再历法，自省最为重要，下面另述省察法。

第四省察法　省察法的目的在透彻的自知。于自己精神之过去的发育，现在的状况，未来的欲求，统统都为一种客观的观察。古代哲学者讲究修养，多用此法。现代精神治疗亦用此法。在实施时，医生同病者为一长时间的谈话，务使病者大胆地仔细讲述病状发生时所有的感情与思想，现在的精神状况，以及对于将来的希望与恐惧，和过去的遗憾。由此更引导他回观过去，鼓励他讨论记忆中的过去情绪，特别的是那些在他不能完全适应环境时所发生的情绪。在这个进行中，病者必定是不时表演种种情绪，那便是对于他所未能完全适应的过去的情境现时乃加以完全情绪的反应了。这就是上面所述的感情的发泄。又鼓励他对于自己的志愿、欲望、兴味、野心以及对于别人的好恶小心观察，必须看出其不合事实的地方，互相矛盾的地方，然后再加以剪裁去取。这种理智的工夫，使得病者精神上之健康部份［分］益为有力，而病态的症候因此消除。

依据同一原理，教育上可利用以去掉一切日常的精神病，如依赖心过重，独立心太强，不愿人劝告，不当的犹豫，孟浪的躁进，执拗，迟滞，过畏人言，沉默寡语，过自菲薄，不当的畏惧等皆是。此等状态，不可轻轻放过。有许多人以为这是习惯，无关重要。须知习惯从何而来？是来自反复练习。每次练习之背后，是否有一性向？在省察中，当追向［问］此性向之性质。所以在省察中切不可为浮浅的说明。譬如我忘却去做某事。若自问何故忘却？但答以没有注意不成。应追问何以不注意？那时当可以看得出，或是由于自己的兴味与此不相投，或是由于自己心内有物使得自己不愿注意。从事省察之人，宜用冷静的眼光求出其真正原因。但省察过度，亦易发生危险。省察者当确记两个规则。第一是省察要为进取的，不要责骂自己的错过，只应当求其真因。第二是要记着思想之后必有行为，如果没有行为必是由于还有躲过了省察的性向与情绪。省察的功用，是在养成对于人生问题之和平、坚定而有效率的态度。自己应时常考核省察的结果是否趋于此方向。

最要紧的事，是要知道自己对于人生的态度。谨饬呢？还是怯懦？

叛逆么？粗暴么？克己么？缺少独立性么？过于隐忍，不愿分自己的苦愁于别人么？对于异性，是仇恨，是蔑视，还是羞惭？富于好奇心么？喜读或喜看残暴的戏剧么？对于暴残的事有点感觉过敏么？愿做一殉道的人，一命运之牺牲者么？在做这种省察时，不可随便归结于事实本见如此，须知吾人对于事实之看法尤为重要。既已知道自己的态度后，就当追问何为而有此态度？——决定此态度的因素安在？将自己生活的历史，从记忆所能及的最早的时期起一直到现在，完全温省一遍。仔细地忍耐地推求自己的兴味曾否偏主于自我上、父母上，或同性的人上？色性的目的，如观察主义（即色性的好奇）、自炫主义（即色性的自炫）、受苦主义（即于受苦中去寻色性的满足）、挑苦主义（即于使人痛苦中去寻求色性的满足），都曾加以提高而没有丝毫失败么？温省自己的历史，不可温省一两个半点钟就以为足了，当时不时温省了又温省，使自己返归于过去而从新生活一过。不要打算，亦不要烦恼。不要寻求，亦不要苦索。平心静气，让你的过去的生活的观念将你引到哪里就是哪里。但是可以特别注意于家庭内的关系。因为我们的种种性格，多半是为家庭内的关系所养成的。例如家庭和乐的人，其性情多乐观，多进取，多发扬，多和易近人，多从容不迫。家庭乖戾的人，多悲郁，多消极，多谨饬，多冷淡严峻，多躁急挂虑。如果省察周到，一定可以发现生活活动下所隐伏的动力与冲突的性向，此等冲突的性向，使得生活失其圆满的愉快，精力不得其圆满的效果。

此外如梦之分析，失检的行为之研究，习惯的由来之探索，都于自我之了解有极大的裨益。然皆非了解析心术不可。析心术过于复杂，亦过于专门，非普通教师所可采用，故本篇不栏入。

第五存养法　既用了省察法，对于自我得着真正的了解，就可助以存养法以促进自我的进步。存养法在心理学上的术语为自己暗示法；省察法的术语是自己分析法。后一个是来自析心学，前一个是来自催眠术。我因其有许多道理完全是古代讲修养者所谓的省察与存养，故各译以该名。催眠术颇多受人攻击之处，如不能除去病源，如不能有永久的效果等。但是新南西学派创立自己暗示法后，此等攻击一概可以免除。此派之创立者为顾额，光大之者为鲍多文。他们的基本原理是逆行努力法则，意谓"愈想思念好的观念，而歹的观念之来袭击就愈有势力"。用顾额自己的话说："当着意志与想像战争时，想像总是优胜者。在意志与想像之争斗中，想像的势力与意志的势力之乘方为正比例。"此公式之用字，学者间尚有不能苟同的，在大体上，大家都承认其合于事实。

既然志愿的努力（意志）是暗示成功的障碍，第一要紧的事就是静，就是停止追求，就是要完全弛缓。将身体安置得平平稳稳，让心思飞入梦想世界，使希望中的自我活现于目前。如果真能得着适宜的弛缓，从前使得你的目的不能实现的反对的性向，现在就消灭了，如果此暗示更补以强盛的情绪，其成功就更为容易。在强盛的情绪之兴起时，精神的势力皆流向于一个朦糊目标。此时的心的状态，名为凝聚。及至精神之流的倾向已为所预期的目的所决定时，其心态就名为专一。此预期的目的，在想像中愈为显活，其实现就愈为可能。最要紧的，是完全的平静，无一毫追求之动意。最好的练习时间是就寝前和初醒后。

预期的国的之自述，在初次实行自己暗示时，以完备为好，以显活为好。然而长长〔常常〕如此，所费时间未免过多。幸而顾额于其长久的经验中，又发现了一极简单的方法，而不必时时完全想像这种目的。无须一点一滴地都想像出来，只须慢慢地，清清楚楚地，平心静气地，闭着眼将这句话念几遍：日日天天，在每一方面，我都一天胜似一天（Day by day, in every respects, I become better and better）。有暇时可以加入几句详细的话，以确指自己的目的。如"我的感情一天坚定一天，我的身体一天强壮一天，我能自信地克服我所遇着的困难"等等，可以各就自己的目的去拟制。对于一般青年，我可以提议附加下面几句话：

我要做个堂堂的人，为国家服务，为同胞服务；我的身体的锻炼，学问的研究，性情的陶冶，都一天好似一天。

有许多人必以为这种方法过于简单，未必能收奇效。实在相信繁杂而不相信简单可谓为人类之一大怪性。此方法在顾、鲍已用以治好成千成万的人，而其他之从事精神治疗的人亦无不采用，无不称道，此等有成绩对照着的办法，还不足以使我们相信吗？不说别的，就是作者自身，也受此法之益不浅。作者从前是个神经过敏、挂虑太多的人，自得着自己分析与自己暗示这两个方法后，照样做去，精神上已舒泰多了，行为上亦中正多了。青年中之需要此治疗法的甚多，从事青年教育的人，当注意提示。须知自己教育乃是真教育，品性教育乃是教育上之第一要事。

总结 有的人总是坦荡荡，有的人总是长戚戚；有的人总以为"天地之大而不能容我"，有的人总以为"有生如此，斯亦足矣"；这可见感情之差异与人生幸福的关系。有的人因为一点小事不能忍耐就把大的计划弄坏了；有的人因为一下的忿怒酿出了一生的忧患。这可见感情与人生事业的关系。我们对于所爱好的人，总有些袒护；对于所嫌恶的人总有些裁〔栽〕诬；甚至于爱好他时就希望他长生，嫌恶他时就希望他快死。这可见感情与社交态度的关系。我们研究科学，常因自己的希望而所得的结论不合事实，常因自己的好恶而所见的事实每陷于一偏，这可见感情与寻求真理的关系。综合这种种关系看起来，感情教育应在教育上占一个重要位置，已无疑义了。但是太过犹如不及。将快乐看作人生的唯一的，将感情一概看作行为的发动力，也不合于真理。将感情任意发挥，将理性与意志搁置不问，也是危险的教育办法。所以前半篇，于各种感情之性质与功用，及其和知识与意志的关系，皆不厌详加分析。分析的结果，我们知道感情中有很可宝贵的，亦有很足为害的；有可以当作行为的目的的，亦有只可以当作行为的工具的；有值得加以培养使它坚定的，有只可任它舒展以求无害的。所以当分别使用移接、刺激、发泄等法则。此等方法，都是为教师用的。教师若本着此等法则，以教授音乐、歌舞、礼仪，以表现自己的感情，以运用名人的著述，感情教育必定没有难事。但是人类究竟不是机械，不是完全可以从外面鼓铸的。所以医生治病须得病人的协力才得有效。而教育上之实施亦必以激发受教育者之正当志愿为第一要事。所谓自暴者不可与有言，自弃者不可与有为，即是此义。归根到底讲起来，一切教育，都是自己教育，都是自性之伸张。所以我们最后说到省察与涵养这两个方法。省察法之使用，全靠自己有去恶的志愿；涵养法之使用，全靠自己有迁善的好尚；总而言之，是要有向上的情操。这样看起来，教育上的最后一课，就是教学生立志，立志要自己教育自己，以成为一个和平中正的人。

参考书录要：

Me Dougall：Social Psychology

Shan：Foundations of Character

Brown：Psychology and Psychotherapy

Hingley：Psychoanalysis

Ginsherg：Social Psychology

Santayana：Sense of Beauty

Inglis：Principle of Secondary Education

Numu：Education Its Data and First Principles

Drever：Psychology of Education

十二年四月二十日　于伦敦（完）

《中华教育界》第 13 卷第 2 期（1923 年 8 月）

教会教育问题
（1923 年 9 月）

绪言：列强武力侵略的前驱就是传教的牧师们

于中华民族之前途有至大的危险的，当首推教会教育。教会在中国取得了传教权与教育权，实为中国历史上之千古痛心事。中国非野蛮地方，非无人文之国度，何须别人来传教，又何须别人来兴学？他们竟能取得传教权与兴学权的，是什么原［缘］故呢？我们实不得不痛心于吾〈中〉华民族性之过于爱好和平，不讲武备。一旦与外国牧师相遇，他们的背后，拥有无数兵舰，讲仁义礼让的中华民族安得不败？既败之后，订条约，修和好，割地赔款，且予取予求，莫知所止，而制人生命之教育权，彼长于灭人国家之西方人岂反有置之不闻不问之列的么？所以教育权之丧失乃武力侵略之当然的结果。吾人既弱于武力，还有何话可讲，亦只有暂时忍受而已。惟是吾不甘自居于亡国奴地位之同胞，万不可忘却武力侵略之前驱就是传教的牧师们。试将近五十年来之外交史翻开一看，哪一件痛心事不是与传教有关？其最著的，莫如胶州湾问题与拳匪变乱。拳匪变乱之责任，虽不得不归之于清廷之昏聩与愚民之无知，而论其究竟原因，则不得不说是教士之强迫传教有以激成之。是故中华民族之一部国耻史之主要资料，无非就是宗教问题。

算了罢！吾人还是采取既往不咎的态度罢！而且我也愿意尊重信教自由之原则，于基督教在中国所酿成的痛史，于基督教本身的问题，于宗教之根本难关，皆存而不论，而将本文之范围限定于宗教与教育应有若何之关系这一点。其中有偶然涉及基督教本身之处，皆因阐明事理之故，无可如何。还希望信教的朋友们原谅。

一、教会教育之企图

要论教会教育，请先述教会教育之企图。教会教育之目的安在？教会教育之究竟企图如何？这是关心国是的人所急欲闻知的一个问题。果然，解答也不甚难。试取基督教在华教育调查团之报告一加分析，便可了然。试择录数段于后：

> Now is the hour of opportunity so to strengthen the christian schools of China that from them shall come the men and women who will make China a Christian nation（Christian Education in China，P. 14）

译言之就是：

> 现在是巩固在华基督教学校之最好时机，将来使中国成为一个"基督教国家"的，就是从此等学校出来的男女人们。

从这句话中，可以看出其野心之所在。然而基督教配使中国归化吗？中国果真归化于基督教，是世界之幸呢，还是世界之不幸？我愿有良心的教士们下个答语来。

> The future of Christian education is not yet assured. To say that it trembles in the balance is to use too strong language. There are many schools, well established, well equipped, well staffed, that can not easily be destroyed. But it is not yet settled whether Christian education is to be the determining force or a relatively insignificant and diminishing factor in Chinese life. On the answer to this question will largely hang the decision whether China will become a Christian nation, perhaps the stronghold of Christianity in future centuries（P. 55 Ibid.）

译言之：

> 基督教教育之未来的命运尚在未定之天。说它已经动摇，未免形容得过度一点。有很多学校、组织、设备、教职员都很好，决不易于摧毁。所没有确定的，只是或者基督教教育将成中国生活上之主要的势力呢？还是比较的轻微的因素？此问题之解决有关于中国是否将成一个基督教的国度，是否在未来之若干世纪中将成基督教之大本营。

我们读这段文字，真是喜惧交集。果真是教会已往的教育尚未确立其基础，我们今后尚不无努力自拔之余地。此其所以可喜。然而他们已经开始为有组织的大经营，以后对付，亦自不易。此其所以可惧。基督教在西方已经立足不住，所以他们想用中国做大本营，所以他们的经营是竭其全力的。

我们从这两节中，可以看出教会学校是彻头彻尾为宗教之传播而设立的。根本的方针已经谬误，虽然间有几点可取，如体育之提倡等，也终久是功不补过。正如一个鼓吹王权的学校，虽然十分提倡科学，我们也不能轻轻放过它一样。

二、中国基督教化的内含

基督教会既拉起旗号要使中国成为基督教化，口口声声说要使基督教精神充满于中国教育界。因之基督教之精神安在？中国是否需要基督教？基督教是否有益于是中国？这些问题，乃为不可避免之问题。教会人士知道中国文化之不可侮，一面说基督教运动当尽力保护中国人民之固有的善良性质，一面又列举中国习惯中应该矫正之点而引以为教会之责。纵令他们所谓的不良性质果真是不良，也决不是基督教所能改正的，基督教之本身决无此等药剂与功用。

（一）矫正中国人喜回顾而不喜向前的习惯

他们第一攻击的是中国人喜回顾而不喜向前，喜尊重死者而忽视生者及未生者之利益，喜遵从传统的意见，喜折衷于圣人之言而不喜折衷于事实。此数点在若干程度上诚然是中国人之弱点。然而亦自有说。中国文化之特征，在持中，在平定。说他的人生态度不似西方人之如火如荼，不似西方人之冲动，是可以的；说他只知道回顾保守则不免成为谬误。平常人都知道"因时制宜"的道理，孔子亦以"圣之时"著名，岂不是很好的证明吗？况且这是东西人生态度之一大差异点，长短得失，未可轻论。尊重死者由于慎终追远之一念，慎终追远，又是出于人情之不得已。中国文化完全建立在情上。所谓亲亲仁民，所谓孝敬慈友，无一不是感情作用。生长于西方个人主义与计算主义之教化中的人，自然不能了解。至若传统的意见与圣人之言虽不可尽从，然而事事乞灵于教典 Bible、祈祷于天父的人决无批评的资格。

（二）矫正中国人家族观念重　国家观念经

他们又攻击中国人之家族观念太重，国家观念太轻。此点吾人很愿承教，尤其是国家观念太轻这一点。你看，宗教家们何等爱国，在欧战中，英、美的宗教者祈祷天父大发慈悲，使万恶的德国早日灭亡，德国的宗教家也是同样地祈祷天父大发恕心，使万恶的协约国早日灭亡。宗教家之此等精神岂不是我们所应该好好地领教的吗？说上家庭呢，耶稣确可做我们的模范。他不是既无妻室，又无子女么？终日劳心于男女问题的青年们可以反省一下呵！然而要是人人都学耶稣，恐怕人类早已灭绝，上帝也将无人奉祀了！

（三）矫正中国迷信鬼神

他们又攻击中国人之迷信鬼神。迷信鬼神，诚然可以攻击。然而牧师先生们不要再欺弄我们了！所谓基督教国度的国民，其迷信之多，其谈神说鬼之津津有味，正不让于被人践踏的中国。就是一般教徒心目中的上帝，也恐怕都不免带几分三头六臂的色彩吧！再不要欺弄我们了！

（四）人道与神道之争辩

他们又攻击中国之伦理思想没有宗教的基础，因进而攻击孔子之人道主义。人道主义与神道主义，孰为幼稚，孰为合理，天下自有公论，宗教家虽欲颠倒是非，也未能以一手掩尽耳目罢。即如泛爱，本是孔子与基督教之所同有。但是基督教之教人相爱是因为上帝的原［缘］故，孔子之教人爱人是教人发展其天性，孰为简捷，孰为自然，孰为合理，明眼人一望了然，无待多论。（按：持孔子与基督教相较，基督教之幼稚状态，无不穷形毕露，从《基督教与感情生活》① 中可以略窥其端倪。）

（附注：上述之攻击诸点，皆见于《基督教在华教育事业》三三—
三五页）

三、基督教文化的内含

总言之，吾人于中国之旧习惯，旧文化，尽可尽量承认其弱点，然
而决非基督教所能补助。如果必欲说基督教可以补助中国之短，就试问
基督教之内容是什么？好！基督教给了我们一个解答：

> 我们一面很羞愧地承认，西方的与所谓的基督教的文化实有许多罪
> 恶，我们同时也要感谢上帝，正因为我们承受的遗产中有种种成
> 分，它明明白白地是一半起源于基督教文化，一半是出自西方之非
> 基督教文化。将此等成份培植于中国民族生活中对于中国确是一种
> 仁慈。从此等成份中，试列举数项：
>
>   1. 自然科学（包含生物科学）……
>   2. 应用科学……
>   3. 历史与社会科学……
>   4. 基督教原理之应用于工商业……
>   5. 生活之物质方面的价值……
>   6. 游戏与娱乐之道德方面的价值……
>   7. 健康的家庭生活的极端重要……
>   8. 对于教育之研究的态度……
>   9. 注重品格发展的教育并养成社会上富有价值与能干的分子，
> 同时要知道伦理的格言若与宗教的信仰分离，就是不正确，而以了
> 解宗教为个人生活与社会生活中之动力实有必要为其归结。
>
> （以上见前书② 三六—三八页）

上举九端，大体上我们都承认其很可宝贵，但是我们不能承认其与
所谓的基督教文化发生何种渊源。他们虽然很谦虚地说是"一半"起源
于基督教文化，我们则认为完全是张冠李戴，未免有点自欺欺人。基督

---

① 《基督教与感情生活》，系余家菊另一篇论述和批判基督教的文章。其文曾刊载于
《少年中国》第 3 卷第 10 期（1922 年 6 月），文后附明撰于"七月九日暑假巴黎旅次"。

② 指上文所述之《基督教在华教育事业》一书。

教在历史上不但不是上述诸端之发源地，而且常为其障碍物。

歌白尼之"地动说"受厄于基督教者几何年？达尔文之"进化论"受厄于基督教者又几何年？思想史上之痛痕未泯，不料教会人士遽然有认仇作父之举。此种昧心话，毋乃有伤于宗教家之真诚吧！九端中，只有第九端可认为基督教教化之特征。然而此等伦理与神理，人道与神道的混合教化，正吾人之所极端反对，虽有亦无足为贵。

集中、英、美三国之教育领袖而说不出基督教教化之真正特点，则基督教教化之空洞无物，可以想见。然而他们还想使中国成为基督教化，实属自误误人。我今敢正告教内教外诸人士曰：改革中国的恶习是一事，宣传基督教又是一事；采取西方文化是一事，排斥基督教又是一事。慎勿鱼目混珠，并为一谈。

教会教育之企图既如此其远大，而基督教之内容又如此其空虚，假若教会之计划果一步一步地实现了，其影响之恶劣将不可思议。有人以为异族宗教之传入中国，在历史上非无先例，如佛教之传入是，我们只知佛教之有助于中国文化，未闻佛教之有碍于中国民族之生存，何独对于基督教之传入而大惊小怪，毋乃与韩愈氏陷入同一之谬误呵！然而此说之不当，全在未曾置思于佛教与基督教之异同。佛教与基督教，虽同以教名，究竟种类大异，不可殉名忘实。其输入之路径不同，其产生的结果亦自有别。兹推论教会教育之危害。

四、教会教育之危害

（一）教会教育是侵略的

从上面所述的教会教育之企图，可见教会之目的，在克服中国人固有的精神，而代以基督教的信仰。基督教本是侵略的宗教，只知有己，不知有人，凡信仰基督的，都是上帝的儿子。凡信仰异教的，都是野蛮民族。教典上说，凡信仰上帝的，必定昌大；不信仰上帝的，必定灭亡。它的精神上，根本只许自己存在，不容异教立足。这种一手持经典，一手持宝剑的态度，正不让于回教。所以世界上能与基督教国民相角逐的，只有回教民族。古代十字军之役，虽竭全欧之力，竟不能扑灭土耳其人。现今土耳其处积弱之余，列强分割之后，犹能一战而胜希腊，间接与协约国以多少警告。欧、亚之交，有如此的一双崛强民族相对峙，又有如此的一双怪宗教为之张目，而且同产生于亚细亚之西隅，岂非文化史上之一有趣的问题么？

两者虽同为侵略的，而基督教之不能容异，似乎还要过之。何以故？基督教不但排斥异教，就是对于同教异派亦攻击不遗余力。新旧教之争，互相杀戮，至百余年之久，直至今日，两派之互相诋諆，气焰不曾稍减。世界上不仅耶稣教一教，各教亦不仅耶稣教内部发生派别，不闻别的两个宗教互相杀戮，亦不闻别的宗教中之两派之互相杀戮，只有基督教在这一方面能够独步千古。这不也是一件很可注意的现象么？

考别的宗教的主旨，在救济人们，在使人们有安心立命之道。安心立命之道，各人虽各不相同，只须有一个道，就可得而安心立命。只须他有个安心立命之道，宗教的主旨就算达到，初无须于硬劝强拉地要人信教。基督教则不然，根本上是以传教为目的，以收服信徒为荣誉，为宗教而传教，为上帝而传教，忘却宗教之本身是没有价值的，忘却宗教是为人所创，是为人而设，对于教主就硬加以圣子之名，对于教典就硬认为启示录。将根本基础建立在神道之上，理性之外，于是宗教成为不学无术的宗教，传教师亦成为不学无术的传教师。不知阐发本教之大义，并启发人们之思维，使人悦其义而乐于信守，只知利用人心之弱点，教以祈祷，怖以祸福，炫以奇迹。基督教始终为学人所不齿者，其真因实由于其教义内容之贫乏。

试观世界上支配人类精神之大思想家，谁不是有深邃的著作传世，耶稣则何如？谁不是拥有很多的博学而深思的门徒，保罗、彼得则何如？惟其是教与学分离，所以他们教人，不重在道理，而利用感情；他们信教，不是智信，而是迷信。惟其是迷信，所以抹煞一切，颠倒是非，排除异己，认手段作目的。

佛教入中国而未曾引起骚动，实因佛教教义本基于学。其学之素质又远与老、庄之说相接近，中国人本有接受之可能。且其教之昌大，不是由于该教产生国人士之传佈，乃是由于我国学人苦心研求之结果。而其一般信士，又复恪守礼法，潜心修养，尊重他人，严绳一己。不似基督徒之专事诋毁异教，舍己之田而芸人之田，以其昏昏使人昭昭。是故欲使基督教与异教相安，共同栖息，是为不可能。而佛教之已事不可引为例证。

基督教实一洽合西方民族性格之宗教，西方民族之命运，只有宰割异族，不然，即被宰割于异族之两途。绝无包容异己共存共荣之大度。儒、佛信徒，虽能容忍基督徒之存在，无奈基督徒不能尊重儒、佛之存在何？物极必反，乃事理之常。苟基督教诋毁儒、佛至使两方教徒不复能忍时，社会之大骚动，恐即由之而起。况且中华民国之构成尚有一回族。回与耶，从来不两立，回之能相安于中国，至少有几分是因为中国人能尊重其宗教，而恪守道并行不悖之态度。万一基督徒本其对付儒、佛之态度以对付回教徒，而施其排挤诋谋之故技，吾恐中亚风云将从此起，而令我中华民族又多一重忧患矣。

（二）基督教制造宗教阶级

中国社会从来是四民杂处三教同居，没有阶级的观念，歧视的意识。基督教对于他教既取攻击的态度，对于同教又施团结的技术。既经奉教以后，除上帝与耶稣外，不得崇拜第三者。精神上的桎梏可谓极严峻之能事。基督徒之不能了解异教，不能表同情于别派，其故或即在此，又加以教堂之耸立，钟声之铿锵，仪式之频繁，因美术的功用，暗示的法则，教徒的心思为其所慑服，所麻木，执著成见，依傍他力之神，不能自拔，亦不知求自拔。这或者就是西方宗教社会得以确立之真因。宗教社会对于教育进步之妨碍，只须将英国教育的现状一看，法国中世纪以来宗教派与非宗教派之消长及其与教育之关系一加研究，当无不可以恍然之处。教会在中国，现时尚在培植势力时代，其所用的方策，在师范生之培植，在与美、英之在华工商势力相结托以为其毕业生谋丰衣足食之道，在利用青年会之社会服务的招牌以侵入非教会学校。等到此等步骤渐次成功，而外交上的机会又使得若干基督徒入主内阁，或直接间接握有教育上之最高权时，他们的"中国基督教化运动"必由社会的而变为政治的。他们所宣言的，将使一切学校皆受基督教化，不难见之事实。可是我不信，只有他们这一方面的宗教阶级之膨胀，而别方的信徒就绝不至于有宗教阶级意识之型〔形〕成。

以我所知，孔教徒及佛教徒近年来的行动多少是有点起于此种现象之反感而思有以抵抗之。果真愈闹愈烈，自己的许多纠纷且不问，而外国势力干与其间，则为更难措置之一事。以素无宗教问题之中国，必欲使她变到欧洲这种状况，真不知教会人士是何居心。且欧洲教会之争，是同教异派，派虽不同而教旨上的大体，历史上的背景，尽有许多相同。其为害之烈，既已如此。而基督教之在中国，则全无历史的背景——有之，就是割地赔款的痛史——兹一利用外交的势力实行人为的移植，被薰育于此等空气下者，自然免不了倾心一方而鄙视其他，纵令英、美教会无破坏中国国民意识之动机，而其结果亦势必不免于此。非最可危惧者乎？况且中西宗教，根本旨趣，绝不相同。欲求其结果仅如新、旧教之相争，已不可得。目前之幸，是幸在教会之所养成者多为虚伪的教徒。倘使其教育政策成功，局势必为之大变。教会之教育政策，约分四派：

1. 单为基督徒及其子女而设，目的在训练他们以生活之道并养成教会需要的人才。

2. 主要的目的是为非基督徒，希望博得他们入教，并使他们成为基督教社会之服役者。

3. 主要目的是为非基督徒，但不是单为希望博得他们入教，不过是要他们有生活的资格，而且逐渐地灌输基督教观念于非基督教社会。

4. 基督徒与非基督徒兼顾，目的在发育一个强有力的基督教社会，一面要求信徒之加增，一面要求此社会之生活之改进，并发展其势力与效能。

（以上见《基督教在华教育事业》四零页）

上面四种方策，前三种主张采用的人不多，尤其是第三种最受人攻击，现时大多数教会所主张的是第四策。因为此策是要使一部分人完全成为基督教化，而自成一基督教社会。既培植成了一个基督教阶级，然后利用此阶级去宣传，去侵略，名义上又可以打起中华基督教的招牌，完全国货，并非舶来品。用心之工，于此可见。然而基督教之骄态盈色，如何能与别教相安，根本上是个疑问。

（三）教会教育妨害中国教育之统一

教育似美术，于散漫之中须有统一。教育制度与教育方法，尽可千变万化，而教育精神则不可不一贯。教会的教育方针则完全与此相反。不重要的地方，可以与政府的规程妥协，而于重要的地方，则无论如何，不能改变。他们说：

教会永远不能忽视教育中宗教的成分之重要。（前书四六页）

又说：

无论是政府的补助或私人的津贴，一概不得收受，如果有一种契约的或口头的条件，就限制宗教教育之自由或管理宗教教育之性质。（前书四五页）

又说：

命令各学校都要适应一定的教育标准，是无可反对的。政府实有权创立此种标准。也许一时间起一种趋势，规定学校注册须停止宗教教育之某方面，但是这种注册的代价实嫌太大。（前书三三页）

观此，教会学校之不肯放弃宗教教育已无丝毫疑问。这也难怪，因为他们明白宣布过教会之目的：

Their primary and immediate task is the building up of a christian community possesing all the qualities that will enable it to be become a force that will ultimately make China a christian nation.

基本的紧急的事业就是在建立一个基督教社会，此社会须具有各种资格以成为一种势力，由之可以使中国变作一个基督教国家。

（前书四三页）

他们的目的既如此，他们的教育自然不肯放弃此层。可是苦了我中华民族。基督教要用教育来培植基督教，天主教要用教育来培植天主教，假使回教、佛教都如此坚持，丝毫不肯放弃。试问，中国之教育，成何局面？中国之前途，成何光景？宗教之统一与民族之统一，其关系重大至若何程度，学者间议论虽不一致，而至少也是诸因素中之一员，则虽最怀疑的学者亦极首肯。我们现今让步到不求宗教之统一，只求不用教育作传教的工具，且不可得，夫复何言！只有痛心于前人之弱于武备而已。

五、建立基督社会为目的之教会组织

基督教会是一个有组织题〔的〕团体。欧洲政教不分的时代，宗教机关就是行政机关。现在他们又施其故智于我国了！一面既坚不承认向我国政府机关注册，遵守中国法律。一面又自为种种组织，设官立职，发号施令，中华民国国土内俨然又出现了一个基督教王国。兹将其教育行政表列后：

中国基督教育联合会组织草案

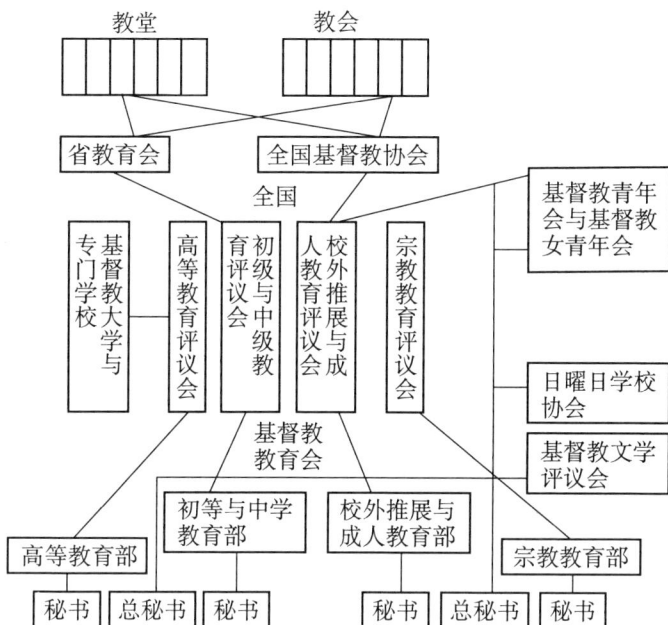

各省教育部组织草案

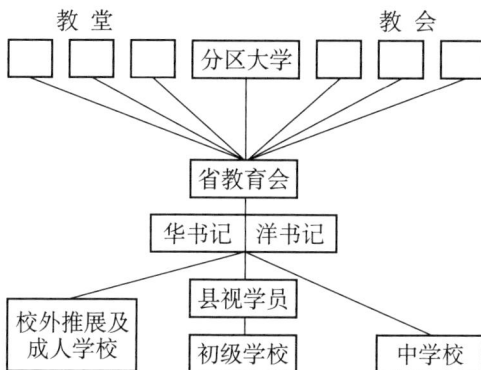

看罢上列二表后，略一想像其用力之勤，设计之密，而不惊心动魄者，不是麻木不仁，就是甘心媚外。从此后，中国教育界，将永为两重制度所支配。举罗马教皇与各国君主同治欧洲之怪现象而变本加厉以实现于灿烂庄严之中华民国，其真为吾族精神凝结上之一大障碍！愿国人同起而讲求对付方策。试述我之对付教会教育方法如后。

六、教育在宗教上中立

我之方法，是对于各宗教一视同仁的，并非对于基督教特存歧视之心。教会同人，必能见其大公至当，而乐意协力进行。因为我之方法，乃产生于教育中立之原理。教育中立，在欧洲诸国，如法、德、瑞、俄等，早已实行；即于受宗教纠缠最为利害之英国，近年来实际上亦保持相当之中立。其中的理由有可得而言的。

（一）社会的理由

在古代，教育与讲学传道合而为一，教育事业是一种私人事业。其最高的目的在传道授徒。其学生称为门弟子、从者，乃至信徒。其教师称为西席、小主，乃至大宗师。近代国家有见于教育是一国昌大之根源，亦是一国平安之要素，于是认经营教育为维持并发展国家生命之必要事业。自一七九四年普鲁士宣布"学校与大学为国家机关，其职责在教授青年以有益的见闻与科学的知识"，"一切公众学校与教育机关须受国家之监督并随时听凭考查与检验"，又确定"非经国家承认，不得建立教育机关"之旨趣后，各国皆相率仿行，苏格拉底所谓的"教育是一种国家的职务且其实施之主要目的是为国家"的这种话，已经成为各国政治上的公共政策。所以我们于现代教育事业须认为公众事业，于现代教育机关，须认为公众机关，于现代教育者，须认为公众服务者，德国的教师皆为政府任命的官吏，其他各国的教师，亦无一不受政府的检定。明乎此，就可以知道教育者须尊重公共的意见，恪守自己的职分以求无负公众的委托。公众的意思，无论对不对，然而违反公众的意思，就是一个大危险。

一来是因为违反公众的意思，必引起一方面的嫉恶，假使这一方面的人数很多，结果此种机关必立刻倾覆；二来是因为违反公众的意思，必使公众的精神涣散，对于该种机关或事业发生疑虑。凡此，都不是一种事业之幸。所以教育者于教育之精神须摒除我见，恪守时代公论所默许的范围。纵令时代公论有缺憾，自己见得须改正，亦须从教育公众入手。俟公众的意见改变后，再改变教育的方针。切不可滥用职权，利用自己所占有的公众地位去宣传一己或一派之信仰。此为吾侪教育者所必须注意锻炼之一态度。不然，就是不忠于职守，有负公众的委托，公众须起而撤消之，惩戒之，或纠正之。就基督教教育言，假使教会真能施其魔术，使我中国四万万同胞全数或过半数尽变为基督徒，而且这些基督徒一律相信教育是不可离开宗教的，那末，吾侪少数虽自信所见甚真，亦只得暂时忍受以徐图群众之唤醒。而今则何如？基督教徒不及中国人口数十分之一，基督教学校学生与非基督教学生全数为一与二十分之比。于此而硬行灌入基督教教育，实属目无国家，滥用职权，国民须速起纠正，勿令其滋蔓难图。

即就教会之本身言，教育对于各宗教保守中立，不但有利于国家之昌荣，亦且有利于教会之生存。基督教利用学校去传教，其他之宗教亦必效尤而起。结果教育界为各宗教所分割，国家反无所用其经营。国民精神为各宗教所分领，国家反无从施以融和。于国家之生存固为不利，于教会之自身至多亦只是得失相消而等于零而已。何以故？因为教会既可利用学校以为传教之方便，则非教会派及异教派亦可利用学校以为宣传攻击言论之机关。结果于教会究有何益？亦只是激动社会上多生些扰攘而已。愿教会中人平心静气一深思之。

（二）文化的理由

上面是说教育是社会的职务，教育者不应该假公济私以施行宗教教育。现在要说教育是为社会而有，教育者之言行动静不可妨碍社会文化之发展。教育本是一种文化事业，其职责在启发受教育者，使之能够领受已有的文化，此为教育之保守机能。更以固有的文化为基础，使受教育者能够利用之以创造新文化，而对于文化上为多少的新贡献，此为教育之促进机能。必能尽此两重职责，才可叫作真教育。宗教教育则何如呢？

宗教与教育，势不两立，混宗教于教育之中，是使教育根本失其作用。宗教之要素为信仰，凡经典上之所叙述，皆属天经地义，不可怀疑。即于常识所认为不可能的事，亦必曲为辩护而看作真确不可移易，至多也只是承认，此等奇异现象非吾人所能了解，不必过为推敲，取不求甚解之态度可也。如人类生殖必须两性相交，本是不可破灭之定理，而《马太福音》上硬说："耶稣基督降生的事，记在下面：他母亲马利亚已经许嫁了约瑟，还没有迎娶，马利亚就从圣灵怀了孕。"此种怪诞不经的事，略有常识的人，无不嗤之以鼻，而基督徒则信以为真，认以为上帝之灵异。可见基督教不仅言神，而且语怪了。居二十世纪之中，而信怪道为圣经，既不是愚昧未启之民，只得说是理智之麻木了！文化之进步，全赖理智活动之敏锐，故教育以启发理智为一大目的。宗教之结果，既使理智归于麻木，其与教育不能两立，就无待多言了！所以无论是宗教教育也好，是教育宗教也好，总之，不必用以骗人！

宗教家之妨害文化，尚不止此。从来思想家之本身及其学说，每为宗教所厄。试翻读西方思想自由史，以信仰不同之故，而被杀戮，被火焚者，真不知有几何万数。苏格拉底之被杀，歌白尼之被罚，加利略之被囚，不过是几件最著名的事。其他或投之烈火，或投之猛兽的，真是史不绝书，项背相望。人类研求真理之胆，何得而不寒？世界文化之光，何得而不暗淡？人类何不幸乃尔，至有宗教之产生。

（三）教育的理由

教育之目的安在？简言之，亦不过就是养成健全之人格而已。所谓健全的人格就是有极显著的自我一贯的个性，依此个性以主持经历，宰制运会。不是单听外物之引诱，亦不是全凭瞬间的冲动。其内心状态，情感与意志，冲动与理性，皆保持其应有的关系。当其未发动时，呈现一种衡定状况，当其既发动时，又极为和谐。无不合理的畏惧，亦无不可排遣的欲求。富贵患难，生死老病，无入而不自得。有生命时就自乐其生，将死亡时就自安于此。既无不可必得之贪痴，亦无自身柔弱之苦感。这就是健全的人格，亦就是教育之所蕲向。试问宗教则何如？宗教利用人心之大惑，而教以自欺之术。明知人寿之有限，不事去其贪心，反从而坚厚之以天堂永生之说。明知人心难厌，能力时穷，不事教以守分，反从而激荡之以祈祷。

总之，宗教是利用人们情意与理智之不谐和，因而建立种种无稽之谈，繁琐之仪，以满足其情意上之要求，兼以压抑其理智之活动。生活于宗教中的人，其气质偏于阴柔的，就觉得浑身皆是罪恶，垂头丧气，俯首帖耳以来往于寺院而听从教士之驱遣。其气质偏于阳刚的，就以为自身负有上帝的使命，卤莽灭裂，暴戾恣睢以出入于人寰，而空传其可笑的启示。

要之，宗教的信徒及其传佈者，再精神多少是变态的，其人格多少失其健全。实因精神谐和的人无须宗教，而宗教教义之谬误甚明，亦不能使之一顾，只有人格毗于脆弱者，内心之矛盾冲突，本已安排不下，而宗教又从而利用种种仪式以引诱之，催眠之，于是变本加厉，流连忘返，久之遂不觉其妄诞也。此宗教利用人心弱点而不事养正之大概情形，与教育之真义相去甚远。拥护教育的人，不得不反对宗教，此亦一因（宗教有害于人格之健全，可参看《基督教与感情生活》，故不多及）。

七、具体可行的措施

从教育事业之性质言，教育者是公众之服役者，不得利用职权以宣传自己的信仰；从教育之职责言，教育须促进社会之文化，而宗教则使启发文化之理智麻木，宣扬文化之胆气消沉，从教育之目的言，教育在使被教育者之精神谐和统整以完成其人格之健全，而宗教则利用情意之弱点而助长其矛盾。是故将宗教掺入教育之中，无一可恕之处。吾人之主张教育中立，初无仇视外教之意，于此益见。为达到教育中立之目的起见：

（一）于宪法教育章中明白规定教育于各宗教恪守中立

宪法中设教育专章，所以示尊重教育之意，亦所以确立国家教育大计。制宪者及论宪者皆无人涉及教育上之宗教问题，未必是诸公皆以为此点不成问题么？果然，则以中国之宗教复杂，一旦发生争执，大家将何去何从？抑仍听其各自为政？恐未可以无问题视之吧！

宗教一词之定义亦易起纷争。各家定义，至不一律。而神道设教一点，要为各宗教之所同有。宪法上似可依神道设教之旨趣确定宗教之界说。不然，则不学之徒，妄将孔教、基督教相比附，以抗议各学校讲读孔、孟之书，就未免多事了！

（二）施行学校注册法

教育事业本为国家事业，前已谈过。纵为事实上之便利计，不得不容允私立，亦必须有严格的注册法以管理之。不然，则外人尽可在中国实施离间教育而国人尚懵懵无所闻，世间痛心事，宁有过于此者。

注册法之范围甚宽，单就宗教言，须规定下列数点：

1. 校内不得有礼拜堂；
2. 不得教学生祈祷；
3. 不得设宗教课程，大学亦不得设神学院，只可设比较宗教学；
4. 不得用任何形式提倡宗教；
5. 教师不得同时做教士及任何形式之宗教运动者；

6. 不得聘请未经检定之教职员；

7. 不得有其他一切关于宗教宣传之事项；

8. 有违反注册法或迳自不注册者，由该校所在地长官封闭。

（按：封闭违反法规之学校，本为寻常事件。如内地之封闭私塾，南洋之封闭华侨学校是。但教会学校托庇于治外法权之下，背后挟有无数兵舰，本难处置，故教育权之收回实为一紧急问题。）

（三）施行教师检定法

教师检定法本已渐次实行，唯不及于教会学校，殊可浩叹！为保持教育中立计，须规定：

1. 未经注册之学校毕业生不得为教职员；

2. 从事宗教事业者不得为教职员；

3. 在任教职员期间，有提倡宗教之行动者，立即撤回其检定许可证，且如法加以惩戒。

4. 未经注册之学校之教职员不得以教员资格参加省县教育会。

按：教会现在之设教计划，除继续施行小学教育并注意中学教育外，特别经心于师资之养成。其目的一面在为教会学校之用，一面在使此等师资侵入非教会学校。考教会学校常能乘隙抵瑕，以应非教会学校之所需。在最初为供给英文教师时代，近年为供给体育教师时代，往后或为供给教育教师时代，亦未可知。抵制之法，一面在使国、省立师范学校仔细研究社会的需要，预为之备，一面在严格执行注册法，凡未经注册之师范及其他之毕业生，不得享受作教师之权利。

（四）严格施行义务教育法规

凡入未经注册之学校者，不得视为已尽受教育之义务，其父母所应受之惩戒与完全不送子弟入学者同。

按：在治外法权尚未取消之日，欲禁绝教会设立之小学，只有此法可行。

（五）未经注册之学校之各级学生或毕业生不得享受各该级学生或毕业生之权利

本条与第四条，同为消极的禁止教会之一法。其所可剥夺之权利约如下：

1. 依教育程度得来之选举权及被选举权；

2. 投考文官权；

3. 投考国、省立学校权；

4. 享受地方或国家补助权（如不得为师范生及官费留学生）；

5. 各种公共职务之被选举权；如国立或省立银行行员之类。

按：教会学校有各国洋行公司为其毕业生之啖饭地，故人多趋之。教会中人，洞悉此中真窍，故其近来中等教育计划仍着重于商业，而称其将设立之学校种类为师范商业类（Normal-commercial type）。师范班所以控制中国之精神，商业班所以控制中国之经济，物质精神，两皆入其壳［彀］中，中国已不复成为国家矣。

外国洋行公司顾［雇］用教会学校毕业生，固是理之当然。何故中国国立机关之职员，如邮务员、铁道员之类，率为教会学校学生所占领，实为可恨。国中言职业教育者，不知曾注意之否？私意此等机关所选用之人员，须以有注册学校出身之凭证者为必要资格，必如此，才能贯彻国家之教育政策。

6. 不得享受在校生之权利，如国有铁路之减费票、公共图书馆之免费阅读等。

以上六项，皆为治标方法之荦荦大者。至治本方法，则在使全国国民，无论教内教外皆确信宗教与教育之混合，有百弊而无一利，皆愿诚心恪守教育中立之原理，是则又有待于一般教育界之势力。此问题为民族生死荣枯之所系，热诚的教育家，必定乐于加以考虑而且竭力措之实行。行见吾轩辕后裔，融融一室，本其人本主义之固有精神而将世界之纠纷问题加以敏捷的处决也。

读常道直君《学校风潮之研究》
（1923 年 10 月）

朋友常道直君以所作《民国十一年度学校风潮之具体研究》（此文载本志本年第四号，编者附识）邮示，且告以此问题所关甚大，务必发表意见。厚意可感；但因事忙，未能如愿，现在拉杂书此，聊凑热闹而已。

常君运用统计，十分审慎；就学术言，这是我最满意的一件事。统计是表明事实；而解释统计，则是说明事实。解释一经错谬，虽有事实在前，而持说仍不免违反事实，所以统计能利人亦能害人。当现在初用科学的方法以为教育研究的时代，很有慎重解释之必要。不然，"差以毫厘，谬以千里"；与其听命于不健全的科学研究，实不如归依常识犹为得计。即如中学与大学风潮孰多，据统计表，明明是中学多，恐怕不免因此有人更说中等教育尤为不好，而用它作为孟禄评语之又一证明。然而常君不如此；常君指出这是因为现立学校中学较大学多过好几十倍的缘故。常君细密处多类此。但美中似有不足的，则为关于风潮时期的解析。据表，暑假以后，风潮最多；常君因推论"学校多以秋季为学年之始，一切较大的变动皆集中于此时期，故引起风潮之机会亦较多"。常君的推论是否正确，未敢武断；然而据此就下推论，似乎稍欠审慎。为什么呢？以九月与五月较，九月只多一起；以十月与五月较，十月亦只多三起；此一起三起之多，不能说有什么表义（significance）。风潮最多的是十一月。十一月距开学时期已过好远。所以风潮的频繁与学校的始业究竟有无何种关系，似乎未能遽下判断。我觉得有一个有趣的问题，就是研究风潮时期与风潮原因有无关系。将每月风潮的原因都列出，看看分配的情形有无表义，然后上述的问题也可随以解决，不知常君以为何如？

风潮原因的研究，据常君所列，计十二种。常君又将原因分为近因与远因，而深慨远因之不易探悉。那末，十二因之不足以概括一切，无庸讳言。我现在将常君所列的原因分为两大类：

（1）反对校长，拒绝新校长

（2）反对教职员，拒绝新教职员

（3）挽留旧校长

（4）挽留旧教职员

（5）反对考试

（7）对于学制课程之要求

以上六种大率（我不是说全体）是起于新旧思想之不融洽。学生的思想，多受舆论的转移。学生所反对的校长及教职员，必多为不合于时代理想所定的标准的人员；学生所挽留的校长及教职员，必多是为旧势力所排挤以去的人员（结党营私的当然在外）。五七两项，更其显明，无待多述。由此足见教育界欲脱离时代思潮的影响，是不可能的。

（6）反对学校当局之处分

（8）对于经济公开之要求

（9）反抗加增费用

（10）反抗辱没人格之待遇

十一、十二两项，已如常君所云，不能成为独立的原因，不另列。以上四种，我意都起于学生之自我伸张冲动。仅就对于经济公开一端说，学生之要求经济公开；是出于专断性的要求，欲以此屈伏校长及教职员。他们的意思好像是以为我也有控制你们的权力。又，一个学校常有几个自我伸张性特强的学生，不但想对于教职员示威，而且对于同学亦想驱策或炫示。学生之要求参加校务，就是出于此等学生；一方面是要向教职员夺下若干权力，一方面是要向同学表示我能控制校务。至若什么练习服务，都是笑话。为什么呢？练习社会服务不能做参加校务的理由，正如练习国家服务不能做参加内阁的理由，是一样的简单。

我这段话好像是"诛心"之论，未免过刻，实则我无一点恶恨学生的心意；因为如何使学生的自我伸张性能得着健康的发泄，乃学校中之一紧要问题。学校是一个社会，不错！可是这个社会有点特质。它是包含两个阶级的：一个优者，一个弱者，这是何可如何的事。从析心学的见地讲，弱者与优者同居，结果有两条路径：不是产生弱劣情复（inferiority complex），对于教职员过于驯服畏怯；就是产生反动形体（reaction formation），故意与教职员争胜、抗衡。自我伸张冲动强者，成为后一种；反是者，成为前一种。我常常想，要免除这些流弊，最好是教职员与学生保持平等的关系。然而这是一句理想的话。教职员自己仅可与学生平等；而在学生精神上，教员总是一个优者；在中学校，教员最少在知识上是处于优者的地位；在小学，则除知识以外，还有身体、年龄等差异。所以这种界限是无法消泯的。为减少学生的仇恨计，最多是做得到子女对于母亲之爱一样。可是这又是一个危险。从析心学的研究，我们知道爱与恨是连属的。若将许多野俗加以研究，此事极易明白。现时无暇及此；我们只看一个小孩对于他的母亲有所要求，一经不遂时，其行为何如，就可以思过半了。少年经历甚少，当在惟我独尊时代；压抑他，易于激起反动，或弄成弱劣情复；服从他，又长养他的无厌之求与依赖性。所以训育实在不易谈！（阅者如欲研究此问题，敢请参看拙作《人格之动力》及《感情教育》二篇。）

说到风潮上的责任问题，我意学校当局、学生及社会三方面都脱不了关系。有人以为教职员竟使自己所教的学生出来反对自己，其无施掌教育的能力已可想而知。别的且不提，即此就可宣告死刑——教育职业的。如常君所引："我要问你们到底在教育什么，竟令全体的学生一齐来诬蔑你们？"这种课教员以无限责任的话，实在有点类似从前"儿子杀人，父亲填命"的办法。我决不敢赞成。须知学生是一个有机体，一个人。凡是有机体，都不是绝对被动的，他还有他所禀赋的种种性向。教职员仅〔尽〕管是十分贤明，可是要他将学生都教得悦服他，犹之于是责他以要使上智下愚的学生在知识上同有很高的深造是一样的不可能。况且学生还有他的家庭生命、小学生命，种种习惯性格已大定十之七八，现在责几位中学教员于很短的时间内担任矫正的责任，这也未免太苛。所以于理论上，我不见得此说之可通。

还有人说："即以法理而论，学生在校内既不能承认其有独立人格意思，则其一切言论行动，当然不能由自己负责。然则应由谁负责呢？我以为应纯由教育者负责。学生而反对教员，这是教员自己教他反对的；学生而罢课，是教员教他罢的；学生甚至于打了教员，我们也只能承认是教员打了自己。"这种论调，我承认是目击时艰的愤激语，不见得有何法理的根据；因为有两点没有注意。

"应纯由教育者负责"，我们姑且承认。但是我们首先要提出疑问，究竟此教育者一词作何解释？如果是解作学校的教职员，我真要替他们呼冤。教育不但是学校内的一种活动，一切人与人间之影响，都是教育，这是大家所知道的。据此除了学校内的几个小教育者以外，学生所日日受教的，还有成千成万无穷数的大教育者，那几位小教育者如何能抵抗得住？我常想，想研究我国的学校风潮问题，于一般的研究以外，还须注意历史的研究。中国自有学校以来，就有风潮发生；在初起风潮时，错处又每每是在学校当局。因为最早的最有势力的风潮，大概是为国政而起；而学校当局于此而加以抑制，焉得不败？由是就酿成一种无形间的公论，以为"当局总在错的一边，学生总在对的一边"。所以当局者每每畏事而多出以因循敷衍；敷衍不下去时，乃一发而不可收拾。又中国学生界的习尚素有几分名士派，以不守法为荣，以敢犯规为勇。又加以现代的名人，某某曾在某校闹过风潮，某某曾在某校受过开除，于是生起"大人材必不羁"的观念，犹之乎许多人以为"不入牢狱不算志士"一般。有这种种历史的原因，要澄清风潮，实非易事。

再说到学生的人格问题、学生应否负责问题。我觉得事实上的责任与法律上的责任应该别论。少年犯罪，法庭每不处罪，并非认为无罪——我不懂法律，只是以常识推论，还希法律家纠正。至事实上的责任，则凡为一事之发动力者（换句话说，就是凡为一事的因素的），即负此事之责任，在因果律上，当然不能推到别人身上。所以说我们应该原谅学生，因为他的身心发育不完全，是对的；若说应由教职员代他受过，未免令教职员担不起这样责任。假使必如此，杭州一师的惨剧，其责任都在教职员的疏忽，或在所教的学生不善；那么，我怕杭州一师没有许多教职员填命；而以后这种无限责任的差事，恐怕没有谁敢干吧！

以上好像是故意要为教职员开脱，实则不然。现今一般教职员的堕落，令人痛心疾首，我哪里还肯为他们曲为之说；不过在这一方面，有许多人都看到了，我无再说的必要。有许多是我觉得失之于偏的，我就大胆说几句矫正的话，此外并无别意。

说到解决的方法，自然第一是教育者自己解决，如常君所提议的教员注册及教师之以身作则等；不过我觉得此等解决法在现时似无希望。

第二是从教育行政上解决；如慎选校长之类，在现时亦似无望。第三是从教育舆论论上去解决。现时似乎只此一法。以现有的觉悟份子从舆论上下工夫，我信大可有为。平时各种主张，务求在事实上可行，勿徒作痛快之论，免致学生的理想与"可能的实际情形"相去太远。一来可以减少学生精神上的骚扰，二来可以减少教育界的纠纷。在有风潮时，务求洞悉真相，然后下严正的评论；如果是教职员的不是，无妨口诛笔伐；如果是学生的不是，亦不可推波助澜。总之，中国社会是在变态状态中，持论最不容易。犹忆去年在巴黎同朋友李幼椿谈国内教育，他大说国内学生不应长闹风潮。我说，假使国内教育界的堕落份子听见你这句话，他们一定很高兴。李君闻此，亦觉嗒然若失。

　　关于训育问题，我意中有个方法，希望大家试行一下。自然，无论什么方法，是要有人材才行的，我的前提是假定教育者已有此能力的。我所想的方法最平易，但我信极合原理而必能生效。近代教育极重个性，所以于教学方面有"道尔登制"（Dalton plan，我原作译作达尔登制，国内多译作道尔顿制，我愿意牺牲达字，却不愿沿用顿字，故用今译）的产生。训育方面照理更复杂，更须顾及个性。训育而用整齐的方法，我认为是"贼夫人之子"。即如色性教育，保持秘密主义，本非善法（拙作《性欲教育》——见《中华教育界》九年七月号——一文曾略言之）；但色性教育而用班级教授，即无宁不教之为愈——间接的教授，如利用生物学之类，自当别论。因为学生的发育不同，性格不同，同一的教授可以引起各种的反应；稍一不慎，大害随之。所以我主张应用个别教学原理而吸用英国大学的导师制（tutor system）于中学训育方面。在中等学校，招收新生后，将各新生分派于教职员，各教职员对于他名下所领的学生，负指导的责任。中学新生年龄尚幼，在新环境中的生活，有需人指导的必要。利用此机会，使他与教职员接触；在学生，他的生活将因此感着愉快；在学校，于学生气质的调查，训练的实施，都有人负专责。我常觉得童子军的训练法，有一点很合道理的。他们成队，不是一招就招一大堆乌合之众，乃是一五一五的训练。先训练五个，训练成功后，再去训练五个。如此蕃衍以成大队。一次的人数既少，训练者与被训练者精神上的接触既易，人格间的感化自然成就于无形。我信，假若我说如果实行，师生间的感情中自然有一种维持，学生就是要闹风潮，也有点碍于面子。现今学校的群体生活，我用两句话形容它，就是："以路人而朝夕相处，以乌合之众而同其休戚。"要他顺理成章，当然是笑话！导师制行后，此等光景必然大变。最重要的，是新生。新生初来，训练较易，且其性情亦极宜调查。第一年有一个导师对于他有充分的了解而且施行适宜的训育，则第二年以后即注意较疏，亦无大关系，而导师又可以用较多的力量于第二年的新生。以后循此类推。似此，一个中学每年所收的新生平均八十名，在校教职员以十名计算，除去无经验或能力不称者外，当有八名可为导师，每人所领下的学生不过十名。这十名学生，每星期最好能开谈话会或野外旅行一次。若是有家眷的教职员，无妨每月将他们请到家内吃吃茶，也可为学生添点家庭父子兄弟之乐，人生的兴味岂不格外饶厚？第二年为防止性情的褊枯计（因为从一个导师过久，恐怕他的性习过于染化于该导师），可使他另择次年的导师，但不愿改择者听。他所选择的导师，必定是他所信仰的；所信仰者的训诰，自然乐于遵从。学校学生间偶有隔阂，亦不难迎刃而解。第二年以后的学生，导师可酌量当时的需要，以定对于他们监护的疏密，而其注意点仍在新生。似此，教职员的担负亦不至过于繁重。在事实上，导师制也似乎是个可行的方法。我极盼有人一试。

最后还有几句话，不得不说。现时要救济风潮，最有效的是舆论，前面已说过。但是于教育言论界以外，一般的言论界亦宜了解风潮对于教育前途之危险，而对于学校风潮的记载与议论稍为慎重。现今的新闻记者每以"有闻必录"掩饰一切，实则有许多并非"闻"的，乃是"造"的。况且记者与论者对于新闻资料本有加以判断与裁剪的天职，"有闻必录"，未必是天经地义吧！

以上支离琐屑，破裂不成逻辑，还希常君及读者原谅。

于伦敦，十二年五月末日

此篇于数月前由常君转交本志，因稿件拥挤，延至本期才发表，深觉抱歉，希望余君及读者原谅。又，看本文时，请参看本志本卷第四号常君文。

——编者附识

《教育杂志》第 15 卷第 10 号（1923 年 10 月）

国庆日之教育
（1923 年 11 月）

英国是个四分五散的国家，在自然的形势上，大不列颠帝国很难统合。英国民族又是一个富于独立性的民性，个性主义最为发达，在精神上，大不列颠帝国颇有倾向于分裂的危险。再加以帝国领土分散于全球，各地的习俗、经济、气候、利害，很多冲突之点，尤其是在外交上，所以大不列颠帝国之崩溃，几乎是不可免的。英国人素号冷静而深澈，断乎没有见不及此的。他们既见到了，于是便怎么样？他们还是从教育上着手。他要从教育上养成各地人民互相间的善意，彼此都有同生共荣的志愿。他们用什么方法呢？他们设立一个"帝国日"（Empire day）。

在这一日，全国——无论是澳洲，无论是加拿大——的中小学，一律举行一种庄严隆重的仪式，而且同时将预先制就的话匣子打开。这话匣子内面，停留着大不列颠帝国皇帝英吉利王国国王的谈话。谈话的大意，无非是"大不列颠在过去具有无上尊荣，在将来全国民庶更当协力勉进，以完成其对于人类的使命"这一类的话。这些话说来本平常，可是其发生的效率，若是讲教育测验的人能够加以测验，我恐怕世间所有的数字不足以供形容之用呢！

我国也有个国庆日，这一日的教育，本可用以养成全国国民精神之凝结而共有一同生同荣之愿望。然而教育者之于此日，仍旧泄泄沓沓，全未领略国庆日之意义。最下等的学校，到了此日的前一天，学校内高悬一个牌告说："明日为国庆日，照章放假一日，此布。民国某年十月九日。"此外别无一点动静。到了当日，教员们没有书教，乐得高飞远扬，学生们没有书读，乐得悠哉游哉。好一点的学校呢，还祭一祭国旗，更用演说点缀一点缀。然而演说中之意义常游移而不明切，即令明切也狭隘而不咸宏。我意，国庆日之教育，至少当包含下列五事：

1. 伸张民权，完成共和；
2. 五族一家，同生共荣；
3. 拥护国权，发扬国光；
4. 追步先烈，舍己救国；
5. 崇德报功，纪念先烈。

中国号称共和，而民权仍旧薄弱。民权不确定，不伸张，共和终久是个假招牌。民权之伸张，有一定的程序，需要相当的时间。而于精神上的种子则不可不努力播种。况且野心家们时常想专制自为，宰割一切，无论其名号是帝王，或是迪克推多，皆去共和真义甚远，皆为共和国家所不能容。所以排除此等恶劣思想，以完成共和政治，应为国庆日教育之第一意义。

一国本是一个集团。集团的根基就在集团意识。集团意识不明著，集团的行动就不能谐协。这本是最浅显的道理。中国本来合中部及满、蒙、藏而成。除满洲因移民很多，逐渐与内地融洽外，蒙藏则始终若即若离，即内地之论国事的，亦时露蒙藏是可以听其脱离宗主归附外人的意思。国民思想之不长进，言之实可浩叹！所以我想着国庆日之教育当力矫此弊，务须养成全中华民族之同生共荣的志愿，而尤以养成内地人士一律怀抱启发蒙藏并诱导蒙藏之使命为至要。

近数年来，各处的地域主义皆甚发达，不但一国之内各省有排外之风，就是一省之内各府县的畛域亦很严厉。考其原因，有（一）源于历史的乡土观念的，有（二）源于政治上的纷扰的，有（三）源于天演上的物竞说的，有（四）源于法律上的权利说的，有（五）源于伦理上的个人本位说的。此种地域热情（Local patriotism），在正当的方向上，一定的限度内，本有其相当的价值。中国之所以只受其害而不见其利的，是由于外假地域之名，内行自私之实。自生自存之欲望本是生命之根源，谁也不能否认其正当。我们所应否认的，是只知自生自存而不知与人同生同存。况且在中国今日情势之下，内乱迭生，外侮纷乘，想求自生自存而不于同生同存中去求，也就真正是南辕而北辙了！要调节地域主义与个人主义之横流，莫如提倡全国之同生同荣。而国庆纪念日则是施行此种教育之最好机会。

我国名义上是个独立国，实际上却是已经亡了一半。关税要同人协定，是经济权丧失之一斑。领事裁判，是司法权丧失之一斑。教会教育，是教育权丧失之一斑。其他因条约的束缚，行政上许多不能自主之处，不必一一细数。近来且大唱铁路共管、洋员练警之议。大好神州，渐次陆沉，言之痛心。但国家之可危惧的，犹不在此。国家受尽侵略与侮辱，国民的苦痛不可谓不深，然而一般人对于外人不但不痛恨，而且惟恐媚之之不受。外交界勾结外人以自重，经济界趋附外人以自固，甚至教育界也相率凭藉外人以鸣高，其他如青年学生以能与青年会洋干事交谈为无上荣幸，文人学士奉西人的片词只义为金科玉律，更卑卑不足责。大国民之风度，如是乃尔，令人从何说起？亡国奴之性格，似乎已准备妥当，只待人宰割罢了！

在国势如此危急之际，国民如此萎靡之时，教育家倘若能看到中国之问题，而不复闭着眼睛说梦话，那末，利用教育以养成全体国民拥护国权、发扬国光之热忱，当然就是一个必取的路径。而国庆日，则是实施的一个最好机会。

革命以前，许多志士牺牲生命，去求政治之革新，或清廷之推翻。断头绝项，前仆后继，终有辛亥之成功。辛亥改革，外人观听为之一变，不是别有所惊怖，乃震慑于"东亚病夫"之国民尚有赴汤蹈火之烈士，不敢遽谓中国无人而迳施其宰割之技。及至革命以后，功名富贵的热望，已足使伟人们神魂颠倒；而奸雄之利用弱点笼罩人心，更使国民道德为普遍的堕落。于是而全国国民心目中之惟一念头，就是自私自利，谁还管什么国政？谁还问什么国运？最近所谓的新思潮风起云涌，夹泥沙而俱下。什么自由恋爱哟，爱情神圣哟，主情主义哟，盛极一时。结果，除却为少数无行之徒所利用外，更使全国青年颠倒于男女问题。男女问题，非不可讲，但是硬要把它看作当今青年之最大的唯一的问题，实属有点着迷了！我国数千年的文化，如何整理？如何发皇？这个问题不值青年之一顾吗？我国数百万里的疆土如何开发？如何经营？这个问题也不配青年之眷念吗？自身的、国家的问题，多着呢！未必只是一个婚姻问题有价值吗？事业上、学术上，可享受的幸福与荣誉也多着哟！何必定要有个所谓的文明太太来摆场面，或相慰藉呢？教育家们！把一般现象一看，青年精神之堕落，已无可讳言。追根究底，教育者恐不能逃其责罢！为今之计，教育方针当引导青年将他的目光注射在国运上、群体上，莫使他只知有己不知其他，更不可使他终日只是劳神于男女问题。每逢国庆日，我们抚今思昔，念先烈之功德，睹国步之艰难，正可以激发志气，共肩国难，以竟前贤未竟之志，而奠我国家于磐石之安。如是，则国庆日之教育，其意义就很深远了！

人类最高贵的感情，莫过于慎终追远，崇德报功。因为前人既有功泽及于我们，我们就承认他，感谢他，而不为自大的客气所乘，不作忘恩负义之举，就是一种高尚精神的表现。况且前人已属过去，我们之追念他、崇拜他，无一毫自私自利之心，纯出于欣赏之情与虔敬之忱。我们既了解了先烈的伟大，就自然能够欣赏，伟大之程度极高时，就又由欣赏而变为虔敬！这又可见崇德报功是一种纯洁精神的表现了！所以我说人类最高贵的感情，莫过于崇德报功。至若对于前人之崇德报功，能激劝后人之奉公服役，那更是附带的必然的事，用不着多说！感情教育，大家已经知道重要了。于国庆日施行此种高尚的感情教育，想必无人不愿。而且在中国此时的人心，崇德报功的感情教育，更有种种事实上的需要。全国是非淆乱，大小颠倒，只有势力上的趋炎附势，没有真值〔情〕上的佩服钦仰。得势则剧〔巨〕盗可以受万众的膜拜，失势则党魁不免为党徒所笑骂。中国十年之乱，非由于武人跋扈，非由于政客播唆，乃由于无一能领袖群伦之人。非真由于无人能领袖群伦，实由于群伦不肯为人所领袖。彼此年龄相似，势力相似，德望相似，于是不肯相下，群雄不并立的现象，大之如一国的政治中心，小之如一校的学生集会，无不皆然。凡此，皆不外一自私自是之病。我们利用国庆日以施行崇德报功的教育，或者也能发育其自卑之情而长养其谦谦之德，于社会上之尚贤选能的风气，亦必能略尽促进之责。

以上是讲国庆教育之旨趣，说到国庆日应该干些什么？自然随时而异，变化多端。我的意思，至少有下列数事可做：

一、敬国旗

国旗本是一个象征。不但代表全民族的集团生活，而且代表过去的历史，立国的理想，未来的希望。我们敬它，乃是因为无形的、集团的、精神的事实难于表现，故用几块红黄蓝白黑的布来代表。① 国家学者说，国的要素是土地、人民、主权三者；如果此话是对的，国旗就是代表此三者的。所以在国际上，侮辱国旗为大不敬，因为侮辱国旗就是侮辱国旗所代表的土地、人民、主权。这仅是就政治讲的话，若就精神上讲来，我以为国的要素顶少还有文化与理想二者。倘若我这话不错，则国旗的意义就更为深远了，非持物质论的国旗观者所能了解。

二、唱国歌

国歌最少有两层功用，一是表现已有的文化，一是涵养未来的理想。不能表现已有的文化，不久国民的精神就将无所寄托。不能涵养未来的理想，全国就无所蕲向。所以这两层功用，都是不可少的。我国部定国歌——《卿云歌》，意味深远，境界超脱，总算可以代表中国文化的精神。在这个时代，拟订国歌，完全不为机械主义与物质主义所左右，当事诸人的识力总算可以钦佩。不过此歌于涵养未来的理想一层，似乎不大相宜。中国此时正是国运阽危，民不聊生的时代，国歌为立国精神所系，不可不有发扬蹈厉、奋发有为的气概，与其失之于啴缓，毋宁失之于燥〔躁〕急。所以在这一点上，《卿云歌》完全不合时宜。《卿云歌》只可在国家既经强盛，人民既经康乐的时代，用以涵养国民的胸襟。于现在，我总说它只宜做诗人的歌曲，不宜做中国的国歌。但是要把它废掉，另创一个，也是很难的事。我主张于此歌之外另制补助国歌，或名"国民歌"亦可。国歌用之于国际，以能代表国家文化为主旨，《卿云歌》很相宜。国民歌以鼓舞国民志气为要义，《卿云歌》就不大适用。此际采用张季直所撰之国歌颇好，他的歌分两篇，前篇气象颇浩大，尚不失大国民的风度；后篇富于"哀思"，颇适于半独立国之中国。又在开封曾听过一次国乐，惜乎不知道它是从何而来？当时闻其声令人肃然起敬，矍然以惧。虽然觉得有点过度，但比催眠式的《卿云歌》总觉好些。②

---

① 北伐以前，中华民国的国旗为红黄蓝白黑五色旗，以示五族共和。
② 民国初期用作国歌的《卿云歌》，其词为："卿云烂兮，纠缦缦兮，日月光华，旦复旦兮，日月光华，旦复旦兮。"

三、讲演先烈事迹

最能感动人的，莫过于具体的事迹。多读历史与名人传记，其所以于修养有益的，就是因此。吾国历史上可歌可泣的事很多，而清季最后二十年的史册，更是为先民热血之所染遍，而为我民族之伟大的精神鲜明表现之一时期。如戊戌六君子，黄花岗烈士，以及徐锡麟、唐才常、秋瑾诸人，或是慷慨捐躯，或是从容就义，百世之后，闻其事者犹将兴起，况当此先烈之坟土未干、国家的基础未固的时代，而谓我热血正盛的青年闻其事、读其书而不奋袖以起，其谁信乎？吾人与先烈所遭遇的问题固不同，而必须有牺牲小己以营救国家的精神则是一无二，善于教育者，当能利用先烈之热烈的事迹以养成青年服役之理想，中国之教育庶几其真有裨益于中国之前途。倘若有擅长艺术的人，将先烈事迹编为剧曲，由学生于此日排演，且广招学生家属、社会人士到校观览，则又不但一校学生受其益，而社会全体亦随之而得所观感了！

四、讲说国势

在辛亥以前，志士的行动虽有立宪与革命之别，而其根本目的则同是救国救种。现在时日迁移，大家将根本目的忘却了，而有误认手段作目的的危险。其他性情偏急或心怀大欲的人，还鼓吹些什么经济革命、阶级争斗的话。这都是由于错认了中国的紧急问题。中国若不能自立，中国国民若不能以实力拥护国权，恐怕牛马生涯的日期转瞬就是，看你同谁去讲劳农专政与分配平等？教育家于此紧急的时期，当使学生知道将第一件事放在第一位（make the first thing first），而将次要的事放在第二位以后。欲使学生能够如此，当使学生充分明了中国今日之国势。看看人家在我境土内如何竞争，看看人家是如何谋我，看看外人之在我国是如何骄横，看看侨胞之在外国是如何备受欺凌，看看外国不得不谋我的原因，看看我国其所以招人谋害的原因。事势苟能明了，而谓我青年不能有适当的步骤以应国家之急，恐未免厚诬我青年。最好是能将种种情形，制为种种图表，使学生触目惊心。如《爱珲条约》以前之中国领土，《马关条约》以后的中国形势等，皆可制为地图。如中国未开发之煤铁矿与各国煤〈铁〉矿出产额之比例，如各国海陆空军与中国海陆空军之比较等，皆可利用图表法以为具体的表示。

以上不过国庆日所可施行的数项事实，本此意而参伍变化，是在教育者之善于运用。再则此篇所陈，虽就国庆日立言，而应本此旨以施教育者，又不但国庆日一日。说是教育者不可一日忘的事，也是恰当的。

民国十二年起意于英国之帝国日，脱稿于法国国庆日

《中华教育界》第 13 卷第 5 期（1923 年 11 月）

理想与训育（节选）
（1923 年 12 月）

一、理想与现实

思想界有两种相反的潮流，一现于学生界，一现于教育界。现于学生界的，是理想主义；现于教育界的，是习惯主义。学生界本他青年时代的热烈精神，思想趋于高远，是自然的现象；教育界本他丰富的经历，眼光着重于实际，也是自然的。但是两者本应相辅而行，——或者说合而为一，若听他离散，听他分道扬镳，不但使教育受很大的损失，而且也十分危险。这是教育者不可不察的。

二、理想不是幻想

青年时代的热情，只要指导得当，可以养成青年的进取心、责任心，并可锻炼求学或作事的方法与技能。如果失了这个机会，以后利害观念、畏难心都发达了，高掌远蹠、舍我其谁的气概也就随之消灭，那时再责以担任巨艰，可就不可能了。所以纵使青年们言大而夸，不知世事艰难，教育者却不可加以摧残，致令他的热情不能适当的发育与转变。理想的夸大，不足为患；所可患的，是幻妄（Phantasy）。幻妄就是自视过高。富于理想而又缺乏适当指导的人，最易流入此途。幻妄的流露，常为不自觉的。譬如一个人说："呵！我不算天才啊！张其昀教授、李国删博士，在他们的专门学术上，都比我强啊！"他说这话，自己以为很谦虚；殊不知就是这种口气，也夸大到了不得的程度了！又如有人作了一篇文，同学都向他说："你这篇文真做得好！"他回答说："哪里的事？我简直没有用心做！"他的背后的意思，实在是说："这算什么！我要用起心来，那更了不起！"其他类此的事，发生于道德意识上的，也很多。例如有人做了一件很小的不规矩的事，自怨自恨说："别人做这样的事犹可说，我怎么也做这样的事呢？"

总之，这些幻妄，发现的方向虽不同，可都是精神不健康的征候。用这种态度去接人处事，也只有偾事的。有优胜的幻妄的人，待人每每专横；有美丽的幻妄的人，对人每每嫉妒；有善良的幻妄的人，遇人每好苛察。凡此，都和个人的品格有无穷的恶影响。然而幻妄的恶影响犹不止此。

幻妄有碍于道德的进取。"立志远大"与"自命不凡"等等言词，有时只是自欺欺人之谈，借此以表示与众不同而已。所谓"理想主义"，也当是怠惰者用以自娱之具。至于言谈多而成功少，常常以"我是理想高尚"自慰的人，更是触目皆是，数不胜数。"只问应不应，不问能不能"，是青年所最爱唱的高调。既然承认"纵不可能也当做"，推论就成为"做不可能而失败，也无所谓失败。"所以在"理想主义"一名之下，天下盖不知有多少无知无力的人竭力在自欺欺人。真正的理想是远未完成，然而是比较的可以完成的标的，不是过分的夸大、不量德、不度力的言行。真理想是鼓舞我们实行的，而幻妄则慰藉我们，使我们可以无所用其追求。

幻妄的心理有一特性，名叫"一同"（Identification），就是使自己与自己所幻想的境界同一。自己将自己所想像的自己，认为真正的自己；认定自己是最慈祥、最有名望、最重要、最博学，实则并没有这一回事，都不过是想像而已。他的想像与他的实际是冲突的，时时可以流为神经病症。征服宇宙的人，结果若征服了一半，自视还是一个可怜虫。

有许多大商人于大富之后，还因贫而得神经病。他拥有百万资产，何以还患贫呢？因为他幻想中的他，是千万乃至万万资财之拥有者；现在实际上只有此数，自然感觉不安。观此，幻妄与过分的理想，为精神上、道德上的危险，就不难知喻。富于热情的青年，同时也富于愁怨、抑郁、悲观，也是由于同一的道理。理想的高远，可以发扬自尊心；但失败的知觉，又立致自卑心。自尊与自卑失了谐和，冲突激荡，乃是精神不安宁、不健康的根源。这是青年的一种危险，青年们应得当心，教育者也不可忽视。

三、理想与现实脱节而成为幻想

青年们因为情切心热，想得到的事，就以为是做得到的事。世间上的事虽然知道不很多，而脑筋中的思构，心潮内的澎湃，倒是感觉得最亲切。思想之关于目的的很发达，而关于手段的则很寥寥。人类心思发达的自然次序，是先有欲望，后有企图；先有目的，后有计算；假使无欲望，无目的，则企图与计算也无所服役；就会发生，也是浪费精力。精神界中，经济法则的势力很大，浪费的事决不会有。所以青年们的重理想而忽视实际，乃是心灵演进上的当然现象；青年们的重存心而忽视结果，也是应有的事实。青年们判断人物，每侧重这人的居心；青年们的称扬自己，也时常说"我们是纯洁的学生"。他不知道纯洁不纯洁是一问题，事实的相宜不相宜又是另一问题。学生就是纯洁，学生所主张的办法未必就对，这本是很粗浅的道理。他们非不能懂；但是他们的心灵发育程序还未达到这个境界，所以他们不能注意此层，也不感觉此层的必要。他们好像是为纯洁心而纯洁，为热忱而热忱，为爱国心而爱国。总而言之，他们所亲切感知的，是心里［理］现象，不是事实问题。青年品格之富于殉情主义（Sentimentalism）的色彩，就是为此。惟其是殉情，所以在壮年以上的教育者看来，理想就是不切事实的别名，就是令人憎厌的空谈妄想。青年的理想本多无当于事实，但教育是应根据一定的对象以施行的；青年不过是教育的对象，仍在生长中，并未达到发育的止境。假使教育者确记生长原理，就决没有嫌恶青年们驰于空想的道理，也决没有责青年以"似我似我"的必要。因为彼此所处的发育时期不同，彼此心性的特征自然也不能一致。

四、建立理想认识幻想

由上所述各种理由看来，教育者的紧急问题在教育青年如何建立理想，建立何种理想，乃至如何教法，而不在青年是否应有理想。然而现今教育界对于青年的理想，不是鄙弃，就是忽视。为这种鄙弃与忽视的态度，而树立一学术上的基础的，就是习惯主义。原来修养上从来〈就〉有下学与上达之争，教育上也有小学与大学之别。小学讲究洒扫进退之事，揖让周旋之节；大学讨究明德新民之义，正心诚意之道。他的高下相去，难以道里计。古来讲教人的，固于二者间时有争议；但其所争，多在孰先孰后，而不在应有应无。我国教育界之轻视理想，非受古代的影响，当为反理智主义与行动派心理学的结果。

....

十一、训育的功能在如何教学生建立理想并树立优良校风

建立理想的方法，第一是借着暗示。暗示是不依论理的根据之提示。其承受的条件，以不起批评的观念为至要。暗示可能性的强弱，人各不同，要为各个人所通有。又暗示发生效力的难易，也有种种条件。富有威权的人，其提示易为人所承受。所谓"君子之德风，小人之德草，草上之风必偃"。群众对于个人，也具有很大的威权，其提示每无人敢于反叛，所谓"众口铄金"、"群怒难犯"。教育者依他优越的地位，对于学生本属具有威权，只须运用得当，颇易予以暗示，以培植理想。但以身作则的态度最为危险。一来因为自己的行为未必绝不至于偶失检点，且性情也未必绝无偏僻，万一养成学生之盲目的摹仿，则为害很大；一来是因为以身作则是明示自己的优良，最易引起学生的反抗心，使他处处取批评的态度，这是一种自然的反动。果尔，则师之间就层层隔阂，教育因之无从发生效率了！环境对于人生的影响，本是必然的，教师只要自身言行得当，不患不产生良果，惟不必，亦且不可明言以身作则。要树立一种标准而使学生倾心，莫过于提示古人的言行。古人已属过去；人类对于过去的名人，因为想像的作用，本易起景仰心，并且这名人既为一般人所尊崇，这一般人的行动也具有几分群众的暗示力。以一个不信教的人，久居于教会学校内，除非见解已经确定、品性又极坚固的以外，少有能够摆脱宗教的迷笼的，至少也必以为耶稣是个伟大的人物，教会也有教会的道理。教育者若能利用这群众暗示力而使学生界流行一种正当的、高尚的风气，如所谓校风，则学生浸润于其中，自

然不期然而然地为校风所同化。凡是所谓风的，都有两方面：一是有迹象的，一是无迹象的。有迹象的风是习俗；习俗最能移人。无迹象的是精神、信仰、高尚等，也具熏染的势力。因为它是习俗，所以有轨辙可寻，于年幼时的学生最为有益。因为它又有精神寓于其中，对于富有理想的青年，也不失它的作用。而且背后的高尚的理想都寓之于日常的行事中，也没有抽象的理想与具体的事实分离之弊。所以一校若有优美的校风，则训育问题解决了一半。

建设理想的又一方法，就是思维。思维是建设理想的最要方法。因为理想是自己的，不是外烁的；是思维的结果，不是输入的意见。所以理想的建立，以思想发达及已经自觉为必要条件。自觉，是大家所常叫喊的名词。这种名词的义意是怎样呢？自觉就是自我的认识。而自省、自反，则为它最发达的境界。如果没有自觉，而仅靠自习俗的道德，则必无进步之可能；而且运会偶一不宜，已有的品格也将堕落。所以自觉实在是道德的、品格的必要条件。因如前面所言，自我是有组织的，其组织的分子就是情操。就自我的活动言，就是意志；就自我所追求的对象言，就是理想；就自我的特性言，就是品格。所以麦独孤说：

品格的单元是情操与情复。

又说：

品格的标的就是道德情操之和谐的体系。

又说：

意志就是品格之在活动中。（皆见麦独孤《心理学大纲》七章）
赫德斐尔说：

意志之恰当的刺激，特别适于激发自我去活动的刺激，就是理想，就是引致全人格之完全实现的那个观念或对象。

十二、理智对冲动与情绪有洗炼、指导和统整的功能

凡此，都可以看出品格的本质就在组织。组织的单元是情操，情操的构成份子又是种种冲动与情绪。这种种冲动、情绪、情操的本质不必都是纯良的，要用理智来洗炼；其发动的方向不必都是适当的，要有理智来指导；其相互间也不必都是适当的、谐和的，要用理智来统整。所以"自知"、"自省"、"自讼"，在修养上都是必要工夫。一个人所追求

的目的，所努力实现的企图，所宝贵的利益，很多的时候不一致、不连贯。但是既经有了自觉，他多少总能统整他的生活，使他的各部分一致而和谐。这种追求涵益与贯澈的特色，就是理性的特色。理性的实际的表现，就是意志。意志就是在动作中的理性。理性的表现是要指导各别的冲动如何去表现，去寻满足，去于生活中发生作用。

吾人所谓组织与和谐，其中还有一义，须得一言。平常所谓以理制欲，是将欲——欲望与嗜欲——放在理智管理之下，理智恍如一高高在上的监察者，欲望非经它许可不得发动。这种组织，只有统率的关系，只有理智一方具有威力，结果容易养成理智的专横、性格的偏颇，如从来的禁欲主义者是。我们所谓的谐和，是让各冲动都得其所而又无碍于别的冲动的结果。可以说，谐和不是使此部屈伏于彼部，乃是一种互相促进的历程（a process of mutual development）。理智不是由上而下的控制，乃是各部内发的互相维系。质言之，就是要各种冲动各得其所，且各守其分。各种冲动、情感都可任它活动，除非有别的同样强烈的冲动与情感要求活动时，实无剪裁与抑制的必要。

十三、如何应付冲动：节制与提高

冲动的生活本不是谐和的，乃是混乱的。一时的快活可以留下长久的痛苦。痛苦就是不谐和的特征。因痛苦的经验，对于冲动加以洗磨修正，不和谐可以逐渐消灭。能因经验而改进，乃人类之所以为人类的一种原由。我们改进冲动的方法，有好几种。第一为压制。就是由此冲动完全克服彼冲动。压制是危险的办法。所压制的如果是比较浮浅的冲动，如种种后天的习惯。心境的不谐和虽然可以逐渐消散，不过也要虚耗许多精力。如果所压制的是根深蒂固的冲动，如色、性本能，我们的生活永远感觉不安宁，而且时有爆发成为精神病的危险。被压制的本能是在自我组织以外，所以我们不能控制它，只有承认它是自我的一部分。我们才能控制它。我们并不须去掉任何本能，我们应当利用一切本能。〈第〉二为自我控制。就是有意地、情愿地指导种种本能而使它们妥协于意志以服务于吾人。这是控制与压制绝不相同的地方。第三是节制。节制是承认冲动的正当，但不许它尽量发泄，只许它发泄到某种程度，这是与控制所不同的。

控制不但承认它发泄，而且指导它到高尚的目标去。例如竞争是一种本能，教育上不压制它，只是变个人之争为团体之争，变无益之争为有益之争。又如君子虽无所争，而于射则必争。若不辨别这些区别，言控制则流入禁欲派，言不控制就流入浪荡派，两者都属不当。控制时，对于两种相冲突的本能，或使其一加以修正，或使两者同时加以修正，总求两者相容而一致。或减少它的强度，或改变它的对象，使它得着满足，同时又容许对方的满足。此处有一根本的事实，就是表现于一种形式的冲动，与别种冲动接触后，可以改变它表现的方式，而无碍于满足。冲动是根深蒂固的，不能扑灭；但表现的方式，则比较的根基浮浅，易于转变。例如食欲之必须满足，毫无游移的余地；不过膏粱之求在不可得时，就是蔬食饮水也未始不可。饮食是深固的冲动，欲膏粱是浮浅的冲动。深固的冲动不可不满足，且不可不永久地充分满足，不然，就与人格的统整有伤。而浮浅的冲动，则比较属于次要，可以归于经济学上奢侈品之列。由此，我们可以认定内心谐和的基础，在深固冲动的满足；为深固冲动满足之故而牺牲浮浅的形态，是可以的。道德心理学若能发达，必能供给吾人以冲动轻重的等级，孰为至要？孰为次要？一望便明；可惜今日尚不足以语此。但大概地可以说，一切生有之欲；自饮食、男女起，以至于自尊、争斗等，虽不可铲除灭绝，而其表现的形态与方向则尽可加以改变。常用的易位法，就是掉换本能活动的对象，如争斗本能不使它发泄于私斗而发泄于名誉、事业等竞争是。这种易位法，将无益的本能活动变作有益的活动，有时也可称为提高法。人类精神之得以谐和，是幸而有这改换冲动表现形态之可能。所以精神之和谐的组织，全赖各冲动于不相冲突之形态之下去发展活动。不但各冲动的了解，各冲动地位的承认，都有凭藉思维的必要。而于外界的事理，也须有充分的知识，且使种种知识成一组织的系统。不然，则表现的形态是否适宜，是否彼此不相妨碍，都无从断定。这又是由内心组织一变而为外物组织了！

十四、理想的组成

理想具有表、里二面，所谓"合内外之道也"，就是此意。从里面说，就是精神之谐和的组织；从表面说，就是事理之妥洽的体系。世间事变繁颐，应付本难洽当；而一件事务所寓有的冲动，又每每有不同性质的几种。在应付不适当时，难免其中有一二种不能满足。于是因外界事理的不周知，致引起精神上的纷扰。且一种情境，究竟要用何种行为处置，亦难固定。例如孔子既说"人而无信，不知其可"。又说，"言不必信"。究竟是哪一句对呢？究竟什么时候应该用前一句，什么时候应该用后一句呢？也是很难定的。所以贤明的颜渊且叹息说："瞻之在前，忽焉在后！"在这种时际，就非靠思维不可。健全的理想，必定能将这种种矛盾的行为溶成一个体系，而使它们各发于适当的时候。将来道德学进步，必能将种种德行制为一个轻重的等级图，使我们可据以权衡轻重而定取舍，牺牲小者以执行大者，正为牺牲浮浅的冲动以实现深固的冲动一样；可惜现在的道德学尚谈不到此。古人说："大德不踰闲，小德出入可也。"所难的不难在出入不出入，而难在辨别孰为大德、孰为小德。

窃尝谓仁、义、礼、智、信五常，实为五等之德。信本是人与人间所资以相感召的。今世群尚诈术，口是心非，无二人以上的团体，无过宿不变的信诺，所以社会的安宁大破。孔子以信为社会成立的必要条件，诚非无故。但处世行事贵能有权；拘墟执泥，不能致远。信约有时可以不必守，只看是否能达变，是否真智。无智就成为机械，决不足以处世裕如。但权变虽属重要，若为守礼而流于拘泥，世人亦多能原谅。因为礼是社会上共通的行为标准，个人虽不能用聪颖以自决进退，但其遵守礼法，恪循共通的标准，究竟未可厚非。礼的功用，一面在节情，一面在达情。个人的健康与社会的秩序，人与人间的了解，多凭藉它。所以无礼决不能见容于人。但破坏礼法而合于义时，则又不然。义为事之宜。礼以时地的关系，未必适宜于事。与其守礼，毋宁从义。是义又比礼重要一层。事又有近于不义，而为仁者所不得不为的。如医生疗治战场伤兵，明知无救，而断定其命在旦夕，又目睹其展转呼号，痛苦不堪，此际，医生多有以药物断其生命以缩短其痛苦者。杀人之命，虽似不义，但是究属出于仁心。只有仁心是道德的本源；心若不仁，则一切义、礼，一切智，一切信，都是奸宄弄人之具。所以道德似有等级，为上一级的道德而牺牲下一级的，在不得已时，是使精神安宁的唯一方法。

怀特与麦克伯于其《道德的自我》（White and Macbeath：The Moral Self，its nature and development，P.216）一书中，也分道德为四类。最低的道德是侠气、谦虚、守时刻、节俭、勤劳——就是守秩序与有组织的道德。最高的道德是统整的全生活的道德，如品格的完美、真诚、高尚等。介于二者之间的，就是宽大、公正、忠心于群体等协助的道德。至若爱与敬，则是通澈于一切道德中的道德。与这道德四品相符应的，又有四品罪恶。最轻的罪恶是非道德，如自然的自私之类。最大的罪恶为自觉的、有计划的犯罪。介于二者之间的，稍轻的是理智的自私与不服从、不公正等，稍重的是不尊敬或不忠于人身（自己或别人）、目的或主义。这种等级的分配，具体上容有商榷的余地；但为建立有作用的理想计，则将种种总目组织一和谐的体系，于处理事物及保持安宁，最为有益。在个人就全靠用思维的功夫以致知明理，在社会则有待于较为完备的道德学之建立。最完备的道德学必于纲领、条目、工夫，件件具备，使人得所遵循。

十五、理想的建设：自觉与力行

上面是说建设理想，第一是要置身于适当的环境中，以吸收其空气。不过单靠环境，不免是染于苍则苍，染于黄则黄，不足以言独立的人格。独立的人格，必须自觉，一面要使精神有和谐的组织，一面要使对象（目的）有明了的体系。然而精神的谐和不是可以不劳而获的，目标的体系也不是可以坐致的，还当力行。力行是理想的试金石，也是理想的锻炼所。理想而不措于实行，就成为空想，失却理想的特质。这种人终成为殉情主义者。他的种种幻想都是聊以图一时之快的。且理想而不措于实行，其缺点，其矛盾，都无从发现；甚至于其为不可能，其不适于大部分的精神，也无从发现。所以力行是修正理想、补充理想的良方，并且恐怕是唯一的良方。亚密斯多德说道德的实行是道德的知识之一个条件，实有至理。从前的理想主义者，所以被人诟视者，就是因为他们不着重于实行，以致视不可能为可能，持论行事都不免于褊急。近世学者之侧重行为，大概是一种反动。

十六、善良习惯的养成

一种心灵的活动，表现一次，以后的表现就容易一分。这是心理学上的一个法则，名为简易律，习惯的价值就由此而起。杰姆士认为习惯为行为的动力，其实习惯并无何若特殊势力，不过是简易法则（Law of faticitation）之一例而已。人类的身体与心灵都有记持性。过去的行为，思想、欲念都可积累着成为一种逐渐增大的势力。人类之能进步以此；人类有学习的可能以此。论学习律的人都说有个练习律，就是说愈用愈强，不用则弱。一种冲动，发生为行动的次数愈多，以后该项行动之发现〔生〕的可能性也愈大。所以修养的秘诀在于善良习惯之养成。此说本有一部分真理。惟有几点不可不辨。

一种是身体的习惯与心灵的习惯之差别。身体的习惯，愈用愈强；例如愈使用手腕的，其手腕愈敏捷。心灵的习惯则不必如此。例如习打字的人，在学习纯熟以后，本来打得好而且快；但一日忽然打得很慢而且多错误，若考究他的原因，或是因为他心中有事不甚专心，或是因为懊丧不甚高兴。这可见心理的要素一复杂，其机械的程度就减少，而有待于人之努力之处就更多了！

再一种是习惯与情境的关系。有的行动派的心理学者，行动的生起如下式：

刺激——反应——缩结（Stimulus-Response-Bond）

他的意思是说有一种刺激就有一种反应，这反应随着这刺激而生，这反应与这刺激之间就发生一种缩结。它们相继而发生的次数愈多，其缩结就愈强；反是，就愈弱。这种公式的功用虽不小，但不能解释习惯的行为，因为习惯的行为不是这样机械。试就写回信一事说。假使我照例收信当日就回信。我所收的信，虽说都是信，但不能以机械的刺激视之。为什么呢？信是一个抽象观念，抽象观念虽同，但行动派不承认有观念，所以可得而言的就是一个纸袋子内面装着有几张白纸上面写着黑字。各信的纸与字未必同吧！为什么能认为同一的刺激呢？行动派或者答复以此际的刺激不是白纸黑字，是"信"这句话，此之谓代替的刺激。这种躲闪方法，虽甚巧妙，然而其困难仍不稍减。试问各方的信所用的纸与字未必同一，何以能使我一律代替以"信"这句话呢？行动派只承认有个别的刺激，不承认有类属的观念，这是这派的根本的难题。又如写回信，好像是同一的反应；然而同一的还是写回信这个抽象观念；实则甲信是要账的，我回信是写的还钱的话；乙信是问候起居的，我回信是写的感谢的话；丙信是论学的，我回信是讨论疑难的话。不但各信中的字句语言不同，而且意思也不同。所以不得以机械的习惯解释它，因为并不是反复以前行过的行为。所谓在同一情境有同一的行为，就产生一种道德的习惯，只可解作我们以后再作该种行为时不再经心于有关该种行为之原理；至于这原理所含的各步的动作，则仍须出以注意。

十七、习惯的理想化

习惯的功用在保存过去的经验所得的进益，且可使品格确定、目的坚强。但习惯是特殊的、个别的；要得习惯收圆满的作用，还须使习惯理想化或理性化（idealization or rationalization）。我们知道世间没有绝对同一的情境，恃着机械的习惯，纵然不是无处可行，其可行终有时而穷。真正的训育，必定将理想与习惯打成一片。寓理想于各别的行为中，然后理想是真实的、有动力的，习惯也是普遍的、非机械的。学校不能将世间所已有或将有的行为一一采入学校中，使学生练习成为习惯，然后出而应世。学校所能为力的，只是择各种德行的代表行为，使学生学习，然后再于习惯加以普遍化；这便是说，加以形式陶冶（formal training）。形式陶冶在现在似乎是个很陈腐的名词；实则无形式陶冶，就无所用其教育。因为这样教育的效力太有限。从前的形式陶冶是离开实质的陶冶；我们所谓的形式陶冶不过是理想化的实质开始。例如教学生好好地保存书籍，要干净，这本是一个小理想。又因它与具体的动作距离甚近，也无妨说是实质陶冶。等到对于书籍保存得干干净净以后，就应该训练干净的理想，使他们习惯转移，使他们知道干净是个美德，可以普及于一切行为。这种训练的转移，据实验的结果，已确实有效（见麦独孤《心理学大纲》四三八页）。

况且我们的性格，对于我们的行为有普遍的影响，本是很显明的事实。学论理学的人论事总喜用论理的公式；学自然科学的论事都能崇尚事实而条理明密。都是极寻常的实例。又如心病学所谓有优胜情复的人，见人都有傲慢之气；有弱小情复的人，遇人都怀屈伏之感，更是确切不移的事实。足见人类的性格有普遍化之可能，决非机械的。行动派的学者也有见于此，所以不反对训练的转移，只是限定转移以类似的成分（identical element）。但所谓类似的成分可有两种解释：一为对象之类似，一为历程之类似。如记忆的训练，所记忆的材料若相同，则记忆训练的功效可以转移；如熟读加法表后，读乘法表就比较的容易，这是行动派所谓的类似的成分的转移。对是对的，不过仍然太机械一点。我们因为不能承认有个独立的记忆官能，去主张加以独立的训练；不过记忆的历程，如记忆的态度、记忆的方法等，其训练效能，不能说不曾从此事的记忆移转到彼事。所以将类似的成分解释作程序的类似，则转移的是类似的成分这句话，可以承认。

总之，形式陶冶是可能的而且合于科学的。理想应当与行为习惯合为一体。习惯没有理想，则失之于机械，其效用不广；理想没有习惯，理想的根基不固，势力不厚。训育者应该联合用之；虽先后不无可分，毕竟不应隔离。于实际训育上，须根据学生现在的生活而贯澈以远大的意思。似此，一面不至以学校生活为预备生活，也不至以现在生活为具足的生活，而将现在未来贯彻以一贯的精神。人生的内容自然随之而丰富，人生的意义也随之而高贵了！

十八、训育者的理想

建设理想的方法，既有了这几种——环境、自觉、力行——但是方法待其人而后行，训育者必须有如何的资格才能实施训育呢？第一，他必定要有一种人生的理想，要有一种他所欲实现的理想，——简言之，就是训育的理想。假使没有一种理想以为训育实施的标的，他的行为必定是散漫的、支离灭裂的。我们常说某学校无精神。精神是什么呢？就是贯澈于校内各种活动中之一贯的意义——就是理想。教育必须能表现一种精神，才算得是有训育的教育，才算得是有人生理想的教育。人生理想不是一件容易捉住的东西。我们从家庭生活、社会生活、学校生活中所获得的理想，未必是一致的，未必是可以实现的；即令实现了，未必是能使我们满足的。知道自己，本不容易。人生最大的一件事，就是要知道自己真正要求什么。训育者的主要目的就是教训学生去欲求真正能使他满足的东西——就是能使他的精神谐和的东西。所以明了人生所追求的目的，是训育者所必备的条件。

读教育史时，必可看出从来方法的不同，率由于关于人生目的之意见之不同。所以训育者要有一个适当的人生目的观，就必须为科学的论理研究。在既经有个人生的理想以后，其次最要紧的事，就是要知道，而且训练，而且组织学生的种种欲望，使它们与最高的目的——至善——相和谐。要帮助学生实现理想，必须知道学生的本性——生来的种种本能、才能、气质。不建立在本性上的理想，决无实现之可能。人类所追求的、所希望的，都是以人类的现实状况为出发点。人类将成什么，必与人类已是什么有关。从前训育的失败，论者多归咎于学生不向上、不欲善，实则是由于训育者不了解学生的本性之所致。人类的本性有一定的构造、一定的法则，我们要建设理想，只能根据这些构造与这些法则，不能蔑视它，也不能违反它。正如要克服自然的人，必须知道自然的本性而利用它，决不能违反自然法则。所以训育者须当心这几个问题：（一）人的生性怎样？（二）道德的理想怎样？（三）自然人所能道德化的程度怎样？（四）道德生长（就是由自然的人格而变成道德的人格中间的历程）之自然法则怎样？总言之，论理的研究与心理的研究，二者不可缺一。无论理的研究，就无所归宿；无心理的研究，就无所依据。负训育之责者不可不知。

我这篇文太冗长了，读者或且目迷眼炫，不得主旨之所在，现在根据全篇大意，撮为数条要义如下：

（1）理想使全人格为统整的向上的活动，绝不可少。

（2）纯理智与纯情意的生活，在具体的生活上，绝无其事；而压制情意与放纵情意，也都属不当；应用理智控制，而归宿于精神和谐。

（3）理想的生活是组织的生活，在里面，在于各〈种〉冲动加以组织；在表面，于各种对象加以组织；由组织产生和谐。

（4）训育方法以自觉为主要；自觉应表现于行为中。

（5）理想与习惯不是两个分立的原理，应当使习惯浸润于远大的理想中。

（6）理想的人格与自然的人格是一线相承的，理想的人格是由自然的人格演进来的。

（7）现在的生活与未来的生活应当并顾，应当于过活现在之中寓有预备将来之意，不是有两个分立的原理。

（8）训育者应了解人心的自然法则，并明了大德小德的纲领条目。

参考书举要：

HobHouse：Rational Good

Hadfield：Psychology and Moral

White and Macbeath：The Moral Self

MeDongall：An Outline of Psychology

Shand：Foundations of Character

文中名词，如情复、记持性之类，可参看《中华教育界》拙作《人格之动力》。

（民国）十二，八，二十八巴黎旅次

道尔顿制之精神
（1924 年 1 月）

　　时至今日，道尔顿制已将由时髦时期而入于陈腐时期，吾犹执笔而谈道尔顿之精神者，何也？且吾前已矢意不复谈道尔顿制（见《少年中国》通信栏），而今乃不得不谈者，又何也？盖有二因。我于去年六月十五日作《达尔登制之实际》时，曾有一语涉及私塾精神之复活，不意竟因此而酿成是是非非。究竟吾言过软抑闻者之不暇细思耶？及今不辨，流毒将无已时，此一因也。道尔顿制之入吾国也，赞成之者遂推之为至宝、为神明，反对之者又视之为毒蛇、为洪水。究竟道尔顿制之精髓安在？抑扬者不免失之于锦上添花，旁观者不免困于目迷眼炫。苟能一针见血直抉其关键所在，则精神既明，赞否之间，一言可决，无须聚讼盈庭。此又一因也。然则道尔顿制之精神安在？曰：

　　在个别作业

　　个别作业而外有无别种精神？曰：无有也。吾为斯言，旁观者将深为骇异，而拥护道尔顿〈制〉者且将以我为菲薄道尔顿制矣。然而请祛除偏见与武断，而任我历证之。

　　伦恩（T. R. Nunn）为伦敦师范大学主任，道尔顿制之有力的提倡人也。其论道尔顿制曰，道尔顿制者反整批制造之革命运动也（The Dalton Plan is a revolution against Mass Production，见《太晤士〈报〉·教育附刊》）。林启（A. J. Lynch）为西青学校校长。其论道尔顿又何如？不过曰：道尔顿制之根本原理即所谓个别作业的，并非新创之说，乃是很旧的一种事实。自诸生团坐于教师膝下之时代起以至于今日，个别作业之方式已不知凡几。现代教育中，成年学生之学习以及小规模的学校之分级，常因种种事实上的困难而无意地施行此法（原文见《教育会年会》报告，译文见拙作《小学中之道尔顿制》）。林启更续谓："本制之精髓所在，就是对于'整堆教授'法之反动，整堆教授法之教授单位为五十名（多者且至六十而上）之班级。"（In its essence, the Plan constitutes a reaction, long overdue, against the old methods of "Mass" teaching, where the class fifty (and even sixty, or more.)）迪恩（Dean）为迪芬学校校长，自述其采用道尔顿制之缘起曰：我发现道尔顿制可以使学校事业得成为科学的组织，我立即决定为一充分的试验。我所谓之科学的组织者，即组织之能使学生视其教育之训练与进步为其本身之事务者；即组织之能予学生以自己努力业务而不为外物所移之机会者；即组织之于学生需要而且请求指导与帮助时始予之以指导与帮助者；即组织之能使教师与学生能为个别的应付者，能详悉各生之进步者，盖因是可以使教师与学生之时间、努力与兴味皆归于经济也。——此即我所谓之科学的组织（原文亦见《教育会年会》报告）。观此数人之论列，已可见我所谓道尔顿制之精神在个别作业为不诬也。

此或仍不足以见信读者，请更就此制之始创者柏克赫司特女士之自身而一求之。女士谓无论时间经过多久，只要道尔顿制能存在，自由这要素终须保存，但实际应用的时候，可以按照各校的情形及教师的见解酌斟损益（见舒新城先生《道尔顿制概观》）。女士此语可谓能自道其要者。盖道尔顿制若失此自由观念，则道尔顿制之精神已死，形骸纵虽酷似，亦不得谓之道尔顿制也。道尔顿〈制〉之形骸，即所谓道尔顿制之"制"者又安在？即（一）研究室，（二）功课指定，（三）成绩表格。研究室有用分科研究室制者，有数科合一室者，有各科共一室者。办法相差甚远，然而皆为道尔顿制，因其皆为学生之自由学习场也。功课指定有分预约券为四周者，有分为若干问题而不示时间者，有分为上中下三程者，有不分程者。各是其是且各行其是，然而无妨其同为道尔顿制者，因其同为学生自由学习之凭藉也。至若成绩表格，自纽约儿童大学以至中国东南大学附属中学，其差异各别，更不可一一数，然而无妨其同为道尔顿制。因其同为学生自由学习之省察资料也。由是观之，吾人可断言曰：道尔顿制之"制"虽千变万化，而道尔顿制之精神则通全球而如一也。道尔顿〈制〉之办法虽难免有不成年而夭折者，而道尔顿制之精神则可断言其千古不磨也。道尔顿制之精神为何？曰自由，曰个别学习。吾人把住此中心观念，则观察道尔顿制时，可得一光芒四射之观点，而叙述时亦不至散漫迷离也。我于《达尔登制之实际》一文中，即用此"自由研究"（个别学习与自由研究，在本篇是同意义的）以贯串全篇。有曰：

> 要实行自由研究制，多数人所发的疑问（1）不是学生没有凭藉，岂不至于茫无所措吗？就是（2）学生假若不用功时，岂不是坐视其荒废吗？关于第一问，有大纲法或功课之指定以解决之。关于第二问，只有靠教师之督促与检查……为使教师之易于知道学生之进步计，有一种表格可用。

上文之重心，全在自由学习一点，而功课指定不过是进行之凭藉，种种表格不过是检查之补助（按表格中有为学生自用者，该文只就教师一方言，是我之思想欠周密处，宜改作"关于第二问，只有靠教师之督查与学生之自省"），如网在纲，省却阅者许多脑力矣。今可复申前言曰：道尔顿制之精神在个别学习，在自由，此外更无别物。所谓研究室者，所谓预约券者，所谓成绩表格者，皆实现此精神之方法也。方法可随时随地随好恶而不同，而其精神则有若江河不废万古流也。是故提倡道尔顿制者应提倡此精神，不然，则为见其小而遗其大。攻击道尔顿制者，亦当攻击此精神，不然，则虽攻击之以致于体无完肤亦无关于其存亡也。

或曰：柏克赫司特女士曾明言之矣：本制之第一原理为自由，本制之第二原理为合作，今吾子竟谓自由为其唯一原理，非视而不见，即故意颠倒。然而斯说也，吾闻之熟矣。柏女士亦曾自辨矣。然而我竟不认合作为道尔顿制之一原理者，亦自有说。吾人论事，须知一事之内具性与其副产品或附着物之区别，自由者，本制之内具性也，本制之设计乃为此而起。合作者，乃本制之副产品亦本制之附着物也。本制因废除机械的组织而与学生以甚多之自由，既有此自由，学生间之往来自可频繁，而合作之机会自可增加，故可谓为自由之副产品。然而合作与否，究不系于本制之自身，学生之果否利用合作之机会以实现合作，仍须教员之鼓励，故可谓为本制之附着物。反之，如童子军者，则合作精神为其组织之内具性而非副产品，亦非附着物，因其组织之设计，本以此精神为中心也。明乎此，则吾之不以合作为道尔顿制之原理，非有意诬蔑道尔顿制也明矣。其他如学生对于功课负责任，对于教师起亲密之感，读书较前既多而且透彻，皆为自由研究实行后，机械组织打破后之当然结果，并未尝因认定自由为道尔顿制之唯一原理而有损于道尔顿制之毫末也。

教育中之自由原理并非新异原理，并非创始于柏女士。前乎柏女士之古人如卢梭等无论矣，即近如蒙台梭利亦柏女士所曾亲炙者（参看舒先生《道尔顿制概观》十四页）。是故柏女士未尝以自由原理之创始人自命，吾侪推崇贤哲亦当适如其度。不然，非阿好，即诬贤也。吾国教育思潮，虽浮浅幼稚，而自杜威入华以来，个性之说，自动之说，一般人已习闻之矣。既习闻乎此，则对国人而谓道尔顿制无高深而新异之原理，即为可通。不料国人竟大惊小怪，群相惊以奇特，吾于是知国人消化力之薄弱，而数年前所盛倡之新教育说竟随杜威以东渡矣。

明乎道尔顿制之自由精神，吾人于道尔顿制之何以盛行于英国，又易得解答矣。英国人之采用道尔顿制，非如国人所谓从前过于腐败及至大战后乃忽然觉悟有改弦更张之必要，故急不暇择而任此制之攻城克地有如破竹之势。假使国人之想像而确，英国之教育绝无合于新学理者，是不但英国无教育家，即大陆之教育家如卢梭、裴斯太洛齐、福禄培尔、海尔巴脱、蒙台梭利等皆不能发生影响于三岛也。今者柏克赫司特女士竟能使著名守旧之三岛人士五体投地而得于两年间收服二千学校而使之改宗。岂非怪事！谓由于柏女士之道力有胜于上述诸人乎？是毋乃太重视柏女士也！须知英国人为冷静务实而富于干材之民族。既富于干材，则决不至于使其教育落于人后，可想见矣。其所以使吾人怀不良之感想者，正由其冷静务实之故。惟其务实，所以不爱发表，不轻著书，不好空论（可参考《教育杂志》一美国人所作之《英国之教育》，该篇极有价值，愿郑重介绍于读者）。欲研究之者，每苦于不易搜集资料。惟其冷静，所以长于批评，善于分析，而不轻于承受，此保守民族之称号之所由来也。至道尔顿制经少数人之提倡即行风靡全国者，是又由于伏原甚远，道尔顿制不过其导火线也。英国人之前乎道尔顿制而实行类似道尔顿制之方法者，诚不知凡几。如现任伦敦师范大学校长伦恩于为中学教师时即曾创有类似此制之方法。盖英国人富于独立自由之性，其教育上随处有此性向之表现。外来学说之合乎此性向者辄引为同调而极力推行。在中国已被人视为陈腐不足道之蒙台梭利方法，在英国小学中犹如旭日初升方兴未艾（今年蒙女士仍在伦敦训练师范生）者，正与道尔顿制之得以盛行于中学，同一理由，同因其合于英国人崇尚独立自由之天性也。

本文之要旨在说明道尔顿制之精神在自由，在个别学习，此外更无别物。此意既明，不愿更多所论列，请解答篇首所举之二问题。

教育应否适应个别的能力、随时的动机、进步的迟速？是否应将多数学生视作机械？此问题若已不复成为问题，则采用道尔顿制亦即不成问题。若仍为问题，则数年间唱入云霄之学分制、学科制、选科制乃至新学制，吾真不知所为何来？

道尔顿制精神是否私塾精神之复活。先将舒先生之意录下：

> 友人余家菊发表《达尔登制之实际》一文于《中华教育界》，友人某君看见他标有"私塾精神之复活"子目，以为私塾复活了，并以为什么外国人的新制度都是我中国的旧东西。我觉得他的误会太大了，特在此附说一句。从中国教育的精神上讲，自孔子之因材施教以及书院制之个人修学，未尝不有几分注重个性发展的倾向。也可以说是与道尔顿制的精神相似。这种广义的说法，任何新事业的精神，都可以在历史中寻出相似的痕迹来。倘若要说现在的道尔顿制就是私塾复活，无论其方法上相差太远，就是精神上也不见得相同。我诚恳地希望国人努力从科学的根基上创造新事业，不要以我国的文化包罗万象自豪。……

此见于舒先生所著之《道尔顿制概观》。于《中华教育界》第十三卷第二期，舒先生又说：

> 诸君也曾知道由看得太易所发生的弊病吗？据我所知道的，因余家菊先生曾经说过道尔顿制的精神有几分和中国从前私塾的相似，便有人写信来劝我极力提倡书院制。与其说竭力提倡外国舶来品，何不竭力提倡国货；我并听得有人把私塾和道尔顿制钩〔沟〕通而比较其异同的。一言之误听，结果的谬误竟至如此！

舒先生之意，约略如是；我之原文又何如？

> 在私塾中，其教材诚然谬误，其方法则何尝是强行灌入，何尝是教师事事代劳？其年龄稍长的学生，教师对之，除了考成而外，别无干涉。其能力不同之人，更是自由努力，绝无受人牵制之累。其精神，其特点，不是与今日之达尔登制仿佛吗？是故吾国而欲采用达尔登制，则尽可名之为私塾精神之复活。

吾人于广求欧化美化之际，而无意中遇着了与吾国旧物相仿佛的东西，其令人高兴，何待乎言。

我之将道尔顿制比拟私塾，如是而已。何尝谓"道尔顿制就是私塾复活"，盖明言指定其精神其特点，而未有一语论及其方法之相似。且单就吾国而采用道尔顿制言，并未言及道尔顿制为吾国所固有。舒先生既承认"孔子之因材施教以及书院制之个人修学，未尝不有几分注重个性发展的倾向，也可以说是与道尔顿制之精神相似"。又复续谓"就是精神上也不见得相同"。上下相去，不过百余字，而发现两种正相反对之议论，实为难解。就我上述之推论，道尔顿制之精神只是自由，只是个别学习，此外更无别物。能具有个别学习之精神之制度，即为具有道尔顿制同类精神之制度。孔子之因材施教，纵为数千年前之古物，仍不妨其为真理，与昨日方自实验室公布出之实验结果具有同一价值。书院制之精神如何？方法如何？吾未曾研究，不欲多言。假使其果有价值，吾亦不知有何理由而必摈弃之。今日所谓大学者，在西方古代原为 College Université，译言世界学社，College 为学社或书院之义，Université 为世界之义，盖各国学人所汇聚之所也。后世习俗相移，遂舍去 College 而将学府之义加诸 University。此明"攸宜浮斯提"之原义为世界学社或书院，初无中国所谓"大"学之义。奈何有称大学者则群皆以最高学府视之，有称书院者则鄙夷之而不屑道。吾以为一物之有价值与否，不在其为舶来品抑为国货，当问其是否适宜。使二者而同等适宜，则去取之间，吾宁取国货，因其有历史的延续性或更适于舶来品也。况祖国观念所引起之感情，即已使人难于舍此而取彼乎？

舒先生又谓："希望国人从科学基础上建立新事业，勿徒以固有文化包罗万象自豪！"斯言也，诚可谓冠冕堂皇矣。但吾之所言，仅涉及道尔顿制与私塾精神相似，固无所谓以固有文化包罗万象自豪，亦无妨于有志从科学基础上建立新事业者。国学与科学各有其领域，各不相妨，何必闻人偶提故国文物即以为百有将至而群叱以为"玄学鬼"。且吾复深疑，所谓科学者，其定义与界限究何若？谓为物质科学乎？则今日吾国多数人不应谈教育。谓为广义的科学乎？则故国文物之研究，乃至为道尔顿制与私塾之比较的研究，吾亦不见科学界有何理由必须摈之门墙之外。且就我个人之意，单用科学，决不足以救中国教育界之危。教育界之苦于知识的贫乏固夫人而能言之矣。若追究知识之何以贫乏，恐亦非纯物质的设备不足所能圆满解答，而须加之以"学风浮靡，士习不振"等因素。今后提倡科学者，不当为行政家式之科学提倡，而当埋头研究，勿矜勿躁，立言持论总当具有严峻细密的精神。某不敏，愿从诸君子之后焉。

吾文已冗长矣，不复耐写。谨于道尔顿制下如下之评价：

道尔顿制之精神在解放学生与教师于机械的组织之中。道尔顿制之"制"含研究室、功课指定与成绩表格三者，此三者乃道尔顿制之所以成道尔顿制。然而制待其人而行。行此制而欲得圆满之效果者，至少第一须有教育家之品性，第二须有专门家之学科知识，第三须有教授智能之才性与训练。教育者而仅依道尔顿制为救主，妄也。必备的资格有十百，重要于道尔顿制之"制"之认识者。

* * * * *

In the multitudes of Education,

Education is forgotten.

——Bode：Fundamentals of Education

教育之议论愈多，

教育之真髓愈泯。

——见波德《教育要义》

民国十二年十月二十日　于爱丁堡大学

《中华教育界》第 13 卷第 7 期（1924 年 1 月）

教育建国论发微
（1925 年 1 月）

或认定教育为立国之本，或认定教育之职志在使国家昌盛；此两说吾人皆名之为教育建国论。其渊源甚早，而其主旨对内则在使国民有公共的志趣，而无党派的龃龉，对外则在抵抗强权，延存国脉。亚里斯多德曰：

> 立法者应充分注意少年辈之教育，原为绝无疑义之事。国家而忽视此点者，则必危及其组织。一定之组织必须有适于其组织之教育以维护之。诚以组织之维持一如组织之创设，皆恃有适于此组织之精神在，然后可能。平民政治之创立与维持，须恃有平民精神，贵族政治之创立与维持，亦须恃有贵族精神。精神愈好，则其所产生之组织亦愈好。

亚氏此言可谓为近代国家教育理想之先河。一国立国，各有理想，此理想之现于政治，则为政制法律之精神，此精神存，则政制法律皆得无恙。此精神亡，则政制法律亦必随而破产。故谋国者必须培植一公共精神以为政制之基础。而教育则其所用之工具也。

十八世纪末年，在法国有拿沙洛台者（La Chalotais）为国会议员，锐意反对由教会执掌教育权及其所施行之世界主义的教育。其名著《国家教育论文集》有警句曰：

我敢代国民主张应依国策以建立教育，诚以一则教育本属国家
分内之事；再则教育其人民本为国家之确实职权；三则国家于其子
民之教育应责由国家之臣属施予之。

又其友人杜克洛（Duclos）亦有言曰：

斯巴达所施之教育，其目的在养成斯巴达人，乃确切无疑之
事。故国家教育之目的在激发其人民之国民精神。就吾侪法国人言
之，则在训练其人民使为法国人，使为法国之国民。（见邝伯赫
《教育史》）

此又为欲使国家获振兴教育之实益，而主张应由国家执行教育权
者。盖当时教会乘其中世纪之余威，虽已丧失其政治的势力，而教育权
则仍在其掌握中，教师恒为牧师，学校恒附属于教堂。非宗教家而从事
教育者每每受其摈斥。其所施之教育又皆为反国家的，以世界主义之
名，而行其培植宗派势力之实。于全国国民共同精神之养成，为害不
小。有识者之主张由国家经营，亦由于势所不得不然者。其在英国，亦
有同类之主张发生。薛理登（Thomas Sheridan）著《不列颠教育论》
有曰：

国家有必遵之轨道二：一则少年之教育应与政府之性质与目的
相符合。二则全体民庶所依以生存之精神须深植于人心中，顺此者
昌，逆此者亡。依他种原理而建设之教育，或可养成好人，不足以
云乎培植好国民。（见亚当母生《教育简史》）

其言亦可谓深切著明者。分析言之，第一，国家须有一定的理想；
第二，此理想须随处表现，而无间于政治或教育；第三，此理想须用教
育以传播之。世有訾议之者，以为如是则是教育随政府以为转移，势且
成为政府营私自便之工具。专制国家更得借以愚弄人民。此说也，虽不
无若干事实为之张目，但熟考其实，则舍此实无他途。第一，依近代观
念，教育为公共事业，应用以传布公共的理想精神，不应用以鼓吹一党
一派之所见；第二，此理想之是否公共的，当以是否取得政府之容允为
比较可恃的判断标准。盖自理论言之，政府之权力受自大多数之国民，
依少数服从多数之义，应为全体国民所遵守；自事实言之，意图颠覆现
行制度或保障私人利益之教育，不为政府所不容，即为国民所共弃，政
治制裁，终必随之。第三，所谓政府理想与政府政策有别，政策可因执
政政党之更迭而有变迁，理想则可数百年至数千年如一日，教育之所应

与政府同者，在此永久的立国精神，而不在一时的施政方针。以党派政见宣传于教室，此教育之所深忌，而为教育界之所宜互戒者也。明乎此三者，则勿惧乎教育之为政府所利用也。

世界各国，无不发扬其立国精神。如独立自由之于英，民治主义之于美，平等博爱之于法是也。既有立国精神矣，其教育亦无不竭力求所以传播之，其政府亦无不竭力求所以提倡之。回顾吾国，数千年之立国精神，已由东西潮流之激荡而震撼，浅薄学说之摧残而消亡。国人既失其中心信仰，人心即无所维系，而精神上之感应，遂无从发生，猜忌之风，倾轧之习，乃不期然而然矣。此国家所以纷扰之原因，亦教育的根本问题也。

在国家既受大创之后，思以教育之力求国民复苏者，则为德国之菲希的氏。氏当德国大败于法之后，见国家穷困，人民沮丧，乃大唱新教育论而极力宣传教育救国之说。有云：

> 依新教育之力，吾将陶铸德意志全体国民使为一协和的团体，而受刺激与鼓舞于一共同的兴味。

氏意所重，盖在使国民人人皆受教育，而此教育又须以养成共同的团体兴味为职志。嗣后各国相竞以从事于强迫教育律令之制定，氏实与有力焉。以抵御外侮，延存国命，为振兴教育之动机者，于近代为一最普遍的现象。远在德国，近在日本，皆最著之例证也。

以培植爱国精神为目的之教育于偏颇的宗教教育又彻底遏抑不遗余力，法国教育素号独立于宗教纷争之外者，固无论矣。即以英国论，有识者每惧宗教门户之争，足以减少国民之爱国心与团结精神也，而倡为超宗派教育之说，意谓学校教育仅以提示各宗派所同之博爱教义为限，其他一切皆置之不论不议之列。于法律上，则定为"良心节"（Conscience Clause）之条。其在德国，则可以巴色多（Basedow）之言表之。

> 学校利益应为人民所共享，不得因宗教门户不同之故，而使任何儿童失其享受此项利益之机会。国家既向其各个子女要求，且亦有权要求，同等的忠心与热情，则教育之应回避一切政治的党见也亦明矣。……于教授时，教师与教科书皆不得利用世俗学科之教授时间以宣传居民所信各宗教中任何宗教教义之真实或虚伪，更不得诋毁任何宗教。

　　宗教最富于束缚之力，因宗教之故，虽使之赴汤蹈火而不辞，丧家亡国而不惜者，比比皆是。如十字军之役、新旧教战争之于欧陆，义和拳事件之于吾国，皆其例也。宗教之势力既如此伟大，谋国者欲使其国民和谐，势不得不求其有相当的共同性。此所以各国有国教之设立也。然人性各有所近，信仰殊无一致。若强使之同，则宗教的流血将无已时。故近代各国皆不以宗教求国民之融和，仅求各宗教之不互相仇视，而将国民融和之基础建立于超宗教的教育上，故教育之中立于宗教纷争中，乃近世各国通有之政策也。况在我国，固有宗教与外来宗教性质悬殊，加以宗教问题与外交问题错综纠缠、关系尤大，关心国运者不可不注意及之。

　　上言国家主义的教育在确定国家立国的理想，涵养国民融和的精神，而使之携手偕行一致努力于共同目标之下。苟有妨及此目标者，不惜以身殉之，虽诉之武力，不辞也。此本至当之义，有识者莫不主张之。顾吾国犹有反对之者，则因误于西洋少数理想家之和平论而认定大同主义转瞬实现，又因误信浅薄的个人主义而怀疑国家之真实存在。

　　信仰个人主义者，以为惟个人为真有，国家乃幻造之虚名也。若从此说，则个人亦将为幻造之虚名，惟构成此个人之细胞为实有。其不中理可以常识定之。盖孤立的个人为绝对无有之事，而群体之行动，亦有以异于各个人单独行动之总和。吾人堕地即生于一人群中，此人群之衣食言语风俗习惯，乃其数千百年之祖若宗所创造而遗传者，与其他之人群显有差别。又吾人生于此群长于此群，与之同其休戚而共其荣辱，以较秦人视越人之肥瘠，又自有间。故认个人可为孤立的生存者，妄也。吾人之思想行动，群居时与幽独时不同，在群居时又随其所居之群而异。吾人有若干群可生关系，即有若干人格可以发现。如见富者则谄，见贫者则骄，又如头脑冷静，一入大庭广众之中，亦不免感情用事者，皆其例也。依此，谓个体为实有，群体为虚名者，可以悟矣。

　　持个人主义者，又常高唱世界主义而认定教育活动为人类之所以使人成为人者，意谓吾人初生时，仅备具本能与嗜欲。人类之所以有异于禽兽者，全持其自行创造的努力。欲使创造之速率增高，则教育其下代子女时，当勿求现状之维持，而应以养成更好的人类为目的。欲养成"人"，则不可以教育委之于国家，因王侯将相皆欲使其臣民成为更好的工具，而不欲其为更好的人类也。真教育的目的在充分实现人性，以使人类成为更好的人类，而不问其是否为好国民。此说在欧洲十八世纪时颇多主张之者，康德即其一也。氏反对由国家经营教育，而其后起者菲希的、黑克尔则竭力主张之。十九世纪以来，二氏之主张已成为各国之公共政策，是康氏学说之不中于事理，已为历史所证明矣。

吾国之反对国家主义者，又有所谓国际主义派。彼辈认定国家之起源为各部落争杀之结果；国家之作用在保障资本家之利益。为此说者大多勇于持说而怯于思想之流。就历史言之，国家主义之发生，盖先于大资本制度。其在西方，则国家主义实诞生于希腊。其在吾国至迟春秋时代即已大中于人心。近则如岳武穆之报国，文天祥之捐躯，亦何尝有资本家鞭策于其后乎？若谓国家为部落时代互相砍杀之产物，则尤为谰说。国家之如何发生，历史学者臆说纷纭，莫衷一是，要之，皆视之为人类演进上之一大进步，而绝无视之为人类之一大不幸者，则固事实也。就从来国家之职务观之，对外则抵抗外侮（保障国权），对内则为扶持正义（保障人权），国家之为人生之一重要工具也明矣。自视其生存为有价值之人类，乌可不爱护其自身所在之国家哉？

抑且国家之价值不决定其所由生，而决定其所以生，换言之，即决定于其立国之理想也。吾人当竭其能力，殚其才智，使吾国之生死存亡皆与一定的高尚理想相终始。则其生存也，固不失其顶天立地之本职。即令灭亡，亦大可告无罪于先民。吾安得见吾国立国理想有发扬光大，旁薄大地之一日哉？

国家之立国理想必由教育以滋润之，于是教育宗旨尚矣。吾尝思之，教育宗旨须具有五种性质，方能生其作用。五种性质为：（一）时间性，合于此时之需要者也；（二）空间性，合于此地之需要者也；（三）历史性，合于此民族之需要者也；此三者合名之曰国家性；（四）透彻性，可以贯彻于各项教育活动者也；（五）确定性，可以明示教育者以努力方针者也。于此五者，有一不合，即不足以为教育宗旨。考吾国教育宗旨之沿革，共起三次变更。第一次定为"忠君尊孔，尚公尚武尚实"，时在清季；第二次定为"以道德教育为主，以军国民教育实利教育为辅，更以美感教育完成其道德"，时在民国初元；第三次定为"养成健全人格，发展共和精神"，时在民八。此三者以上述之五项标准审核之，则吾不得不钦佩第一次立法者之具有教育政治家之气魄与识力；第二次宗旨，则可称谓策论式，因其只可称为教育政策之缕述也。第三次宗旨（彼辈自名为教育本义），则可谓讲义式，因其仅为留美学生之应用其教科书上之心得而已。吾于是不得不叹息于吾国自有新教育以来，除清季一二大老外，未有真能灼见吾国教育之必需的方针者！

吾国教育应有之宗旨。愚意当定为：（一）精忠报国，（二）慈祥恺悌，（三）独立进取。以其颇合于国家性，且又鲜明而易于把握并实施也。其详细理由，则见于他处，不具述（见《教育与人生·简易斋教育笔记》）。

《中华教育界》第 14 卷第 7 期（1925 年 1 月）

收回教育权问题答辩
（1925 年 2 月）

今年中华教育改进社开年会于南京。吾人本国家主义的教育之精神，曾提出"收回教育权"案。社中主持人以其不利于己也，百方阻挠之。顾终以公论所在，无法箝制，卒通过于大会。虽彼等不肯执行，究足以惊醒国人之迷梦也。十月间，全国省教育会联合会议通过同一的议案。迩者河南教育界同人更有"收回教育权促进会"之组织。国人之注视此问题，而赞成此主张也可见一斑。吾侪居于动议人之列者，睹此不禁为国家前途幸。但一部分与教会学校有关系之人犹复四出运动，发为似是而非之言论，日昨华中师范学校宴集湖北教育界人士，席间有我及其他主张收回教育权者。餐既半，由程湘帆君代表华中师范述基督教教会之教育的功绩而非难收回教育权之主张。席间因就餐重要，程君反复申述其旨意，已耗去许多光阴，不便有所反诘，致减同座之雅兴且侮华中师范之贵客。兹作此篇，一以答程君，一以泛答他种怀疑也。

一、何谓教育权

予在宁，曾闻教会中人言，吾国本未曾丧失教育权，何收回之有？有斯语也，误在不辨教育权之为何物。揆其意，吾国政府中固有教育部，吾国社会上固有自立学校，外国人初未尝干涉之禁止之也，故不能谓为已失教育权。予以为此种谬误，实谬在以全称混特称。吾人初未尝谓吾国已丧失其全部的教育权，仅谓当收回其已丧失之一部分的教育权耳。犹之收回司法权云者，初非谓吾国已丧失其全部司法权，仅谓当收回其已丧失之一部分的司法权也。论者果欲推倒吾人之主张，则当证明吾国教育权于其领土内，无处不能使行。然而事实上不容有如是之主张也。不须政府之许可而建立学校者有之，于国土内施违反民主政体之教育者亦有之。政府固莫可如之何也。岂得犹谓吾国教育权为金瓯无缺乎？所谓教育权者，举凡（一）创校之允准，（二）旨趣之厘定，（三）教师之进退，（四）教材之规划等无不属之。吾人之所谓收回教育权，即收回已丧失之一部分此等权力也。

二、收回之动机

程君湘帆告吾人以对于教会学校当取同情的态度，不可存仇视的心理。此语似是。吾人深知教会中来华之西人，最大多数固为无赖之徒，而最少数中或有以传教之精神而来者，无论主张何如，对于此等人终当另眼相看。故吾人深应表明吾人之主张收回教育权，乃出于五种动机，而仇视之念不与焉：

（一）为国家之安全计不得不主张收回

日本在南满所设学校，使其学生只知有清，不知有民国，此不收回教育权极为危险之一证也。某教会学校教员讲鸦片战争时，痛骂林则徐之排外，谓其误认外国人之售卖鸦片于中国为有意遗毒此民，不知鸦片实为最上药品，外人输入良药以治疾病，彼乃拒之，是为以怨报德云云。夫鸦片之战，英国有心人且引为国耻，吾国教会中人竟曲为之辩，一至如是。此不收回教育权极为危险之又一证也。苏州书院乌尔考特氏（Wolcott）著《战后地理》一书，将香港分立于中国之外，且无一语道及香港之本为中国领土（详见《教育与人生》拙著《论外人编辑教科书事》）。此不收回教育权极为危险之又一证也。其余不必一一述。

（二）为国民性之发扬不得不主张收回

外国所办学校率皆重视外来文化，而于吾国固有者多存鄙视之见。教会之口口声声欲使中国基督教化，教会学校学生之轻视国文，皆其证也。中国人而丧失其中国人之特性，中国人而全无中国人的修养，非至忘其根本，习于媚外，夷为异族而不已也。

有致疑于中国之民族性者，其言约分二派。一则以为民族性无生理的遗传，只有社会的禀赋。一则以为中国民族性卑鄙弱劣无保存之价值。二派要以后派与吾人之主张最有关系，前派则殊可置之不问，因无论其特性系起于生理的遗传抑起于社会的禀赋，固无碍于其作用。惟以理论的兴味之故亦无妨一探究之。持此说者，盖基于后天性（Acquired Character）不遗传之说而又认民族性为后天性，故断定民族性不遗传。吾人对于斯说，姑无论后天性不遗传一语所含之问题甚多，未可一概武断，即以民族性为后天性一点言之，已不能成立。曷言之？如气质，先天的也。各民族之气质，显有差别。盲然谓民族性为后天的，为不遗传，是乌乎可？或又谓同一民族中人，显有不同的气质，故民族性一词根本不能成立。是又昧然于常型（Type）与变型（Variety）之分者也。譬如日本人身体之常型为矮小，西洋人身体之常型为高大，然不得依此遽谓日本人中绝无魁伟之人，亦不得依此遽谓西洋人中绝无侏儒之辈，更不得依此遽谓日人之身体无短小之特点，西人之身体无高大的特点。明乎此，则民族性之实有，可无复疑义矣。

第二派以为中国民族性为柔弱、为畏缩、为欺诈、为自私，以致为官吏则只知剥削，为士绅则罔顾公益。民族而有如此之特性乌足以成为民族，更不值保存。为此说者，比比皆是。揆其故，或由于厌乱心切，故不觉发为过分之论，或由于慑于外力，故不觉推崇西人流于失当。苟平心静气一深思之，则可恍然于吾人之固有较胜于西人者。惟以民族性之比较，本为繁难事业，不易把捉，更不易措之名言。勉强言之，下列数点或失之不远。

1. 重争与重让　西方民族，战争之民族也。国与国间，人与人间，无处不用其争。不争之于武力，即争之于法庭。不争之于拓地开疆，即争之于跑马、赛球。甚至型〔行〕为学说，则一见之于超人哲学，再见之于阶级争斗而归宿于"争斗为进化之母"一语。若我中华，则以礼让立国，士让于朝，行人让于野，而"窄路相逢让他一步又何妨"之意乃为普遍的信仰。孟子申述四端时，甚至谓"无辞让之心非人也"。使孟子之言果确，则吾将谓西人为非人，以其决无辞让之心也。西人无处不争，争之不已乃各划一范围圈以自固。故西洋社会之理想在使各方得其"平"。中国事事重让，互相逊让，情感乃通，而无扦格不入之象。故吾国社会之基础，建立于"和"之上。"平"为在外的，故得以警察及法律维持之，此西洋之所以必为法治国也。"和"为在内的，无从以外力获得，惟有以德行相化，此吾国之所以为礼治国也。此中、西之显著差异点一也。

2. 重自反与重责人　华人重让，故与人冲突时辄惴惴不自安，而恐过失之在己身也。西人重争，故与人冲突时辄吹毛求疵，唯恐争斗之口实难得。因其事事自反，故处处退缩，而予外人以侵略之机。如义和团之役乃西人压迫之结果，而愚民计无所出之举动也。论其责任，本在西人。顾我国民偶言及此，辄忸怩不安，而引为国民之羞者，实自反之天性为之也。欧洲大战，其孽因本各国之所共种，顾协约国乃完全诿之于德、奥，德、奥复完全以之诿于英、法，怨恨倾轧无有已时；盖又喜责人之天性为之也。躬自厚而薄责于人，乃西洋民族之所绝对不能了解者。此中、西差异之点又一也。

3. 重理与重力　重理者王道也。重力者，霸道也。中国国民实可谓为王道的国民，西洋国民，则霸道的国民也。人民相争，在西洋辄诉之于血搏或手枪，在中国则多调解于茶馆酒楼。国际相争，在中国则用怀柔宾服之法，偶有喜事征略之君，亦常为清议所不容。在西洋则诉之于潜艇飞机之力，即有主持和平如罗素其人者，亦惟有劝告弱国臣服强国，而俯首低心贡献强国以其所能力夺之种种要求（见拙译《社会改造原理》）。此以势力为解决一切纠纷之最后工具有以异于中国民族性者又一也。

依此则中国民族伟大而咸宏之性质，可以略窥一斑矣。谓中国民族性为卑劣者可以已矣。若夫其他种种如勤奋、忍耐、坚苦诸美德久为全世界所公认，无俟乎言。至目前一般恶劣现象则原因复杂，未易轻论，要以西方影响为一大原因皆可断言也。姑俟他日述之。

（三）为国民情意之融洽不得不主张收回

国家之所以成为国家，在国民间有同属一体之感，休戚与共之谊。不然者，则同为国民而相视如秦、越人，甚至互待以仇雠，皆非国家之福也。欲养成国民之同伍精神，则共同之教育斯为必要。教育同，言语习惯性情乃可以收大同小异之效。此数者既大同小异，其情谐意洽乃不期然而然矣。中国之重视乡亲，英、美之提倡同文同盟，皆此一体之感有以致之也。吾国教会学生，论其知识，于林肯、威林吞则颇熟悉其身世，于尧、舜则常误认为一人，于唐虞三代率不知"三"字之何所指。论其性向，则谈话耸肩，行路点头，餐必西式，饮必咖啡。虽行于大街之上，立于广众之中，一望而能辨其为教会学生。公立学校学生与教会学校学生之隔阂盖从此起。吾尝告教会学校中人曰："君等果欲与吾人合作，当先使君等之学校成为'中国化'，使君等之学生少带外国人之臭味而多带中国人之色彩。"愿教会中人一深思之。程湘帆君所谓将使教会学校课程接近公立学校之课程标准等，虽不得不谓为吾国教育上之一幸事；究竟吾人以为知识事小，性习事大，课程标准微有出入无大妨碍，而训育旨趣则不可不一致。此吾人所以认定教会学校目前之改革皆巧取避重就轻之法也。

（四）为立国理想之凝成不得不主张收回

国于世界，必有与立，而国民的理想即是物也。自由、平等、博爱之于法，正直、忠实、服务之于英，德摩克拉西之于美，皆足以鼓舞全国国民而可以使之生，可以使之死，可以使之赴汤蹈火而不辞者。若在吾国，固亦有其立国理想，自海通以还，为西洋潮流所激荡而寖假动摇，为教会学校所摧残而渐次泪没。例如笃厚，吾国国民理想中之一成分也。由此笃厚之性，对于同族先祖则起敬祖之义，对于国家忠良则有崇德报功之行。皆所以发挥人类相敬爱之高尚天性以使社会之日即于凝结者也。不意教会学校丑诋祭祖为野蛮，敬贤为崇拜偶像，使国民失其中心信仰而濒于无所措手足之危境。

（五）为保障国权拥护国民人格不得不主张收回

国成于民，有侮辱我国家者即侮辱我人民。侮辱之尤者无过于妨碍我国权之行使。今者教会学校于我国土之内貌视我国权，弁髦我法令，而独成一系，我国民为人格计，能坐视而不理乎？我国民能任彼吃洋饭之教育家呶呶不休而不一为之纠正乎？

此为吾人主张收回教育权之数大动机，其他细而小者姑置不论。寄语教会中人，吾人初非有所仇怨于教会，惟愿诸君能于上述五点有以释吾人之忧。若徒如陶知行、程湘帆诸君之现身说法而谓"我是教会学校出身，我自信也爱国"，则吾人亦不难反诘。第一，君等既自谓爱国，吾人当然不能否认，惟君等须知君等乃出类拔萃之人物，不可以君等例其余也。第二，教会中人无论其为中国人抑为西洋人，对于中国文化率仅有甚为肤浅之了解。谓其能使其学生与公立学校学生有同一的国民理想，则必认环境之影响为无力，似与君等素日所持之教育学说不甚相入。第三，所谓爱国者一虚名也。爱国心之形式虽同，而爱国心之实际则可大异。曹汝霖以亲日为爱国要道，顾维钧以事美为保国妙法；教会中人以使中国基督教化为救国不二法门，非教会中人又以防遏宗教之传播为救国之必要策略。是故吾人又安知陶、程诸君之所谓爱国者，果无以异于吾人之所谓爱国乎？

三、收回教育权与宗教教育

程湘帆君曾语吾人，今后教会教育之所以异于公立学校教育惟在宗教教育之一点。程君虽欲以此说消灭吾人之收回教育权的主张，然而吾人反因而益坚其所信。微论人生理想习尚等，教会学校未必能同于公立学校。藉曰能之，即此宗教教育之一点亦必为吾人之所反对。试问宗教教育之用意：（1）在以宗教为目的，教育为工具乎？（2）抑在以教育为目的，宗教为工具乎？若以教育为工具，则是教会之根本企图，全在宗教之传播，吾人当进而讨论宗教，是否有益于人生以及应否利用教育以遂其传教之图？若以宗教为工具，则吾人不妨引为教育的同志而相与讨论使用此工具之是否相宜以及有无必要。

宗教是否有益于人生，吾曾于《基督教与感情生活》中讨论之。程君于说明教会之所以施引宗教教育时，完全注重于宗教可为人生失意时之慰藉之一点，似亦宗教有益于感情生活之说也。果然，则雅不欲费辞，惟请读者取拙著《国家主义的教育》一书读之可耳。须知人格贵其统整，人生思想贵有一贯。感情与理智绝不可背道而驰。若蔑理弃智，则杀人放火之凶行，拜蛇敬猫之迷信，吾人皆不得议其非矣。因此种种者固皆出于感情之行动也。感情多端，有高尚者亦有卑劣者；有有益者，亦有有害者；吾人之得以辨别其孰可恃而孰不可恃，孰宜擒而孰宜纵者，皆理智之力也。若弃绝理智则势且相率而为盲目的冲动生活，社会秩序随之大乱矣。诚心维护宗教者当就宗教之理论上一考究其是否有真理的根据，徒言其功用无益也。不然，则用自然因果律以解释风雨现象，其价值亦无过于猴儿小便或雷公发怒之说也，种种理智活动皆不必有矣，岂不慎哉。是故唯用派之真理标准，于实际的功用外，必问其是否不与已知的真理相冲突也。

宗教应否用教育作传播之工具，吾于《教会教育问题》中曾论及之。兹仅从社会公意之见地一言之。教育为公共事业之一，教员为公职之一，宗教则为一派或一人之信仰，若利用公共事业以传播一己一派之信仰，于社会是为不信，于事务是为不忠。结果非引起社会对于教育之怀疑，即引起各教派从事教育上之竞争。此宗教纷歧之国度，必须实行教育中立之原因也。迩者吾国基督教会既有其教育的组织矣，佛教会亦已刊布其小学教科书矣，回教徒之继起乃为意中事。政府而不确定教育中立之策，以后各教扰攘，五族分裂，中、西冲突，皆将不免。政府而欲确定教育中立之旨，若不实行收回教育权，则是中立其名而偏袒基督教会其实，恐难使各派心悦而诚服也。大乱之机依然存在。

以宗教为教育工具之说，维护教会之人不无言之者，要非教会真意之所在也。纵令真意如此，吾人亦觉宗教不宜为教育工具。其详前述之文中亦曾言之。盖宗教信仰起于人类精神不健康之时。信之者，多为穷愁失意乃至意志薄弱之流。其主要观念在有强大之神格来临，来援助我，安慰我，鉴宥我也。夫教育者，乃所以使人得有健全的发育者也。今欲以不健康的精神产物用作使人得有健全发育之工具，是何异于南辕而北辙哉？非妄即愚。

四、教会学校与普及教育

吾人主张收回教育权，而袒护教会学校者，每为之说曰：使中国政府果有普及其教育之经济与人才者，则教会中人亦何尝不愿将其所经营之学校完全撤消而一任中国政府之自己经营乎？今者中国政府既无此能力矣，而徒事于教育权之收回，试问教会学校所教育之三十万学生将由谁负其教育之责，抑仍听其失学乎？故当今急务，不在收回教育权，而在本国人之努力于教育普及。此说也，实似是而非之论，不可不辟。

第一，中国教育不普及不足以为外国人享有教育权之口实。中国司法不改良外人可因以保存其治外法权，中国教育不普及，外人不可因以保留其教育权。何以故？因司法之所审判者为彼邦人，而教育之所陶淑者则为我国民也。外人而为我代施教育，是化中国民为外国民也，是侵略我国权也。吾人应向之宣言曰：我国国民之受教育否，乃本国国务，不干卿事，卿可休矣。

第二，若中国教育不普及，外人即可代办教育。引伸言之，则中国道路不治，外人即可以代筑道路；中国矿产未开，外人即可以代发富藏；中国军警不良，外人即可以代为警备；乃至中国大总统不贤，外人即可以代为统监。果如是，则何如提倡全国国民一律入英、美籍，挂英、美旗之为愈哉？此项逻辑的必然结论，想主持前说者未尝思虑及之也。

第三，"中国教育不普及，外国人始代办教育"一语，吾意以为此乃教会中人自己掩饰之辞。何以故？果真教会兴学一以振兴教育为职志，而无别项目的，则当完全取赞助的态度而不当喧宾夺主。须知中国教育之不普及在钱难而不在人才之难。教会教育之优势在经济之充裕而不在人才之众多。使教会而愿无条件捐款助学，中国人中当不乏能负担教养此三十万学生之责任者。他勿具论，即如郭秉文、张伯苓、陶知行、程湘帆诸君固教会中人之所心折者，何不以教会学款委之而任其创办超宗教的教育乎？至若教会所办之大学，则尽可合并于华人所立之大学，如以金陵归并于东南，汇文归并于北大，协和归并于医大，岂非为势至顺者乎？然而教会不此之图也。吾于是知"教会教育乃所以补助公立教育之不足者"一语之为遁辞也。

五、吾人今后所必由之路

教育权之收回，过去一年间纯为言论时代。其结果已使教会中人震动，教会学生觉悟，今后当进于实际的活动矣。下列数事，当依次推行。

（1）组织收回教育权促进会——合道同志一的人士群策群力以共赴此目的。不可依赖教育改进社，因该社已为教会势力所浸透也。

（2）请教育部于教会学校请求立案时采取严格态度，并制定教会学校立案法。教会中人正运用其势力以软化教育部，吾人宜趁此教育部尚未为教会派所把持之时，建立此根本大法。

（3）设立学校以收容教会学校退学的学生。教会学校学生觉悟后，若无相当的学校以收容之，其情极为可怜。

上述三事，为刻不容缓之图，其他则请俟"收回教育权促进会"成立后共同讨论。

民国十三年十二月十七日　武昌师大

附：中国各省教会中小学一览（表略）

课程论
（1925 年 3 月）

一、课程之变迁

课程者，学生在校时之生活活动也，亦即吾人所期责于学生之活动也。吾人所期责之事项必为吾人所视为有价值之事项。吾人之价值标准有变，吾人所制定之课程亦随之而变。夫价值生于需要，苟无需要之心，虽黄金百镒可不顾也；虽官为极峰可敝屣之也。课程之设置与废弃，一以教育目的之决定为转移，即此故也。而历来课程之多所变迁亦此故也。在昔科举时代，士子之有志进取意图服务国家者，莫不精心于四子、五经之讲求，制艺帖括之学习。若夫志在略识之无以便服贾营生者，则其所专又在百家姓、四言杂字等书。所志不同，故所习不同，势也亦理也。征之西方，在昔希腊教育理想，俨成两类。一为斯巴达式，其目的在养成公忠勇武之国民，故其课程一以为体育的与德育的为主，而智育的与美育的则几付阙如。一为雅典式，其目的在人格之表现，而尤重视理智之发育与美感之陶冶，故于体育则重视姿态之优美，于音乐则重视韵节之谐和，以视斯巴达之倚重于强健体格爱国精神之培养者，大有别矣。罗马人民为一实际的民族，其教育目的在使人人能履行其义务而享受其权利，故青年品格之陶冶为其着眼点，而摩仿为其方法，传记为其资料。降及中世，宗教盛行，教育目的在深自敛抑以洗罪恶，诞生天国，故其课业无非祈祷之仪、冥想之事。文艺复兴时代，群以为古代文艺作品实为人类生活之结晶体，欲发育健全的人格，必当借径于古人生活之了解且追步之，于是而古代语言与文学之诵习尚矣。时至近代，科学昌明，自然现象可依人力而控制之利用之，又加以感觉为知识来源之说逐渐成为一般的信仰，于是自然学科乃起而与语文学科相竞争矣。是为人本主义与自然主义之争。持自然主义者以为，真有价值之知识为科学以其产生于可恃的方法，且有裨益于实际的人生，而不似文艺之为冥想的结果，亦不似文艺之仅能满足冥想的生活也。持人本主义者则遵循"人类之适宜学科为人"之说，而抬高文艺诸科。而谓世间最真实而最宝贵之活动，为人类高尚精神之启发。吾人欲了解自然决不可不了解人生，欲控制自然必须能控制自身。不然，则是心为形役，有玩物丧志之虞。是一则重内，一则重外；一则偏倚于主智主义，一则偏倚于情意主义也。平情论之，课程之设置既起于人生需要，则社会进步、文化复杂时，课程亦须成为多方面的，古代之单调的文艺学科决不足以满足其要求。此皆可于斯宾塞耳、赫胥黎之言论征之者也。且物必先腐然后虫生，人本主义确亦有其可以攻击之点。盖人本主义之末流，重形式而轻实质，埋首于故纸堆中，劳碌于字句之末，举凡精神修养之大端，人本学科之要髓，反形隔膜，故于实际生活与精神生活两无益也。自然主义从而摧陷之，谁曰不宜！

往者古文学科之将动摇也，有为形式陶冶之说以维护之者。意以为于狭小活动中陶冶成熟的心思能力，可以应用于人生活动之任何方面。例如数学所以锻炼思考力，思考力经数学的练习而加强后，则无论对于任何事物之思考力而加强。洛克者，最重视数学之价值者也。其言曰："余非为人人皆当有为高深数学家之必要，仅愿其由数学的研究而获得思考之途径后，能于有机会时转用此思考的途径于他种科学。"可以为形式陶冶说之代表矣。

在近代以前，西欧文化，于希腊、罗马之文化而外，本一无所有。故文艺复兴时代不得不向往古人而力为复古活动，此拉丁文、希腊文之所以见重于学校也。洎乎近代各国国语相继成立，文豪学者，陆续兴起，各国遂各有其国民的学艺矣。又加以科学成立，近代文明益形丰富，工业发达，社会需要与前大异，而学校中仍沿用拉丁、希腊文为主要学科，于是学校教育与社会需要不相适应，而攻击之声起矣。执教鞭者为维护其旧有之学科计，不得不于其已失之直接价值外另觅一相当的间接价值以为抵抗之具，于是乃谓拉丁、希腊两种古文有锻炼各种能力之功用，一经锻炼成熟则无入而不游刃有余矣。

是说也，重形式而不重实质。所教学科之内容无大关系，其重要之点，在由此学科所养成之能力是否可以转移于多数之他方面也。循此推演可有两种结论。一为各学科皆有同一之转移价值，若然，则教以此科正无以异于教以彼科，而坚持保存古文学科之论亦不复足以自存矣。其又一则为主张惟古文有最大之价值，故宜独重古文，若然，则其他一切学科可以废弃，而持此论者又不能有为如是之彻底主张者。其说未足以自立也可见，且证之实验益复难信。近代心理学者从事陶冶转移之实验者甚夥：于德则有福尔克满（Volkman）、莫亦满（Menmun）等，于英则有文启（Winch）等，于美则有杰姆士、安吉尔（Angell）、桑代克（Thomdike）等，盖为近今实验心理上极热闹之一问题也。其结论有可得而言者。

桑代克以为所转移者为相同的元素（Identical element's）。各家之说法虽多，而氏则谓相同的元素之一概念可以涵括之。惟所谓同素者实有二义：其一为同质（Identity of substance），学成数学而再学物理学则颇容易者，因物理学多为数学也。其又一为同程式同方（Identity of procedure or method），如学习实验科学者于学习时获得其研究方法，由是而对于一切问题皆用同一的方法以处之者是也。桑氏之意以为一切转移皆尽于是矣。而陆狄甲则不谓然。氏以为如此二者之外，转移之事又有由于理想之同一式或同鹄者（Identity of Aim or Ideal），如单就算术练习簿而责学生以宁馨，结果学生于算术能服从之，于别课则不能，于其他生活则更不能。若教以宁馨的理想，其结果则大异于是。如是者或谓之普遍化的习惯，因其为理想之又现于具体的行为也。但此仍不足以说明一切。欲说明一切，至少还须加入天赋能力之一因素。有生而坚毅者，其于任何事也皆出之以坚毅，有生而长于记忆者，其对任何事皆能记忆人之所不能记忆者，皆天赋能力为之，初非严格的转移作用。于此则前述之史皮雅满氏之两重因素说可以助益吾人矣。

形式陶冶说之又一基础为官能心理学（Faculty psychology），以为人心乃由若干心灵的官能所组合而成。各官能各有其作用，不相混淆，或司思想，或司记忆，或司想像，或司观察，界限井然。依此，则教育上重要之事惟在使此官能得有相当的锻炼，至若所用以锻炼之资料，则无甚关系也。是故主张重视古文者乐于引为己助也。但自海尔巴脱以来官能说已失其价值，无复自存之余地。盖如海氏所云，心的活动初非一面有心的内容（即由感官而得来之种种意象），一面又有持弄此内容之官能。其活动实则为各个心的内容彼此间互相影响也。换言之，即为统觉作用。新对象与旧观念相混和方得以升于意识界，并非由于何种个别的心能之操持其间也。且心动历程皆极复杂，每一刹那顷无不具有种种作用。其起伏也，初非得而分别名之曰若者为思考，若者为记忆，故官能之说又绝不合于事实也。此说既破，于是持形式陶冶论者乃无从凭藉矣。

二、玩耍与做事

课程为儿童在校之生活活动已如前述。顾人类之生活有二阶段亦可谓为二种类。幼年时期，玩耍之时期也。成人时期，做事之时期也。但在成人亦有其玩耍时间，所谓藏修息游是也。试述玩耍之作用何在。

古代教育，视玩耍毫无价值，以为不过人生在无能时代之消遣方法而已。嗣后有主张剩余势力说（Theory of Superflousenergy）者，以为在儿童时代，无维持其生活之责任，消耗其身心势力之机会甚少，故发泄而为玩耍。其次有加尔格罗斯（Carl Groose）者，于生物界发现玩耍仅生后无力自生之动物有之，且发见［现］玩耍中立［的］动作的形式与成人生活中之动作相类似，如儿童之推车牵牛、保育团团等皆仿佛成人之行为，因著《动物之玩耍》（Play of Animal）与《人类之玩耍》（Play of Man）二本书。复次有乃由生物学的见地，而断定玩耍之价值，在为将来生活之预备，是为预备生活说（Theory of preparing Adult life）。与此说相反者为复现说，司当尼霍尔（Stanley Hall）倡之，以为玩耍乃复现民族的过去的经验，其重过去，与前之重未来者正相反。但二者虽似相反而实相成。盖人生之预备生活固须锻炼作事之能力，但此种能力乃个体所禀赋于民族之性格，由遗传而来；且其逐渐发展之次序，若不受过去之支配，则其程序势将凌乱而无复法则之可寻矣。是故预备生活说之有助于复现说也甚明。然若仅为复现而复现，则可谓毫无价值，是故其动作发展之趋向，不可不针对将来。此前说之又有助于后说者也。总之，一自生物之保守的机能观之，一自其进取的机能观之，各得其一偏者也。

除此而外，尚有休养说（Theory of Recreation）或松弛说（Theory of Relaxation），此说以为吾人之日常生活，用心用力，甚形紧张；玩耍则改变生活之状况，松弛其紧张也，而另用未常使用于正常生活中之精力或从事无需多量努力之事，故得此说难通之处甚多。须知玩耍不但非全不用心不使力者，且有时其用心使力之程度，尚有超过于作事时间者。故此说在事实上之有破绽，正与剩余势力说同。盖精疲力竭后犹愿嬉游者比比皆是也。

近来麦独孤（McDaugall）在生理学上发见［现］一种事实，谓吾人做事所用之势力，不一定限于专司其事之神经区域之所具有者，且可吸收他种神经区域之势力。换言之，一种势力不必消耗于其专职中，且得移转于其他方向也。是即所谓吸引法则（Law of Drainage）。麦氏根据此事实，主张儿童对于许多真实的事情既无力控制，其势力既不能于正常的路径中发泄，乃转其发泄之方向而表现于玩耍，是可见人生具有活动之天性，不做事即须玩耍也。

次言玩耍之性质：玩耍与做事之意义，至难区别，于此一点，教育家多所主张，有人谓玩耍在前，做事在后，如杜威是。杜氏谓："做事先于玩耍，而且产生于玩耍。"此盖就其发生上而论，有就其性质而言者，如巴米斯（Parmeles）在其所著《人类行为之科学》（The Science of Human Behavior）一书中曾谓："做事，可称为努力于有价值的事物之生产，玩耍则其消费努力，纯为寻快乐起见，并不趋向于任何之有用目的也。"此说有得而置议之点，在谓玩耍为无目的无价值之活动。试就演戏一端而言，演戏在英文常称为 play，华俗亦称演戏为玩耍，若准斯说，则亦可谓为无目无价值，岂得谓平［乎］？

又有就活动之有无规则而言者，如霍尔（Hall）谓"做事是奴役的，无乐趣的，极规则的，且较玩耍为精细正确"。吾人细绎斯说，亦未能允为正当，诚以若认玩耍为无规则之活动，将何以解释走棋与球戏等乎？

一切行动之心理的色彩，皆起于两种因素：（一）外烁的条件；（二）自发的程度。吾人行动视此外烁与自发二者之比例而变其意味。如遇外烁条件过严，自发之程度遂浅，斯时直可谓为苦工，如学校内不适合儿童兴趣之功课，工厂之机械工作是。反之外烁条件松弛，自发程度增高，斯时即可谓为玩耍，如文学家艺术家之制作是。冷恩（Runn）有言曰：

> 凡行为者，若能对其所有之活动，任意作辍或随意改变其操作之条件，斯时即感觉其为玩耍，若活动之加于其身，乃不可规避的或为义务及职业所约束时，则觉其为苦工矣。

此说举例以明，即可显然。如戏子之扮唱，与走江湖者之卖技，究其所表演者似皆为玩耍；然在其本人因有生活之要求，起于谋生之意味，实为苦工也。总之，同一行为可以视作苦工，亦可以视作玩耍。其区分之点，在玩耍与愉快不可分离，而愉快又起于活动之自发性及胜任有余裕也。由者可归纳而得玩耍之定义曰："玩耍者，为自发的胜任愉快的活动也。"

玩耍与艺术，雪勒（Schiller）氏谓有相同之点者二：（一）自发性之愉快的发动；（二）使精力变成一种形式。故二者在性质上无大差异，惟其程度上有深浅之殊耳。玩耍与工艺，依威廉梅列斯（Willian Nerris）之主张，亦无分别。氏谓：

> "工艺不过作者所感的愉快之有训练的表现而已，其所表现于其中之活动，则为其已习得而且能胜任愉快以实现之者也。"

准斯而谈，玩耍之为人生的必要活动也明矣。而愉快的自发活动之应充满人生也，又为人人之所期望。自佛禄倍尔引入玩耍于幼稚园中，而教育的玩耍乃为人所重视矣。及至今日则一切课程之玩耍化已为时代思想之一大潮流。如以小说体编纂史地各科，如以扮戏法教学语言文字皆是也。

玩耍的活动常需"作信作用"（Make-believe），以"作信"者本非如是之境界，而认作如是也。通常以为想像之力，能变换眼前的世界，但仔细观之，"作信"乃起于辨识力之薄弱，不足以严格的分辨事实与想像的境界，小儿"作信"之力，异常发达，缘此故也。

"作信"作用之价值，在使正在发育中的生命，不致因无力控制环境而凋残枯落。世上事情为小孩所无力参与者盖不知凡几，而小孩之天性又对于事事皆起参加之要求，使其要求不获满足，则不安随之，"作信"之作用，乃在借"作信"而幻为实也，故有慰藉之功。佛柔依特（Freud）谓人心活动有两种原理：一为唯实原理（Principle of reality）；一为苦乐原理（Principle of pleasure and pain, or pleasure-pain principle）。所谓苦乐原理者，乃起于欲求愿望之满足（Wish fulfilment）而事实上又决不能满足。乃以想像作用幻造一种境界以如其所渴望的境界，借以避免实在界之压迫，此种现象虽为变态现象，然而平常吾人进取之勇气亦多赖此以保存。

"作信"作用不特见之于儿童的玩耍，即成人亦须依赖之。小学校种种教法固须利用之，即中等教育之"童子军"、"假议会"、"市制"等，初视之虽为模仿社会实情，然即此模仿之中仍富有"作信"也。

作事与玩耍吾人已知其无大要的区别矣，可予以共名曰业务（Pursuits）。所谓课程者，即学生之种种业务也。至平常所谓教材者，则不过活动之凭藉者。

三、学科之性质

学科之所由起，通常皆以为非如此不便于控制运用也。是为就主观之立足点以论分科之必要者。其意盖以为分科为一种方便法门，其说是也。然而未足以尽其义。学科为种族经验之结晶体。人类经验之本身有其内具的差异与类似聚族类物者不能违之。如由耳得声，由目得光，其来原〔源〕既殊，其取径既异，其所及于人心之影响以成为经验者亦自不同。故学术之分科，非徒取便人事实，亦因其有论理的必然性也。

科学既是对于人类的经验加以论理的组织，故各科之间界限甚严而不可凌乱，以其非如此则不足以保持其一贯性而成为一整体。至儿童经验之组织则为心理的，依其经验之连琐而构成为体系，一本于实际的生活，而不问论理的连属，此科学与儿童经验之大差别也。依知识之进化言之，理论的组织乃铍〔晚〕近之事。其在先民则以实际的主客需要为组织的根据。就个人言，知识之最初一级，为如何作法之知识，如何行走写读，如何接人治事……故初级教材宜用实际的作为为之。由作为而产生熟悉。有此熟悉之后，然后得用以解释他人之所告语，故教材宜与学生之日常生活相接近，是为第三级。第三级则为科学的知识亦即知识之经过理性的分析与综合者，于教育上，宜留待青年时期。

吾人既深信教育当以儿童为中心，故选择教材，亦宜以儿童之经验为中心，换言之，吾人不宜采取论理的、客观的、划分严密的教材，宜采取感情的、切己的、富有活动性的教材。简言之，即使教材成为儿童经验化。申言之，即以儿童经验为教材，或以其经验为教材之张本。就前者言，如乡村儿童对于园艺农事，习知常见，故宜授以园艺农事；就后者言，如利用其对于园艺农事之经验，而道其实行关于自然之研究，如生物地理气象等是。此二种意义，在教材之选择上，极为重要。就儿童之经验与科学比较言之，二者相差甚巨。所赖以使儿童经验之整理得进于科学者，即借教材之媒介。或谓教材是儿童经验与科学间之摆渡，实为知言。

依此，教材须切合于儿童生活，杜威主张以作业（Occupation）为主，而历史、地理等科目，则附带的（Incidental）教学之者，即此意也。此于设计教学中，最易见出，例如游艺会，为综合的设计之一个单元，此项业务——游艺会——乃实际的人生活动，亦儿童之所愿而且能从事者也，故取以为课程。然游艺会，不能无经济的事件，于是就借之以教算术，又不能无函件启事等，于是就借之以教国文，是皆因临时的需要而教以各教材也，是为附带的教学。若夫定规的教学，则须将教材分科，须将吾人之各种经验加以分类的组织，组织之结果，乃为学科。学科之分类与科学之分类有时一致，亦有时略有出入。但其分类之原因则一也。教学分科于教学至少有四项利益：其一，为便于一时之专注；其二，为便于前后之衔贯；其三，为便于透彻熟练；其四，为便于深进的研究。教材既综合为若干学科矣，而此若干学科者，又得因其性质之类似，而分为若干类别，是为学科之分类。

学科分类之区别，随各人之观点而不同。如柏特来（Burtler）依人生活动分者，则为：1. 科学的，2. 文艺的，3. 美术的，4. 制度的（社会的），5. 宗教的，6. 实业的。戴伽谟（Degarmo）依知识之对象而分之，则为：1. 自然学科，2. 人文学科，3. 应用学科。

二氏分法，固各有见地，然其共同之谬点，俱在未顾及儿童之本身，故皆可云为科学的，而非教育的。吾人贵乎分类者，在分类能指示吾人以设教之方针也。考分类有原始分类、后起分类之别：前者以儿童之经验为分类之标的，后者以成人生活活动或学科性质为分类的准绳。重前而忽后，则于高等教育有不足以尽指导之能事；取后而略前，则于幼稚教育有极端之险害。故吾人之理想分类，必并重斯二者分类之方法，须先浑概而后精密。儿童当幼稚时期，分析力薄弱，故此期教材以浑为佳；及长，能力增加具有追求精密之可能，此期教材始可臻于精密。此就静的方面而言者也。若就其动方面言之，则当逐渐分化。儿童之年龄，逐渐增加，驭繁之可能随之寖长。故年级愈高者，教材分化，即愈精密。试就自然学言之，初级小学仅可统设自然研究一科，高级小学可分为地理、理科二者，及至中学，即理科一项，亦可分为物理、化学、博物等科，更上而至高等教育，则物理更可分为电学、光学、热学等也。弗因得莱（Findley）所制之学科分表甚合此理（见下）：

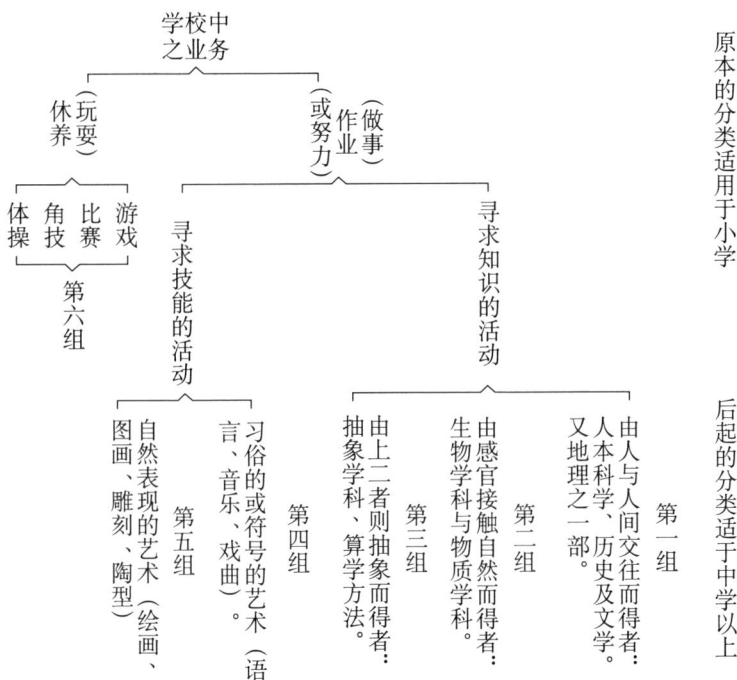

```
                        学校中
                        之业务
            ┌──────────────┴──────────────┐
         休养                            作业
        （玩耍）                      （或努力）
                                       （做事）
     ┌────┬───┬────┐        ┌──────────────┴──────────────┐
    体   角   比   游      寻求技能的活动              寻求知识的活动
    操   技   赛   戏
     └──────┬─────┘     ┌──────┬──────┐      ┌──────┬──────┬──────┐
          第六组        图画   习俗的    抽象学科  由感官  由人与
                        、雕刻  或符号    、算学方法 接触自然 人间交往
                        、陶型  的艺术    由上二者  而得者  而得者
                        ）      （语言    则抽象而  ：生物  ：人本
                        自然    、音乐    得者…    学科与   科学、
                        表现的  、戏曲    第三组   物质学科  历史及
                        艺术    ）。                 。     文学，
                        （绘画  第四组             第二组   又地理
                        、                                  之一部。
                        第五组                              第一组
```

原本的分类适用于小学

后起的分类适于中学以上

四、选择教材之原理

此事与教育目的关系至为密切，即教育目的有变动则教材上亦有变动。如实用主义有实用主义之教材，形式陶冶主义有形式陶冶主义之教材，前已言之。吾人今兹亟应辨别者，为成人的与儿童的两观点：

（一）成人的观点

（a）准备原理（Principle of Equipment）。父母之于子女也，无不望其成为社会上之优秀分子，故无不供给其生活上之种种需要。今之研究课程，率重视经济方面、社会方面之需要以养成其为健全的国民者即斯意也。

（b）保守原理（Principle of Preservation）。吾人之通性，每欲以现代之特点，传递下代而不忍其中绝，故课程上类多保守成人之遗产。保守之事每为吾国人所羞道。须知人类文明之所以有进步，全恃各代国民之积寸累尺于以日就月将而演进于无穷也，况吾国立国四千年，其文明中不可磨灭之特点在在皆是，奈何国人鄙夷之若是其甚也。

（二）儿童的观点

（a）长进原理（Principle of Growth）。儿童之长进，有一定之阶段，前后之需要迥乎不同。故教育当适应其长进之变化，不能强迫以固定之教材。海尔巴特（Herbart）之"陶育阶段说"最能发挥此理。此说以为个体的发育历程与种族的发育历程成平行形，更以为课程编制之程序宜遵循种族发育之程序。原始人类生活至为简单，而儿童生活亦至为简单，故儿童不啻为一种变相的原始人类，即称之为小野蛮人亦无不可。以野蛮人之生活及其产物教小野蛮人，其感兴味也无待乎言。况神话等教材更可作历史地理乃至其他科学教授之楔子，教育上利用之其为用无穷。但 1. 现在之环境与原始人类之环境大不相同，而教学上动机之引起则又须借助于供给儿童以适当之环境，欲使原始人类之环境呈现于今日学校中既为不可能，则用原人时代之生活以教现代之小儿难免起不切己之感。2. 且儿童之所能了解者必为其生活中之所已有者，或与之相接近者，若以过去之神话用为教材，未必不成为形式的、无意义的。儿童兴味之扩大，赖有各种环境：（1）家舍（Home），（2）庭园（Garden），（3）工室（Workroom），（4）图书室（Study room）。此四种场所，为儿童之兴趣扩大之四阶段，逐渐演进，由家舍而庭园，由庭园而工室、而图书室，儿童在其中之活动的形式，概括言之，不外玩耍（Play）与做事（Work）而已。

（b）个性原理 天生才力，各有所长，亦各有所短。教育应发育其长乎，抑应弥逢其短乎，固为一烦难之问题。知其短而无以救助之，是任其为畸形的人格也。有所长而无以发育之也，人将有不尽之才而社会之进步亦随之减少矣。况学非所长，倍增痛苦乎，故教材或学科之选择，当注意学生之个性。为个性之研究者，有发现各种学科可依天赋能力而分为数组者。于一组之中有一学科为其所长时，则同组中之其他学科，亦必为其所长，于不同组之学科则无从断定。发现此事者为柏特氏。氏将各科分为四组：

1. 数学组——了解问题与运用规则。

2. 手技组——图画，手工，书法。

3. 语言组——听写与诵读（速度）。

4. 作文组——地理，科学，作文。

3 和 4 两组合名文学组。

此项分组法之发现，裨益于选科之实施者甚大。

（c）均衡原理（Principle of Balance）。此指谐和的发育而言。在昔以为，心理的各种能力为独存的，故当使各学科平衡并进，或以锻炼记忆，或以陶冶思考用以发达一种能力，此种主张盖根据于官能心理学。官能心理学之于现在已成为历史上过去的遗物，吾人实难于此以求均衡原理之基础也，而当另求之于海尔巴脱之多方兴味说。常人一言及兴味——每联想而及于愉快的感情，其实若细加分析，兴味之原素除感情而外，尚有动意（Volition）。故兴味者实表示自我对于某事物发生切己的（Personal）关系也。教材而适当，既足以引致兴味，亦足以养成兴味。多方的兴味为圆满人格之表征。欲养成多方的兴味，则教材不可不均衡。

（d）兴味原理（Principle of Interest）。常人之注意兴味多偏于教学法，罕有就教材方面而论兴味之重要者。所谓富于兴味的教材者，非容易的愈［愉］快的教材也。若然则实为柔性教育、糖果教育也。但一观事实，学课太易，不但不能引起兴味，反足以招致厌弃。一种事件必须吾人努力而后能成功者，乃能感觉其兴味。但同时又必须其事物之难度，乃为吾人所能克服者，不然则成为苦工矣，何兴味之有哉。总之，兴味产生于努力但亦足以产生努力，其愉快的成份［分］不过在进行顺利或结果圆满时的一种附随的感情状态耳。海氏既唱多方兴味说，故有兴味之分类，兹列举如左：

甲　由人与人的关系而起者：

1. 同情的兴味

2. 社会的兴味

3. 宗教的兴味

乙　由世界经验的增进而起者：

1. 经验的兴味

2. 思考的兴味

3. 审美的兴味

欲养成多方的兴味，于此数者必须一律加之意也。但诸种兴味之间本无严密的界限，不能固定其区别，此种分类只求其于选择教材上有多少助益斯可矣。

（e）衔贯原理（Principle of Continuation）。论兴味者亦有时立足于类化之观点。兴味乃主观的，而类化兼示其客观的成份〔分〕。盖类化为旧观念与新观念之混合，此种应用于选择教材上则当注意儿童之旧经验或旧观念之联络及教材本身之前后的关系。故学者有研究入学儿童之心思内容以为设教之根据者，而衔贯原理之所以见重于世也。

（f）联络原理（Principle of Correlation）。既将教材分为若干科而由教师分别担任矣。其终也难免使儿童之生活成为断片的零碎的，损坏其人格之一贯。联络原理，即所以打破此种分离合各科为一整个者，所谓联络原理者即以一题旨为中心，而使各科所用之教材皆自此出发。最初论此原理者为海尔巴脱氏，但氏仅注意观念之联合，取佛禄贝尔论自我活动谓儿童不仅承受知识，且有积极的表现，其知识不仅可以联络，而其各种活动实自然的具有一贯之性。欲保持其人格之统整，则教材不可不有一定之联络。

（g）集中原理（Principle of Centration）。集中原理，乃以上诸原理之最高的调节原理也。吾人固须顾及儿童之本性而发育之联络之并多方培植之，但其发育不可无一定的方向，其兴味不可无一定的范围。不然则浮浅多变甚非吾人所望于后辈者也。故教育以道德教育为最要，集中原理者即缩儿童活动的范围，而使之专心于若干有益群己之业务也。韩愈氏自谓"非三代以上之书不敢读"即恐其无益于群己之意也。目下教本东抄西录，朝露布于报章者，夕吟诵于学舍，取材过滥，流弊将伊于胡底。故宜依集中原理斟酌儿童之能力，依据社会之理想，而拮其精英，披其芬华，以制为儿童之业务，俾儿童之发育得日即于高明。是集中原理乃防止兴味自动诸原理之流于极端者也。

吾国之恒言曰："学者所以学为人也。"西人之恒言曰："人之适宜学科乃为人。"在古代教育少年之心思，积年累月皆倾注于其民族之伟大人物之言行，盖无意的基于此原理者也。时至今日，欲恢复人本学科之独尊地位，是为不可能。惟吾人（一）不可不力求学科之减少，（二）亦不可不力求各学科间具有中心论旨，以免学者之心意分散，则不可丝毫假借也。

（h）诊察原理。诊察原理者，个性原理之余义也。教材之选择既应注意个性矣。但个性未易知悉；可用种种短期学程以试探之；个性又有时潜伏而不显现，用种种短期学程以诱发之。若有如此学程感觉兴味或成绩优良者，即可断定为其天才之所在，而应设法诱导其努力于此途也。则行选科之前酌设若干诊察学程，其获益必不浅也。

选举教材之原理约如是矣，但事实上每有种种障碍而不能实行，如习俗所信仰之学科虽无益而无法废弃，及学生在校年数过少，虽欲力求平衡发展而不可得皆是也。是则有待于一般民智之启发与夫教育行政之改良，非可完全以之责望于学校人员者也。

五、各科要义

（一）国文　国文教授，宜分为两大方针：一为训练用国文传达情思之能力，一为文学之欣赏力。前一种为知识发育之基础，后一种为人文修养之锁钥。国文不但是思想的媒介，亦是国人生活于其中、工作于其中之精神空气。国文是一种科目，但是不仅应为一种科目，亦应为学校中一切活动之基。前人之感情意志，前人之行为经验，皆借文字以传遗于吾人。吾人之与前人的精神相接触，文学其为唯一之主要门径乎？

国文教授之责任，乃全体教员之责任。各科教员，如科学教员、历史教员等，固各有其责任，不能舍己芸人。而于教室中、实验室中随时注意指正，务求养成学生之明了而正确的发表习惯（无论笔写与口述），则为各教员通有之任务，未可以之委于国文科教员也。若以自身行动或言语之影响致减少国文教授之效率者，皆为不适于教育职业者也。

吾国教育，功利色彩甚隆。于国文一科，常不辨语言与文学之别。偶言文学者，亦以文学为闲暇修养之余事，而不知文学为介绍学生于历史上伟大人物之具，实可惜也。至各科教员不担负指导学生文字，亦一通弊。其尤有害者，或则自身之文字欠通，或则言语不达，或则故意奖励学生忽略文字。二十年来，受害已不浅矣。今后师范教育，宜求个个学生皆能写明畅之文，说明畅之话。能如是，国文教授问题当减少许多困难矣。

（二）科学　科学教授要力求人本化（Humanizing），科学的物质的机械的方面必须伴以人类的关系。论科学课程之作用者，率分为两项：（甲）为训练学生思考其所难察的事物，而且发育其批评并解释证据之能力；（乙）为使学生熟悉科学上之重要原理——以日常现象为例证——兼重此等原理对于人生之功用。过重前者与忽略后者其害维均。

科学教授，在吾国病在无实验，然亦不可过重实验。若过于重视实验，则对于不能实验之事项遂不免忽视之处而倾向于使学生专习可以自作试验之一部分，以致使其所耗于实验的时间与其所得之结果相较，常使人起得不偿失之感。故宜减实验的项数，以被［避］免实验的重复，而力求使学生了然于其所作之实验对于科学原理或日常现象之关系。

（三）外国语　在小学教授外国语之必要甚少。即令教之亦只限于使学生能发育并了解世间语文竟有大异者。中学外国语之教授方针宜为先之以语言，继之文学，而其一贯之目的则其所习用者，当在各该种语言之国民生活之体制及其历史之了解，语言文字不过工具而已。从来学外国语者每以实用为唯一之目的，如商人之学习英文、法文、德文、西班牙文，以求能谈判业务、开列行价。又如科学家之学习外国语，以求能读其书、阅其研究报告是也。但实用目的倘成为外国语教学之唯一目的，则其结果将使实用之目的亦不能达。商人而欲与一外国民族接触，必须能了解其风俗文物，然后对之能具有适宜的态度，而彼此得以情意款洽。是故言实用者当深知无用之用。况外国语文之学习，可以扩我胸襟，较我短长，其功用有十百倍于此者乎？若为了解外国人文计，则写与说之重要亦不亚于读，因为非自身写及自身说即无从真正了解之处甚多，尤以诗歌为甚。现今教授外国语之所以注意写与说者以此也。

（四）数学　数学在小学宜重实际的、具体的（舍度量衡实际的运用）心算笔算之练习等，于中学则兼及于三角以及数理的说明。算术之教学程序，（一）先之以具体的规则，任学生依此规则为实际的试验熟练后，（二）可掺以心算而移去实物，（三）然后及于笔算。几何中面积容量等可于小学即开始教习之，再角度几何形之属性及各几何形间之关系皆可由手工课中得之。几何教学之程序：（一）实际的具体度量；（二）作图以表示之；（三）模型之制作；（四）各种含有物量与价值的问题之计算。代数以简单的方程式、括弧等为限，因其可以省却许多数学的计算手续也。教时须使学生依据经验以自创公式，公式之创造所及于学生之利益，远胜于公式之应用。图表法亦宜注重。图表法之教学有二要项：一为变动无定态的数量之记载；二为两个相关数量的关系之寻求。前者可利用学校出席缺席数目，教室温度之升降等；后者如一种货物之买价与卖值之关系等是。至高级中学之数学，则当视其志向而分别着重于技艺之纯熟与夫理论的探讨。

（五）地理　地理科之目的在引起学生对于人类生活与事业之兴味。

中学之教授地理宜随学校之类别而有异同。每周教一小时，而且只教数学期也可。但须使之与他科保持密切之关系，教至合于大学入学考试标准者而后止也亦可。但如是则地理不复仅为一扩张眼界之具，亦为一专门学术，于是而使学生熟练为学之工具以求能独立研究，乃为一种必须满足之任务。如专门术语，如分类法，如测量法，如地图读法与制法等皆是。地图可作用（甲）观念之记录，（乙）事实之总合，（丙）持论之根据。修了地理科之学生，必须闻一地名即能（甲）于地图上发现其地位，并据以推知该地之一般的情形，如人种、气候、雨量、职业等。又能（乙）利用详密的地图与书籍以叙述该地之详情，是皆有待于专门技术之训练也。

中学地理教授，一面须养成此专门技术，同时又须保持学生对于人类生活状态之好奇心。

（六）历史　历史教授之适宜旨趣可一言以蔽之曰："知古所以知今，知人所以知己。"为十二岁以前之学生可用故事体，目的在使其以少数名人为中心，而了解各大民族之性质以及文化上之等级，且须略记十数件重要事实之年代，以为建立历史之贯串的根基，为初级中学生须教中国史之全部，重要的事实从详，于不重要的时代从略，不可拘拘于某时代从详某时代从略。教授事项以学生能理会者为原则。从前颇多偏重政治史者，现以其过于复杂，而且偏枯，有渐次改变之倾向。教授外国史之功用，在借外国史以使本国史易于明瞭，其教材宜为与本关者，其教法宜随时就本国史之相关事项而连类及之，无须另设外国史科。乡土史之教授，重在证明普通本国史，随时就可以说明本国大事之遗迹等而利用之，亦不必另设科目。高级中学习历史者，即应视历史为专科或副科，其研究皆为学术的，如事实考订法、事实整理法、因果寻求法，皆须加以熟练。

（七）手工　手工课之初加入学科目中在各国皆出于功利之动机，所谓"面包牛油式的教育"（Bread-and-butter education）者即此也。反动所至遂趋于另一极端，而主张手工之训练的价值乃手工之唯一的价值，取作何事不关重要，最关重要乃制作之程序。制作之成绩非手工课之目的，手工课之目的乃制作之技能。斯说也固不无相当之价值，然而成绩与技能，结果与程序，并非互相冲突而不可并顾者。且就学生之心理言，对于制作之能产生相当的应用物品者，特别的是自用物品皆感莫大的兴味。故近今大多数人于两说皆不甚赞成，而倾向于两说之结合，

一面使学生制作实有价值之物品，一面使制作具有训练作用，此即所谓
史洛依制（Soyd system）也。史洛依制首行于芬兰，时在 1899 年，其
目的初本不免于实利的色彩。后经沙洛门鄂托（Otto Solomon）加以修
正始成今形。在杜威之实验以前，欧美手工教育理想盖亦全为此运动所
支配。中学偏重木工可也。金工设置无须强求。园艺一科女子宜习，于
乡村学校与都市学校两皆有益。但男女工作分别，不宜过严。

《中华教育界》第 14 卷第 9 期（1925 年 3 月）

教育界与法治主义
（1925 年 5 月）

　　法治主义乃教育界之所蔑视者也。其蔑视之之理由虽有差异，而其蔑视之态度则一。法律乃所以控制愚民者岂为吾辈而设哉？此名士派之态度也。法治为治道之下乘，立国之根本在敦礼让，此理学派之态度也。法律为掌权者专制之工具，欲求社会之进步，必推翻法律而后可，此革命派之态度也。其理由虽不同，而其足以使国家纪纲、学校秩序，荡然无存则一也。

　　窃尝论之，国家生命之所赖以维持不坠者有二物焉。一曰国民之共同心性，一曰国民之共同轨辙。前者为精神的，属里者也。后者为行为的，属表者也。属里者须借教育以培植之、灌输之、启发之。属表者须用外力以陶型之、部勒之、驱策之；并须以教育之力，使其了然于其所以必如此之故。表里兼重，夫然后国民有一日焉可以心有同好而行有同辙，非复凌乱散漫之沙粒也。今者教育既失其中心主义，教育界又沿袭从来之蔑法态度，更加以革命派之煽惑，于是国民之法治精神固无从谈起，而教育界之犯法行为，且层出不穷。试略述数例：

　　东南大学，固夙以南中最高学府自命者也，然于拒胡长校之运动中，予胡以威力，施胡以侮辱，甚至迫其打手印（据报载），则不但有失学府之尊严，亦且触犯刑章矣。北京六校之拒绝王九龄之长教育部也，于王到部之时，各校教员竟纷纷唾王之面，是亦不但有玷师资，亦且为法律所不许矣。此仅就教职员之行为言之也。若夫学生界则把持校务、侮辱教师、幽囚职员之事，更数见不一见。弁髦法纪，触犯刑章，教员学生相率为之安之，而不以为异，社会亦任之听之，熟视无睹而默许之。藩篱既决，忌惮全无，欲其不溃烂也，岂可得哉？

欲确立国本，巩固共和，教育必以培养法治精神为其主要职务之一而后可。所谓公民教育者固流行之一美名也。但叩以公民教育之职责为何？恐以启示政制常识相答者将十人而八九也。殊不知公民教育而重在知识之启迪，即已本末倒置矣。矧其所告语之知识又未必果为重要者乎？依吾之意，公民教育当首重公民品格之养成，而守法品格则其一也。欲养成守法品格，当自校内生活始。大之则国家法令，小之则学校规程，校内师生无论谁何，皆须受其约束而莫能自外。苟有不顾一切而悍然犯法者，则诉之法庭，如法惩处，不稍假借。能如是，大之则国家法治之基础可立，小之而教育界之纷纠亦可随之减少。近日教育界之纠纷已不复如前此之简单。曩者教育界之争，多为教育界内部之争，为饭碗而争，为地盘而争，其相与争者固皆教育界中人也。近来则不然。野心的政客愿为校长，失意的武人亦开创学校，岂真有教育的觉悟而发为教育救国之宏愿乎？抑亦由于欲用教育为政争之工具，学校为造党之根据乎？恐发展教育之心少，而利用教育之心多耳。盖教育事业易于联络知识阶级，且可位置党羽，况拥有千数百学生亦可供其现在或将来之驱使以增大其声势乎？此政客武人之所以纷纷与教育界发生因缘之真因也。既蓄意以教育为政治活动之张本矣，于是政争中的手段，遂完全移用于学校中，收买学生也，勾结军阀也，颠倒是非也，倾害异己也，变本加厉，以视政界有过而无不及。有心人于此，将任其扰攘乎，抑须有以遏制之？如谓任其扰攘，吾恐教育破产为事犹小，而国家沦亡亦无日矣。如谓须有以遏制之，则遏制之法决无过于依法办理者。使其争端为轨道以内的，于无可如何时，虽求法庭判断可也。使其争斗方法而触犯刑章，则惟有依法解决而依法惩处之。必如是，庶几宵小知所戒惧而不敢猖狂。况法治精神之培养，即可于此中植其基乎，此吾所以于胡敦复之起诉法庭，抱无限同情之感也。法治精神，若能从此长养于教育界，教育前途庶有豸乎？

论教会学校之收回与注册
——并质朱经农君
（1925 年 6 月）

    教会学校之收回为收回教育权之一事，而教会学校之注册，则又为收回教会学校之一种方法。故收回与注册吾人恒连带言之。去年在教育改进社年会提出收回教育权案时，即以学校注册法之制定为言。诚以二者义属相贯不可离者。不意朱经农君之主张竟有以异于是。朱君之言曰：

    （一）包含政治侵略意义的学校应该立刻收回。

    （二）教会学校应该注册，受国家的取缔，但不主立刻收回。

    （三）教会所办中小学校，课程应依国家所定规则，否则不准注册。

    （四）大学应有讲学自由，可以容忍各派宗教的学说，任学生自由选择。

    （见朱君《为国家主义的教育问题答复陈启天君》一文中）

    朱君之一二两条意见将收回与注册分为两事，为教会学校开辟一条活路，用心良苦。第三条仅主张"课程"应依国家所规定，隐然认宗教教育在不应规定之列；第四条混传教自由与讲学自由为一谈，使传教事业得以存在于讲学旗帜之下，设计皆甚工也。

    朱君主张之所以异于吾人者，因朱君持论之前提不同，试分条言之。

（一）从朱君之第一项意见观之，知朱君亦为主张收回教育权者，足征吾道不孤，乐何如之。惟朱君之主张收回仅为防避外人政治的侵略计，与吾人略有歧异耳。朱君既主张惟有政治侵略的意义之学校始应收回，又从而为之说曰教会教育无政治侵略的意义者也（朱君原文为：我不赞成把宗教和政治混为一谈），故断曰教会学校不应收回者也。此朱君第一项意见之大概也。吾意朱君所持之大前提与小前提皆不能成立，故其结论随之而不正确。其小前提认定教会学校与政治侵略无关（朱君曾曰这件事体——按指宗教教育——其实无关国家主权，与政治侵略完全是两事）。殊不知在我国土内，弁髦我法规，攘夺我教育权，即是一种侵略。何以故？因其破坏我国权之完整也。陈启天君谓教育即是一种政治，谓教会学校假教育不［之］名行政治侵略之实，是也。它勿具论，即此破坏国权之一点，有心人亦不能不主张教会学校之收回。吾尝曰：今者教会学校于我国土之内蔑视我国权，弁髦我法令，而独成一系统，我国民为人格计，能坐视而不理乎（见《中华教育界》"收回教育权运动号"）？意即在此。朱君意［竟］认教会学校无与于政治侵略，不其左乎？

朱君持论之大前提主张惟有包含政治侵略的学校应立刻收回，是朱君之主张收回仅为防止政治侵略计也。吾人主张收回之动机则不若是其简单。约言之有：（1）为国权之统整计——防止政治侵略；（2）为国魂之维系计——防止文化侵略；（3）为国民之和谐计——防止宗教的纷争（参看拙作《收回教育权答辩》，见《中华教育界》十四卷八期）。教会教育，有损国权，已如前述，故仅就第一点言，已断然不可容允教会学校之长此存在。况教会学校破坏我国性，蔑视我文化，确然为文化侵略之前驱乎？况教会学校入主出奴，党同伐异，显然为宗教纷争之发动力乎？吾人为国家之生存计，为文化之延续计，为社会之安宁计，而主张收回之，有心人果可反对之乎？

朱君之主张教会学校之不应收回也，尚有一附带的理由。即谓："教会学校为私立学校之一种，文明国家大半容许私立学校之存在；作种种试验，以谋改良进步。"居今日政象混乱之中国，私立学校不但宜容允之，亦且有奖励之必要。不但就数量言，官立学校，扩充困难；即就品质言，官立学校，欲求起色亦属不易。故吾于朱君容许私立学校存在之主张，表无量的同情。惟是吾之容允私立学校为有条件的，而不得施行宗教教育则为其重要条件之一。不知朱君之容允之也，究为有条件的乎？抑为无条件乎？抑为有条件而禁止宗教教育之条件不在其列乎？如谓为无条件的，则鼓吹帝王思想之私塾，意图政治侵略之学校，将一律可以存在，恐朱君决不至于如是之宽大也。意者其为有条件乎？且朱君有言曰："宗教教育，也是道德教育之一种。"吾以是知朱君容允私立学校之存在，不以禁止宗教教育为条件。夫教会教育为政治侵略之一种，为文化侵略之前驱，为宗教纷争之种子，吾人决不能因容允私立学校之故遂容允其施行宗教教育也。至此，吾人与朱君，本已无复可讨论者。姑试就宗教教育与道德教育一论之。

朱君谓宗教教育亦是道德教育的一种试验。夫宗教教育之在西方，自罗马而降，盖已千有余年，其酿成之黑暗时代，其制造之战争（回耶之战，新旧教之争），其杀戮异己之残酷（科学的发明家多为其所害者），已足以使人了然于其罪恶，懔然于其流毒，夫何待乎再作宗教教育之试验乎？朱君又谓宗教的本旨不过劝人为善学道爱人。吾不知朱君此语，诸大主教与诸牧师肯否承认。吾又不知朱君之所谓善者何善？科学之所善乎？抑宗教之所善乎？朱君之所谓道者，神道乎？抑人道乎？如谓为人道，为科学之所谓善，则有科学斯亦足矣，何必取径于宗教教育？人力为之斯亦足矣，何必假助于神？如谓为神道，为宗教之所谓善，则是善其所善，非吾所谓善，道所其道，吾所谓道，姑不置论可也。

以上就朱君之第一项意见讨论其大小两前提之同为谬误，兼以说明教会学校之不可不收回者，因其损害我国权破坏我国魂，并足以使我国民失其和谐也。依此种种理由，故不敢苟同于朱君注册而不收回之论。吾人原意注册本亦为收回之一种方法，前已言之，今朱君竟反对收回而同时主张注册，则其所谓注册者势必有以异于吾人所主张之注册也。请进论朱君之第二项意见。

朱君既将收回与注册分为二事，复主张"教会学校应该注册，受国家的取缔，但不主立刻收回"。细玩朱君持论之理由，不外（一）中国教育未能普及，（二）教会学校不必皆为不受国家的管理者两层。第一层从前曾闻程湘帆君言之，已于《中华教育界》"收回教育权运动号"中驳之，兹不赘。至第二层，则吾以为国家之教育规程与教会学校绝对不能两立而互认之。教会学校欲存在，只能存在于中国教育规程之外，决不能取得合乎国法之生存。中国教育规程对于教会学校至多只可听其为法外的生存，决不可承认其存在为合法。此本贫弱国家所不得不采之消极政策，亦即吾国教育部历来所持之主义。今者吾人之所以主张收回并注册者，正因其过为消极之故，而欲以注册法规打破教会学校之威权，初非为教会中人所臆想之注册法也。注册法应规定之事项甚多，而其尤要者则有二：

（一）非中华民国国民于中国国土内不得有：（1）创立学校；（2）管理学校；（3）并经营其他一切教育事业，违者得分别封闭并惩戒之。

（二）任何教育活动不得有宣传宗教之意味夹杂于其中。违反此条之学校须封闭之，违反此条之教育者须惩戒之。

依此则教会学校决无注册之可能明矣。教会中人欲使中国政府定一不关痛痒之注册法以求教会学校于中国法律上得与中国自立学校享同等的权位，在教会学校固不失为一巧妙之政策，在吾侪既非童呆，何可任其欺朦而不为之道破。欲知教会派臆想中之注册法规，请看朱君之第三项意见。

朱君以为教会所办中小学校课程应依国家所规定，此意前曾闻之于程湘帆君，亦曾于"收回教育权运动号"中答复之。国家于学校课程应规定一最低标准，吾人鼓吹之也久矣。不能达到此最低标准之学校不承认其注册，此意吾人亦赞成之。但吾人不能承认以此为注册法之唯一条件。苟以此为唯一条件，则教育宗旨仍然无从贯彻。试假设一例以明之。某年月日教育部注册法中规道德教育之最低标准为：

须养成学生之（一）正直，（二）诚实之品性，（三）奉公，（四）守法之习惯；不能达此标准者，否认其注册。苟如是则宗教教育依旧可以进行，因其可以于此标准之外另施其天堂地狱之教训，服神事鬼之陶冶也。奚用此取其小节而忘其大体之注册法规为哉？

朱君之第四项意见主张，大学有讲学之自由，居习尚党同伐异之今日，党化教育猛进之际，有鼓吹讲学自由者，吾人宁不愿馨香祷祝以求其实现哉。唯是传教自由与讲学自由不能混为一事。朱君认定"大学可以容忍各派宗教的学说：任学生自由选择"。此意我可反对亦可赞成，唯视其条件何如耳。吾意朱君原文之前半句应加"的批评或比较"数字，而成为"大学可以容忍各派宗教的学说的批评或比较"，后半句应重读"自由"二字。因吾人认定大学可以容允各派宗教之研究，决不可容允各派宗教之宣传。又因教会大学所传布之宗教仅为一派的学说而非各派的学说，故学生无从选择，遑问自由哉！不然，则无神论亦一宗教学说也，教会大学能容允其鼓吹否乎？回教亦一宗教也，教会大学能容允其宣传否乎？诚大疑问也。

朱君之四项意见，吾人已逐条述其不敢苟同之故，则吾人之主张收回与注册不能分离非无故也明矣。依此，吾人研究之中心问题当有二：

（一）中国教育应否任外人自由办理；

（二）中国教育应否与宗教脱离。

如谓不应，则当然收回；如谓应，则愿承教。若不于此二点加之意焉，则徒为注册与收回之争殊无益也。

《中华教育界》第 14 卷第 12 期（1925 年 6 月）

教育上的国家主义与其他
三种主义之比较
（1925 年 7 月）

　　教育界之攻击国家主义者约有三派：曰个人主义，曰世界主义，曰平民主义是也。其攻击也，或由于不明国家主义究为何物，或由于不知国家主义与其自身所主张之主义究有若何关系，或由于先怀一定的成见而于国家主义之意义未曾置思即遽尔否认其价值。是皆有碍于教育之前途与夫国家之发展者也，不可不辨，请依次言之。

一、国家主义与个人主义

　　教育当尊重个性而发展之，此人之恒言也。欲发展个性，则必予个人以活动之自由。个人言行可以逸出公共的成规而别为体制。此又必然之结论也。考教育上个性主义之昌大，实始于卢梭。当卢梭之世，法国社会，腐败而虚伪，骄奢而淫逸。有权者朘削民膏，刍狗百姓，富于感情性之卢梭，何能不生反抗之心。其于教育上主张"不干涉"，即反抗社会淫威之反映也；其于教育上又主张"脱离社会"，即有感于社会之腐败而发者也。同时然科学日益昌明。学人皆觉自然中皆有法则，循法转变，丝毫不乱，人类若能去其人为的习俗而遵依自然的法则，则社会自能即于清明之境矣。故氏之根本主张为"复归自然"，意谓吾人当顺从自然的法则以施行作为也。人性亦自然性之一种，故人性亦为应当顺从者。凡不合于人性之教育法，如儿童天性好动而旧教育则强制其肃静等，皆在反对之列。是则其由客观的自然主义，一变而为主观的自然主义之痕迹也，亦即个人主义之滥觞也。故约而言之，教育上之个人主义共有二义。一为个人有其独立之人格，一为个人有其特具之性能。个人有其独立之人格，故教育应重视自动，而任其自求自讨，自造而自得之。一意灌输之举，纯然注入之法，有识者不取也。个人有其特具之性能，故教育应以充分发挥其性能为目的，庶几人人得尽其才。整齐划一之谋，庶民同风之概，有识者不贵也。是为个人主义在教育上之两种要义。至若伦理的个人主义，则与此有别。伦理的个人主义以为人类之行为全为自私自利的，其利他之行为亦不过自私自利之一种手段而已。此说于近代经济政治影响虽甚大，而教育界则堪庆尚无显然取之为方针者。有之，则为希腊之智人学派（Sophists）自谓能教人以各种取胜他人之术，其目的盖纯为自利的。其在中古，则为寺院派，借寂静的苦行以求脱离罪海而超生天国，其目的亦为自利的。在近代则此种自利的个人主义实为国家教育所难容，因国家欲图外御敌国、内和民心，决不能取法于使人自私自利之教育也。故教育上之个人主义当以前述之二义为准。

古昔社会，个人汩没于社会之中。行为方式，必须遵循社会之成规；思想言论，必须合乎社会之范畴；个人不能稍有离异，亦不敢稍有离异。偶或离异，则残酷的惩戒随之。西方宗教纷争中屠戮异教徒之事，乃其最著者也。在最近世，个人人格之独立方为普通的信条，而信仰自由、思想自由之轨范，亦逐渐确立。谓现代文明之进步，其得力于个人主义者甚大，谁得而否认之？

古昔教育，标一定的目的，划一定的途径，而诏示人人以循径追求；其能力如何？其性情如何？其志愿如何？概不问也。夫物之不齐，物之情也。教育之义，在条达人性而使之有发扬生长之象，然后教育有所助益于人生。今不问其性能而概责以同一的程效，是戕贼夫人之子也！乌乎可？是故发展个性为现代教育之特点。非谓古昔绝对不知发展个性也，乃谓至现代始知有系统的实施此原理耳。谓现代教育之进步，其得力于个人主义者甚大，又谁得而非之？

国家主义，骤视之极似与个人主义相冲突。何以故？个人主义重视个人的伸张，而国家主义则要求个人之服务；个人主义重视个性的发展，而国家主义则重视国性之阐扬。一重各个人之所异，一重各个人之所同也。个人主义重视个人人格之自觉，国家主义则重视国魂之陶铸，于群体个体之间显然有所轩轾也。德人斐希底曰：

> 依新教育之力，吾将陶铸德国魂，使全体国民成一协和的团体，而同受刺激与鼓舞于一公共的兴趣。

英人薛理登（Sheriden）曰：

> 国家有必遵之轨道二：一则少年之教育应与政府之性质与目的相合；二则全体民庶所依以生存之精神须深植于人心中。

由是可见，国家主义之重视国民之同心而忽视个人之特性，重视外界的移植而不知教育之事应为内发的生长也。怀有此项疑虑因而非难国家主义者颇不乏人，不可不辨。

第一，须知个人的伸张与国家的服务非但不相冲突，而国家的服务实为个人发展之必要途径。盖个人之完成，非可孤立的求之，必须从事社会的生活，使其生活丰富而多方面，然后其展〔发〕展始得为丰富而多方面的。国家者，含有许多小社会之一大社会也。故于国家服务中以求自我实现（Self realization through state service）之说，自希腊以来，已相传为至理也。国家有时诚然要求个人牺牲，然此牺牲即所以使自我得以有所造就于社会者，换言之，亦即所以使自我得以有所完成者也。语云："必有小失然后有大得。"信也。

个性之发展与国性之阐扬，更无冲突之虞而且可以两相为用。国性是一国国民之通有心性，是一国之内，各代国民所遗传的特质。其成因有由于遗传者，亦有基于社会淘汰者。在原始社会，可以假定人性之畸型多而且杂，尚未能型为国性。经过长久的时日，婚姻相通，随人种的糅和〔合〕而心性逐渐凝为若干畸型。又因人事的变迁，此若干畸型中之人，或为社会所奖励而昌荣，或为社会所压抑而消灭，循是推衍，于是乃有一畸型得以延存迄今而成为一般国民之通性。明乎国性之为通性也，可知通性之外犹有个性存在之余地，发展通性正无须乎损个性也。且个性之发展，正为国家昌大之所系。使人人皆能发挥其特长而了无余蕴，则国家之进步亦必奔腾直前，正实施国家主义时所必采之方策，又何至遏抑其发展哉？

国魂者，全体国民共有之精神也。举凡国民之共同信仰、好恶、趋避等等，皆可包括于此名之下。国魂之凝成，寓有历史的因素于其中，盖先民的心血、今人的努力、未来的希望之汇合点也。其成也，必经种种痛苦与牺牲，或则内部的压迫，或则外侮的侵凌，痛苦虽多而国命仍得延存，国民抚今思昔，自然难禁其追慕之情，而与古人分其忧而同其泪。其成也，又必须国家有种种进步与成功，或则文化高明，或则恩威远播，国民审视沉思，自然兴起雄视宇宙之概〔慨〕而愿粉身碎骨以卫斯土而保斯民也。最伟大之人格为何？夫亦曰能为他人死，能为正义死，能为国家死而已。诚以死犹且能，则等而下之如社会服务，爱群利他，自然行之而了无难色矣。故谓国魂教育有碍于人格教育者，妄也。须知国魂教育仅求发挥各个国民精神中相同之若干点，于此若干相同之点而外，各人固皆得尽情离异乎常型，初未尝欲使全体国民之思想言行如出一模而绝无二致，又安有所碍于个人人格之发展哉？

总之，国家主义不但无碍于健全的个人主义，而健全的个人主义实寓于国家义之中。近代发挥个人主义最力者，莫过于裴斯太洛齐与佛禄倍尔。佛氏倡"自动"教育之说，而裴氏则认定教育目的在"各种能力之进步的、有组织的发展"。近代发挥国家主义最力者又莫如斐希底。然而其所诏示德国人之新教育固斤斤以养成独立自主、创造进取的人格，以宰制自身控驭环境为言者也。且又谓"所谓教育者，即予人以机会而使之能完全控制其全部能力者也"。与裴、佛二氏之主张本相一致。盖国家主义之目的在完成国家之使命，凡足以用为达到此目的之手段者无不采用之。故健全的个性主义，绝无被其摈斥之虞。但个人主义离弃国家主义，则易于流为自私主义；即不然，亦为空具形式而缺乏内容。如谓"教育目的在教人为一个堂堂的人"。此个人主义之言也；但此语仅有形式而无内容，诚以"堂堂的人"为何如之人，个人主义固绝不能有所示于吾人也。若以国家主义为主，则堂堂的人即能服务国家、发扬国光以完成国家之使命者，其义极为显明。又如教育固应尊崇特性，但于乖僻之性则必纠正之。若全依个性主义，则至少当任其乖僻，今乃不然者，亦因其有碍于国家社会之昌荣也。故个人主义不能离国家主义而独全，而国家主义则含有个性主义于其中。持个性论以反对国家主义者，不亦大可以已乎？

二、国家主义与世界主义

持世界主义者之反对国家主义。综其所言，约分三派：第一为个人主义派，其言颇有学术的意味。入后将详言之。第二为和平主义派，尚能为实际的教育运动如世界公民教育运动是。第三为阶级论派，则于学术与实际，两皆无所表现，仅能为破坏的反对而已。

第一派通常名为个人主义的世界主义者，康德其代表也。康德认定教育乃所以使人成为人者。吾人初生时，仅备具本能与嗜欲，理性的作用尚未发动。人类之所以异于禽兽者，全恃其自行创造的努力。欲使创造之速率加高，则教育其下代子女时，当勿求现状之维持，而应以养成更好的"人类"为目的。教育的目的，即在使人类得为最好的人类。欲达此目的，则不可以教育之事委之于国家，因王侯将相皆欲使其臣民成为更好的工具，而不欲其成为更好的人类也，故教育应由私人经营。诚以一切文化皆起源于私人且发皇于私人也。此为康德持论之大概，当为最能有系统的说明世界主义者也。

康氏之论在实际上的谬误极为显然。第一，近代教育重视普及，人人应有享受教育的机会，私人焉有如许能力以担当之。第二，私人之经营教育者，自古以来，其例甚多。自希腊之智人派至今日各地之投机家，皆以教育为达到私人目的之手段，何尝有意于康氏所梦想的"使人类成为更好的人类"乎？第三，康氏明知教育之事非一切私人所能为者，故其所称之私人，仅限于有远志的私人（Persons of enlarged inclinations），仅限于能把捉未来胜境的理想之私人。试问今日各国教育界所需用之教师数皆以十万百万计，焉有如许有远志的人以担当之乎？无已，其只有由此少数的有远志者凭藉国权以指挥教育的立法兼以左右一般教师而已。如是，则应主教育国营也。可见康德之教育观念，为十八世纪的，至少在此点上不合于现代之实际情形。

康氏之论在理论上亦有难通之点，氏仅认定个人与世界之两极端，而抹煞居于其间之国家。须知国家不但有其领土、人民、主权〈而〉已也，实亦有其风俗、言语、制度、文物。简言之，即亦有其文化也。一国的文化，即一国的精神。例如语言文字，粗视之，不过种种符号而已；细审之，此种种符号者即代表种种思想情感者也。个人生长于此文化中，浸润于此文化中，自然成为此文化团体（国家）之一员。世界有不同的文化，则各个人之分隶于不同的国家，乃为势所必然之事。况就理之当然言之，一国而自认为无文化则已，借曰有之，则何故不应以之启示国民！未必世界主义果有消灭各国国家文化之必要乎？各国文化之发展果无裨益于人类全体乎？黑格尔谓参与民族之进展的自成运动而有所促进之，乃各人所应有之责任；民族之修炼与个人之发育，二者关系异常密切；个人只能生长于民族的孕育之中；个体与全部之密切关系，臻其极点于国家之凝成中；国家为最发达而最紧密之社会；历史为人性之客观化、实际化者。历史的成就，结晶于国家之体制的生活中（in the institutional life of the state），个人必须参加国家的生活而以国性的精神过活之。观此则认定个人可以孤立于国家以外者，其为说之谬误，不烦言而解矣。

持和平论者之反对国家主义也，其论据率混国家主义与帝国主义为一谈。且每引德国因盛行国家主义而失败为鉴戒。其谬盖在于不辨事实。须知德国之败自有其原因，而国家主义不与焉。如谓德国因行国家主义而遭列强的打击，则印度、安南、朝鲜固未尝有人高唱国家主义也，何以英、法、日不垂怜之、保存之，而反压抑之、夷亡之乎？德国行国家主义而败，既可归咎于国家主义，昔在希腊，雅典行民主政治而败于行专制政治之斯巴达。循是推之，勿亦将谓雅典之败乃败于民主政治乎？况今之与德国战者，孰非行国家主义乃至帝国主义之国哉？胜者与败者既同行此主义，其不能以之为胜败之原因也明矣。德国之败终有复兴之望，协约国虽毒，终不能灭亡德国。何以故？德国人受国家主义之训练甚深，其独立自尊之精神，敌忾同仇之气慨［概］，可以撼山岳而贯日月，何灭亡之足惧哉？独是此不肯崇奉国家主义之中国，则恐已入于日益沉沦之境，受人宰割而莫能自拔也，何暇为德人虑哉？

或以为世界战争皆源于各国之同行国家主义，因此亦一国家主义，彼亦一国家主义，两方相遇，自不免于冲突而诉之于武力也。此实误国家主义为帝国主义之故。帝国主义为侵略的，为向外发展的；国家主义为自保的，为企图振拔的。不观乎斐希底之提倡国家主义乃在于德国大败于拿破仑之后乎？乃在缔结《提尔西条约》（Treaty of Tilsit），全国国民震惊战栗准备永作奴隶之际乎？斐氏之言曰：

> 吾人今日已为被征服之民矣。然而吾人犹将蒙羞乎（当然确已蒙羞）？吾人犹将丧失荣誉乎（于他种丧失之外）？是则视吾人之努力何如耳！

其声音之惨淡，为何如者。吾人犹忍谓为其侵略主义之前驱乎？若谓国力未充时可为自保的，及至国力既充后必将变为侵略的，因而反对国家主义，是何异于谓身体羸弱时其健身主义为自保的，及至身体强健后其体力必用之于欺凌弱小，因而反对其健身活动。世间容有是理乎？

况吾人之主张国家主义原非闭门独善主义，实欲于自强之中，实行兼善天下之事。吾华文化，为人道的文化；吾华民性，为酷爱和平之民性，以文德怀柔远人，以新朝而兴灭国继绝世。历史的事例，先民的教训，皆足以使吾人确信此乃吾国之无上光荣。国家主义者将发皇之之〔而〕不暇，何至于反其道而鼓吹侵略乎？中国一日不强，则此理一日不昌。何也？人皆将以此为亡国之道而不愿乐从之也。故"中华式的国家主义"只有益于和平之促进，决无碍于世界主义之发展。

抑吾犹有疑者，即世界主义者实行世界主义时，究将消灭国家乎？抑将联合各国乎？如谓联合各国，如今之所谓国际联盟者，则是犹认国家之存在也。既认其存在矣，而教其国民勿爱之，勿保护之，勿光大之，犹之既不废父子之伦，而教其不慈不孝不敬，能乎否乎？应乎否乎？如谓消灭国家之存在，则必须有强有力者实行掠夺各国之主权，而操纵于一己之手然后可。果然，则是以一二人或一二国家宰制其他之国家也，自好者岂肯以奴隶民庶自居哉？

根本否认国家而思所以消灭之者为阶级争斗派。此派以为"工人无祖国"而主张联合全世界工人为阶级的革命，并反对国家的一切行动，因国家乃资本家之工具也。其言虽辨，要为虚伪不合理。

第一，为昧于国家与政府之分，政府可推翻之，而国家不可毁弃。例如俄国，固革其政府之命矣，未闻其将俄国主权奉诸全世界无产阶级而撤消国界也。

第二，为昧于国家之原始功用乃所以解社会之纠纷，而为民庶主持正义者。野蛮社会，两方相争，辄诉之臂力而直接解决。强者胜而弱者败，胜为王而败为寇，公理不存，正义无权。后世人类进步，知尚力而不尚理之不正也，乃创为仲裁之制。国家者，对内之最高仲裁人也。有此仲裁人而后社会之私斗止，弱小亦得受其保护。不可谓非人类之一大进步。今持阶级争斗之说者，摈弃国家，而鼓吹私斗，是非率斯民以返于野蛮之域而何？

第三，为昧于阶级基础之浅薄，与夫国家基础之深厚。吾人之于国家，盖所谓生于斯，长于斯，食息于斯，而信仰习惯思想无一不承受于斯，其精神之粘附，利害之关系，极为紧密。若夫阶级，则其利害相关之点极为单纯（经济的）。在一定之区域内因共同的利害，一阶级中之一部分，或犹能一致行动。至全世界同阶级之人，微论其利害不必相一致，即就其相去辽远一层推之，而谓其能互表同情、互相援助，亦毋乃过于幻想乎？甚至欲用以打破根基牢固之国家，则亦适成其为笑话而已。

欧战以前，国际主义者固曾相约，以战争如起则各国劳动者一致行动，以各自阻止其政府，然而战争既起以后，相率宣言拥护国家利益而援助政府政策者，非即当日相约以一致行动者乎？

观乎此，可知欲各国国民因阶级之故而打破国界之为妄念也。劳动界其终将以国家为其保护人乎？无产阶级，其终将以国家为其改进地位之工具乎？是则予之所厚望也。

三、国家主义与平民主义

教育者又有因赞成平民主义而反对国家主义者，其事更为离奇而不可思议。试问平民主义与国家主义究有何种不可相容之处？试问平民主义有离却国家之可能否？试问平民主义系产生于国家主义之下抑系产生于"反国家主义"之下？吾教育界之盛倡平民主义也，盖取自美国。抑知此盛唱平民主义之美国，亦即人行"美国化"（Americanization）之美国乎？"美国化"者何耶？非即美国之国家主义乎？不闻美国人之因拥护平民主义而反对国家主义也，奈何吾国之平民主义者必思有以异于美国之平民主义者！须知平民主义不过为国家组织与活动之一种方式，而国家主义则国家生活之鹄的也。国家知平民主义之有利于其鹄的之达到也，乃采用之以厘订其组织而范围其活动。不观乎平民主义之最初释义乎？最初解释平民主义者每以"民有、民主、民享"（of the people, by the people, and for the people）三词表之。其不能离国权国政也，明矣。诚以国家若失其主权，则人民所得而"有"者尚有何物？国家若失其统治权，则人民所得而"主"者又为何事？国家既不能有所作为，则人民所得而"享"者，又为何"福"？故曰：平民主义不能离去国家而存在。

教育界之言平民主义者，有就"民有、民主、民享"之义而衍为"学生有、学生主、学生享"（of the pupil, by the pupil, and for the pupil）之说者。此实颠倒错乱之尤，其意在迎合学生心理以牢固地盘扩张党势，其害则戕贼青年，流毒百世。须知教育事业为国家事业，理应为全民所共有而共主之，非一派人所得而自私，谓为"教师有、教师主"如某种职业自治论者之主张，且不中于理不洽于事，何况于"学生有"而"学生主"乎？教育乃国家所以达到其目的的手段，个人的利益即寓于国家的利益之中，谓"学生享"为教育目的之一部分则可，谓教育之目的止于"学生享"则不可也。故平民主义之教育可释为"国有、国主、国享",现代各国教育皆由国家管理而不全任私人自由经营者,即以此故。所谓教育之"国家化"者此也。

考平民主义之要义有二:一为个人自主,一为机会均等,盖一即自由,一即平等也。国家主义于此二者实兼收并蓄且可补助其不足。近代国家立法,明白保护言论、思想、集会、结社之自由;近代教育行政,竭力奖励个人实验,地方变异;国家教育之无碍于自由如此。近代国家力谋教育之普及,制为义务教育法令,补习教育规程;于贫苦儿童则设为供给免费膳食之条,于无力升学者则设为奖学制度以资其上进。国家教育之力谋平等又如彼。诚以国家主义为国家生活之方针,苟有合乎此方针者,则无不采用之。国家之采用自由主义也以此,国家之采用平等主义也亦以此。但自由平等未能绝对的有益于国家也,国家为发展其圆满的生活计,虽采用反乎自由与平等之方法,亦所不辞。例如父母肯否送其子弟入学,在古昔原为父母之自由,自国家主义的教育实施后,强迫入学乃为世界通例,未闻以此种剥夺自由为国家主义之诟病者。何也?诚以自由非喜如何便如何,一随个人一时的冲动之谓也,乃能以理性为主以排除内部与外部的一切障碍之谓也。国家之采行一定政策也,必经过严密的考虑,认为非如此不足以为优良的生存,盖依理性之诏示以为取舍者也。与个人之理性活动本出一途,故无碍于自由。况绝对的各随各便,不顾一切,乃为世间所决无的现象。道上行人,若来者走左边,而去者亦走左边,两面相迎,小则避让不及,大则撞跌堪虞,警察厅乃规定"来者由右边走,去者由左边走",以代行人立一公共的契约,既便于事,又复安全,吾人决不至訾其剥夺自由也。国家主义所采之方策,其所以只应根根〔据〕理性,问其是否有益于国,有福于民,而不以自由主义为其最高的原则者,即以自由主义不能普遍而无条件的实施也。

复次,平等之义其功用亦有时而穷,国家教育政策,有时尽可与之相反。如教育专门问题之归由教育专家处理,而门外汉之大多数人不能干预是。又如天才教育,予聪明出众者以特别待遇而普通学生不能为同一的要求是。其违反平等原则至为显然,然而绝无以此为国家教育之垢〔诟〕病者。何也?盖以国家欲达其目的,必求其子女各人就各自之所长而发展之。专门问题,我既无专门知识,倘使勉强杂凑于其间,既无益于我或且有碍于事,甚无谓也。特别天才,既为国家之珍,倘能竭力培植，自可大有所造于国家，我既非天才，则其成功亦必平庸，又何必与之抗争，致以直接妨碍天才者而间接妨碍国家哉？是故国家主义可以济平等〔民〕主义之穷，而平民主义不及国家主义涵容之丰富也。于平民主义能加以哲学化，使之可以普遍应用者，当首先〔推〕杜威氏。其言曰：

> 欲评判各种形式的社会生活而定其价值，吾人特选择两点以为标准：一为群体的利益能在何种程度上为其一切分子所同享；一为此群体与其他各群体能在何种程度上交相往来，圆满而自由。换言之，不良的社会，即对内对外皆设立种种藩篱，致为自由交换经验之障碍者也。（见 Dewey：Democracy and Education，P. 115）

此二点者，可简约为群体内利益同享，群体间交往圆融。前者为机会均等之一义，已于上节论平等时曾说明国家主义可涵容之，不复多述。后者可分国内与国际两点言之。在国内，国家主义者主张培养国民之同心，融和国民之情意。吾人主张"五族混和"、"四民协作"即由此义而起。斐希底亦曰："吾将陶铸德国魂，使全体国民成一协和的团体。"国家主义者何尝主张以一阶级压制其他阶级，又何尝不反对阶级争斗乎？以言乎对外，则吾人之国家主义非徒独善其身之国家主义，乃己立立人、己达达人之国家主义。国家之最大责任与光荣，在于〈对〉世界有所"与"，亦即有所贡献也。国家欲求进步，必不可孤立无侣，故步自封，必于世界有所"取"，亦即有所吸收也。惟其取也，非毁弃国性之盲目的吸收，推尊外人之奴隶的同化，乃以自国为主而参酌历史、准诸国情之选择的承受也。故不若平民主义有流于拜倒于外人之下之虞。此亦国家主义较胜平民主义之一点也。

综是言之，国家主义非徒于事实上为最适国情之主义，实亦于理论上为最圆满而涵括之主义也。

世有忠心于个性主义者，盍归乎来！

世有忠心于世界主义者，盍归乎来！

世有忠心于平民主义者，盍归乎来！

来！

来于国家主义之下，携手共进！

《中华教育界》第 15 卷第 1 期（1925 年 7 月）

国家主义下之教育行政①
（1925 年 7 月）

由国家主义的见地以确定教育方针，此为今日国中之大问题也。国家主义既为吾人所承认，进一步而求所以实现之之方法，则为国家主义之教育政策的研究，是即本篇之职志也。欲厘定其政策，必先把握其精神。国家主义的教育之真髓，究安在乎？请简要言之：

（一）教育应由国家办理或监督　不受国家管理之教育事业，无论为教会经营、私人经营或外人经营，一律皆在禁止之列。

（二）教育应保卫国权　国权之圆满行使，为独立国之必要条件，故独立国教育应教育其国民保卫国权之完整而不受外力之宰制。

（三）教育应奠定国基　共和国以民为本，教育应使全民具有共和精神与公民习惯。

（四）教育应发扬国风　国民之独立气概为国家命脉之干城。故教育应养成泱泱大国之风。于媚外之心、自弃之情，应竭力矫正。

（五）教育应鼓铸国魂　国魂为数千年间所流传的国民精神、爱国之情、自尊之概，皆由了解国魂起，教育应表彰而鼓铸之。

（六）教育应融洽民情　国民间一体之感为国家统整之基础，凡鼓

① 此文之第七部分，即"军事教育"，曾以《学校军事教育问题发端》为题，单独发表于《醒狮周报》第 30 号（1925 年 5 月 2 日）。

吹宗教界限、阶级界限、种族界限者皆不利于统整者也。教育应提倡"五族一家"、"四民平权"、"诸教同等"之真精神。

以上六者为国家主义的教育之要旨。凡百设施，皆不得有违斯义；而吾人之种种主张，亦概由此起义。请分别言之。

一、收回教育权

外国在我国内设立学校，不存政治侵略之心，即怀经济侵略之图；不怀经济侵略之图，即具文化侵略之念。如赔款学校，其动机多在政治的与经济的方面；如教会学校，其动机则多在文化侵略，而其结果则实为政治侵略与经济侵略的前驱。吾人为国家之生存计，为文化之延续计，为社会之安宁计，而主张收回之，实不得已也。

收回之法，在积极上则力图国力之充实，国力充实自能以外交的方法解决之。在政治方面，则励行学校注册法以剥夺外国设立的学校之种种权利，借资限制。在社会方面，则宣传外国设立的学校对于吾国前途之危险，使为父母者知所趋向。注册法之内容必须规定：（一）非中华国民不得于中华民国国土内（1）创立学校，（2）管理学校，（3）并经营其他一切教育机关。违者得分别封闭并惩戒之。（二）任何教育活动不得有宣传宗教之意味夹杂于其中，以确立教育中立之旨。学校而反违此条，则封闭之；教师而反违此条，则惩戒之。此收回教育权之大要理由及其方法也。若夫详情，请参看本志前卷八期"收回教育权运动号"可也。

二、教育宗旨

近代国家，莫不将教育权执诸掌上而自己经营之，以维持其生存并图谋其昌荣焉。国家之欲达此项目的也，又必审慎思维而辨认何种性质之教育可以达其希望。辨认既明，乃制为教育宗旨，宣示全国，咸使闻知；告诫有众，懔［禀］遵无渝。夫如是，教育界乃有其共同的趋向，一致的精神，虽所任职务不同，所在地域不同，而其所奔赴之的究无二致也。是故教育宗旨者，所以厘定教育之性质，明示教育之趋向，于以凝人心合群力者也。教育而无宗旨则形同虚设，有宗旨而不适当则危险堪虞。故吾人不可不加之意焉。

教育宗旨须具有五种性质方能生其作用。五种性质为：（一）曰时间性，合于此时之需要者也；（二）曰空间性，合于此地之需要者也；（三）曰历史性，合于此民族之需要者也。此三者，合名之曰国家性。是故教育宗旨各国不同，非可转贩者。（四）曰透彻性，可以贯彻于各项教育活动者也。（五）曰确定性，可以明示教育者以努力方针者也。无透彻性则难免适于此而不宜于彼，无确定性则易于人执一辞，皆不宜也。故五者缺一不可。持此五者以论吾国之教育应有如何宗旨，则先宜认识吾国之历史，并现时所处之地位而后可，故为事甚难也。

考吾国教育宗旨之沿革，共起三次变更。第一次定为"忠君尊孔，尚公尚武尚实"，时在清季；第二次定为"注重道德教育，以实利教育军国民教育辅之，更以美感教育完成其道德"，时在民国初元；第三次拟议为"养成健全人格，发展共和精神"，时在民国八年。此三者以上述五项性质审核之，则第一次宗旨之制定者实具有教育政治家之气魄与识力，确乎能见其大，诚哉能握其要。第二次继承前次之遗规，而删去其忠君尊孔之意，增入一美感教育，更以道德教育代尚公之义。虽于透彻与明确二点未尽美备，究犹能针对乎"今时今地"之需要也。民八以还，和平之论大作，世界主义日炽，元年公布之宗旨不满人意，乃有第三次宗旨之拟议，且不谓之宗旨而名为本义，意以为教育本应如此也。然而笼统空泛，不着边际，中国用之可，英国、法国、德国用之亦无不可。盖全无国家性者也。试问健全人格之鹄的何国教育不奔赴之？且所谓共和精神者，法、美之共和精神亦有以异于吾华之共和精神否乎？是真不知教育宗旨应有之作用者之所为也。乌乎可？

居今日而欲制定适当之教育宗旨，诚哉其为难事。因国民思想失其重心，故分崩离析无从归约而无法确立公共的目标，于是而教育成为无中心思想的教育，由此无中心的教育又产生无中心信仰之国民。互为因果，生生不已，几何其不载胥及溺乎？吾国而欲以教育救亡者，则教育宗旨中最少须含三事：

（一）曰国民之独立性，对外能抗强御暴，不失其大国民之风；

（二）曰国民之责任心，对内能奉公守法，克尽其国民之天职；

（三）曰国民之和谐性，彼此相扶相助而发挥其休戚与共之情谊。

依此，拟定为"养成健全人格，发挥国家精神，培植共和思想"。盖迁就民八之本义也。教育为立国之本，而教育宗旨又为教育设施之依据，有志教育者，何可不三思之！

（备考）光绪三十二年学部奏请宣示教育宗旨，其疏云：

> 欲审度宗旨以定趋向，自必深察国势民风强弱贫富之故而后能涤除陋习，造就全国之民。窃谓中国政教之所固有亟宜发明以距异说者有二，曰忠君，曰尊孔。中国民质之所最缺而亟宜箴砭以图振起者有三，曰尚公，曰尚武，曰尚实……中国当列强雄视之时，必造就何等国民，方足为图存之具，此不可不审者也。

> 中国之大病曰私、曰弱、曰虚。必因其病之所在而拔其根株，则非尚武、尚公、尚实不可也。所谓尚公者何也？……今欲举支离涣散者而凝结之，尽自私自利者而涤除之。则必于各种教科之中，于公德之旨，团体之效，条分缕析，辑为成书，总以尚公为一定不移之标准。务使人人皆能视人如己，爱国如家，盖道德教育，莫切于此矣。所谓尚武者何也？……全国学校隐寓军律。童稚之时，已养成刚健耐苦之质地……今朝廷锐意武备，以练兵为第一要务。然薄海之民，咸捐一生以赴万死，则犹恐有不能深恃者。何也？饷糈之心厚而忠义之气薄，性命之虑重而国家之念轻也。欲救其弊，必以教育为挽回风气之具。凡中小学各种教科书，必寓军国民主义，俾儿童熟见而习闻之。国文、历史、地理等科，宜详述海陆战争之事迹，绘画炮台兵舰旗帜之情形，叙列戍穷边、出使绝域之勋业。于音乐一科则恭辑国朝之武功战事演为诗歌。其后先死绥诸臣，尤宜鼓吹圪扬，以励其百折不回，视死如归之志。体操一科，幼稚者以游戏体操发育其身体，稍长者以兵式体操严整其纪律，而尤时时勖以守秩序、养威重，以造成完全之人格。《语》云："行步而有强国之容。"《记》云："礼者，所以固人肌肤之会，筋骸之束。"非虚语也。……（见《光绪政要》）

三、教育机会均等

国家欲求强盛，必须人民能各尽其才，亦必须人民能同遵轨物。一夫失教，百姓受累。就公言，是为谋国不忠；就私言，是为立法不平。皆非应有之现象也。是故教育机会均等尚矣。而义务教育之实施，则为其尤要者也。吾国锐意兴学亦既二三十年矣，而义务教育之废弛依然如故。虽曰政治扰攘有以致之，而士大夫未尝真觉义务教育之重要则其真因也。须知率无教之民以与他国争，无论争于商，抑争于兵，未有不失败者也。且吾国号称共和，苟有拥护之诚心，则教育民庶使有运用政治之能力为不可稍缓之举矣，况维持正谊，本为国家之责，今坐视儿童之失学而不救济，宁不有愧于中乎？故教育之普及，吾人当引为良心上的一种使命而努力为之。

抑教育机会之均等，并非教育机会同等之谓。诚以人智不齐，好恶各异，强使智愚同等，趋舍同范，是使两方皆备受戕贼也。均等之义，夫亦曰使之能各尽其才而已。生而上智者，虽属贫人之子，亦当使之能求学于高等学府。生而庸碌者，本非读书种子，虽家财万贯，亦无使之与高材生受同等教育之责任，盖因既无法掖之前进，而又有碍于教育的效率也。义务教育为学龄儿童而施，但吾国之失学者又不但儿童而已也，成人尤居十之七八，故言教育之普及必须兼营成人教育。成人教育之性质，或为补充其基本知能，如读书识字之导学是。或为提高其职业知识，如新式农耕法、新式簿计法等是。宜各随其需要而异。

教育机会均等，美名也。然使国家于贫寒子弟不予以经济的补助，则虽有此机会亦无法利用，直等于一虚名而已。故国家宜确定奖学制度使贫寒者能领受国家津贴以维持其生活并供给以享受教育时之必要的费用。在小学，更宜设免费膳食之例，供给贫家子弟以膳食而不取资。必如此，然后其机会为真的机会。吾国向有之书院膏火制以及族祠之学礼例规等皆接近此意，宜善用之。

四、蒙藏教育

蒙古、新疆、西藏同为中华民国构成之一分子。欲其与本部携手并进，必须借教育与宣传之力以通其情意、培其同心而后可。不然，本国既弃视不顾，强邻复多方勾引，即无俄罗斯、英吉利之武力，恐亦不能为我所有矣。今之国际主义派如共产党等皆承认蒙、藏之独立为正当而毫不动心，且或鼓吹之。须知蒙、藏之与内地，本有无穷悲痛与欢乐之历史。当其未合之先，长相扰攘，彼此不得安宁。当其既合之后，内地之民既可安枕而卧，蒙、藏之人亦以通好中州为荣。数百年间，相与安居如一日矣，今乃有倡为独立之议者，果由于中州之虐待乎？抑有不愿为共和国之构成分子而愿为他人殖民地者乎？毋亦狡邻离间之所致也。是故真爱国者必当遏止英、俄之阴谋而保卫吾边疆。教育边疆之民使与吾人同心同德协力协作，则其一法也。

实施之法，第一宜设立蒙、藏师范学校，招收有志之士，授以蒙、藏文字与风俗之学，及其必要的教育理想。毕业后，高其地位，优其待遇，一律遣之前往边地，使之启发民智，宣传文化。此项师范生遍布蒙、藏之日，即蒙、藏诚心内附之时。其次又可开蒙、藏子弟来学之例，或于内地相当之学校酌留蒙、藏名额，或于北京、甘肃、四川等省〈市〉特设蒙人藏人学校。凡来学者，厚其待遇。毕业后，锡以荣衔，或遣归使治其本土之事，或内留使学中州之政，皆足以吸其内向之心也。同时高等教育机关，宜遣人深入蒙、藏，多多益善，以探讨其人情风物，而便于筹划进行之方。于中小学史地教科书，宜尽量采用有关蒙、藏之教材，使对于该地人民有较良的了解，兼以启发其开拓边疆之壮志。如是行之，数十年后，吾圉其能固乎！

五、侨民教育

南洋地带本为吾先民所开发。不畏风涛之险，不避瘴疫之毒，挺身独往，为国先驱。其间所牺牲之生命精血，盖难以想像及之。我国民对此，应如何爱护而保障之。徒以国力衰微，坐视西人之拔帜易帜而不能理。又因内讧不息，坐视侨民之水深火热而不能救，痛心曷极！欲使侨民坚其内向之心而拒人同化之术，则教育尚矣。欲使侨民发挥其天赋之才智而与西人抗衡于工商界，亦非教育不为功也。请略论侨民教育。

侨民教育，首当坚固其眷念祖国之心，发强其抗拒西人之念。一面当示以本国文物之伟大，山河之锦绣，土地之饶沃，物产之丰富，以激起其爱护之心，一面又告以西人统治殖民地之毒辣方法，商场战争之倾轧策略，以养成其自卫之能。持此方针以办理侨民教育，侨民庶能卓然有所树立于海外以为祖国光。一俟祖国国力充实，庶几能本主权在民之义而挟其版图以归来也！

侨民教育之经营，教育部当设一"侨民教育委员会"以专司其事，与侨民教育具有密切关系之省分［份］，如福建、广东，其教育行政机关，亦应设立一侨民教育分委员会，以与各地侨民通声息，且赞助教育部内之委员会，使其政策得以现诸实际。此外，又应于各地领事馆设置一"教育秘书"以为侨民策划一切教育事务而期贯彻侨民教育之主旨。教育部又应随时派遣教育委员巡视各地教育状况而相机予各地教育秘书及热心教育之侨民以策略上的援助；同时复将视察之所得，报告于教育部，交由侨民教育委员会讨论之，更以其讨论所得之策略交由各地教育秘书作为参考资料，以备随时应付之需。目前各国对于吾华侨民教育率视为危险物而多方摧残之。监督其课程，检查其教员，不特排外之旨在所必禁，即爱国之义，亦不许倡言。内地教育者之前往者，每多方盘查逗留，稍有思想与议论微露锋芒者，不为其所驱逐出境即为其所监禁囚系。其防备也严，则吾人之实施也不可不以秘密行之。各处教育秘书当然不能使用教育秘书之名称，而派出之教育巡视员在势亦须变其名义以行。总以避免监督、贯彻宗旨为要。

六、国史研究

数典忘祖，古人视为亡国之兆。近人称引故实，辄曰甲国何如，乙国何如，而于本国之所有反茫然无所知，则其视人国为文明，为先进，为伟大，而自分为野蛮，为后进，为劣种也，又何怪焉！吾人欲涤除国民之媚外性而发扬其独立气概，则非提倡国史之研究不可。一九二一年英国开全国大学会议，印度代表侃侃而言，直陈印度各大学有增设印度历史研究院之必要。予闻之，实不胜其钦敬之心。诚以印度而果欲脱离英国之羁绊而拒绝其同化之魔力者，必于其先民之丰功伟烈，理想与成功或痛苦与牺牲等有所阐发而后可。盖同情起于了解，既不了解，即无爱慕、眷恋、维护之心，更何有于为之死而为之生哉？吾国学人于故有文物有毁弃而无阐发；于先圣昔贤，有鄙视而无尊崇；不事了解，妄肆讥评；不顾历史的背景，率以现代理法指摘前人。于是历史上无一可敬可爱之人，无一可歌可泣之事。循是以往，势必全国人民皆存自暴自弃之心，不待外国之侵凌，而将以主权奉献于外人，版籍贡呈于外政府矣。可不惧哉？故救国必自爱国始，欲人民爱国，必使人民识国。而历史文物之探讨阐发宣传，则使人民识国（了解国家）之唯一方法也。

且人类社会活动有其延续性，自古迄今，一线相承，不或间断。而古人之作为，古代之风习，对于今人现世，实直接间接具有支配之力，而未曾死去，所谓"有生命的过去"（The Living Past）者是也。语有云："知古所以知今。"亦是也。当前问题，仅用横断面的研究，不足以了解而解决之，必于其发生之原由，变迁之历程，错综之情状，爬梳而洗剔，然后得以窥其关节所在，批窾导却，迎刃而解矣。故欲解决现代问题，非有历史的研究不可。且古今问题之详情虽殊，而问题之性质要为多相类似。读史不但可从古人之解决法获得先例的暗示，亦且可于古人之解决奋斗中吸取迎战之勇气，如外族之压迫吾国，有史以来，代不绝书，吾人若详考而细校之，则何又惧乎列强之侵略哉？此阐明史实之又一功用也。

依此，全国应设立一国史学院，专司历史的研究，自政治学术以迄风俗习尚无不在其研究之列。中小学之历史科亦必郑重教授。凡语涉轻薄之教本，一律摈除。

七、军事教育

战争为人类生活中之一大事项。自有人类以来，战争之事未尝止息。相与战者，或为部落与部落，或为国家与国家，或为阶级与阶级，其战斗之对手虽不同，而其为战斗则一。所持而战者，或为干戈，或为毛瑟，或为唐克，其战斗之利器虽不同，而其为战斗则一。战斗之休止，或数年一战，或数十年一战，或百年一战，其间隔虽有久暂，而其不能一战而永不复战也则一。已往者固如是矣，未来则又何如？使能如和平派之梦想，世界大同，休戚与共，解纷以理而不以力，则吾人宁不愿放马毁甲，沉战舰，改兵工厂，一如今日怯懦者流之所鼓吹宣传，而与斯民共享其升平之乐乎？无如事实决不我许何？方今英、美、日本竞拓军备，惨酷之战，可计日而发，已为有目共睹，不容或疑。况西洋文明为战争文明，西方民性为猛兽之性，征服异族乃其能事，而谓其于倏忽之间能痛改前非，化干戈为玉帛，避疆场而趋樽俎，宁非梦呓乎？吾国土地肥沃，物产丰富，在在足以启强邻据为己有之野心；而民情怯懦，习尚文弱，尤足以使强邻生"取之甚易，非取不休"之妄念。我国民而真好和平者，则非整军经武，利炮坚舰，以慑其野心而戢其妄念不为功。我国民惩于已往之失败，其亦知改弦易辙之道乎？

人之恒言曰，教育所以适应生活之需要者也。所谓生活者，有个人生活与民众生活之分。故所谓适应需要者，初不必限于个人的需要，而群体的需要实亦寓于其中。今吾国民，有战争知能之需要，已如上述，而吾教育界乃不知所以适应之，宁非溺职之甚乎？谓教育界不知适应需要乎？则个人饮食之需要已知用职业教育以满足之，男女之需要，已知用色性教育以陶冶之矣。何为于个人之需要则重之，于国家之需要则轻之？吾国教育宗旨在清季原有"尚武"之义，在民元犹有"军国民教育”一项，而所谓“教育调查会”者，竟主张彻底推翻之，致使告朔饩羊之学校兵操课亦且废除，不为病狂，即为愚昧。其所遗留之余毒，非数十年之努力，不足以洗涤之。欲洗涤之，唯有积极实施军事教育。

军事专门学校以及现役兵士之军事教育，为专家之事，姑不置论。今所论者为普通军事教育。请先言其目的。

一曰御外侮　使人人有从军热情，尽当兵义务，以敌忾同仇而固吾疆圉。近年教育界竞言公民教育矣，而独于充军役、御外侮一层则弃置不言。何其慎乎？欲养其御侮之心，必激其同仇之念。当今强国，如英、如日、如法、如美、如俄，固无一而非吾之敌国，实施教育时允当于其侮我之状、谋我之图一一讲述而无所轩轾；但于谋我最急者，则可别为提出而视为假想的对敌国家，而坚其复仇之心，示以防御之策，庶几知能两方皆能达于御侮之必要程度。

二曰戡内乱　政治紊乱，宵小横行；武人假其虎威，鱼肉小民；土匪肆其猂悍，勒索闾阎。自卫之法，莫善于广练乡团，实行全民武装。于是团丁之统率，攻守之教练，在在需人。欲普遍的养成此项人才，唯有于普通学校实施军事教练。毕业出校后，平日则教乡民以战术，有事则率乡民以上阵。必使全国之民，人人皆是战士；全国学生（至少中学以上），各个皆可为官佐。庶几小丑敛迹，军阀就范，而野心之徒亦不敢动辄暴动也。

三曰守纪律　有纪律然后秩序保，社会宁，有所进行亦可以敏捷赴的。吾国为政，素尚宽大。士子习尚，更以蔑视礼法为能。近年自由平等之说大作，青年学子不辨底蕴，妄以自由为无规则，平等为无管束。纵性任情，毁法乱纪，无所不至其极。偶有一二贤明师长，思有以纳于轨物而略加干涉，辄复加以侮辱人格之名而叫嚣喧扰，非使良心不昧者皆噤若寒蝉不止也。循是以往，各从其所尚，而无共守之秩序，势必流于人皆相斫也。外国舟车上下，皆鱼贯而行，虽有千数百人之众，虽事出意外（如失火）之时，绝无纷扰现象之发生。回视吾国各地车站，买票必挤，上车必争，少壮犹可奋力撑持，老弱则有破头折臂之虞。中、西相去之所以如是之远者，何也？夫亦曰有无守纪律之训练而已。吾国学校纪律之废弛，乃国家之忧也，宜用军队训练以补救之。

四曰严组织　组织严密为军队所长。有组织，故其动作得以协同，而无人自为政之弊。组织严密，故团结坚固，不易为外界所动摇，而不至予人以攻隙抵瑕之机。吾国国民，在个人既无惯于组织之习性，在社会复无崇尚组织之训练。若在战时，敌国不难飞一炸弹以紊乱全城秩序，散一谣言以摇乱全国人心。其胜败之机，正不必决之于战场也。即在平时，近代事业皆为大规模的，处处非组织不能有济。牵一发而动全身，各随所好以行之之习气不改，大事业决无从发达。此严组织之效又有待于军事训练者也。

五曰壮胆气　怯懦畏葸，趑趄逡巡，此吾国民之一大弱点也。外则列强惯用虚声以恫吓之，内则民贼常恃乌合之众以蹂躏之。凡以暴厉之气相袭者，无不为所欲为而如愿以偿。皆缘教育上无炼胆壮气之事也。倘施以军事教育，使习两军对垒之事，猛击阴袭之举，更益以自卫之术，防御之识，久之，自能养成其临事不惧，虽千万人吾往矣之气概。必如此，然后暴力不足以挠之，阴谋不足以屈之，而中华民族方能雄立宇宙间也。

六曰强筋骨吾　国国民之体魄可以脆薄二字形容之；而国民之仪容又可以颓唐二字表示之。是故行为迂滞，精力疲惫，不足以当繁剧之事、任艰苦之行，宜用刚性的锻炼以矫正之，而军事训练则为刚性训练之尤者也。军事训练，时或长途行军，野外露宿，又或跋山越涧，练跑习跳，皆可以强筋骨，壮体质，且培养其耐劳习苦之性格也。国家之强，平时则系于国民工作活动之活气，活气大则其效率自增也；战时则系于军士之耐久性，能耐久则可以寡敌众也。国人素以四万万人口自雄，须知活力不旺、体力不盛，则工作或战争之成绩皆无从佳胜，而人可以一当吾之百，以百当吾之万，虽多亦奚以为哉！

七曰讲军学　审度地势之法，扎立营盘之理，合围分抄之策，趋避攻守之略，正奇迟速之变，皆人人所必需之军事知识也。有此知识，然后足以讲自卫之法，然后足以审度敌方之行动以迎应之。即使事不关己，而为他人间之战斗，亦可以根据双方之情势，各处之报告，而测度其利弊得失之势而卓然有所自处，不致为无稽的谣传所迷惘也。且如读史，战争之事，代不绝书，欲了然于其成败之故，得失之机，非有军事学识不为功也。可见于相当程度上，人人应有军事学常识。在专门①以上之学生，更须能实际运用之。

八曰习武艺　射枪击剑，挥拳使打，皆武艺也。人生或狭路逢凶，

---

① 《醒狮周报》作"中学"。

或纠众对垒，须应用武艺之时甚多。略知使枪之法，略擅用剑之长，偶有缓急，小之则可以自保其身，大之则可以保其国家，至用以惩凶抑恶，为社会维秩序，为人间保正气，其时会尤多也。故练习武艺为军事教育之又一目的。其他如攀登之技，救护之术，亦为人人所应有之能力，宜兼顾之。

军事教育之目的约略如是。若言施教之内容，则小学后期应重基本教练，如军礼、步法、枪法、队伍集散、精神训话，兼及攀绳登梯等技术，野餐露宿等生活。每年于国定之国防日，集合邻近学校举行阅兵式，晓以国际情势，以振作其精神而鼓舞其敌忾同仇之气概。中学则施行军队组织。十人一什，什有长；百人一队，队亦有长。什长队长，皆就学生中轮流选充之。全校置教练员一，以军事教员充之。更会同邻近中学合组一大队，或由省教育长官遣派一军事教育专员统率之，或暂时由各校军事教员互推之。实际教练注重队伍动作、战斗技术，并课以战略。间日一小操，一周一大操，每学期举行野外行军一次，短则一二日，长则一周。每年于国定之国防日，会合邻近学校，举行大会操假作战一次。各省联合运动会举行时，更可以省为单位演习战斗以比较其优劣。全国运动会举行时，更可以东西南北中五大部为单位，使其各表所长以资观摩。夫如是，然后尚武精神可以发扬全国，而一雪东亚病夫之耻也。

说者以为是固美矣。但军队教育重服从而共和国民则宜有自动之德，去其自动而教以服从，毋乃有背共和精神，且为有志于迪克推多之野心家植其基础也。曰是不然。社会事态，既须有自动之德，亦须吾人有服从之性，二者缺一不可。浅以喻之，街心警察，挥其棒使吾人进则进，使吾人止则止，苟违反之，则街道秩序乱而同感不便、同受危险矣。何可因培养自动力之故而轻视服从哉？且军事教育所教之服从为志愿的服从。学生知行军有服从长官之必要乃降心以服从之，正可发育其自主之能力，长养其委身团体之美德。若夫以不羁为能，以泛驾为高之流，至多不过能为其孤独的生活而已，决不能有所造就于社会也。又何足贵哉？况吾人所主张之军事教育，不但须求学生之能被指挥，且愿其人人皆能施指挥，并于实际上使之轮充什长①、队长以练习指挥，又何尝抹煞自动哉？

此外更有以压抑个性为军事教育诟病者。吾诚愚，实不知其所压制

---

① 《醒狮周报》于"什"、"什长"处，皆作"伍"、"伍长"。

之个性为何。夫军队训练无他，一种刚性的团体训练而已。若谓军事训练有碍个性之发展，则必证明有人焉生而无群性，故生而不适于团体训练而后可，恐事实决不能予吾人以此项证明也。况教育目的不在将就人类之已然，而在鼓舞人类以趋向于当然。苟团体训练实有必要，军事教育理应普及，纵有学生不甚好之，吾人为欲使其获有圆满之人格计，亦当严以课之也。

八、学术独立

现代事业进步，非专科学术不能处理。各国为国际竞争计，有所发明，每密不示人。如"死光"之直接有关于军事者，其不公开固无论矣。其次如颜料化学之有关工商竞争者，其不公开亦无论矣。甚至智力测验如美国心理学家合创之陆军测验者，亦且有一时间秘不示人。然则凡与强国富民之术稍具有关系者皆不能得之于人国也明矣。今人但知"学术为公"之片面理论，因而不感国家学术独立之必要，诚哉其眼光之短近也。且学术不能独立，举国无深邃之学者镇摄其间，则浅薄的议论每足以摇惑人心。如唯物史观，其偏宕不中事理，各国学术界批评之者多矣。而在吾国，则一二人唱之，众青年和之，而莫识其谬，流弊所在，又不仅思想浅薄已也。况本国学者不多之结果，势必事事求助外人，兴铁路、导河流，须借用外材，智力测验、科学教法，亦须请示外人，则国民之相率而拜倒于外人之下也又何怪哉？故学术之独立不但有益国防国富以及国事之处置，实亦大有关于国民之独立自尊之精神也。

欲求学术独立，当择全国适中之地，设立二三研究院，丰富其设备，广延人才，优其待遇，使之专心致志于研究之业。若虑经费不足，则可逐年减少官费留学名额而移拨其经费于研究院，日积月累，久而久之，其图书仪器当可应有尽有矣。且留学界好学之士固不乏人，而以混年数（留学生相信留学年数愈久则资格愈高），得头衔，为唯一职志者亦所在多是。回国之后以其浅薄，教人深刻，且益之以骄矜之气，夸大之情，几何其不率全国之士而入于浅薄虚伪之途，而使真学术无从产生哉？故减少留学费以增加研究院经费，于消极积极两方面皆有造于学术界也。

九、视学国派

视学之设，所以视察各地教育状况而期其贯彻国家之教育宗旨与政策者也。考现行视学制度，其与实际教育有密切之县视学皆为各省区教育厅所委任。既无共同的训练，又无共同的资格，师范生可任之，中学生可任之，乃至秀才、贡生亦可任之。欲全国教育精神之一致也难矣。故以国家为中心之教育政策，当采用视学国派制。各县视学一律由国家派遣。遣派之先，须使之受相当时期的共同训练。最好于京师开一视学讲习所，就师范毕业生之有志为视学者考试之。及格者使之入所讲习（现任视学亦须轮替入所），而课以教育原理、教育政策、教育方法等，使之毕业后，对于地方实际教育确有视察与指导之能力。遣至任所后，教育部应随时与以训示，并责其随时报告一切，部视学应以审核此项报告为其主要事务，而出部视察乃其次要者也。又视学之进退调动应由教育厅呈请教育部（或由部直接）行之。必如是，然后各省教育方可若干程度上收同风一道之效，而国家教育之精神乃可以普遍的实现也。而教育部之所干与者，仅为最低限度的必须同一之种种事项，亦决不至有碍于各地方自由发展之活气。

十、确立教育周

于全年中指定一周间为教育周。一则以使全国人民皆晓然于教育之重要；二则以使全国教育界皆有若干相同的教育旨趣，如设立爱国日则全国教育界当然一致提倡爱国；三则可以提醒教育界研究实施某种教育之方法，如设立国防日，至是日则教育行政人员与教育实际人员皆当讲求国防的教育方法；四则可以提醒教育界实施某种教育，如设立蒙藏教育日，至是日则各教师皆当以开发蒙藏之议训示学生。总之，教育周对于一般民众，有宣传之用；对于教育行政，有促进之功；对于教育者则有提醒之力。诚为亟应创立者也。试依国家主义的教育之旨趣拟定教育周各日间所应宣传、讲论、实施之事项而分别定其日名如下：

教育周

第一日　爱国日

第二日　教育普及日

第三日　教育权收回日

第四日　蒙藏教育日

第五日　侨胞教育日

第六日　体育日

第七日　国防教育日

至若日期，似以五月九日为国防日为最妙，如是则宜自五月三日起，或自十月十日起，即以国庆节为爱国日，而以十月十六日为止期。总之，能利用一有历史的意义之日期则为势较便而收效亦较宏也。

《中华教育界》第 15 卷第 1 期（1925 年 7 月）

国家主义的教育之意义①
（1925 年 7 月 8 日）

今天承各位来听这个讲演，不胜感谢之至。

自国家主义经吾人提倡以来，误解的意见甚多，有人说国家主义与民治主义相反，有人说国家主义与帝国主义为邻，如最近商务印书馆所出版的《近世大国家主义》一书，即为后说之代表，命名荒谬，实令人不得不力为辩正。吾人之辩正，非为国家主义之本身，亦非为提倡国家主义者之私利，实为中国前途计也！

要明了国家主义是否与帝国主义为邻，当知什么是国家主义？什么是帝国主义？两者之间有无联带之关系？

什么是国家主义？要知道一种主义的定义，最要紧而又比较真确的先生，便是字典。我今天要请教的字典先生有三。（一）法国《拉罗氏字典》，上面解释国家主义是：（1）对于所属的国家而有一定的志愿；（2）被压迫的国家之政治上的要求。（二）英文《世纪字典》，所解释国家主义是：（3）国家的精神或希望；（4）献身于国家；（5）要求国家之统一、独立或昌荣。（三）《韦氏大学字典》说国家主义是：（6）献身于或主张国家之利益，或国家的统一与独立。

---

① 此文系余家菊于 1925 年 7 月 8 日在东南大学暑期学校的演讲稿，现转录于《余家菊（景陶）先生教育论文集（上）》（台北慧炬出版社 1997 年出版）。

根据上述第一条，我们可以知国家主义是一国的人民所抱的一种志愿。什么志愿呢？就是第（3）、（4）、（5）、（6）四条中所说要抱有国家的希望，要发扬国家的精神，要献身于国家以求国家之利益、统一、独立或昌荣。根据上述第二条我们可以知道国家主义之发生，是由于被压迫；提倡国家主义最早的是德国的斐希底，那时正是法国的大兵施行残暴的手段，压迫德国的时会，德国的人民莫不悲痛激昂，希望其国家能独立自主，能打脱压迫，能雪除国耻，所以国家主义经斐希底之提倡，未几而全国风从。所以国家主义是被压迫民族之自然反动的结果。

以上既将国家主义之定义，约略说过。现再根据上述六条，将国家主义的主张，详细说明如左：

一、国家主义主张发扬国魂——国家精神

一国有一国的文化，一国有一国的特长，这种特长的文化，便是一国的国魂。人无魂则死，国无魂则亡。我们为国民的固然要取人之长，补我之短，同时也要发挥我长，供人采取。自然在一味崇拜外人，轻视本国文化，反对国家主义的人们看来，所谓国魂便可名之曰国鬼，此种论调，吾人不欲计较。

二、国家主义主张国民养成自尊的精神

国与人一样，总须自负非凡，觉得我昂藏七尺之身，是天地间顶天立地的人物，前程远大，事业无穷；若一味萎靡而不图自振，甘居人下而不图雪耻，是真孟子所谓"自暴者不可与有言也，自弃者不可与有为也"。

三、国家主义主张国民应服务于国家

反对自私自利的个人主义。虽自进化上观之，自私是生存竞争中的要素，无论如何，人即令欲求合理的生活，亦非保存个人不可，但仅谋个人、家族或一学校之利益，而不顾国家之利益，均在国家主义反对之列。

四、国家主义要求统一

我们要知道一国的领土，是许多古圣昔贤惨淡经营的结果，吾辈为子孙者，至少要负保全祖先业产的责任，若有人主张分中国为二，或割去蒙古，或舍弃西藏，均呈破坏我国家之统一，我爱国志士，必与之一决死战。德国因提倡国家主义，而各邦统一，意大利亦因提倡国家主义，而各邦统一，故国家主义，实为内除国贼，外抗强权，统一领土的绝大武器。

五、国家主义主张独立

本国的领土主权，不能为外人所攘夺，为外人所限制。外人割据我土地，干涉我财政，固应竭力反对，就是以国际手段解决我国事，或借甲国势力，以抵抗乙国，或希望国际团体，代我筹谋，均足减弱我国民独立的精神，我们承认只可暂用而不可常用，其可常用而无弊者，惟我国民独立的精神。

六、国家主义要求国家的昌荣

普通人说国家的要素有三：土地、人民、主权，换言之，即一定的人民，于一定土地之内，行使其独立自主之生活权。然此种定义，仅可作为国家二字的普通解释，而无个性的表现，欲表示甲国家不是乙国家，乙国家不是丙国家，则当知各国家各有其特别的个性，而认定"国家是文化团体"。一国有一国的特殊文化。这种特殊文化，即是区别这一个国家与那一个国家不同的重大要素！譬如平民主义之与美国，一提到美国，便想到平民主义，一提到平民主义，也就想到美国，只要细心观察美国的一切文物制度，无处不表现出平民主义的精神。他若自由、平等、博爱之于法国；责任、诚实、忠贞之于英国，莫不皆然。英国与法国相隔仅一海峡，然两国空气迥然不同，旅行而至英国，则必庄严沉重，谨慎谦恭，旅行而至法国，即可放浪形骸，惟意所适。更以衣服而论，中国的长袍大袖，是尚文的表示；西洋的短衣小袖，是尚武的表示，其他文物制度，莫不有个性的表现。中国之文明，自然有不及欧洲之处，自然要吸收欧洲的文化，但同时我相信西洋的人民，要得到更圆满的生活，也非吸收中国的文化不可。有人说中国人动辄说中国有特殊的文化，究竟中国的文化是什么？这个问题，因为文化经过数千年来的全体人民所过活，又经过许多大哲学家、大文学家、大政治学家、大教育学家……费了许多心血，惨淡经营而成，其内容非常之丰富，一时颇难解答；然无论如何，中国必有中国特殊的文化，将来一定要发扬光大，以之贡献于世界。兹举一例以明之，譬如中国人从来绝口不谈帝国主义，无论从古书上看，或从近人的言行看，皆表示这种特殊的精神，像美国人假言亲善，还不是亲善的侵略吗？俄国人假言辅助，还不是辅助的侵略吗？哪里能如中国人从心窝内说出不侵略的真话呢？

国家主义的定义与主张既如上述，我们现在再来看看帝国主义的定义和主张，我们就可以知道两者之绝不相同了。

（一）什么是帝国主义？所谓"帝国"者，乃指实行或企图国家领土之开拓，或主权范围之推广而言。如英国之割我领土，租我要港，限制我关税，干涉我财政，均可谓为帝国主义之行为。

（二）两者——国家主义与帝国主义——之间，有无联带的关系？观上所言，则知国家主义是发生于被压迫的国家，他的目的在内除国贼，外抗强权，以期国家之统一与独立，而发扬其特殊之文化，俾贡献于世界各国；而帝国主义之目的，则在侵略弱小的国家，压迫弱小的国家；换言之，帝国主义的国家以国家主义的国家为侵略之目的物，而国家主义的国家则以帝国主义的国家为反抗之目的，两者处于绝对仇敌的地位，绝无为邻为友互相提携的可能。我们中国现在是不是贫弱的国家？是不是处于被压制的地位？应不应反抗帝国主义？应不应绝对提倡国家主义？此种简易的问题，稍有常识之人，均可解答，然而竟有抱杞忧的人们，以为中国现当衰弱时讲国家主义，将来到强盛时难免实行帝国主义。此种荒谬绝伦的推想，实在令人痛心。譬如一个人有病自当求医生，服药饵，然而竟有人主张任其自病自死，他以为此人病时如服药饵，将来强壮时难免与人角斗，所以就主张不予诊治。是何言哉！是何心哉！

总之，现在的人们，其所以故意混国家主义为帝国主义之邻的原因有三：

1. 故意反对提倡国家主义的人，有心与之立异。
2. 不肯读书，又不肯查字典，不明字的真意义。胡适之说："少花几个钱，多卖两亩田；千万买部好字典，她跟你到天边，只要你常常请教她，包管你可以少丢几次脸。"愿今之学者，三复斯言！

3. 不肯思想。

国家主义之意义既了解，则国家主义教育之意义，亦不难明了，所谓国家主义的教育者：即实行国家主义之教育也。欲知详细，鄙人已草《国家主义教育学》一书，不日出版，诸君倘肯抽暇一读，更为感谢之至了。

此稿经余先生校阅，并蒙指正多处，特此志谢（记录者附言）。

民国十四年七月八日于东大暑校

道尔顿制与中国之教育
（1925 年 7 月 14 日）

　　道制的产生，自有产生的必要，存在的价值。传到中国，是否可以原版仿行，丝毫不改，我恐柏氏也不见得有什么翻印必究的专利话罢。并且推想柏氏之意，一定很欢迎人家去修改。试得缺点，供他参考，以资改良，试得优点，得他拥护，使主张更圆满。道制在试验时代，我们行道制的更在试验的试验时代。

　　最近小学教育界的试验态度，对于道制的论调，言人人殊。有的以为既然有了设计教学，何必再翻什么新花样，有的以为道制可以解决一切的困难，应该完全革去旧法。各走一个极端，都不是正当的方法，应该采取精华，适应时地，抛弃糟粕，不惜割爱，方才有好的结果产生，才能满足柏氏的心愿，不虚远涉重洋之一行。

　　据说试行道制的学校，在中国近来中学不如小学之多，而小学又是失败了走回头路的不少。那末可说道制在中国不适用吗？却也不能这样说，因为有几种不得已的苦衷在里头。

　　第一是缺乏适当的参考书（外国供给小学生的参考书很多，这一层困难少）。现在所风行的儿童用书，大半是文学一类的东西，科学方面绝无仅有。巧妇难为无米炊，道制不能无书的自力研究。此其困难一。

　　第二是缺乏自力研究的训练。惯在被动的制度底下生活的人，一旦飞出幽谷，迁于纯由自由研究的乔木上，谁也不能信他有多少的效果。

此其困难二。

第三是缺乏规律的生活。学生在作业室里，不是不肯按时学习，定是用功过度，弄到结果，用功的体弱脑钝，放荡的愈趋愈下，虽有多方限制，还不能救济于万一。此其困难三。

救济以上三病，一面果然要设法编著参考书，一面在未行道制以前，先要有个充分的训练（就是不试行道制，也该这么办，试了道制，更可以催促我们走上这一条路去）。

或谓试行道制的困难，不至［止］以上三点，还有（一）工作指定的困难，（二）记载日记表的困难，（三）上堂课的困难，（四）不能免去留级的弊病，（五）少合作的精神。我想也可以有个相当的解决法。以下挨次说来。

第一要免去工作指定的困难，惟有采用设计的精神，师生共同规定下周的材料。

第二要免去记载日记表的困难，采用人家试行过的作业周记表。

第三要免去上堂课的困难，就把堂课时间改少，另外补充活动事业的堂课，例如时事演讲、学术演讲、幻灯讲述等。

第四要免去留级的弊病，把少数特劣的学生，另编一个单级，纯用旧法教学。

第五要注意合作的精神，可采用下面几个方法去补救：（一）组织课外活动团，如举行学艺会、辩论会、娱乐会等。（二）开办选习科，用团体教授。例如开办摄影、金石、珠算、采集、野外写生等种种特班。（三）办理儿童自治，在学业上少合作的精神，可在办事上谋补救。

总之，我们要认定道制是一种新的教学法，并不是学校教育的全体，一方面不行，还可在它方面去补救。第二要认定它的理论根据是注重学生自动、发展学生个性，虽有不行道制的学校，柏氏来了，也该鼓起精神，在两点上研究研究。最后要认定柏氏这一回来华，并不是只为我们解决一切的困难，也许可以收搜些我们研究的结果，替他解决些困难，因此他着眼在自动及个性上。我们也应该发出自动的精神，放出个性的表演，决不作被动的领受、奴性的信仰、做试验的试验，将来获得创造的试验，成一个教育上的发明家。

《申报》1925 年 7 月 14 日第 11 版

中英教育之异点[①]
（1926 年 1 月）

今天讲演的题目是《中英教育之异点》。这题目很大，而且很复杂，讲起来很难完全。因为中英两国的教育相差太远，中国的教育，实在和人家比不来，我权且择重要的来谈。

以历史言：英国从政府每年支出若干经费来办教育，已经有了百年左右；中国不过是二三十年的事。以二三十年的教育，和百余年的教育来比，当然是比较不来。以经费言：英国全国，每年所用的教育经费，数目很大，中国不过几百万元，还常常有欠薪的事。又怎样可同人家比？以全国识字的人数言：英国识字的人数，差不多有百分之九十九以上；中国呢，百分之二十恐怕都不到。以义务教育言：中国义务教育期限，不过暂定六年，是在六岁至十二岁之间，英国则从六岁到十六岁，都是受义务教育的时期，十六岁以后，还有强迫补习教育，供给平民所应有的知识。我们再回过头来看看中国怎样，不但强迫补习教育不曾实行，就是短期间的义务教育，都不曾做到，哪里还够得上和人家来比较呢？

由上面几点的比较，中国的教育不如人家，是无庸讳言了。但是我们想一想：英国何以能到这个地步呢？这个问题，就是我今天所要讲这

---

① 此文系余家菊在扬州五师讲演，由汤乃庚、陆兆傅二人合作记录，发表时有说明。

个题目的主要目的。现在先把英人对教育的态度，和教育上特殊的地方来略说一下。这里我顺便要申明一句说：我不是说中国教育就照英国那样做。要知道中国教育完全模仿美国样或仿日本做去，是个很笨的方法！最好先从两方面施以比较，取人之长，补己之短，兼收并蓄，调和起来，成立我们自己特有的教育。所以我今天的讲题，不是请诸君实施教育时就照着英国的去做，只是"比较两国教育之异点，和怎样改造中国教育"问题的提出。这应请诸君注意的！

一、英人对于教育的重视

英人对于教育这件事，没一个不重视。他们认为教育与全国有利害关系（National concern），不像中国人一种轻视教育的态度。中国社会上的普通人，固然把进学堂当着做官的门径；一般军阀尤视教育为赘瘤，有了教育这个东西，反使他们不方便的，固不必说；就是智识阶级中人，也不觉到教育的重要。再进一步说中国研究教育的人，又有几个觉得教育是重要的？现在中国的教育，直可算是一榻〔塌〕糊涂。在他们反以为中国现在最要紧的，是政治上轨道。以为政治上了轨道，教育自然会发达进步了。却不晓得教育不发达，政治虽要上轨道也不可能。即进一步说，我们始承认教育须待政治上了轨道才能谈到。试问中国的政治，到什么时候才上轨道？这是一个问题。假使中国的政治一天不上轨道，难道教育就应当停顿一天吗？英人不然，他把教育看得十二分的重要。何以见得呢？我们须知道在欧洲大战的时候，英人食物非常为难，他们每日生活所需的分量都有一定，须受警察厅的限制，不能稍多一点。假如有伦敦的乡下人，送一点甘薯给他的城内亲友，便是一件莫大的人情。他们这样生活，却是为难极了！然而教育的经费，并不曾减少，且还增加了许多。有些教育上大计划，也是在那时产生的。你看一九一八年的教育计划，并未受战争影响而稍有打折！现在的英国教育，就是实行战时的计划。战争发生时，英首相 Geddes 曾令各学校减少经费，合并学校，借以节缩金钱，不意竟大受全国一致的攻击，因而有 Geddes'axe 之说。此后有人轻视教育的，就加以 Geddes axe 之讥，说他是摧残教育，足证他们厌恶 Geddes 之深，更可知他们把教育认为非常的大事了。这便是英国人对于教育的一种良心上的觉悟！我觉得中国现在最紧要的问题，就是养成"教育的良心"，如果要实行义务教育，必使人人良心上觉得义务教育之必要。现在中国能够重视教育的人不多，学界中能重视教育的人也不多。教育实在是生死存亡的关头，中英人对教育态度的不同，教育的发达，遂有显著的差异。因之国势强弱，也生出很大的分别。中国现在的境遇虽是痛苦，但比较欧战时戎马倥偬军书旁午时的英国，究竟好得多。我很望国人早早养成教育的良心，中国前途或许有一线的光明！

二、家长在教育上的地位

英人对于教育的态度，其初也是受着强迫教育法令的训练，这也是当然的事。无论何国教育的普及，其初都是用政府的力量去做。子女到了六七岁的时候，为父母者有送子女入学校受国民教育的义务。假使子女到了入学的年龄，父母不送子女入学校，就要受法律的处罚。这是什么道理呢？有三个理由：

（一）国家的安危，完全系在人民身上。如果要一个国家能与列强相争，就看人民的能力程度如何。换句话说，就看教育盛衰为断。

（二）国家要富强，一定要民权发达。国民知道利用实权，能管理国政。这岂是易事！假如人民没有智识，怎样能谈到管理国政呢？所以英国人有句俗话说：We must educate our Rulers。从前的国家管理者（Ruler）是君主，现在转为民众。民众要管理国家，必先受相当的教育。这一点在中国很值得注意。现在有人主张劳农专政，这话通不通，且不必问他。但你既叫他专政，就非先使他有专政的才能不可。换言之，就非教育他不可，若是劳农没有受过教育，就叫他专政，便会成为流氓政治，暴民政治，黑暗政治，结果一定不得良好。此外还有人提倡劳工爱国，不错，劳工实在应当爱国。劳工是国民一份子，当然要爱国。不过他现在没有爱国的思想，你既要叫他爱国，就应使他知道什么是爱国，为什么要爱国，和爱国的方法；就此看来，教育的需要是很大的了。诚然，民权的发达，在乎教育的普及，教育不普及，要想政治上轨道，便是缘木求鱼，是不可能的事情。所以国家不问家长对于学校的意见如何，钦仰与否，必使子女入学校而后已。又何况在十九世纪的英国，他的国民并不晓得教育的重要呢？那时家境贫寒的，就令子女早日谋生，俾一家的经济，收入稍多，能有宽裕的生活。现在中国人有许多人家，不愿子女上学，还有以此为最大原因的。

（三）人总有些偏心，对于子女，或与自己有关系的儿童，教导都要切实些。如中国有许多人家，专请一个教书先生，在家里教育自己的子女，这一层在教育上有点不好。我们知道教育的要务，第一在普及，使人人有相等的发展机会，尽量的发达一己才能，以协助社会的进步。所以由国家来教育他们，不管是谁的儿女，都一样的看待，使受教育的机会相等。各人的才能并进，共同合作。

以上是实行强迫教育的三个原因。到现在英人对于教育的态度，与前大不同了。从前是让政府包办的，现在却认为不可。父母不送子女入学校，良心上就觉得不安。他们以为教育这件东西，是子女应享的权利，这权利是天赋的，与生俱来的。人民既有这种态度，政府也就请家长参与学校的管理。他们国内各地，都有教育委员会之设立；这会的人员，是人民公选的，为地方议会之一，故可代表家长。然而不仅乎此，在学校行政上，有所谓管理人会。这会是由当地人——即学校所在地的人——组成。然而还不止此，学校内有了教育上的计划，并不直接实行，必先询问家长的意见，或登报征求。然后再汇集各家长的意见，看可行就行，不可行再设法修改或取消，从反面看去，家长很注意学校的一切，是很明显的了，如此家庭与学校，既连络一气，取同一方针来教育儿童，将来的效果，自然格外的大。否则家庭的教育如此，学校的教育如彼，教育便不会发生效力。不仅教育没有效力，儿童本身的精神上也感觉痛苦。譬如儿童家庭信仰回教，学校则信仰基督教，儿童处在这两个不同的环境里，思想方面当然要发生冲突。纷纭错乱，无所适从，教育上也就没有办法了。这因为人类的天性，要有统一的思想，精神上方得和谐。一旦思想上发生矛盾，精神上就感觉痛苦。比如中国现在的状况，有人宣传共产主义，又有人宣传无政府主义，各有各的见解，也各有各的理由。谁是谁非，实在令一般民众辨不清楚。所以现在中国思想界，昏昏沉沉，不知如何是好。国民的精神困苦极了。在教育上，也是如此，英国的教育，能够使学校与家庭打成一片，不独可免去学生精神上的痛苦，不致生出烦恼，且使教育的效力，格外明显。可是中国是一变态的国家，全国人无一致的信仰，以致全国紊乱，而人民也感觉痛苦非常。在政治上轨道的国家，决不如此。中国的家庭与学校差不多完全隔阂，以致给与学生以不可数的不安宁。所以现在中国的教育，应注意学校与家庭的连络。家庭与学校矛盾的地方，应设法使其调和。如做到这一点，学生的学业思想，进益既速，效果又大，不然，精神扰乱，教育的功效也就减小了。

三、教师在教育上的位置

英国教师，统括的说来，都有职业自治的倾向。什么叫职业自治的倾向呢？就是对于教育有关系的事体，教育家有处理的权限，不容教育门外汉过问。或可说教育界没有教育门外汉的立足地。这因为教育是专门的事业，专门事业，应由专家去管理，原是当然的事实。试看外国法律上，关于医学的事，必经医生的同意，才能成立；工程、法律，必得工程师、律师的同意，方能有效。这种种事业，都是专门学问。假如有不知这专门学问的人，冒昧的做去，实际上一定要发生障碍。举例来说：譬如有人患精神病而犯罪的，在法律上这种犯罪，比常人犯同样的罪要减轻些。这是因为患精神病的人，对于他所行所为不能负责任的原故。然而什么人可以断定他所患的是精神病呢？审判官自然不能辨别，这时如不能断定他所患的是精神病，那么，法律上就没有办法。所以要明白这人是不是患的是精神病，全靠着医生的诊断，看他说怎样方是精神病，这人现在所患的病状是怎样？是不是适合于精神病的条件？这些事断不是门外汉所得了解，完全靠着专门人材来办的。教育也是这样。所以教育的事业，完全要交与教育专家办理。它的理由有四：

（一）教师为专门的学者；

（二）教师于儿童的天性具有科学的知识；

（三）教师有解决学校内问题之知能；

（四）教师为自身的权利及其理想的完成计对于教育极感兴趣。

由上面几点看来，教育的事业，让教师自己去办理，是应当的事。英国就是这样。如前面所说的教育委员会，教师有代表参加，即在议会里面，教师也有被推选的。对于教育负完全责任，不像我国教学界充满了不懂教育的牛鬼蛇神，所以要改革中国教育，第一要做到教师有职业自治的倾向！

近来中国有许多人鼓吹教育独立，尤其是，要教育经济独立。教育本身当然要独立，不受其他一切的牵制，可是教育经济独立，在中国实在是无办法的办法。在学理上说不过去。英国的教育经济，并不曾独立。因为教育经济是由人民担负，人民可以直接过问。关于学校内的一切行政课程等，人民不能直接过问，但也可以发表他们对于教育的意见。照这样看来，英国的教育并不是完全独立，而我们却要教育经济独立，这是很可商量的事。

中国现在还有一件荒谬的事，就是误认教师是人人可做的职业。我学什么，即可做什么教师，不必考入师范学校肄业，更不明了师范学校与其他学校有何区别。师范生原可当教师，中学生也可当教师，实业学校毕业的学生也可以当教师；甚至识几个字，读几本书，也可以当教师。像这样不明白师范生的责任，不了解师范教育的重要，怎么会能做到职业自治的地步呢？我看英国无论什么事业，皆由民众管理，而又极端尊崇专家的意见。"专家委员会"在外国差不多成了一个普通的名词。民众与专家，两方面却不分离，对于教育当然没有例外。

四、儿童的学校生活状况

儿童在学校内的生活状况，是很可注意的事，我们如果细心注意，便觉得这问题的重大了。因为群众生活是否适宜于儿童，是一个很大的问题。我们要研究这个问题，先要明了群众生活的危险在那里，以及和儿童的生活状况有怎样的关系。

A. 儿童的生活状况　我们知道，儿童在家内总是兄弟姊妹以及和邻居的儿童聚在一起。少则三四人，多则七八人，完全是小规模的团体生活，而不是大规模的团体生活。这小规模的团体生活，其习惯风俗等皆是统一的，对于儿童的坏影响很少。

B. 群众生活的危险　群众生活最大的缺点，是养成人类的机关化。什么叫做机关化呢？就是各个人对于所在的机关发生关系，而与机关内的人员，不发生关系，换句话说，就是没有人与人的关系。譬如你到邮政局内发挂号信，这时里面给收条盖图记的邮务员，你对他并不发生关系；所有的是你和邮政局的关系罢了。大团体的生活就是这样，尽养成人与机关的关系，而不能养成人与人的关系。

现在我们将大团体生活和小团体生活比较一下：大团体生活是浮动的，刺激是多的，犹如居住在城市中一样；小团体的生活是安宁的，刺激是少的，犹如居住的在乡村的一样。我们都知道，乡村的人是愚笨的，都市的人是灵巧的；乡村的人很忠厚，而都市的人都刻薄；乡村的人动作思想很简单，而都市的人动作思想很复杂；乡村的人很固执，而都市的人多活动。由此看来，可知大规模的团体生活是灵巧的，是刻薄的，复杂而且多变化的；小规模的团体生活就不然，处处和大团体生活相反。你想儿童的生活，是多么纯粹，是多么安宁。一旦教他们脱离忠厚的简单的小团体生活，而入于复杂的刻薄的大团体生活，与生物遗传不相容的大团体生活，他们的生活，还能安宁吗？教育的目的，要养成人与人的关系。才有"人的意味"。上面已说过，大团体生活易流于机关化，一毫"人的意味"都没有。你想感情浓厚的儿童，而使他受这种机关式的训练，结果造成一种什么国民，与人类进化有何关系？英国学校都注意这一点，所以一个学校内有许多小团体的组织。现在我就将英国学校内的组织简单的报告一下。

英国学校人数本不很多，一校内分为若干团体。其组织在英国教育上有两个很普通的，就是级（form）与斋（house）。每级通常以三十五人为限，小的学校只有二十人乃至三十人。每斋少亦只数十人。级与级或斋与斋中间的感情，都非常之好。每斋有一斋主（house master），斋主之外有司事与指导员（tutor）。凡一斋内学生的衣服饮食以及其他一切的需要，他们皆负责。尤以斋主为重要。他对于一斋的学生负完全责任，斋主之对于儿童，犹父兄之对于子弟。所以英国儿童在学校内，差不多和在家庭内一样。至于级的组织则是以学业为基础的，其精神差不多也和斋一样。关于课业方面，大学教授没有许多讲说，不像我国教授的热心。在法律上，有的大学规定，一教授能于一学期内讲一二次，就算是很尽责了。学生在学校内怎样读书怎样预备考试，总由指导员指导。所以指导员是非常之重要的。要到大学求学，第一先要找一个很好的指导员。这是最重要的事。其理想的大学的组织，也是分成许多小团体，即所谓学院（College）。每一学院多则有二三百人。许多学院连合起来，即成为一个大学（University），牛津（Oxford），剑桥（Cambridge）等大学就是这样。指导员的制度，不独大学为然，就是中等学校亦复如是。其目的在养成人与人的关系，免除仅与机关有关系的流弊。这一点很值得注意。前次章士钊长教，主张合并北京八校为一校，他说可以节省经费；然而他不明白大规模学校易流于机关化，因之不能养成人与人的关系而使人有人的意味了！

现在时间不早，我可再将学生自治简单的说一说。学生自治以英国发生得为最早。他们最初有所谓领班制（Prefect System），领班制就是以最高一级的学生领导其他各级。高年级学生具有领袖的资格，可以做一切的指导。不过领班制有一个流弊，就是最高一级的学生，有指挥全校同学和监督全校同学的权力，因之不免有志〔趾〕高气扬目空一切的态度。所以在现在，大都不采取领班制而趋向于学生自治（Self-control）一途了。自治制较领班制已经进步了许多。自治制的目的，是在能从学校生活中，陶冶学生社会的性能。学校为社会的雏形，学校的生活，就是社会生活，使儿童在学校内能养成立身群众中的能力。因为人在群众中，往往容易受群众势力的压迫，不能发表自己的主张，而屈服于群众势力之下；尤其在感情集会的时候，最易发生这种现象。一个青年在群众生活中将自己的勇气毅力和创作精神消灭掉，将来置身社会，还可谋一点进步吗？所以学生自治是在令各个人得有人格发展的适当机会，在群众生活间，有独立的精神。诸位能够以这种精神讲自治，自治才不误解。如果各个分子不能发挥他自己的创作精神，而为群众势力所压迫，那不是自治的真旨。所以我说："中国的学生自治，应该以在群众中养成个人独立的精神为目的！"

这是我今天所讲的大概。今天预备要发表的很多，现在因为时间的关系，不能多说。诸君如要研究英国教育，请看近日拙著《英国教育要览》好了。

此篇笔记整理时，得姚枝碧先生的指导很多。脱稿后，又承任孟闲先生与姚枝碧先生详加校阅，合志一言，以鸣谢意！

《中华教育界》第 15 卷第 7 期（1926 年 1 月）

师范教育行政
（1926 年 5 月）

一、行政机关及其政策

吾国教育行政机关，在中央有教育部，在各省区有教育厅。在教育部内，职掌师范教育者为普通司。在教育厅内，职掌师范教育者为第二科，皆与中小学教育同属一机关。盖因师范教育之主要目的，无非所以谋中小学教育之改良与发展，其中关涉甚多，合之则两便也。

高等师范取国立制，由教育部直接经营并监督之。师范学校取省立制，师范学校设置之地点及校数由省行政长官规定之，但于教养要义、课程标准、修学服务等规程，仍概由教育部制定之。是名为省立，而实则教育部隐操主持之权也。私人或私法人依章程之规定，经省行政长官报告教育总长许可后，得设立师范学校，名为私立师范学校；县因特别情事，依许可亦得设立县立师范学校，或由数县联合设立师范学校。至高等师范则无允许私立或省立之明文，亦无此事实。但近年来，私立大学颇多设立教育科，以养成中等教师及其他教育人员者。夫师范学校之设立，原所以适应社会之需要。使地方教育，蒸蒸日上，则师范学校理宜加多，此所以明定师范学校可以私立或县立，以免实施义务教育时，致感教师缺乏之苦也。若夫高等师范则以教育机关而兼为学术机关，由私人或一省设立之，其人材与经济，在最近之时代，恐无能担任之者。私立学校有创高师部者，要以厦门大学为最著，以其资财颇足，故能获得教部之承认，此外不多见。至若省立高师与县立师范，在大体上，皆为教部所不赞成。依教部政策，县应竭力营求义务教育之普及，省应竭力营求中等教育之发展，依目前各地之经济状言之，倾全力以各为其分内事，尤恐不能有济，何可更分力以兼营师范教育乎？此其所以规定师范省立与夫高师国立之原因也。至二者其所以同置于教部监督之下者，则因师范教育为国民思想信仰之所由成，国民智能品格优劣之所由分，国家为求国民精神之凝整计，不得不求师范教育具有一贯之方针；国家为保障下代国民之福利计，于师范教育之趋向，亦不得不有以检查而端正之。

吾国之教育行政机关，皆同时握有创制、执行与裁判之诸种职能。幸而其长官贤明，则教育事业，蓬蓬有生气；不幸而长官庸懦，则日即下流而莫可救药。然而此犹曰有幸有不幸也。而其必不可免之流弊，则犹有数项焉。第一，行政官吏随政潮而进退，而教育政策又随教育长官之进退而转移，卒致终无鲜明确定的教育政策以为施政之的。第二，行政长官既具有最高权，而其本身又多为政客，不谙教育之事，以可以为所欲为之地，而以不明内情之门外汉居之，则其倒行逆施悖理灭法，如章士钊之取消女师大，马叙伦之取消美专，又何足怪焉。有识者之有鉴于此等危机也，乃有创议教育参事会之设立者。吾意此项机关，中央与各省宜分别设立之。其会员当以现任教职员之代表占多数，而参之以官厅代表与地方代表。在此项参议会中，宜设立一师范教育分会。关于师范教育事项之决议，参事会应尽先征求师范之意旨。中央教育参议会师范分会以创议或审核师范教育方针与政策为其要务，各省区参议分会则以计划或审议实现师范教育方针与政策之各项方法及其他地方事宜为要务。能如此，庶几师范教育之基础可以安定，而师范教育之进步亦可期矣。

二、师范学校之组织

吾国各级师范学校，依民国十一年《学校系统改革令》，实得下列八种：

1. 高级中学分普通、省［农］、工、商、师范、家事等科（改革令说明第十二条）。

2. 师范学院修业六年（改革令说明第十七条）。

3. 师范学校得单设后二或三年，收受初级中学毕业生（改革令说明第十八条）。

4. 为补充初级小学教员之不足，得酌设相当年期之师范学校或师范讲习科（改革令说明第二十条）。

5. 为补充初级中学教员之不足，得设二年之师范专修科，附设于大学教育科或师范大学校，亦得设于师范学校或高级中学，收受师范学校及高级中学毕业生（改革令说明第二十六条）。

6. 师范大学修业年限四年，依旧制设立之高等师范学校，应于相当时期内，提高程度，收受高级中学毕业生，修业年限四年，称为师范大学（改革令说明第二十二条）。

7. 大学教育科（改革令说明第二十六条）。

8. 为推广职业教育计，得于相当学校内，酌设职业教员养成所（改革令说明第十六条）。

依上八项，分析而类比之，师范学校在学级上可得四级，最高级为师范大学，其次为师范专修科，其次为六年期之师范学校，其次为补充初级小学教师额之相当年期之师范学校。就其目的言之，则有以养成中小学教师为职志者，亦有以养成职业教员为目的者。就学校之地位言之，则有独为一校者，亦有并设于他校者。以图表之如下（图表略）。

细玩此中组织，吾人可发现多数问题。（甲）就学级之层梯言之，自养成（1）初级小学教师学校，进而为（2）寻常师范学校，进而为（3）养成初中教师之师范专修科，再（4）进而为养成高中教师之师范大学。拾级而登，层次井然，焕乎美矣！然而此中有一谬误之观念存焉。盖立法者之用意，似以为学级高，则教师之程度须高，学级若低，则教师之能力亦可低。是故既有六年期之师范学校，又设相当年期之师范学校以补充小学教师之不足。岂非以为初小程度低，故其教师之教育年数可以减少乎？然而此犹得诿为恐实施义务教育时，急遽间不能得如许教师，故采速成科办法（实则及今图之，尽有预备之余地）。至二年师范专修科之设立，虽有补充初中教员之不足一语可为理由，究其实，则此项理由，极为薄弱。夫初中之设立，每年之最大限度，原易估计而知。其设立之数量，其教师需要额，决不至过大过多，而为短时期内所不能如期预备者。且专修科与师范大学之毕业年限，相去尽〔仅〕二年。若于学制议决后之紧接的二年中，一面对初中之设立，酌予限制，一面又使师范大学斟酌未来的需要，量为名额之扩充，而预为之备，亦决不至有供不应求之患。此可以新学制实施后初中设置之数量证实之者也。足见此种制度之产生，实由于创制者误认教师智能但须高出于其学生智能以上若干分量，即可胜任而无陨越之虞也。殊不知教师之所教授于学生者，有时诚无需乎多，且亦无所用乎多，但欲教师之了解透彻，而能灵活的运用之，则不得不求其造诣之稍深。是故各国师范教育之进步的办法，已不复使中学教师与小学教师之教育预备，有何种程度上的悬隔，而仅求其课程性质上之分化。其将为小学教师者，则注重常识之丰富，修养之完备，以适应小学教育之情况。其将为中学教师者，则注重若干学科之深造，以求能为一专科教师。至二者教育之程度，固皆为大学毕业程度也。吾国纵一时不足以云此，但亦不应如本制之所定，俨然表示学制低一级则教师能力即可以减一分也。

（乙）其次更就师范学校之目的言之，大别之可得二种。一为中小学普通教师之养成，一为职业教员之养成。而于中小学教员一类之中，又可分为高中、初中、后期小学与前期小学之四级。此项分别，除普通教员与职业教员，性质迥殊，为当然的异类外，其余区划，则颇乏科学的根据。且亦分类嫌少，不足以应实际的需要。依吾之意，师范学校所培养之人员，至少须有下列各种：

1. 幼稚园及小学初年级（一二年级）教师
2. 小学高年级（三至六年级）教师
3. 初中普通学科教师
4. 高中普通学科教师
5. 乡村学校教师
6. 师范学校教师
7. 教育行政人员
8. 体育教师
9. 艺术学科教师
10. 各种职业学科教师

幼稚园教育，各国多视为缓图，非因其在教育上的地位不甚重要之故，乃因国家经济力不甚充裕，而无力及此也。况在吾国，义务教育普及之日，为期尚远，在短时期内，公家无意于此，可断言也。但公家固可暂置不问，而私人之经营之者，亦未始为绝无之事，且工厂制度日益发达，父母之就业于公司中或工厂中者，其将要求有一公共机关于其工作时间内代为看护子女，亦为势所必至之事。是故由师范学校培养幼稚园教师，亦今日之师范教育所不可忽视之点。小学一二年级学生，其身心状态与幼稚生略同，其教导上所宜采用之方法亦大体相近，故此二项教师可合为一组而视其培养为一事。

小学功课宜采级任制，而小学教法上借助于游戏、音乐、图画、手工者尤多，小学教师于此等科目宜多加之意，而于其他科目亦宜求修养方面之众多。故小学教师但有一种，无须分类。至于中学教师，自初中起即可酌行学科担任制，高中则更应励行专家担任制。初中各学科，内容仍重联络，且多以实际问题为中心，高中学科则学术之意味较浓，而论理的分划益严，故初中与高中之师资其所需要之能力不全一致，而其培养时亦应分科。

乡村学校，其经济与设备，环境与问题，皆有其特殊之点，未可以办理城市学校之方策完全移用之。故乡村师资亦特加培养。吾国人民，本以乡居者为大多数，吾国之师范学校，理应以适应乡村需要为其着眼之点。惜乎已有各师校，其形式与方法，完全采自工业化之国家。故吾人不得不特注意乡村教师之养成。特殊乡村师资之需要，尤以小学后期及初级中学为最切。因小学高年级有施以特殊教练为农作园艺等之必要。若在前期，其所教训者无非日常生活中之庸言庸行以及一般现象之解释而已。故其教师之乡村化的训练，犹可稍缓。在高中级内，乡村学校当然为学习农业之是务，此际所需用之师资，必为专习农事之职业教员。惟在实施普通教育之乡村初中及小学高年级，其教材既不可径采特立的农村学程，又不可不使之归于乡村化，以期景物逼真，学合所需，而教合所求也。故其教师，须为特别养成之另一种师资。

师范学校教师，其不同于他校教师者至少有二点。一为了解师范教育之意义及其方策，二为富有小学教育之知识与经验。具此二者，庶几能以其自身的热忱鼓铸师范生之教育信仰，又能斟酌小学教育之所需以为本身设教之准绳。但此二者，仅就师范学校之一切教员言之，若夫教育学科教员，则当另有独立从事教育研究之能力与夫富于研究实验之热忱也，又无待乎言。故师范教师之养成，当独立一目。

教育行政人员包〈括〉教育官署次级职员乃至县视学、校长、校务员等而言。此等职员，有为初毕业之学生所可担任者，如官署之次级职员是；亦有须富于教育的学识与经验方可担任者，如视学与校长是。其为毕业生所可径行担任者，宜早加训练，固无待乎言。即须具有若干年的经验方能胜任愉快者，亦宜于其未毕业前，先知其志愿所在，而课以相当的训练，俟毕业后，再以若干年的服务，以补充其资格可也。此言教育行政人员当另行培养。其他如体育、艺术（音乐、图画、手工）、职业教师之宜特别培养，为事至明，可不多论。惜乎新学制之创立者未遑为相当的说明也。

（丙）复次为师范学校之地位问题。新学制既确定师范独立，又明定高中有师范科；既承认师范大学，又容许大学教育科。是盖兼容并包之妥协政策也。大学为学术机关，其责任在研究学术。师范大学，为职业人材训练机关，其重心在实用。故大学教育科，在理论上，与师范大学性质绝不相侔。吾国大学之教育科究为纯粹的学术机关乎？抑为兼事职业陶冶之机关乎？学制之于此点，并无明确的解释。但就改革令说明第二十六条（内有二年之师范专修科附设于大学教育科或师范大学之句）推之，当解为可以兼事职业陶冶者。是故吾国之师范学制，确为两重制度也明矣。师范大学与师范学校之不容消灭而理应独立，已于别处说明其理由。现可一问中学何故须设师范科？大学教育科又何故可兼营职业之预备？

中学之设师范科，盖仿自美国。美国中学之创此办法，乃因乡村教师供不给求，中学毕业生率多暂膺教席于乡村中者。与其不教而使之教，何如先施之以若干训练乎？虽曰其量甚微，要亦聊胜于无也。可见中学之设师范科，非有何种理论的基础为之声援，只以事势的逼迫，权作过渡的办法而已。至若大学之有教育科，其目的本应在学术之研究，今竟越境而兼营师范大学之职责者，则因大学毕业生出校后无业可就者甚多，乃相率而入于教育界。入教育界后，师范出身者对之，又每怀歧视，而目之为“野鸡”。主持大学者，为其毕业生谋发展之地，乃不得不设立一教育科以作护符，且唱为师范大学不应独立之议，以搅乱社会信仰师范教育之心。如是者，是谓以学校政策乱国家政策，奸险之尤者也。须知一般大学生今日之求为教师也，非愿为之也，乃因政治不清明，实业不发达，无路可去，故暂时以此为一枝之栖。一旦政治界有活动之余地，实业界有展布之可能，吾敢断言其将群趋于升官发财之途，而鄙视教育为劣拙者之事业矣。大学当局者，能苟于国家教育政策及其学生毕业后之出路而加以兼劳并顾者，则应使其教育科为一独立自治的学院，充满教育的空气，富有人本的精神。然后虽为大学之一属院，而仍可期其无碍于师范教育特质之存在。若夫时人所持以教育学科为文科之一系之办法，则百无一当之办法也。

三、师资之需要

师资之需要，随学校之增加、教育之普及而益大。吾人如认定民主国人民有享受教育之权利，国家有企图教育机会均等之责任，则目前因政治纷扰所招致之教育停顿，决不足以使有志者为之短兴。故吾人可依据吾国教育界所应有之现象，以讨论师资之需要而商量今后之方策。

我国人民，依国务院统计有三·七七六七·三四二四人（蒙古未计），依民国十年海关统计有四·四三三八·二零零零人（蒙、藏、新疆未计），民国十一年邮务局统计有四·四七一五·四九五三人（蒙、藏未计）。大体言之，在实数上决不至少于"四万万人"也。依各国通例计算，学龄儿童，约占全人口五分之一。吾国四万万人口，实得学龄儿童八千万。暂定义务教育年限四年，在各国率为八年或九年，是故吾国之学龄儿童与全部人口数之比例，大体上应减少一半，故姑认定吾国应有小学生四千万。目前实际上则只有四八四·二六三八名（依教育部民七民八统计），是在入学年龄中而未能入学者，实有三千五百万。换言之，吾国学龄儿童之已入学者但有百分之十二强，其未入学者占百分之八八弱，去教育普及之标准尚远也。

又查各省区小学教师数为二十二万四千七百七十六名，以视四百八十四万余小学生，每一教师约抵当二十二名学生。准此则四千万学生，必须得教师一百八十万方能任教育之责。纵令将来每一学校，因强迫入学之故，学生人数激增，每一教师所可教育之儿童数，势亦不得超四十名，如是则欲实施义务教育，亦须教师一百万人，目前之所有者但二十二万余人，尚缺约七十八万人。此七十八万人将如何养成之？实师范教育之大问题也。

又考我国各省区师范学校（私立及教会立者在外）有一百九十五校，在校学生为二万四千九百五十九人。每校约有学生一百三十名，如是则一百万教师之养成，约须有师范学校八千校（纵令每校能招集多数学生而满足部定之最高额"四百名"，亦须有师范学校二千五百校）。以今日已有之校数视之，尚不及其二十分之一，则师范学校之设置当为今后努力之一大目标明矣。且征之各国师范学校状况。比国人口为七百五十余万，有师范学校五十余所。荷兰人口六百三十余万，有师范学校八十二所。法国人口三千九百万，有师范学校一百六十六所。我以四万万人口之国，如以比利时为比例，应有四千师范学校，即以法国为比例，亦应有一千六百校，而今之所有，仅得其八分之一，不亦为数过小乎？

以上所陈，可以证明师范学校之急待扩张，请更言师范大学之前途命运，究属如何。请依据教育部第五次统计而制一图说如下：

中学生类别	其他中生数	中商生数	中工生数	中农生数	师范生数	中学生数
数　目	14 617	2 106	3 436	4 982	24 959	60 924
中学生总计	111 078 名					
小学生数	4 842 638 名					
中学教师数	8 638 名					
高师学生数	1 998 名					

由前表可见高师学生数一千九百九十八名对中等教师数八千六百三十八人，约当五分之一。又此项高师学生暂以四年级分配计，每级平均得五百人左右，是即谓每年可得五百高师毕业生也。此项毕业生数，约当现有中学教师数十五分之一。中等教师每年因疾病、年老、死亡、改业而退职者，最少想于每十五人中必有一人。如是则目下高师之在校学生数，仅足当补充退职教师数之用。若夫中等教育之扩展，则现有的高师，决不能负供给适当数量的教生〔师〕之责。查各国中学生数与全国人口常成百分一乃至百分二之比例。吾国四万万人口，即以百分一为标准，亦当有四百万中学生。假定每一教师所教学生之比例为四十名，亦须十万中等教师。若以现状为根据，中等教师八千六百三十八人，中等学生一十一万一千零七十八人，每一教师所教额数尚不及十三人。若是，则吾国中等教育发展至各国水平线程度时，必须有三十万教师方可济事。又假定每一师范大学收容学生千人，欲培养三十万教师当须师范大学三百所。纵使国中现有的一切大学皆为师范大学，一大学生皆为师范生，犹不足以供应其需求。寥若晨星之三四师范大学，犹患其叠床架屋，不合经济，而排除之不遗余力，抑毋乃过于短视乎！

综上言之，可见教育不扩充则已，教育而欲扩充，则当立现"教员饥荒"之状。果尔，则将何以救济之乎？势不得不出于设立师范速成班之一途。所谓速成班者，即缩短其在学年龄，减低其教学能力之谓，初不必问其有无速成之名义也。学制所谓得酌设相当年期之师范学校，所谓得设师范专修科，皆无非所以速求教师缺额之补充者，特一则关于小学教师之补充,一则关于中学教师之补充耳。山西省为实施义务教育计,特别设立规模宏大之国民师范学校,其用意亦犹是也。

师范生在校年期既短,能力自随而降低,欲其应付裕如而能收教育的最大效率,抑毋乃所牺牲者过小而所希望者过奢,是为必不可能之事。于是乃不得不有以救济此项缺憾。有设立教育指导员者,使富有教育研究而又具有经验者充之。其责任在指导学校教师,助其解决导学上、课程上之种种困难问题。又有实施轮流补习法者,使在职人员轮流入学,以更新其知识而扩充其胸襟,或入暑期学校,或于课余径往师范学校或其他机关,补习其知能。凡此皆所以提高教师之能力者也。

四、师范生之选拔

师范生入校时,在吾国每受一剧烈的竞争。及第者十尽〔仅〕一二焉。盖因师范生享受公费待遇,而教师地位又尚为社会所尊重之故。此中得失,且不具论。今兹有欲言者,在于此剧烈的竞争中,主其事者究将以何种标准选拔之。查各校新生入学章程,率有一种规定。其内容为(1)小学毕业,(2)品性端正,(3)身体健全,(4)学龄在十三岁(亦有规定十四岁者)以上二十五岁以下(规定最高年龄者较少),(5)考试及格,(6)由居住所在地教育局保送。此六项规定,各有其命意所在。第六项所以证明考生之籍贯,俾学校确知其县属。师范学校所收学生数,必须注意地方之需要,故其考取学生亦须斟酌各县之需要情形而量为取录。若某县需要额小,而所录取之该县学生反多,或需要额大,而所取之学生反少,皆将发生供求不相应之现象,乃师范教育之失策也。第五项考试及第一项毕业资格,其主要目的皆在证明其学力。第二、三、四三项则所以限制其身心资格者也。其资格之属于人事与学力者,在师范生之选拔中,固有其注意之价值;但其尤要者,则为先天的身心资格。请申论之。

西方之谚曰:"教师是生成的,而非教成的。"斯语也,偏颇激荡,不烦言而解。然而其中至理,要亦不可泯没。吾人可更正之曰:生成的教师方可教成之。换言之,欲养成优良的教师当先选拔其生而具有能为教师之材性者。于是则优良教师必备何种材性,乃为重要的问题。于此而能有相当的解决,师范生之选拔方可获有适当的标准。徒曰品行端正,实嫌迹近笼统也。惟是此义虽要而为事甚难。世之从事此项研究者，尚未能多见其人，亦无可恃之标准公布于世。谨就私意表列如下：

1. 身体强健　能耐教职之困累，考试时由医家检定之。
2. 言语清朗　言语能力为教师成功之第一条件，口试时可侦察之。
3. 态度和易　接待师友，和易为上，能和易则能相爱敬。
4. 意境恬适　教育烦劳而待遇清苦，愉快之情与冲淡之怀，皆为必要。
5. 忍耐力强　启牖学生，有类垦荒，急切求功，则必不达。
6. 注意精密　丝忽之差，危险丛生。于其起居饮食，德行学业，不容疏忽其一。
7. 存心真挚　人与人交，真诚最要。结人成事，皆系乎此。
8. 智力优秀　教育方术，随时变异；胶柱而鼓，偾事必多。

以上数者有可以标准测验得之者，如智力是；有可以观察得之者，如态度是。其中固有不易把捉者，但勉以求之，要当不中亦不远矣。若能实行以初入学之一学期为"试学期间"以为甄别之地，则悉心考察，不难得其真相也。所取必精，然后所成可大。愿勿忽之也。

五、师范生公费问题

有人以师范生公费制度，在今日必须废除。其持论之点：（1）师范为职业之一；职业平等，师范生何得独享此优越之权利。（2）中学设师范科，学生待遇，当各科一致，以免歧视而起不平。（3）公费制度在施之者有一种慈善济贫之意，受之者每养成倚赖之习。（4）当此教育经费竭蹶之秋，公费制度，实足以阻碍学校事业之发展。（5）师范生在校既享受公费之权利，出校即有服务之义务。而今服务之规程，形同虚设。不如将公费及服务规程，一律取销。（6）又有人以为，师范生既并膳宿学费而一概免除之，以故经济不宽裕之家庭，纵其子弟志不在师范，亦相率而趋之；亦有力非不足以入他种学校，但欲节费而入师范者；师范生与非师范生之待遇，既不同若此，故其间之取舍，每不以志愿与能力为从违；其结果则学生个人或因此而汩没其长才，至少亦或耗费一部之时间于非其所好之学科。学校方面，亦因此而不易达到其目的。公私两弊，莫逾于此。然而欲救此弊，不在消极的取消师范贷费制，而在积极的于其他中等学校内，设奖学金额或免费生额，以资补救而免偏倚可也。欲决此问题，仍当于先述之五种疑难中求之。

（一）所谓职业平等者，其言甚甘。然平等非同等之谓。师范之意义，既与他种职业截然不同，即应有其特别之待遇，以发育其乐业之精神。教师事业既少经济的活动，又无势位之可图。苜蓿青毡，古有恒言。我国最重师道，即在三家之村，亦尊师以南面。往往乡人交哄，得师一言，即可解决，而不必涉讼。古者君师并称，社会尊师而师亦自尊。物质的酬报虽薄；精神的安慰聊胜。师道尊然后精神事业（教育为精神事业）之价值明，而奔走权贵，崇拜商贾之风气，可以稍杀，其所及于社会全体之良影响可胜道哉？夫欲师道之振，固在教师自尊其人格，而尤在社会有尊师之实，公费制者，足为表示尊师之一端，而尚不足以尽尊师之能事。

教师之报酬至薄，而其责任弥重。东南夙称富庶之区，而小学教师年俸，犹有不及百元者。美国小学教师，每年所入，不及一黑人之业拭鞋者，为数甚夥。大战以来，合格之教师极为缺乏，一时无法补充。教育界乃大声宣传教师在社会文化上之地位及价值，冀博社会尊重之心。复罗致重金于师范学校内多设奖学金额。究以生业活动之途甚广，每届招考，师范生数远不如他校学生之众。设使我国工商业渐兴，义务教育实行，则师资缺乏，立见恐慌。即卑礼厚币，犹有不能招致之者。此观于英国于中学毕业生而愿入师范学校者，即预给津贴而认为师范预备生，以及法国于高小学生之有志为师范生者亦行类似之制度，而可知其中消息也。

（二）中学内师范生与非师范生待遇宜同，免起隔阂一层，虽可注意，亦易解决。夫隔膜之起乃起于不相了解。今欲去其隔膜，但求其了解斯可也。且目的不同，待遇有别，自有其至当之理由，而受之者亦得视为当然之权利，他人对之，只应尊重其权利，而无横加嫉视之口实。若有嫉视之事，负教育之责者正当启发而纠正之。何可因无端的诟念而牺牲师范生应得之权利哉？且吾人原不主张中学与师范合设，不过为中学毕业而欲充任教师者之方便计，中学亦得设立教育学程，而集合此项学生以训练之。如是则中学内之师范生为数必不甚多。以有限的师范生居于多数非师范生之林，决不能自成一强大阶级而招人反感。校内各班级间之风潮，起于日常生活中地位之悬殊者有之，起于经济的待遇不一者则未之前闻。诚以青年之所痛恶，在他人之自炫自大。而青年之所要求又在自身自尊情感之保持。不平现象之足以引起风潮者，必其有伤于他项青年之自尊心者也。若夫师范生之公费待遇，则因职业的分异而起，并非于青年自身直接有所优劣也。何至为引起嫉视之原因哉？

（三）师范公费为食志而非济贫，譬之征兵，待遇一律，不以贫富分厚薄。惟征兵为强迫的，给饷为食功；师范为自愿的，公费为食志。各国义务教育，有贫儿给膳，并津贴其母之法。因是教育税不免加重，颇招人民反对，或有目之为慈善事业者。而有议者则以为此乃国家教育之正当政策，贫民应享之正当权利，决不可以慈善事业目之，况师范为国民教育之母，何能吝惜公费。公费固非所以济贫，而贫者实因此而能受师范教育。至所谓倚赖云者，则受教育期内，当然倚赖他人。人生而未至成年期间，不依赖国家，即依赖家庭，固无间于师范生与非师范生也。乌得以此为取消公费之理由？

（四）至以经费竭蹶，公费有碍教育之发展，则尤为废话！试问教育经费果何因而竭蹶？欲使经费不竭，与军阀争可也，与资本家争可也，与贪官污吏争可也。乃不与军阀争，不与资本家争，又不与贪官污吏争，而独与师范生争此戋戋，何所见之浅耶！

（五）师范生既享受免费之权利，即有服务之义务。服务年限既有规定，可使教师久于其任，专壹其志，而教育成为专业。且每年退职之数率，与补充之数率，易以比例预测。师资分配，易于调度（乡村服务应另订奖励专章）。其便于教育行政为何如者！或谓今日服务规程，无法实行。此缘政治混浊，致教育行政发生故障。设一旦政治顺轨，历行国家政策，服务规程，安见难行。似未可以一时变态，而因噎废食也。

根据以上五端，吾人主张师范公费制，永不可废。

六、教师检定

振兴教育之要道，其次于培养师资一等，而亦异常重要者，则为教师之检定。吾国今日，师范毕业生可任教师，中学毕业生亦可任教师；有教员许可状者可任教师，无教员许可状者亦可任教师。教育界人品之杂，未有甚于吾国今日之现状者也。

年来各处私立学校，风起云涌，论者每谓为教育发达之征，不知实际上乃大谬不然。私立学校之蜂起，与其谓为教育发达之现象，毋宁谓为教育破产之结果。何以故？盖创立学校者，其中固不无真心服务教育之士，然而其大多数则不免具有投机性质与营业目的，权以是为啖饭之所而已。其动机既不纯正，而其能力又无人监察，于是学生前途为其所误，教育信用为其所坏，其遗害于社会国家，岂有极哉！欲止此患，须厉行教师检定制度，凡欲从事教育者，无论其所办理者为公立学校抑或私立学校，皆须得有教员许可状，然后准其从事。必如是，庶几误人子弟之学校可少减也。

年来学校风潮，溃溢而不可收拾。其中原因固甚多，而教员之党同伐异，要为其原因之一。为教员者果何为而乐于党同伐异哉？则亦结党自固之心阶之厉也。使彼不得不结党之因，有在内与在外之二种。其在内者，为自身能力之不足，不得不厚结声援以互相保全。依吾之所阅历，真有能力者皆能独往独来，而不愿为朋党所牵制。此结党之因之存乎己者也。其次，国中人浮于事，各界皆然，而以教育界为尤甚。张三李四，无论其所学为何，一出校门，而又无事可作，即有投身教育之"天赋权利"。国内外之毕业生年年增加无有己时，而教育的发展又一步不能前进。教育位置既不能尽此等博士学士而完全容纳之，彼等乃不得不出于争夺格斗之一途。失志者相约努力推翻在职者，倒一校长而易以本系的人物，然后同谋者可取原有人员而代之。及原有人员发觉之后，又难免以夫子之道还诸夫子之身。往复循环，于是而教育界之内情，不堪闻问矣。欲挽此风，亦必厉行教师检定制而后可。盖检定制，一方可以限制投身教育之人数，免致供过于求，而排挤倾轧之风生；一方又可以甄别投考者能力之优劣而去取之，凡检定及格者即为国家所视为有充任教师之能力，应于其地位予以保障，不得任人攘夺。如此，则教师之心安，而教育之进步可期矣。

吾国部章，原有检定章程，特执行不力，致成具文耳。民国九年《给予教员许可状规程》第二条云：凡非依照本规程得有许可状者，除有特别规定者外，不得充当教员。可见原来政策，对于教员，本采检定制也。同规程第三条云：高等师范学校并其他为养成中等教员所设立之官立学校毕业生及中等教员检定合格者，其教员许可状由教育总长给予之。可见对中等教师，本亦采用检定制；顾于事实上，各省于小学教员之检定尚有实行者，于中等教师之检定则尚未之前闻，此或中学教育较劣于小学教育之一因乎？

同规程第十一条云：高等师范学校本科毕业证书与依照本规程所给予之中等学校教员之许可状有同等效力，师范学校本科毕业证书与依照本规程给予之小学教员许可状有同等效力。其意在尊重师范教育而鼓励学者之享受师范训练立法未始不善。无如办理师范学校者不曾严格办理，课务废弛，考试敷衍，卒致毕业生能力薄弱不胜教职者比比皆是。为挽救目下师范教育之废弛计，似宜取消师范学校之特权，而一并用考试检定之，以整齐其程度，保障其能力。考试时于普通修养、担任学科、教育智能，并实地演习，皆一一考试之，务期能充分证明其力能胜任，然后予以教员许可状，不问其为师范毕业生否也。师范生若欲保持其免予检定之特权，则师范学校之毕业考试应大加整顿，必使其确能征〔证〕实毕业生之心得，且能督促未毕业生之努力而后已。能如是，庶几师范教育之效率增，而师范生之特权不至携有危险种子以俱来也。

《中华教育界》第 15 卷第 11 期（1926 年 5 月）

爱国教材在小学教育上的地位
（1926 年 7 月）

　　小学校应否教学爱国教材？能否教学爱国教材？爱国教材之教学有必无要？是数问题者，皆基本问题，而为从事教育者所应详加考虑者也。若略加考虑，则此基本问题之解决，犹有待于初步问题之讨究，又将立见。所谓初步问题者，即爱国教材与非爱国教材之区别如何？其作用如何？其内容又如何？必于此数者有明确之观念后，再进而从事基本问题之考究，然后障碍消除，而讨论之进行顺利。本文之次序即由是而定。

一、教材之范围

　　何谓爱国教材？爱国教材与非爱国教材之界限如何区划？欲解答此问题，对于教材之全体当先有一种概观。依普通公认之定义言之，所谓教育者即使个己与其世界得有圆满而高贵的关系者也。所谓教材者，即求得此项关系之种种活动也。是故欲了解教材之全境，当对于个己与其世界所具有或可有之种种关系，加以分析，更依分析之结果而综合为若干类。或就人生之活动而分析之、综合之，于教材之种类，亦可以获得同一的结果，因人生活动与其对于世界的关系之二者，原为一事，而非二物之故。绝无离世独存的生活，故一有活动即与世界发生关系，而不问其活动之属于何类也。是故二者之差别仅为观点之不同，而非内容之两歧。斯宾塞尔分人生活动为五类。一为直接有关于自己之生存者，如饮食安全等是。二为间接有关于自己之生存者，如生产的活动是。三为有关于子女的教养者。四为有关于国民资格者。五为有关于闲暇时间之消遣者。是为就活动而分类者。即此五类而审核其对于世界的关系以及教材之科别，则有如下式：

（甲）活动　　　　　　　（乙）关系　　　　　　（丙）教材科别

1. 直接有关于自己生存者——关涉自然世界——自然科学与实用艺术

2. 间接有关于自己生存者——关涉 ⎧ 自然世界——自然科学与实用艺术
　　　　　　　　　　　　　　　 ⎨
　　　　　　　　　　　　　　　 ⎩ 社会世界——社会科学之一部

3. 有关于子女之教养者　　——　　关涉家庭　　——家事学

4. 有关于国民资格者　　　——　　关涉国家　　——政治学等

5. 有关于闲暇之消遣者　——关涉文化（精神世界）——文学诗曲等

是故氏之五项活动，言乎关系，则涉及自然世界、社会世界（家庭、国家亦属社会世界）、精神世界之三者；言乎学科，则有自然学科、社会学科、艺术学科之三者；言乎活动，则有个己的、家庭的、国家的之三者。其区划虽有受人指摘之点，然大体上教材之范围约略尽于是矣。最近亚当母生（Adamson）分人类世界为三：曰自然世界，曰文化世界，曰道德世界。人类于自然世界之关系为搜检（Exploration），于文化世界为发现（Discovery），于道德世界为创造（Creation）。以言乎教材，则关于自然世界之搜检者，有自然研究、地理、科学，而以手工、数学、阅读为其辅；关于文化世界之发现者，有政治的、社会的、国性的、宗教的、职业的各种学科，而文学与语言则其工具也；关于道德世界之创造者，则有家庭生活、学校生活乃至道德教诲。表示如下：

（甲）世界　　（乙）关系　　　　　（丙）教材

1. 自然世界——搜检——自然研究、地理、科学为主，手工、数学、阅读为辅。

2. 文化世界——发现——政治的、社会的、经济的、国性的、职业的、宗教的，更以语言文学为工具。

3. 道德世界——创造——学校生活、家庭生活、道德教诲。

三种世界，非可绝然分划；三项态度，以简约之故，亦难免挂漏。如政治而有理想，职业而有道德，可见二三两世界之相揉合。如于自然界，有研究，有控制，有欣赏，可见以搜检一辞形容人与物之关系，终嫌疏略。吾人苟知其非绝对正确的描写，则用作概括的研究标界也，斯无妨碍矣。

二、爱国教材之作用

于教材之范围，既得一概观，即可进论爱国教材在教材中之地位。但先一讨论爱国教材之作用，则尤为便利。所谓爱国教材之作用者，即爱国教材可达如何之结果，实施爱国教材时应有如何之目的也。爱国教材之目的，在养成爱国国民，此乃显然之理，无待乎言。惟是如何之人，方能爱国，则为有识者，所应进一步以考虑之者也。

一般人皆谓国民之不爱国，乃由于国家观念之不发达，国家意识之不明瞭，换言之，即无爱国的知识也。欲培养爱国国民，必即此缺憾而弥缝之。用适当的教材，使其深悉国家与个己关系之密切，以及个己不尽责时国家所遭受之祸害与夫国家昌明后个己所可享之福利；于是便可使其恍然于国泰而后民康之义，与夫皮之不存、毛将焉附之理；其爱国之心自油然而生，沛然莫之能遏矣。是说也，以爱国行为之有无，决于爱国知识之丰啬，盖过信知识之价值而认定其可以控制行为，并产生行为者也。前人有主张之者，如百科全书派（Encyclopaedists，或称广智派）是。是派人物，以为社会之腐败，民德之堕落，皆缘于民智之未启。欲即民庶之精神与行为而提高之，必也，刷新其见解，丰富其知识而后可。于是而立下宏愿，发为运动，而求使"一切人有一切知"（All Knowledge for all men）。彼等认"知识即权力"（Knowledge is power），故以知识之传播为改革社会之捷径也。培根之言曰：人类之知识与人类之权力实为一而二二而一者。此派深信知识之价值，有如此者。就现代知识言之，知识之价值，第一在指示吾人以行为之方向，如欲爱国，必须明了现在国家强盛昌明之原由以确定救国方针是；第二在供给吾人以行为的工具，如欲发展国家经济必须具有经济知识是；第三在使吾人熟悉成功之条件与限度，如国际经济竞争中未开发国家之必须采用保护政策是。此三者皆为知识之指导行为的功用，确实可信无可置疑。至其发动行为之力，则信之者殊寡。诚以控制人生者，非冷酷的理智，乃热烈的情意。若精确言之，理智而欲发动行为，理智必须结构于情意之中而后可。是故谓爱国教材之功用在养成国家观念者，其说之不完全，无待多论矣。

知识之价值，既有时而穷，于是乃有人谓爱国教材宜养成习惯，而不应专事知识之启发。习惯对于吾人有束缚驰骤之力。一种行为，一成习惯，于适当的情形之下，每自动的发作，莫之致而至，纵欲阻遏，亦且无由。故爱国教育当使学生多作实际的爱国活动。活动既多，积累久之，而爱国习惯成。爱国习惯成，方可保证其确能爱国。彼知爱国而实不爱国，有爱国思想而无爱国行为者，皆缘不知实际的训练，以事习惯之培养，而致知行相违，行不从心之故也。欲救此弊，端赖爱国习惯之重视。然而习惯之作用，其范围果无限度乎？其可信赖之程度果无止境乎？曰，是不然。习惯的效率，限于外界情境之仍旧。情境一有变迁，则习惯之效率斯穷。爱国活动至为复杂，变化多端，至难预测。各种爱国行为其前后之相类似，是否极相接近，有无发生机械的习惯之可能，皆为疑问。藉曰能之，而国家情态之变迁，月异而岁不同，欲于校中，一一养成其习惯，以备其出校后之所需，殆为不可能。故爱国教材，于养成爱国习惯以外，仍必另有所图。

救知识教育之偏者为习惯教育，救习惯教育之偏者为理想教育。理想者，吾人控制多数行为之概括的方针也。因其为概括的方针，故可实现于多种情形之下，而不似习惯之效用必限于特种状况之中也。理想为吾人以丰富的热忱、坚强的毅力所确立，而追求之可实现而尚未实现，或已实现而未全实现之目标也。故理想对于吾人有驱策之功、夹持之力，虽欲中道而划半途而废，亦不可能。理想高者，其成就方有高之可能。反是，理想低者，其成就无不低劣。能建一理想以为奔赴之的者，其堕落之危险性小，反是则大。是故理想为吾人成就之测量器，亦为吾人堕落之保险品。爱国教育而欲养成伟大而可恃的爱国国民，于爱国理想决不可不有以培植之。爱国理想之内容如何？曰为拥护国权，凡强权之加我以政治侵略、经济侵略、文化侵略者，必反抗之；凡国贼之鬻权卖国、媚外求荣者，必铲除之。曰奠定国本，锐意扩张民权，努力普及教育，精心振兴实业，使共和政体得以维持不坠，国计民生得以宽裕有余。曰发扬国光，于固有文化之优点表彰之，于国民特性之可贵者葆扬之，更进而创造新学术，主持国际正义，以期于国家世界两皆裨益，然后可以当"大国民"之称而无愧。曰燮和国民。国人生于同一国旗之下，休戚与共，患难与同，息息相关，如手如足。有何意气之不可消弭？有何利害之不可调剂？而必从事战斗，主张争夺果何为者？此四者——拥国权，奠国本，扬国光，和国民——为爱国理想之核素，能即此四者而深植于学生心中，爱国教材之作用乃大。

总言之，爱国教材者乃所以启发学生之爱国知识并培植其爱国习惯与理想，因以养成爱国国民者也。

三、爱国教材之内容

爱国教材之功用既明，则采用爱国教材之目的即定，吾人可进而探研爱国教材应有如何之内容矣。欲定爱国教材之内容，则先明爱国之意义，于进行之前途，想不无裨益。通常每以"爱"为一种心意的经验，如谓"此物可爱"，即谓目睹此物时心中发生爱的情感，而真实的经历之也。在心理学上，名之为慈情（tender emotion）。严格言之，"爱"非情感的经验，乃一种长存的性向，如被爱之物一入心中则即生起某等情绪。简言之，爱非情绪，实为情操。情操者，乃诸种情绪的性向依某种对象为中心而组成之体系也。吾人之主要的情操为爱恶。吾人自谓爱某人或恶某人时，每无若何情绪之发生。所谓爱某人或恶某人者，即谓思及某人时，可以经历若干情绪之一种，至其情绪究为何种，则随其所思及者之状况如何而定。如其所爱者有疾，则为之忧闷；有庆则为之欢喜是也。是故所谓爱国者，非谓对于国家必起慈情，亦非谓必生任何情绪的经历，乃谓有生起若干情绪中之一种之可能也。至此种情绪之性质，则随国家之状况而不同。如有人侮辱国家，则怀忧闷；有人侵略国家，则感愤怒。国家有患乱，即感不宁；国家有喜庆，即感欢乐。总之，爱国乃为一种情操，而非单纯的情绪。是故爱国教育，初非欲学生常生爱国的情绪经验，乃欲其具有爱国的性格（情操），随国家情状之变迁而经历适当的情绪，更由此情绪而发为适当的行为也。明乎此然后知爱国教材，不限于激起慈情之教材，其种类略如下：

1. 教保卫国命者；
2. 教明晓国耻者；
3. 教敌忾同仇者；
4. 教关切国是者；
5. 教忧虑国危者；
6. 教乐服国役者；
7. 教喜闻国光者。

总言之，爱国情操乃以国家为中心而组成之情绪体系，爱国教材乃以养成此爱国情操为职志之教材也。前节所言爱国之知识，乃养成情操之一项条件；所言之爱国习惯，乃情操之见于行动方面者；所言之爱国理想，乃情操之与理性相结纳者。故详言之，爱国教材之功用在启发爱国知识并培植爱国习惯与理想；要言之，则为爱国情操之发育。

由爱国教材之作用及其内容观之，可知爱国教材为教材中有关于国家之一部份〔分〕。在斯宾塞之五项活动中，爱国教材之所关者为第四项有关国民资格之活动；在亚当母生之三种世界中，为文化世界之有关于国家之一方面。与国家主义的教材，微有不同。盖国家主义的教育，以国家之统一与独立为总目的。无论为个人的发展或社会的开发，凡有益于国家之前途者，国家主义莫不收容之。是故以培养健全的家庭生活为目的之教材，国家主义的教育采用之；以培养个人娱乐能力为目的之教材，国家主义的教育亦采用之；搜检自然世界之习惯，国家主义的教育极力发育之；创造道德世界之性能，国家主义的教育亦莫不发育之。国家主义的教材，实含有价值的教材之全部，因有价值的教材无不直接间接有益于国家之前途也。至爱国教材则为健全教材之直接有关于国家者而已。以图明之，略如下式：

（甲）为教材之全部
（乙）为有价值的教材亦即国家主义的教材
（丙）为爱国教材
甲与乙一部相合，其不合者实不应存在；乙与丙一部相合，其不合者亦应存在；以其虽直接无关于国家，而间接实有益于国家也。

爱国教材之实施，由一种科目担任之乎？抑应由各种科目同任之乎？观于爱国教材内容之广博，爱国精神培植之不易，当然应由各种科目共同任之；盖不如此，则养成爱国国民之目的不易实现也。各科各有其特殊的职能，对于爱国精神之培育，亦各有其特殊的作用，故宜分别运用之。国文科为一国精华之所萃，学校教育之所需，决不能穷竭其所有。故仅可于表彰本国特色，激发爱国志气有关者择要导学。举例言之，如岳武穆《满江红词》，文天祥《正气歌》乃至《荆轲列传》等，皆能使顽夫廉懦夫立者。历史科示人以本国盛衰之迹，文化进展之由。或使人起保护之心，或使人起雪耻之念，其用多端。如龙门石像、曲阜孔林，皆一国至宝，举世无双，而为历史科所应教以保护者。如八十来年，海禁大启，割地丧权，蔑有宁日，又皆国民奇耻而为历史科所应教以洗雪者也。地理科示人以地利之要，人事之纲。吾国之锦绣河山，无尽宝藏，乃各国之所垂涎，宜教国人思所以防护之；国土日削，国富日竭，皆缘列强压榨，而宜教国人以力图收回者。自然科学，或则有关实业之启发，或则有关国防之讲求，如农桑研究之可以增国富，毒瓦斯制造之可以强国力，皆为讲学自然科学者之所不可忘。今人之恒言曰，为真理而求真理。斯言也，高则高矣，其如可贵而难能何！诚不如提倡为国求学之为愈也。数学科固为抽象学科，然欲列入爱国教材，亦非难能。如海军战斗，发炮射击，如何方能命中，空中飞行，大气压力之测计，如何方能精确等；皆可予数学科以多少活气，而使国民了然于国防之条件者也。至数学科教材之有关爱国者，不仅国防一端，自不待言。此外音乐科可教以爱国歌词，图书科可教以写爱国故事，手工科可教以爱国伟人之造像、国防工具之模型等，更显而易见，无容多言。

且爱国教材不但限于学科之教学已也，凡学生之一切生活无不可随时出之以爱国旨趣者。其尤要者则为纪念仪式。如国庆纪念、国耻纪念等，皆可依一定仪式，以表现爱国精神。或则追怀先烈之牺牲，念缔造之艰难，思维护之不易，不期而奋发精神，于以竟前人未竟之业。或则忆侮辱之难堪，懔丧亡之无日，当危急存亡之秋，为救国保种之图，发为宏愿，于以报国家九世之仇。是皆爱国教育之绝好材料，而为教育者之所不可忽者。其他如孔诞日，武穆诞日，乃至联军入京纪念日，台湾割弃纪念日等，可合为一爱国教育日历，依次施以同性质之教育，其效果将必更广。

四、应否教爱国教材

教育上应否有爱国教材，当今之教育者中，不无加以否定的答案者。是项人员约有二类。一为国际主义派。此派以爱国心为偏见之源，为战争之母，为国际同情之障碍。国际同情者，世界和平之根核，人道主义之保障。若教学生以爱国，则人之爱国，谁不如我。有所爱即有所不爱。各爱其所爱而不爱其所不爱。于是差别生、厚薄分、隔阂起，而战争不可免矣。故爱国心为人道之大蠹。故但当培育国际同情，而不当发展国家情操。国际主义之理论，不过如是而已。——然而吾犹未见国中国际主义者有能作如是透辟之论者。

国际主义派许吾侪为一国国民而不许吾侪爱国（国际主义者并无主张毁灭国家之勇气，故吾人仍为国民），犹之不废父子之伦，而教人以不孝不养，或孝养其父母一如孝养路人，如墨氏之所谓兼爱者然，于情于理，能乎否乎？应乎否乎？夫人事有终始，行为有次第。以一人之身而兼爱众人之所当爱，吾见其必无济也。又或舍其近而图其远，则各人职责无分际，而分工之法不举，专责之义不立，社会秩序，势必从而紊乱也。是故与其贸贸然教人同情他国，何若教人先爱自国。不爱自国而爱他国，其取义何来，无从索解。若爱我之国以及人之国，保我之国以保人之国，其事甚顺，于义甚贯，爱国教育又何尝必须仇视他国哉？且一国而对我施其侵略，是彼对我已先破友谊，我而仇视之，乃正当防卫，亦义所当然。平情之论，必当责其侵略而不当责我之仇视也。若夫谓五卅事件，英人只有一半不是，如朱经农其人者，则其所谓国际同情者，亦止于国际奴情而已。诚以若而人者，决无正眼一觑英人之胆量，其畏怯之状，视奴隶不若也，故勉谓之国际奴情。爱国国民则不然。无畏强权，恶声至，必反之，报人如其所施。依直道而去，虽见侮于人而曲不在己；虽重国际正义，而必先使本身能抗暴力。惟其能若是，故为行己有耻之国民，故为有始有卒之国民，非无气骨、无办法之国际同情主义所可比拟者也。

否定教育上应采用爱国教材之又一派为自由生长派。此派以为教育要义在使儿童自由发育，不可将成人的意见，硬行灌输，只宜教以思辨考察以求能力之发育，精神之长进。是说也，今之道听途说而不肯致思之教育家率喜为之。吾诚不知儿童之生长，可生长于真空中而一无凭借乎？抑将借人类文明之灌溉然后能生长乎？教育之事，可绝对脱离实质的教诲以实施纯粹的形式陶冶乎？抑就形式陶冶言之，亦仍不可脱离实质以进行乎？如谓可摒绝一切实质的教诲，而犹能单事其能力之开发，则吾惟有自承不敏，不足以了解高深；若谓精神之发育必须借助于实质之灌溉，则爱国教材之地位即无受否认之理由。从来之教育家主张纯粹的自由生长而怀疑一切文化之价值，因以主张教育与社会完全相隔绝者，惟有卢梭一人。然而卢梭之论，适成其为空想之论，其于事实为绝对不可能；因彼纵极力使其爱弥尔与社会相隔绝而置之于自由生长之所，然彼固仍予爱弥尔以教师一人，此教师之言语、思想、态度，即为社会文化之缩型，爱弥尔既接触之，即无异接触社会文化，而卢梭之纯粹自由生长论乃根本破产矣。世之步卢氏之后尘者，为贯彻毁弃一切实质的教诲计，当将初生婴儿，投之无何有之乡，而任其自生自长，不予以保姆，亦不予以教师，免受成人意见之暗示，免受社会文化之影响，免碍于其自由生长。若是者，庶可谓为彻底的自由生长论，吾名之曰"真空的教育"。但不知被教育于其中者，能否挨受饥渴，而不至僵毙耳；藉曰能之，则其独立思考、独立创造之结果，能否达到三万年前人类野蛮祖辈之文化状况否耳！若是之教育，不亦大可以已乎？奈何国中贤豪挂教育专家招牌者，其持论之可笑，一至于是乎！

复次，教育之功用在使儿童有参与社会生活之能力，所谓适应环境说者，即此义也。社会有其一定的知识、见解、信仰。自天文学之地动说，化学之原子论，生物学之进化论，以至社会政治经济各种学科莫不有其一定的见解，自语言之表义，仪节之暗示，以至风俗宗教诸大端莫不各有一定的旨趣。教育而欲不依实质，不涉成人之成见，无论在事实上不可能；即令假定其可能，试问受如是教育之儿童，对于当世知识、社会规则，一概茫然，其将何以为生？其将何所凭依以资适应？足见自由生长之说决非谓绝对不应有所诏示，乃谓凡所诏示应合儿童之所需要，随精神之发育，而异其内容；而诏示之形式，亦当于可能之范围内，使儿童自行发现，使其俨如自造自得者然。不然，则社会文明不应传递于儿童，而儿童亦不应有所承受，则社会文明必至绝灭，而儿童亦终不脱野蛮人类之状况矣。教育之义，固如是乎？

消极的反对爱国教材之实施者，其不当于理不洽于事，已具述于是，然而爱国教材有无积极的价值，有无设置之必要？是亦善问者必有之问题也。吾尝从社会与儿童两方观察之，皆可见其价值甚高，必要甚大。从社会的观点言之，爱国教材乃所以使儿童对于国家具有适当的态度与行动者也。国家为人类最宝贵的工具。个人福利，国家保障之；全民福利，国家经营之。国内正义，国家主持之；国际正义，国家奋争之。推而至于教育之普及，学术之促进，老弱之安抚等，一切皆待国家而后举。国家之价值伟大如是，教育儿童而使其爱护之、昌明之，则其教育之价值亦随其目的之价值而增高矣。凡目的之价值大者，其工具之价值亦大；爱国教材既有如是之目的，其价值自无可疑矣。欲怀疑爱国教材之价值，必先怀疑国家之价值而后可。居今之世而持毁国之说，非愚即妄，常人不谓然也，故无容多论。此就社会的观点，有以见爱国教材之价值。更就儿童之观点言之。教育之职责，在使儿童能为丰富的生活，高尚的人格。现世生活，与国家之关系綦密。儿童而不能履行其对于国家的义务，则其生活必然简啬。儿童而不能努力服务于国家，则其人格必然卑陋。一己之身，占地不过数尺，生岁不过数十，渺小甚矣！纵鞠躬尽瘁，死而后已，其所成就，亦云微矣。然而一己若能委身于国家，借集团之力，为百世之图，则志无不可成，功无不可就者。故自希腊以来，教育家多示人以求人格之圆满须于国家之服务中求之。且一己而不委身国家，知有己而不知有人，则必自私自利，而罔顾公益公善；就个人言之，是为精神不发育；就社会言之，是为公众之蠹。教育而获如是之结果，不亦大可以已乎！此就儿童方面言之，爱国教材之不可忽，又如是。消极的，既明乎爱国教材无可反对之理由，积极的，又晓然于爱国教材之必要；则爱国教材在小学教育上之地位即可确立不拔，而无怀疑之余地矣。然而善疑者又将谓爱国教材虽有价值，其奈小学生不能承受爱国思想何？是即谓小学无教授爱国教材之可能也。请更论之。

五、能否教爱国教材

否定小学有教学爱国教材之可能者，综其所言，不外二点：（一）儿童之理性未发达，不能了解爱国之必要；（二）儿童之社会意识暧昧，不明国家与个己之关系，爱国情操，亦未曾发生。此二者之所根据，全为偏颇的心理学。试辨之。否认儿童有思考力者，从来原不乏人。例如卢梭，即其一也。氏曾谓"儿童为一小人，无成人之力量与推理，但其视觉与听觉则颇能恰到好处"（见《爱弥尔》九七页，"人人丛书"版）。与氏极端相反而为氏之所反对者，则为洛克。洛氏极重推理，常言"吾人须与儿童推论"。盖卢氏认定感官为知识之主要来源，而如一般唯实派之所云；洛氏则认定推理为知识之唯一准绳，故重视推理之锻炼，而不失其理性派之本色。就现今心理学研究之结果言之，在思考上，儿童与成人之区别，并非有无之问题，乃程度之问题。思考力之发育为逐渐的，并非突生的。成人每误认在青年期，儿童始有思考力者，其因甚繁，其要有二：第一，儿童自有其思考问题，与成人的问题不相接近，故成人不加注意。至青年期其问题乃即为成人的问题，故成人之态度亦变。第二，因儿童之思考恒自得其特殊的结论，而为成人所不愿闻，故每加压制，致使其思考减少；青年的伸张性强，自尊心大，成人亦遂予以较大的自由，于是其推理之力乃得频频作用。是故吾人不患儿童之不能思考，而患未能予以思考的机会，给以思考的资料，示以思考的问题而已。若予以爱国的问题，而辅助其推理之进行，纵其思考不能为系统的，复杂的，但其断片而正确的推理活动，决不至可以发生于儿戏事项中，而不能起作用于国家大事中也。

次言儿童之社会意识。依某派人士之意，儿童意识，以自爱为中心，爱他之情尚未发生，而其对于人己的关系，亦缺乏明了的观念。卢梭所计划的爱弥尔之教育，于十五岁以前，完全为感官的理智的教育，而不涉及情感，亦不教以人间关系之理法，即其例也。社会关系，错综万状，儿童不能有充分的了解，吾人承认之，然而不能有充分的了解，非即绝对无所了解之谓。国家观念为抽象的，以此抽象观念为中心之爱国情操，其在儿童亦可信其不鲜活、不浓厚；然而不鲜活、不浓厚，非即绝对一无所有之谓。总之，社会意识与爱国情操之种子，皆为儿童之所已有，教育之事在有以促进之、开发之、长养之、充实之。其即于完全也，非一朝一夕之功，随年龄与教育而异其程度。儿童时代，自有适于儿童时代之爱国教材。

教儿童爱国之法，第一在利用象征。象征为以具体事物代表抽象观念之谓。如"中华民国"一观念，本极复杂，无论小学儿童不能充分了解，即在今日之所谓已受教育之成人中，其能完全了解者，恐亦为数甚微。故小学教育，无须求其完全了解此抽象观念，但当使用一具体事物以表示之。抽象观念之"中华民国"固难于了解，而地图上敷以黄色之"中华民国"，则极易把捉也。第二在利用比喻。人类之思考，借比喻（Analogy）以行者甚众，不但常人多依赖之，即学者间亦每有利用之者。教儿童爱国，而能多用比喻，则其困难自消。如教以拥护国权，其了解诚难，若譬以反对外人突来管理家庭内事、学校内事、班级级〔内〕事，而当一致拥护家权、校权、班权，则其观念自然鲜明，而相当的感情亦随之而生矣。第三当利用自爱心。使其觉知爱国即如爱己，列强侵略国家即为欺侮本身。儿童之自存本能与生俱来，利用之以教育爱国，则爱国教育之目的将无有不可实现者。且究竟言之，爱国行动本亦自存本能作用之一端，今即而利用之，于理亦甚相合也。小学教师于此三者——象征、比喻、自爱心——而精心运用之，则爱国教材能否实行之问题，吾信其必然消灭也。教材，死物也；其能否发生作用，多为教法是赖。教法者，人事也。吾愿有志的教育家，多尽人事之所当然，而少受死物之限制，则教育界之生气将更为蓬勃，又不独爱国教育然也。

民国十五年五月十四日于东大

《中华教育界》第 16 卷第 1 期（1926 年 7 月）

师范教育之特质①
（1926 年 9 月）

吾人统观各国教育之发展，得见其无不以师范教育为实现其目的之工具者。诚以师范教育为国民教育之母，师范学校为普通学校之策源地。一国教育之隆污与国家理想之兴替，皆以之为其枢纽也。故师范教育，视其它教育为尤要。吾人于师范教育之职责，诚不可不详加分析也。

一、文化之传授

师范生为文化之承转人。已有的文化，无师范生则无人转递于后代；新兴的文化，无师范生亦无由传达于少年国民。故师范生者，实文化之所赖以不坠者，亦文化之所由而得以日有进境者也。惟其然也，故师范教育，当养成学生之阔大胸襟，有上下千古识力，然后对于文化之精髓能了解，能把握，能欣赏，能默会于心胸，能传之于口舌而播之于笔墨。然后学生之受其熏染者，亦得以晓然于有生以来，人类成就之伟大而繁赜，可由是而窥见人类之能力无穷，于以振作有为之气，向上之心，以求继前人而有所创设，以贡献于未来世也。师范生对于本国文化，尤须

① 此文系《师范教育》一书之第七章。《师范教育》一书撰于1926年元月，曾由上海中华书局于1926年9月印刷出版，至1932年10月已出三版，现收入"余家菊先生论著第五辑"《教育师范教育与乡村教育》中，此书由台北慧炬出版社2000年4月出版。

有较深的涵润，而后其人格乃确为本国化的；于先民的精神，始能感染于无形；且对于故有的文物始能为正确的评价，而发生爱慕之情与夫仰望之心。而学生之受其教化者，始得为具有本国精神之国民。其教训学生爱敬本国也，始能言之成理。言之成理，始能动人之心。今之师范生，国文大欠通顺者，所在多有。以如是人物而付之以教育国民之重任，而望其能启迪养成识国性、重国化之国民者，又何异于缘木而求鱼乎？

二、国民精神之培养

师范生不但为文化之传递者，亦且为国民精神之鼓铸者。个人之信仰、习尚，皆视其所接触者而转移。所谓染于苍则苍，染于黄则黄也。故为子女择师不可不慎，而为国民养师亦不可不谨。况教师与学生相处甚久，而教师之于学生，又以其地位之优越，父兄之尊崇，而具有大量的暗示力。于悠久的岁月中，行强有力的暗示，而欲学生不与之俱化也难矣。惟其然也，故国家之欲培养国民之新理想与新信仰也，常〔当〕先养成有此新理想或信仰之教师队，更播散此教师于全国各校，而使其以此理想更传播于全国少年也。是师范教育者，乃鼓铸国民精神之大工具，而为谋国者之所应深知者也。国家之统一强盛，必先求之于国民之凝结中，国民之凝结乃产生于国民精神之融洽；其信仰、思想、习尚之中，皆有其同一之点，所谓国民之同心者是也。国民精神之鼓铸，须赖师范教育之具此精神。欲国民精神之凝结，又必先使为教师者保有一致的意趣。故各师范学校当有同一的方针。以同一的方针，施行类似的训练，然后师范生之胸襟眼界，与夫好恶趋尚，乃得以归于大同小异。而国民之精神，庶可以收同风一道之效。不然则教师界之信仰，既已庞杂，而下代国民间之情意，必难保其谐和。吾国当此大转变的时代，固有一切，皆已失其威权；而于外来的思想，又易为盲目的承受。各个国民皆得是其所是，信其所信，而了无拘束。其中固不无可喜之点。但长此不以教育之力，培养国民之同心；恐将不免堕入四万万人即四万万其心之悲境矣。故师范教育之责任弥重。

三、教师之专业精神

教育之事，在古昔本为学人所通习之业。凡有知识者，皆得为教师。凡有知识而无他业可就者，又必以教育为歇足之地。由是教育之事，不但被人视作人人可就之业，且亦被人视为学人权作传舍之业。苟有他业可就者，决不乐入此途，亦不屑就此途。今日之怀此观念以视教育事业者，犹比比皆是。然今后之时代，则决不致任此观念仍旧存在，而依旧为决策定计之有力观念也，必矣。

今日教育学术之进步，已足使人恍然于教育的活动，应建于理性的基础之上。于因袭的办法，已不复盲目的承受，而须予以考虑，加以批评。于主观的见解，已不复任其具有最后的权威，而仅视之为客观研究之出发点。研究批评之结果，于旧有的成说，或则毁弃无遗，或则加以修正，或则限定其作用的范围，更益之以新有的创见，新得的理法，于是而教育事业乃有其可作凭藉之原理原则；欲从事之者，必须于此原理原则，先之以学习，继之以了解，而终之以有运用的把握，方可无忝厥职。若于此为门外汉，纵学富五车，而社会人士之良心已不能承认其为教师矣。是故教育事业成为专门的职业，非复如前日之为人人所可得而兼营者，亦非如前日之为英雄落魄时之末路事业也。

师范教育之在今日，培养此专业精神乃为其主要职责之一。于不谙教育，不习师范者，则严防其潜入教育界，免使教育的效用因教师材质之粗劣而减少。于已习师范，已明教育者，则鼓励其从事的兴味，培养其专业的精神，使之不起改业之心，免因熟练的人材之减少而致教育进步之停滞。是故以师范学校作中心，俾教育界之实际活动家，时时呼吸其兴奋之空气，振作其奋发有为之精神，勿因工商利益之优厚，而起废然思返之念，实为今日之要图。

欲使教育者安心乐业，教师之物质待遇与夫社会地位固大有改进之必要，但教师之乐业精神与夫自尊其职业之态度，则为其尤要者也。欲教育者之自尊其职业也，又须就理论上与事实上，充分阐明教育之价值与夫教育者在国家兴衰社会隆污中之关系，以唤起其责任心。于教育史之教授当注意此点，于讲授近代实际教育发展史时，更当充分发挥之。普之胜法也，归功于小学教师；日之胜俄也，亦然。此皆世人之所通知而共晓者也。主持师范教育者，理当即此等事，使学生一深长思之，而得以有以见乎教育事业之伟大。人而欲为一伟大之人，欲有所贡献于社会国家，则从事教育事业，实为最优的机会。于是则乐业之心，自尊之情，油然而起，沛然莫之能御。虽有强大的诱惑，亦不能使之改途易辙，而思另就他业也。如是，则教育界之专业原则可保，而教育进步之希望亦无穷矣。

四、教师之人格教育

教师之所化育者为人，其所成全者亦为人。教师一念之差为学生终身之患，一朝之失为学生百年之忧。盖教师与学生接触既频，同居既久，则教师之性情习尚无不于学生之品格中遗留甚深的印象。而学生之行为思想皆于无形中备受其束缚。是故为教师者，必须具健全的人格；而师范教育亦必须以人格教育为其核心，非如他种教育之可以知识之传受或技能之讲求为其中心目的者也。人格之养成非可以言语求之者；其最要之法，夫办曰求之于生活之中而已。于是则师范教育当为生活化的教育，而师范学校之组织经营，要当以生活化的人格教育为其南针。使校内的起居动作，藏修习游，在在皆暗示其以为人之道，修己之方，与夫处世接物之理，尤当发育其爱人之德与夫治人之能。诚以其将来之所教育者，乃为活泼的人。惟其活泼也，故性情不一，意趣多端。欲加应付，极非易易。苟无指导约束之力，精心忍耐之德，则未有不思戛然中止其业务者。且学生柔弱无能，其所趋舍，率为教师之所提示，决诸东方则东流，决诸西方则西流。是故欲教师之善用其职权以为学生造福而勿为学生种毒，则当先使教师有保护学生福利之诚心，思学生之有过皆由己身之失职。夫如是，然后执行其职务也，不敢稍有怠荒；讲求教术也，不敢略涉粗疏。孟子谓为政必先有不忍人之心，而以不忍人之心行不忍人之政。教育之事，固为政之一端也。从事教育不可无不忍人之心，无待乎言矣。世有以学生作工具，以实现其党化教育之企图者，其残酷之甚，盖有过于始呈之坑儒者。今后之师范教育，当必有以矫正之。

五、教师之多方的修养

教师之性质，不似技师，亦不似科学家，而有类于政治家。技师之所处理者为机械的物质，科学家之所处理者为抽象的知识，而教师之所处理者则为活泼的人类，正与政治家同。处理物质者，可凭自身之意志；处理知识者，可凭自身之理性；处理人类者，则既有意志，又有理性，犹未为足，必也更有多方的同情，丰富的常识，敏锐的观察，然后于各方之人，能为正确的了解，而施以适当的应付或中正的指导，然后事业可成，而教育之效果可收，学生亦可以各视其性情之所近而分途发展。不然，则其狭隘的胸襟，偏倚的见解，势必执著己见而蔑视一切。同乎己者则是之，异乎己者则非之。一切措施，皆以一己的好恶为准绳。结果必使众叛亲离，而无与共事者；学生之受其熏染者，又必相率而流为狭隘偏倚。使社会而充满狭隘偏倚之人材者，则社会上之龃龉必起，而国民间之谐和失坠。国而如此，势必崩溃，大违创办教育之初衷也。故师范教育，当使师范生有多方面的修养。

六、教育技术之养成

国民既岁糜巨费，以教育其人民矣。夫国家财政之支出，固极希望其所费者少而所得者大，是盖本乎经济法则而为人类之所同求者也。国家之于教育事业，其态度亦不能外此。故一方力事教育之振兴，一方亦力求教育效力之促进。师范教育之经营，即所以增进教育效率之一法也。教师而求能尽职责，上述各点，固极重要。而教育技能之养成，要亦为不可忽视之点。教育之有效无效，其所关于教育技能者甚大。同一教材，以善于教术者教之，则学生能心领神悟，以不长于教术者教之，则学生即觉扞格不入。同一训条也，以善于教术者训谕之，则学生心悦诚服，以不长于教术者训谕之，则反感丛生，此为留心观察者之所同知。教育的技术，即今已建立乎科学基础之上，非单依经验所可获得，亦非徒恃观摩所可领悟。世人恒觉教师于其学生时代，已习见其教师所使用之教术，于其自身为教师时，即以其所习见者转而应用于其职务中，斯亦足矣，又何须乎另习教育术哉？为此说者其精神盖偏依于旧习之保守而未能本科学的精神以谋实际之改进者也。富于进取心者，于现状之不满意处，每能为敏捷的感觉，亦能为精密的研究，更以研究之所得，措之于实行。近代教育技术之进步，盖得力于此等富于理性而切于进取之人也。至其所依据之学理，则为心理学、实验教育学、社会学等。无此类学术的修养者，决不足以了解现代之教术，而况于运用之乎。

了解教术之后，而欲实际运用之，则必求之于练习。一切技术之学习，固无有不以练习为捷径者，教育技能之学习，又何能自外于此例。故师范学校必使其学生为教育的参观、见习乃至试习，以求得教师所应有的初步技能。必有此技能后，方许其离校就职，必俟其任职成绩昭著后，方承认其为正式教师。未有绝不问其导学技能之如何，而可以贸然许其担任教职，如吾国今日之教育界者。

中华书局民国十五年九月（1926 年 9 月）

公民教育之基本义
（1926 年 12 月）

　　年来公民教育之声，甚嚣尘上。学校中纷纷设立公民教科，讲堂上呶呶宣传公民信条，而运动家更汲汲鼓吹公民教育，可谓盛矣。然而取刊行之书籍而一解析之，即发布之讲稿而一审视之，公民教育究为何物，在言者之心意中似已模糊含混而无明确之意义，在闻者脑海中更属迷离惝恍如堕五里雾中。吾侪旁观者，但闻公民教育之声，不见公民教育之魂。公民教育之在吾国，殆已形存而神亡矣！

　　何谓公民教育？吾曾力求一适用的界说而不可得，而今之所谓公民教育运动家者似亦未能有所诏示，吾乃更求所谓公民之定义。诚以公民教育为养成公民（或良好公民）之教育，若能确定公民之意义，则公民教育之意义自明矣。考吾国所谓之公民教育乃译自英文之 Education of Citizenship，而所谓之公民学者亦系译自英文之 Civics。吾乃寻之于英文字典中。据张柏氏《二十世纪字典》（Chamber's Twentieth Century Dictionary），"公民学" Civics 为公民资格之科学（The Science of Citizenship）；"公民资格"为公民之权利（The Rights of Citizen）；"公民"为国家之一员（A Member of the State），如是，则所谓公民者，系就一人之政治的生活言之；所谓公民教育者亦当就政治生活之教育而言。吾既得此初步的观念，乃转求之于中国字典。据《辞源》所云：

　　公民谓地方人民之有公权得选举议员者。

本定义以地方二字加于人民之上，已非必要；以选举议员解释公权，更为不周，因公权固不止选举议员一种也。但其提出"公权"一点，则颇有裨益于"公民"意义之明了。吾意可简捷规定曰：公民谓人民之有公权者。至所谓公权，则人皆知其为公法上的权利：如所谓自由权，即个人就一定事项，对于国家得主张其权利如集会结社出版言论之自由是；如所谓请求国家行为之权，如请愿权是；如所谓参政权，如选举权是。如是则所谓公民教育者，直可名之曰使人民有执行公法权利之性能者也。在法律上，权利与义务，为对待［等］的；既享受公民的权利，则应负公民义务如所谓纳税义务当兵义务者，自可不言而喻。故吾人可申言之曰，公民教育者所以使人民有享用公法上的权利并履行公法上的义务者也。

以上，就字义及法律以言公民教育之意义，请更即学者之言而一察之。史来登论公民教育的目的曰："公民教育特殊的目的在于政治的大团体的分子关系，如服从国家或市政府的法律。今可分类如下：

（一）对于顺从法律的及他种拘束的了解力所必需的增进鉴赏力、理想、态度。

（二）增进对于国家、市镇及其他团体的忠心的种类与程度，以保证社会的幸福。就中的一种可以称为爱国心，但是此外还有他种。

（三）对于积极的从事于政党志愿的服务及其他增进社会福利的活动的气质及能力加以训练。

（四）对于家庭内职业的及其他非政治的（社会的）团体为内务以直接增进国家的气质，加以训练。"（译文从陶履恭君，见《公民教育》三五页）

此段译文，晦涩难明，但其要点所在，亦甚显然。其要点为何？夫亦曰了解法律、尽忠国家、服务团体而已。史来登曾谓一个人在他的职业上的成功，并不是他的公民资格的一部分。又曾谓健康与公民可以说是两事。亦曾谓公民教育本不能包括为家庭分子的教育。可见氏所谓之公民教育，不过为政治训练而已。与上述享受公权履行公义之说正相合。

定义既决，则公民教育之目的思过半矣。诚以公民教育既为享受公权履行公义之训练，则吾人大可根据国势民情，而审核吾国民所最需之公权为何，所最缺之公义又为何，然后依是而制为信条，相将而鼓吹实行之。为事并不难矣。若夫眼不察当世情形，心不识当地疾病，漫然割裂陈言，抄袭西籍以成所谓公民信条者，则直为盲人教育而已，公民教育云乎哉？吾人根据国势、政情、民习之三者，拟定公民教育目标五条如下，出发点既得其当，斯可自信虽不中亦不远也。

第一，发扬民权　吾国为民主国，揆之约法主权在民之义，发扬民权乃为当然之事。教育性质随国体而异，用教育阐扬民权以求国体之确定、民治之实现，亦教育者之当然职责而无可诿卸者。况我国民，数千年来皆生育于宽大的政治之下，日出而作，日入而息，对于国家，极少关系。由是对于国政漠不关心，纵有主权，亦自甘放弃，而不行使。此习不改，则政权将始终操于少数人之手，而真民治即无从实现矣。且现今武人跋扈，政客横行，言论出版，固不自由，而身体安全，生命保障，亦且在缥渺不定之中。国民若不起而执行其主人之权者，其将为狡黠强横之徒所鱼肉宰割以终古乎！此发扬民权之义应为公民信条之理由也。

第二，拥护国权　民权为共和政治之基本，而国权又为民权之所依讬〔托〕。国权若失，民权即无从存在。亡国之民，只有被人统治，决不能自治，故无所谓民权也。吾国今日，内有国贼之暴虐，外有强权之侵凌。优良的国民，固须向国贼收回主权而恢复主人翁之地位，尤须向外人夺回国权以保障我主权之完整。其有侵略我国者，则反抗之；其有卖国误国者则铲除之。此拥护国权之义应为公民信条之理由也。

第三，奉公服役　民国者，全民之国家也。国家既为全民所有，责任当然应归全民担负。国民对于国事，应当视为己事，不可袖手旁观，视其成败利钝，一如秦人视越人之肥瘠。且吾国国民，对于国事，素性冷淡。举国家大事，听凭少数好事之徒把持垄断而毫不以为怪。十五年来，国贼之所以得以横行一世者，清高自命的所谓好人者流实有以促成之也。故今后当培养国民积极参与国事之习性。此奉公服役之义应为公民信条之理由也。

第四，竭忱守法　在昔德治的时代，苟有明君贤相，敦隆教化，犹不难以礼让为国。今世则国为众所公有，道德意见，难归齐一，礼治之想，无从实现。于是而不得不励行法治矣。全国民庶，无贤愚智不肖，在法律前，一律平等。一切公务，无大小轻重，皆依法律手续以处决之，彼此皆以法律为信守，然后社会秩序可保，而国事亦可以安全进行。在吾国，武人毁法，政客乱法，而矫激者流又相率为超法之论。法治精神，尚未产生；民主政治，即无从成立。此竭忱守法之义之为公民信条之理由也。

第五，普及教育　国以民为本，本固邦宁。本如何而固，曰惟教育是赖。以无教之民，而付以行使国权之重任。微论其决不知其所以行使之法，即就其易受欺蒙，不辨是非言，已足为狡黠者所乘，而民主政治有变为寡头政治或暴民专政之危险。吾国十五年来之政治，亦不过转变于寡头政治与暴民政治之间而已。欲救此弊，舍普及教育，使国民人人皆能了解国事，鉴别是非，殆无别法。此普及教育之意应为公民信条之理由也。

能即上述五者深信而力行之，庶几可成一中华民国之国民也。苟于此五者而不知措意，则所谓公民教育者反足以养成军阀之顺民、强权之顺民而已，可直名之曰"顺民教民〔育〕"也。吾人可昭告国人曰：有提倡公民教育，而不提倡拥护国权、发扬民权、奉公服役、竭忱守法、普及教育者，是即提倡顺民教育亡国教育也。国民诸君，切不可为其所误。

言公民教育而能力行此五者，于公民教育固有之要义，已谓可应有尽有矣。然而此就当然的事实而言，至学者的理论，则有于公民教育之意义，加以广义的解释者。如毁格里史论中学教育之目的有三：曰社会公民的目的（Social-civic aim），曰经济职业的目的（Economic-vocational aim），曰个人闲暇的目的（Individualistic-avocational aim）。其所谓社会公民的目的，至少包括下列数事：（一）培育行为的理想与习惯；（二）培育互助的理想与习惯；（三）启发社会制度、社会机关之知识，并及其理想、标准与习惯之培育；（四）启发其对于群体生活中之公民活动的种种知识，并及其相关的理想、标准与习惯之培育；（五）启发国家活动与国民生活之主要知识，并及其适当的理想、标准、习惯之养成；（六）启发政治原理与政治义务之主要知识，并及其适当的理想、标准、习惯之培育；（七）藉学校及社会的实际生活以为参加群体生活之训练；（八）启发其社会的良心与社会的责任心。氏之所言，皆为概括的形式的标准，而未尝及于具体的、实质的信条。然而其所给予吾人之最大教益，则在公民教育范围之扩大。氏盖认公民的目的与社会的目的为二而一者。如是之见解，学者中颇多有之，杜威亦其一人也。杜威谓社会效率为教育目的之一，而所谓社会效率者则包有产业效率与公民效率之分；但又谓"将产业技巧与公民能力分为二事，自为勉强不合事实之举"（见《民治与教育》一四〇页），可见其意中之公民教育实即社会生活的教育也。且不但此也。氏所谓之公民教育固为社会生活的教育，而氏所谓之社会生活的教育，又实为教育之全部。氏原分教育目的为社会率的与修己的二种（有人译 Culture 为文化的，实大不通；译为文雅的，亦欠妥；就字译意译两方观之，似皆宜译作修己）。但又谓"无论称之为修己，或人格之圆满的发育，其结果与社会效率之真正意义又决无二致，只须吾人注意各个己之特性而已"。可见教育事，只有社会与个人之两端，而非有社会的修己的之二事也。往年吾国本有修身一科，其义似着重于以修己为出发点，所谓"自天子以至于庶人，壹是皆以修身为本"是也。乃时人误认修身为独善其身，而不知种种公民责任固皆自身以内之事，于是遂抄袭美国成法，于学校课程中加一公民科，而取消原有之修身科。于是遂认定公民教育为外表的枝节的行为之教育，而不知公民教育决不可不留意于内心的、根本的教育，是盖未尝领略人生真义而不识文化源头者也。依此，则前途［头］之五项公民信条，有加以补充之必要。吾人盱衡今古，知近代文化有二大思想，缺此决不足以为健全的人生。二者为何？一曰进步思想，一曰科学精神，文化为进步的，非一成不变者，亦非可凌级而登者，故健全的公民决不可故步自封，亦不可不问适否而惟喜新好异之是图。人事前途，受宰制于人类，不可委心任运，亦不可哀求于渺渺无凭之上帝，故健全的公民当决然服膺真理而本科学法则以处理社会事务，此进步思想与科学精神之价值也。况在吾国，宗教的迷信，守旧的习性，妄想的政谈，皆与日俱进，而有堕国民于九渊之虞，更不可不加之意焉。

是故综合言之，吾人所主张之公民信条有七：

（一）发扬民权　　（二）拥护国权　　（三）奉公服役
（四）竭忱守法　　（五）普及教育　　（六）进步思想
（七）科学精神

此七者，为健全的公民之所必备，亦为健全的人生之不可缺。言公民教育者，决不可忽之。非然者，则亦以其昏昏使人昭昭耳，终之非亡国破家不已也。教育家之误国，岂减于军阀政客也哉？

近代乡村教育之缘起[①]
(1931 年 8 月)

　　近代教育之发展，始于都市。都市教育，业臻发达而后谈教育者始移其注意点以及于乡村。考之各国教育发展之经过，殆成为一定不移之公例。窃尝推求其故，都市教育之所以较先发达者，盖由于都市人民感觉教育的需要较早，而都市推进教育之能力亦较大也。都市人民感觉教育的需要较早者，第一乃由于都市事态复杂，文字之必要显著，知识之功用彰明，无知之苦，文盲之痛，人人皆易感觉之也。例如报纸新闻，街市公告，居住都市者，类皆时时接触于眼帘。刺激既多，要求了解之动机自不能不起。其他如工商函札，银钱钞票，若无知识，即易受欺蒙，则尤令人感觉切肤之痛；非如乡村人民，生活简单，交涉稀少，无所多需乎知识文字也。其次，都市以工商业为主体，工商业多具有国际竞争性，国际竞争之成败有赖于生产能力与技术之进步，而生产能力与技术之进步则又有赖于教育之发展。此所以各国资产阶级皆不少热心赞助教育之人也。企业家所提倡之教育，虽然多直接有关于经济，然而经济教育固不能离背其他教育而独立进行也。至于农业发展之为国际经济竞争之重要条件，在十九世纪之重商时代，注意及之者，则未能多见其

　　① 此文系《乡村教育通论》一书之第一章"绪论"，现标题系编者所拟。《乡村教育通论》现收入"余家菊先生论著第五辑"《教育师范教育与乡村教育》中，此书由台北慧炬出版社 2000 年 4 月出版。

人也。又其次，都市人民生活较为宽裕，收入较为富厚，得钱较为容易，而提高社会地位之欲望又较为强烈，故多望子弟得受较高的教育以增进收入而光大门楣，不似乡村人民之吝于金钱而无意进取也。各国中等教育之发展，以中等工商阶级之兴起为其一大动因，即一显然的例证。凡此，皆都市人民感觉教育的需要较早之重大原因也。至若都市推进教育的能力其所以较大者，则由于人口稠密与财力雄厚，政府的税收既大可以锐意设施，人民的余力犹多，自能热心公益，不似乡间，税收之定额有限，富裕之家庭不多，公私财政，皆不足以策教育之猛进也。需要教育之感觉既形淡漠，推进教育之能力又嫌薄弱，故在实施强迫教育以前，乡村人民之曾受教育者，皆属富家子弟或有志于攀登社会之阶梯而自跻于治人阶级或牧师阶级者也。不然，纵受教育，其所受之教育，亦必贫弱异常，而另成一种"贫民教育"，旧日吾国工商阶级以《百家姓》《杂字文》，为其主要课程，乃其实例也。即在实施义务教育以后，乡村人民之多数，亦复以短促浅薄的义务教育而自满，较之都市人民，对于教育，仍然颇有漠视之嫌也。

先觉之士，目睹乡村之落后状态，于是遂起而大声疾呼，力求乡村之改进，而型〔形〕成所谓乡村运动。乡村运动以改进乡村为目标，以"到田间去"为途径。至其努力针对之点，则颇不一致。

（一）有依据于教育的立场者，其志向在乡村教育之改进。盖因乡村教育与都市教育对比，其相形见绌之处，不免使有志者为之惊悸奋起也。乡村教育现有之重大弱点约有三项：一曰落后。乡村教育在品质上较都市为窳劣。都市教师较为优良。都市设置较为完全。都市教育的效率，一般皆较胜于乡村，虽无客观测验的证据，多数观察家之结论要可视为确切无疑的初步论断也。用教育测验法，将市乡学生之学业成绩，加以比较、研究，于其品质差异相去之远近，取得正确的数字结论，则为一有用之事业而有待于今后之努力者也。至于市乡教育，在数量上的差异，亦为显然易见之事，一经留心，莫不感觉。都市受教育之人民多于乡村，是为一种定论，虽无普遍的统计以相印证，仍可确断其非诬也。就现有的断片统计以考核之，则此定论，更无可疑。据芜湖一百零二农家之调查①，完全未受教育之人，占全数百分之五六；而平均曾受

---

① 卜凯：《芜湖附近一百〇二农家之经济的及社会的调查》，页六三。

四年半之教育者，则占百分之四四。又据河南岛五十七村之调查①，乡村学龄儿童入学受教育者，只有百分之五九·四五；且其中入新式学校者，不过占百分之一·六而已，其余百分之五七·八五则系受教于私塾者也。都市教育普及之程度，尚无可恃的统计资料以相比较，诚为可惜。然而其肄业于新式学校之儿童决不至仅占学龄儿童中百分之一·六，而其全部人口平均曾受四年半之教育者，亦决不至仅有百分之四四，则为皆可断言者也。

乡村教育之第二弱点，为不经济，换言之，即用费大而收效小也。乡村学校，教师薪俸低廉，学校设备简陋。其费用似应较小于都市，今曰费用大而收效小者，何也？盖教育费用之大小，不在所耗金钱之绝对数目，而在所耗金钱数与所教学生数究成如何之比例。乡村学校经费之绝对数目，诚然较都市学校，多居于低少的地位。不过乡村学校学生数不多，学校经费平均分配于每一学生，则乡村学校所耗去之金钱，仍较多于都市学校。据民国十一年之调查，全国国民平均每名学生所需教育经费为三·五七元②，而成都平原中之乡村，其每一儿童之教育费，则平均为八·三五元③，峨眉山下之乡村，其每一儿童之教育费，亦平均为四·九三元。两者与全国每一儿童所耗经费平均额相较，多则超过几达五元，少亦超过一元有余。其为不经济，灼然可见矣。若更计及其成绩之低劣，则其效率之薄弱，更不免使人担忧不置也。

乡村教育之第三弱点为都市化。教育应当适合环境，不唯教育的目的应养成能生存于其环境之性格能力，即教育方法亦当依据环境情况而移易其布置经营。乃近代教育，因都市教育之发展在先，与夫乡村教师之多半来自都市，于是乡村教育对于都市教育，亦步亦趋，模仿唯恐不肖。都市之所教者，乡村亦教之；都市之所无有者，乡村亦付之缺〔阙〕如。于是而复息算法、六分息算法之类，皆列入于乡村课程之内，至于园艺上、农事中之所常用者，反付缺〔阙〕如。是其所教，已欠妥当。而教成之人，又多存在鄙视乡井之意，对于都市怀羡慕之热情，机会一来，便尔离弃乡井，无所顾恋。结果必将引起乡村衰落与田园之荒芜，危险之大，有不堪言者。推求其故，虽不一端，而教育之不能使人认识乡村之优美以享受流连于其间，要为其重大原因之一。总之，乡村

---

① 冯锐：《河南岛五十七村乡村调查报告》，页四五。

② 《中国教育统计概览》，页四四。

③ 李锡周：《中国农村经济实况》，页一七一。

教育都市化之结果，于教育目的上，于教育方法上，皆起甚深的不良影响，凡稍稍留意观察者，莫不感觉踌躇而思所以纠正之也。

（二）从事乡村运动者，又有依据于社会的立场者。近代社会，都市活气，蓬勃兴奋，上进机会，随在皆是。经济的引诱力既大，事业的可能又多，有志之士，相将而趋于都市。于是乡村顿失其领导人物，而存留乡村者，类皆能力低劣之俦。乡党失其矜式，公益失其提挈，即排难解纷亦乏公正服众之人。乡村所蒙之损害，殆非臆想所能及。在旧日社会，乡间读书明理之士，散布间阎。其任官服役者，官罢亦衣锦荣归。今日则何如者，中学毕业生，多数皆不愿回乡。其蛰处乡里者，皆所谓穷途末路，莫可如何者也。至于曾任公职者，下焉者免官则赋闲旅馆，流浪城市；上焉者则托庇外人作租界寓公。求如昔日进则有事于堂庙，退则伏居于山林者，盖未能多见也。至于依劳力以求生存者，亦歆羡都市报酬之较高，纷纷弃农逐末，为茶房，为粗工，乃至为人力车夫，其一月之所入，辄足以抵农人一岁勤劳之所获而有余。是以精力壮健之农人，亦纷纷集中于都市。而乡村之所遗留者，遂多为老弱疲癃之辈。以云耕种，则田野有荒废之虞。以云公益，则有莫知所措之势。循是以往，乡村社会，殆不免濒于崩溃之一日。影响所及，都市亦未能独存也。是故热心改进社会之人，知乡村之衰落足以动摇社会之全体也，乃以拯救乡村者救社会。于其生计，则思所以宽裕之；于其生活，则思所以丰富之；于其健康，则思所以维护之；于其性格，则思所以变化之。总期都市乡村，日渐接近，以趋于均齐之境，而免成为两相对垒之仇视阶级，庶几可为社会减去一大纷争冲突之根源。

乡村农人之生活，多数皆在困苦之列，维持最低的生活，且多不易。据泰拉（J. B. Tayler）之调查，直鲁皖苏浙一六五村七〇九七农户，每家平均人口以五·二四人计，其全年生活费，至少须一〇八元；至其收入则在苏省为二四一元，其每户耕地平均为一七·九亩，在直省为七一元，其每户耕地为二三·八亩。① 二者收支相抵，苏省略有余额，而直省则相差甚远，堕入贫穷线以下矣。泰拉谓五省农民有百分之五十在贫穷线以下②，虽其所依据的资料与其所使用的方法，未必完全精确，其所推算难免失之于太过，而多数农人之陷入穷困，则为确可断

---

① 李锡周：《中国农村经济实况》。
② 同上书，页六三。

言者也。况加以连年的匪祸兵灾，农人之憔悴呻吟，更不堪设想矣。饥民充斥，宵小煽动，其不举全国以卷入混乱之漩涡者，殆未易言也。又据调查京兆农工每日工资平均数，上等为五角，中等为二角，下等为八分①，而北京人力车夫每日所得工资之平均数，虚数为五角四分，净得为四角。② 其收入之丰啬，又显然易见也。有志社会改革者，当然须有以救济革新之。

其次，乡村生活虽有充足之阳光、新鲜的空气与夫劳动的习惯，足以有所裨益于其健康。只以卫生设备过为简陋，如食用水料之不洁，排除污水设置之缺乏等等，在在皆足以危及其健康。益之以医生之愚昧，医药之粗劣，不当死而枉死者，每年不知若干人也。儿童最普通的疾病为齿病、眼病、营养不良病；而乡村儿童患害此等病症者，其百分数尤高。据英国之调查③，都市儿童患齿病者为百分之三三·五八，乡村为四八·八〇；都市儿童患眼病者为百分之一三·四〇，乡村为二一·〇〇；都市儿童患营养不良者为百分之七·六五，乡村为一六·六〇。即此一端，已足见乡村健康状态之较劣于都市也。乡村人民既比较穷苦，而且赚钱不易，吝于费用，故不肯善为卫生上的设备。又加以见闻闭塞，卫生知识短少，不能预为防备于事先，善为救济于病后，则其健康状态之较逊于都市，本无足怪。

乡村生活，与禽鸟为伍，花草作伴，上则有月星，下则有山河，益之以莺歌燕舞，竹师梅友。自然界的优美，本可使人乐而安之。无如自然的欣赏，一部份〔分〕固属不学而能，一部份〔分〕究有待于修养。以未曾教育之农夫处于山明水秀之境，盖亦未能充分领略其乐趣。至于社会生活，则因生活简单，变化稀少，朝夕所见无非如许人也，如许物也，故单调枯涩之感，无可避免。人性求乐避苦，若无相当的乐趣，既足摧毁其活气，复将妨害其健康。至于都市，则友朋之倾谈，酒馆之解闷，茶楼之消闲，电影戏剧之娱乐，皆足以改变日常生活之累赘，而暂忘其机械的约制。要非乡村人民之所能想望也。故志在改良乡村者，于丰富乡村生活之事，亦三致意焉。

（三）从事乡村运动者，又有依据于经济的立场者。经济政策，在历史上，虽有重农主义与重商主义之纷歧，然而究竟言之，消费的资

---

① 唐海：《中国劳动问题》。
② 陶孟和：《北平生活费之分析》，页七三。
③ Gillette：Rural Sociology，P. 140.

源，生产的原料，除矿业外，实以农业为其唯一的真实基础。农业物不足，则生活资料仰给外国，随时有被人饥困之虞。战争一起，则其危险尤甚。一九一四年之战，德意志之所以败北者，粮食缺乏，岂非重大原因之一乎？即在平时，欲求产业之发达，而求原料于国外，则原料之供给与否，其权操之于人。人有余货，方以予我。人苟与我振兴同一之工业，皆我之原料来源顿归断绝，而工业之经营即遭受莫大的打击。从前英国的纺织业，仰赖美国棉花以为原料，嗣后美国亦复提倡纺织业，英国即立感原料缺乏之恐慌，即其一证。是故言乡村运动者，又有注意改良农业，增进农产量者，是乃立足于国民经济之立场者也。

其次，又有立足于农民经济之立场者。其旨趣在为农民谋利益，以抵抗商人之压迫，与夫富豪之榨取。如设置购买同盟、出卖同盟，皆所以抵抗商人之贱买贵卖或从中渔利者也。又如设立农业金融机关，或以低利贷款农民，或以分期偿还方法，借款农民，使得购置田产以促进自耕农之兴起。凡此，皆着眼于农民的经济利益以从事乡村运动者也。

（四）从事乡村运动，又有依据于政治的立场者。政治为人民之公务，须为人民造福，亦须为人民所宰制。此固言民治者之所恒言也。农民占人民中之绝对多数，政治之设施理应为农民造福，而且应当接受农民之若干控制。不意事实上政治既为财阀豪强所把持，而农民不谙政治推动的方式，不喜从事政治的活动，虽受尽剥削摧残，而愿与强者偕亡；然而终于感觉转移世事之无力，而听任自然，逃避祸殃之无法，而逆来顺受。农民的生活，固极穷愁无告，而民治的基础，其脆薄亦有甚于建巨厦于沙滩。独夫专制、暴民专制，皆随时有发现之可能。信仰民治者有见及此，乃有投身田间以从事农村运动者。其目的为民治基础之巩固，其方法则为人民知识之开发。与依教育的立场而从事乡村运动者，有合流同渠之概。唯其抱负较纯教育立场者为远大，其所斤斤者不似纯教育立场者之为技术的问题而多在于人民之趣向耳。

依分析的研究，乡村运动的立场，当不出以上四种。就其在我国所表者而言之，清末创行新教育之际，虽各县有农业小学堂之创立，顾其时重商思想弥漫一时，乡村运动似尚未凝为具体思想。民国建立，政变频仍，政治的失望，渐渐使人追索至于立国之根本，而知普遍的民众启发之必要。欧战既作，杀戮之惨，怵目伤心，和平主义与个人思想应运而生，更加以无政府主义之鼓荡，老庄思想之推挽，于是遂有"新村运动"之发生。周作人日本新村之拜访，匡务逊等立达学园之树立，皆其见于事实者也。其纯依教育的立场者，则始于民国八年。民八《教育改造》杂志，作者发表《乡村教育之危机》一文，根据事实说明乡村教育危险之情况及其原因。嗣后复在《中华教育界》发表《乡村教育运动的涵义和方向》一文，谓乡村教育运动之涵义在：1. 救济社会之危机，2. 改进乡村之教育。虽非显然依据于社会的立场，而乡教运动之社会的意义，则已确然认识矣。嗣后"平民教育促进会"兼致力于乡村运动，其主力虽倾注于教育方面，而其农业改良之研究与提倡，则已含有经济上的意义矣。韩连选之在法库，于教育之外，兼营小工艺之传习与疾病之治疗，则又包含经济与社会之二种立场矣。总之，吾国之乡村运动，气势虽极微弱，而思想则极复杂。唯其复杂，故从事之人不一其类，殊途同归，大有各行其是之可能。又唯其复杂，故不能型〔形〕成主要的思潮，发为伟大的具体影响，卒致于脆薄微弱而在若存若亡之境，殊为可惜。就已往之乡村运动观之，无论其立场如何，绝无不以教育的经营为其根据地者，是亦一种奇特现象。推求其故，或由于各人潜意识中皆认定民众之启发为乡村运动之根本的根本也。此项认定，确有至理，苟更能明白觉察而依据之，一切乡村运动皆以教育为其主旨，而以其他事业辅助之；则主从既分，先后可定，精神不至于散漫，力量庶可发扬也。

乡村运动，时至晚近，本为各国之所通有。其特著者，则当推美国与丹麦。美国乡村运动之所致力者，为：（1）改良乡村礼拜堂，利用礼拜堂为乡村人民服务，兼以开发乡村生活之乐趣。（2）组织青年团体，如消暑社、考察团等，其目的在提携青年，培成德性。（3）设立乡村图书馆，以启发民智，开拓眼界。（4）组织农民，如共同买卖、共雇技师等，以收合作互助求进步之效。（5）改进农业，如举行农事讲演之类，皆所以策农业之进步者也。（6）政治的结合，如组织农民大同盟之类，乃所以从政治上表现农民的意志，借集团的势力以保障农民的利益而求免于经济的压迫者也。（7）改进乡村学校，充实其经费，促进其效率，以期其能满足乡村之需要也。综此观之，可见美国乡村运动之复杂而多方面。所需人才、经费与时间，皆极浩大。贫病交加之我国，殆难效法也。

丹麦之发生乡村运动，其时期为最早，其路径亦最为简单。在十九世纪初年，丹麦有一大伟人，其名为格龙维（Bishop Nikolai Frederik Severin Grundtvig）。在学校历史教本乃至教育史中，皆不见其名，但其影响之重大，则不亚于裴斯太洛齐。现代丹麦农村之繁荣与开化，氏乃其唯一的开创元勋也。氏生于北欧哲人蜂起之时代，斐希特（Fich-te）、席勒（Schiller）、哥德（Goethe）、贝多芬（Beethoven）、裴斯太洛齐（Pestalozzi）皆与彼同时，精神上殆曾感受同一的启示也。氏博学多识，是诗人，是哲学家，是史学家，是宗教师，亦是教育家。少壮时代，亲见拿破仑战争之凄凉结果。丹麦为拿破仑铁蹄所蹂躏，已奄奄欲毙矣。氏与德意志之斐希特具同一见解，以为唯有教育足以救国。于是主张为农民创设民众高等学校（Folk High School）之说，而努力宣传之。在当时，农民实居于社会之最低层，为农民而创设高等教育，非有非常之人，岂能发生如是非常的思想乎！

氏所主张之高等教育，其性质尤堪注意。氏之所主张者，并非如常人之所料而为职业性质的实用教育，亦非流行的学究式（Scholastic）拉丁文教育。氏主张丹麦农民应当学习丹麦之民歌（Folk Song）、古事、英雄故事，以及近代丹麦文艺之上等作品。又主张教授统计，彼之所谓统计，即吾人所谓社会学、经济学、宪法、行政学也。然而彼所特别重视者，则不在此等，而在历史。彼反对书本式的死教育，而谓一切科目之教授皆当与丹麦人生活上的真实问题相结合，以使丹麦农民能共同参与伊古以来丹麦民族所积累的伟大而优美的精神。吾人今日所见于丹麦民众高等学校者，盖即如是的课程与精神也。唯一的不同，只是加授一种职业的科目而已。不过职业科目仍然居于次要的地位而为自由学术之研习所屈抑，格龙维之所要求，正复如是也。民众高等学校，常常讲授黑格尔（Hegel）以及其他之哲学家；常常讲授哥德以及其他之诗人；常常讲授贝多芬以及其他之音乐家；对于现代科学上、社会上、国际上的重大问题，亦不时讲述。讲论之际，充盈追求知识之热烈精神。课业既毕，则其生徒依然持锄执锹以事耕耘，只是精神愉快，意态满足，与前不同耳！回观国人，必有官可作而后读书，必有钱可赚而后读书，一若作官赚钱以外，读书即无丝毫作用者。国民精神之卑劣，教育家眼光之短浅，可堪浩叹！教育之无出路，国人已感觉之矣，做官赚钱之心理不去，则教育愈发达，即愈无出路，受教育之人愈多，即感苦恼者愈众，大不如不普及不发达之犹能减少怀抱奢望者之人数也。乡村教育运动，今方萌芽。差之毫厘，谬以千里。始端不正，后患何穷。模仿外人者，切勿徒学方法而昧其精神，致遗买椟还珠之诮也。

撰成于民国二十年（1931 年 8 月）

乡村教育之目的①
（1931 年 8 月）

乡村教育为教育事业之一部份［分］，乡村教育之目的当然不能自外于一般教育之目的。其着重之点，可以有异于都市教育；其贯彻目的之具体标准可以有异于都市教育；然而教育之根本目的，则无间于都市教育与乡村教育而应完全一致也。故吾人于讨论乡村教育之具体标的以前，试先述教育之一般目的。又目的之抽象的理论研究，其事属于教育哲学或教育原理之范围，今兹所论，则属于事象范围以内而比较具体者也。

一、普通目的

教育实施上的具体目的，无论其属于高等教育，中等教育，抑或初等教育，要可分为三大项目。一为公民的，二为经济的，三为个己的。关于公民的（Civic）目标，乃所以教人具有生活于人群社会之知能性格者也。关于经济的（Economic）目标，乃所以教人在经济界能为健全的生产与消费者也。关于个己（Individualistic）的目标，乃所以提高个己的精神而优美个己的生活者也。吾人的生活历程，分析其性质，要

---

① 此文系《乡村教育通论》一书之第四章。

不外此三者。教育者能于此三方面皆揭橥适当的标的以奔赴之，教育的功能必果能有所裨益于国家社会与人生也。至于各方面之具体目标，则公民方面的目标约当如下：

（1）养成"乐群"的习惯与理想，矫正其孤独乖僻的性情。

（2）养成合作互助的习惯与理想。

（3）授以关于社会制度与机关之正确知识，并启发其对于各种社会制度与机关应有的价值观念，且培成其应有的习惯态度。

（4）启发其对于人群生活中所起的种种公民活动所必须具有的知识，并培养其对于公民活动的理想与标准，且养成其适当的习惯。

（5）启发其对于国家活动与国民生活之种种主要知识，并培养其对于国家活动与国民活动之理想与标准，且养成其适当的习惯。

（6）启发其政治知识，并培养其对于政治的理想与责任心，且养成其适当的习惯。

（7）启发其"社会良心"（Social conscience）或社会责任心（Sense of social responsibility）。

关于经济目标的具体目标，则：

（1）启发其职业活动的知识，培养其职业活动的技能与习惯。

（2）启发其对于经济原理之最低必要的知识。

（3）启发其对于世界经济状况之知识，并培成其对于世界经济之健全的理想与标准观念。

（4）考察其职业兴趣之所在，而指导转移扩大之。

（5）使其了解各种职业在社会生活上所具有的固有价值。

（6）启发其对于同业间、异业间、劳工资本家间、生产者消费者间，所应有的关系之适当的观念，并养成其适当的习惯。

（7）启发其了解经济与政治间之必然关系，而养成其适当的态度与习惯。

关于个己方面的具体目标，则：

（1）使其了解纵为纯粹的个人私生活，其行动的影响亦且及于社会，故个人应有社会责任心。

（2）培成身心之优美状态。

（3）培育其消闲享乐的标准观念与适当兴趣。

（4）启发其对于若干恶劣娱乐所发生的悲惨结果之正确知识。

是为教育之普通目标，具有笼罩一切教育之功能，乡村教育当然应依此以为其演绎的推论。若有所偏倚与弃置，则非健全之论也。

二、流行的乡村教育目的观

吾国近年讨论乡村教育的著作颇多，兹就最常见的一二作品而考核其乡村教育目的观焉。

顾复于其《农村教育》一书中，谓乡村教育之目的有普遍的与特殊的之两大类。而普遍的目的又分为：（1）发达身体，（2）道德教育，（3）生活上必须的知识与技能；特殊的目的又分为：（1）使农家经济充足，（2）使农民道德向上，（3）增进农民知识以改良学校环境。其分类的观念，不尽与吾人相合，目标之有所出入，自属必然之事。然其对于社会政治方面的教育，则殊嫌漠视；即就整个的公民方面的目标以言之，除笼统的"道德"名词曾出现两次外，实绝无任何较为具体的说明也。

古楳于其所著《乡村教育新论》中，论乡村教育之共同目的。第一为发展民族主义之思想。其所谓民族主义之思想者，在消极方面为矫正崇拜外人之心理，在积极方面为发扬国民固有之美德。第二为培养爱慕乡土之观念，以防止人口群趋都市，并杜绝人民之出卖土地于外人。第三为增进改良乡村生活之能力，如保持忠实勤劳之道德生活，参与地方自治之政治生活，改良生产之经济生活等，皆在其所谓乡村生活之内。古氏又论乡村小学之目的为：（1）发展优美健全的身心；（2）训练生产有效的智能；（3）培养互助合作的精神；（4）养成正常娱乐的习惯；（5）陶冶欣赏艺术的兴趣。其所述之小学目的，显然不出于上述普遍目的三大项目之范围。其论乡村教育之共同目的，虽精到可喜，有异于人云亦云，然有一大缺点存焉。即拘囿于"乡村"之一观念，而忘却乡村人民固同属人类，欲教育其成为健全的"乡民"，尚须先教育其成为健全的"国民"，或一面教以如何为一"乡民"之际，同时即当教以如何为一"国民"也。乡村教育之研究，决不当抛弃其共同于都市之诸种方面，而单究其特属于乡村之范围者也。

三、讨论的根据

讨论乡村教育之目的，欲朝其正确精密，必当树立适当的根据，然后可免闭目摸索逞臆妄谈之弊。依作者之意，可作讨论乡村教育目的之依据者有四。

第一为教育之一般目的，一般可以笼罩特殊，局部不能违反全体。全体既已明了，则局部自易为力，此所以本章起始即论普遍目的也，讨论普通目的之事，已略具于前，无须复述。

第二为适应乡村环境，以谋普通目的之应用。依据普通目的之讨论，既已明悉一切教育所应有之目的，然后再依据乡村之情况，而谋其具体化，以期其合于乡村之环境。例如公民方面的乐群理想，可依据乡村聚族而居的情形，教以亲亲，教以和族；依据村治制度与地方会社的组织，教以该种制度的构造，教以该种组织的功能。此类目的之悬揭，虽不能取同一目的之他项应用而排除之，究可将同一目的加以局部的乡村化也。亲亲、和族，固不能为乐群教育之全部，而乡村乐群教育究不可抛弃亲亲和族而不顾也。村治制度与地方会社制度，固非社会制度与机关之全部，而在乡村谈启发社会制度与机关之知识，究不可置村治制度与地方会社组织于不问也。又如经济方面，职业智能之启发，当然应着重于农业智能之培养；经济原理之教导，当然不可忘却农业经济；陶育其对同业者的态度时，当然应注意于农业者相向的态度；使其了解职业之社会的价值时，当然应注意于农业在社会上的贡献也。凡此皆普通目的之乡村化，为谈乡村教育目的者之第二根据也。

第三纠正乡村缺点，以谋供给乡村之需要。发展所长与弥缝所短，在教育上居于同等的重要。适应乡村的环境，乃所以发展乡村之所长，兹再谈纠正乡村之缺点，以弥缝其所短。乡村人民精神劳碌于个人的私生活中，于公民活动不感兴趣，乡村教育须有以纠正之。乡村人民胸襟狭隘，颇富地方观念，而缺乏国家思想，乡村教育须有以纠正之。乡村人民见闻闭塞，对于世界情形一概茫然，乡村教育须有以纠正之。乡村人民经济动机太浓厚，勤于生产，俭于消费，对于娱乐消闲之事太无兴趣，即有之，亦嫌低陋，乡村教育须有以纠正之。凡此，皆纠正乡村之所短，为谈乡村教育目的之第三根据也。

第四为依据教育的立场，可谓为补充的根据，而前三者则为正常的根据也。从事于乡村教育，与从事于乡村运动不同。谈乡村教育研究，亦与谈乡村社会学有别。乡村教育之全部精神，皆应汇萃于如何以促进教育，而于教育以外之事，则当存而不论。乡村教育之目的，有涉及于政治的教育者，然而其立场在教育而不在政治。乡村教育之目的，亦有涉及于农业的教育者，然而其立场仍在教育而不在农业。有以"充实农家经济"为乡村教育之目的者，实忘却教育的立场而侵入经济家或政治家之范围。教育家之所能为力者，只能从教育上尽力于充实经济的种种方法之提示与启发。开农产物展览会可也，组织耕作成绩比赛会可也，设立农作示范场亦可也。凡此，皆间接有助于农家经济之教育活动，而不出于教育立场以外者也。若直接投身于农家经济之充实，不但理论不应该，即在事实上，亦无可能也。

四、结论

依据上节之讨论，关于乡村教育目的之讨论，可得如下之结论：

（一）乡村教育之目的，应分为公民的、经济的、个己的三大项，一如普通目的节内之所详述，而不得有所偏废。

（二）依据讨论乡村教育目的之第二根据，使教育目的乡村化，则当：（子）培养爱好乡土观念；（丑）保留乡村人民，勿使趋向都市；（寅）养成重农观念，勿使舍本务而贪末利。

（三）依据讨论乡村教育目的之第三根据，使教育能纠正乡人之缺点，则当：（子）发展其爱国观念与世界知识，以破其一孔之见；（丑）发育其互助合作之精神，以破其孤特独立之性格；（寅）发育其试验改进之理想，以破其故步自封之习性；（卯）使其有讲求公益之理想与习惯；（辰）使其有参加公民活动之兴趣；（巳）使其有讲求卫生之习尚；（午）使其有从事高尚娱乐之嗜好；（未）使其知树立乡村经济组织之必要、可能与方法，并具有实现之志愿。

（四）依据讨论乡村教育目的之第四根据，凡在教育立场上所能作之事，无论其为政治的，经济的，抑社会的，皆教育者之所应悬为目标而努力奔赴之者也。教育者之责任，决不仅限于校内学生之教导；教育之所研究，亦不仅限于加减乘除之教授法也。有此补充的根据，教育者随时可据以树立乡村教育之适当目标，亦可据以拒绝不当的目标。虽属消极的，其功用仍不可菲视也。

撰成于民国二十年（1931 年 8 月）

训育之性质①
（1931 年 9 月）

一、教育与道德

训育以培养道德为目标，故训育一名德育。德育最为重要，固为常人之公论。即在学者中，如海尔巴脱（Herbart）亦谓"教育全部工作可用道德一个概念以统括之"。至在吾国，尧舜之时，司徒之官，职在敷布五教；五教即五常之教也。孔门《大学》一书，开宗明义，即曰"大学之道，在明明德，在亲民，在止于至善"。道德教育之受人重视，已可见一斑。夫教育有栽培之意。园丁栽植草木，于栽植之先，已预知草木长成后之形状及其功用，决无不问其勤劳操作可获如何之成就而漫然从事灌溉栽培者。教育者对于其所教育之人，究具如何之期望，必须先具一明确之观念，其理亦犹是也。质言之，教育之进行，必先有一定之目的。

教育之目的，本与人生之目的，同其轮廓。人生目的，可谓为真美善之追求。教育目的，即可谓为教导学生使其从事于真美善之追求。人

<hr />

① 此文系《训育论》一书之第一章。《训育论》一书曾由上海中华书局于 1931 年 9 月印刷出版，至 1936 年 12 月已出三版。现收入"余家菊先生论著第五辑"《教育师范教育与乡村教育》中，此书由台北慧炬出版社 2000 年 4 月出版。

生须有职业之技能以维持其生存，教育目的即须含有职业技能之养成。人生不能孤立独存，教育目的即须包括群性之锻炼。甚至人生须有恬静闲逸之情态，教育目的即须勿忘淡泊隽永之涵养。故教育目的直可与人生目的同其广狭。似非道德之一概念所能统括其全体。实则道德之意义，若仅与善恶相等，则教育活动，不属道德范围者诚甚多。若道德之意义，而可解作生活之纯洁化、真诚化、高尚化、充实化、愉快化者，则人生活动确无一刻可以离去道德，而道德二字亦即可以视为教育活动之总目的。

教育须启发知识，培育方能。智能之事似无关道德，故道德似仅为教育目的之一部份［分］。殊不知吾人何贵乎有知能，非知能自身之可贵，乃有知能而用之于正当之途，始足为贵也。不然者，有知能而无道德，如虎傅翼，适所以增加其害人之力，吾人曷为不惮烦难而兴办如是之教育哉只知培养其智能，而不知教导其运用智能于正当之途，乃今日教育所以无补于国家之总原因也。无论何种教育，皆应以培养志趣为目的。依如此之意义言之，一切教育固无不可谓为德育者。因道德乃所以型［形］成人生之理想且控制人生之行动，而使行动恰足以适［实］现理想者也。

虽然，道德的目的，只应隐在于各项教育活动之背景，于各项活动而不宜时时皆染以道德的色彩。若教授文学不重美术的欣赏，而仅事道德之启迪；教授历史，忽视正确的事实，而妄作虚伪的训诲；皆不但无益于德育且于德育具有损害。何以言之？盖历史课之最大教训在去偏见以求真情，文学课之基本旨趣在发育欣赏能力。若不重求真，或不知欣赏，则学生性格陷于不健全，而天赋之能力亦未得圆满之发育，去教育之目的远矣。

二、家庭之影响

道德教育之秘诀，在树立良好而有效的道德空气，充实之以高贵的目的，而且不惜备尝艰苦以追求之。在如此环境之中，儿童吸纳良好的空气，其健康自然日有起色。儿童心理之最大特征，为其类化力（Assimilative power）异常之强。故近朱则赤，近墨则黑，无形中与其环境相同化。儿童生而有一定的道德观念，一定的思想条理，一定的生活态度，一定的社会观念，正如其生而有一定的国籍省籍然。彼之所以生而有之，非得自生理的遗传，乃得自社会的风化。社会的风化，不必有条文，不必有定形，然欲避免其支配，殆为不可能。儿童一日存留于其所生之环境中，则其环境之风化即一日努力凝定其精神生活之形态。而使其将来虽欲毁弃而不可能，且即可能而费力亦必甚大。

环境之势力既不容否认，故最有势力的教育机关，实为家庭。在家庭中，其精神的、道德的、社会的环境，皆与儿童的关系最为密切，而其影响之及于儿童，亦最为绵亘不断。家庭为一自然社会，其间份子之结合，有血统的关连，有子女之依赖，有父母之爱护，有相互之帮助，有共同之利益，重重叠叠，皆足使其结合胶固而不可解。在家庭生活之中，凡社会生活中所有之关系，大多数皆发生作用于其间。儿童既参加家庭之许多活动，又常闻父兄对于世人世事之批评讨论，故出而应世时所需用之态度与观念等，儿童在家庭中已约略完全具备。故家庭之势力，最为伟大，而父母之责任，亦即因而严重。一般父母每每将其子弟付托学校，自身不复负责，此实大谬之见。须知学校固为教育之地，而儿童所受之教育，则不仅来自学校。又须知学校为人为的社会，其中缺乏家庭的情感，其中之所有者，至多不过为友谊关系而已。且在此友谊之中，亦掺有许多竞争嫉视之意味于其间。教师之于彼也，仅视其能否发愤上进，能否乐群宜人，以为褒贬之标准，一有过失，则所遭遇者为冷酷之正义与严肃的威权，父母之偏袒的深情不得见于学校也。再且学校生活较家庭为简单，生活方面，不及家庭之复杂，所起事态，常依一定的规例而产生。故以学校教育补助家庭教育之不足则可，若欲以学校教育代替家庭教育则决不能。以学校势力逐渐纠正家庭教育则可，若欲以学校教育骤然打破家庭教育之结果，则亦必徒劳无功也。最好的情形，系有优良的家庭教育以立其基，又有优良的学校教育以充实之。然而理想的情形极难常有，故学校的责任，常极艰巨。

三、学校之影响

学校教育之秘诀，在使学校教训与家庭教育保持谐和的关系。学校之人生观念、义务观念、幸福观念，最忌与家庭立于冲突矛盾的地位。一有冲突则儿童心意缭乱，无所适从，甚或不鄙视父兄，即厌恶师长，父兄师长，有一方面失其信仰，教育之势力至少即须损失其一半。为教师者宜就家庭已有之教条与观念，而逐渐引伸［申］之，或加以新的解释，借使其渐去旧污，徐培新德，决不可迳直掊击家庭之弱点，因其不但无益于教育，实反足以阻碍儿童之长进也。

理想的家庭甚少，而极端恶劣之家庭亦少，平常家庭，大抵有其缺点，亦有其优点，教师宜利用其优点，而启发之。至于纠正其缺点，则当先立学校之信用与夫固结学生之感情。不然，则无益于事，而徒招反感。所幸教育作用，言语之效，不及实例之大。语所谓"以身教者从，以言教育讼"者是也。教师苟能一面以身作则，为学生树立模范，一面培养校风，使学生耳濡目染，则潜移默化之功，在相当长久的时日中，自然能生可惊的效果。故于纠正家庭的缺点，亦不必悲观或失望也。

四、德育之目的

道德教育之目的为何？甚难得一适当的简单名词以解答。通常皆谓道德教育，乃所以培养人格。苟人格二字系指个人之全部，而不仅指其道德的一方面，且又系指与各人环境发生交互作用之活的人格，而非指孤立的静的个人；则用人格二字以表明德育之目的，亦无不可。盖教育之目的在引导学生于其生性与环境限制之下，过渡其可能的最优美而最充实之生活。生活须在环境之中，须与世界发生种种交往。生活又须出之以整个的人格。在与世界的任何交往中，智慧、感情、意志之三者皆缺一不可。即如数理的研究，似为纯粹的理智活动，然而其中亦须有关切之情与夫努力之意，其活动始能进行而不息，故德育之训练，须训练知情意之三方面，而使其适当的活动于个己对世界之种种交往中。

个己与世界之交往，个己为一方，世界为一方。活动于交往中之个己具有知情意之三要素已论及矣。至于在交往活动中之世界，则可分为人事世界与物质世界之两大类。所谓物质世界，即日月星辰山水草木之类。所谓人事世界，则包含男女老幼以及法律言语宗教等一切人类活动之所表现者。人类活动之所表现，不能离物质而独存，至为显然。一件雕刻品，可完全以物质视之，而衡量其轻重，计算其大小，亦可以透进其物质的里层而领略其精神以与其中寓藏之另一心灵发为活的有生气的交往。此种作用，发生于天赋的想象能力，有大有小，人各不同，但亦有加以培育开发之可能。学校教育之目的即在扶助学生使其透进物体的背面而与之发生活泼的温暖的情意交往，不徒为冷静的理知〔智〕了解，免致情意凋残，而理智亦不能发育也。例如花枝在前，就表面观之，则不过如此如此之物体而已。若透进其里面，则其营养机体之组织，则其适应环境之活动，则其欣欣向荣之生意，则其一切一切的玄妙，鲜不使人神情发越者。又如读英雄烈士之文字，苟能离去文字，而想象局中人当时之情景，追怀局中人当时之胸怀，则自身逐渐变成当事之人，而愁苦喜怒之情，遂不禁奔涛涌浪而来，时或发为歌啸，时或发为悲鸣矣。任何学术之造就，皆不可缺乏想象力之修养，特于德育，则其关系尤为重大耳。

五、教育与个性

个己与世界之交往，既有主观的个己方面，又有客观的世界方面，教育家即应使此二者构成谐和的关系。客观的世界，物质世界固不必论，即人事世界，如所谓善恶是非邪正之类，亦皆有定型之可寻。教育家往往过重此类定型，而求儿童活动与之吻合无间，卒至只知使儿童顺应环境，而不使其改造环境以顺应自身之目的，儿童之个性生而不一，其对付环境，有多带理想的意味者，有多带感情之意味者，亦有多带意志的意味者。教育须根据于个性，故于其差异之处，绝不可忽视，应随其个性发展之路径而分别教导之。但过重个性之差异而以为绝无共同范围之可循，则亦失之太过。须知支配儿童者实为本能的冲动，随时不同，随处不同，其天性之发泄尚未型［形］成固定的习性，故其与世界之交往尚无确定的路径之可言。后天的行动累次反复于同一方向，遂成为习惯，习惯既成，路径乃告确定，故于路径之确定，教育的引导至少当与生性的拘束平分其势力。不然，生性若具有绝对的支配力，则教育将无从施其技矣。总而言之，教育者当悬揭确定的目标以导引儿童。儿童对此目标之反应活动，有符合原型者，有近似者，有不类者。其符合与近似者，可奖进之。于其不类者，则宜研究其原因，考察其动机。儿童之行为，诚然每每无动机之可言。盖所谓动机者，依其严格之意义言之，乃发动行为之明确的目的也。儿童之行动多半为冲动所支配，教育之事即在使其冲动变为志趣，而使其意志凝定于正当之途，不过欲达此目的，须善为布置客观的世界，使儿童生活于适当的环境中，适当的环境自足刺激其正当的活动。若不知激发其自由的活动，而专用拘束之法使其行动合于预悬之目标，则个性不同之儿童难免隐藏其"真我"，致令一切行动皆为"假我"之所表现。儿童中不无在校循规蹈矩，出校即作奸犯科者，皆此故也。学校影响欲及于儿童之"真我"，则于其活动之动机，于其个别的差异，切不可不加以注意。

依此所论，故本书之所讨论者，为见学校中之生活交往之两方面。先自主观之方面即儿童的个己出发，而观其习惯如何型［形］成又如何可以转移之，并讨论义务、德性、良心诸种道德概念之内容。其次再转而研究其客观方面，即儿童生长发育于其中之学校社会。既研究学校社会应如何布置始足以达到其预定之目的，然后研究学校社会用何种工具始能使其刺激力与控制力发生最大的作用。

中华书局民国二十年九月（1931 年 9 月）

教育是什么^①
（1933 年 3 月）

一、何谓教育

办教育者多，谈教育者更多，但是何谓教育，则殊难置答。试求之于字典，则引证《说文》云："教，上所施，下所效也。"又云："育，养子使作善也。"依此定义，吾人可得数种观念焉。第一，教之中必有施者与受者之两极，育之中必有养者与被使作善者之两极。换言之，即皆有教者与受教者之两方也。第二，为有所施，有所效，有所养，有所作，换言之，即双方皆有所活动也。合此二者，吾人可得一结论曰：所谓教育者，即教育与受教者间所起的一种活动也。

然而此教者与受教者又各为如何之人乎？其释"教"字曰："上所施下所效。"所谓上下者，当然指官民而言。其释"育"字曰："养子使作善也。"子对父言，养之者当为父母。在吾国古代君师合一而政教亦合一。所谓"政者，正也；子率以正，孰敢不正"，即为是种思想之所

---

① 此文系《教育原论》一书之第一章"绪论"，现标题系编者所拟。《教育原论》一书撰于 1932 年 10 月，曾由大陆书局于 1933 年 3 月出版。现收入"余家菊先生论著第五辑"《教育师范教育与乡村教育》中，此书由台北慧炬出版社 2000 年 4 月出版。

表现。政治本有绝大的教育影响，可予民众以深刻的感兴，惜乎今之从政者多昧于此义焉。至于父母养育，则显系指明负养育之责者为家庭。教育之超越家庭而为国家所掌握，脱离父母而为专业教师所担负，乃近代之事，在我国不过三十余年而已。若夫受教者之为何人，依同一解释，"下"当然指民众而言，"子"当然亦系兼含女子之称。有解释教育者曰：教育者，成年人对未成年人所施行的一种活动也。揆之教育子女之意，其言甚是。揆之教育民众之意，其言则非。

教育为一种活动，是矣。然而活动者，谁乎？曰"施"，曰"效"，曰"养使"，一似教者发号施令而居于自动的地位，受教者奉承意旨而居于被动的地位。实则教育之事，欲其有效，必须受教者自己具有学习的动机发为学习的努力而后可，决非他人所得而代劳者，所谓"大匠不能使人巧"者是也。人性好动，教育所患，不在受教不肯活动，患在其活动未必果为必要的而已。选择适宜的刺激，供给适宜的资料，使学生发为必要的活动，是则教者之所应有事也。教者的活动，固能转移学生，而学生的活动亦应为教师所根据。故教育活动，实为教师学生互相影响之共同活动。

语云："近朱者赤，近墨者黑。"其潜移默化，不知不觉之功用，亦得谓为教育作用否乎？曰：然。是盖教育作用之一类。依一定的计划，于一定的场所而发起的教育活动，名为正式教育。于公共生活中附带发生的种种影响，则名为非正式教育。正式教育之特征，在于事先有缜密的思考与精细的设计。在非正式教育之中，施教者明觉其教育之影响时，吾人称为非正式教育。若于其教育的影响，不但未有预图，亦且并无觉识，则又特名曰万有教育。"羊跪乳，乌反哺，何以人，不如物？"此人类所受于羊与乌之教训也。然而羊与乌并不自觉其予人以教训。故另名为万有教育。

活动之人既明，活动的性质又如何乎？杜威谓："教育是继续不断的改造经验，以丰富经验的意义，并增进个人主宰后来经验的能力。"此以经验之继续改造，说明教育活动之性质者。盖人生活动，莫不本其固有的经验，以应付其遭际的情境。经验的组织愈恰当，经验的意义愈丰富，则行为的效率愈大。例如行人穿过街心，汽车络绎不绝，初次上街之人，欲过街心，几乎不知所措。稍有经验之后，便知以警察的指挥或警灯的红绿色为进退。于是警察之挥手或红绿灯色之改易，对于彼遂具有一深厚的意义而足以主宰其未来的行为，非复如初见挥手换灯时之简朴空洞矣。人类的一切进步，其过程大抵如是。故杜威之言，乃说明教育现象之本质者。言教育作用之本质者，举不能外于是矣。

二、教育之必要

教育活动，曷为而存在乎？凡事每起于必要，教育之存在，当然亦有其必要。

（一）为生物学上的必要　昆虫之类，出生之后，立即具有生存之能力。且其行动概为天性所豫［预］定，而无须乎学习，故无所须于教育。如幼蚕之生，并无母蚕之可见，而幼蚕之嚼食桑叶，织造茧子，均皆不学而能，故无所须乎教育。高等动物，如牛，如羊，如鸡，幼子既生，皆有一定的期间，母子相随不离，学习教练之事即发生于其间。人类初生，身体既不能自存，智能复一无所有，故所赖于教育者甚大。

（二）为社会上的必要　初民社会，事业简单，组织狭小。其中一切规律，皆为耳闻目见之所可深悉。农之习农，只须参加农事，模仿农作，时日稍久，便可成为老农。习农如是，习工商亦然。故始初教育，概为非正式教育。其采用正式教育最早者，当首推官吏教育与僧侣教育。因此二者皆非参加模仿之所能学成，必须读书诵经通达事理而后可。及至现代，一切事业皆有须于丰富的知识，一切生活皆转而成为组织化，不受相当的教育，决不能生存于今日，更无论有所贡献于人群。

（三）为国家的必要　在古代，西方的教育完全操诸教会之手。教会教育，蔑视现世生活，主张大同主义，于命代情况，颇欠适宜。故普鲁士首先从教会之手转移教育权于国家掌握之中，自一七一三年威廉第一即位以至于解放战争（一八一三—一八一五）挫败拿破仑止，凡一百年，始告完成。其时法英美诸国，亦皆逐渐树立国家教育制度。考其动机，有由于欲用教育以求国家之复兴者。如一八〇六年拿破仑大败普鲁士占据柏林割地以和之后，斐希底于一八〇七—一八〇八年间之冬季发为讲演，敦促国人用教育以复兴国家是也。其言有曰："依新教育之力，吾将陶铸德国魂，使全体国民成一协和的团体，而同受刺激与鼓舞于一公共的兴趣。"又有由于欲用教育以培养良好的公民者。如马尔莎士于其一七九八年刊布的《人口论》中之所论断者是也。其言有曰："关于此项问题，本人衷心赞成斯密亚丹的思想，而以为有教育有知识的人民，比较愚昧的民众，将不易于为煽动的著作所诱惑，将较有能力以抉发利己的野心家之虚伪的呼号。"至于吾国之废科举兴学校，由私家教育而改为学校教育，其动机在救亡图存，更为人人所通晓，无待烦言。

三、教育学术

学术产生于事业。有事业即有发生学术之可能。自有人类以来，即有教育事业。自人类能致力于思想以来，即有教育议论之出现。《尚书·虞书》云："敬敷五教在宽。"五教为五常之教，即教育之目标也。在宽为予人以自由发展之余地，即教育者之态度也。语虽简单，而纲领已具。中西古籍，如是者甚多。然而究竟为片断思想，尚未组成系统。其次，如中国的《大学》《中庸》，希腊柏拉图的《共和国》，皆为系统之作，所含教育名言甚多，然而其立足点为政治，教育只是其中之一事。又其次，如卢梭之《爱米尔》，确属系统的教育著作，首尾毕具，自成一体。然而又系直陈所见，乏物观的探讨，不足以云科学。使教育的研究具有科学的色彩者，追论首功，当推德之海尔巴脱与英之斯宾塞尔。海尔巴脱以哲学的素养，心理学的观察，从事于教有之实际的研究，于一八四一年发表其《教育学大纲》，氏亦于同年去世。教育上所谓"多方兴趣"，所谓"以旧观念类化新观念"，皆氏之学说之要领也。斯宾塞尔幼年瘦弱，未尝入大学，三十岁后，始留心教育，于一八六〇年发表其名著《教育论》，提出"何种知识最有价值"之有名问题，于教材之选择、分类及分配上，贡献特多，曾译成十三国文字云。海氏贡献以教法为多，斯氏贡献以教材为多。海氏立基于心理学上，斯氏立基于社会学上。海氏之门弟子多，斯氏之著作影响大。然而其有功于教育研究之迈进则一也。自是而后，教育研究之园地日扩，教育学术之内容日富，好学之士，不但有专研教育者，而且教育学术内之分科专家亦复风起云涌。

四、研究方法

吾人既欲从事于教育事业或教育之研究，则当知研究教育之方法。
第一为历史研究法，考察教育上的源流沿革得失利弊，及其兴革之故，发生之因，可以知教育在整个社会中所生的作用及其所受的影响。能使人疏通知远，而无拘墟板滞之病。例如"普及教育"之运动何以发生？知识普及后所及于政治的影响如何？皆非从事历史的研究，不能得其真相。至于历史上教育家的风范气度，能予吾人以感染，示吾人以理想，亦为读史功用之一，更无待论。

第二方法为思辨法，或称哲学法。所谓思辨法者，即以思考作用推勘真伪估量价值之谓也。任何方法，固然皆不能摈绝思考，然而思考法之自成一法者，以其可以独立存在也。例如学习外国语，应当学习英语乎？抑应当学习法语乎？此一问题也，乃为价值之判断。先当确立学习外国语之价值应当安在，然后再问最能具有此等价值者，究为英语乎？抑为法语乎？于是而问题决矣。凡此，皆有赖于健全的思考，非其他方法之所能代替者也。

第三为观察法，实验法亦包含在内。总言之，即于一定的条件下考察某一事象如何变化之方法。实验法则只是控制或改换其条件，而观察法则不惟控制或改换而已。例如欲知外国语之直接教学法与翻译教学法孰优？即可付之实验。依据实验结果以为定论。实验方法可选拔两班学生，使其学力同，智慧同，勤奋同，一切皆同，所不同者，只是一用直接教法，一用翻译教法而已。实验法，能发现新理，亦能证明旧理。凡科学之开辟新园地，多有赖于实验法。

第四为调查法，即汇集资料以发现其中问题或其间关系之方法也。大抵关于人事问题，尤非采用此法不行。例如小学教师最低的薪水须有若干？欲加解答，则首须调查一般的物价，次须调查教师阶级的生活标准，更次又须调查一般小学教师的家庭经济状况如何，最后还须调查一般小学教师除去自身生活费以外，尚有如何的担负。必须根据此等调查的结果，始能制成合理的薪金标准。又如学生听讲注意不集中，欲察其原因之所在，亦可用调查之法。统计其在各科目下的注意状况各如何，在各教师下的注意状况又如何，在各时间内（如八至九点，十至十一点等）之注意状况复如何。将其结果综合而会通观之，即可以有所领悟矣。

统笼言之，上述第一法，为历史法，第二法为哲学法，第三法为自然科学法，第四法为社会科学法。此外，犹有一必要的方法，而为初学者之所不可忽视者，即为自身经验之扩张。欲了解教育问题，欲领会教育理论，皆非自身具有教育的经验不可。故初学者，宜寻求机会以扩张自身的教育经验。有经验然后有前进的根据。

大陆书局民国二十二年三月（1933 年 3 月）

受教者[①]
（1933 年 3 月）

一、儿童研究

　　古代教育，其重心在教材，近代教育，始于教材之外，特重教法。教法须适应于受教育之身心状况，故儿童学之研究蔚然大盛。开儿童研究运动之先河者，当首推卢梭。氏大唱"顺从自然"之论，并着《爱米尔》一书，以描写其顺应儿童身心发育状况所设施的种种教育的作为。其言有曰："凡如自然之原状者，皆为善，一经人为，便成恶。……凡吾人生而无有必至成人时而始有者，皆为教育之所赐予。自然、人类与物体之三者，皆为吾人之所从受教育。各官体与各机能之内在的发育，乃为所受于自然之教育。如何运用此发育之成果乃为所受于人类之教育。至于接触物体时而有所获益，则又为所受于物体之教育。三种教育之同时并行，既为必要则必借助于吾人所不能控制之一种教育然后足以控制其他之二种。"其重视顺从自然之旨，约略可见矣。嗣后裴斯太洛齐及佛禄倍尔两氏，又各有所阐明，且于实际上，多所贡献。及至晚近，英国之达尔文，用其研究动植物之方法以观察其幼子，德国之普惹

---

　　① 此文系《教育原论》一书之第二章。

佑（W. J. Preyer）用其生理学家心理学家的手腕纪［记］录其亲子自出生后以迄三岁之发育状况，美国之霍尔斯丹来（G. Stanley Hall）用统计法为大规模的儿童研究，一时门徒甚众，儿童研究，大为盛行。

二、教育可能

有持教育无效说者，以为人生实受制于天赋，天赋既定，即莫由逾越。依遗传法则而身躯短小者，教育之力决不能使之高大，其远祖及其近宗之智力低劣者，教育之力亦决不能使之明敏，故谓教育无效。又有持教育万能说者，以为人性非固定不可移易者，实如河水之"决诸东方则东流，决诸西方则西流"者也。无效说着眼于遗传的势力，万能说着眼于环境的作用。实则教育固不能变下愚为上智，然而纵属上智，苟不施以教育之力，则上智之资亦不能臻于上智之实境矣。此天赋待教育而发现之旨，为无效说之所忽视者也。水固无分于东西，水不能无分于上下，种瓜不能得豆，种豆不能得瓜。此本性为教育制限之说，为万能说之所抹煞者也。故教育之力有效，而其效亦复有限。

教育之所以可能者，其故果安在乎？曰：是乃基于人类生性之具有可变性。所谓可变性者，能基于自身的趣向以为特殊的适应而不为生性所限定之谓也。动物依先天的性能以为生，人类则依后天的长进以图存。例如鸡雏，生后数小时，即能啄食，人类婴儿，则攫取物体，且需时约六阅月。盖因一则产生之际神经构造即已成熟，一则犹有待于多年之发育也。成熟早者其固定早，发育迟者其可变性大。人类之所以能获益于经验而依据过去的经验以制驭未来的行为者，皆此可变性之赐也。人类的可变性，以幼稚时期为最大，故幼稚时期，最适宜于教育之施行。及至成年以后，习性确立，观念固定，教育之事，不易为力。故成人教育，但能为知识技术上的补充，而于根本意念及态度之改变，则殊难为力。

三、儿童的教育

依照儿童身心发育的情状，可约略分为四段：（一）六岁以前为幼稚期，（二）六岁至十二岁为童年期，（三）十二至十八岁为少年期或称青年前期，（四）十八至二十四岁为青年期或称壮年期。在幼稚期第一年中，身体的生长在毕生中乃为最快之一年。周年小儿比较初生之时，其身体约大三倍左右。手足耳目之运用渐灵，对于环境亦渐能认识，如认人辨声之类，皆优为之。一岁至三岁时，说话能力、走路能力，皆已发达。对于他人的言语动作，喜事模仿。盖模仿为学习的必要手段也。三岁至六岁，人我区分，臻于明了，而记忆力与想象力亦两皆发达。故于周岁以前的小儿，宜注意其卫生习惯。于三岁左右之小儿，宜示以良好的模仿榜样，予以多种的学习机会。于六岁左右之小儿，则宜善保其对于父母保姆之信用，并利用其想象力以开扩其心胸，利用其记忆力以储蓄文化上珍贵资料。但须无涉于荒诞艰奥而已。

在童年期，群性发达，好交接伴侣，喜同人游戏。因与人接触交往之故，而逐渐认识人间轨道之存在。其彼此相处，互相监督，极为严厉，所定规则，每每失之太苛，且其执法相绳，又丝毫不容假借。故此时期，极宜施以社会生活的陶冶。至于观察力，则亦颇为进步，想象作用渐转而符合实际，概念运用力渐次发展，抽象的思考至十二岁左右即已萌芽，意志的坚持力颇不薄弱，故此期的后半期宜开始授以智能上的正式课业，使其稍有努力奋发之意，存于其间。

少年时期，身体方面，变化甚多。身体突然加长，而身体各部份［分］间的比例亦复改变，心房肺量加大，骨干体力加强，故身体之保护滋养，最关重要。稍一不当，发育即不能圆满。精神方面，性欲发动，对于异性，起爱慕之心。同时，崇拜英雄之心大盛，行事倾向于理想主义。对于"故我"，心怀蔑弃，对于"新我"，时萦梦念。故此时期，有人生再造时期之称。教育者宜示以正轨，期以远大，勿使走入偏倚卑陋之途。其精力丰满，不遑宁处，善教育者当思所以发泄而销磨之。

青年时期，身体的发育渐告停止。精神方面，感情作用渐归宁静。人生见解，渐归确定，不复如前此之惶惶无主。且终身的风范，亦大体具备，此后修正补充固所常有，而根本推翻，则不多见。至于理智方面，则知识已倾于系统化，思考已即于抽象的，一切高深学问皆可于此时期请益问津焉。故此时期，为人格教育之最后关键，及此不图，便无及矣。又为知识教育之黄金时期，必至此一时期，始确有能力以窥奇探秘也。

四、性向与智能

性向者，依特定的形式而对某特定的情况所发生之反应倾向也，通常称曰本能。本能者，即同一族类中各个份子所不学而能之动作也，如饮、食、男女、自尊、自卑、求乐、避苦、模仿、同情、好奇、搜求之类，皆本能也。智能者，生而成熟或生而渐次成熟之诸种能力也。或名曰性能，一名能量。智能又分为二类：一为智力、感觉力、判断力、想象力、推理力属之；一为学习力、记忆力、学技力属之。本能所以决定行动之方向，智能所以决定行动之能量。二者皆为教育之凭依，尤以本能为最要。盖人生成就，所关于志趣者大，而所关于智愚者则犹小。龟与兔赛跑，龟胜而兔败者，兔善跑而不跑，龟不善跑而肯跑之故也。故人生以志趣为最要，而智慧次之。然而志趣的基础又在于本能。例如由好奇性可以发育而成为研究志趣，由自尊性可以发育而成为不朽志趣是也。

所谓智力者何也？有谓智力即"适应新情况"之能力者，是盖采生物学上的机能观点，只足以明智力之功用而不足以说明智力之本质。幼稚儿童说明物体之意义多就物体之功用而言之。如问以"何为眼目"？必将答以"眼是看东西的"，而不能及于眼之构造。科学研究，决不能如是其简陋。就智力之本质以说明智力之意义者，有两重"因素说"（theory of Two Factors）。其说以为在人心的种种认识活动上，有一共同的因素。以此因素作用之发现于认识活动之各方面也，故名之曰普遍智力。凡擅长于一种学科者，对于各种学科，每每概能具有相当优良的成绩。可见智力作用之普及于认识活动之种种方面。此普遍智力说之事实根据也。假使智力之中，仅有此唯一因素，则每人于各种学科之学习能力，其大小当均齐划一，而不应有所参差于其间。或为百分，则各科能力皆应为百分，或为零分，则各科能力皆应为零分。而不得某科能力为百分，而另一科能力竟为九十分或八十分乃至三十二十分。晚近教育上有所谓相关度的研究者，即研究两种事象之同变倾向者也。一种事象高涨，另一种事象亦随而高涨者，为正相关。一种事象高涨，另一种事象反随而退减者，为反相关。相关程度的最高者，为1.00，其次递减以至于零，零即不相关。由-.01以至于-1.00则又为由最低的反相关以达于反相关的最高度。据实验研究之结果，各种高等心思历程间，如联想与思考之类，其相关度高。各种感觉能力间，如辨别音调力与辨别距离力之类，其相关度高。各种运动能力间，如写字与绘画之类，其相关度高。至于运动能力、感觉能力、高等心思之三者间，则其相关度甚为低微。善于跑腿者不必善于策划，善识音者不必长于乐理，皆人所通知之事实也。各种能力间，其所以具有相关度者，共通因素为之也。各种能力间，其相关度所以有高低大小而不均齐者，则特殊因素为之也。智力作用之具体的表现，乃合此两种因素而成，故名为两种因素说。倡之者，为英国伦敦大学教授史皮雅满（Spearman），今已逐渐为世人所公认矣。

　　既明智力之本质，请进而一论学习力。所谓学习力者，即依经历以获取进步之能力也。如不识"人"字，经人告以"人"之音，即能读其声，是即随经历而获得进步也。如不能写"人"字，经试写之后，即能书其形，亦即随经历而获得进步也。大抵吾人之所学习者，可分为五类，即（一）习惯、（二）技能、（三）知识、（四）意念、（五）态度是也。如写"人"字而依一定的笔顺，是习惯也。写"人"字而能好能快，则技能也。故学习习惯与学习技能，其根本性质，无多区别。知识为依据其所接触以获得领悟，譬如科学上所谓的定律。意念之学习，则不依据感官的接触，乃凭藉知识以产生，譬如科学上所谓的学理或理论。定律基于物象，而学理则但须不违定律也。但学习知识与学习观念，其根本性质，亦无多区别。态度为心理上或行为上所表现的倾向，如清洁态度、礼让态度是也。学生之所学习者，举不外此五者。

　　无论所学何事，欲学习之有效，有若干法则，决不可违背。（一）为选择法则。儿童对于教师的提示，非漫无区别而一概努力学习者。其所努力学习者，必系足以掀动其生性或性格者也。若教师之所提示不足以掀动其生性或性格，则将诲之谆谆听之藐藐。故教人学习，当引起其学习动机。（二）为结果法则。儿童于其所学，或则学习一次以后，嗣后复欲继续学习。或则学习一次以后，嗣后即不复倾向于继续学习。其倾向于继续学习者，必其学习之曾予彼以快感者也。其不倾向于继续学习者，必其学习之曾予彼以不快之感或不曾予彼以快感者也。故教学当使学生感觉成功的快感，而勿使其感觉失败的不快之感。（三）为练习法则。一种学习，学习的次数愈多，则学习的进益愈为确实，反是者反之。或名其正面为使用律，其反面为荒废律。故学习上以学生之勤学为成功的要诀。（四）学习目标必须明确，使学生知其所将学者果为何物。目标明了而确定，然后其注意集中，其精力始能倾注于恰当之点，而其是否确已学得，彼亦有所依据以自行检查。故教学上须有教学目的之提示，而每一教学单元，亦须确定其教学要项。上述四者，为学习心理上的主要原则。

　　次论学习之进步。今世学习进步之研究，多仅限于习惯技能之学习。关于技能或习惯之学习，有所谓学习曲线者。例如学习英文，练习拼字，第一日能拼十字（假设，下仿此），第二日能拼十五字，第三日能拼十八字，第四日能拼十八字，第五日能拼十八字，第六日能拼十九字。姑就此假设的事例，而为图以表示之如次。

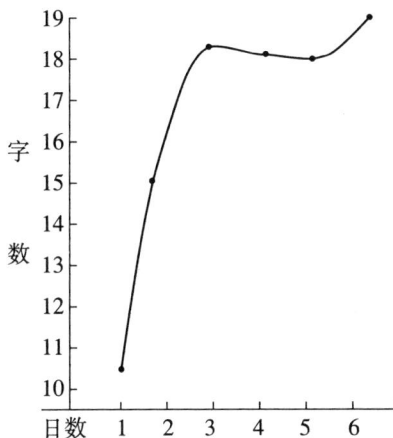

就此假设之图，可以窥见数点：（一）起始时进步甚猛，此由于初学时热心甚炽以及所习材料或已早经熟练之故。（二）中间停滞不进，学者名之曰高原期。是由于兴趣降低或所习教材确遇难关。无论其原因安在，于此时期，务须予以督促鼓励，使其迈步向前，勿得中止，致令一无所成。（三）经过高原期后，又复渐有进步。进步的限度，并未达到。常人每每稍有进步便不复前进者，多半皆由于误认进步的限度业已达到之故。

五、个别差异

人类的性情能力，就其所有的种类言，实莫不相同。就其所有的特长言，或就其一种之大小强弱言，则颇有出入。教育既应根据受教者的性质，故于各儿童的个性宜有以利导而发扬之，于各儿童间的个别差异，宜有以顺应而将就之。

首言气质之差异。所谓气质者，乃感情意志上的天生特征与生理机能具有密切关系而为吾人所多少不能自主。气质之构成，自心理的见地言之，有三个因素，即（一）动意之强弱，（二）维持力之大小，（三）快苦感受力之大小。动意强者，其用力猛，易失于卤莽。动意弱者，其用力微，易失于柔懦。继持力强者，坚定不移，易失于固执。继持力小者，善于因应，易流于中变。感受力强者，能随经验以改进，失在于过畏人言或过求人誉。感受力弱者，贫贱不移，威武不屈，失在于迟滞冥顽。三种因素，错综揉合，可得八种气质。（一）坚定气质，其动意强，继持力强，感受力弱。（二）浮易气质，其动意弱，其继持力弱，其感受力强。（三）易变气质，即时而兴奋时而沮丧之气质，其动意强，继持力弱，感受力强。（四）沮丧气质，其动意强，继持力弱，感受力弱。（五）多虑气质，其动意弱，继持力强，感受力强。（六）乐观气质，其动意强，继持力强，感受力强。（七）沉静气质，其动意弱，继持力强，感受力弱。（八）麻木气质，其动意弱，继持力弱，感受力弱。依此八者，以观察各人的气质，因势利导，长养其所长，补救其所短，为用必无穷尽。

次言特长的差异。（一）就精神上的一般构造而言，有富于感情者，如诗人词客是。有长于作为者，如英雄豪杰是。有长于思考者，如科学家哲学家是。（二）就思考的畴型言之，有长于观念的思考者，如高深的理论家是。有长于事实的思考者，如解决实际问题之专家是。（三）就意象的畴型言之，有为听觉型者，回想一物，辄起"音"象，如言"汽车"则想及"呜呜"、"轧轧"之声。有为视觉型者，回想一物，辄忆及其形状，如言"汽车"，则想及汽车之大小高低。有为动觉型者，回想一物，辄生动觉，如言"汽车"，则感觉身坐汽车中所感觉的诸种运动觉也。又有混合型者，则两种以上的意象，同时而起。意象畴型不同，故教学时宜诉诸各种感觉，而使学生视之听之为之弄之。

复次试言能力大小上的差异。据实验研究的结果，能力大小之差异，可用正常曲线以表明之。如下图：

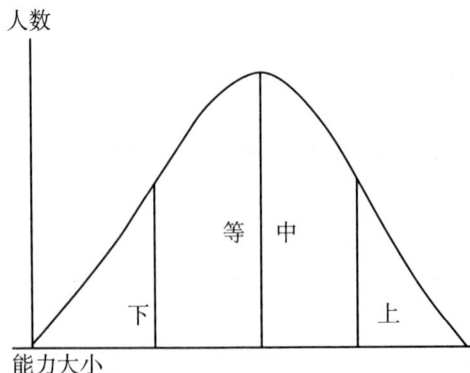

图之横线表能力大小，弦之高度表人数。两方各加数字，即可表明各能力之人数。依图，（一）上下之间每相隔悬远，换言之，即能力之差异甚大也。（二）上下之间，其相差的情况，成一连续线，等级甚多。（三）中人最多，上智下愚皆少，愈趋于两端则愈少也。每一班学生，仔细侦察，其能力之分配，皆成此项状况。

最后，略言男女的差异。男女间的差异，并非程度上的悬殊，乃性质上的差别，且非谓人人莫不如是，乃指多数之或然而言。明乎此，始可与言男女的差异。（一）男子常注意于事物之动的方面，女子常注意于事物之静的方面。（二）男子喜注意于事物间的广大关系，女子喜注意于事物内之细密处。（三）男子比较富于独立性，女子比较富于群聚性。（四）男子之所憧憬在崇高，女子之所憧憬在优美。（五）男子刚决，女子慈祥。为人类的完全言，男女双方应当各展所长，不宜削足适履以勉求于同。男女平等，是也。男女同一，则误矣。

大陆书局民国二十二年三月（1933 年 3 月）

教育目的论①
（1933 年 3 月）

一、个人与社会

在太初教育上，个人完全为社会所屈抑。用教育以训练个人使其受节制于社会，为人群的生存计，殆为一种必要的条件。成人之中，如有毁坏习俗者，当然施以严厉的制裁。然而保持习俗之最妙的方法，仍为用教育以训练儿童。太初时代所行的训练，实无一而非所以使个人于人群之中确能善尽其职分者。故教育活动可视为适应环境的历程。其时个人的势力与社会的势力皆不知不觉以运行于生活之中。个人既不曾故意伸张其个性，社会亦不曾故意屈抑个人于公众利益之下。两种倾向皆同时发为有力的活动。个人因为生活于社会之中，当然须顾全社会的需要。个性虽然未受故意的摧折，然而摧折之事，乃为事势上之所必然。个人确实有所影响于社会而使社会受其转变。但是个人无论自觉其如何独立自主，然而个人的行动，到底多半出于社会所赞许的途径。

现代学者，往往对于国家之压制个人，发为悲观的议论。虽然不谓现代国家故意屈伏个人于国家之下，但谓自然法则的作用似乎必然因国

---

①　此文系《教育原论》一书之"教育目的"，现标题系编者所拟。

家利益之故而抑制个人的利益。而且本代的利益亦往往因为后代的利益
而遭受牺牲。每一时代，各有其自身的价值。各时代之最能促进全部的
演进历程者，必其最能善尽其本代的职能者。只有实现其能于现代之故
而善尽其职能，然后对于下代，始可谓为确已为其所最能为力者。只有
如此，牺牲现代的利益，始能有补于下代的利益。夫教育之事，必然含
有现代的牺牲于其中。教育的果报，存于未来。社会牺牲自己以从事于
教育事业，其职志即欲于求谋后人利益之中以获得现代的安慰。父母的
自我，扩大于子女的自我之中。子女的生活之中，依然存有父母的命
运。人生的最高理想，为自我实现。然而吾人之牺牲自我须于实现自我
之中行之，吾人之实现自我，亦须于牺牲自我之中求之。父母之牺牲，
正所以求父母人格之实现。

　　父母扩充其自我于子女的自我之中，父母利益与子女利益固可不生
衡突。然而涉及国家，则国家的利益似与个人的利益相抵牾。然而相反
的势力往往适所以相成。冲突抵牾，只是进步中的外表现象而已。个人
所欲实现的最善之我，只有求之于国家之中，国家欲达其最高的发展，
亦须以其各个国民的自我之圆满实现，为其必要的条件。国家所加于个
人的限制，正是个人所赖以实现其自我的工具。认国家与个人的冲突为
不可调和者，乃是立足于元子说以观察国家。误认个人不但有独立的存
在，而且有独立的生性，只因事实的必要，乃互相结合以创立国家。误
认各人先已完成其所以为人者，嗣后为补充其缺点而应付其必要计，始
联合进行以创造国家。实则人与社会并不曾分离，在人之型〔形〕成
中，同时即有社会之型〔形〕成。分别考虑个人及国家，乃是分析抽绎
的结果。个人决非完全独立的单元，人类毕竟是社会的动物。

二、历史的回顾

　　在始初的教育，父母每欲利用教育以为子女谋得特别的利益，而大
众的心情则又尽力求所以使少年成为社会上有用之一员。教育目的，往
往是利己的，而教育结果则往往是利群的。及至国家从事于教育人民，
则其所郑重考虑者，只是国家的利益而已。论西方教育，当首及雅典与
斯巴达。此二市府者，其所施行的教育，各成一种畴型。然而在理论
上，则双方皆承认国家在教育上的最高地位。唯斯巴达则实际由国家措
施教育，在雅典则由父母掌握教育权，只是舆论势力甚强，对于父母具

有间接的控制力而已。斯巴达于西元前五世纪，依教育策略之力，已完全实现军国社会之理想。其时雅典教育之实情，似正盛行个人主义，故教育理论家于当时状况颇肆抨击，而驰想于修正式的斯巴达教育。保留斯巴达的优点，而除去其粗暴鄙野之风。苏格拉底比较富于个人主义的倾向，然而苏格拉底并不偏袒个人以反对国家。氏宁可服从明知为极不公正的法律，而死于法官之手。其尊重国家之意，已可见矣。柏拉图将国民分作三类。富于智慧者分入哲人阶级，担任统治。富于勇气者，分入军人阶级，担任卫国。富于嗜欲者，分入赚钱阶级，担任商务。其区分阶级的根据，并非心理学的，乃是根据于实际的需要。其中含有一个重要的教育原则。盖个人之获得允许以发展其最大的能力，乃是基因于求谋国家利益之故。个人只有尽其最大能力以谋求其自身的发展，始能对于国家恪尽其最善的作为。国家欲从个人获得最好的服务，只有容许个人发展其自身的优点。所以柏拉图的政略是功利主义的政略，而其所引起的教育见解，则是自由主义的见解。柏拉图是理想家，直陈其心中之所见。亚里斯多德重视经验，其所主张，必顾及实际生活上的可能性。柏拉图主张求个人的善益于国家的善益之中，亚里斯多德则主张求国家的善益于个人的善益之中。亚氏虽然承认个人的自由发展，但并不容许个人偏颇性格之放纵以致碍及于公民义务之履行。国家与个人，互为对方善益之故而存在。个人不能离弃国家，国家亦不能离弃个人。国家树立轨范以陶铸个人，国家似乎自始即已宰制个人，实则轨范之性质皆为个人之性质所确定，对于个人所施予的强制力，并非真正来自外界，亦非违反人性者。亚氏不赞成柏氏为全体幸福之故而牺牲局部之说。氏以为国家其所以偶尔严厉威猛之故，乃是由于个人的需要如是，致使国家不得不然之故。

罗马人是立法守法而又公忠勇武的民族，极端富于国家精神。其社会组织又以家庭为单位，而不以个人为单位。故个人主义的倾向为公论所厄制而不能发展。罗马的教育，虽受希腊的影响，但是直至末叶，始吸收其个人主义的旨趣。罗马人的爱国精神，天然反对修词之学与夫诡辩之术。直至改建帝国，公民自由陷于沦亡之后，希腊人的修词训练，始为罗马人所提倡，盖足以转移人民的注意，使其不复倾注于政治方面，而且修词训练于雄辩事业亦复具有不小的助益，在当时颇足以有所便利于个人。世运衰退，斯可见矣。

基督教昌明之后，教育上的个人主义大行其时。在教会的眼光中，每一心灵各皆独立自存，各有无量价值。在凯撒王国内，个人应受国家的陶镕以期适合于国家的鹄的。欲入上帝的国度，则个人须有独特的准备，而致力于德性之潜修。所以一人兼具两重公民资格。二者有时或至不能相容。于是遂以为地上应有一模范国家，事事皆以天国为标本，处处取天国以为准则。因此之故，基督教虽有强烈的个人主义而终不得不采行团体生活的办法，即所谓寺院主义是也。寺院主义，实为一种教育运动。寺院主义立基于性恶说之上，欲躲避社会以脱离其感染，而养成一种特立的人格。其方法为禁制情欲以涤除人性的污秽。个人各依自身的志愿而加入寺院，故不生个人与社会冲突的问题。各人的目的，既然互知其为相同，故协同动作，互为扶助之事遂生。可见寺院主义不只是脱离社会而已，乃于脱离之后另行创造一种理想的社会也。

寺院教育时代，学术事业，倾注于疏释训诂所谓烦琐学派者是也。及至文艺复兴后，有饶贝来（Rabelais）者，力诋烦琐学派，主张用书籍以扩充知识的内容，勿复用书籍以限制思想的活动。其教育方案的基本意旨，在听人依其天性上固有的法则以事发展，换言之，即当听人依造物主的意图以为转变。其后，卢梭则主张"顺从自然"之教育。裴斯太洛齐则谓"教育即各种能力之自然的，有进步的，有组织的发育"。佛禄倍尔则谓"借教育之力，人类之神圣的素质得以发泄、引出，并升入于意识界"。海尔巴脱谓教育为"各种能力之谐和的发育"。皆所以解放个人使其脱离政治上、宗教上、习俗上诸种权威之压迫桎梏，俾其得以自由发舒者也。是为"个性的复活"，"人格的觉醒"。

但是此项运动仅为希腊思想之一端，即所谓个人方面者。另外尚有一端即所谓社会方面者，在近代注意及之者亦复甚夥，如第一章所述斐希底、马尔莎斯、斯宾塞尔，其言论皆足以显示教育之社会的目的者。总而言之，个人而扩大其自我，则自我与国家合一，所谓"民胞物与"、"宇宙内事皆我分内事"者是也。我之所以努力于国家者，正所以完成其自我。我欲完成其自我，又必取径于服务国家。成己成人，本是一事，合而言之，大道乃见。更从国家言之，国家与个人性格之所表现而成。国家的善益皆来自于个人的贡献。国家的进步亦来自个人的创动。真有益于个人者，必其真有益于国家者也。黑格尔谓主观的良心，往往错谬，真理须求之于客观的道德界，客观的道德界固超越于主观的良心而且给予主观的良心以意义者也。盖国家为客观的道德界，乃人类文明发展的结品〔晶〕，人性之最高的表现，足以指导个人使其不至陷入于错觉幻想之迷途，而个人之获得思想知识言语习惯，亦皆来自国家文化之熏陶。黑氏之言，固可值人深长思也。

三、中国的教育目标

依据上列的讨论，中国的教育目的，当使个人凝结其人格于国家之上，实现其自我于国家之中。个体之发展，国家的进步，双方同顾，斯无憾事。然而欲完成此广大的目的，应有如何之具体目标乎？是为中国的教育宗旨问题，亦即教育目的如何应用于中国之问题。请略论之。

中国今日之教育果无宗旨乎？曰，有。中国今日之教育，果有宗旨乎？曰，无。所谓有者，就其纸片上的法令言之也。所谓无者，就其事实上的措施言之也。树立教育的宗旨，既须了解人生的大道常道，又须认识今日的情势，以断定其孰为千古之所不易，孰为今日之所必需，孰为吾民之所长，孰为吾民之所短。然后权衡审量，制为标的，以求国人之共赴。

吾人欲改造学风，转移民习，今后教育宗旨第一标的，当为服务精神之培养。今日中国之大病无他，曰私而已。人人皆知唯己利之是图，而不知尊重他人的利益，更无论乎扶助他人。人人皆知唯权利之争，而不知犹有义务之存在，更无论乎尽其责而不求其报也。人人知有己而不知有人，于是强者夺而弱者疑。遍全国之内，人间关系非夺即疑，如是而欲社会之安定，国民之融和，真难于登天矣。计唯有陶育其服务精神，使其稍戢乎自我伸性之张，略习乎尊重他人之行。傲慢既祛，贪私亦少，人与人间之壁垒自然为之撤去，而相互间的了解始可以逐渐型［形］成。互信之心既生，安定之局，始有可能。此欲挽救今日之危难，宜从培养服务精神着手也。再就人生哲理言之。时人之所笃信者为征服，为宰制。一似人生的价值，随其所征服的范围宰制之多寡以为断者。如是思想，尼采的权力志意说庶几足以代表之。由是说而推广之则强权即公理，弱肉资强食，弱者之生存皆所以供强者的驱策蹂躏而已。夫众生纷纭，强弱至不一律，有弱者，有尤弱者，有尤尤弱者。有强者，有尤强者，有尤尤强者。充弱肉强食之说也，则弱者食尤弱者，尤弱者食尤尤弱者。强者役于尤强者，尤强者役于尤尤强者。层层吞噬，冷酷残忍，其不归于灭亡，而为自然的大化所陶［淘］汰以去者，未之有也。是以世界先觉，无一不教人以"爱人"、"敬人"、"布施"、"克己"、"为人赎罪"、"与人为善"、"成人之美"。凡此种种教训，综合言之，无一而非役使自身以求有所贡献于他人也。交相贡献，则情意通而互信立，争夺疑忌皆不起矣。夫礼者固所谓忠信之薄者也。然而礼尚往来，一往一来之间，犹足以示好意、明互敬也。纵令形式有余而精意不足，不犹愈于赤裸裸的只知有己不知有人，只知有权利不知有义务乎？语云："取法乎上，仅得乎中。"吾人以培养服务精神为目标，高其格而以助人济众相责望于人人，庶几遭逢有权可使有利可享之际，亦将自问以吾之享此利握此权也，究竟果曾竭尽吾之义务否乎？与而不取，为而不有，功成而不伐，此损己利人，上之上也。投我以桃，报之以李，有所取，有所与，人不负我，我不负人，此公平往来，社会赖以维系之最低标准也。过此而下，则是畜生道、魔鬼道，损人利己，不劳而食，屠戮杀伐之总根源也。墨氏有言："天下恶乎乱，乱起于不相爱。"吾人而欲以教育遏乱源也，其唯有发扬服务精神乎？

欲遏今日之乱源而培成未来之生机，则中国的教育目标，第二当为民治态度之发扬。中国国体易帝制为民主，亦既二十年矣。而二十年内，无年不争，无岁不战，卒致外侮凭陵，政治腐败，社会紊乱，经济破产。此其原因，果安在乎？为之说者，或谓由于经济的原因，或谓由于帝国主义之侵略。斯其为说，皆是也，然而皆非究竟原因之所在也。究竟原因果安在乎？依吾之意，则在于民治思想之未曾确立，民治态度之未曾型〔形〕成。我国固号称民主国家者也。以民主国家之故而行民主政治。民主政治而无民治思想以为之基础，无民治态度以为之骨干，欲政体之不动摇，政轨之不破毁，是乃必无之理也。政体动摇，政轨破毁，于是一人一义，十人十义，东奔西突，各行所信，虽诉之战争不惜也，出于争夺不辞也，于是以救国之心为祸国之事者，乃遍国而皆是也。政争不息，元气大亏，工不能工，商不能商，农不能农，生产机构为之停滞，欲经济之不破产，土匪之不横行，外侮之不日逼，不可得也。故欲活泼经济，肃清土匪，抵御外侮者，必须先从事于稳定政治。欲稳定政治者，必须先确立民主政治。欲民主政治永垂不毙、坚定不摇者，必须致力乎民治思想之鼓吹与夫民治态度之锻炼，是则教育家之所能为力者也。一国教育方针，与一国组织精神，苟背道而驰，则其组织必为其教育之所毁弃。一国教育与一国组织精神，苟分道扬镳，不相为谋，则其教育必有感于前路茫茫莫知所届。今日中国之现状，非即其实证耶。

吾国之行新教育，瞬将四十年矣。其在清季，教育宗旨之所揭示者为"忠君尊孔尚公尚武尚实"。在君主政体之下，当日情况之中，不得谓非饶有意义之标的。然而辛亥革命，瞬息成功。事变境迁，曩日之教育不足以有所裨益于民主政制之运行也。民元而后，教育宗旨改为"注重道德教育，以实利教育、军国民教育辅之，并以美感教育完成其道德"。斯真空洞汗漫，莫知其所归宿也。四年一月，更定教育宗旨以爱国、尚武、崇实、法孔孟、重自治、戒贪争、戒躁进七项为纲。斯亦支离灭裂，多无当于民治国家之所需要。民国八年，改拟为"养成健全人格，发扬共和精神"。虽未经正式颁布，要为教育界之所一般通信。虽未明定健全人格之为如何人格，共和精神之为如何精神，不免于空洞疏阔之讥，然而就教育宗旨之有助于民主政治者言之，要以此说为差胜。惜乎未经继续的商讨发扬，遽为狂风巨浪所卷洗以去，卒无补于国是之稳定，而终致教育之自身亦不知何所为而终日纷纭扰攘，各肆其盲目的活动也。

然则所谓民治的态度，果为如何之态度乎？民治态度，本极繁复。试略言之，以示其例。第一为因主张而奋斗的气概。依其心之所信，发为鲜明的主张，众人赞成，如是主张，众人反对，亦复如是主张。成功如是，失败亦复如是。不为威势所屈伏，不为利诱而变节。无看风使舵之滑气，无畏人势盛之懦气。可以穷，可以困，可以饿死，而不可抛弃其主张。可因自身方面之为少数，而服从对方之多数，不可因己方之势孤而投入于对方之怀。中国政治家贪恋权势，不知为主张而进退，政治社会，趋炎附势，不知在野之功能。而一般民众又复尊崇权贵，不知钦崇为主张而坚决奋斗之人。此风不变，政治决无清明之日。第二为宽容态度，对于异己，予以尊重而勿加压迫。夫好同恶异，本人之恒情，而党同伐异，则为政治的大忌。民主政治者，多数政治也。少数服从多数，固属天经地义。而多数尊重少数，亦为不可侵犯之铁则。盖多数未必是，少数未必非。予少数以自由发挥的机会，则少数犹有转为多数之可能，多数不幸而错误者则犹有纠正之余地。此言论自由真价值之所在也。敌对之党，应尊重对方之人格，谅解对方之言语行动亦系出于谋国之忠诚。第三为团体生活，协同动作。国为大众之国，事为大众之事。趋避从违，当以大众之多数为从违，非可依一己的意志以为宰割劫持者。当站立于大众之中，以从事于鼓吹、劝说、联络、组织，而不可企图居临于大众之上以一意乎强制、压迫、包办、把持。民治时代的生活，须为团体的，而不宜为孤独的。民治时代的动作，须为协同的，而不可为宰制的。旧日"一人之下万人之上"的思想，"得君专任便可为所欲为"的意念，必须破弃扫除。协同的动作，组织的活动，皆为民治时代之所必要。能协同动作，然后有团体，有组织的活动，然后能伸张意见，或监督政府。政府有人监督，然后政治可以减少其腐化。凡此三者，即所谓主张坚定、态度宽容、生活群化者，皆为民治态度中之要项，而为教育之所当努力培成者也。

欲遏今日之乱源，而培成未来的生机，则中国教育之第三个目标，当为科学精神之鼓铸。所谓科学的精神者，并非科学的知识之谓。科学知识，诚然重要，然而其重要尤次于科学的精神。所谓科学的精神者何也。第一为必确见其真方认为真。一切事理，付之于理性的判断。理性认为是，则必以为是，虽举世而非笑之，不顾也。理性认为非，则必以为非，虽举世而非笑之，而戮辱之，不顾也。阳明有言：问之于心而以为是，虽仲尼谓为非，吾必仍谓为是；问之于心而以为非，虽仲尼谓为是，吾必仍谓为非。斯真合于科学精神，大可以振聋发蒙者也。科学的精神，第二为证据充足，始下判断。科学的判断，系根据事实而来。科学的臆说，须用事实以相推验。不得以好恶用事，亦不得以成见存心。于人之所言，己之所信，皆须追问其证据安在，及其与事实符合之程度如何。必如是，然后个己见解始有改进之可能，他人议论始有迎拒之得当。厕居于人群之中，始不至为他人的煽动所迷误，而自身的见解，亦不至成为革新的障碍。顽固者流，病在不能周察事实以推勘其所旧有。浮动者流，病在不能广搜证据以推勘其所新受。前者病在停滞，后者病在匆忙。停滞则不进，匆忙则不稳，皆有碍于人生之发展者也。有第一种精神，便能服膺真理。有第二种精神，便能保持物观态度。既能服膺真理，又能保持物观态度以探求真理，无论为学处事，始能立住脚跟，而发挥其堂堂的作用。

大陆书局民国二十二年三月（1933 年 3 月）

会考问题之商榷
（1934 年 12 月）

年来教育当局励行毕业会考，今年平津中学生毕业会考结果不及格者竟以数千计，当局之严格将事，于斯可见。然而不及格者居然以数千计，其症结所在，当然不仅由于学生之荒疏怠惰而已。吾人实当视为教育上之一种严重问题，而施以精密的探讨。兹篇之作，盖亦斯意云耳。

考试制度，自隋唐以来，已为吾国之一种重要制度；而现代西洋各文明国家，亦莫不有种种考试之举行；依吾国现制，考试院且为五院之一，于考试而特立一院以司之，考试之应当重视，已可见矣。吾人对于考试制度，岂犹可发为怀疑之论乎？虽在下愚，要不至乃尔。

然而考试制度究有如何之作用乎？其教育的价值果何若乎？凡从事教育而拥护考试制度者，于此一问题，理当一深长思之。据不佞之所见，考试制度之价值，有可得而言者。第一，拔取人才而任用之，或予以一定资格，俾在社会上享有一定地位。如现今考试所举行之文官考试，系拔取人才以备登庸；如旧日科举制度，考试及格而为秀才者，虽无作官资格，究有一种社会地位以别异于流俗，且为投考举人之一种先决条件；是皆以拔取人才为目的之考试也。第二，审核能力而检定之。如科举制度下，提学使每岁按临各县，集合全县生员而考试之，即其类也。此类考试，意在督促受考者，使其不至荒废学业，甚且发愤为学，日益精进以底于高深之造就也。前一种考试则就自身之需要，树立一种标准，用考试方法以搜求其合于此一标准者而拔取之，倘合于此一标准之考生太多，则就其中之尤为优美者而拔取之，或则更为提高其标准，俾合格之事实更为困难，而期合格之士之必为考生之尤为优美者。故此种考试，可名为竞争试验。旧日各省县考试秀才举人，皆有定额，所取名数，不得超过此一定之额数。故在人文兴盛之省县，此项考试，实为一种严酷的竞争考试。考试及格者除少数侥幸的份子而外，确系学养有素、能力优美之徒。至称考试不及格者，则最多亦只能谓其学力比较差逊一筹，不能谓其根本无学。此就前一种考试言之也。至于后一种考试，即所谓审核考试者，则其旨趣，与此大不相同。依理应先就客观情形，详为考虑，以确定考生之果应具有如何之程度，依此程度，定为标准。凡合于此一标准者，一概录取之，而称为及格生，不问及格人数之多至何种程度也，亦不因及格之或属容易，而提高其考试题目之困难程度也。盖以此种考试，原以验明考生之有无一定能力为目的，不必以难题难考生也。从教育的见地言之，教育的考试本应乃尔。此论考试者，所应牢记之第一事也。

国人在今日，可谓又入于一崇拜考试之时代矣。办学校而频频举行考试，有年考，有期考，有月考，又有临时考者，则时人即相率而答之曰认真。一校毕业生，能考入大学之人数愈多，则该校之成绩，即为人所称愈为优良。大学考试新生，题目愈难，及格愈不容易，则该大学之学府地位即愈益提高。乃至举行会考，会考不及格之人数愈多，则主办官厅即为愈属办事认真。会考而有数千学生不及格，岂真官厅之荣哉？其中似有许多问题，不容不一探究也。

考试在教育上所占之地位究竟何如？依吾人之意言之，考试之事，不过促进学生在知识之获得上积极努力之一种技术而已。不得谓考试即教育也。曷以言乎只是该项技术之一种而已乎？盖以促起学生之求知努力者，其术正多，如求知欲之提起也，社会责任心之唤醒也，生存须有能力之觉悟也，皆为促进求知努力之技术。考试之事，至多为此项技术之中之一种而已。且考试之为术，即在此一点上，其效用亦复有限而非绝无流弊者也。应考而欲及格，固然有种种功课，须在平时用功学习，始能应付于临时，然而不必一切功课皆须如此也。学生因考试之故而努力于平时者，诚然所在有之，然而平时不烧香临时抱佛脚者，亦未得谓为少数也。肄业学校之最终结果者竟在会考，则求知之目的在应考，知识只是敲门砖而已。但须能打开此门，知识之有无真正心得，自然非多数学生之所关心矣。于是临考而仓促预备者有之，揣度考试员所将考试之材料而略事预备者有之，望洋兴叹以为无从预备而废然听之者亦有之，凡此，皆有求于教育之真谛而为历来论考试者之所深惜者也。至于因应考之故而加紧用功，每至损伤健康，大害于学生之前途，则又人人常识之所共及，而无庸多述者也。

教育不仅以灌输知识为能事，而考试权力之所及又不过知识之检验而已。使吾人认为教育即是知识之传受而已，斯亦可矣，不然，则万不可使办学者误认会考成绩为学校成绩之唯一标准或最要标准，亦不可使求学者误认会考及格为自身求学之唯一目的或最终目的。浅率言之，教育之目的，在培养良好有用之公民。求学之目的，在造就良好的性格能力以自利利他。知识之取得，不过其间条件之一种而已。误认局部为全体，此历来重智学派之共同缺点也。现今教育学术渐次昌明，吾人不应再蹈覆辙。且即就智育言之，教育之事，亦不仅以灌输知识为能事已也。如妥行试验，务求正确，善创臆说，严密推勘，精细观察，种种习性，皆智育上之所应培成，而又决非考试之所能及。倘过重考试，则其结果势必偏重知识之已否取得，而不问其知识之如何取得也。求知之过程，其重要之程度，毋宁谓为犹过于求知之结果。况藉强记之贩来知识，其量虽多，亦不及自求自得之少量知识之价值之大也。研究教育者，对于学校教育，发现一严重之憾事，即在学校时代号称最优学生者，其日后在社会上之成就每每并非最优，而彼得获成功于社会之徒，反为昔日学校所视为次等生徒之辈。此其故何也？盖因学校之所重视者，知识也，而成功社会之所需要者，则犹有更重要于知识者，如意志之坚定，行动之稳练，待人之诚信等等，其价值之大，即用第一等重要之任何知识以相比拟，亦决不至于稍有逊色也。因是之故，学校之薰〔熏〕陶生徒，理当痛惩前失，于智育的教练而外，当兼施以其他种种训练，至少有与知识等量齐观而不得有所轩轾于其间。今者驱迫施教者及受教者之注意使其齐集于会考之结果，而平日所汲汲追求者只是会考及格而已；则结果所至，吾敢断言，从今以后，中国只有考试而无教育矣！

以上系言考试在教育上之有限价值，而不得视为万应灵丹，且考试而欲具有此有限的价值者，亦当讲求其技术，务使其含有教育的作用而减少或扫除其反教育作用焉。例如学生为应考之故，往往努力于临时而不事用功于素日，教育家知其然也，故就平时成绩与考试成绩同等重视，使学生不敢存心侥幸于一时。考试之成绩终有幸与不幸存于其间，而教育家则应尽量减少此侥幸成份［分］也。着重平时成绩，即具有此项作用矣。学生会考成绩劣而在校成绩佳，倘竟因其劣而不予及格，则何异于抹煞平时之努力而奖励侥幸于一时哉？此会考技术之所应注意者也。又如学生每每贪求求知之结果，而不知经验求知之过程，以致所知莫非道听途说，而惘然于求知之实境，教育家知其然也，故或则令学生交出研究报告，或则令学生缮具实验纪［记］录，以使学生不至于但求有得而不肯自得之也。会考若不注意及此，亦不得谓为教育的考试矣。又如考试标准之科学化也，亦为考试技术之重大问题。旧日考试员拟定题目，率本己意为之，强考生以就己，考生能作与否，概不问也，在竞争性试验之下，犹无大害也。今日之会考，其性质显非竞争的，而宜为审核的，似无疑问。故考试标准，当求客观化。所谓客观化，即依据统计方法求出一种尺度以衡量学生之是否合于此一尺度或此一尺度之何种程级也。今日教育界所提倡之教育测验，即依此一方向而进行者。若不问多数学生之所能作，而但依主观之意志，以衡量学生，则此项会考于整齐程度促进效率果能具有如何之功能，恐不免成为一严重之问题也。今日之大学入学试验，有少数学校，因其毕业生出路之确定，投考生异常踊跃，不得不提高标准以实施竞争试验，吾人诚不得不深致其谅解之情。若一切大学之入学试验统皆高出于一般中学毕业程度之上，又或有少数中学，不惜使学生在学时间延长、入学程度提高，而施行较高于一般中学之知能教诲，则吾人亦不得不认为教育上之严重问题。诚以如是，则学制上之学龄标准必归无用，教育部之课程标准必成具文，学生在学时间延长必有因家庭经济不堪负担而废学失学者。是皆教育上之绝大问题不容忽视者也。依吾人之意，一切审核性质之考试，其所命之试题，总以全体学生之百分六七十的人数能作对其题目之百分六七十的数量为其适当的标准。然后依此以衡量各生之程度与夫各校之成绩。多数能作，而某生不能作，某生当然低劣。某校学生超出多数学生程度而上者多，某校成绩自属优良。某校学生能及多数学生所有之程度者为数不多，某校成绩自属低劣。依是以相衡量学校学生，当举无怨言矣。今者科学标准既不具备，勉求其次，自当依据部定课程标准以发为试题。至于部定课程标准之是否健全，自是另一问题，不容牵强论列。若部定标准之所未及者，则切当的办法，似乎只有暂时不考。又如学生个性不同，对于各学科不能为齐一之前进，考试制度即须有以适应之。或规定各学科皆须具有一最低限度的程度，而使一切学生皆努力奔赴之。会考之用意，与其侦察学生之有无最高限的能力，无宁侦察学生之有无最低限的程度。又或规定若干种科目，各考生一律须能及格，另外规定若干种科目（前项科目，亦可列入）其程度较高，各考生可以任意选考数种。似此，则各科必要的最低程度，可以得其保障，而于较高程度之追求上，各校各生又得依其自身之情况而分别努力于某数科目，不至因统整之故而使各校各生削足以适履也。再者，学生有一科或数科不及格者，似宜听其随时随同补试，而不必强其留级，或禁其升学。第一，自教育言之，教育的全般目的，本不在于知识，更不在于应考。学生在校经过相当年数而无大过，学校负责人准许其出应毕业会考，则该生之教育理已可视为已告一段落而可以离校矣。倘有一科或数科不及格，亦只是智能上有缺陷，为学生利益之故，当令其补习而不必限定其补习场所，使其留级。如是，则可减少家庭负担，又使学生得以随其意志以取得实际生活上的经验也。至于会考有数科不及格者，禁止投考大学，其用意安在，殊难了解。谓此项意旨出于大学乎？则是大学视会考为入学试验之第一试矣。既视为自身入学第一试，则于第一试所考试之科目，理应省去，最多亦只应抽少数科目以便于学系之编制而已。今也不然，大学入学考试，依然须考党义、国文、英文等普通科目。谓此项意旨出于主考之官厅乎？则会考之用意，本在检查学生之能力而证明之。今者某生在会考中有某数科不及格，而在大学试验中居然及格，探索此中原因，可有四种：（一）该生在会考时因偶然的理由而致失败。（二）该生在入学考试时因偶然的理由而得成功。（三）会考技术不良，以致未能发现真相。（四）大学入学考试技术不良或取录太滥。四种原因，必有一于此。偶然理由，在任何情况下，莫不有之，可存而不论。如咎在会考致冤抑真才，则官厅只宜自责，不当厄抑学生。如咎在大学，则当改善大学或严格统制之，亦不当厄抑学生。否则，于不及格者，禁止其升学，于及格者即须保送其升学，方觉公平。否则，会考及格，无利益可享，会考不及格，有损失可受，吾人岂得谓为公允？学生固然有应考之义务，而主持教育者亦复有为学生计福利之责任也。

会考制度，如欲确实存在，除须改进其考试技术而外，第一要务首在明辨其性质之为竞争试验乎，抑为审核试验乎？已如前之所述。依理论言之，会考之性质，似无成为竞争试验之理由。果然，则会考结果竟有数千学生不能及格之一种事实，其责任显然不在学生之本身：悬揣此一事实之原因，不在于考试技术之窳劣，即在于主管官厅平日之怠玩其职务。如许学生不能及格，当然系学校办理不良，否则考试技术太坏。考试技术之实相何如？吾人未能审究，不便遽加论列。兹姑假定其原因在学校办理之不良。而一推考之。一处会考学生，不及格者竟占数千，殆居于全体考生之半数以上，则所谓办理不良者，其问题决不在于一二教员乃至一二校长之身，更不在于学生之荒嬉无度。除考试技术不论外，其所以致此之由，或系由于官厅于所考学科之内容，平日对于各学校根本无明确之提示，故各校教授无一定之标准可以遵循也；又或由于官厅任用校长太不适当，致使多数校长不堪办理学校，故有如是普遍恶劣现象也；又或由于教员之聘任全不依据适当的标准，致令多数教员之学力皆不足以教导学生使其具有会考所要求之学力也；又或由于学风太坏，校长教员但求敷衍无事不起风波，不敢于学业上严厉督促学生，故一般学生之学力皆普遍降低也。在实际上，此数种原因者，未知果出于何种。然而有一于此，即足以确定官厅之责任。官厅欲整顿教育，其意可敬。然而整顿之事，须多依平日之监察督责以求之，临时之考试，其收效殊有限也。

揣会考之用意，似在于督促学生努力学业，并统整各校之程度而汰去其窳劣者。学生之努力，考试诚足以督促之。然而于学生之怠玩者，考试之力，最多只能及于一时，欲收督励之效于平时，实为绝不可能。至于学生之勤奋者，则其压迫之力又绝无限度，使勤奋学生成年累月感觉累赘而殚精竭力以事预备，甚且因不堪负担而死亡残废者亦往往有之。故考试之事，不可使学生不重视之，亦不可使学生过于重视之。因此之故，考试而欲有效无弊，则当然应信赖校内考试而不当信赖校外考试。会考者，一种校外考试也。学生成绩之高下，努力之勤惰，考查于平日，尚不免时有出入，兹欲揭发于一考之际，凡稍有教育经验或研究者，举皆不作此想。置校内考试而不相信，是即无异于不信任一般之教职员，又何必不一举而一概撤〔撤〕销其委任乎？不佞诚不敢谓今日之教职员，果皆可以信任，然而须知教育之事，离弃健全的教职员，实无法可期其收教育之实效也。与其用会考以考试学生，实不如用严格的检定制度乃至考试制度以审教职员之能力，并用有效的督学制度以督促教职员之善尽其职。教职员而可以信任，则考试之事，自以委诸亲任教育职责者为宜。万一官厅必欲掌握此考试权，则举行会试，似当设置一委员会，其中委员，总宜仅量容纳各种学校乃至各地学校之教职员代表为宜。于考题之内容与考试之技术等，当令教职员代表多参加意见。盖会考之性质，应为审核的，不应为竞争的，只患学生不能及格，不患学生之竟能及格也。

至于统整各校之程度，在或种意义上，当然有其必要。然而所谓统整者，亦谓其概须高出于适当的水平线而已，且此水平线亦决不当太高。诚以各校情况不同，地域有差别，设备有差别，学生之天资有差别，教员之特长有差别。于要求统整之中，须听任各校善自避其所短而展其所长。例如某校有一擅长化学之教师，即当听其在化学上特谋前进（以不妨害他种学科为限度），而于物理诸课则仅要求其能达于一适可之水平线而已。若于各校各科，统皆要求其齐一，则教育的损失，无从估计矣。故依此种观点以言之，校内考试亦较便于校外考试。纵欲举行校外考试，于考试技术上，亦当善谋适应此点。其事虽极繁难，然而为教育效率之故，主考机关固不当畏难而图省简也。且促进各校使其各种学科皆达于适可的水平线，教育官厅饶有努力于平时之必要与可能，亦不仅会考一法之可资利用也。

其次，会考制度而欲为学生所欢迎，则于会考及格者，即当予以一种权利。在现状之下，学生既考毕业考试，又考会考，其升学者仍须应考大学入学试验，其谋就职业者，会考及格证书亦不能予以丝毫之便利，更不足以言保障，则学生之视会考为苛政也，又何怪乎！依理想言之，考试与教育应当分离。如昔日用书院以行教育，用科举以行考试，即教育与考试两相分离之制度也。为应考而受教育，引入于求资格而不求实学实德之途，此历来教育家之所同深痛惜者，时至今日，不容再蹈覆辙。分离之后，则校内考试成为教育的考试，校外考试成为资格的考试。互相为用而两不相妨，学生亦皆乐于承受之矣。不然，则今后之中国，其将有考试而无教育乎？一切学校，将尽变为会考之预备机关乎？退一步言之，则今日之会考，至少亦当变为大学入学试验之甄录试验。会考及格者，各大学只当随考生之志愿，酌试一二科目以为编制学系之试验。如是，则为学生而举行考试之意旨，亦可略白于学生界而减少其怨怼之心情矣。

总之，会考之举，关系于教育之前途，影响于学生之福利，决非一微细之事件。研究教育者，当精密探讨之。主办教育者，亦当虚心改进之。窃意吾国之励行会考，多少系受暗示于英国。查英国为学校考试之故，曾组织一调查委员会，出有一厚册之调查报告书。吾国似可效法其

意，由教部设立一会考调查委员会，选任有教育经验与研究心得者若干
人组织之。于各处会考之试题，计分之根据，及格生与不及格生在校平
时成绩之真相如何，教育意义丰富的学校其学生会考之成绩大抵何若，
会考不及格生所感受之影响奚似，乃至其他种种问题，统皆为一精审的
讨究，限期缮具报告书并附陈意见以资参考。如是之办法，当亦为拥护
会考制度者之所乐闻者也。是则责在主管教育行政者矣。

《中华教育界》第 22 卷第 6 期（1934 年 12 月）

中国教育之检讨
（1936 年 5 月）

我国教育界，充满矛盾现象，令人百思不得其解。（一）例如各大学竞争建筑，加高待遇，校舍俨然皇宫，教授不少富翁。追步新大陆，为简陋的古国略壮观瞻；提高文人的身价，为寒酸儒士，吐一口气；吾人对之，当然赞同。惟是一入乡村，则数百里间往往不见一完全小学，偶然接触小学教师，辄闻其陷入儿女啼饥号寒之苦境。若有善绘画图者，将大学教授之居室与小学教师之家庭作一对照图，诚不知见之者将作如何之感想也！（二）又如，热心普及教育之人，恨教育之不能普及于二十四小时之内也，于是而提倡小先生制并庄严其名称曰：导生制，意图实施"小孩子动员"以打倒愚鬼帝国主义，攻进文明关。吾人虽怀疑其果效，然亦谅解其苦衷，不曾有所讥嘲。及至翻阅各地教育法令，则设立小学有种种制限，充当小学教员有种种制限，乃至私塾亦有种种取缔，其意盖以为非此不足以保障文明之进步与夫下代国民之安全也。然而又何故而信赖小先生如是之甚也耶？岂轻老重幼为二十世纪之当然轨范，故国人有此小先生制之发明欤？如此现象，在吾人视之，只得名之曰矛盾。其他类比现象，不胜枚举，姑止于此。

就今日之教育现象为一鸟瞰的观察，其重病有五，试分言之。

一曰：普通教育漫无归宿　四十年来，国人皆嚣嚣然曰：兴学！兴学！兴学救国！于是而兴学有奖焉，兴学而成为志士事业焉。及至学生渐多，出路困难，于是而采取紧缩政策焉，于是而限制创立学校焉。究其实则紧缩也，限制也，依然无补于学生之出路。考其故，果由于出路之无可寻欤？抑由于有出路而不能走或不肯走欤？前者为社会问题，后者则教育问题也。三十年来之负教育责任者，于此宜深加反省，不得诿卸其一切责任于社会之身也。以吾思之，社会固有责焉，教育家盖亦不免。在今日之中国，百废待举，无处不需人，无事不可办；而受过教育者往往不肯办，甚且不能办。饱读教科书之中学生、大学生开口世界大同，闭口资本主义现阶段者，动手作文，每每句法不通，思想凌乱，任之以事，则事理茫然，冥行横干。盖由于所受教育不切于实际情事，只能作空洞之大言，不能任实事之应付。此其能力不能有出路也。今日受中等以上之教育者，率在都市，熏染于荣华之中，长养于矜贵之下，视办小事为下贱，而不问其价值之如何，视回乡村为充军，而不问其使命之有无。曾受中等教育者，多为庸俗，心中眼中，只有世俗所谓之富贵尊荣，对于世间真价值，不具真切之认识。故出路在前而不肯为者，比比皆是。在困而且穷之国家，兴办庸俗教育，而期其有益于国是，非所敢信也。凡此有出路而不肯走，与夫有出路而不能走，皆原于所办教育不合于今时今地之所需，吾总名之曰漫无归宿。此当今教育之大病一。

二曰：职业教育与社会生产情形不相应 普通教育漫无归宿，既如上述，而职业学校之成绩又何如者？职业教育之提倡迄今数十年矣，职业教育会议之举行亦一年一度为时不浅矣，职业学校与普通学校之比率亦复三令五申严加督责矣。考其实际结果，则各地职业学校毕业生，除少数科目如土木工程之类者外，其绝少出路正无异于普通中学之毕业生，而职教专家所以树之先声为当世倡者，亦不得不出于服侍生训练所之创办；其发展途径之逼狭，要可想见矣。推原其故，盖由于社会上新式职业既产生无几，职业经营方法亦少人感觉改良之必要，于是新式职业人才之需要不多，职业学校之毕业生难得雇主。倘职业学校所设科目，果为社会生活所必需而又易于创立，则毕业生虽无雇主仍可独力奋进自为经营，而各校所设科目如机械工、电机工、纺织工等者，又或性质上根本非个人所能办，或方法上未曾注意于小本经营，卒致一小部分毕业生依然升学外，其余彷徨无出路至少亦不减于普通中学毕业生。职业教育不改弦更张，亦只得宣告山穷水尽已无路矣。

三曰：学校〔术〕研究与国民生活无关 近十年来，学术研究之耗费为数大有可观，学者待遇之提高亦可称隆重，考其研究结果，则上焉者有论文发表于外国杂志，已足以夸耀一时而以世界学人自炫；次焉者能提出一二报告埋藏于图书室中亦足自鸣专家；尤次焉者则掘坟掘地，亦为当今时髦之业，其从事之行动亦复与伟人同受重视而遍载于报纸上冠盖往来录内。试问此等成绩，与一般国民之切身需要具有何等关系？对一般国民之流行思想具若何之影响？吾人原非浅薄的功利主义者，但吾人亦不信学者的工作必须与现实生活相隔绝，始能发生远大的效果，吾人更不信在今日国势之下，在今日经费拮据之中，在今日人才稀少之际，有数的学术工作人员应当耗费可贵的时间财力，以猛进于渺茫冥远的个人钟爱的工作之中，而不问其工作与国家民族之当前需要究竟具有几许之关系。百年大计，吾人非不乐闻；惟是百年大计，须从现在着眼，须立基于今时今地之上。学术发展须发展于国民学术空气之中。学人工作使国民生活沾染学术之熏陶，感受学术之实益，然后学术发生实效，学人受人推崇，而研究学术的兴趣亦可普遍发生于国民之中，学术之进步自然增加其速度。今日之学人，国民对之，但感觉其享受之可羡，其地位之神秘而已，以云推崇，则殊未必。大抵今日国内之特殊阶级凡三，一曰枪杆阶级，二曰洋钞阶级，三曰洋话阶级。学人能说漂亮洋话，与洋学者往来，开洋会议，便成世界名流矣。世界名流，当然可以增加国际光荣，然而与国计民生果何关乎？

四曰：一切教育皆重知而不重行　吾国废科举兴学校，原系有感于新知识之缺乏，故学校教育，世俗称曰"新学"；而十九世纪科学万能之思想移入中土，至今"科学救国"之意识犹笼罩于学人心目之中。夫科学为救国所必要，盖无人而不承认；然谓有科学即足以救国，则于科学功用未免估量过高，而于如何转变知识为行为之一问题，未免太形忽视。幸传统学术之势力未尽泯灭，教育的力量不尽出于学校，而行动又为人类之基本的需要，故三十年来国人虽浸润于新教育之下而犹有若干可资纪念之国民活动与夫若干可资钦佩之个人志行。然而大体言之，三十年来之教育实于国民行为之指导未曾善尽其职能。小而言之，人与人相处不知礼貌为何物？有何用？次而言之，担任事务，不知职分之界限，不守尽职之本分。大而言之，不能重公而轻私，不能置个人利益于国家利益之下；所谓为党团而奋斗，为阶级而牺牲，亦复多成欺人之语。卒至教育失败之声浪洋溢国中，教育当着重训育之议论亦弥漫南北。由重知主义转变而为重行主义，此其时矣。就知识之功用言，知识乃行为之指导者，而非人生之装饰品。就求知之动机言，求知之动力本发自实际行动之需要；在行为上，感觉问题，感觉疑难，需要解决，然后求知之心始能真切。就教育之目的言，本在淑善人类之生存，所谓生存者固一切活动之总称也。何种知识最有价值乎？斯宾塞尔即以知识满足生活需要之轻重次第而判定其价值之大小。就国民当今之需要言之，国民人人能博学多闻，固为吾人之所欣愿；脱不幸而不能，则吾人但望国民笃实公正，有为有守可也。从各种方面略加观察，今日之教育实不得不改为行动中心主义。以会考为回生秘诀，固非吾人所能了解；即以提倡读书为领导青年之唯一途径，亦饶有商榷之余地。粗率言之，与其使学生于课外更读万卷书，毋宁搁下书本使学生服工役三日也。吾为此言，非欣慕服工役之实利的结果也，乃因其足以养成学生之勤劳习性也，乃因其足以使学生领略现实的人生之滋味也。

五曰：重知识之实质而不重求知之过程　世有讥评学校为知识贩卖所者，其言甚刻；然而无当于事实之真相。诚以知识之为物，必须自己求之，非可贩卖而来者。苏格拉底之教人也，以产婆自命；子舆氏有言：大匠能予人以规矩，不能使人巧。故吾于今日而为此言，已嫌过为陈腐。然而一察教育之实际，其他学科姑无论，即如理化诸科者，能有几校能脱离解说书本抄写黑牌之方式乎？彼大学课程不重基本科目之咀嚼练习，而于学说主义反排列满纸者，果何故乎？吾习见许多大学生，议论宏富，然而责其于所用名称下一明白之定义，则每每瞠目结舌而不能措辞。于其所论，盖尽是道听途说，未曾回旋于脑际，观察于目下。如是而提高学术，吾确信其必将愈高而愈不可救药矣。

总上所言，可见今日之教育政策，不应专着眼于教育之量的发展，实应竭力注意于质的改进。使一切教育，皆适于今时今地之需要，于是而计划教育尚矣。所谓计划教育者，乃将各级教育、各种教育、各地教育一概纳之于整个计划之中，而此整个计划者，又须适合于政治上社会上之实际需用，务期养一人即有一人之用，需一人即有一人之储。假定文理科大学以养成学者为职任，即须详察国情，确定中国所需要的学者，为何种学者，所需额数各若干，国家将以何术而供养之。假定中学普通科为准备学生升学，即须精确统计，现有各大学能容纳或应当容纳多少学生，其科别若何，然后依以确定各中学之招生额数乃至分科办法。虽然人事变动不居，无从为机械的预定，但吾人总当为近似的预定。今之各省各校之各自为政的情形，其间浪费牺牲，实难量计，吾人再无忍受之可能。吾人之所要求者为计划教育，为统制教育。统制经济，在吾国已渐臻实现，何故而计划教育竟不受重视乎？在教育崩溃与夫学生无出路之苦闷中，欲辟新机，舍计划教育，其将何道是从？愿有以语我来！

《国论》第 1 卷第 11 期（1936 年 5 月）

学习社会科学之基本认识
（1937 年 3 月）

　　社会科学是什么？我们都知道，社会科学和自然科学是对立的。粗略言之，自然科学是关于物的认识，社会科学是关于人的认识。一切科学的知识，它的价值都在于指导人或人们的行动。有了社会科学，我们才知道人的行动应该怎样，或者必须怎样，乃至必须怎样才能使人的行动果然这样而不至于那样。有了自然科学，我们才知道人的行动中，应当怎样利用物质。可以说，人的行动是主体，物的知识是工具。我国自从废科举兴学校以来，学校教育在知识方面，对于社会科学未免略形轻视。这是由于国人素重虚文，所以忧时者提倡"实学"以相矫正，其实所谓实学，并不限于自然科学。况且在我国今日，一切人生思想都已动摇，一切行为法则都已颠覆。有志的青年，一部份［分］因为思想的错误而陷入歧途，一部份［分］因为思想的彷徨而陷于烦闷，不知已经发生了多少悲剧。我们想对于国事具有正确的认识，并于个人的行为得有适当的途径，我们对社会科学，至少应该加以和对于自然科学的同等注意。

一、学习社会科学不可急促论断

　　但是社会科学的研究对象是人间事态，人间事态比较自然现象复杂而难于捉摸，所以须得有敏锐的观察力，丰富的想象力，巧妙的分析力，精细的思维力。凡此种种能力，可统名之曰研究力。在研究力未培养成熟以前，不可独立摸索，不可轻执成见，正和研究自然科学的人，在研究技术未曾熟练以前，不可独立运用仪器，独立制造机械，是一样的。所以学习社会科学的人，第一个必须具有的基本认识，便是学习社会科学须有耐性，不可一知半解，便视为天经地义，奉为金科玉律，而不耐烦去重加探讨，详加推敲。这种弊病，用术语讲来，便是"论断急促"。论断急促，是研究社会科学的人所必须严防的大病。

二、研究社会方案应先了解社会的必然法则：
可能抑或不可能

学习社会科学的人，第二种应用的基本认识，便是创制社会方案应当先了解社会的必然法则。大抵青年人最富于理想，有理想才能进步，所以理想本可宝贵。不过因为富于理想，所以提出的方案每每失之于过高，在事实上为不可能。青年人又大抵富于热情，热情是发动力，有了热情，方能前进。所以热情，也是大可宝贵的。不过因为富于热情，所以行动的计划每每失之于操切，在事实上往往引起反响。因为理想太高而又求之太急，所以青年人作事，往往偾事，不但不能成功，反而发生不好的结果。在青年界流行着一种思想，认为"凡事只问应该不应该，不问可能不可能"。这种思想，能增加勇气，打破现状，做一个杀身成仁舍生取义的悲壮死士。我们对于怀有此种思想的人们，虽然抱有无限的敬意，在个人职责上遭遇重大的关头时虽然也赞成采用此种见解；但是在平时研究社会问题解决方案之时，却认为依然不应运用此种见解。因为根本言之，既然是不可能，便无所谓应该不应该；人类的责任发生于能力范围之内，既为不可能而在能力范围以外，便根本不发生应该不应该的问题。再且即令承认其为应该，而一种不可能的应该也不足以指导人的行动，只是一种幻想罢了。所以谈社会方案，必须在可能之下去谈应该，不当不问可能，而但谈应该。

三、拟制社会方案应先认识社会的阻力

既已了解在拟制社会方案之时，应当兼问可能不可能，第三种必备

的基本认识，便在于社会阻碍力之认识。阻碍力对社会方案具有阻遏作用。欲图前进，必须对于阻碍力的级量具有正确的估计，测定其须用何等力量才可克服，乃至是否有克服之可能，或者不可克服而能加以节制。此项测定，对于人事技术之选择，有莫大的裨益，从而对于企图的成功，予以莫大的助力。倘若不明阻碍力的性质及其分量，但凭勇气一往直前，往往劳而无功，或者昙花一现，随时消逝，甚且激起反响，焦头烂额。所以一种方案而欲其具有成功之可能性，必须考虑社会之阻碍力而采取有效的技术。

（一）不可拂逆人性。社会上的第一种阻力，是人性。人性之中，有一部份［分］是与其他动物所共有的，可名曰生物性；一部份［分］是人类所特有的，可名曰人类性。社会的措施万不可拂逆人性，拂逆人性必然失败。举例言之，如保护子女，本是多数动物所共有的天性，人类亦然。假使采用儿童公有公育的方案，要人人视一切儿童为自身之儿童，或视自身之儿童如其他一切儿童，在事实上必不可能；纵用绝大的压迫，也决不能行之久远。又如活动发展是一切生物的特性，也就是生物之所以成为生物之特征；丧失了活动发展之特性，便不成其为生物。良好的社会制度，便是能予个个人以身体上、精神上最大的活动机会之制度。人人有活动的机会，社会才能表现出活气来，人生才有乐趣。反之，在专制制度下，腹诽有罪，偶语弃市，人民屏息重足，丝毫不敢动弹，能任意妄为的只是少数的特权阶级。在此种情形下的社会制度必然颠覆。历史上国祚较长的朝代，必是政尚宽大的朝代，因为在宽大的政治下，人民于若干方面以外，即不感束缚，可以自由发展，不生苦闷怨恨之心。所以社会方案应当恪守"非必要，不干涉"之原则。又如好逸恶劳是人之恒情。所谓逸者，并非安息不活动之谓，工作而不感疲惫，即是逸。所谓劳者，并非工作活动之谓，乃谓工作活动而达于苦竭也。明乎此，便知好逸恶劳与活动发展之两种天性并不矛盾。因为有好逸恶劳之天性，所以社会上必须有休息之时间，人人必须有饮食宴乐之场合。若只有工作而无休息，只有劳苦而无享乐，必然为人情所不能堪，而不能行之久远。古人批评墨子，说他的道理非人情所能堪，便是根据这个道理。创制社会方案必注意此点。又如"人为理性的动物"，理性确是人类的可贵的特性。一切社会措置必须具备理性的基础，有理性的人类才能接受。如果在理性上不能成立，只是运用威胁箝制的方术如所谓恐怖政策者以事推行，纵能收效于一时，而人类的理性到底不可扑灭，终必因他人理性之要求或自身理性之发觉而予以变更。近代史实例证甚多，不必列举。总之，一切方案必须合理，合理便是公，公则能服人。以上道明四种人性，必须视为社会方案之依据，而不可抹煞。虽是随便拈来，要可见学习社会科学的人必须通达人情。怎样才可以通达人情呢？我可以简单的介绍一个方法，便是：随时为人服务。多一番服务，便长一分经验；多一分接触，便增一分了解，学问原不是完全从书本中得来的。"世事洞明皆学问，人情练达即文章"，学习社会科学的人应当牢记。

（二）要与整体物质环境及社会环境相配合。社会上的第二种阻力是环境，包括物质环境与社会环境而言。社会的机构是整个的，生活的关联是紧密的。牵一发而动全局，一发之牵亦受全局之制。倘若其势顺，则可以牵动，而生变革之效果；倘若其势不顺，则勉强牵曳，亦不能顺理成章。所以一种新创的方案，必与固有的情景相适应，而不至于互相阻碍。例如改中装，穿西服一事，欲全体国民一律实行极为困难，简直可以说是不可能。一方面有气候上的严寒酷暑引起不便，一方面有住宅构造御寒设备的不适，一方面又有国民经济上技术上的纺织业问题，所以于短时间内要全国人民完全改穿西服或短装，是不可能的，也是不应该的。一个工程师在制定工程计划之先，必须将有关的各种情形逐项追查明白，才能运用学理，决定方案。社会工程师也应遵守同样的法则，将全盘事实，先加以了解，然后才能判断在今时今地之下可以建设何种社会体制而可以希望其发挥作用，具备应有的机能。今日学习科学的人，平日所读的，多半是"洋书"。我们并不反对"真理无国界"的说法，但是一种定理而欲应用于实际，必须先了解实际，然后斟酌损益，恰得其宜。医生治病，所依据者固为无国界之真理，然而其所诊察者，则为当前之人身，其施药之多寡、缓峻，皆不能置受诊者之体质于不顾。治病当察体质，治国怎可不察国情！

（三）要大众能了解并赞同，应先有充分的教育与沟通过程。社会上的第三种阻力便是人众。社会是集众人而成的。数目的作用，本极伟大；而学习社会科学的人对于人数的多寡往往不知注意，实是一件奇怪事情。个人的事不同于众人的事，少数人的事又不同于多数人的事。个人的事，往往立定志向便可做去，少数人的事，只须稍费时日，志同道合，便可举办，多数人的事则每每必须长久的时间相当的过程，才可以使其在心理上接受，在行动上习惯。物之不齐，物之情也；欲见解纷歧习惯参差的许多人民，于咄嗟之间，发为齐一的行动，仅管用强力强制其服从，管制其行动，而力所不及之处，便依然莫可如何。在庞大的人众中，欲强力达于个个人身上而又发生适当的效果，施行强力的组织当须何等的严密，施行强力的人身当须何等的忠诚；且即令严密而忠诚矣，受强制的人民，于意志为人抹煞之下，情绪被人拂逆之中，是否不生阻遏作用？一生阻遏作用，又须耗费力量于扫除阻碍之中，纵令扫除成功，已是势力浪费。所以一种方案牵涉的人愈多，则其所需要于舆论之转移与夫情绪之养成者便愈大，而未可期其咄嗟立办。当然，举办一事，不能期待人人的接受，如七十子之服孔子，但是至少也要有压到的多数能够了解，能够拥护，这种事业在人民的心理上才有基础。因此，一种事业，在举办以先，必须从言论上晓喻［谕］人民，所谓"教育公众之意见"是也。事先无所表示，临事出以压力，乃专制习态，可用于军队或行政，而不能应用于民治社会中有政治意味之措置上。

（四）要了解现代的趋势，并默察其转变之机运是否已成熟。社会上的第四种阻力是历史。历史并未过去，历史之魂依然生存于今日。国民行动的习惯、心理的好尚，都是长久的时间所浸润积累而成；其时愈久，浸润愈深，感染愈众，而转移改变也就需要愈大的努力。学习社会科学的人，对于时间因素不可抹煞。于一种社会体制，必须了解其起源、发展、变迁，认识其功能之所在，察知其病态之所缘，然后能了解其今日之情弊，未来之趋向。制定方案之时，才能适合其变迁之趋势，因势利导，得收事半功倍之效。所谓"太上因之"，并非不加变更——因为变是必然的——乃是因其势而变更之之谓。应用能察势识机，才是巧妙的创制人、立法家。学习社会科学的人，应当了解现代的趋势，并默察其转变之机运已否成熟。必须如此，才能谈社会方案。

以上所谈四种阻力，如果抹煞，定将祸国乱邦。

四、拟制社会方案应先研究具体的个别事例，而归纳成为公式

学习社会科学的人，应有的第四种基本认识，便是：应当由具体的个别的事例去归纳成为公式，不可先持一定的公式而笼统蛮用于各项事例。先持一定公式，遇事只为演绎的应用，则是关闭研究之门，丝毫无可修正。是为宗教的习气，而非科学的态度。依科学言之，一切公式之

发明，都赖个别事例之收罗；一切公式之修正，都赖个别事例之考察；一切公式之应用，都赖个别事例之了解。倘若不问个别事例之真相，一概持一定公式以解说之，于解说不能圆满之处，则悍然不顾，直是自误误人而已，何足以言研究科学。以悍然之气，为先定公式之应用，则宇宙一切以唯物史观解释之可，一切以唯性〔心〕史观解释之可，一切以阎王判定解释之亦无不可。如是者，只是欲在口说上取胜而已，对社会国家抱有责任心者决不敢如此蛮横。

五、个人要在社会发展中发挥力量，先要诚其心意

学习社会科学的人应有的第五种基本认识，便是：自身乃社会力量所由而型〔形〕成之一个枢纽。社会事变，乃各种力量对演而成之结果。除自然力在社会事变中当然具有作用可以不计外，其余的力量皆是由人——今人或前人——所造成，而在人造力之中，自身也可以发挥其效能，自思应有以创造社会力，俾与同性之力相结合，异性之力相抵销。创造社会力之方法，无他巧妙，"诚"而已。于自身之所信，真心以赴之，以求力由表现而增涨，且得与同力相凝结；于自身之所不信，即无排击之勇气，亦不可权为敷衍，致增长异力之气焰。故不可说假话，做假事。做自己所不愿做的事，说自己所不愿说的话，便是增强自己所不愿见的势力，便是自己成为自己的敌人，也便是自己成为自己的罪人。逢迎，无论是逢迎有权势者或是逢迎民众，都是昧自己的良心，陷对方于孽海，只有偷巧自私的小人才肯为之。一个忠心于社会科学的人，若知力不可妄长，责不可妄弃，对于此点必能操持。那些趋时媚俗的人，何足与言社会科学。

以上五种基本认识，虽无甚深义，而青年社会学者，倘能默识于心，而善为运用之，当不仅个人受益，而国家民族亦将蒙其庥也。自渐学识谫陋，而凡此所言，则阅历思索所得，自信可以奉告于青年诸君之前者。

《国论》第 2 卷第 7 期（1937 年 3 月）

大学制度之改革要点
（1938 年 4 月）

　　语云：利不百不兴，弊不百不革。盖慎之也。吾人谈改革学制，非敢出以好事之心，实因弊窦丛生，无可因循。我国教育制度之全盘厘定，已别为文论之，兹请专论大学制度。

　　今日大学职责，兼营人格陶冶（最好应名为人本训练）、学术研究与专业训练之三者，而实际则贯彻为难。于此三种机能，宜有以划分之，此其一。学术造就，不专则不精，过专则不通。今日大学制度，既科系俨然，而又课以国文、外国语等普通学科，且学者偏隘之情态仍不能除。普通与专门之两阶段，宜从新加以调节，此其二。大学西字攸尼浮斯提之原义，不过为集团设教之表示，大略等于工商界之行会，初无无所不包之意。今日学制限以必具三院始得称为大学。于是举性质不同之事业与夫性格不同之人员，综合一处，龃龉足碍精神之凝一，牵制足妨事业之进行。三院限制，应即撤除，此其三。文理两科，以研究学术为名号，实则学生不能尽成学者，于是而出路大感困难。勉强投入教育界，微论不曾经受专业训练，而且所学亦多不适于其所需用。文理两科应即改弦而更张之，此其四。现制专科学校，有农业专科，有师范专科，其不同于大学者，毕业年限较短而已，于机能上，不能发现其差异，甚无谓也。专科学校之目标，应限于高级技能之养成。如产科专科学校可以设置，而医科专科学校则不应有；蚕桑专科学校可以设置，农林专科学校则不应有；是其例也。专科学校之界域必须明确，此其五。凡此五者，皆情弊之尤为显然者。

是故吾人谨为如下之主张：

一、大学设本科以施行高等普通教育，升学者以此为其共同之基础，不升学者既受高等教育，则行政职员，地方首脑，学术助手，皆可担任，亦不患无适当之出路。

二、本科之上，设研究科以培养学术人才，设学院（或称分科亦可）以培养专业人才，而将人格陶冶之事付诸大学本科。

三、大学本科四年毕业，取现制大学之初二年与现制高中之后二年当之。盖现今事实上，大学前二年专门科目不甚多，而且亦不应太多；现制高中之后二年既已接近于高深学术，而其财力人力又不足以向学术而迈进。故废除高中设置大学本科，从大学观点言之，则训练容易周而不偏，从高中之观点言之，则教学程度容易提高。且四年相续，时间较长，亦不至于为匆遽的灌输，可成一较好的片段。

四、大学本科不为科系之划分，可分为甲乙丙丁四组。四组学科目，大致相同，惟各加习若干科目。其加习科目数，随年级之高低而异，少则一学科，多则三学科。于共同教育之中，仍顾及学生之个性与将来之路线。甲组加习文史，乙组加习数理，丙组加习生物，丁组加习社会科学。

五、研究科以学术之促进为其目的，以研究之从事为其教法。考选从严，待以公费。至少三年毕业。研究科目限定一种。研究结果，正式发表。毕业合格者，出任各项适于所学之学术事业，而大学本科之师资亦由是取材。

六、专业学院（或分科大学）以培养农工医商法等项事业专才为目的。其训练旨趣，须使其技术足以应用，其理解足以设计。此其一方不同于研究科、一方不同于专科学校之所在。

七、大学本科，专业学院，皆得单独设立，惟研究科则必大学本科办理卓著成绩者始得设立之，且每一研究科所设立之门类，亦不必求其全备，最好由政府就各校之人才与设备分别指定之。

八、专业学院（或分科大学）毕业年限三或四年。其基本学科，大学本科既已教授，则需时较长之学院，四年不为少；其毕业论文及修学旅行，所需时间约为一年，则需时可短之学院，三年亦不为多。

九、专科学校以培养高级技术人才为目的。其应用技能比专业学院为狭小，其理论了解比专业学院为短浅。毕业年限二或三年。以独立设置为原则。但专业学院于其同类之专科学校亦得附设之。大学本科以不附设专科学校为是。

十、高等师范以培养中学师资为目的。在专业学院独立设置之新制下，高等师范似无庸另立其名。实则不然。因高等师范之经营应以中学及师范之需要为依据。中学及师范之需要为多方面的，如数理等学科为学术的，而劳作图画等学科又为技术的，加以师范生又必须受有深厚的教育薰〔熏〕陶而后可。故高等师范之性质，一方不同于仅以纯粹学术为职志之研究科，一方又不同于仅以事业经营为目标之专业学院。必独立设置，然后机能明晰，经营始能自如。高等师范位级与研究科及专业学院相等，三年毕业，招收大学本科毕业生。有必要时，得设置专科，培养技能教员，如劳作教员、蚕桑教员、会计教员之类，以应职业学科所需教员之需要。高等师范又可设置特科，按照事实的需要，招收专业学院之毕业生，施以教育训练，一年毕业，使任职业学科教员。

上述主张十项，于事理似较通彻，于事实似较适合，倘亦留心高等教育者之所乐予考虑者乎？

《教育通讯》第 6 期（1938 年 4 月）

大学制度商酌
（1942 年 6 月）

　　大学改制之议渐起，当因有其必要而然。惟制度既定，配合多端，一经改变，牵涉广泛，改制之利未彰，纷更之扰已见。此持重者所以不乐闻改制之说。窃谓制度亦为有机体，可控导其发展，修整其形态，使与事实逐次适应。若有不宜，便拔而去之，另播新种；则根基永不能固，枝叶永不能茂。新教育设置，已四十年：全国各级学校，能具有生命、个性，与夫历史者，盖不多见。一切学校之基础，皆建立于行政命令之上；行政命令，可创造其生命，亦可毁灭其存在，全属人为体界域，不见有近似于自然体者。于是数十年辛勤其间者，心神失其留恋之的；一代伟人藏修其间者，众庶迷其怀念之处。历史感觉，无从发扬；人生眼界，拘滞目前；问继往开来之谓何？凝定视听之谓何？吾国为文明古国，而吾文明，则有精神，而无躯壳，殊令人怅惘。

　　我国民理想，素尚雍和，宜乎心气静穆，对人冲虚。顾自元代以来，专制酷烈，怨愤结积，失势则诋谋毁谤，得势则扫除推荡。致令世间无一完人，前代无一善政。喜扬人之恶，不乐成人之美。秉笔论事，既喜炫己之长；得权执政，更喜无视前人。夫人生不过六十寒暑，得势年数，最多三十。当其盛时，为所欲为，人固莫如之何！及时代迁移，后之来者，报怨乃无所不用其极。宋代王荆公变法一幕，翻云覆雨，已极可悲；明代张居正主政，身后受祸尤烈。居今而言改制，宜平心静虑，务为可久之图。吾将考察诸说，期以最少变革，满足各方。

学与用　大学应国家需要而树立，其所培植之人才，自当怀抱致用之长。立教而离弃致用，则教与政不相为谋，教失依据，漫无归宿；政乏达材，何由昌明？谓大学职在探讨高深学术，不应纷心实用科系者，其意实以为实用知识导源于纯理研究。纯理研究不深，实用知识有限，譬诸无源之水，可立而待其涸。且一知半解，其害尤甚于无知。清末举办各种速成学校，在当时未尝不足以济急需而收一新耳目之效，无如根基过浅，上进力薄，转眼落伍，反成革新障碍。而人之容受教育，又有一定时期，过此而往，若非大贤，鲜能虚怀纳善，故在职进修，难以期诸人人。况学术独立，本国智慧能供应本国所需技术，始足以言国防。顾创造发明之事，决非急功近利政策所能求致；必须学术源头充实活泼，然后有得心应手之妙，而取用不穷；负贩转输，只有依存他人。欲速则不达，以实用求实用，终必无用。

国家建设，需才殊急，而学术探源，又确为根本之图。权衡于二者间，今后大学制度，既当大量储备实用人才，亦当优厚培养研究学人。研究学人有如凿泉人，实用人才有如挑水夫；凿井不息，水源不缺；然后挑水者常有新水可汲。昔日速成教育所以失败，乃由于实用教育与纯理研究未加配合，致令速成所得，遂居当时学术最高水准，无复提撕而警觉之者。大学制度，宜于研究与实用两目标明白分别。一般大学生，于其专科内，须有批判之力，须有设计之能，不可全无研究素养，自是当然之理。惟其判断设计，限于已有知识之运用，而非新生知识之发现，但须了解其专科学术之根本原理，并通晓其原理所由成立之途径与方术，斯亦足矣。至于研究生，则以旧知之批判，与夫新知之发现，为其专责。其所需有之性格与才智，皆大异于运用知识之人，故宜妥为选拔。研究工作，社会报酬，难期优厚，招徕研究生，物质待遇，必须从丰。现行大学制度，在校年数嫌长，学生毕业时多半已是二十五六之人，其研究兴趣未成，而人事已令纷心，故研究科始业年龄，应加提早。

专与通　国家需要专才，国家尤需通才。专才学有专长，足以治事。专家而常识不丰富，于事理不通达，则所持见解每滞碍难行，用革命精神以强制施行，则怨怼丛生，终于浪费人力物力。时人之言曰：讲革新而不顾历史，重专家而不顾常识。今日风气，确近似王荆公所谓：天变不足畏，人言不足恤，祖宗不足法。专家本其研究心得，信心充实，故勇气坚定。惜观点偏滞，不察全局；就其所据知识体系以考之，未始不言之成理；就其所涉全般事势以考之，乃难期圆滑施行。专家误事，未可完全否认。

救专之弊以通。通才知识方面多，观点种类多；于局部细情，或未能如专家之详悉，于各部关涉，则较专家能妥为调节。通才宜负行政责任，以主持调节活动；专家宜负技术责任，以提供专门知识。两者互为配合，事务始能治理。时人之言曰：以常识运用专家。其意虽涉夸大，其言则颇近真，顾常识易陷肤泛，苟无透辟知识以为其根基，则看事易涉浮薄，察理易陷空洞。故通才教育，其知识之方面虽应较多，然于多方面之中，仍应具有一方面之精深研究，俾窥知识之源头，以及获得知识之艰难经过，与夫取得知识之妥当方式，庶能判断专家所提方案之妥当性，既不至扞格难入，亦不至为浮议所摇，今日大学课程之弊害，吾觉有许多科系，其学生自入学以至毕业，似乎始终学习“概论”之中，致使学成者既不虚心，又少洞澈之见，而一切“新学”，仍停滞在“洋八股”阶段中。

大抵学问之事，就专与通言之，似可分为三阶段，而学生则随其志趣才性之殊，而分别停留于其中。第一阶段，通中有专，其专也，实所以完成其通。第二阶段，专中有专，其专也，乃所以完成专才。第三阶段，由专而通，其通也，除精力时间外，别无制限。第一阶段，吾拟别为大学本科。第二阶段，吾拟别为大学分科。至第三阶段，则学者终身之业，不在大学教育之内。其止于第一阶段者，具有高等常识，同时对于某一学科亦兼有独立批判之能力。毕业后，可为各类行政佐理人员，随经历之增加，渐次成为公私行政首脑。其止于第二阶段者，或为专科学者，或为专业技师。各以所长，专司一部份［分］技术之执行或研究。至于第三阶段之通才，则所谓硕学鸿儒，将以综合知识，而燮理治术为任。

教与育　大学任务既有讲习技术与促进学识之两种职任以纷其心，而训练人格之事，又未可淡漠视之。牛津剑桥首重人格薰［熏］陶，当为国人所向往，故近年大学训育，特受重视。惟人生成就，势难周全。大学教师，皆学有专长，故精神发育各有特性，而其注意所集，亦有偏向，于专治之业以外，多不措意，即令有所解说，亦每不足以悦服人心。盖精力愈集中，则其所及范围愈狭，乃必然之势也。是故专家指导学生，宜以其所专治为限，于人生之一般需要，则宜委其指导于修养均平之士。更就学生言之：当其学术兴趣尚未浓厚之时，于各种训练之要求，尚能悉力以赴；于注意既经集中以后，于规则章制，每视为苦事，或则不屑置意，或则顾此忘彼。此所以笃学之士，不必即为循规蹈矩之徒，而囚首垢面，每为学人之标志。故教与育并重，虽为理想极则，而经师人师，既难期诸一人之身，治学为人，又不易兼程并进，其将取其一而舍其一乎？抑可分为先后而次第图之乎？教育家之心，愿求全善全美，有所舍弃，必不心甘，计惟有分先后以图之耳！

在中学阶段是否可以完成训育任务，可姑置勿论。因训育当不嫌多，而中学训育要当偏重他律，大学训育决当以自律为主，其间显有差别，大学训育固或有其存在之必要。大学训育既有必要，而作人与治学又难望同时用力，则先重训育以培成健全人格，同时发展其学术兴趣，迨学术兴趣既成，即放弃训育企图，似不失为适宜办法。果然，则大学设本科于前，设分科于后，可使前者重视人格薰［熏］陶，而兼事学术启发，后者专力学术，不更以他事萦扰其心；或不失为两全之策。

精与多　依机会平等之义，拒绝能受大学教育者于大学门外，恐不合理，亦且违拂人情。时人因大学程度低落，乃有裁并大学缩额精炼之议。用意未尝不好，其议则万不可行。何以故？第一，建设时代，百凡待举，需人甚多也。依今日大学在校生计之，不过每万人口得大学生一人耳。人生具有社会效能之期间，姑以三十年计之，大学四年毕业若现状不加改进，则三十年内（即到底）不过每万人口有大学生七人半而已。每家以五人计，则二十保内不过有大学生七人半而已。以人口不太多不太少之地方计之，二十保所占地面，当不下于方十里。方十里间，有大学生七人半，则地方自治与乡村建设，皆无从发展，更无论国家建设矣。第二，当知人才有程级不同，程级愈高必经由愈大之人众中甄陶而出。今日大学毕业生，其所成就，固不必人人尽如人意，然竹头木屑，各有其用，亦未见有绝不可用之材。若采精选精炼主义，其结果，或可较胜于今，然谓凡所精选，皆可炼为大器，恐亦未必能然。盖人才之成，外力扶持固属重要，而其本身之志趣、才力、心情，则所关尤大。是诸种种者，就今日之知识言之，尚在无法预测之中。故今日培育人才，只能大量培育，于大量之中，自有较多优异之士，挺出其间。在优种学未能确实培成优良人种以前，在一定之人数中，似只能产生一定数量之英杰。是故今所谓大学程度低落云者，吾不敢加以否认，吾亦不敢认定其确由于某一原因。但数量加多，则程度降落，似为必然之势。

今后如须扩张，则普遍提高，终属徒劳。且大学毕业生，究应具有如何之程度？非吾人所宜探究者乎？以吾意言之：大学毕业生，办事不过居属僚地位，治学不当佐理之任；只须于一种部门通其要领，能知专家活动之意义与技术，斯亦可矣。吾不敢谓今之大学毕业生皆已达于此一境界，吾只欲指明大学生程度倘只应如此，则求达并不甚难，不必采缩额精炼政策。

大学毕业为一种资格，有其虚荣价值，亦有其实效价值，凡有经济能力者，莫不欲其子女具备之。国家政策，在可能程度内，又何必靳而不之兴。如曰：资格高，则欲望大；头衔大而能力薄之人多，则政治将无术安定。是说亦不甚正确。试稽之历史，破坏秩序者实为无资格之徒，彼曾青一衿或举人进士之流，虽穷愁潦倒，亦多安分守己。且大学教育，除促进学与术外，尚有提高文化水准，丰富人生意趣之功能。今人见许多受毕大学教育之女子，依然回到厨房，遂谓女子大学教育为浪费，是犹未脱读书以作官之见也。

欲使精炼与多育两说各得其意，吾仍主张分大学为本科与分科。本科广收学生。其毕业之秀才，可考入分科；其不入分科者，亦可担任相当公私任务；其不担当任务者，亦可领略高等学术，享受文化生活。吾意欲妥筹女子大学教育问题，此一办法，尤值考虑。

久与暂　大学修业期间之久暂，决定因素不一。第一，国家财政负担，为应加考虑问题之一。修业期短，国家以同样财力，可培成较多之人才。其次，国民经济负担，亦为应加考虑问题之一。修业期短，青年因经济拮据，不能完成大学学业之人数可以减少。又其次，青年出校后之历练过程，亦为应加考虑问题之一。大学教育为完成人生教育之始基，人才之陶成，尚有待于实际任务之历练或独立研究之进行。倘大学毕业过迟，性格固定程度太强，生事萦绕太多，则自己教育自己之可能降低，影响终局成就不小。故建立学制，须将教育可能（较大的）期间酌留二三年，俾便适应实际业务之需要。又其次，则大学课程之修毕，究需几许岁月，尤为决定大学修业期限之最要因素。

我国现行学制，大学毕业年龄，虽为二十二三岁，实际二十四五岁能毕业者，已是优秀而幸运之青年。毕业过迟，影响深重，尤以女生所受影响为甚。兹欲缩短学年，当问在课程之修习上有无可能。欲问课程之修毕究需几许时间，又当问学程之设置。究有如何之依据。设置学程之依据，显然又随大学之目标而有变异。吾意：所谓"高深学术之研究"，与夫"专业人才之储备"，应当责之于大学分科——研究科或专业学院，而大学本科之目标，则（一）使具高等教化，足以了解现代文明，领导国民活动；（二）各于学术之一部门，具有透澈之了解，与夫批判之能力，可依以升入分科，亦可依以从事实际业务。倘此种目标成立，则大学本科除应有若干教化学程外，其主要学科当为一种学术重要内容之了解，与夫该种学术研究方法之熟练。苟如是，则两年时间要足以完成任务而无疑。

现今学程，浪费时间不少。第一，为"概论"之浪费。学习一种学科，应迳入于学科本身之讲习，概论式学程，最多只能存于中学。第二，为"细则"式学程之浪费。"细则"之讲习，非不重要，无如不具实际工作经验之人，极难具备领悟之可能，且亦不能感觉其必要，故终成浪费。第三，为"玄理"式学程之浪费。精深理论之讲授，诚足以医治浮薄粗疏，导人上进不息。惟精密思索之敷演，听者在思索上难于追随，每致言者津津，听者茫茫。故精密学理，只可讲授要领，示以文籍，嘱令阅读而已；不然，则只有布陈书本，随文解说，要亦不为讲学良法。总之，若概论、细则与玄理之三者，皆不于讲堂讲授，则课程中有许多学程可去，学程中有许多章节可省，章节中有许多言语可略。用两年时间，讲习一二学科之主要原理原则及其应用之研究技术，决不至有时间不足之感。大学分科学程，在专业院系视专业准备之需要定之，在研究科以完成一个单位研究所需时间为定；前者可规定为二至四年毕业，后者可规定为两年毕业。

大与小　"小大学"学风易于纯粹，旨趣易于贯澈。"大大学"气象雄浑，心境开拓。以今日之事实考之，学风紧凑之大学，其学生数常在千名以内。就综合大学察之，其所有之院系，似亦不能同著优异之成绩。现制大学与独立学院并存，仍可维持。特今后之学院，将成为大学专业分科之名称，而大学则为设有本科者，或兼设研究科，或一种以上专业分科者之名称。演变所至，专业学院势必纷起并设大学本科，独立学院将不多见。若承认"小大学"确有价值，则此一倾向，无妨听其发展。

今后各种专业，日趋发展，各专业学院内容日趋丰富，昔日之附庸，今后将蔚为大国。如工学院，即有土木工程、机械工程、电气工程、化学工程、水利工程、飞机制造、船艇制造种种不同之科系，不但可以独立设置，恐亦必须独立设置。古典式的大学观念，必须有三个专业学院（神、法、医）及一个文理学院者，即在欧洲，已早有变迁，吾人无须顾虑及之。吾人不必反对综合大学之存在，吾人但须认识专业学院之要求独立设置，当为今后必然之趋势，不可加以阻遏，今后所应限制者，为研究科之设置，须视各大学所有之人才与设备，酌量许其设置若干科。

假使采取"小大学"主义，则势必因而采取"多数大学"主义。每一"小大学"，以学生千人计，若全国欲拥有在校大学生十万名，则须有大学一百校。因人才数量无术骤得如许之多，此一数字，恐难立求实现；但大学数量，今后当趋扩张，似为必然。加以建设需材孔亟，不仅人民要求教育，国家亦复需要大学之扩张，限制发展，已不合适，裁汰现存，更无必要。

"小大学"尚有一长处，即多校并立，在学术上易于发展其个性，并适应地方之需要是也。例如同一历史研究，或则偏重上古史，或则偏重近代史，或则偏重蒙古史，或则偏重西藏史，或则偏重回教史，或则偏重印度史，或则偏重中亚史，或则偏重埃及史，或则偏重罗马史，或则偏重西欧史，或则偏重北欧史——各随其所处情境，自为发展，进退自如，较之少数大学主义之集中办法，似较便于个性之型［形］成。至于同一学术，各人见解，不必尽同，集不同见解之学者于一校，似亦不如分之于各校，较易各得其所，各展其长。

国与省　吾国大学名称，冠以国立、省立、私立字样，其原因安在，未作历史探究。以意度之，当不外财政与管理两端。今日省收支已成中央收支系统之一部份［分］，虽曰此项制度是否将永久推行，尚不可知；而缩小省区之议，恐终将实行；省区缩小后，纵令省财政自成系统，省财力恐难维持一健全大学。至于私立大学，除教会设立之大学外，我国私立大学，本不为财团组织。故从财政观点区分国立、省立、私立三种，理由殊嫌薄弱。大学管理，今日已采取严密监督政策，自学科设置，教授资格，以至于财务行政，学校存废，概在中央政府统制之下，故从管理观点区分为国立、省立、私立之三种，亦只是一种历史的因袭而已。且国立招牌，较易掀动学生，使学生不问志愿，惟国立大学之是趋。在学生界中，俨然养成一种封建思想，流弊不可一言而尽。谓宜将国立、省立、私立字样一律除去。且国立工厂已风起云涌，国立书局已在筹议中，满眼皆是国立机构，何独学校必须冠以国立，亦殊难解。

今后应实际的需要，大学尚将继续兴起。其单位将益多，其性质将益歧，中央政府除保留财政与学术标准之监督权外，似宜使各大学自成一自治体系，一方面，中央代表于其最高行政会议中保持重大的发言权，一方面，因事实之需要，由有关方面酌出代表，以收联系协作之效。例如省行政当局常因省无大学，在全省文化之促进与夫全省行政人才之储备上，感觉不便。而当地原有大学又保持其独立体系，除欢迎补助经费外，不愿发生任何关系！今后除有若干大学，将以学术之超然研究及中央政府所需人才之储备为其任务外，其余多数大学，似不能不顾及地方上之公私需要。为与地方上之公私机构保持联系计，则使此等大学于中央监督之下，成为一自治体，似不失为一可行之法。

总结　依上所论，提供改制意见如下：

大学目标　（一）研究高深学术；（二）储备专业人才；（三）提高国民文化。

大学程级　设立大学本科，为终了性质。本科之上设研究科及专业院系；研究科专研究学术，专业院系储备专业人才；皆由本科毕业生中考选之。

毕业年限　本科两年毕业（如将高中之最后一年并入，即可定为三年）；研究科两年毕业；专业院系毕业年限，二至四年，各视其需要而定。

本科课程　大学本科，除国文、外国语、第二外国语为共同必修课外，其课程沿用现行学系组织；但于学系之划分可略加整理，务使入分科后不再为基础学科之学习，入社会后亦各有一技之长。

大学组织　本科与分科皆可独立设置；本科学系采定数主义，以全体设置为原则。有本科之大学，得设一种以上之研究科或专业院系。惟研究科不得单独设置。

大学名称　拥有大学本科之大学称曰大学；仅有专业院系之大学，名曰学院；惟有大学本科之大学，始得拥有两个以上之专业院系。至国立、省立、私立等称，则一律废除。

大学管理　各大学在财务行政上及学术标准上，受中央政府监督，其校内行政，由政府代表、教授代表及其他有关方面之代表组成校务会议决定之。

大学人口　每一大学，以有学生千名为度。其原有规模已超过此数者，各仍其旧，不必限以一格，又行分割。

论大学学系制度
（1942 年 9 月）

阅世较久之人，大率不愿更张而流于因循。今论学系制度，非欲多所变革，惟愿熟察事态以免麻木之识耳。

所谓学系者，乃谓若干学程彼此之间，具有一定的有机结合，而使其全部学程，成为一整然之体系者也。

此项定议，或略涉理想，然而理想之于现实不过更为纯粹充实而已，但使二者相合而不相违，则理想即足以指称现实矣。其问题所在，实在于构成有机结合之若干学程，在性质上，彼此相距之远近、以致其结合之有机性或厚或薄而已。就一系学程在性质上彼此差异之大小观之，吾人对于学系，可得三种不同之概念。

现在各学系中，有所谓数学系垦殖、垦殖系、工商管理系、外国语文系。数学系一类之学系，其构成学程，在性质上皆为数学的"学系名"，适与"学科名"相合。如是之学系，吾称为学术单位，如化学系、哲学系、经济学系、生物学系等皆是。其次，垦殖系与工商管理系之类，其种种学程，不属于同一学科之类，其学程之结合，乃以养成一定事业之人才为其中心观念，凡事业上所需之智能，皆于学系内培植之。如是之学系，吾称为教育单位。教育单位之学系，与学术单位之学系有接近甚至合一之可能，如教育系、机械工程系等是。又其次，外国语文学系之类，其构成各学程，既不属于同一学科之内，又不属于同一教育目的之下，只以行政上之方便隶置于同一体系之内而已；例如英文、法语、德国文学史，既不属同一学科，又非同系学生所必修。如是之学系，吾称为行政单位。

吾国今日所谓之学系，实具此不同之三种意义——学术单位、教育单位与行政单位。

三类概念，可否并行如现制？一切现实，皆有其合理性在；三念并行，已是实事，当无不可并行之理。惟吾人既于概念上认识其为三型并行，则于行动上可随其类型之差别而为不同之处置，吾人之行动受累于名辞之同名异实者固比比皆是。故吾人于可否并行一问题，姑置勿论，且先分别考察三者之功能及其缺限。

（一）行政单位型之学系。

其学程不足以言有机的结合，其人事关系亦类同乌合，其中心观念亦模糊摇动。其功能只在使无术编置之种种学程有所归属而已。此类学系之出现，乃大学发展尚未圆成之一种境界；大学愈发展，则此类学系愈益分裂成为愈多之独立学系。惟大学之发展，永远不能十分圆成，则此类学系之存在，殆将与学系制度同其寿命，明知不便，固莫可如何也。

（二）教育单位型之学系。

其目标确定，其学程设置一以实际需要为依皈，故其学程之结合能环绕于一定观念之下；其努力之测验有实际的成败以为之准绳，大明志[教]育与社会生活打成一片。社会既得所提撕，大学亦获其生机。此教育单位型学系之所长也。惟其缺点，亦不一而足。1. 易入狭隘的实用主义之途，卒致使人成为优良之工具，但为不良之人。2. 一定事业所需之智能，欲完全由本学系供应之，其事每为不可能。3. 人类事业所需用致各种人才，欲由本学系完全培养之，其事亦往往不可能。因有第一缺点，故现行制度有公共必修科之设置。公共必修科之流弊，在过度普通广泛，失去专门的观点，与其主要学科不具真实的关联，使学生感觉无聊。因有第二缺点，一个学系欲完全自给自足，滥开学程，夸示学分之多，实则学生所应习者，或则缺而不设，或则讲其枝叶而得其皮毛。例如教育系知有学习统计之必要，不使学生在他系专家之下直接学习，乃设教育统计使学生于二流统计学者之前学习其皮相，掘井终不及泉。因有第三缺点，于是一系之中分为若干组，欲使本系培植该种事业所需之各项人才，又因第二缺点，本系所设学程，乃不足以养成一类干练之才。例如教育系之行政组，就不习政治学、经济学、行政法、刑法等等，惟以学务调查、各国教育制度、学校行政等学程负其培育之责，微论其学生于学术上不能深造，即于事务上，亦鲜能具有真知灼见。

（三）学术单位型之学系。

其学程之组合以本学科之内容为范围，其努力之目标为本学科之研究与宣扬，其意志拟定，其活动单一，故其成绩易著，效果易彰。惟学术单位，不宜绝对用作教育依据。若绝对用作教育依据，则观点单调，心胸狭隘，不徒不宜于事业人才之培育，即培植纯粹学者，亦难期其有宏博之成就。为救济此一缺陷，有设立副系制度者，每一学生于学习主系外，须另习一个学科以为副系。惟副系与主系之配合，相距太近则无以收扩张眼界、平衡心胸之实效；相距太远，则无以期其相得益彰，共成其美。且所选副系学程，若不得副系当局之赞助而提供其主要学程，则副系制度必将形同虚设。除副系制度外，又有人根据本系观点，向多方面伸张，使所设学程涉及学术上之各主要方面，而期其学生之观点不至单纯，心胸不至偏倚，其技巧存于课程之编制，其关键系于主持人之远见。就养成学术人才言之，此制或为一种优良办法。

三类单位之学系，除行政单位可不论外，学术单位学系与教育单位学系，在理想上既期待其合一，在事实上又须明确之区分。所谓期待其合一者，即谓教育单位之学系，每系亦应有一主要学科以为其骨骼，并以若干补充学程完成其需要。所谓须有明确之区分者，即学术单位之学系其主要职能在学术之推进，教育单位之学系，其主要功能在事业人才之培育。一则以学术之需要为着眼点，一则以事实的需要为着眼点，其间变异有多少不同，管制之疏密宜别。

总之，大学学系若不建立于一种专门学科之上，则其基础不固，失去大学尚学之本色，反之若专重学术之本身，而不顾及事实之需要，则学术失去真实的激动力，终将归于停顿。故就理想言之，每一学系，同时应为一学术单位，亦应为一教育单位，就事实言之则宜明确承认两者之差别，而使培成学者与培成事业家之办法各不相碍。

现行学系制度，每一学生各具一个系籍。一学生毕业后，称曰其系毕业生（登报征用人才者，皆限定某系毕业生）。学生投考须注明志愿学系。各学系中，有冷系热系之分。冷系投考学生人数多少，录取的标准每每不得不降以相求，否则陷入"有系无生"之境况。若学系之成立以拥有学生为必备条件，则招不到学生之学系即须停闭。若教授之主要任务在教课，则在无学生可教时，教授即当解聘。幸喜冷系不至四个年级同时无学生耳。至于热系则投考学生甚为拥挤，往往超过定额，致令英秀之士以额满见遗。一个可资深造之人，而以竞争者太多之故，剥夺其深造机会，殊失教育主旨在启发人文之真意。在往昔视教育为夺取特权工具之时代，用竞争以利陶汰，本属言之成理；在今日之教育意识，既认定人人皆各如其天才分量以发展其性能，则于能受大学教育者靳而不予，实未足使人心安理得。

学系制度之废除，上述理由，可视为一端。然而废除之举，影响远大，未可轻言。兹但愿提出一二条件以为救济。第一，学生之有无，不应发生学系之存废问题。第二，教授之主要任务在研究，不在授课，故学生之有无亦不引起教授之职任问题。第三，各学系设置学程，不应专为专习本学科之本系学生着想。学系学程应分为训练学程与启发学程两类，前者惟有志专攻者学习之，后者各系学生皆可学习。

大学亦不专为教授学生而存在。若学系以拥有学生为其成立之必要条件，则有若干极端重要之学科势必无从发展于大学之中。举例言之，即蒙古文化、回回文化、西藏文化、婆罗门教、中亚各国史，皆难获得专门学习之学生，而其关系又极重要，须加宣扬。若学系之成立，不以拥有学生为条件，则各大学可图应本身情况酌量设置是等学系，负担研究宣扬之责。即在学生中，纵无人肯专心研究，但视为副业，或业余工作而致力其间者，当亦不乏其人。若设置是等学科而不设置是等学系，则在学系制度之下决难博得重视。综上所论，吾人对于学系制度得以下之认识：

1. 现存学系，有行政单位、教育单位、学术单位三型，吾人一面认定教育单位型与学术单位型两者间须有厘然之区别，一面希望二者之日益接近，融为一体。

2. 各学系不以教学生为第一任务，更不以教本系学生为唯一任务，从而不必有“系籍学生”。

3. 各系学程难期自给自足，应与其他学系之一或二系，保持密切之关系。

4. 各系所设学程，应于专习学生所修习者外，为他系学生设置若干启发学程，或即于专习学生所修习者中，为他系学生指定若干选修学程。

5. 各学系之设立，应以事实之需要，学术之进展，及专门人才之具备为其决定因素，其他因素，可置勿问。

大学生之学术生活，可分两阶段。在训练独立研究能力之期间，可称为高等教育段；在试于指导下从事独立研究之期间，可称为学习研究段。在高等教育段，现行学系制度，失之于太狭，在学习研究段，现行学系制度，又间或失之过广。宜如何补救，诚为高等教育上之一大问题。聊述所感，就正有道。

论大学导师制
（1942 年 12 月）

　　十九世纪盛行知识即权力之说，吾国教育革新，暗中实受其支配，清末废科举兴学校，其主要动机实在讲求"新学"。数十年来，虽国人发扬蹈厉之行径，时导源于大学，而大学生之一般风尚究偏重驭物，而忽于持身，近似所谓玩物丧志。末流之弊，事既不举，学亦难明。识者忧之，谓其原因在于大学不讲训育，有经师而无人师。乃倡行导师制，以期师生之间观学砥砺，大变学风，施行以来，成效似未大著，虽曰时日短浅，不可求之太骤，而其间办法，有无商榷余地，亦问题也。本篇谨就事态加以分析，以求发现若干原则。至此等原则，在实施时，如何与现行法令相调应，则立法家之事，可勿问也。

　　导师制未能推行尽善，其一般障碍，计有（一）学术障碍，（二）性格障碍，（三）权势障碍，（四）工具障碍之四种；其他由于战时情形而起者，与夫由于各校特殊情形而起者，概不之论。

　　所谓学术障碍者何？大学为讲学之地，大学重学，正如朝廷重爵，乡党重齿，同为当然之事。大学权威之所寄，在有权威之学者。学生心目中，于有权威之学者外，一切轻蔑之也。此所以大学事务人员与训育人员皆频遭白眼，深感苦恼。然而大学生只知有学术，不知有他，其精神固未可厚非也。学人世界，所可自慰者，正赖有此耳。依据此种心情，大学欲推进训育，必须借重学者。使有权威之学者亲当训育之责；

使教授与导师合一。由教授运用其学术上之威望以转移一校之风尚。因势利导，计固莫善于此。不知天下事往往不能百美尽萃于一身。彼学有专精之学者，精力每每集中于其专研之途，其他，或则不肯留意，或则不能留意。责其教学生以持身处世之道，或则视为畏途，艰于应付，或则意兴不属，敷衍将事。物不能两大，多于此者少于彼，乃莫可如何者也。此导师制之障碍一。

所谓性格障碍者，各人性格皆有一定之倾向，好其同而恶其异，并望人"似我非我"。夫以己之所有者责人，其心未尝不善，但不必即合于教育之正义。教育之事，当因材施教，望学生各成其所可成，而不必责以一如己之所是；宜予学生以其自身之所需，而不必授以我自身之所好尚。故弟子与其师，所行不必同轨，而无害于各成美。然而人之恒情，喜以自己所宝爱者望之于其所亲厚者。超脱自身所宝爱，秉客观态度，一以人之所能成者望诸人，惟有大智慧者始能之耳。关于学术之事，学者各以其所好就正于其所尊敬之人，双方所求既同，其性格亦相近；持身之事，其量既多而其质又杂，所尊敬者之所宜行未必皆合于一己之所当行。导师教人，以自己为标准，而不以受教者为依据，此所以扞格难入，师徒相责相怨而无已也。

所谓权势障碍者，人于权势，或则趋就之，或则引避之，而于己内心之所思所欲，则必隐匿之。何以故？趋就权势者固畏己之所好不同，无以见悦于当权者，即引避权势者亦惧己之所欲有忤权贵，而招徕祸患。学生于校中当权之人，有喜与接近者，其数少，有不喜接近者，其数众。喜与接近者每望当权者之悦己，不喜与接近者每惧当权者之察己，故两者皆不愿当权者之确知己事。今导师为校中有权之人，可赏可罚，故学生遇事不以真情相告，而导师制度之作用，乃从而全盘毁坏。

所谓工具障碍者，除为公共或互利的目的以外，而受人愚弄以达成他人之私利时，即有受他人利用作工具之感想。二三十年来，教育者利用学生之事，实例不少，至今青年界犹有戒心，对于师长每持不即不离之态度。此种疑虑，虽属偏颇，而自全之念，要亦不容忽视。加以变乱频仍，青年界牺牲惨重。青年以怀疑之眼光看人，以迟疑的态度接受教训，实亦历史的演变驱之使然。对师长既怀疑而却顾，导师制自难发挥其果效。

推行导师制之原则，根据此等情况，寻求对治方案，可得第一原则曰：学风与士风宜分别培育。所谓学风者，治学之风尚也。学术风气，当然为权威教授所操持；学生学习治学，亦当然教法其专科教师，是实无待于导师制度之施行者。导师制度所能为力者，其在士风方面乎！所谓士风者，即为人处世之风度也。为人处世之风度，并不专取乎艰难卓绝之行，只须在日常生活上培成一种有益之习气，或活泼进取，或整齐严肃，或发扬蹈砺，或笃实光明，或敛约恳至，皆可发放异彩，裨益邦国。此种士风之养成，权威教授可致其力，但不可责之于每一教授。故教授可为导师，而不必皆为导师。由教授培植学风，由导师培植士风，分途并进，庶几相得而益彰。

根据前述情况，寻求对治方案，可得第二原则曰：训导重心当寄于教授之外。学有专精之教授，其注意已集中于所专精之途，不愿注意他事，亦不能指导他事，理由已具述如前。更姑举一例以明之。有一大学生，有患忧疑症之嫌疑，有一通晓青年心理之前辈，告以从速解决婚姻问题，以其年龄已在二十五六之间也。而其导师为经济学者，则郑重告戒〔诫〕，谓经济不能自立以前，万不可结婚。双方皆有理由，一则为专家见解，一则为教育见解。此一大学生颇为侥幸，至今既未结婚，而又因有一个时期之恋爱过程足以消解其忧疑之癖性。如此之例，尚非绝对冲突之例，更非完全不当之指导，惟以见指导青年原非易事，专家见解往往不必恰到好处耳。

今欲将导师任务寄托于教授以外，其又将何所寄托乎？大学之内，独尊学术，是为理所当然，亦为势所必至。欲于学术人员以外，别置训导人员，决无以博得学生之信任，其理前已言之。然则为今之计，道将安出？反复筹〔寻〕思，吾觉惟有将训导重心置放助教乃至讲师之身。其理由：（一）助教尚在青年时代，于青年心理，最为了解；（二）助教学术癖性尚未大成，常识观点既未消散，于事务处理又不至感觉厌烦；（三）助教多服务母校，于母校情形知之最悉，于学术路径为过来人，最适于充任"新人之友"，凡科系选择，专家介绍，同学活动，助教皆能恪尽其指导任务；（四）助教与新旧同学皆居于师友之间，学生对之，不感权威之压迫，可随便来往，任意交谈；（五）助教毕业未久，朝气犹存，敦品励行，尚复斤斤，实可恃作创造士风之长城；（六）助教容易接受训导长对于士风上之要求。以此种种理由，训导重心建立在助教身上之提议，或足一供研思也。

或疑助教难胜导师之任，吾意此疑大可不必。学生入校之第一年，最需要导师之扶持，如人事安排，惯例探询，科系选择，考试预备，教授风度，皆新人之问题，而助教可予以辅导者也。至于学术上或人生上之疑难问题，助教纵不能提供意见，亦可以介绍专家，使往请益，提示书籍，促其阅读。教授在学术上之威权自高于助教，惟大学生解决问题，不当诉诸威权，而当诉诸理性，质之于位居师友间之人员较之临以学术权威，孰得孰失，亦未可轻言也。

倘训导重心建立在助教身上，则一校可设立一有效之训导会议以图共同创成校风，一国亦可举行有效之训导讨论会，以制定士风养成之方案。

根据前述情况，寻求对治方案，可得第三原则，曰：导师不负管理责任。导师只负训育上之积极责任，其态度乃扶助的，而非考察的，更非管理的。其地位居于师友之间，而非监临人。必如此，相互之间，态度始可光明，学生始肯信任。训育之必要条件，固在取得学生之信任也。取得学生之信任，其捷径在了解学生之观点。学校当局有所主张，当上本法令，下据事理，不能单顾学生观点，以致学校与师生每起误会乃至冲突，而无可排解。若导师不负管理责任，导师无维持校纪之法定义务，则导师为学校观点，所作之辨说，其效力当更大也。即此消极的理由，已可证明导师不负管理责任之价值。况有管理权者，能使人畏，而不能使人亲。使人畏者，可维法纪；使有亲者，可进忠告。导师之任务，固在对学生忠告而善导之，法纪之维持，当另有所属。

教育之事，在求学生之生长发育。生长发育，必于一定环境之中。故教育之研究，当注意某种一定之环象对于学生之生长具有某种一定之影响。各校环象不一，其目的虽同在于学生之生长发育，其办法殊不宜一律。故吾今所论，仅及原则。即此三原则，所及于现行办法之影响，当亦不少。吾人深信导师制有其价值乃至必要，惟其实施究宜在如何之原则下推行之，似仍须加以缜密之研究。果尔，则本文之提出，或不无促动之力也。

论教育上之物力与人力
（1944 年 8 月）

　　今国家已入于建设时代，各种建设皆需用大量人才，教育欲与建设相配合，乃不能不为大量之扩张。实行教育的大扩张，立即遭遇财政问题。教育财政政策，固然只有量出为入之一途，然而就整个财政观点言之，终有要求教育经费尽量经济节约之权利，所以教育经费在大量膨胀之中，其支用仍当无背于节约之精神。今后教育费，其需要额之庞大，直是莫可供应，教育预算之编制，又何可不善加权衡？此所以言教育者，不可不措意于物力。

　　今日通病，在各方专家，各本其观点，以为预算之坚强要求，而使总全局者无从为通盘之筹划。当兹百废待举之日，每一事业皆有要求大量扩展之理由。各执其所是而不肯相下，增费则同增，减费则同减，不能有所轻重后先于其间。于是便成为无政策之局面。建设需人如此其急，教育费膨胀如此其速而且大，不具正确政策，何足以赴事机。

　　为今之计，对于教育事业，应分为负责经营与力为奖助之两大类。政府当负责经营者，计有两种：即学术之促进与国民教育发展是。其余则一概列入极力奖助之列。

　　学术为建设之必备条件，无技术人才固百废莫举，无技术研究亦不足以立国。故专科以上之教育，宜由国家负其全责，于教育之可能的发展，应不惜与以任何大量经费之支持。当然专科以上之教育，其自身亦有施以区别之余地。例如近年提倡设立之会计专修科，谓为促进会计之研究乎？实不足以负此重任。谓为会计实务家之培成乎？则劳动营用六个月时间所培成之人员，其负担行政官署之会计业务不让于两年毕业之专科生。故今后专科以上学校之设置，宜详审其目的究需若干时间之教育始可完成。于其可付诸短期训练者，则尽量付与之。短期训练，诚有其必然之弊病，但其弊病之发生，多半系由于国家只经营速成教育，而别无高深的同类教育以继其后。同样，目前教育政策着重实用人才之培养，同时又不废弃高深学术研究之推进，则急功近利之弊可以防止。实用人才之培养为不得不然之事，而高深学术之促进，又须假以岁月，而未可计日责功，故纯理科学与实用科学之争大可不必。

至于中等教育，除师范教育不论外，国家应倾其全力于升学的中等教育之经营——依今日财政系统，无论省营国营，固同属国库负担。职业性质之中等学校，除非有中级技术性质而又非私人所愿经营如高级农校者外，其余皆归入奖助之列而任由私人营之。如高工之土木工程，如初职之照像、缝纫，诚不知何故而为政府所重视。今后工商发展，各业所需人才，各业均将自起而为供应。政府只宜注意供给国家需要，于社会需要，可置于次图。

国民教育亦为立国之根本。国民教育不发展，无论政治失其凭依，即就国防言之，亦无术健全。故今后国民教育经费之经常部分至少应由国库担负二分之一，其余二分之一及设备费，则由自治经费内筹集。吾人必须认定国民教育为国家生死存亡之所系，立定最大决心，不惜任何牺牲以力谋发展。欲待地方造产以推进国民教育，固属缓不济急，而国库对于其国民教育只为轻描淡写之补助，亦足表明吾人谋国之无远识。至于国民教育之年数则至少应为四年。今日已非《千字文》教育时代，扫除文盲已不足为国民教育之目标。国民教育当定其目标于国势之了解，公民责任之觉醒，军人预备条件之具有，故四年为最低年限。

以上只粗陈国家只宜供应国家需要，而付社会需要于社会之自谋。以下更略言教育之人力供应。第一，为教育效率之提高。提高教育效率首当注视教师精神之振作，所谓烟丝庇理纯（Inspiration）是也。今日多数教师精神之低落，既不足为人师法，又不足克尽厥职，已成国家之严重问题，要属无可讳言。欲谋救济，时论每谓宜慎选校长。夫校长之贤不贤，其标准人各一说，在此是非无准、人事复杂之时，欲校长而合于理想条件，何啻望梅止渴。又有人欲将校长之任用付诸一定人员之选举，而选举之难合理想，亦已有许多例证。假使对于校长任用，于其品格、学历、经历能为合理之规定，而忠实执行之，吾人自宜赞同。但事实上恐属无济于事，吾人似不得不寄其希望于教师之自身。教育事业其成败究竟系于教师之自发的奋勉，非如军队与行政，长官命令可以决定其成败。故今日问题在寻求一种方法，使教师能善自振作，日进无疆，以完成其教师之使命。吾国教育者之传统精神在自觉自立。自觉自立，最为艰难；偶不警觉，便行退堕。社会又无他律匡持之组织，以相夹辅慰勖。更加以风习污浊，征论自求适应，难免同化，日日与社会抵拒，其事亦太苦。故谓教师宜自为结合，以求互相策励，而完成其精神之提升。

教师当发起一种教师会，以互相勖勉，各完〈成〉教师使命为其宗旨，严格实行政治的超然及宗教的中立。其主要任务在精神上的互励，而学术心得之互相报告与夫世界新闻之互相介绍，以促进其次焉者。本会与学术结社不同。学术团体以讲学为宗旨，本会则以精神修养为职志。本会自身不过问政治。其会员宣告不作政治活动者为甲种会员，有管理会务之机会；其不作此种宣告者为乙种会员，只能共讲修养，不能干与会务，以免受人利用为政治工具。

关于专科以上学校之师资，一面用留学法以造就之，一面宜大批延揽外国学者专家来华长期讲学，即用回国留学生作讲授翻译。吾人为此议论，已二十年，惜国人为骄矜之气所乘，迄今未见施行。今需人如是之多，专科以上学校在势必须扩张，而师资不足又如此其甚。舍借才异地，殆无别法。时不再来，勿复蹉跎是幸。

小学师资，已大感缺乏，再作扩张，势将竹头木屑亦复缺〔阙〕如。救济之法，唯有向乡村小学大量吸收师范生。愿为教师者，多半为农村子弟。宜设立师范预备生制度，从小学毕业生中拔取之。由国库与以津贴使其肆业初中，毕业后再入师范学校。此项师范预备生，可由乡村小学校长保送其毕业生百分之若干以应政府委托举行之简单甄试，及格者即予以津贴。似此，师范生来源既裕，师资可期足用。

以上论教育之人力与物力，愿有识者虚心考量之。

《民宪》第 1 卷第 6 期（1944 年 8 月）

教育之生命
（1944 年 9 月）

　　教育之生命安在？曰：培育学生向上之真实意志是矣；简言之，即培育学生之为善诚意。就社会之观点言，教育之机能在维持社会已有之文化而发展之；就学生之观点言，教育之机能在培育学生使其汲取社会之已有文化而更促进之。文化之特征维何？处于獉狉状态而安心焉，不能谓为有文化。处于灿烂境地而停滞焉，亦不得谓为有文化。文化之所由构成，实由于不断的向上进取。故文明人之本质在自强不息，在日新其德。

　　人类非神，人类由低等动物演进而来，故人身含有兽性。以此兽性之故，人类具有种种缺憾，故无人能自命完人。凡自谓无过者，皆自欺欺人之语。德行纯美之人，就其自身观之，每若歉然有不足者，非故为卑逊，实以其自心真觉有种种罪过在。以孔子天纵之圣，尚必七十岁而后从心所欲不逾矩。其在七十岁以前，不能无所违于矩范，可想见矣。是故责人不可求备，而对于有过者，必须予以自新之路。又因此故，凡以德行功绩自高者，由识者观之，只觉其浅薄也。语云：君子暗然而日彰。君子之暗然，非所以求乎日彰？实由自知甚明，不敢自欺，故不敢有所夸耀。在昔专制皇帝，常以睿智自命，而臣工习于谀媚，亦常以圣明相称颂，其欺人昧己之丑态，不惟可笑，亦复可恨。

　　人身含有兽性，果为人生之不幸乎？是又不然，人类纯善之神性，正借以兽性之具有而得其表现。何以故？正以具有兽性之故，而人生向上之活动乃能获得其表现故。完全者，尽善尽美之谓也。尽善尽美非人间之所能果有：退而思其次，则向上乃为人间最高之美德。完全虽不得而果有，但向上乃所以奔赴乎完全而日益接近乎完全者。完全果有达到之一日乎？曰：永远无之。既无达到之一日，而人又奔赴之，是果何为者？曰：是正人类之庄严崇高处。人类之所以为人类者，即在于不安于其卑陋污秽，而求所以超脱之。有此不甘下流之心，而后向上的活动起，此向上活动，即人之所以为人者。人生的完美状态，即在保持此向上活动，而提高其速度，丰富其内容。若向上活动止息，则为"心死"；心死而犹生存，则失其所以为人者，可锡以禽兽之名，禽兽固不具向上性者，是故人生的至德在日新又新，而人生的圭臬在"一息尚存，不容稍懈"。而"鞠躬尽瘁，死而后已"，所以能起人崇拜于千秋万世后，"发愤忘食，不知老之将至"，所以宜为万代人伦之楷模也。

吾人既明向上为文明之本质，而教育之事又所以教人为人者，则教育之生命在鼓动人生向上，斯为必然之结论。教育企图乎鼓动人生向上，又必何如而后能达成其职志乎？夫向上者，意志活动之表现也。欲向上者须有意志活动而后可。压抑其意志，使不得动作，而谓将使人向上，是何异穿牛之鼻，贯之以绳，持其绳而曳牛上山，曰：吾固引牛向上也。机械的活动与强迫的活动，皆不得目为本人之活动，因其不自本人内心发展而来，实为不具意志之活动。活动而不具意志，便不成为自己之活动。自己且无活动，更何论乎向上！向上以自主的活动为其基本，自主的活动以意志的发展为其关键。故教育之事当发展学生的意志。意志之为意志，系诸其独立自主性，故教育当发展学生之自主活动。彼以压制为教育者，实为"反教育"，将以激成反动，促使学生奔向教师所求之反面者也。如彼水流，治水万不可直当其冲，当其冲则其冲也愈激。教育决不可阻遏学生之意志，阻遏其直前的冲进，则必旁溃横流。所以压迫式的教育，常为革命种子之制造所。家庭教育而主压迫，则家庭乖离；国家教育而尚压迫，则国家崩溃。

吾国教育当发展学生之自主活动，吾知必有人反诘：学生所以需要教育，正因学生是未成熟者，正有待乎保育监护；若听知识未充、阅历未富之未成熟人而自为独立的意志发展，是何异授稚子以刀而听其自断其指，毋乃太过残酷乎？曰：欲稚子不操刀自断其指，徒禁其操刀，喝其勿割，决不能为功；必授之以刀，使其自为割砍，邀天之幸割砍而伤其皮肤，感觉疼痛，然后彼乃恍然于刀之不可轻持，割之不可不慎。老子曰：将欲取之必固与之，吾今亦云：将欲控之必固纵之。

人类的意志，若外在的力量，能有效控制，则用一人的意志以控制万人的意志，在数千年来，不断有人企图而终于覆辙相继者，何也？使明哲的教训果能确实支配人类的意志者，则数千年来，圣贤的教化企图亦可谓宏伟而深入矣，何以社会的昏浊绵延不绝乎？须知控制意志者，非外在的力量，亦非他人的教训，实为自身的人格。外在力量与他人教训，必须与自身的人格相糅合，始能发挥其影响以及于自身的意志。故教育之重心在发展学生之人格。使其人格之所含涵者，足为消受所注教训之资本，足为接受所加外力之媒介。教训若无消受之资本，则语音符号而已，且不能了解，更何论实行。外力若无接受之媒介，则始终截然为二物，外力移去，则故态依然。是故若无学生意志之协作，教育即为不可能。

人格之发展，须发表于实际活动中，实际活动，自然难免错误。特是一切进步，都有其代价。真德性皆从罪恶中蜕化而来。置身于理想国，既无罪过，即无德行。栖息于安全地，既无失败，何来成功。过度的保育，适所以萎弱少年的发展力。过度的消毒，适所以铲除青年的抵抗力。青年必须经历几许罪恶，亲尝罪恶的痛苦，然后真知善之意义与价值。譬如人不生病，何由了解"健康是福"；人不经涉风波，何由了解"平安是福"。谚云：浪子回头金不换。一切有成就的人，都是回头之浪子，特其为浪子之程度，有大小不同而已。故于青年罪过，不必重视，更不必悲观。

或云"一失足成千古恨"，为人当戒慎恐惧，教人当防护周全，何可听任学生冥行盲索，以蹈不测之危机。夫不测之危机，诚应防护周全，然而青年既不管军国大计，又不作社会领导，其所能蹈之不测危机，盖亦仅矣：充其量，不过酒食征逐，与人冲突而已。酒食征逐，在其本身上，若无其他目的之附益，如成人利用作为勾结媒介等类之事，则其引起兴趣之能力决不能持久，必将迅即废然思返。至于青年互相冲突，则因青年时代利害矛盾小，凡其冲突，皆无祸身殃人之可能。故青年时代，究为最好的犯罪时代，以青年所犯之罪过，一般言之，皆为无大影响之罪过也。受青年之骂者，每一笑置之。何为其然也？以不足重视故也。自国事思想犯之名立，而青年犯罪乃成大问题。青年受监督，而至于不能在思想上犯罪，斯真乱臣贼子将遍起国中之朕兆也。夫思想犯罪乃犯罪之免疫苗，欲社会安全，必须保障人民之思想犯罪权。思想犯罪，乃人生为善之最低代价，亦人生向上之最捷途径。真正的修养，皆从罪恶得来。

《论语》云："大德不逾闲，小德出入，可也。"青年时代，无大德之闲可逾，而小德之出入，不但应受许可，亦且具有必要。夫争斗，恶事也，战争，惨事也；而人有好斗之兽性，西人设为赛球赌马种种斗争（议会辩论，报纸攻讦皆是）以消弭内乱。今世言国际和平者，且有欲用奥林匹亚赛会消弭海空大战者。中国历来六十年甲子一周而一大乱者，实因社会文化单讲礼让而比射之争又告断绝故也。

世间罪恶，有可尝试者，有不可尝试者。吾人不鼓励人犯罪，吾人只是认为愿青年认识犯罪之真实意义，必须听其从切身的经验上体验犯罪之果为何物。禁遏意志之活动，而置青年于完全消毒之地带，决不能使其具有真知。总之，欲发扬教育的生命，必须发育青年之向上活力。发育青年的向上活力，则青年获得刚毅的实践意志力，必刚毅始足以有为。同时又从实际的证验上取得了解善恶是非之资本，足为文理密察之推敲。于是而知识教育方能生根，于是而知识之授受方不至成为道听途说之资，而人格教育始有其着手处。

人格教育，时代已知重视。唯人格教育，应如何实施，则仍为问题。人格教育之实施，舍发扬意志外，更无从入手。不言人格教育则已，欲言人格教育，则必须使青年有轩昂奋发之气，举千钧重担负诸双肩之上。人生最忌无志趣。一切成功之人，皆是有志之士。所以不可沉埋在凡陋卑下处，国民亦不可汩没在苟简偷惰处。书不记，熟读可记；义不精，细思可精；唯有志不立，真是无着力处。所以教育须助人立志。志之立，不能立于空想之上，必使其表现在实际行动上。青年认识不周密，其所表现之旨趣，自难免于妄诞乖张，教育家一面当出于容忍精神，恍然于妄诞乖张之为必然，一方又听其遭受"自然的惩罚"，使知为其事即须受其果报之铁则，则意志受启发于实际的锤炼，亦必能"勇而知方"，而不至于成为蛮横刚愎之徒。

教育即活动（兼含身心的活动），无活动，即无教育。然而活动不必即是教育，唯有向上的活动方是教育。向上之上何所在？是必明了善恶价值问题而后能明。简言之，所谓善者，乃有益于人生者，恶反是。罪恶经验固不能免，而力行乎善则尤不可忽，善之内容条理节目，曲折繁复，非青年所能洞悉，亦非任何人所能尽知，欲揭一简明目标以为南针，则于每一行为求其有益于人可也，但何者有益，何者有害，其事亦未易辨，再退一步，则事事对人怀抱"善意"可也。"如保赤子，心诚求之，虽不中，不远矣。"但须对人怀抱善意，虽结果未必果善，而其遗害于人，亦当不至太大，此孔孟之仁学所以为大中至正之道，而"己所不欲，勿施于人"之恕道，所以为致太平之捷径，言教育者，必当使其思索发端于如何致斯世于太平也！

《民宪》第 1 卷第 7 期（1944 年 9 月）

论今日习气之由来及其救治法
（1944 年 12 月）

今日国人习气，就多数人所表现者而为观察，实属不免于浮薄夸张、蛮悍、谲诈等不良倾向，从而酿为敷衍、倾轧、把持、贪污、欺饰种种习尚。习尚之成熟，自有种种原因，而学术之鼓荡则为一有力因素。由于讲学之不慎，国人养成三种心习；由此三种心习之推动，乃造成今日之种种恶劣现象。吾所谓三种心习者，第一为因求有裨实用之故而歪曲事理；第二为因求达成目的之故而不惜采用任何手段，从而视牺牲他人以满足自己欲望为当然；第三为因有感于求知之烦难而乐于自信其心以逞情直行。此三种心习，实今日恶劣风气之所由来。

先论为实用故而歪曲事理。例如为争取革命反对尽忠。尽忠是为长上而尽心尽力以执行其命令，革命是求用暴力以推翻政府。骤视之尽忠似为革命之障碍，所以革命似须打破忠的思想。不知任何人群，皆须有一公共意志及行此公共意志之人，而此执行公共意志之人，为公共意志之贯澈计，在道义上，实又有权要求其部属忠实执行其命令。苟忠的思想一旦打破，则纪律无从建立；纪律不立，虽革命事业亦无法进行。此所以前有炮打观音山，后有西安事变也。假使当初鼓吹革命之人，能谨约其辞句，使其笔锋仅指向于满清政府之腐败无能，而不为掘基翻础之议论，则今日纪律之建立以及统一之完成，必能事半而功倍。

次论为目的故而不择手段。前述之为求裨实用故而歪曲事理，本可谓为因目的故而不择手段之一种形态，不过前者涉及于思想，后者仅有关于行动。今之身为贪污者，其小焉者盖莫不曰：为生活计，吾实不得不贪污；否则必曰应酬太大，不贪污，费将何出？贪污之大者，则意若曰：吾不搜括金钱，则不能大做政治活动；不能大做政治活动，则政权不能到我手；政权不到我手，则我之抱负无从展布；我之抱负不得展布，则国由谁救？所以目的能使手段归于神圣之说，假如成立，则大小贪污都成正当行为。正因国人沉迷此种心习之故，所以既认定自己的主张为救国不二法门，便追求国人之拥护；因求国人之拥护，便不惜采用恐怖手段；于是而屠杀乃成理所当然，挟持诬蔑更是天经地义。为达成目的，不惜牺牲他人，为祸之烈，于今正方兴而未已，言之痛心竭极！

复次，请论为求知烦难故而自信其心。中山先生说：知难行易。行是否易？吾不了解；但知难则确为至论。求知须冷静，须忍耐，须虚心。五十年来，热心国事的志士，多半忧心如焚，渴望国家立刻兴盛，而实行快干主义。若有人剖析事理至于第二层、第三层，则乳臭小儿亦将挺身呵斥于长者之前！夫干，谁曰不宜？然而我们应当干什么呢？事理不明，而空言干，是为盲行，是为蛮干。国家元气能经几回蛮干！梁任公好言：今日之我不惜与昨日之我挑战。吾人既钦佩任公改过之勇，又为得见真理之困难获一证明。窃尝怪任公，依今日我战昨日我之前例推之，则明日之我将与今日之我挑战，要可推想得之；今既预知今日之我不必果然真确，又何必不将今日所见者留待明日考论一番，再行发布，以免后悔无及之咎乎？然而今日有明日，明日又有明日，明日之明日依然有明日，所见所知果有一日不至迫使自己与自己挑战乎，殆甚难言。热烈志士不能忍耐，非无故也。然而在"不求甚解"的气习下，国家受祸，已是不浅，岂仍应予以保持乎？

吾于今日风习之败坏，平心推究其原因，得此三者。因有为求实用故而歪曲事理，于是而学说之讲授失其真相；因有为目的故而不择手段，于是而行为之抉择失其正轨；因有为求知难故而自信其心，于是而措置之决定，失其凭依。此三种心习，合力为祸于国中，吾人何能自免。吾尝追求此等心习之来源，乃深有叹于学术之足以驱策天下，而香馨祷祝讲学家之各自善尽其力也。

此三种心习，其学术的渊源，自亦多端，而其尤要者则为权利思想、阳明学说与经学今文学派。此三派者，各有其整个体系，各有其一定价值，吾不欲从事批判，吾亦无意轻事攻击，吾之所图，只是在说明三派末流之弊与今日国人心习之关系。是则所当敬谨自矢者也。

首论权利思想。中国之传统思想为仁义，而权利思想则为西方所传来。仁义思想，其核心在使自己服务于他人。权利思想，其核心在主张自己之利益。欲自己服务于他人，故重爱人，至少亦不损害他人。主张自己之利益，故为自己的利益而奋斗，至多亦不能关心他人的利益。服务他人的利益，则因感应之理而彼此间的情感融和，因连带关系之理而自己的利益亦因他人得利而蒙受其益。主张自己的利益，则因人己的对立而趋于相争，因忽视他人而人己之利害冲突。重人之弊，有时而损己，所以当国势积弱之时，有志之士，竞事输入权利思想以为救治。重己之弊，有时而损人，所以今者智欺愚，有权势者陵藉无权势者，狡黠者都知加入会帮以张大声援。在国人心目中，权利思想为时代潮流，仁义学说为落伍思想。持己则主张权利，责人则要求博爱平等；推而至于国际，则责难他人不从速为我而大量牺牲。凡此，皆重己之利而不尽己之分所由致。待遇则求其厚，地位则求其高，权势则求其大，而自己的努力则求其小，能力则不求其增益。夫权利与义务，本为对峙之辞；但重点既在权利，如有法术，可以享权利而不尽义务，又何乐而不为？况且博取权利之道，如奔走，如朋比，如劫持，其径不一，又何必唯义务是尽以求权利乎？

次论阳明思想。阳明教人致良知，其说为：致吾心之良知于事事物物。良知即是非之心，人人生而有之，不待学而知，不待虑而能。盖即今日所谓理性，致良知即所谓实践其理性。理性为先天的，实践其理性亦为先天的。故曰：个个人心有仲尼。吾人但须遵循良知所示而力行之，即能合理而不谬，不必追求理则于外物之上。故曰：心即理。故视程朱即物穷理工夫为支离破碎。心即理，不必外求，故不必考求圣贤之遗意，搜讨历代之典章。自信其心之所是。故曰：求之于心而以为是，虽仲尼非之，吾必以为是。以自信其心之态度，而抹煞前人之一切议论，于是不好读书，于是而益觉前无古人，于是而予智自雄，于是而轻视一切，于是而敢作敢为，于是而蛮悍不顾一切！

夫是非之心，本属先天者。但只限于主动的理解力而已。至于客观上所理解的内容，则实有待于后天的学习思辨，即有待于所谓即物穷理的工夫。不问主客分别，在究竟上，可否逃出唯心论的范畴，而主客之对立终是一种事实。谓不须学问，不须思辨，只须良知晶莹灵照，便可无不明朗，所行无不合宜，则是佛家禅定之说，纵有其事，亦与常人经验相去甚远，亦非常人所能常行。诚然，致知有待于心境明澈，多欲多怨之人决不能确见真理，如能有见于真理，其见之之时，亦必在其心境莹澈之顷。然而真理之认取，除去心境莹澈以外，终须对于客观事理加以学问思辨之力。不然，则今日各种专家，其心境是莹〈澈〉而足以有所见于一方面，何故于其所专习之一方面以外，不能□□有同等精博之见解。从可知能知虽为先天的，而所知终有待于学问思辨。

自晚明以来，自信其心，已酿成空疏轻狂妄诞之弊。及入清代，阳明学说本不盛行。清末国势危弱，知识界以功业相期许，见阳明学说之直捷简便，又见日人讲王学已收其效，乃颇有提倡之人，而节本明儒学案亦曾流行一时。王学功罪，本难置论，而其不免于流弊，要属无可讳言。

经学今古文之争，吾人不欲有所轩轾于其间，亦不愿投身于其争论之漩涡中。不过就其作风言之，则古文家笃守前人之遗说，而今文家实倾向于发挥自身之创见，则似可以断言。考据之学，钩沉索隐，句求其比，字求其例，沉酣淋漓，兴致不浅，所获亦多。一旦外界刺激骤来，因打击而惊醒，回顾前事，恍如大梦一场，无可把握；加以长久努力之余，倦意已萌，于是而自主的思想乃不得不活动。考据的窠臼，一时又不能蝉蜕干净，于是运用自由思想于考据之中，今文学乃风行一时。康南海之公羊学说，比较何邵公之原意，已是旧瓶灌新酒；比较公羊之原文，更是新意芬涌。夫创见本可珍贵，但寓创见于解说旧籍，若不守严格的推理法则，则于旧籍真意不免有歪曲之时。作始也简，将毕也钜。歪曲风气既成，则束身受刑之岳飞可成为军阀，而陷害异己之秦桧可成为贤哲。其影响尤大者，则为对于与自己学说具有出入之典籍辄深文周内，以证成其为伪书。于是而疑古之风昌盛。大禹无其人，墨子是外人，中国决无四千年之历史，种种说法，皆相因而生。凡古皆可疑，所不疑者，自己而已。驰骋己见，独行所是，既无旁搜博讨的耐性，又无反复推敲的虚心。秉此心态以治学，则习于武断；秉此心态以治事，则流于恣肆。举所谓小心翼翼，所谓虚己体察，皆一扫而空之。所余者，唯蛮悍而已。

权利思想，阳明学说，今文家作风，无论其本身价值何若，其流弊所及，实为今日颓风之导源所在。欲加救治，宜用旧日之程朱学风，今日之科学态度。程朱教人即物穷理，认定天下之物莫不有理，人心之灵莫不有知，即其所知之理而益穷之，以求至乎其极，自有豁然贯通之日。科学家教人就客观现象作精密之观察，为周详之分析，以达于正确之综合。虽科学方法比较进步，而其气息自与程朱学风相通。程朱教人读书以明理。科学虽主于就实际现象以为研究，而有训练之科学家对于前人之研究，亦必洞悉其源流，对于时人之研究亦必深晓其情况，初未尝废书不读，专逞一己之意见。程朱又教人以主敬。主敬虽有主一，有无适等解释，各有待于作哲学的说明；然而一般言之，即以勿自欺解释主敬，亦无不可。勿自欺，则不至挟持偏见，搀杂情感，而所行亦不至于违反其所知。纯粹理性活动之成功，实系于实践理性之谨严。此与科学精神尤相吻合。

国中提倡科学者甚多，无须多加论列。唯科学知识乃科学精神之产物。欲昌明科学，当自发扬科学精神始。科学精神，（一）首在使自己生活与真理融成一片，凡不合理之行为，决不躬自践履之。所以科学不仅是知识之事，而实以行为之遵循为其根本义。科学之尊严，理性之权威，正在于是。（二）其次，科学精神，于凡事理，必确见其真，始承认其为真。决不盲从，决不昧心。是为理性之纯真。一有欺罔，无论欺己欺人，皆足以毁灭之。（三）又其次，科学精神保持理性之纯真，所以对于任何论题，苟无充足理由，或未经严密检讨，即不立任何论断。知之为知之，不知为不知。决不强不知以为知，亦不人云人〔亦〕云，随声附和。（四）再其次，为保理性之纯真，于其所知，必须付之行为，不能分知行为两截，知而不行，知识不过为谈话资料。综此四者，科学精神实足用为人生南针，不仅可作学术基础而已。所谓科学的人生者，其基本义或即在此。

吾人默察今日国人之习气，实无兴国之望，推测前途，不胜其危惧之情。追究此种习气之症结，而又推阐其来源，而提出其救治之方在发扬科学精神。程朱学派，实具科学精神之骨髓。兹述其一二警句以终吾篇：

涵养须用敬，进学在致知。

居敬穷理。

民主与教育
（1951 年 9 月）

一、教育的目标应与民主精神相符合

民主生活须依据共同轨范以进行，从而教育须养成恪守礼法之性格。民主社会须各人对于当前问题能为自主的选择，从而教育须养成独立判断之能力。民主态度须各人坦白主张其自心之所信，以与异己协商，从而教育须培育各人之良知以发展其最高的权威。民主的基础在教育，民主社会的教育尤须使其教育旨趣合于民主生活的要求，如果教育旨趣与民主精神不相符合，则民主制度无法确立。

民主生活是自动自发的生活，凡事只须自己认为有益于人群，便可径直做去，而无须等待外界的命令。此种生活，活泼纯真，愉快有力，确是值得向往。但是人群系由多数人合成，假使人人自发自动而不相谋，则行动易趋矛盾，意趣易趋扞格，不但行为效率将因矛盾而抵销，即人群和谐亦将因扞格而破裂。所以民主社会不能不安排各种行动公约，使大众的行为各皆束纳于公约之内，使后〔彼〕此之间得到适应与调整，平流并进，只有互相助成，而不至于互相妨害。此行动轨范之尊严，所以为民主社会所特别重视，而民主教育必须养成恪守客观规律之性格。客观规律一经破坏，则民主社会将见各皆勇往直前而互不相谋，混乱何堪设想！

　　民主社会人人有平等价值，人人负独立责任，人人各自主宰其前途。人人须有适量的智慧以维护其行动之安全。社会问题随地存在，往往须为临机的应付，而不能等待与人协商，或等候他人的命令。所以即在最重服从的军队活动，亦不得不培成官兵的独断专行能力，使其在上级企图之下发挥其独立的判断。民主生活以自发自主为精髓，假使对于当前的问题不能作独立的判断，则其自发自主即流为盲动妄动，危险已极。所以民主社会所需要的教育，为培成个人独立判断力之教育。民主活动即是自动活动，自动活动而要求方向正确，则人人便须具有充分的判断力。

　　民主生活，是坦白的生活，是明朗的生活。心理如何想，口中便如何说。口中如何说，行动上便如何作。表里如一，言行如一。在民主风气已成的社会中，坦白明朗，轻快而无碍。在民主习气尚未成熟的社会中，阴云密布，揣摩以求迎合，推敲以窥内心，言语已不足使人置信，行动还须探索别有用心，坦白明朗每每为人所乘，恐怖疑忌使人不敢直陈其心之所是。如是，则民主生活宣告死亡。所以民主教育必须培成各人良知的活力，排除一切顾忌，以直陈自心之所见。

　　民主生活所需要的三种教育，已略述于前。兹请进而略述此三种教育之本身价值。

二、遵守礼法的行为

　　人生的要素是行为，离却行为即无人生。优良的人生，其内涵虽甚复杂，然而决不能缺乏优良的行为。所以人生第一要义，在立身制行。教育的首要任务，在教人如何行动。能优美其行动，即为优美的人生，教育而能优美其行动，即为优美的教育。教育活动，必须把握学生的行动，改造其现有的行动，规范其未来的行动。先则借外界的激励与斥责，以勉强控制自己的行为，使与外在规律符合。继则借理智的照耀，能知外在要求之所以然，而欣然转变为自愿的行为，使客观规律一转而成主观规律。理智的要求与外在的要求符合无间，人生的理想境界即在于是。若不得已而求其次，人生的要务，在行动于社会之中，从而己身的行为必须合于社会的要求，无论对于社会的要求，能明知其所以然之故，抑或仅知其为当然而于其理由所在则感茫然。因为构成人生关系者，是行动；决定人生祸福者，亦是行动。行动的合礼合法，是社会对个人的第一要求。不能满足此种要求，即不存于社会，社会将视为法外之人，而不与同休戚。所以孔子说：立于礼。

基于此一观点，教育的首要任务，在启示学者以行动的种种规律，自语言进退乃至于忠国家孝民族之大经大法，皆须严密诏告，使学者即令一时不能明知其故，亦复束身约行，而不敢违反社会之要求，而接受社会之熏陶，以勉强成为社会之一员，尽力支持社会，而不致成为社会之叛徒。社会为维持其存在计，此一要求实不可无。中国以名教立国，名教即是有一系统的社会制裁。反对名教，即是反对社会制裁；反对社会制裁，社会安得而不乱。中国以礼教立国。礼教即是要求恪守客观规律。有客观规律，然后在共同生活之中，彼此有所依据，有所共喻，以互相期待，以互相适应。破弃礼教，即是毁坏客观规律。客观规律，如有不良，可以改善，而客观规律则始终存在。客观规律一日不存在，则人群立即紊乱。近数十年来，教育者协力毁弃礼法，其后果已在目前。

教育家另有一个大病，即其所谆谆以告者，多与学生之行动无涉，如扶助弱小民族，如促进世界大同之类，诚属美妙理想，但日日举以教训学生，则嫌与其行动毫无关系，至少是在日常的生活上不生关系。学生脑中，既充满此等观念，而又不能立即付之于实行，则除发泄而为喊口号、贴标语外，又有何路可行？学生风气，一入于喊口号，贴标语，则浮嚣虚妄，自是当然。所以笃实切己的教育，必使其所教于学生者，皆是学生所能反求于己者。与其教以扶助弱小民族，不如教以扶助老弱；与其教以促进大同，不如教以救助邻里；因为所教皆可付之于实行，乃可免于妄诞虚浮。教不切己，实为今日之大病。

三、独立判断的规律

独立判断，为独立负责的生活之所必须具备，凡是准备作主人翁的人们，必须准备其独立判断之能力。主人必须自己应付自己的问题；而且彻底言之，自己的问题亦只有自己能应付，所以真的教育必然培养独立判断的能力。

独立判断，是人人所喜欢的，但是判断而欲求正，则非受过严格训练的人们很难成功。判断有其客观上的困难，如全盘事实之完全发现，非熟练一套搜集整理的技术，是无能为力的。判断亦有主观上的困难，如成见之排除，非在省察克治上用过长久工夫的人们，是不易知道成见之歪曲事实的。判断而欲免除错误，有一套规律必须遵守。教育的责任，即在将此等规律之运行，镕化成为学生的性格，使其下立判断时，其心思程序自然而与规律相合。

判断的规律，举例言之，第一，如凡问题未经充分考察前，不执持任何意见。为使判断避免武断起见，任何成见固当排除，即任何见解亦当舍弃。人类思想的自然程序，是先基于情感的要求，而预存一定的见解，后去寻求佐证以维护此预〈存〉见解。在时代迷惘之下，一个简易的真理亦不能察觉，即正因此故。

判断的规律，举例言之，第二，如未有充足的理由以前，不作结论。为避免匆促结论起见，必须延展其最后判断之宣告，务使异议提出不致过迟而被拒于审判厅门外。对于反对方面的意见，总须予以方便，使其有随时听取之权利。

判断的规律，举例言之，第三，如对于反对方面的证言特别加以重视。凡反对的证言，无论其如何微弱无力，一概须予以充分的发掘，而使其无有不尽之意。因为最有益于事实者，不是正面见解之强调，而是反面见解之提出。凡是反面见解不易表现之社会，绝无民主可言，亦无教育可言。其教育之所从事者，皆是机械之制造。

判断必须遵守规律，否则生于其心，害于其事。教育必须培成服从判断规律之性格，否则人人发挥其武断的性格，妄执迷乱见解而又各求其见解之实现，则此一国家必乱无疑。

判断训练最要之事，在使人深知判断实非易事，而小心谨慎以从事；尤其是对于自己未曾研究的问题，不应随便开口，而不尊重专家的见解。苏格拉底说："予无知；予所知者唯是予之无知。"孔子说："予有知乎哉？无知也。"此两大圣哲，岂是故为谦逊，实以究竟言之，人类所谓之知识皆系相对的；若就绝对以言之，有知者唯神而已。今人偏好自命多知，此所以盲行之人充满国中，浮薄之论弥漫议庭也。

四、民主教育必然着重良知的培育

人生行动的依据为礼法，人生方针的启示赖理智，而人生活动的主宰则赖良知。良知为自我批判力，亦为自我鞭策力。凡良知之所命令者，即不得违反；如果违反，则感不安。凡良知之所禁止者，即不得逾犯；如果逾犯，则感疚责。天赋与吾人以良知，即于吾人身内安置一随从检察官，使吾人的存心与行动，一概不得逃避其监督。故良知威权之伸张，为持身的第一要义。良心的威权，若不能伸张，则渐次衰弱，势力消失以至于成为无灵魂。所以培育良知，毕竟是教育上根本之图。不注意此点的教育，必然不是教人做人的教育。做人的教育，必然教人自主而且自制。自制是不待外界的管束，自主是不待外界的推动。民主生活最需要自励与自治，所以民主教育必然着重良知的培育。

培育良知的方法，其要领在莫使学生作为其良知真实反对的行为。学生理智未充实，认识有时不足；性格未纯熟，自制有时不充分，一切行动，概听其自由，当然危险。防范未然，首当训示其尊重客观规律。规律的尊严不可冒犯。规律既已存在，无论主观情感是否赞同，而规律则必然不可违反。此即规律威严之所在，而为个人所必服从者。规律只有废弃，不可违反。个人屈伏其良知于规律之下，乃是极端庄严事件，亦是极端必要的事件。

如果规律太不健全，而又不能为适时的改革，因循迁就，固可维持秩序于不紊；但是良知受无理压迫过多过久，终必奋然突破，以规律之改革，求良知的自救。虽属不幸，而其守护良知之意趣，则足以窥见其人之生气犹存。语云：伪君子不如真小人。其理由即是因为真小人犹有翻然回头之可能，伪君子则存心欺己欺人，生机已绝。

教育者须当勿使规律与学生良知相冲突，否则一切教训，概归无效。学生良知的内容，主要来自时代公论，所以凡所要求于学生者，不可与时代公论相违反；不然，则"地下学校"之势力兴起，而国家之大祸可计日而待。至于良知内容之来自个人独特见解者，则属凤毛麟角；苟诚有之，执教者尽可酌量权衡，而为尊重其良知之故，稍损规律之威灵亦自无妨。何以故？因为此类特出之人，既为社会改进所依恃，而其为数又不致太多。教育史上，明智校长宽容怪僻学生之佳话，实堪玩味。

世间最危险之事，莫过于用积极的政策，普遍压伏学生之良知。其结果必然一小部份［分］走入"地下学校"而自建其种种规律，小之则教育无效，大之则动摇社会。至于其大部分学生，则不堪外在之诱逼，而放弃其良知，不作主张，但随风倒，如是之人，无骨格［骼］，无胆气，何足以支持民主社会！为规律而压伏良知，已是不幸；用威势以摧残良知，更属可悲！

五、遵守礼法独立判断与良知培育必须同时并进

规律，判断及良知，其价值所在，为教育所当重视，已具述如前。但三种教育各别成就，则各有其弱点，而足以完成美满之人生，必须同时并进，交相为用，其效用始能圆满无憾。若专守规律而不能独立判断，则于规律之运用，或至不能洽合事宜，而有板滞拘泥之病。若专守规律而不重良知，则规律之奉行，或至枯涩乏味，而不具人生乐趣。若徒专独立判断，而不谨守规律，则判断之发挥，或于荡检逾闲，而公共秩序无从树立。若徒专独立判断，而不培养良知，则判断之极致，或至于文过饰非，而形成言僻而坚，行伪而辩。若专崇良知，而不尊重规律，则摧毁礼法，在个人则事事有待于特别创造，终感精力不济难以恰到好处。在社会则发生各行其是，无由建立共同标准以维持共同生活之苦闷。若专崇良知，而不锤炼判断能力，则良心命令易致失误，而以良知之名蹈罪恶之实。所以礼法、理智、良知三者，必须交养并蓄，不可执著其一而忽视其余。

所谓尊重规律者，在孔门为约礼，在各宗教为遵守戒律，是为入德之门。所谓独立判断，在孔门为博文之教，在各宗教为教义之领悟，是为修德之用。发扬良知者，在孔门为率性之教，在各宗教为启发灵性之说，是为成德之基。近代我国教育失其统纪，言规律，则不察生活实际之所需要，而且讳言礼法，虽有人盛倡法治教育，失在偏而不全。言判断，则冥思盲断，所学不足以助益其所思，信己之臆想，而不重已有之成说，尊〈重〉个人之偶感而忽视民族之成规。言良知，则唯事发挥主观之锐气，而不知检束先有之邪心，摧伏后起之妄念。教育失其统纪，学风狂躁虚浮，卒至于国家大受其祸。教育事业原非任何人所能一律担当之事业，更非失意人士权宜休息之所。

《新中国评论》第 2 卷 4 期（1951 年 9 月）

余家菊年谱简编

1898年　一岁

闰三月十九日（公历5月9日）辰时　出生于湖北黄陂木兰山南麓大余湾一书香之家。

九月九日　母亲田太夫人去世。由乳母杨氏抚育在三合店王家河间的杨家村。

1899年　二岁

是年　父亲学庸公续弦彭太夫人。先生乃由外祖母田老太夫人自乳母家携往长轩岭抚养。

1904年　七岁

正月二十六日　由外祖母送归家中，旬日后谒圣就学家塾，师从黄祺庵（邑北塔耳岗人，为名秀才），同读者长兄家荃、二兄家芷以及再从兄弟辈十数人。在家塾先后学习《三字经》《四书》《史鉴节要》《左传》等典籍，接受传统文化教育。

1906年　九岁

四月　首次学写作文，题为《人皆可以为尧舜》。自后，间二日作文一次。

1910年　十三岁

正月　与三兄一道报考县立道明高等小学堂，开始接受新式教育。

1911 年　十四岁

八月十九日　武昌起义，学校停闭，徐华甫募乡兵驻扎木兰山，于是前往投军，未成，遂于枪炮声中在家塾温习经史。

十二月　前往武昌投考学生军，然已停止收录，乃单身返乡度岁。

1912 年①　十五岁

正月　入教会学校文华大学预科。

秋　转入中华大学游美预科就读。私立中华大学创办于 1912 年，为中国不靠洋人、不靠官府创办的最早的一所私立大学。

1913 年　十六岁

是年　中华大学游美预科奉令合并于大学预科，遂为大学预科一年级学生。学年考试成绩第一，得免费为优待生。

1914 年　十七岁

是年　在校学习。受大学学长刘凤章（文卿）影响，研习国学。

1915 年　十八岁

6 月　预科毕业。

10 月　娶陈敬恒女士为妻。

12 月　往上海投考北洋大学。因一同赴考的胡幼文携带先生英文书《迈尔通史》入考场，监试老师发现后记下书上所写的姓名，于是先生被除名，而胡幼文反被取中。

1916 年　十九岁

正月　任汉口民新小学教员，教英文夜课。旋肄业于中华大学本科中国哲学门，同班同学有恽代英、刘凤阳、冼震等共 13 人。

1917 年　二十岁

7 月 8 日　学校公布学年度成绩，文科甲等计五人：恽代英（88.2）、冼震（88.2）、刘凤阳（86）、雷在阳（85.8）、余家菊（83.4）。

夏暑假期间，在本村倡议创立阅报社。

9 月 18 日　与恽代英、梁绍文等商议学生会运作办法。

是年　为光华社编辑。应邀参加恽代英发起的互助社。互助社由恽代英和梁绍文、冼震等创办于 1917 年 10 月，是武汉地区诞生的第一个进步团体，也是全国最早的进步社团之一。

---

①　1912 年前的日期均为夏历，故用汉文数字表示；1912 年后的日期，除确为夏历日子外，均按公历记序，故用阿拉伯数字表示。

第一篇研究文章《梦的心理学》发表在《中华大学学报》第 2 卷第 1 期上。

1918 年　二十一岁

4 月 27 日　受恽代英之邀至武昌青年会，成立仁社，"以群策群力之功，达成己成人为之鹄"。

6 月 18 日　中华大学校长陈时约先生、恽代英、冼震谈话，表达了希望他们留校工作之意。

7 月 2 日　本科毕业。上午毕业典礼。下午 4 时至校，陈时校长正式聘请恽代英为中学部主任、先生为中学部学监、冼震为中学部教师。

是年　继续在汉口民新小学兼英文夜课。

1919 年　二十二岁

3 月 1 日　《新声》半月刊创刊，为该刊撰写了热情洋溢的祝词："各尽所能，各取所需，同心同德，振声百里。"

3 月 9 日　与恽代英商量发起演说会。其组织方法由先生取法青年会，会务由职教员主持，演说员分指定与志愿二种，演说题目由主持者宣布。

4 月　与恽代英共同讨论重订学制问题。

暑假　已动辞职读书之念，因而卖掉海子口庄田三石余，以利息维家计。

10 月　少年中国学会的主要发起人和最早的组织者王光祈，由北京取道武汉往上海，实施发展会员计划。与恽代英等一道前往相见。

12 月 19 日　由恽代英拟稿，先生与恽代英、林育南、李书渠等 11 人联名的《共同生活的生活服务》，发表在《端风》第 2 号，它展示了武汉激进知识分子对工读互助运动的最初设想和看法。

是年　领导学生创办刊物《共进》，与友人共办刊物《教育改进》，并在该刊物上发表《乡村教育的危机》，此文后为《中华教育界》第 10 卷第 1 期转载。在文中指出困扰乡村教育的五种原因：薪俸太薄；无高升的希望；无志同道合的乐趣；无应付社会的困难；缺少增进知识的兴味。该文乃"国中言乡村教育之第一文"。

参与创办利群书社。该团体以互助社为核心，同时日新社、健学会等团体的成员也参加，是武昌各进步团体的结晶。该社专门经销《共产党宣言》《阶级争斗》等著作和《新青年》等刊物，成为长江中下游传播马克思主义和新思想的重要阵地。

撰就《教科书革命》，发表于《少年世界》第 1 卷第 1 期，受到时人关注，"被人目为切实而有办法"。该文鲜明地指出了现行教科书的弱点，呼吁大家起来合力做成教科书革命的事业。

自五四运动爆发后，渐生离开中华大学附中之意。适杜威来华讲学，北京高等师范创设教育研究科，分配湖北考送一名学生，于是前往应考。

1920 年 二十三岁

春 入北京高等师范教育研究科学习，受教于杜威、陈宝泉、蔡元培、胡适、邓萃英等。同班同学有常道直、王卓然、薛鸿志、汪振华等。在此期间认识了李大钊、陈愚生、毛泽东、黄日葵、邓中夏、康白情、徐彦之等人。翻译了罗素的《社会改造原理》，由李大钊介绍在北京《晨报》发表，声誉鹊起，适逢罗素来华讲学于北京，由是此书畅销。同时还翻译了德国哲学家倭铿的《人生之意义与价值》，后由中华书局于 1921 年出版。

夏 放暑假后南下归家，为族中所设自进小学授课。

暑假将满，接左舜生函劝，应湖南省立第一师范之聘。

8 月 应聘湖南省立第一师范。校长易培基（寅村），同事有匡务逊、熊梦飞、舒新城、沈定九、夏丏尊、崔载扬、陈修平、毛泽东等，"皆俊彦之士，卓然有所建树"。

北京高师校长陈宝泉特电嘱先生返校，而湖南省立第一师范亦坚留不放，并代为复电谢绝北京高师之邀。

冬 又接陈宝泉电促往北京一行。由是辞去湖南省立第一师范的职务，返乡。

是年 发表《农村生活彻底的观察》于《少年世界》第 1 卷第 2 期。该文对自己接触到的农村生活进行了分析，揭示出农村生活的艰难，并指出由此带来的一系列危机。

发表《教师和学生间的交际问题》于《少年中国》第 2 卷第 3 期。该文指出师生间没有交际的关系，造成五大弊害："养成冰冷的国民；养成变态的人生；阶级观念的巩固；事务上的障碍；个性的抹煞"，并提出一系列改善的救济法。

发表《儿童的道德性》于《中华教育界》第 10 卷第 1 期，指出儿童的道德与不道德均基于本能，如能将儿童的好奇心、偷逃、谎语等行为利用之、训练之，自可收好效果。

1921 年　二十四岁

年初　前往北京高师，校长邓芝园（萃英）鼓励先生完成研究科学业，并聘请他兼任校刊编辑。

3月　应聘往开封，任河南第一师范教员，留学欧美预备学校教员。省教育厅长李步青（廉方）来访，聘请兼任教育厅编辑。

7月　回鄂迎家眷，至武昌参加湖北省留学考试，试毕即赴汴。

8月　往北京参加公费留学考试复试。后陈哲衡函告考列第一名，乃准备出国。体检除沙眼外无他疾病。

是年　译密勒博士（Dr. Miller）所著《儿童论》，由中华书局印行。发表《游戏教育》于《中华教育界》第10卷第9期。从游戏是最好的教育机会、游戏的价值、游戏的特质、游戏教育的实施四个方面论述了游戏教育理论。

发表《乡村教育运动的涵义和方向》于《中华教育界》第10卷第10期。在文中对乡村教育运动的涵义和运动应持的方针进行了一番探讨。

1922 年　二十五岁

1月　离汉口至南京，与少年中国学会的一些朋友相聚甚欢。留一日赴沪。

3月18日　乘法国邮轮"安德拉朋号"，从上海吴淞口出发，南行经香港，转西行过西贡、新加坡、锡兰、亚丁、波赛等地。记有《海行日记》，对沿途各国情形以及各地的风光有简单的记载，曾刊诸由杨贤江主编的《学生杂志》。

4月26日　船抵法国马赛。登岸后换车经里昂、巴黎。在巴黎会见何鲁之、李幼椿（李璜）、黄仲苏等。

4月29日　抵英伦。定居于伦敦西南十一区克莱芬公场马林逊路的来丁格巷邻街，遂入伦敦政治经济学院。

春　撰《人格之动力》一文，刊诸《中华教育界》，旨在发扬国民的意志，"国中言人格教育者以此文为今代杰作"。

夏　暑期留居巴黎近郊哥伦坡，习法文，并专心写作。

7月9日　作《基督教与感情生活》一文，刊在《少年中国》第3卷第11期，指出西方基督教以传教的名义对我国进行文化侵略。反对传教，提倡废除宗教业。

8月13日　作《民族性的教育与退款兴学问题》（即《民族主义的

教育》）一文，提倡国民的自尊心、国民的团结以及国民性的保持。阐明民族性的教育是"引申"而非"灌入"的教育，是个性的充分发展、社会进步的要素的教育，是外来文化有选择的吸收的教育，是养成显著的民族意识的教育。该文刊在《中华教育界》第 12 卷第 2 期。

9 月　承伦敦大学心理学院教授史皮尔曼教授推荐，入伦敦大学研究生院学习，作硕士预备人。

12 月　到巴黎，和李璜商量合出一本论文集，将性质接近的文章合在一起。正值曾琦来巴黎，于是三人商定该书名为《国家主义的教育》。书成，寄回上海，交左舜生付印。中华书局于 1923 年 2 月出版，"从此，国家主义的思潮怒吼于全国"。

是年　在修习研究生课程之余，在国王学院学习变态心理学，在柏德浮女子学院学习儿童心理学，在师范学院学习教育哲学，在巴特洗多拔学校学习生理解剖。

上年（1921 年）在河南第一师范暑校所题为《乡村教育的实际问题》的演讲，刊载于《少年中国》第 3 卷第 6 期。该文指出，乡村教育不只是乡村问题，乃是社会问题，分析了当时乡村教育中存在的一系列问题并相应地提出了一些解决的方法。

1923 年　二十六岁

2 月 20 日　作《学习法第一课》一文于伦敦，介绍"意志控制律、经验律、记持律、选择律、胶合律、疲劳律"六种学习法，发表于《学生杂志》第 10 卷第 6 号。

3 月 6 日　作《中国教育的统一与独立》一文于伦敦，倡导收回教育权，以保障我教育之完整，刊登在《中华教育界》第 12 卷第 8 期。

春　陪同范源廉考察英国教育。

读《道尔顿制》一书，对该书介绍的个别教授以发展个性的教育办法，产生极大的兴趣。随后参观了实施该制之斯垂三女子中学，并撰《道尔顿制之实际》一文，寄《中华教育界》。后将该书邮寄舒新城，由舒新城试验于吴淞中学，不久南京东南大学附中亦有实验，且《教育杂志》出有"道尔顿制专号"以供国人参考。该制由是一时在全国"引起不小的波浪"。

4 月 28 日　作《个性与学程编制》一文，对个性和学程编制的原理进行系统的分析，载于《教育杂志》第 15 卷第 7 号。

5 月末　作《读常道直君〈学校风潮之研究〉》一文，探讨了学校风潮的起因、责任的承担以及解决的方法，后载《教育杂志》第15卷第10号。

6月　修毕研究生课程，下年须作硕士论文。因念及自己虚耗国民脂膏而负笈海外，费一年岁月作一论文以博一学位，于心不忍不安，乃"决计放弃学位，再作学习"。于是与曼彻斯特大学教育教授芬德来通信讨论，拟往学社会学。

去法国中部蒙自利野与周太玄、李劼人共度暑假。途经巴黎，与曾琦、李璜三人商量组建政党事宜。先生认为"组党难得领袖"，并表明"愿意站在国家利益上作超党派的努力，不愿卷入党争的漩涡"。

7月14日　作《国庆日之教育》一文，指出国庆日之教育应包括："伸张民权，完成共和；五族一家，同生共荣；拥护国权，发扬国光；追步先烈，舍己救国；崇德报功，纪念先烈。"该文刊在《中华教育界》第13卷第5期。

9月　赴英爱丁堡大学从达诺教授研习教育哲学，兼习实验教育于该校师范学院。

作《教会教育问题》一文，明确提出"收回教育权"的口号，直接推动非基督教运动的发展。该文刊在《少年中国》第4卷第7期。

10月　少年中国学会举行苏州大会，先生所提出的"收回教育权"的主张，得到了会友的积极呼应，在学会中产生了重要影响。

11月15日　将所作《〈道尔顿〉制与中国之教育》一文寄达舒新城，企望以"道尔顿制"救济我国教育界的颓风，随之发表在《教育杂志》第14卷第12号。

12月2日　中国青年党在巴黎郊外玫瑰城共和街正式成立，以"外抗强权，力争中华民国之独立与自由，内除国贼，建设全民福利的国家"为其宗旨。

1924年　二十七岁

3月　接武昌高等师范校长张继煦电约，请归国就任该校哲学教育系主任，感愤"吾鄂教育之零落，慨然允之"。途经德国柏林，会晤王光祈、章伯钧。

中国青年党在巴黎召开第一届代表大会，推选曾琦为委员长，发起人均被推选为中央委员。

4月　归国后，在武昌高等师范任教，并向校方推荐李璜。

汪典存介绍先生任北京女子师范大学教授兼秘书，因武昌高师学生坚留而未往。

7月3日至9日　中华教育改进社第三次年会在南京东南大学举行。在年会上与陈启天等人提出《请求力谋收回教育权案》，获得大会通过，正式掀开了收回教育权运动帷幕。

是月　出席在南京举行的少年中国学会会议。

10月10日　曾琦在上海发刊《醒狮周报》，以作中国国家主义青年团的机关刊物。先生任该刊《教育特刊》的主编。

12月17日　作《收回教育权问题答辩》一文，再次明确提出收回教育权，对各种妥协思想进行了批判，并提出收回教育权后的善后之方。该文刊在《中华教育界》第14卷第8期。

是年　发表系列论文，阐明和鼓吹国家主义教育思想。作《教育上的国家主义与其他三种主义之比较》一文，将国家主义与个人主义、世界主义、平民主义进行一番比较，坚信"国家主义非徒于事实上为最适国情之主义，实亦于理论上为最圆满而涵括之主义也"；该文载于《中华教育界》第15卷第1期。作《国家主义下之教育行政》一文，阐明国家主义教育的真髓；该文载于《中华教育界》第15卷第1期。

1925年　二十八岁

1月3日　作《教育建国论发微》一文，认定其主旨"对内则在使国民有公共的志趣，而无党派的龃龉；对外则在抵抗强权，延存国脉"。该文发表于《醒狮周报》第13号。

春节　在乡度假。石瑛奉命长校武昌师范大学，到校后即函催先生返校。后因石瑛取消教育哲学系一事，两人意见相左，遂决裂。旋应中华书局聘，赴沪为编审。

春　初到沪，与曾琦、左舜生、陈启天同寓哈同路民厚南里。对曾琦拉自己入中国青年党颇感不悦。

5月2日　作《学校军事教育问题发端》一文，为近代中国新式学校军事训练的最初提倡者。该文发表于《醒狮周报》第30号。

5月9日　在国立暨南大学讲演《国耻的教育》，进一步阐明"国家主义的教育"："培养自尊精神与独立气概"，"发扬国性而阐扬国光"，"陶铸国魂以奠定国基"，"拥护国权以延绵国脉"。该文发表在《醒狮周报》第37号。

夏初　应东南大学之聘，任该校教师。

夏　著成《国家主义教育学》，系统地阐述国家主义教育思想，"为国人自著教育学之第一书"。

7月8日　在东南大学暑校作题为《国家主义的教育之意义》的演讲。

7月20日　出席少年中国学会于东南大学梅庵召开的第六次年会。

是月　《教育原理》由中华书局出版发行。

与左舜生、舒新城、陈启天、李璜等人发起成立"国家教育协会"，作为鼓吹收回教育权之机关，并任第一届会务委员。

8月22日　中华教育改进社召开第四届年会，会议决定由陶行知、余家菊、张彭春、王伯秋、查良钊五人及正副主席组成教育专章起草委员会，形成"宪法中应制定教育专章案"十条。

是月　赴任东南大学教授，同时仍为中华书局馆外编辑，并任《醒狮周报》副刊主编。

12月　所作《〈醒狮周报〉教育专刊宣言》一文，发表于《醒狮周报》第62号，指出"本刊为国家教育协会出版物之一，当然以国家教育协会宗旨为宗旨"。

冬往上海沧州别墅拜谒陈宝泉。

1926年　二十九岁

7月　中国青年党第一次代表大会在上海召开，与曾琦、李璜、左舜生、陈启天、张子柱等7人被推选为中央委员。

夏　与舒新城联手编撰《中国教育大辞典》。"本书力求成一册'中国的'教育辞典，而不愿成为一纯粹抄译之作，故于本国固有之教育学说、教育史实、教育名家，乃至于教育有密切关系之各项事例，莫不留意搜采。"年底成书，后由中华书局于1928年出版发行。

暑期　受孙传芳之邀赴金陵军校授课，讲授"国家学"与"军人修身"。

9月　《师范教育》一书由中华书局印行。此书系由国立东南大学授课期间所授"师范教育"课程之讲义整理而成。

10月3日（夏历八月廿七日）　父亲学庸公病故。

是年　在《醒狮周报》发表《教育界与儿童幸福》《国语运动与打倒汉字》《哪是国语？》和《读经问题内的问题》等文。

在金陵军校授课时，写成《国家主义概论》一书。是书于翌年由靳云鹏出资印行。

1927年　三十岁

1月　所作《国家主义之心理基础》一文，从心理学的角度阐明国家主义的基础。该文发表于《醒狮周报》第 118 期。

春　随金陵军校渡江至瓜州，入运河经扬州而驻于清江浦农业中学。

6月　随金陵军校经海州、青岛退至济南新庄。

1928 年　三十一岁

春　以学校监督的名义带领金陵军校，先后经临河、沧州、天津，退往芦台、山海关、热河的新立屯，最后到达沈阳。经沈阳兵工厂督办杨宇庭推荐任沈阳兵工厂技师管，负责工人教育事宜，兼任东三省《民报》副刊主编。

12月　回北京度岁，著《冯庸教育主义》一书，阐明仁义忠孝诸义理。

冬　受冯庸之托，为冯庸大学草拟教育方针。

1929 年　三十二岁

1月　退出沈阳兵工厂。接受冯庸的邀请，任冯庸大学教授。

3月　译《领袖学》一书，由沈阳长城书局印行。

9月初　经长春、哈尔滨、扎赉诺尔赴满洲里、绥芬河最前线考察。

年底　回到北平，其时家眷住北平西城邱祖胡同。

是年　写成《中国教育史要》一书。所述以普通教育为限，分历史为古代、中世、近世三个时期，古代止于周亡，中世自秦至唐，近世自宋至清。维新变法以后之教育亦附列。由沈阳长城书局出版。

1930 年　三十三岁

1月1日　在北平被捕入狱。

1月21日　在段祺瑞、傅增湘等人的竭力相救下被释放。应段祺瑞之邀赴天津。

2月　在天津创办健行中学。

秋　应北平师范大学教育系主任邱椿之邀，到该校任教，兼任北京大学讲师及北平大学农学院讲师。

是年　任教北京期间，翻译芬赖所著《教育社会哲学》。所著《伦理学浅说》一书由商务印书馆出版发行。

1931 年　三十四岁

夏　暑假期间编著《乡村教育通论》一书。

9月21日　与胡适面谈，讨论中国的教育、政治问题。

是月　由东南大学的讲稿改写而成《训育论》一书，由中华书局印行。

10 月　中国青年党的机关刊物《民声周报》创刊，为主要撰稿人之一。

冬　南京国民政府设置国难会议，被邀为会员，应邀前往上海参加会议。

是年　返北平后，仍就教于北平师范大学，兼译亚丹母斯《教育哲学史》。

1932 年　三十五岁

春　继续在师大任教。

4 月 7 日　南京国民政府在洛阳正式召开国难会议。因对汪精卫主持的中央政治不满，故拒绝赴会。

夏　暑假应《申江日报》之聘，任编辑。和中华书局订立编书之约，开始着手翻译《道德学》《简易国文法》等。

秋　译成杜威《道德学》。

是年　将家由北京迁往上海。

1933 年　三十六岁

3 月　《教育原论》一书由上海大陆书局发行。

夏初　受邀参加班禅国师在杭州开设时轮金刚法会，开始对受赠的佛学书籍进行研读。

是年　所译《教育社会哲学》由中华书局出版。

1934 年　三十七岁

1 月　著成《孔子教育学说》，由中华书局印行。

3 月　著成《孟子教育学说》，由中华书局印行。

5 月　译成《两性教育与青年》。

夏　黄季刚（侃）邀约赴南京，对饮"痛谈国事"。

7 月　携家眷回武昌。

12 月　著成《荀子教育学说》，由中华书局印行。

是年　完成《简易国文法》一书。

所编著《乡村教育通论》由中华书局出版。

1935 年　三十八岁

4 月　在武昌胭脂山啸楼巷购置住宅，"以便藏书有地"。

6 月 9 日　作《我们所需要的人生哲学》一文，载于 7 月 20 日《国论月刊》（上海）创刊号。

7月　著成《陆象山教育学说》，由中华书局印行。

9月　在胡适的帮助下，任中国大学哲教系主任，兼任北京大学讲师。讲授"西洋教育史"、"英文教育选读"。

著《论国力之渊源》一文，载《国论》第1卷第3期。

10月2日　著《再论国力之渊源》一文，载《国论》第1卷第4期。

11月20日　著《中国的统一因素》一文，载《国论》第1卷第5期。

11月27日　著《纪律救亡论》一文，载《国论》第1卷第7期。

12月20日　著《有作为的人生之定力》一文，载《国论》第1卷第6期。

是月　因学校不拨设备费，而离校南下。

1936年　三十九岁

1月　与湖北省主席杨永泰相晤，婉言辞谢省立教育学院院长之职任，应允担任省府公报（编辑）室主任及湖北通志馆馆长。

得左舜生电告，应蒋介石之约赴南京会晤。

2月14日　到南京后，陈布雷两次来旅舍，谈国民党与青年党合并之事。未应允。

越日　与蒋介石在陵园孔邸见面，讨论抗日之事，向蒋劝喻中央政府必须肩扛抗日大旗，以免分崩离析。

返回湖北后，正式就任省编辑主任一职。

2月20日　著《论国民风度之改革》一文，载《国论》第1卷第8期。

3月29日　著《怎样养成团结力》一文，载《国论》第1卷第10期。

5月20日　著《中国教育之检讨》一文，载《国论》第1卷第11期。

10月15日　著《治学论事之基本要件》一文，载《国论》第2卷第3期。

1937年　四十岁

4月29日　正值四十诞辰之时，录《四十年谱》。

夏　"七七事变"后，辞去湖北省府编辑主任职务，应河南大学校

长刘季洪之聘，任该校教育系主任。锐意研究教育哲学思想体系，后成
书于重庆，即《教育与人生》一书。

秋到重庆，撰写《人生对话》，用对话体说明中国的人生思想，借
以发挥儒家的"尽己主义"。

1938 年　四十一岁

6 月 16 日　被推选为国民参政会代表。

夏末　出席中国青年党在汉口召开的第九次全国代表大会。在武汉
期间，与蒋介石晤谈。

9 月 15 日　抵达重庆，参加国民参政会。

秋　《新中国日报》在成都复刊，撰写"社论"多篇，以鼓舞民心
士气，支持抗战救国。

10 月　著成《人生对话》，由商务印书馆出版发行。

是年　著成《服务与人生》，由陈立夫题词，被列为教育部训导丛
书，由独立出版社出版。

1939 年　四十二岁

春　参加国民参政会组织的川康视察团，视察川西。

11 月 23 日　参加"统一建国同志会"在重庆召开的成立大会。

是年　著成《教育与人生》，被列为教育部训导用书，由正中书局
印行。

年底　参加国民参政会组织的西北视察团。

1940 年　四十三岁

年初　西北视察团动身，从重庆到成都，沿川陕公路，越秦岭，于
除夕到宝鸡，当夜坐火车至西安。拟往延安，未果，由是由潼关、洛阳
过襄阳、宜昌，返归重庆。

1 月 20 日　在《国论》复刊第 2 期上发表《推行宪政之前提》。

1941 年　四十四岁

3 月 19 日　出席中国民主政团同盟成立大会。

是年　开始研习佛学书籍。

1942 年　四十五岁

是年　自武汉撤守入川后，整理成《大学通解》一书，后由中华书
局出版。

1943 年　四十六岁

4 月　为《新中国日报》撰写有关孔子学说的系列文章，后以《孔

学漫谈》为名结集，于 1976 年由台北大东书局出版。

1944 年　四十七岁

9 月 10 日　著《教育之生命》一文，载《民宪》第 1 卷第 7 期。

秋　出席民主同盟在重庆召开的全国代表大会。

是年　前往成都出席青年党中央委员全体会议。

1945 年　四十八岁

1 月 7 日　撰成《疑是录》。

1 月 15 日　著《论建国人才》一文，载《民宪》第 1 卷第 11 期。

6 月 10 日　著《民主政治与生生原理》一文，载在《民宪》第 1 卷第 12 期。

9 月 15 日　出席毛泽东宴请在渝的中国青年党中央委员晚宴。

12 月 2 日至 12 日　出席中国青年党在重庆举行的第十届全国代表大会。

冬　作为青年党代表之一与国民党举行合作谈判，签订两党合作协议。

是年　执教西迁至重庆的中华大学。

抗战末期　撰成《论语通辩》《大学通解》两书，由中华书局发行，与后来完成的《理学漫谈》《中国伦理思想》（由商务印书馆发行）共 4 部书，是研究中国传统学术的结晶。

1946 年　四十九岁

1 月　在重庆，代表青年党出席国民政府召开的政治协商会议，并被推举为修宪小组成员。

5 月　回到南京，开始著述《五十回忆录》。

10 月 9 日　与曾琦、吴铁城、邵力子、陈果夫、李璜、左舜生、陈启天、杨永浚、周谦冲、胡政之、周恩来、李维汉、陈家康、华岗、黄炎培、章伯钧、郭沫若等人赴上海愚园路，参加中国民主社会党举行的茶话会，彼此交谈甚欢。

秋　在上海，出席青年党中央委员会全体会议。

11 月 15 日　赴南京出席制宪国民大会。当选为制宪国民大会代表。

是年　在上海办理人文研究所。

1947 年　五十岁

4 月 18 日　作为青年党代表，被推选为国民政府委员。

4月23日　参加国民政府成立典礼，并出席第一次国务会议。

8月29日　参加国民政府举行的第十次国务会议。

9月1日　在上海鹿都花园，参加中国青年党第一届全国代表大会，当选为中央执行委员会常委。

是年　青年党参加国民政府和行政院，与曾琦等同为国民政府委员。

1948年　五十一岁

3月29日　在南京，出席第一届国民大会，当选为主席团成员。

5月　行宪政府成立。出任中华民国总统府国策顾问，一直到逝世。

9月　应武汉教育界的邀请回乡讲学。

年底　在重庆撰写《中国人文检论》，后于1950年6月由台北华国书店印行。

是年　长子传弸赴哥伦比亚大学留学，拜访杜威。杜威特地请其到家中做客，畅谈与其父的君子之交，并勉励继承其父的学品和人品。

1949年　五十二岁

5月初　由武汉携家眷到广州。

6月5日　由广州携家眷飞往重庆，住国民饭店。

11月底　重庆解放。只好"逃往成都"。

12月5日　经众人劝请，飞往海口。

年底　飞往台湾，居住台北，直到逝世。

1950年　五十三岁

3月　著《一切当从团结做起》一文，载《自由中国》第2卷第3期。

赞同蒋介石在台恢复总统一职。

12月　著《民主与智慧》一文，载《新中国评论》第2卷第3期。

1951年　五十四岁

是年　在《新中国评论》上，发表《自由与随顺》《民主与价值》《民主与批评》《民主与组织》《民主与建国论》《民主与宣传》《民主与政党》《民主与教育》《民主与经济》等系列论文，阐述民主政治思想。

1952年　五十五岁

夏　一些友人在台北组织了一个学术座谈会，每周集会一次。先后前往讲演共12次，经记录整理为《人类的尊严》，于次年出版。

是年　在《新中国评论》上，发表《国家主义简释》《今后的国是问题》《学术与风气》《中国政党问题》等系列论文。

1953 年　五十六岁

是年　在《新中国评论》上，发表《中国政治思想》《中国国家观念》《谈精神卫生》《人类的尊严》《实用求知法》《人生的依据》《人生的风格》《理智与信仰》《再论理智与信仰》《科学与国民气象》《孔学与国民气象》等系列论文。

1954 年　五十七岁

8 月 8 日　是日为"八八节"即台湾的父亲节，为纪念先父作诗一首：木兰挺秀溵河清，大德一乡有几人。百草欣荣春意满，萧墙寂静肃无声。谦恭美德少灾戾，厚重长堪睦里邻。承先愧负和光意，树高风清哀鸟鸣。

是年　在《新中国评论》上，发表《佛教与国民气象》《耶稣教与国民气象》《哲学与国民气象》《论国民精神建设》等系列论文。

1955 年　五十八岁

是年　在《新中国评论》上，发表《建立国民信仰》《自由与秩序》《平等与秩序》《权利与秩序》等系列论文。

因患眼病前往美国治疗，胡适获知后，立即前来看望，并利用他做了几年驻美国大使的人缘关系，亲自请定医生。

1956 年　五十九岁

9 月中旬　在美国新墨西哥州开始写《余家菊自传》。是时眼力很差，只好口述，让次女传强手记，后由三子传韬接手。

1957 年　六十岁

6 月 5 日　原配陈夫人在美国新墨西哥州阿布奎克市去世，并葬于该城。悲痛之中题诗《送亡妻下葬》：患难相处四十二年，女中豪杰迈时贤。家贫不道迍煤少，世乱还兼百病添。忍辱深容异样诡，大悲心寄九重天。乘桴浮海终如愿，埋骨他乡等是眠。

是年　60 岁时，作诗一首：岁月蹉跎六十春，发皇正见让何人。无传绝学将安寄，定国经纶怅弗行。沧海今番沉大陆，文章一事误生平。眼看玉石同焚后，淑世还须木铎鸣。

1958 年　六十一岁

年末　自美国返台后，因心脏病进入台大医院。正巧胡适亦住该院，在出院时送上一束鲜花。

是年 在《议会杂志》上，发表《爱国、民主、合作、情谊》《我们该怎样做?》《理性统治与情谊统治》《发扬善意》《尽力做所应做的事》《谈民主》《谈法治》等系列论文。

1959 年 六十二岁

是年 在《议会杂志》上，发表《谈价值》《谈名教》《谈学术》《谈风气》《从仁爱求得智慧》等系列论文。

1960 年 六十三岁

9 月 在台北长春路松山一室完成《六三回忆录》，执笔人徐惠珍。

10 月 在《议会杂志》第 43 期上发表《孔子政治思想之一端》一文，此文为孔子诞辰纪念而作，阐述礼让也要依法。

1961 年 六十四岁

是年 在《议会杂志》上，发表《自由与守法》《温情第一》《第一级原理之设定》《自我约束》《无偿服务》《科学方法》《尊孔》《独立判断》等论文。

1963 年 六十六岁

3 月—9 月 讲述"《论语》今解"，由他人笔记，阐明自己对《论语》的理解。

1965 年 六十八岁

12 月 2 日 中国青年党 43 周年纪念日，以常任主席身份主持纪念，并发表讲词。

11 月 22 日—12 月 12 日 连续作《复兴爱的文化》（一）（二）（三），分别阐述仁爱思想是中国文化的主流，法家与老子的思想，自适其性的主张与庄子的思想。

1967 年 七十岁

12 月 2 日 出席中国青年党 44 周年纪念日，并以"和顺致祥"为主题在会上发表讲词。

1968 年 七十一岁

1 月 18 日 作《复兴爱的文化》（四）一文，指出中华文化的宗教观——天道即人道。

2 月 20 日 在《我的学习生活》中谈"我难忘的人物"。

3 月 19 日 在《我的学习生活》中到"废科举兴学校后的思潮"。

4 月 11 日 在《我的学习生活》中谈"孟子的思想"。

5 月 16 日　在《我的学习生活》中谈"曾文正的学术与事功"。

6 月 13 日　在《我的学习生活》中谈"王阳明的学说"。

8 月 10 日　在《我的学习生活》中谈"我与近代思潮的直接接触"。

9 月 13 日　在《我的学习生活》中谈"生命与死刑"。

10 月 14 日　在《我的学习生活》中谈"教育是独立科学"。

1969 年　七十二岁

1 月 17 日　在《我的学习生活》中谈"中国为礼教之邦"。

1976 年　七十九岁

2 月 28 日　在病床上一口气讲完《仁是善行的总根源》，阐释自己平生的中心思想是"仁"。

2 月　皈依天主教并受洗。

5 月 12 日　下午二时许，溘然长逝于台北荣民总医院，葬于台北八里乡。

1998 年

值百龄之年，在子女的操作下，夫妇二人之灵骨一道归葬湖北黄陂大余湾祖茔。

中国近代思想家文库

图书在版编目（CIP）数据

中国近代思想家文库．余家菊卷/余子侠，郑刚编．—北京：中国人民大学出版社，2013.3
ISBN 978-7-300-17137-1

Ⅰ.①中… Ⅱ.①余…②郑… Ⅲ.①思想史-研究-中国-近代②余家菊（1898～1976)-思想评论 Ⅳ.①B250.5

中国版本图书馆CIP数据核字（2013）第039530号

中国近代思想家文库

余家菊卷

余子侠　郑刚　编

Yu Jiaju Juan

出版发行	中国人民大学出版社		
社　址	北京中关村大街31号	**邮政编码**	100080
电　话	010 - 62511242（总编室）	010 - 62511770（质管部）	
	010 - 82501766（邮购部）	010 - 62514148（门市部）	
	010 - 62515195（发行公司）	010 - 62515275（盗版举报）	
网　址	http://www.crup.com.cn		
经　销	新华书店		
印　刷	唐山玺诚印务有限公司		
开　本	720 mm×1000 mm　1/16	**版　次**	2013年3月第1版
印　张	34 插页 1	**印　次**	2025年4月第3次印刷
字　数	549 000	**定　价**	104.00元